Die Geschichte des Mittelmeerraumes zwischen 300 und 700 n. Chr. ist von den Historikern bisher sehr selten ausführlich behandelt worden. Man hat sie als bloßes Anhängsel der Antike geringgeschätzt oder als seltsam verworrenes Vorspiel zum Mittelalter mißverstanden. Professor Franz Georg Maier (Universität Konstanz), der Autor dieses Bandes, befaßt sich mit der Geschichte des Altertums wie mit der des Nahen Ostens und ist deshalb besonders kompetent für die Aufgabe, das Bild dieser Epoche ohne Einseitigkeit neu zu zeichnen.

Zentrales Thema seines Buches ist die allmähliche Auflösung der mittelmeerischen Einheit. Dieser Prozeß ist eng verbunden mit dem Schicksal des Römischen Reiches, das sich in ein westliches und ein östliches Imperium teilt. Der Versuch Justinians, vom Osten her das Gesamtreich wiederherzustellen, bleibt ohne dauerhaften Erfolg. Schließlich überlebt nur das oströmische, das Byzantinische Reich, das sich im 7. Jahrhundert gänzlich aus der spätrömischen Tradition löst und zu einem rein griechischen Staat wird. Byzanz muß erleben, wie sich neben ihm zwei neue Macht- und Kulturbereiche bilden: der Islam und das Germanentum; es wird in einen lebensgefährlichen Abwehrkampf gegen Sassaniden, Araber, Slawen verstrickt; es muß auf die Beherrschung des Mittelmeerraumes verzichten und schließlich auch hinnehmen, daß das Monopol seines Kaisertums gebrochen wird.

F. G. Maier zeigt, welche Faktoren die Umwandlung der Mittelmeerwelt und ihre Neuordnung bewirken. Nicht nur die Expansion des Islam und der Einbruch der Germanen sind dabei bedeutungsvoll, sondern auch die allmähliche Verlagerung des wirtschaftlichen Schwergewichts von den Städten aufs Land.

Der Autor macht sich für seine Untersuchungen soziologische Modelle und Fragestellungen zunutze. Er beschreibt die ökonomischen Verhältnisse der Epoche, die Wandlungen der Glaubensformen, die geistige Entwicklung. Aus all dem tritt die innere und äußere Gestalt eines Zeitalters hervor, dessen eigenständiger Charakter und dessen Bedeutung für die Geschichte nicht nur Europas lange unterschätzt worden sind.

Der Band ist in sich abgeschlossen und mit Abbildungen, Kartenskizzen, Herrschertafeln und einem Literaturverzeichnis ausgestattet. Ein Personen- und Sachregister erleichtert dem Leser die rasche Orientierung.

DER HERAUSGEBER DIESES BANDES

Franz Georg Maier,

geb. 1926 in Stuttgart, 1951 Dr. phil. an der Universität Tübingen.
1952–1956 als Forschungsstipendiat in Rom, Sizilien und Griechenland;
Mitglied der britischen Kouklia-Expedition in Cypern. 1963 ordentlicher
Professor für Alte Geschichte an der Universität Frankfurt / Main. 1966 ord.
Professor der Geschichte an der Universität Konstanz. 1972 ord. Professor
der Alten Geschichte an der Universität Zürich.

F. G. Maier, dessen Forschungsgebiete die Geschichte des Altertums und
des Nahen Ostens sowie die Archäologie Cyperns sind, veröffentlichte 1955
›Augustin und das antike Rom‹, 1959 / 1961 zwei Bände ›Griechische
Mauerbauinschriften‹, 1964 ›Cypern. Insel am Kreuzweg der Geschichte‹
und 1973 ›Archäologie und Geschichte. Ausgrabungen in Altpaphos‹. Er ist
der Herausgeber vom Band ›Byzanz‹; FISCHER WELTGESCHICHTE,
Band 13.

INHALTSVERZEICHNIS

Vorwort

Lange verstand man die Geschichte des europäisch-mediterranen Raumes vom späten 3. bis zum frühen 8. Jahrhundert als ›Dark Ages‹ — dunkle, verworrene Jahrhunderte, in denen nach Edward Gibbons Wort Religion und Barbarei über die Zivilisation triumphierten. Heute gelten diese Jahrhunderte vielen als das Zeitalter der Entstehung Europas. Ein solcher Standpunkt birgt eine doppelte Gefahr: man richtet den Blick nur auf den Westen des Mittelmeerbeckens und sieht die Vorgänge zu einseitig vom europäischen Mittelalter aus. Wir versuchen dagegen, diese Jahrhunderte als eine Einheit mediterraner Geschichte auf spätrömischen Grundlagen darzustellen — als eine historische Phase, in der sich die Verwandlung der alten Mittelmeerwelt vollzieht. Der politische Prozeß führt vom römischen Gesamtreich Diocletians und Constantins über den Zerfall des Westens in die Germanenstaaten der Völkerwanderung und über das erneuerte Imperium Justinians zu den großen Einbrüchen der Araber und Slawen im 7. Jahrhundert, die das Nebeneinander von Kalifat, Byzanz, Frankenreich und sich formierender slawischer Welt hinterlassen. Dominierende Macht ist durch vier Jahrhunderte das Imperium Romanum Christianum. Auch die Stämme, die sich vom Imperium politisch unabhängig machen, werden geistig noch lange von ihm bestimmt. Erst langsam beginnen dort abweichende Entwicklungen, die zur Isolierung des spätrömisch-byzantinischen Kulturtypus führen und den Großraum in drei getrennte historische Regionen aufspalten. Seit dem Ende des 8. Jahrhunderts prägen Europa, Byzanz und die islamische Welt in ihren Konflikten und Wechselwirkungen das Gesicht der Zukunft.
Die Einheit eines mittelmeerischen Geschichtsprozesses und Kulturraumes in diesen vier Jahrhunderten (dessen Zentrum Constantinopel der geistige Standort des Betrachters sein muß) ist eine grundlegende Voraussetzung unserer Darstellung. Diese These enthält eine zweite These: die Welt des europäischen Mittelalters ist nicht in einem kontinuierlichen Prozeß aus den Trümmern der christlichen Antike erwachsen. Das Zeitalter hat eigene Lösungen seiner geistigen und gesellschaftlichen Probleme gefunden. Ostrom-Byzanz ist ihre Verkörperung; sie sind aber der Struktur nach auch im lateinischen Westen und im frühen Islam wirksam. Erst ein Bruch mit diesen Entwicklungstendenzen führt zu den Lebensformen des Mittelalters.

Von Lord Acton stammt der Satz, die Historie solle nicht Perioden, sondern Probleme traktieren. Tatsächlich lassen sich diese Jahrhunderte nur als vielschichtiges Problem darstellen. Hier vollziehen sich langfristige und zukunftsträchtige Wandlungen in Gesellschaft und Kultur: vom Beamtenstaat des spätrömischen Absolutismus zum westeuropäischen Feudalismus und zur byzantinischen Themenverfassung, von der spätantiken Grundherrschaft zur mittelalterlichen Vasallität, von der Sklaverei über das Colonat zur Leibeigenschaft. Volkssprachen und rudimentäre Nationen entstehen, die Kirche steigt zu geistiger und sozialer Macht auf. In dieser Zeit eines langsamen Heranbildens neuer sozialer Formen stellen sich verschärft die Fragen nach den untergründigen Mechanismen und Antrieben gesellschaftlich bedingter Formverwandlungen, nach den Auswirkungen neuer Wertbegriffe und Lebensformen in einem etablierten sozialen System, nach dem Ineinandergreifen sozial-ökonomischer und kultureller Entwicklungen im Formationsprozeß der Gesellschaft.

Freilich sind die Probleme deutlicher als die Lösungen. Über die großen Züge des historischen Ablaufs besteht weithin Übereinstimmung. Struktur und Wandel von Wirtschaft, Gesellschaft und Kultur aber sind noch nicht befriedigend erforscht. Das Quellenmaterial ist zudem häufig mehr als dürftig. Vielfach stehen sich darum bis heute zahlreiche Meinungen und Schulen gegenüber. Manches Problem wird unsere Darstellung daher eher formulieren als beantworten. Sie versucht, Gesellschaft und Kultur in den verschiedenen Stadien ihres Wandels zu zeigen und, im Zusammenhang damit, die geschichtlichen Haupttendenzen und Konflikte, die bestimmend auf Tempo und Richtung der Entwicklung einwirken. Ein Gesamtporträt des Zeitalters ist dabei wichtiger als eine Einzelgeschichte von Staaten, Institutionen oder Ideen. Daß ein einzelner (der nicht in jedem Bereich Fachmann sein kann) derart verschiedene Schauplätze und Themen zusammenfaßt, bleibt ein Wagnis. Es wäre nicht zu Ende geführt worden ohne die nachdrückliche Unterstützung meiner Mitarbeiter Mechtild Nüßlein und Hermann Beckedorf.

Franz Georg Maier

Einleitung: Die Legende der ›Dark Ages‹

Constantin der Große und Karl der Große sind zwei Pole des geschichtlichen Prozesses im europäisch-mediterranen Raum. Beide Herrscher stehen an der Schwelle einer neuen Zeit — Constantin als Begründer des christlichen Imperium Romanum, Karl als Neubegründer dieses Reiches im Abendland. Namen und historische Figuren sind oft nur Sinnbilder für eine tiefgreifende Veränderung des Lebens; die eingängigen Formeln eines populären Geschichtsbildes treffen nicht immer die eigentlichen Tendenzen des geschichtlichen Ablaufs. Hier aber scheinen geschichtliche Wirklichkeit und gängiges Klischee übereinzustimmen. Die Namen der Kaiser stehen zu Recht für eine Wende, an der beide Herrscher in außergewöhnlichem Maß durch eigenes Handeln mitgewirkt haben.

Unter der Herrschaft Constantins verwandelt sich auf evolutionärem und zugleich revolutionärem Wege das antike Imperium Romanum. Die alte Staatsform des Prinzipats ist unwiderruflich ans Ende gelangt. Der Staat der frühen und hohen Kaiserzeit, in dem noch Traditionen viel älterer politischer Formen nachwirkten, wird abgelöst vom System eines militärischen, zentralistischen Absolutismus, dem Dominat. Die durchgreifende Organisation dieser im 3. Jahrhundert vorbereiteten Staatsform durch Diocletian und Constantin ist der evolutionäre Aspekt der Zeitenwende. Im Jahre 312 siegt Constantin vor den Toren Roms an der Milvischen Brücke über seinen Gegenspieler Maxentius. Die dem Sieg folgende Bekehrung des Kaisers bedeutet einen revolutionären Einschnitt im bisher langsamen Eindringen des christlichen Glaubens in die überkommene Welt heidnischer Religion und klassischer Überlieferung. *De facto* beginnt die von Theodosius fast ein Jahrhundert später *de iure* vollzogene Christianisierung des Reiches. Die geistige Welt des Imperiums verwandelt sich von Grund auf, mit ihr die Stellung des Kaisers. Er ist nicht nur absoluter weltlicher Herrscher, sondern zugleich Herr der Kirche, der — wie das Constantin 325 zum erstenmal in folgenschwerer Weise getan hat — Konzile beruft und ihnen präsidiert, der mit seinen Gesetzen auch in Leben und Lehre der *ecclesia* eingreift.

Zugleich verschiebt sich das Schwergewicht des Lebens im Reich. An die Stelle Roms tritt als Kaiserresidenz und Verwaltungszentrum die neugegründete Hauptstadt Constantinopel an der Grenze zwischen Asien und Europa. Der gesamtmediterrane

Charakter und Herrschaftsanspruch des Imperium Romanum wird damit nicht aufgegeben. Es umfaßt weiterhin die Länder von Nordengland, Spanien und Marokko bis nach Ägypten und Armenien. Aber die wirtschaftlich kräftigen, hellenistischen Provinzen des Nahen Ostens gewinnen den Vorrang: Kleinasien, Syrien und Ägypten mit ihren reichen und dichtbevölkerten Städten.

Aus dem Zusammenwirken der neuen Staatsform und der neuen Religion, die beide seit Constantin zu voller Wirkungsmöglichkeit gelangen, und aus ihrer Auseinandersetzung erwächst eine Form des Imperiums. Sie hebt sich eindeutig von der der ersten drei Jahrhunderte der Kaiserzeit ab, auch wenn sie politisch, gesellschaftlich und geistig auf den Traditionen der antiken Welt aufbaut. Aus dem Imperium eines Augustus, Traian und Septimius Severus ist das Imperium Romanum Christianum geworden. Dieses Imperium Christianum ist nicht, wie man lange geglaubt hat, einfach ein Dekadenzprodukt der Antike. In der Verbindung von Absolutismus, Staatswirtschaft und christlicher Staatsreligion ist es eine Neuschöpfung, deren Prinzipien und Ordnungen durch Jahrhunderte wirken und sich in Byzanz bis hinauf ins 15. Jahrhundert erhalten.

Am Weihnachtstag des Jahres 800 wird Karl der Große in Rom vom Papst zum Kaiser gekrönt. Damit findet ein doppelter Prozeß seinen Abschluß: der Aufstieg der Karolinger zur Herrschaft im Frankenreich und die politische wie geistige Trennung Westeuropas vom Byzantinischen Reich. Der König der Franken und Langobarden ist nun wie Constantin Kaiser eines ›Imperium Romanum‹ — ein Kaiser, der seine Würde bewußt als Erneuerung des constantinischen versteht. Schon Karls Münzen zeigen diesen Anspruch. Sie nehmen das römische Kaiserbild in Anlehnung an den constantinischen Goldsolidus wieder auf, wie der achteckige Zentralbau der Palastkapelle in Aachen auf die monumentale antike Bautradition zurückgreift. In der Reichsidee der Karolinger, die zur geistigen Grundlage des abendländischen Kaisertums geworden ist, besteht eine Verbindung zwischen dem Imperium Constantins und dem Reich Karls des Großen. Aber wie auf den Münzen trotz aller bewußten Stilisierung des Herrscherbildes die tiefe Verschiedenheit der Personen hervortritt, so gibt es zwischen dem Imperium des 4. und dem des 9. Jahrhunderts letztlich mehr Trennendes als Verbindendes.

Karl der Große ist Imperator Romanorum in einer wiederum verwandelten Welt. Aus dem großen, den gesamten Mittelmeerraum mit seinen Rand- und Nebengebieten umfassenden Einheitsstaat des Imperium Romanum ist ein pluralistisches politisches System geworden: auf dem Balkan und in Kleinasien das Byzantinische Reich als eigentlicher Rechtsnachfolger des Imperium Romanum Christianum, im Vorderen Orient, in Nordafrika und Spanien das arabisch-islamische Kalifat, im westlichen Mitteleuropa das Frankenreich, dazu eine Anzahl von kleineren Randstaaten. Die Herrschaft der Karolinger erstreckt sich nur noch auf ein Bruchstück des alten Reichsgebietes — nicht mehr auf die ›Welt‹, sondern auf ›Europa‹, wie man jetzt den westlichen Bereich zu nennen beginnt, der trotz fehlender politischer Einigung in seiner gesellschaftlichen und geistigen Struktur eine Einheit bildet.[1]

Nichts bezeichnet die neue Lage schärfer als die Existenz zweier Kaiser in Aachen und Byzanz, die nicht als Kollegen das grundsätzlich unteilbare Gesamtreich regieren, sondern Souveräne unabhängiger Staaten sind — eine Vorstellung, die für Constantins Imperium Romanum undenkbar gewesen wäre. Staat, Gesellschaft und Kultur sind in dem Teil des alten Gesamtreiches, den Karl als Imperator beherrscht, einschneidend verändert. Anstelle eines zentralistischen Absolutismus ist ein feudales System der Vasallität Grundlage der Herrschaft. In der Kirche sind die großen dogmatischen Streitfragen abgeklungen; Ost und West sind als griechische und lateinische Kirche nach Glauben, Gebräuchen und Stellung zum Staat schon deutlich geschieden. An die Stelle der unbestrittenen kaiserlichen Macht über die Kirche sind die Anfänge einer selbständigen Organisation unter der Herrschaft des römischen Papstes getreten, der bald zum Widersacher des Kaisers werden sollte.

Bildung und geistiges Leben sind fast allein in den Händen der Kirche. Die Zentren der Kultur liegen nicht mehr in den ans Mittelmeer angrenzenden Landschaften, sondern im Norden: Tours, Paris, Fulda, York. Städtische Kultur- und Wirtschaftsformen sind zurückgedrängt. Statt einer reich gegliederten, arbeitsteilenden Gesellschaft mit einheitlichem Wirtschaftssystem und Fernhandel von England bis Indien beherrscht die umgrenzte und selbstgenügsame Welt großer adeliger Güter, klösterlicher Domänen und bäuerlicher Höfe Wirtschaft und tägliches Leben. Die Kontur des Daseins hat sich verändert; das Mittelalter hat begonnen.

Die viereinhalb Jahrhunderte zwischen Constantin und Karl dem Großen sind freilich bis heute eine Quelle der Verlegenheit für die Geschichtswissenschaft. Trotz dem Reichtum der Zeit an weltgeschichtlichen Erscheinungen, an politischen Erfahrungen und geistigen Leistungen erscheint sie allzuoft noch als eine Zeit »tiefen Schlafes im Interregnum zwischen dem Zerfall des Römischen Reiches und dem langsamen Aufstieg unserer westlichen Gesellschaft aus dem Chaos«[2]. Noch ist der Begriff der ›Dark Ages‹, der einen guten Teil seiner Magie Gibbon verdankt, nicht aus dem Bewußtsein geschwunden — die Vorstellung von Jahrhunderten eines halbbarbarischen Chaos voll abergläubischer Ignoranz und dumpfer Lethargie, byzantinischer Intrigenwirtschaft und germanischer wie islamischer Greuel, in denen letzte Überreste der antiken Kultur als Bausteine eines kommenden Europa mühsam gerettet werden.

Gibbons Vorstellung von einem Halbjahrtausend des Zerfalls ist freilich nicht mehr unbestritten. Die Auffassungen vom Niedergang des Römischen Reiches sind differenzierter geworden; die Einsicht in die Leistungen dieser Jahrhunderte wächst. Byzanz wird als selbständige historische Potenz von erstaunlicher Lebensfülle und Regenerationskraft begriffen. Seine Kunst wird ihrem hohen Rang entsprechend gewürdigt, ebenso seine Wirkungen auf die slawische Welt. Auch die welthistorische Rolle des Islam wird deutlicher, nicht zuletzt im Hinblick darauf, was er durch Überlieferung antiken Kulturguts für die geistige Tradition Europas bedeutet. Im Westen erkennt man anstelle eines katastrophenhaften Niedergangs der römischen Welt schöpferische Anfänge: den langsamen Aufbau der Grundlagen der mittelalterlichen Welt. Aber noch immer hat die Zeit zwar zahlreiche Aspekte, aber kein eigenes Gesicht. Nichts ist aufschlußreicher für die Unsicherheit der Historie als die beständige Diskussion um die Epochengrenze zwischen Altertum und Mittelalter. Denn die Frage nach Epochengrenzen ist notwendig eine Frage nach Deutung und nach historischer Einordnung einer Zeit.

Der Streit um die Grenze zwischen Altertum und Mittelalter ist im Grunde so alt wie die Geschichtswissenschaft selbst.[3] Drei Ansätze sind seit dem 19. Jahrhundert besonders zur Geltung gekommen: die Alleinherrschaft Constantins als des ersten christlichen Kaisers (324), die Teilung des Imperiums (395) und das Ende des Weströmischen Reiches (476). Solche Einzeldaten können jedoch keine Zäsuren im historischen Prozeß bezeichnen. Es gibt keine punktuellen Epochengrenzen, sondern nur »breite Streifen allmählicher Veränderungen«. Eine solche Grenzzone wird heute oft um 600 angesetzt, wobei man die Zeit seit Diocletian oder Constantin als eigene Periode der ›Spätantike‹ zusammenfaßt. Tatsächlich häufen sich im späten 6. und im frühen 7. Jahrhundert Vorgänge, die diesen Zeitraum als Epochengrenze zu kennzeichnen scheinen: die letzte germanische Staatengründung auf Reichsboden durch die Langobarden (seit 568); das Papsttum Gregors des Großen (590-604); die beginnende Reform des Byzantinischen Reiches seit Heraklios (610-641); das Auftauchen der Slawen und Avaren im Balkan; schließlich der Beginn der islamischen Expansion (632). Doch die Theorie einer elastischen Epochengrenze um 600 blieb nicht unbestritten. Kunst- und Wirtschaftsgeschichte postulierten eine bis zu Karl dem Großen anhaltende Kontinuität der ›spätantiken‹ Kulturentwicklung. Der spätrömische Charakter des Merowingerreiches wurde betont, im spanischen Westgoten-reich die Fortdauer der ›ausklingenden Spätantike‹ bis zur arabischen Eroberung von 711 nachgewiesen. Auch für H. Pirenne erstreckte sich das Altertum im Grunde bis zu Karl dem Großen: Die durch den Islam, nicht durch die Germanen der Völkerwanderung eingeleitete Zerstörung der antiken Mittelmeerkultur ist nach einem Jahrhundert der Umwälzungen erst um 750 vollendet. Schließlich gibt es eine Auskunft der Verlegenheit: die Jahrhunderte zwischen Diocletian und Karl dem Großen (dem Zeitraum von der Reformation bis heute entsprechend) seien eine ›Übergangszeit‹, in der sich in der Entwicklung neuer sozialer Formen der Übergang von der römischen Antike zur mittelalterlichen Gesellschaft Europas vollzogen habe. Nach Bedarf könne man sie zur Antike oder zum eigentlichen Mittelalter rechnen.

Diese Situation kann nicht mit mangelnder Durchforschung des Zeitraums oder mit den individuellen Perspektiven der Historiker allein erklärt werden. Die eigentliche Ursache der Unsicherheit läßt sich leicht bezeichnen: die Frage nach einer direkten Epochengrenze zwischen Altertum und Mittelalter — durch die Einschaltung von Spätantike und Frühmittelalter nur modifiziert, nicht aufgegeben — ist ein falscher historischer Ansatz. Über das Ende der römischen Antike und den Beginn des Mittelalters im strengen Sinn ist Einigkeit zu erzielen. Der epochale Charakter der diocletianisch-constantinischen Reform und der Karolingerherrschaft ist in dieser Hinsicht selten ernsthaft bestritten worden. Aber es fehlen offenbar verbindliche, zur Bestimmung einer einigermaßen geschlossenen Grenzzone ausreichende Kriterien dafür, was in der Zeit dazwischen noch ›spätantik‹ oder schon ›frühmittelalterlich‹ ist. Das hat seinen Grund darin, daß beide (zunächst für die Erkenntnis des Eigencharakters dieser Jahrhunderte ungemein fruchtbaren) Begriffe genau wie der Ausweg einer ›Übergangszeit‹ von fünf Jahrhunderten letztlich noch einer Alternative ›antik — mittelalterlich‹ verhaftet sind. Diese Alternative entstammt dem humanistischen Periodenschema mit seiner Dreigliederung der Weltgeschichte, das dem heute mit differenzierteren Anschauungsformen begriffenen historischen Prozeß nicht mehr adäquat ist. Für eine Weltgeschichte, die Indien, Ostasien und Amerika einbezieht, sind diese Jahrhunderte eine unter vielen Entwicklungsphasen jenes besonderen Kulturtypus, der im 4. Jahrtausend v. Chr. im ›fruchtbaren Halbmond‹ des Nahen Ostens entstand. Die Unsicherheit in der historischen Einordnung des Zeitalters geht auf falsche historische Kategorien zurück. Die ›Dark Ages‹ sind zum Teil unsere eigene Schöpfung. Ein klassizistischer Humanismus im Verein mit nationalstaatlichem Denken hat die Perspektive verfälscht und verengt. Aus dem Klassizismus stammt

Abb. 1: Constantin der Große   *Abb. 2: Karl der Große*

der Aspekt der Dekadenz. Von seinen Bildungsnormen aus kann zwischen Antike und Mittelalter nichts anderes als Abstieg und Zerfall sichtbar werden, barbarische Verrohung auf der einen, orientalische Entartung auf der anderen Seite. Das Neue und Bedeutsame der Zeit wird ignoriert oder entwertet. Auch dort, wo die vom Altertum ausgehende Betrachtung selbstkritisch den Eigenwert der ›Spätantike‹ entdeckt hat, stehen Verwandlung und Bewahrung antiker Formen einseitig im Vordergrund. In einer Verlängerung der Antike, ihrem ›Ausklingen‹ und ›Absterben‹, drohen die neuen, traditionsfremden Elemente geschichtlichen Lebens zu verschwinden. Das historische Denken in den Kategorien der Nationalgeschichte aber sieht in dieser Zeit einseitig die Grundlagen der eigenen (französischen oder deutschen) mittelalterlichen Geschichte. Das führt zu einer oft krassen Fehlbeurteilung der Völkerwanderungsreiche und verengt von vornherein den historischen Bereich räumlich so sehr, daß die wichtigsten Zentren dieser Jahrhunderte kaum in Erscheinung treten. So fruchtbar der Blick auf das Kommende zunächst für die Erkenntnis der unantiken Elemente des Zeitalters war, so verzerrend erwies sich dann wieder dieses Starren auf die mittelalterlichen Anfänge.

Zwar ist der Aspekt einer Vorgeschichte Europas sachgerechter als der Entwurf einer Dekadenzgeschichte der Antike. Aber er erkennt der Zeit lediglich einen (schon von der Dauer her problematischen) Übergangscharakter zu und führt nicht aus der Frage heraus: wo ist noch Fortdauer des antiken Imperiums, wo schon Anfang mittelalterlichen Lebens? Es bleibt ein begrenzter Aspekt, der der Frage nach eigenen Formen ausweicht, die der andauernde Zwiespalt im Verständnis dieser Jahrhunderte geradezu erzwingt.[4] Nutzen wie Grenze des Epochenbegriffs werden hier sichtbar. Einer einfachen übergreifenden Definition entzieht sich die Zeit spätestens dann, wenn Osten und Westen auseinander zu driften beginnen — doch andererseits rückt nur von solchen Fragen her ein möglicher innerer Zusammenhang ins Blickfeld. Waren die ›Dark Ages‹ eine eigene Epoche von Experiment, Erfolg und Scheitern, in der selbständige Möglichkeiten der Organisation sozialen Lebens und des geschichtlichen Selbstbewußtseins entwickelt wurden? Eine Antwort darauf ist weniger eine Sache neuer Fakten als neuer Perspektiven — einer revidierten Formulierung des Problems.

In den Jahrhunderten zwischen der Herrschaft Diocletians und Constantins und dem Aufstieg der Karolinger tritt in bestimmten, weder der Antike noch dem Mittelalter einseitig zugehörigen Elementen eine innere Zusammengehörigkeit und Eigenständigkeit klar hervor. Erster Grundzug ist die ungebrochene Einheit des Mittelmeergebietes als Geschichtsraum, die sich erst im 8. Jahrhundert auflöst. Sprachliche und religiöse Trennung zwischen lateinischem Westen und griechischem Osten zerstören diese Einheit bis zum Ende des 7. Jahrhunderts ebensowenig wie die politische Aufteilung in mehrere Machtbereiche. Das Leben konvergiert an den Ufern des zum römischen Binnensee gewordenen *mare nostrum*. Hierher führen die Handelswege, hier liegen die großen Zentren der Wirtschaft und Kultur. Die Kontrolle über die Seewege und Handelsstraßen ist ein wichtiges Moment in der Aufrechterhaltung der Herrschaft. Das Mittelmeer als einheitliches politisches Kräftefeld, als Wirtschaftsbereich und Kulturraum war freilich schon eine Grundlage der römischen Antike. Aber der Vorrang der östlichen Provinzen des Imperiums schafft eine veränderte Situation. In diesen Jahrhunderten bleibt — im Bewußtsein der Zeitgenossen wie in der historischen Realität — der Schwerpunkt des Geschehens im Osten des Gesamtraumes. Byzanz-Constantinopel ist jetzt das unbestrittene Zentrum der Welt; die Hauptstadt des Orients beherrscht das politische und geistige Leben. Das politische Überleben des Ostreiches in der Völkerwanderung hat diese Gewichtsverlagerung noch verstärkt. Zugleich trägt die Tatsache, daß Constantinopel, anders als Rom, eine bedeutende Hafenstadt und Handelsmetropole ist, wesentlich dazu bei, die mittelmeerische Einheit so lange zu bewahren. Der mediterrane Charakter von Politik und Kultur dauert so bis weit ins 7. Jahrhundert hinein. Auch für die Germanenreiche des Westens ist Constantinopel immer noch Zentrum des Geschehens und Vorbild von Kunst und Lebensformen.

Eine zweite Tatsache begründet Einheit und Eigenständigkeit des Zeitalters: für Jahrhunderte bleibt das neue soziale Gebilde des Imperium Romanum Christianum die dominierende Macht. Zunächst faßt es auch politisch für fast 200 Jahre (284–476) die Mittelmeerwelt zusammen. Aber selbst als sich die staatliche

Einheit des Raumes längst in den Pluralismus von Byzantinischem Reich, Kalifat und Germanenstaaten aufgelöst hat, wirkt auf dem gesamten alten Reichsboden das politisch-gesellschaftliche wie das geistige Erbe des spätrömischen Imperiums — wenn auch auf verschiedene Weise umgeformt — bestimmend weiter. Die sozialen und politischen Formen, die im 4. Jahrhundert entstanden und zunächst eine prekäre Balance neuer Institutionen und Ideen mit einem traditionell vorgeformten sozialen System darstellten, erwiesen bis zum Beginn des 8. Jahrhunderts eine erstaunliche Prägekraft und Lebensfähigkeit. Im Imperium Romanum blieben sie bis zum Ende der justinianischen Epoche voll in Funktion. Bestimmte Grundzüge aber (absolutistische Erbmonarchie, zentralisierte und besoldete Bürokratie, Geldwirtschaft und Stellung des Grundadels) bestimmten über die Reformen des Heraklios hinaus die weitere Geschichte von Byzanz und haben seine Machtstellung und Kulturhöhe mitbegründet. Auch im Westen wird dieses Erbe durch die Völkerwanderung nicht beseitigt; es wirkt prägend in den Ostgermanenstaaten und im Merowingerreich. Germanische Herrscher bedienen sich noch lange absolutistischer Herrschaftsformen, so des nach spätrömischen Vorbildern organisierten Laienbeamtentums. Die spätrömische Form der Grundherrschaft (Großgüter und schollengebundene Pächter im Eigentum des Adels) bestimmt Gesellschaft und Wirtschaft und wird zur Vorstufe des Feudalsystems. Ebenso erhalten sich in den germanischen Gebieten, wenn auch in reduziertem Umfang, Straßen und Wasserwege, überhaupt das Verkehrs- und Handelswesen der spätrömischen Zeit. »Organisatorisch stellten [die Germanenreiche] im Grunde nichts anderes dar als eine durch die germanische Kriegerschicht mit ihrem König [...] erweiterte provinzialrömische Ordnung.«[5] Selbst im frühen Islam dauern in Staat, Gesellschaft und Wirtschaft die spätrömisch-byzantinischen Formen fort. Die ersten Kalifen herrschen in Syrien und Ägypten mit Hilfe der byzantinischen Verwaltungsstruktur und Steuerorganisation.

Auch in der Kultur vermag die politische Auflösung lange nicht die Geschlossenheit des Gesamtraumes zu zerstören. Trotz aller lokalen Entwicklungen und Sonderformen beherrscht ein einheitlicher Charakter die Kunst. Ihre Schöpfungen sind auch im Westen und im frühen Islam geprägt von einem Stil, der weder antik noch mittelalterlich ist: dem frühbyzantinischen. Die Bauten von Ravenna oder die Große Moschee in Damaskus sind glänzende, spätmerowingische und westgotische Schöpfungen ebenso eindrucksvolle Beispiele dieses dominierenden Einflusses. Aber nicht nur der Stil, auch Absicht und Bedeutung von Kunst und Literatur sind nichtantik. Christlicher Glaube und christliche Lehre sind der beherrschende Antrieb allen Schaffens, sein unverwechselbarer geistiger Hintergrund. Das Christentum setzt von Form und Inhalt her neue Maßstäbe. Geistige Leistungen und Kultur dieser Zeit lassen sich nicht an einem klassizistischen Kanon, an den in ihrer Weise ebenso historischen Schöpfungen der griechisch-römischen Antike messen. Nicht ephemere Literaten mit einer bemühten ›klassischen‹ Latinität sind die geistig wichtigen und typischen Figuren dieser Zeit, sondern die Kirchenväter — mag auch ihr Latein manchmal mäßig, ihr Griechisch ungeschliffen sein.

Nicht einer dieser Züge für sich allein ist entscheidend. Was das Profil des Zeitalters ausmacht, ist ihr gegenseitiges Ineinanderwirken und ihr schließlicher Wandel. Denn trotz vieler durchgehender Strukturen ist es keine geschichtslose Epoche. Die großen politischen Verschiebungen der Völkerwanderung und der islamischen Expansion verändern die äußere Gestalt der Welt.[6] Aber auch im Innern vollziehen sich Prozesse sozialen und geistigen Wandels. Das Reich ›von Kriegern und Mönchen‹ des Heraklios ist ein anderer Organismus als das Imperium Constantins. Der Staat der Merowinger macht von Chlodwig bis zum Auftreten der ersten Karolinger einschneidende Struktur- und Machtverschiebungen durch. Das arabische Reich entwickelt sich von Muhammads charismatischer Herrschaft zum säkularisierten Staat der Umajjaden.

Neben und unter der Prägung durch die spätrömisch-byzantinische Struktur treten dabei Elemente andersgerichteter Entwicklungen auf, die in Staat und Gesellschaft wie im geistigen Leben zu neuen Formen führen — etwa in der Entwicklung des Papsttums oder in den Anfängen der Vasallität. Diese neuen Ansätze sind als latente Kräfte zum Teil schon lange faßbar: Schon im 5. und 6. Jahrhundert setzt, vor allem in Gallien, die Fusion von germanischer Stammestradition, spätrömischer Gesellschaftsordnung, christlichem Glauben und spätlateinischer Bildung ein. Zur vollen Wirkung freigesetzt werden sie aber erst in der Krise des späten 7. und beginnenden 8. Jahrhunderts. Jetzt entstehen in dem zumindest kulturell noch zusammengehörigen Großraum des Mittelmeers und des Nahen Ostens neue geistige und wirtschaftliche Gravitationszentren — im Nordwesten im fränkischen und angelsächsischen Bereich, im Osten in den Hauptstädten der islamischen Welt. Zugleich beginnen sich die Grenzen zwischen den seit der arabischen Invasion und dem Aufstieg der Karolinger entstandenen drei großen Machtbereichen zu verfestigen. Aus der einen Welt mit der einen Hauptstadt sind in einem Prozeß fruchtbarer Differenzierung drei neue Welten mit eigenen Kraftzentren geworden: das westlich-europäische Mittelalter, das griechisch-orthodoxe Byzanz und die arabisch-islamische Region — jede einen eigenen Kulturtypus repräsentierend.

Die ›Dark Ages‹ besitzen eine eigene, auch vom Mittelalter

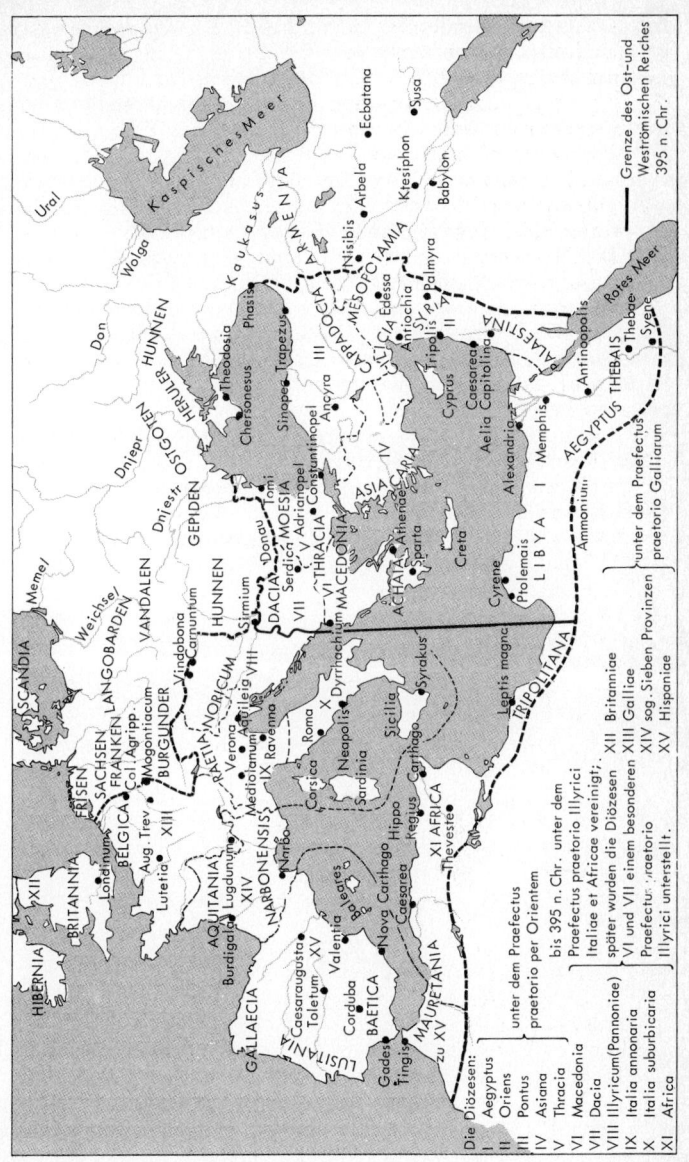

Abb. 3: Die Mittelmeerwelt im 4. Jahrhundert

The following labels appear on the map:

Kaspisches Meer

Ecbatana · Susa
Arbela · Ktesiphon · Babylon
Nisibis
MESOPOTAMIA
ARMENIA
Edessa · Antiochia · Palmyra
CILICIA · SYRIA
Phasis · CAPPADOCIA · II · Tripolis
Theodosia · Ancyra · III · PALAESTINA
Chersonesus · Sinope · Trapezus · Aelia Capitolina
Tomi · Constantinopel · Caesarea · Rotes Meer
Serdica · MOESIA · ASIA · IV · Antinoopolis
DACIA · VII · THRACIA · Athen · PAMPHYLIA · Thebae · SYENE
Donau · V · Adrianopel · MACEDONIA · AEGYPTUS THEBAIS
Sirmium · VI · Dyrrhachium · Sparta · Cyprus · Memphis · Alexandria
Carnuntum · HUNNEN · ACHAIA · Creta · Cyrene · LIBYA · I · Ammonium
Vindobona · X · Aquileia · VIII · Ptolemais · Ammonium
RAETIA · NORICUM · Verona · Ravenna · IX · TRIPOLITANIA · unter dem Praefectus praetorio Galliarum
Mediolanum · Roma · Sicilia · Leptis magna
Col. Agripp. · Neapolis · Syrakus
Mogontiacum · Corsica
Aug. Trev · XIII · Carthago
Londinium · BELGICA · Sardinia
Luteia · XIII · AFRICA
BRITANNIA · XII · GALLIAE · Caesarea · Hippo · XI · Theveste
HIBERNIA · AQUITANIA · Lugdunum · XIV · NARBONENSIS · Nova Carthago
Burdigala · Valentia · Carthago
GALLAECIA · Caesaraugusta · XV · MAURETANIA
Toletum · Valentia · zu XV
Corduba · BAETICA · Tingis
LUSITANIA · Gades

Memel · Weichsel
SCANDIA · Oder · FRIESEN
SACHSEN · LANGOBARDEN · FRANKEN
VANDALEN · BURGUNDER
Dnjepr · Dnjestr · HERULER · OSTGOTEN
HUNNEN · GEPIDEN
Don · Wolga · Ural
Kaukasus

Grenze des Ost- und
Weströmischen Reiches
395 n. Chr.

Die Diözesen:
I   Aegyptus
II Oriens   } unter dem Praefectus
III Pontus   } praetorio per Orientem
IV Asiana
V   Thracia
VI Macedonia   } Praefectus praetorio Illyrici
VII Dacia   } bis 395 n. Chr. unter dem
VIII Illyricum (Pannoniae) } Praefectus praetorio Illyrici
IX Italia annonaria   } Italiae et Africae vereinigt;
X   Italia suburbicaria   } später wurden die Diözesen
XI Africa   } VI und VII einem besonderen
                            Praefectus praetorio
                            Illyrici unterstellt.
XII Britanniae
XIII Galliae
XIV sog. Sieben Provinzen
XV   Hispaniae

unterschiedene Lebensform; sie sind nicht einfach die Zeit des langsamen Hineinwachsens von Europa in seine eigene Geschichte. Die mittelalterliche Welt des Westens (und damit letztlich die europäische Lebens- und Denkstruktur überhaupt) hat sich nicht bruchlos aus dem christlich-klassischen Erbe des spätrömischen Reiches entwickelt. Die Auseinandersetzung der germanischen Völker, vor allem der Franken, mit den geistigen und politischen Traditionen des Imperiums schafft zwar in diesen Jahrhunderten entscheidende Grundlagen für das Kommende. Aber die Entstehung des mittelalterlichen Europa war kein unumgänglicher Prozeß. An einem bestimmten Punkt vollzog sich ein einschneidender Bruch: das Frankenreich löste sich aus den alten Traditionen. Dieser Bruch war eine Wachstumskrise, keine Katastrophe. Was als neue Form des Lebens daraus entstand, war weder zwangsläufig noch selbstverständlich — das beweist eben die verschiedene Entwicklung im Osten. Europa entstand durch eine Entscheidung, die abwich von den geistigen Überlieferungen und Entwicklungstendenzen der Welt des Imperium Romanum Christianum. Das Weiterdauern der spätrömisch-byzantinischen Formen hätte der Geschichte des Westens eine grundlegend andere Richtung gegeben.

1. Imperium Romanum Christianum

Am 20. November 284 wurde der Kommandeur der kaiserlichen Leibwache, der dalmatinische General Diocles, nach einer Generalsrevolte in Chalkedon von den römischen Ostarmeen zum Kaiser ausgerufen. Die Herrschaft des C. Aurelius Valerius Diocletianus, wie sich der neue Kaiser nannte, schien nur zu wiederholen, was das römische Weltreich in der Spanne weniger Generationen bis zum Überdruß erlebt hatte: den Aufstieg eines neuen Kaisers aus dem Kreis der großen Truppenführer, der für kurze Jahre mit wechselndem Erfolg das Reich durch diese Krisenzeit steuerte — oft in Zusammenarbeit, häufiger aber in kräfteverschleißenden Auseinandersetzungen mit anderen Regenten. *Imperatorem facit exercitus* (den Kaiser macht das Heer): Millionen römischer Untertanen von Gades bis nach Palmyra, von Trier bis Assuan war dies längst eine selbstverständliche, kaum mehr der Diskussion werte Realität des Lebens geworden. Die Armee war nicht mehr nur wie seit den Tagen des Augustus die durch ihr bloßes Dasein im Hintergrund wirkende Grundlage der kaiserlichen Macht. Sie griff nun direkt in die politischen Entscheidungen ein. Sie machte nicht nur die Kaiser, sondern stellte sie auch aus ihren eigenen Reihen.

Die Erfolge der permanenten Militärdiktatur waren freilich gering. Der Kaiserfriede, der einmal das Mittelmeer und seine Randländer zu einem großen Kultur- und Wirtschaftsgebiet gemacht hatte, war nur mehr ein abgegriffenes Schlagwort ohne Realität. Das scheinbar unüberwindliche System imperialer Grenzverteidigung, gestützt auf die Befestigungslinien der Limites, war an zahlreichen Stellen durchbrochen. Im Innern war das Reich durch Bürgerkriege, soziale Konflikte und wirtschaftliche Depression erschüttert. Dennoch feierten die Münzen des neuen Regimes den Kaiser als *parens aurei saeculi*, als Vater eines goldenen Zeitalters. Auch das war den Untertanen längst nichts Neues mehr. Es war das fast schon selbstverständliche Prädikat und Versprechen eines neuen Regenten. Freilich hat diese Programmatik der Münzlegenden, die ein Medium offiziöser Stimmungsbildung waren, eine eigentümliche Ambivalenz. Der Gegensatz ihrer beruhigend-optimistischen Thematik — in bitterer Ironie kehren die Formeln *pax, securitas, abundantia, felicitas temporum, fides mutua Augustorum* wieder und wieder — zur kruden Realität des Lebens war kraß und unübersehbar. Trotzdem sind diese Münzlegenden nicht bloß suggestives Propagandagerede, sondern auch Ausdruck einer nie versagenden Hoffnung der Massen, daß der neue Mann nun wirklich Ordnung, Frieden und Wohlstand schaffen und garantieren möge.

Niemand vermochte an diesem regengrauen anatolischen Novembertage zu ahnen, daß Diocletian tatsächlich der Kaiser war, der nicht ein goldenes Zeitalter, aber doch eine neue und dauerhafte Ordnung der Dinge zu begründen bestimmt war. Wenige Jahre später sind Frieden und Einheit im Imperium wiederhergestellt, sind die Grenzen neu befestigt, beschützt von einer reorganisierten, schlagkräftigen Armee. Diocletian ist wie wenige andere Figuren ein Mensch auf der Grenzscheide zweier Zeitalter. Nach Herkunft und Aufstieg, nach den Methoden seiner Herrschaft wie nach seinem Charakter war er ein Kind der alten Welt — ein Soldatenkaiser. Was er aber als Herrscher schuf, wies nach vorwärts und sollte dauern, auch wenn es seine Wurzeln in der ›alten‹ Welt des 3. Jahrhunderts hatte.

I. DIE ALTE WELT DES IMPERIUM ROMANUM: REICH UND REICHSKRISE IM 3. JAHRHUNDERT

Mit dem Tode des Commodus im Jahre 192 endete jene Zeit der halkyonischen Stille, die für Edward Gibbon noch der Höhepunkt der Kultur des Altertums überhaupt gewesen war. In den folgenden Jahrzehnten schufen innere Anarchie und drohende Auflösung einen dauernden Zustand politischer, sozialer und geistiger Unruhe. Unter Terror und Gewalt vollzogen sich hier Auseinandersetzungen, die nicht mehr zu jener normalen Ökonomie des geschichtlichen Lebens gehörten, in der sich der soziale Organismus an sein eigenes Wachstum anpaßt. Der Antagonismus zwischen der alten heidnischen Religiosität und den neuen Erlösungs- und Mysterienreligionen des Orients war ein Anzeichen tieferer Konflikte in der Gesellschaft. Die Anschauungen des Menschen von der Welt und seiner Stellung in ihr befanden sich im Umbruch. Im Schatten der Wirren bahnten sich zukunftsträchtige Veränderungen an.

a) *Orbis Romanus* und *orbis terrarum*

Das Imperium Romanum unterschied sich zu Anfang des 3. Jahrhunderts wenig von dem Reich, das die Kaiser von Augustus bis Hadrian geschaffen hatten. Der *orbis Romanus* war für seine Bewohner der *orbis terrarum*, die Kulturwelt schlechthin. Diese römische ›Welt‹ reichte von den Grenzen Schottlands und den Ufern von Rhein und Donau bis zu den Rändern der Sahara und des Sudan, von Portugal bis nach Ostanatolien, dem

Euphrat und Transjordanien. Ihr wahres Zentrum war das Mittelmeer, durch das befriedete Schiffahrtswege führten. Die Bevölkerung des Riesenreiches erreichte wohl kaum ein Viertel der modernen Bewohnerzahlen. Dazu war sie ungleichmäßig verteilt; Kleinasien, Syrien und Ägypten waren weitaus am dichtesten besiedelt — in Ägypten lebte vermutlich ein Achtel der Bevölkerung des Gesamtreiches.

Im Innern schufen Verwaltung und Verkehrsbauten, römisches Recht und lateinische Sprache eine weitgehende Einheitlichkeit von Wirtschaft, Kultur und Lebensstil. Ein Netz von Straßen, Grundlage eines intensiven Binnenhandels, verband die zahllosen Städte des Imperiums miteinander, die Zentren von Wirtschaft und Verwaltung zugleich waren. Von Syrien bis Spanien zeugten die Provinzialstädte mit ihrem geometrischen Straßennetz, ihren Tempeln, Basiliken, Marktplätzen und Parks, ihren Wasserleitungen, Circusanlagen, öffentlichen Bädern und Bibliotheken von der Kultureinheit des *orbis Romanus*. Aber auch das flache Land war von dieser Zivilisation erfaßt, zumindest die großen Villen der Grundbesitzer und hohen Beamten mit ihren Kolonnaden, Bädern und Mosaikböden.

Dennoch gibt es bei aller Einheitlichkeit in diesem weiten Raum spürbare Unterschiede. Hauptquellen der Produktionskraft und des Steueraufkommens waren die Provinzen des Ostens; hier lagen die Zentren von Industrie und Gewerbe. Der Westen war mehr Abnehmer und Rohstofflieferant, wenn auch Teile Galliens mit bedeutenden Woll- und Terra-Sigillata-Industrien zu den reichsten Gebieten des Imperiums gehörten. Auch der Einfluß der römisch-hellenistischen Kultur war regional verschieden. In Provinzen wie Afrika, Syrien und Ägypten regten sich lange überdeckte lokale Traditionen wieder und leiteten eine Entwicklung ein, die am Ende die einheitliche Reichskultur sprengte.

Jenseits der Grenzen des Imperiums lag das Halbdunkel der Barbarei: im Westen der kaum befahrene unerforschte Ozean; im Süden hinter der schmalen, fruchtbaren Küstenzone Nordafrikas die Sahara mit ihren nie bezwungenen Berberstämmen und das weithin unbekannte Innerafrika. Norden und Nordosten verharrten im Zwielicht: das Gebiet der Steppen, Wälder und Sümpfe, in denen die illyrischen und germanischen Stämme lebten, war in großen Zügen bekannt. Der Limes war hier keine geschlossene Grenze. Ein System von Handelsposten an den Enden der römischen Straßen versorgte das Imperium mit Rohstoffen wie Leder und Bernstein und mit Sklaven.

Eigentlich geöffnet war die römische Welt nach Osten. Hier lag mit dem Neupersischen Reich der Sassaniden ein großes zivilisiertes Staatswesen. Handelszentren wie Antiochia, Damaskus, Alexandria waren Endpunkte der Karawanenstraßen und der Schiffahrtswege durch den Persischen Golf und das Rote Meer,

Routen, die dem römischen Handel den Weg nach Südarabien, über Äthiopien nach Uganda, über Indien nach Ceylon und bis nach China öffneten. Silberarbeiten, Glas- und Kupfergerät, Leinenstoffe und Wein gingen nach Osten im Austausch gegen Luxusgüter, die in der römischen Welt begehrt waren: Ebenholz, Teak, Elfenbein, Seide, Diamanten, Perlen, Gewürze und Weihrauch. »Die Welt wird täglich bebauter und reicher; überall gibt es Straßen, überall Handel«[1]: dieses Bild eines friedlich blühenden Wirtschaftslebens, wie es Tertullian zu Beginn des Jahrhunderts entwarf, machte in den kommenden Jahrzehnten einschneidende Veränderungen durch.

b) Wandel der Außenpolitik: von der Defensive zum Existenzkampf

Das Entstehen einer echten Außenpolitik im 3. Jahrhundert war eine der Ursachen der beginnenden Verwandlungsprozesse. Zwei Jahrhunderte lang war das Imperium ein Weltstaat gewesen, der im Grunde kein Gegenüber besaß. In der Ideologie des römischen Imperialismus wurde der Erdkreis, der *orbis terrarum*, gleichgesetzt mit der römischen Friedensordnung, der *pax Romana*. Das Reich lag geschützt hinter seinen natürlichen Grenzen — den Wüstengürteln der Sahara und der syrischen Wüste, dem ostanatolischen Bergland und den großen Flußläufen von Rhein und Donau. An offenen Stellen, wie in Südwestdeutschland und Nordengland waren sie durch die künstlichen Grenzwehren der Limites ergänzt. Einbruchsversuche wurden von kampfbereit an den Grenzen stationierten Legionen abgewiesen. Der Kaiser garantierte mit dem Frieden des Reiches den Bestand der Kultur. Seit dem Beginn des 3. Jahrhunderts aber stießen Angriffe auf die Reichsgrenzen im Nordosten und Osten das Imperium aus der gewohnten Situation überlegener Abwehr in einen wirklichen Existenzkampf. Auf die Mentalität großer Teile der Reichsbevölkerung muß diese Krisensituation als Schock gewirkt haben. Einem politisch interesse- und verantwortungslos gewordenen Bürgertum, das sich mit obrigkeitlicher Förderung auf Privatleben und Erwerb konzentriert hatte, ging das in zwei Jahrhunderten ausgebildete Sekuritätsbewußtsein verloren.
Anlaß der gefährlichen Krise waren gleichzeitige Veränderungen an der germanischen wie an der persischen Front. Beides waren alte militärische Reibungszonen. Auseinandersetzungen mit germanischen Stämmen waren ein Routinethema römischer Politik. Zweihundert Jahre hatte Rom seine Grenzen aus einer Position klarer Überlegenheit gegen kleinere Stammesgruppen verteidigt. Nun erschienen neu gruppierte und größere Stammesverbände: Alamannen, Franken, Markomannen, Quaden.

Ihre Unruhe wurde durch die gewalttätige Gärung in den Tiefen des mittel- und osteuropäischen Raumes geschürt, die durch die Auswanderung der Goten, Vandalen, Heruler und Burgunder aus Skandinavien entstanden war. Dazu trat auf dem Balkan die Expansion der iranischen Sarmaten, deren Herrschaftsbereich sich von Südrußland bis an Theiß und Donau vorschob, wo sie zu gefährlichen Nachbarn des Imperiums wurden. Beutelust, Landhunger und der Schub der Sarmaten drängten die germanischen Stammesverbände in einem großen Bogen von den Niederlanden bis zur Donaumündung gegen die römischen Grenzen.

Eine ähnliche Entwicklung vollzog sich an der Ostgrenze. Hier erwuchs dem Imperium anstelle eines unkoordinierten Nebeneinanders kriegerischer Stämme ein organisiertes Reichsgebilde als Gegner. Das Grenzproblem war auch hier nicht neu. Das Partherreich der Arsakiden hatte dem Iran nach der Herrschaft Alexanders und der Seleukiden seit dem 3. Jahrhundert v. Chr. wieder staatliche Unabhängigkeit gegeben. Als die Parther Mesopotamien annektierten und die Hauptstadt nach Ktesiphon verlegten, begann der Konflikt mit Rom. Crassus bezahlte 53 v. Chr. seine Niederlage am Euphrat mit dem Tode. Von Traian bis Septimius Severus versuchten die Kaiser wiederholt, die Grenze durch vorgeschobene Glacis am Euphrat und in Armenien zu sichern. Doch war eine ernste Gefahr vom Partherreich mit seiner losen Feudalstruktur nie ausgegangen.

Das änderte sich grundlegend mit einer Revolution im Partherreich, als deren Führer Ardaschir I. aus der fürstlichen Familie der Sassaniden 224 auf den Thron kam. Das ›Neupersische Reich‹ verstand sich nun als erneuerter persischer Nationalstaat. Die Sassaniden übernahmen zwar den privilegierten Feudaladel des parthischen Reiches als Träger von Armee und Verwaltung, stärkten aber durch straffe Zentralisierung und glänzende Organisation den bisher losen Verband von Vasallenstaaten. Die überlegene Schlagkraft der Armee beruhte auf der modernsten Waffe des Jahrhunderts, der gepanzerten schweren Reiterei. Entscheidenden Anteil an der nationalen Renaissance hatte die Wiederbelebung des zoroastrischen Glaubens, der mit seiner einflußreichen Hierarchie ein einigendes Moment im Sassanidenreich bildete (vgl. Fischer Weltgeschichte Bd. 8, S. 258 ff.). Der Weltherrschaftsanspruch des alten Perserreiches wurde zur politischen Leitidee der Sassaniden. Das bedeutete Gleichberechtigung mit Rom und ›Befreiung‹ der ehemals persischen Territorien in Kleinasien, Syrien und Ägypten. Der neue Staat war stark genug, eine auf Verdrängung Roms aus diesen Gebieten zielende Politik zu treiben; das zeigte sich schon nach wenigen Jahrzehnten (vgl. a. a. O., S. 263 f.). Im Jahre 260 geriet Kaiser Valerian nach blutigen Niederlagen in die Gefangenschaft des Sassanidenherrschers Schapur I. (241-271). Das Prestige Roms im Vorderen Orient war schwer erschüttert, die Sassaniden feierten den Sieg auf zahlreichen Darstellungen — wie auf dem großen Felsrelief von Naqsh-i-Rustem (bei Persepolis).

Das Reich stand so seit den dreißiger Jahren des Jahrhunderts in einem Zweifrontenkrieg, der sich in ein verwirrendes Mosaik von Einzelaktionen auflöste. Bis in die siebziger Jahre ließ der Druck beständiger Aggression nicht nach. Vorstöße der gefährlichen persischen Kavallerie führten mehrfach bis weit ins Innere von Syrien und Kleinasien. Gleichzeitig gelangen den Franken, Alamannen, Quaden und Goten tiefe Einbrüche in die Grenzprovinzen an Rhein und Donau. Ihre Verwüstungszüge erreichten sogar Italien und Nordspanien. Sächsische Piraten beherrschten den Kanal, gotische und herulische Flotten plünderten vom Schwarzen Meer aus die nördliche Ägäis. Die militärischen Kräfte des Imperiums, durch innere Konflikte weiter geschwächt, reichten nirgends aus. So wurden auch an anderen Grenzen mühsam befriedete Stämme wieder aggressiv: am Hadrianswall die schottischen Pikten, im Süden Ägyptens die Blemmyer, am Wüstenlimes in Nordafrika die Berber, die mit dem Dromedar einen erweiterten Aktionsradius für ihre Beutezüge gewonnen hatten. Bezeichnend für die Lage der Zeit war die Neu- und Wiederbefestigung der bisher offenen Städte sogar tief im Reichsinneren; die Hauptstadt selbst erhielt unter Aurelian (seit 271) ihren Mauerring. Und nicht zufällig ist der Kampf gegen Barbaren ein zeittypisches Motiv auf den Sarkophagen der römischen Oberschicht.

c) Staat und Gesellschaft in der Krise

Die außenpolitische Krise hatte weitreichende innenpolitische Konsequenzen. Reichsverteidigung war die primäre Notwendigkeit; so bildete sich schnell ein folgenschweres Übergewicht des Militärs und seiner Belange heraus. In den Jahrzehnten der Militäranarchie (235-284) regierten rund drei Dutzend meist von den Legionen erhobene ›Soldatenkaiser‹. Ihre Regierungszeiten waren ungewöhnlich kurz (im Durchschnitt zweieinhalb Jahre). Thronwirren waren an der Tagesordnung, fast alle Kaiser und Prätendenten starben eines gewaltsamen Todes.

Die Schwierigkeit, in einer an eine lange Friedenszeit und ungestörte wirtschaftliche Kommunikation gewöhnten Welt große Armeen zu erhalten und zu ergänzen, erzwang Maßnahmen, die einschneidende Wirkungen auf die politische Organisation und die soziale Struktur des Imperiums nach sich zogen. In den ersten beiden Jahrhunderten der Kaiserzeit hatte immer noch das Modell eines liberalen Prinzipats neben dem der absoluten Monarchie gestanden. Doch mit Commodus endete der aufgeklärte Absolutismus des Adoptivkaisertums. Der Prinzipat begann sich in großen Schritten zu einer absoluten Militärmonarchie zu verwandeln.

Der Ausbau des militärischen Absolutismus hatte zwei entscheidende Voraussetzungen, in denen die Schlüsselrolle der severischen Dynastie deutlich wird. Einmal die Vollendung der reichsstaatlichen Struktur des Imperiums. Die Verwaltung wurde vereinheitlicht, der Status des einzelnen Bürgers nivelliert: die *constitutio Antoniniana* von 212 sprach allen Staatsangehörigen das volle römische Bürgerrecht zu. Das bedeutete aber weniger die politische Gleichberechtigung aller Bürger (die längst Untertanen waren), als ein weiteres Element der Gleichschaltung. Zweite, wichtigere Voraussetzung war der Strukturwandel der Armee. Das Heer wurde barbarisiert: statt der Italiker bildeten halbromanisierte Reichsangehörige (Illyrer, aber auch Parther und Germanen) das Rückgrat des Mannschaftsbestandes. Zugleich wurden die senatorischen Legaten in den Führungsstellen der Armee durch Berufsoffiziere ausgeschaltet, die altrömisch-ständische Kommandostruktur damit endgültig aufgegeben. Der Übergang aus dem Mannschaftsstand in das Offizierskorps wurde erheblich erleichtert — der Aufstiegsweg vieler Soldatenkaiser. Neben ethnischen und soziologischen standen taktische und organisatorische Veränderungen. Als Eingreiftruppe für gefährdete Abschnitte der Reichsgrenze entstanden die Anfänge einer mobilen Reservearmee — ein Truppenkörper, der in dem Moment, wo sich sein Kommandeur nicht mehr mit einer rein militärischen Funktion zufriedengab, eine entscheidende politische Rolle spielen konnte. Die Kampfformen der Hauptgegner zwangen dazu, eine schwere Kavallerie als Stoßtruppe aufzubauen.

Machtpolitisch lag der Kernpunkt der neuen Herrschaftsform in der veränderten Stellung des Kaisers. Im frühen Prinzipat hatte es noch ein labiles Machtdreieck von Kaiser, Armee und Senat gegeben. Nun schied der Senat immer mehr als politische Kraft aus. Seine formelle Zustimmung zur Kaisererhebung wurde bald nicht mehr eingeholt; wesentliche Befugnisse gingen an das *consilium principis*, den Staatsrat des Kaisers, über. An Stelle der alten Aristokratie füllte der aus dem Heeresdienst stammende und oft nur flüchtig romanisierte Dienstadel den Senat. Gegen Ende des Jahrhunderts war er nurmehr ein Akklamationsinstitut, das kaiserlichen Verordnungen in Sprechchören zustimmte. Eigentliche Stütze der Macht wurden die Legionen, über die der Kaiser als Oberbefehlshaber einer ihm ergebenen Armee verfügte. Die Rolle des Militärs als Machtrückhalt ist schon im frühen Prinzipat nicht zu unterschätzen. Aber nun wurde das Heer zur dominierenden Grundlage der Herrschaft. Der professionelle Korpsgeist einer Söldnerarmee ließ die letzten Reste einer Loyalität gegenüber dem Staat verschwinden. Die persönliche Bindung des Heeres an den Kaiser aber wurde immer enger. Das Heer war allerdings nicht nur williges Machtinstrument. Die Herrschaft des Kaisers durch das Heer beruhte auf einem prekären Gleichgewichtszustand, der allzu leicht in eine Herrschaft des Heeres über den Kaiser umschlug. Das 3. Jahrhundert bot genügend gefährliche Beispiele dafür, wie Legionen ohne Rücksicht auf die Reichsinteressen in kurzen Intervallen Kaiser erhoben und beseitigten. Die Sonderinteressen der großen Heeresgruppen an der Rhein-, Donau- und Tigrisfront ließen zeitweise *de facto* unabhängige Teilstaaten entstehen, wie in Gallien unter Postumus und Tetricus (259-274) oder in der östlichen Handelsmetropole Palmyra unter Odaenathus und Zenobia (262-273).

Die neue Stellung des Kaisers fand ihren Niederschlag im Kaiserkult und Kaiserzeremoniell. Die Macht wurde ideologisiert. War der Kaiser in den ersten Jahrhunderten zumindest der Idee nach immer noch Magistrat und erster Bürger gewesen, so war er nun absoluter Herr des Staates, die Quelle von Frieden und Wohlstand als Stellvertreter der Gottheit. Der Prozeß erreichte seinen Höhepunkt in Aurelian, der als *dominus et deus* (Herr und Gott) auftrat – in unnahbarer Majestät hoch über den Sterblichen thronend.

In der Reichsverwaltung wurde im Lauf des 3. Jahrhunderts als Herrschaftsinstrument des Kaisers eine zentralisierte Bürokratie aufgebaut. Im Gegensatz zur traditionellen Einheit von Zivil- und Militärkommando waren die Laufbahnen von Armee und Zivilbeamtentum nun formell streng getrennt. Dennoch gab es einen gemeinsamen Nenner für beide Instrumente des kaiserlichen Absolutismus: die Militarisierung auch der Zivilverwaltung, die vor allem in ihren höheren Rängen jetzt weitgehend mit ehemaligen Offizieren besetzt wurde. Diese zentralistische Verwaltung dehnte allmählich ihre Aufgaben und Befugnisse auch auf das wirtschaftliche Leben aus. Es entwickelte sich ein System skrupulös genauer Steuer- und Abgabenerfassung und staatlicher Reglementierung der Wirtschaft.

Die Wirtschaft litt schwer unter der ständigen Last von militärischen Einfällen, Bürgerkriegen und Requisitionen. Städte wurden geplündert und zerstört, die Ernte verwüstet, Vieh weggeführt. Durch die allgemeine Unsicherheit und die Blockierung vieler Verkehrsverbindungen nahmen landwirtschaftliche Produktion, Handel und Gewerbe stark ab. »Das Land ist weniger fruchtbar, die Produktion des Bodens wie die Zahl der Bauern geht zurück.«[2] Eine durch die staatliche Münzpolitik kräftig unterstützte Inflation trieb Löhne und Preise in die Höhe (vgl. Fischer Weltgeschichte Bd. 8, S. 243). Die Bevölkerung des Reiches verminderte sich vermutlich im Verlauf dieses verworrenen Jahrhunderts spürbar.[3] Zugleich aber steigerte der permanente Abwehr- und Bürgerkrieg die staatlichen Forderungen an Steuern, Sonderabgaben und Naturalien ständig. Durch Zwangsmaßnahmen der Bürokratie wurde versucht, das Letzte aus dem Land herauszupressen. Der wirtschaftliche Niedergang ließ sich dadurch natürlich nicht aufhalten. Dafür schuf, was ursprünglich als Notverordnung gedacht war, die Ansätze für bezeichnende Elemente der Sozialstruktur des 4. Jahrhunderts: für die städtischen und persönlichen Dienstleistungen an den Staat, die Ausbeutung der bäuerlichen Pächter, die Zwangskorporierung von Handwerk und Transportgewerbe. Das wirtschaftliche Gewicht begann sich von den zum Teil schwer mitgenommenen Städten aufs Land zu verlagern. Ein System war im Entstehen, das mehr als die bloße Neuverteilung der politischen Macht bedeutete. Die Maßnahmen der Kaiser und die neuen Funktionen der Bürokratie wirkten sich entscheidend im Bereich des sozialen Lebens aus, jene tiefe Veränderung von Wirtschaft und Gesellschaft vorbereitend, die dann im folgenden Jahrhundert ihre volle Ausformung erfuhr.

d) Wandlungen der Kultur

Die Ursachen der großen Krise lagen im Ineinandergreifen von politischen, sozialen und gesellschaftlichen Momenten und Konflikten; auslösender oder zumindest beschleunigender Faktor war die außenpolitische Lage. Aber auch in der Kultur gab es einen mit der Lösung des einzelnen aus alten Gruppenbindungen parallellaufenden Wandel des sozialen Verhaltens. Ungenügen und Unsicherheit des Individuums in den traditionellen Ordnungen führten zu einer folgenreichen Veränderung in der Mentalität der Gesellschaft. Die Religion des heidnischen Polytheismus und die damit eng zusammenhängende klassische Bildungswelt wurden mehr und mehr verdrängt durch neue Glaubens- und Denkformen. Eine erhöhte religiöse Erregbarkeit kennzeichnete die Menschen. Am auffallendsten war das Vordringen orientalischer Kulte und Mysterienreligionen, gefördert durch die Rekrutierung von Teilen der Armee aus dem Osten. Der persische Mithras, die phrygische Kybele, der Sonnengott von Emesa, Isis und Serapis, Sol Invictus — sie alle fanden zunehmend Gläubige und Gemeinden unter der Reichsbevölkerung. Dazu trat die Lehre der Gnosis mit dem schroffen Dualismus von Geist und Materie als Religion vor allem der Gebildeten. Randerscheinungen der religiösen Situation waren ein wilder Synkretismus und ein ungeheurer Aufschwung von Astrologie, Magie und Zauberei.
Die neuen Religionen waren im Gegensatz zur traditionellen

Religiosität monotheistische Offenbarungs- und Erlösungsreligionen. Dem Zeitbedürfnis nach religiöser Sicherheit und persönlichem Kontakt mit der Gottheit entgegenkommend, versprachen sie Wissen durch Erleuchtung, Erlösung durch Offenbarung — ein grundsätzlicher Bruch mit dem rationalen Weltverhalten der griechisch-römischen Antike. Auch in der Philosophie kündigte sich eine Auflösung des Rationalen an. Im Neuplatonismus drangen ekstatisch-mystische und asketisch-kontemplative Elemente in das scheinbar so rationale Gebäude der Philosophie ein; er war mehr eine Lebensform als ein strenges Denksystem.

Diese geistige Situation war nicht auf das Imperium Romanum beschränkt; sie hatte im sassanidischen Persien in der Erneuerung des Zoroastrismus und im Entstehen der Religion des Mani mit ihrer streng dualistischen Lehre höchst aufschlußreiche Parallelen. Der Monotheismus in der Religiosität und der streng geregelte Staatskult in der Religionspolitik fanden in Persien wie in Rom ihren Ausdruck. Es war wiederum Aurelian, der versuchte, den Sol Invictus seines persönlichen Glaubens zum höchsten Staatsgott und Schutzherrn des Reiches zu machen.

Der Aufstieg zum offiziellen Staatskult war freilich nur eine Möglichkeit der neuen Religionen. Anders als die staatsgebundenen, traditionellen Kulte konnten sie, im Ursprung staatsfremd, politisch ebenso leicht sprengend wie bindend wirken. Eine vom Staat unterstellte, zum Teil aber durch das Verhalten der Gläubigen bestätigte staatsfeindliche Haltung führte den Manichäismus und vor allem das Christentum in diesen Jahrzehnten zum Konflikt mit dem Imperium. Für die Zeitgenossen war das Christentum nur eine unter anderen orientalischen Religionen mit Geheimriten, asketischen Vorschriften, Festen und Heiligen. Es fiel höchstens durch rigorosen Widerstand gegen die recht formalen Kultforderungen der Obrigkeit auf. In und zwischen seinen zahlreichen Gemeinden, vor allem im Osten, aber auch in Italien, Gallien und Afrika, bildeten sich jetzt Anfänge einer geordneten Hierarchie und Organisation aus (vgl. Fischer Weltgeschichte Bd. 8, S. 248). Clemens und Origenes, die großen alexandrinischen Theologen, hatten die Auseinandersetzung des Glaubens mit Gnosis und heidnischer Philosophie auf einen ersten Höhepunkt geführt. Von einzelnen Sekten abgesehen, war die Gesamtkirche durchaus nicht staatsfeindlich eingestellt. Dennoch erzwang die religiös begründete Verweigerung staatlich verfügter Opferhandlungen schließlich die offene Verfolgung durch Decius und Valerian. Aus diesen Verfolgungen ging die *ecclesia martyrum* mit einem neuen Selbstgefühl hervor, das der leidenschaftliche Afrikaner Tertullian in die stolze Formel von der *militia Christi* (Kriegsdienst für Christus) faßte.

Es gelang der Militärherrschaft, die drohende Desintegration des Imperiums aufzufangen; der Zwangsstaat wirkte als Ordnungsfaktor, der das Reich vor vollständigem Chaos und Barbarisierung bewahrte. Auf den Tiefpunkt der Jahrhundertmitte, als das Reich unter der Herrschaft des Valerian und des Gallienus (253-268) am Rande des Zerfalls schien, folgte die politische Überwindung der Reichskrise. Das war das Werk der illyrischen Kaiser, nüchterner Militärs, die von der Armee als befähigte Führer erhoben wurden, um die schweren Abwehrkämpfe zu leiten und die Ordnungsaufgaben zu bewältigen. Der Prozeß der Stabilisierung begann mit Claudius Gothicus (268-270); er ging weiter unter Aurelian (270-275), Probus (276-282) und Carus (282-283), um dann unter Diocletian seinen Abschluß zu erreichen. Die germanischen Einfälle wurden erfolgreich zurückgeschlagen, Persien erlitt eine schwere Niederlage; die Sonderherrschaften in Gallien und Palmyra wurden beseitigt. Die erstaunliche Bilanz war, daß ab 280 die Grenzen des Imperiums fast wieder im Umfang des 2. Jahrhunderts befestigt werden konnten. Lediglich zwei kleinere Gebiete wurden endgültig geräumt, Dakien und das südwestdeutsche Decumatland zwischen Oberrhein und Bodensee, in dem seit 254 die Alamannen die tatsächlichen Herren waren. Trotz der mühsamen außenpolitischen Erholung war freilich der Währungs- und Wirtschaftsverfall noch keineswegs beseitigt. Die innenpolitische Lage blieb instabil, die Stellung der Kaiser prekär — Aurelian wurde nach fünf Jahren durch eine Offiziersverschwörung beseitigt, Probus und Carus durch ihre Prätorianerpräfekten ermordet.

Aber die außenpolitische Stabilisierung war eine entscheidende Voraussetzung dafür, daß in den folgenden zwei Generationen die Ansätze jener neuen Lebensformen, die im Schatten der Wirren entstanden waren, sich ausbildeten. Der militärische Absolutismus, der lange ein bloßes System der Aushilfen war, erhielt konsequent eine feste Ordnung.

II. NEUE LEBENSFORMEN: ABSOLUTISMUS UND CHRISTENTUM

a) Die Herrschaft Diocletians und Constantins: von der Tetrarchie zur Alleinherrschaft

Als *parens aurei saeculi* hatte die offizielle Propaganda den Kaiser Diocletian begrüßt. Anders als bei seinen Vorgängern steckte ein richtiger Kern in der Propagandaphrase. Allerdings war dieser Einschnitt in der Entwicklung des Imperiums mit zwei Namen zugleich verknüpft: die Schöpfer der neuen Lebensform des Imperium Romanum Christianum waren Diocletian und Constantin. Als Regenten ungleich bedeutender als ihre Vorgänger, begegneten sie dem chaotischen Erbe der Militäranarchie mit der verzweifelten Entschlossenheit, die Organisation des Reiches zu bewahren und zu erneuern. Es gelang ihnen, diese große Aufgabe zu meistern. Das Wirken beider Kaiser in Reform und Neuordnung des Staates ist dabei weithin untrennbar. Vielfach ist es kaum möglich, bestimmte Maßnahmen mit Sicherheit auf Diocletian oder Constantin zurückzuführen. Doch hat die Umformung des Imperiums zwei verschiedene Aspekte, die jeweils mit dem Namen eines der beiden Kaiser besonders eng verbunden sind. In der Neuordnung von Staat und Gesellschaft — wesentlich ein evolutionärer Prozeß der Reorganisation — sind viele Entscheidungen schon von Diocletian getroffen worden. Was Constantin fortführte, aber auch was er änderte, war dadurch bereits in eine bestimmte Richtung gelenkt. Allein verantwortlich dagegen war Constantin für die Anerkennung des Christentums und seine Verbindung mit dem Staat, die sich dann folgenschwer auf Gesellschaft und Kultur auswirkte. Constantin vertritt den revolutionären Aspekt des Handelns in dieser geschichtlichen Wende. Darum trägt er mit mehr Recht als mancher andere den Beinamen des Großen.

Die vierzig Jahre von 284 bis zur Alleinherrschaft Constantins 324 waren eine nahezu ununterbrochene Kette interner Machtkämpfe. Gleichzeitig gingen — obwohl der Druck der Stämme momentan nachließ — die Abwehrkämpfe an den Grenzen weiter. Diocletians erste Regierungsjahre waren erfüllt von Kämpfen gegen Franken, Alamannen und Sarmaten wie gegen innere Revolten, von denen die des Carausius in England bis 293 andauerten. Schon 286 hatte Diocletian einen befähigten und loyalen Truppenführer, Maximianus, als Augustus zum Mitregenten erhoben. 293 schuf er das System der Tetrarchie — um mögliche Thronprätendenten zu neutralisieren, vor allem aber, um die übergroße Last der politischen und militärischen Aufgaben aufzuteilen. Der Augustus des Ostens, Diocletian, erhielt Galerius als Caesar beigeordnet, Maximianus im Westen Constantius Chlorus — beides bewährte Generäle. Die Eintracht der vier Herrscher (wie sie die Portraitgruppe in Venedig verkörpert), ein reibungsloses Funktionieren des Systems bei einheitlicher Führung war durch Diocletians unbestrittene Autorität gesichert. Er blieb in der Tetrarchie der wahre Kaiser.

Die Caesares waren Träger einer aktiven, gut koordinierten Militärpolitik an den Grenzen: Constantius im Kampf gegen die Alamanen (Sieg bei Langres 298), Galerius in Feldzügen gegen Karpen, Goten und gegen die Perser in Armenien. Die erste Tetrarchie brachte eine Zeit verhältnismäßiger Ruhe für das Imperium: *tranquillo orbis statu et in gremio altissimae quietis locato*[4]. Kurz nach einem prunkvollen Besuch in Rom

zur Feier seines zwanzig-
jährigen Regierungsjubi-
läums (Vicennalien) im
Jahre 303 brach der fast
sechzigjährige Senior Au-
gustus körperlich zusam-
men; 305 dankte er zu-
sammen mit Maximianus
ab. Constantius und Gale-
rius wurden Augusti, Se-
verus und Maximinus
Daia rückten als Caesares
nach. Diocletian aber lebte
noch über acht Jahre zu-
rückgezogen in seinem
riesigen Palast in Salona
(Split), in erstaunlichem
Detachement von der
Macht kaum mehr in die
Politik eingreifend.

Diocletian war einer jener
großen nüchternen Schwei-
ger und einseitigen Prag-
matiker wie Philipp der
Gute von Burgund oder
Wilhelm von Oranien. Ein
Pragmatiker freilich, der
zugleich unerschütterlich
an Mithras, den Gott der
Legionäre, als ›unbesieg-
bare Sonne‹ und an eine

Abb. 4: Porträtgruppe der Tetrarchen in Venedig

ewige Ordnung der Welt glaubte, deren Geheimnis die Astrologie enträtseln kann. Es mag sein, daß der alternde Organisator
des monarchischen Absolutismus in den Wirren der zweiten Tetrarchie sein Lebenswerk zusammenbrechen sah — ein Gefühl,
das zugleich berechtigt und unberechtigt war. Die kaiserliche
Autokratie wurde von Constantin bewahrt, wenn auch ohne das
künstliche System der Tetrarchie. Aber der Geist des neuen
Staates war durch das Christentum, das Diocletian vergeblich
bekämpft hatte, grundlegend verändert.

Das Vierherrscher-System hat nur einmal in der von Diocletian
vorgesehenen Weise funktioniert — bei dem Wachwechsel von
305. Die Herrschaft der zweiten Generation endete dank dem
Fehlen einer großen Autorität schnell in Machtkämpfen. Schon
306 starb Constantius in York; während die Legionen seinen
Sohn Constantin zum Nachfolger ausriefen, wurde in Rom
Maximianus' Sohn Maxentius zum Augustus erhoben. Jahre

eines militärischen und diplomatischen Stellungskampfes folgten. Die Konferenz von Carnuntum erklärte 308 Maxentius (der sich weiter in Italien und Afrika behauptete) zum Reichsfeind, ohne einen praktikablen Kompromiß unter seinen gemeinsamen Gegnern zu finden. Der Tod des Galerius (311) führte zu einer Neugruppierung der Kräfte und zum offenen Konflikt. Constantin marschierte 312 in Italien ein und beseitigte Maxentius nach harten Gefechten bei Turin, Verona und am Pons Milvius vor Rom. Es waren Siege, die *instinctu divinitatis* (auf Eingebung der Gottheit) gewonnen waren, wie der vom Senat in Rom errichtete Triumphbogen Constantins religiöse Wandlung am Ende dieser Kämpfe vorsichtig umschrieb. Constantins Verbündeter Licinius vernichtete im folgenden Jahre im Osten Maximinus Daia. Übrig blieben die Augusti Constantin und Licinius als Herrscher in West und Ost. Ihre Beziehungen waren von Anfang an gespannt. 323 begann — nachdem Licinius im Osten eine christenfeindliche Politik eingeleitet hatte — der Entscheidungskampf. Im Herbst 324 zwang Constantin Licinius zur Abdankung und ließ ihn bald darauf als Reichsfeind hinrichten. Constantins Ziel war erreicht: die Universalmonarchie in den Formen des Dominats. Die Tetrarchie hatte sich genauso als Übergangslösung erwiesen wie das Triumvirat am Ende der Republik.

Die dreizehn Jahre der Alleinherrschaft (wiewohl nominell die Söhne Crispus, Constantin II., Constantius II. und Constans als Caesares Mitregenten waren) waren überschattet von einer Familientragödie, der Hinrichtung des Crispus und der Kaiserin Fausta. Constantin festigte und vollendete in diesen Jahren den evolutionären Ausbau der Ordnung, deren Anfänge und Grundlinien Diocletian geschaffen hatte.

b) Restauration: der reformierte Staat

In der politischen und militärischen, sozialen und wirtschaftlichen Ordnung, die in fast fünfzig Jahren entstand, fand die Institutionalisierung und ideologische Fundierung des militärischen Absolutismus ihren Abschluß. Das System des Dominats wurde gültiges Staatsrecht. Es gab daher wenig neue oder schöpferische Formen in dieser Staatsordnung; ihre Charakterzüge waren realistische Anpassung an die gegebene Situation, Reorganisation und Restauration. Doch innerhalb dieser Grenzen blieb es eine Tat von bedeutsamer Tragweite, die bisherigen Bruchstücke und Einzeltendenzen in einer festen Form zusammenzufassen.

Diocletian ging bei seinen Reformen keineswegs von einem systematischen Gesamtentwurf aus, sondern von dem begrenzten Ziel, die Bedürfnisse der Armee und der Reichsverteidigung zu sichern. Doch das Eigengewicht der Entwicklung ebenso wie zielbewußte Maßnahmen seiner Nachfolger machten aus den pragmatischen Anfängen einer ›Notstandsverfassung‹ bald ein komplexes System umfassender politischer, sozialer und wirtschaftlicher Reformen mit weitreichenden Auswirkungen — eine absolute Monarchie, deren Herrschaftsapparat gekennzeichnet war durch Zentralisierung, Bürokratismus und Militarisierung. Der Kaiser war der alleinige Ursprung aller Macht und einzige Quelle des Rechts; er regierte mit unumschränkter Gewalt. Die verfassungsrechtliche Fiktion des Prinzipats vom Kaisertum als immer wieder verlängertem Ausnahmezustand war endgültig dahin. Senat und senatorische Ämter wurden zu bloß repräsentativen Funktionen, wenn auch die Senatoren als soziale Schicht noch ein erhebliches Prestige und großen Einfluß hatten. »Von jetzt ab erstarkte die militärische Gewalt, und dem Senat wurde das Imperium und das Recht der Kreierung des Kaisers genommen«: dies Urteil einer späteren Generation war freilich einseitig.[5] Wohl blieb die Armee eine entscheidende Machtgrundlage. Aber die Herrschaftsordnung des Dominats war der reinen Willkür der Legionen entzogen. Neben die nackte Gewalt war in der Herrschaft kraft göttlichen Rechts eine neue Legitimierung der kaiserlichen Autorität getreten.

Die absolute Macht des Herrschers war nicht nur institutionell und staatsrechtlich, sondern auch religiös-ideologisch fundiert. Die Vorstellung von der Gottähnlichkeit oder Göttlichkeit des Herrschers war in Rom nicht völlig neu. Sie gewann mit dem Vordringen der orientalischen Religionen an Boden. Auch die Tetrarchie war nach Diocletians Willen ein theokratisches System, in dem Diocletianus Jovius als Sohn Jupiters, Maximianus Herculius als Sohn des Hercules kraft göttlichen Rechts und göttlicher Abkunft die Welt regierten. Für das Christentum konnte der Kaiser zwar niemals als Gott erscheinen, aber seine Legitimierung und moralische Autorität empfing er notwendig von Gott. Herrschercharisma und Macht entsprangen der göttlichen Gnade. Diesen wahren Ursprung der Macht verkündeten die Münzen des späten Constantin, auf denen vom Himmel her eine Hand das Kaiserdiadem hielt. Diese Vorstellung vom Kaiser als irdischem Treuhänder göttlicher Macht war im Grunde schon angelegt in Paulus' Begriff der Obrigkeit. In der christlichen Theologie wie im Volksglauben entwickelten sich daraus recht kompakte Vorstellungen vom Kaiser als Statthalter Gottes auf Erden. Er hatte das Recht und die Pflicht, auf der Erde die göttliche Ordnung zu verwirklichen; zugleich war er der ›Urgrund aller Wohltaten‹, das ›Licht der Welt‹. In den Militärlagern, Büros und Wohnungen wurde sein Bild vom Schein der Kerzen erhellt.

Insignien und Zeremoniell, unter starkem persischen Einfluß

ausgebildet, waren beim heidnischen Gottkaiser wie beim christlichen Kaiser von Gottes Gnaden ein Zeichen des göttlichen Urgrundes der Macht. Das perlenbestickte Diadem, der gold- und edelsteinverzierte Purpurmantel, Szepter und Globus wie der Kniefall der Untertanen, der Weihrauch und die — von einem eigenen Korps der *silentiarii* gewahrte — feierliche Ruhe bei Empfängen und Amtshandlungen: all das diente dazu, die den gewöhnlichen Sterblichen weit entrückte Majestät des Herrschers zu dokumentieren. Auf Darstellungen trug der Kaiser wie Christus und die Heiligen den Nimbus als Attribut der Majestät. Selbst in der Amtssprache schlug sich der theokratische Charakter der Herrschaft nieder. Was mit der Person des Kaisers auch nur entfernt zusammenhing, war nun ›heilig‹ und ›göttlich‹: der Palast ein *sacrum palatium*, die kaiserlichen Verordnungen *divinae institutiones*, sogar das jährliche Steuerbudget eine *divina delegatio*. Das Kaisertum hat den Weg von der Magistratur zu einer ewigen Größe, sein Inhaber den Weg zum Gott oder zum Stellvertreter Gottes auf Erden zurückgelegt.

Organe der unumschränkten Gewalt des Kaisers waren die neugeordnete Reichsverwaltung und die reformierte Armee. Eine riesige, direkt dem Kaiser unterstellte Bürokratie sollte seinen Willen bis in das letzte Dorf durchsetzen. Sie unterschied sich in vieler Hinsicht vom traditionellen Verwaltungssystem. Ein extremer Zentralismus verband sich mit weitgehender Gleichschaltung und Nivellierung im Verwaltungsapparat (die sich etwa in der Aufhebung des Unterschiedes zwischen senatorischen und kaiserlichen Provinzen niederschlug). Mit dem Verwaltungszentralismus kam, wie immer, eine Bürokratisierung. Gedacht als Sicherung des kaiserlichen Absolutismus, hat diese Verwaltung durch die Komplexität der Maschinerie und des Instanzenzuges, durch zahllose Kompetenzstreitigkeiten und Nachlässigkeiten in vielem hemmend und lähmend auf das Leben des Reiches gewirkt. Zwei Elemente waren bezeichnend für diesen spätrömischen Bürokratismus. Einmal ein Berufsbeamtentum mit genau geregelter Ausbildung (einem juristisch-rhetorischen Studium) und mit einer streng gegliederten Hierarchie, der ein geschärftes Standesbewußtsein des einzelnen Beamten entsprach. Anreden und Rangtitel standen den einzelnen Beamtenkategorien nach einem genau festgelegten System zu — vom *vir perfectissimus* über den *clarissimus* zum *spectabilis* und *illustris*[6]. Die Ernennung zu bestimmten Ämtern reihte den Betreffenden automatisch in die Klasse etwa der Senatoren ein. Der höchste Rangtitel war allerdings ein Ehrentitel ohne bestimmte Funktion: der des *patricius*.

Das zweite wesentliche Element des bürokratischen Systems war eine starke Differenzierung der Rechte und Pflichten des einzelnen Beamten; es kam zu einer immer stärkeren Untergliederung der Verwaltungsfunktionen. Schon die mit Gallienus beginnende Trennung von militärischem Bereich und ziviler Verwaltung war ein Teil dieses Prozesses gewesen. Mit der hierarchischen Abstufung verband sich nun eine detaillierte Aufgabentrennung und Zuständigkeitsabgrenzung. Das zeichnete sich schon in den Grundzügen der Reichsverwaltung ab, wo die ursprünglich 57 Provinzen in rund 100 und schließlich (zu Anfang des 5. Jahrhunderts) in 120 aufgeteilt wurden und gleichzeitig Diözesen und Präfekturen als Zwischeninstanzen entstanden.

Eine Ursache dieser Entwicklung lag in dem auch damals vorhandenen Drang der Behörden zur Selbstvermehrung und damit zur weiteren Untergliederung. Ein Prätorianerpräfekt beschäftigte in seinem Amt schließlich rund sechshundert Funktionäre, sein Stellvertreter dreihundert. Ein gewisser Sachzwang bestand in den neuen umfangreichen Kontrollfunktionen und wirtschaftlich-fiskalischen Aufgaben der Bürokratie. Dazu aber kam der Versuch, eine möglichst durchgehende Überwachung der Verwaltung durch gegenseitige Bespitzelung zu erzielen. Hier wurde wie im übrigen Zentralismus das Mißtrauen spürbar, das zu jedem absolutistischen System gehört. Ein Schlüsselpunkt des Systems waren die *magistri officii* in Heer und Verwaltungsapparat: mitverantwortliche Kanzleivorstände oder Stabchefs, die Erlasse und Befehle des ausführenden Beamten oder Offiziers gegenzeichnen mußten und somit schwerwiegende Kontrollfunktionen erfüllten. Bezeichnenderweise erreichte auch der Ausbau der Geheimpolizei um diese Zeit seinen Höhepunkt. Das Spezialkorps der *agentes in rebus* diente nicht nur zu Kurierdienst und normalen Polizeifunktionen (es führte unter anderem eine Liste der verdächtigen Personen, von den Taschendieben bis zu den Christen), sondern zur Kontrolle der Verwaltung und der öffentlichen Meinung überhaupt. Um die Bevölkerung ruhig zu halten und sie darüber auszuhorchen, was vorging[7], verfügte es über Briefzensur und über einen ausgebreiteten Spitzel- und Zubringerdienst. Der *agent provocateur* war allgegenwärtig; der beständig drohende Polizeiterror ließ jeden einflußreichen Mann »von Foltern, Fesseln und dunklen Verliesen träumen«[8]. Als Instrument der Gesinnungskontrolle war das System in Anbetracht der technischen Möglichkeiten erstaunlich effektiv. Dazu gab es für alle diese Maßnahmen im *crimen laesae maiestatis* (›Majestätsbeleidigung‹) eine wünschenswert dehnbare formaljuristische Rechtsgrundlage.

Der Aufbau des neuen Herrschaftsapparates wurde zu Anfang des 5. Jahrhunderts in der *Notitia dignitatum,* einer Art Staatshandbuch, zusammengefaßt. Vier große Bereiche heben sich heraus: die Zentralverwaltung, die allgemeine Zivilverwaltung (Regionalverwaltung), die Armee und der Hof. Die Zentralverwaltung war das politische und administrative Nervenzentrum des Reiches; sie arbeitete in der jeweiligen Residenz des Kaisers. Höchster Würdenträger und leitender Funktionär war der *magister officiorum*. Ihm oblag Aufsicht und Verantwortung für die Hofämter, für die Gesamtverwaltung und für den diplomatischen Verkehr. Er kommandierte aber auch — wie seine Machtfülle mit ausmachte — die berittene kaiserliche Leibgarde (*scholae palatinae*) und die Geheimpolizei. Kaum weniger einflußreich war der *quaestor*, eine Art kaiserlicher Staatssekretär und Justizminister, über den alle Eingaben liefen. Von den zwei Finanzministern war einer für den Fiskus, die öffentliche Finanzverwaltung, verantwortlich (*comes sacrarum largitionum*), der andere für die Privateinkünfte des Kaisers (*comes rerum privatarum*). Unter ihnen arbeitete der in zahlreiche Kanzleien (*scrinia*) gegliederte Beamtenstab der Zentralverwaltung. Zusammen mit einigen weiteren hohen Würdenträgern, Offizieren und Juristen bildeten die Minister den Kronrat des Kaisers, das *sacrum consistorium*. In den Sitzungen dieses Kabinetts (die bezeichnenderweise den Namen *silentium* trugen) wurden die wichtigen politischen und administrativen Maßnahmen vorbereitet. Die Leitung der Reichsverwaltung durch diese Zentrale ging nicht ohne zahlreiche Reibungen und Kompetenzstreitigkeiten vor sich, zumal es in der regionalen Zivilverwaltung vier Spitzenstellungen gab, deren Inhaber über erhebliche Macht und Einfluß verfügten: die vier Prätorianerpräfekten (*praefecti praetorio*). Sie waren eine Art von Vizekönigen, die mit ihrem Beamtenstab die Präfekturen Gallien (mit Spanien und England), Italien (mit Afrika und dem nordwestlichen Balkan), Illyricum (Balkan und Donaugebiet) und Oriens dirigierten. Sie trugen in ihren Verwaltungsbereichen auch für die Versorgung und Rekrutierung des Heeres die Verantwortung. Unter den vier großen Präfekturen gliederte sich die Reichsverwaltung in Diözesen (zwölf, später siebzehn) als Zwischeninstanzen, die von einem *vicarius* verwaltet wurden, und in die 120 Provinzen. Die Provinzen selbst waren entschieden verkleinert worden — im Interesse eines reibungsloseren Verwaltungsablaufs ebenso wie als Vorsichtsmaßnahme. Da der Provinzgouverneur (*consularis*, aber auch *proconsul, corrector* oder *praeses*) keine militärische Kompetenz mehr besaß, stand in den Grenzprovinzen ein *dux* als Militärbefehlshaber. Herausgenommen aus diesem streng gegliederten System waren lediglich die alte und die neue Hauptstadt. Rom und Constantinopel wurden jeweils unabhängig (aber unter Kontrolle eines kaiserlichen *vicarius*) von senatorischen *praefecti urbi* verwaltet.

Die Zivilverwaltung schloß eine umfassende und rationelle Finanz- und Steuerbürokratie ein. Denn ein wesentlicher Teil der Verwaltungsreform bestand im Aufbau eines neuen Steuersystems. Diocletians 297 durchgeführte Steuerreform schuf zum erstenmal die Möglichkeit, die Steuereinnahmen genau vorauszuberechnen und damit ein Staatsbudget aufzustellen. Das Hauptsteueraufkommen des 3. Jahrhunderts beruhte auf der *annona*, einer von den Grundeigentümern in Naturalien erhobenen Umlagesteuer. Die *annona* wurde nun umgewandelt in eine (weiterhin zumeist in Sachwerten zu entrichtende) regelrecht veranlagte Steuer. Ihr Hebesatz bemaß sich nach Fläche und Qualität des Grundbesitzes und nach dem Bodenertrag entsprechend der darauf eingesetzten Zahl von Kolonen, Sklaven und Zugvieh. Zu dieser *capitatio-iugatio* (›gemischten Grundkopfsteuer‹) wurde zunächst alle fünf, ab 312 dann alle fünfzehn Jahre neu veranlagt. Diese ›Indiktion‹ war für das öffentliche und private Leben von solcher Bedeutung, daß sie für das ganze Mittelalter zur Grundlage der Kalenderrechnung wurde.[9] Seit 297 ergoß sich so eine Flut von Steuererklärungen und Veranlagungsbescheiden über die Untertanen: »Die Erhebungsbeamten treten überall auf [...] Die Felder werden Stück für Stück vermessen; man berechnet die Wein- und Obstanbaufläche, man notiert die Zahl der Tiere jeglicher Gattung und man zählt die Menschen Kopf für Kopf.«[10] Komplette und genaue Unterlagen erfaßten die Wirtschafts- und Steuerkraft des Reiches bis ins einzelne. Das rigoros durchgeführte Steuersystem, das wenig auf wirtschaftliche Besonderheiten oder soziale Strukturverschiedenheiten der einzelnen Provinzen Rücksicht nahm, war vor allem zu Anfang eine Härte für die Bevölkerung. Es brachte aber zweifellos eine gerechtere Verteilung der Lasten und blieb für Jahrhunderte die Grundlage der Staatsfinanzen.

Das Heer besaß immer noch entscheidendes Gewicht. Die Defensivsituation bestand weiter; der Frieden war nur durch weitgehende militärische Planungen und Anstrengungen zu sichern. Direkter Oberbefehlshaber der Armee war der Kaiser; ihm unterstanden als wichtigste militärische Befehlshaber die *magistri militum* (Heermeister). Das schon im 3. Jahrhundert sich anbahnende System einer Trennung zwischen Feldarmee und Grenzbesatzungen wurde nun konsequent durchgeführt: nur eine tiefgegliederte Abwehr entsprach der strategischen Lage. Für den routinemäßigen Grenzschutz waren die bodenständigen Garnisonen der *limitanei* oder *ripenses* an bestimmten Abschnitten der zum Teil neu verstärkten Militärgrenze fest stationiert. Als strategische Reserve zum Schwerpunkteinsatz auf wechselnden Schauplätzen dagegen diente eine mobile Feldarmee, der *exercitus comitatensis* (entstanden aus dem *comitatus Augustorum*, den Begleittruppen des Kaisers). Diese meist berittene Elitetruppe rekrutierte sich schon vorwiegend aus reichsfremden Söldnern, vor allem Germanen. Geführt wurden Garde und Feldarmee von den *magistri militum praesentales*.

Bewaffnung, Organisation und Taktik erfuhren weitere Veränderungen in Anpassung an die Kampfführung der persischen und germanischen Gegner. Die Legionen wurden auf ein Drittel ihres Mannschaftsbestandes verkleinert; eine immer größere Rolle spielten militärisch hochwertige barbarische Auxiliarformationen. Die einschneidendste Maßnahme aber war die weitere Verstärkung der in *vexillationes* gegliederten gepanzerten Kavallerie. Sie wurde nun zur Haupt- und Stoßwaffe der Armee. Die Gesamtstärke aller Truppen betrug rund 400 000 Mann, freilich zum überwiegenden Teil Milizen und Garnisonen von beschränktem Kampfwert.

Ein viertes, in seiner politischen Bedeutung nicht zu unterschätzendes Element war der Hof. An der Spitze eines Heeres von Kammerherren, Eunuchen, *silentiarii* und Dienern stand der Großkammerherr (*praepositus sacri cubiculi*). Dieses Amt, bald den höchsten Würdenträgern rangmäßig gleichgestellt und meist von Eunuchen bekleidet, hatte einen eminenten Einfluß auf die Affären des Reiches.

Der neue Staat war ein zentralistischer Herrschaftsapparat, seine Bürokratie und Berufsarmee waren im Kaiser, der Quelle aller Gewalten, koordiniert. Er erhob grundsätzlich Anspruch auf Reglementierung des gesamten Daseins. Der Bürger war nur mehr Untertan, dessen erste und entscheidende Pflicht es war, dem Staat zu dienen und zu dessen Erhaltung zu arbeiten. Nach der längst verlorenen politischen Freiheit gab er nun seine soziale und wirtschaftliche Freiheit auf, um Ordnung und Überleben zu sichern. Dieser Anspruch auf Organisation auch des sozialen und wirtschaftlichen Lebens blieb ständig aufrechterhalten: die nicht abreißenden Grenzkriege wie der ständig vergrößerte Beamtenapparat erhöhten den Finanz- und Sachbedarf des spätrömischen Staates dauernd. Aus dem prinzipiellen Etatismus des Systems wurde so zugleich ein Fiskalismus. Die Reichsbürokratie war ein Instrument der Herrschaft und der Verwaltung, zugleich aber auch der Ausbeutung; das wurde in keiner Weise dadurch verbessert, daß die Bürokratie von Anfang an von chronischer Korruption befallen war.

Die Frage nach der Realität des Lebens in diesem System, nach dem tatsächlichen Wirkungsgrad dieses Apparates ist schwer zu beantworten. Übertreibungen der Zeitgenossen stellen sich in einer solchen Lage fast notwendig ein. Daß die Reglementierung des Lebens weit ging, dafür zeugen schon die für ein solches System typischen Lähmungserscheinungen. Doch gab es technische Grenzen: die territoriale Weite des Imperiums in Verbindung mit dem damaligen Stand der Verkehrs- und Nachrichtenmittel schloß die Perfektionierung des Systems aus. Trotzdem blieb es ein für den einzelnen sehr fühlbarer Zwangsstaat, der die gefährliche und den Zeitgenossen überaus lästige Tendenz zeigte, sich mehr und mehr in alles einzumischen.

Dieser absolute Staat blieb in mancher Hinsicht eine restaurative Schöpfung — Stabilität und Selbsterhaltung waren sein Hauptzweck. Aber durch entschlossene Vereinfachung des Apparates, notfalls um den Preis der persönlichen Freiheit, war doch die römische Welt instand gesetzt, in veränderten Formen weiterzuleben und sich der Angriffe von außen noch lange Zeit erfolgreich zu erwehren. Wider Erwarten erwies sich diese Staatsordnung sogar als von unerhört zähem Bestand. Zwar verschwanden bezeichnende Elemente (wie die im 7. Jahrhundert wieder aufgegebene Trennung von Militär- und Zivilgewalt) im Laufe der Entwicklung; Zuständigkeiten, Ämter, Titel änderten sich. Aber der kaiserliche Absolutismus autokratisch-orientalischen Charakters und die zentralisierte Bürokratie mit ihren zahlreichen Ämtern und ihrem Fiskalismus blieben Grundpfeiler des byzantinischen Staates bis in seine Verfallszeit. Auch die Germanenstaaten blieben Erben des diocletianisch-constantinischen Staates — wie sie Erben der religiösen Entscheidung Constantins wurden.

c) Revolution: Constantin und das Christentum

Neben der Reorganisation des Staates als zwangsstaatlichem Herrschaftssystem stand bei Constantin der revolutionäre Aspekt seines geschichtlichen Wirkens: die mit seiner persönlichen Bekehrung verbundene Anerkennung des Christentums als legitime Religion im Staat. Diese Entscheidung hat für das Imperium und die spätantike Religion wie für die Kirche und den christlichen Glauben Epoche gemacht und weitreichende Auswirkungen auf die gesamte geschichtliche Welt der kommenden Jahrhunderte gehabt. Zeitgenossen und folgende Generationen haben das Revolutionäre deutlich empfunden. Kaiser Julian hat seinen Onkel Constantin einen »Revolutionär und Umstürzer der alten Gesetze und der althergebrachten Sitte«[11] genannt. Der Heide Zosimos sah im Toleranzedikt von 313 die Ursache des Reichsverfalls im 5. Jahrhundert; Christen haben Constantin als neuen Augustus und Werkzeug der göttlichen Vorsehung gefeiert. Noch zu Beginn des 4. Jahrhunderts war das Christentum nur eine unter zahlreichen konkurrierenden orientalischen Erlösungsreligionen. Um die Mitte des Jahrhunderts aber war die Kirche durch ihren geistigen Einfluß auf die Reichsbevölkerung wie durch ihre wirtschaftliche und soziale Position eine der bewegenden Kräfte des Zeitalters geworden, die Gesellschaft und Politik, Kunst und Kultur nachhaltig beeinflußte.

Die antike Religion ist immer zugleich eine politische Religiosität gewesen. Der Glaube, daß Friede, Wohlfahrt und Erfolg von

Städten und Staaten dem Wirken mächtiger Götter zu verdanken seien, war tief in ihr begründet. Der Kult bestimmter Staatsgötter war darum eine notwendige Funktion jeder organisierten Gesellschaft. Dieser Selbstverständlichkeit haben sich auch die orientalischen Religionen gebeugt; sie kannten keinen religiösen Ausschließlichkeitsanspruch. Die Christen waren hier die große Ausnahme; ihr Glaube ließ sie das Opfer an die Staatsgottheiten ablehnen. Das trug ihnen den Ruf ein, sie gefährdeten die göttliche Hilfe für das Reich, deren man in diesen Krisenzeiten erst recht zu bedürfen glaubte: »Verräter an den vaterländischen Gesetzen« nannte sie der heidnische Philosoph Porphyrios. Auch die Herrschaft der Tetrarchen ruhte auf den traditionellen Überzeugungen einer politischen Religiosität. Es war nur eine letzte Konsequenz des theokratischen Systems, daß Diocletian auch die Einheit des Glaubens in der traditionellen römischen Religiosität zu erzwingen suchte. Hier, nicht im Drängen des fanatischen Christenfeindes Galerius, lag die eigentliche Ursache der großen Christenverfolgung.

Es schien ein ungleicher Kampf zu werden: der machtvolle Apparat des reorganisierten Staates gegen die zerstreuten Gemeinden der Christen. Das Christentum hatte sich in den Jahrzehnten stillschweigender Duldung seit Valerian vor allem im Osten des Reiches kräftig ausgebreitet; es hatte in der Armee und in der höheren Verwaltung Anhänger gewonnen. Dennoch stellten um das Jahr 300 die Christen zweifellos nur einen Bruchteil der Reichsbevölkerung dar. Diocletians antichristliche Maßnahmen setzen 302 mit einer unblutigen Säuberung von Heer und Zivilverwaltung ein. 303 begann die allgemeine Verfolgung mit Gottesdienstverbot, Verhaftung der Kleriker, Zerstörung der Kirchen, Verbrennung der heiligen Bücher, Opferzwang und zahlreichen Hinrichtungen. Nach Diocletians Rücktritt wurde sie vor allem von Galerius und Maximinus Daia energisch weitergeführt.

Doch die Verfolgung erwies sich als der eine große politische Irrtum Diocletians. Er hatte die Verwurzelung des neuen Glaubens und die Kraft seines passiven Widerstandes unterschätzt. Das Edikt partieller Toleranz für den christlichen Glauben, das Galerius 311 in Serdica erlassen mußte, bedeutete das Eingeständnis, daß eine Ausrottung der Christen ebenso unmöglich war wie ein Erzwingen ihrer religiösen Loyalität. Das Edikt verpflichtete die Christen lediglich zu tun, was sie im Grunde nie verweigert hatten: für Bestand und Wohlergehen des Reiches zum christlichen Gott zu beten. Constantins erster religionspolitischer Schritt, das 313 gemeinsam mit Licinius erlassene ›Edikt von Mailand‹, bestätigte nur das galerische Toleranzedikt und faßte es genauer. Aber für alle weitere Entwicklung blieb es ein grundlegender Unterschied, ob der neue Glaube nur neben anderen Religionen im Staat geduldet oder ob er vom Herrscher selbst angenommen und planmäßig gefördert wurde. Daher die außergewöhnliche Bedeutung der persönlichen Entscheidung Constantins: ohne sie wäre die Geschichte des Imperium Romanum und der Kirche gänzlich anders verlaufen.

Constantin war als Militär, Administrator und Gesetzgeber außergewöhnlich befähigt und oft von fast gewalttätiger Energie. Manchen rauhen Zug des Soldaten konnte er ebensowenig verleugnen wie die Schwäche des Autokraten für Höflingskreaturen. Als Staatsmann war er ein kritischer Planer und wandlungsfähig in seinen Ideen. Von seiner religiösen Haltung und ihren Veränderungen aber wissen wir wenig Sicheres. Wir fassen den Kaiser nur im Spiegel christlicher oder heidnischer Quellen, die gerade in dieser Frage immer schon eine bestimmte Stellung bezogen haben. Lange herrschte die blendende These von Jacob Burckhardt: Constantin als der letztlich amoralische und areligiöse Politiker, für den die Anerkennung des Christentums ein Akt kühler Berechnung, der neue Glaube ein geistiges Ferment für den Neubau des Reiches war. Diese These ist schon allein darum nicht zu halten, weil sie Constantin in der damaligen Situation eine allzu prophetische Einsicht in die Möglichkeiten des Christentums unterstellt. Constantin besaß offenbar eine Art religiöser Disposition und hat lange nach Glaubensgewißheit in irgendeiner Form gesucht. Er begann als Anhänger des Sol Invictus, um später diesen Soldatenglauben gegen einen mit dem Kulte Apollons verbundenen Monotheismus philosophischer Form einzutauschen, der ihn Schritt für Schritt zum neuen Glauben führte. Möglicherweise unter den Eindrücken der großen Verfolgung kam er zur Begegnung und Auseinandersetzung mit dem Christentum. Es ist freilich offensichtlich, daß mancher dieser Schritte sich später auffällig gut in sein politisches Kalkül einfügte.

Sicher ist, daß Constantin 312 vor den Toren Roms seine Soldaten mit dem Christusmonogramm als Feldzeichen gegen Maxentius fechten ließ — ob er nun einer göttlichen Traumweisung in der Nacht zuvor folgte (wie es Lactantius überliefert) oder ob er es ›probeweise‹ mit dem Heil des Christentums versuchte und durch den Erfolg zur Entscheidung für diesen Glauben bestimmt wurde. Das würde mit einer Auffassung vom Wirken Gottes übereinstimmen, die Eusebios dem Kaiser selbst zuschrieb: »Wer gläubig Gottes Gesetze hält und seine Gebote nicht übertritt, wird belohnt mit der Fülle des Segens [...] und starker Macht zum Erreichen seiner Ziele.«[12] Was auch immer die persönlichen Motive waren: das Jahr 312 brachte eine öffentliche Stellungnahme für das Christentum. Die Folge dieses Schrittes war das Mailänder Toleranzedikt, das dem Christentum endgültig Freiheit brachte. Ohne Zweifel haben hier auch politische Bedenken mitgespielt, vor allem bei Licinius die Rücksicht auf die starken Christengemeinden im Osten. Aber unbezweifelbar ist, daß Constantin später als entschiedener Christ regiert hat. Seine Münzen zeigten christliche Embleme, seine Gesetze begünstigten die Christen; der Kaiser griff aus religiösen wie politischen Interessen in die Kirchenpolitik ein. Souverän, aber ohne tieferes dogmatisches Verständnis drängte er gegenüber Donatisten und Arianern auf einheitliche Verehrung der Gottheit und suchte so die Gnade des Himmels für das Reich zu sichern. Als er starb, wurde er in einem von ihm selbst angelegten Mausoleum neben der Apostelkirche in Constantinopel begraben, umgeben von Erinnerungsmälern der zwölf Apostel: der Isapostolos (›Apostelgleiche‹) der späteren Orthodoxie.

Constantin war kein Christ im Sinne eines modernen spiritualisierten Glaubensbegriffes. Für seine Zeit gab es eine kompakte Einheit der religiösen und politischen Welt. Die Gottheit war eine Macht, die konkret in diese Welt hineinwirkte und die man deswegen um Hilfe in dieser Welt angehen konnte — deren Wirksamkeit man aber auch tatsächlich überprüfen und sich danach entscheiden konnte. Es war daher Aufgabe des Staatsmanns, den rechten Glauben zu finden und zum Heil des Staates durchzusetzen. Constantin war weder der reine Machtpolitiker noch der *homo religiosus*, dessen Entscheidungen unabhängig von politischen Fragen waren. Für ihn konnte eine religiöse Entscheidung politische Momente in sich enthalten, ohne daß darin ein Widerspruch gesehen wurde.

Constantin kannte keine scharfe Trennung des religiösen und politischen Bereichs, aber auch keinen Ausschließlichkeitsanspruch des Christentums gegenüber anderen Religionen. Er hat (wie seine ersten Nachfolger) das Amt eines Oberpriesters der heidnischen Staatsreligion (*pontifex maximus*) nicht abgelegt. Das Heidentum wurde nicht unterdrückt; heidnische Beamte besetzten nach wie vor einen Großteil hoher Stellungen. Tatsächlich war das Mailänder Edikt als ein Edikt der Toleranz für alle Religionen gedacht: »Daß den Christen und allen anderen die Möglichkeit gegeben werde, sich zu der von ihnen gewählten Religion frei zu bekennen, damit, was immer an Gottheit und himmlischen Wesen existiert, Uns und Unseren Untertanen gnädig sein möge.«[13] Diese prinzipielle Toleranz des Staates war eine unerhörte Neuerung. Freilich ist sie — wiewohl sie bis 378 *de iure* weiterbestand — bald wieder dem Bedürfnis nach einer starken politischen Religion als Fundament für den Staat gewichen. Constantin selbst hat das Christentum nicht zur offiziellen und einzigen Staatsreligion erhoben; er hat es formal nur von seiner bisher illegalen Stellung befreit und als *religio licita* gleichberechtigt neben die anderen Religionen gestellt. Die Gemeinden erhielten die konfiszierten Güter zurück, Kleriker und Kirche als Körperschaft die gleichen rechtlichen Privilegien wie die heidnischen Priesterschaften. Bereits die juristische Gleichstellung allein eröffnete jedoch der Kirche umfassende Entwicklungsmöglichkeiten. Dazu kam schon in den späteren Jahren Constantins eine eindeutige Förderung des Christentums gegenüber den anderen Religionen. Die constantinische Religionspolitik beschleunigte den Zerfall des heidnischen Polytheismus und die Zurückdrängung der konkurrierenden Offenbarungsreligionen aus dem Orient. Ein überraschender Entfaltungsprozeß des Christentums setzte ein; im Laufe des Jahrhunderts wurde ein großer Teil der Reichsbevölkerung christianisiert. Zwar waren die alten Kulte nicht tot. Heidnische Glaubensformen lebten bis ins 6. Jahrhundert weiter. Das Heidentum zog sich aber immer mehr auf einen schmalen Kreis von Gebildeten und auf die weniger entwickelten ländlichen Gebiete zurück. Schon durch ihre Anhängerzahl wurde die Kirche zu einem Träger von Macht neben Kaiser, Heer und Verwaltung. Dazu kamen staatliche Maßnahmen zu ihren Gunsten: die Bischöfe erhielten das Recht, in Zivilprozessen zwischen Laien inappellable Urteile zu fällen, die Gemeinden konnten testamentarische Schenkungen annehmen und Vermögen bilden, der christliche Sonntag wurde als staatlicher Feiertag anerkannt. Ferner wurde die Kirche durch umfangreiche Schenkungen wirtschaftlich erheblich gestärkt. Die ersten monumentalen Kirchenbauten der Christenheit wie die Lateransbasilika in Rom oder die Grabeskirche in Jerusalem sind zum Teil vom Kaiserhaus selbst gestiftet worden. Zur geistlichen Macht über den immer größeren Kreis von Christen unter den Untertanen und im Heer und zur wirtschaftlichen und sozialen Position der Kirche trat noch das politische Gewicht der höheren Kirchenführer, das sich in den Auseinandersetzungen des 4. Jahrhunderts langsam herausbildete. Constantins Religionspolitik gab so tatsächlich Kirche und Christenheit den Weg zu einer großen Entwicklung frei — unabhängig davon, ob der Kaiser die volle Tragweite seiner Entscheidung übersah oder nicht.

Die großen, aber auch bedenklichen Möglichkeiten der Verbindung von Kaiser und Kirche lagen prophetisch zutage in der ›politischen Theologie‹ des Eusebios von Caesarea, eines der christlichen Berater Constantins. Für Eusebios haben das eine irdische Reich und der eine christliche Gott unter Constantin ihre prädestinierte Einheit gefunden: ein Reich, ein Kaiser, ein Gott. Damit war ein untrennbarer Zusammenhang zwischen Christentum und römischem Imperium propagiert, der für Reich und Kirche ebenso fruchtbar wie gefährlich werden konnte. Für das Christentum war die constantinische Wende ein Sieg mit zwei Gesichtern. Freiheit und Förderung verhalfen der Kirche zu unerwarteter Macht und Ausbreitung. Aber die Rückwirkungen auf die Christenheit waren einschneidend. In der engen Verbindung ihrer Interessen mit denen des Staates gab die Kirche einen Teil ihrer Unabhängigkeit auf, wie sie an der staatlichen Religionspolitik nachhaltig erfahren sollte. Die Verflechtung der Kirche mit der Welt aber provozierte schon bald in der Kirche selbst Protestbewegungen und eine geistige Krise: »Die Kirche hat die christlichen Fürsten in ihren Schoß aufgenommen und dadurch zwar an Macht und Reichtum gewonnen, dafür aber an innerer Kraft eingebüßt.«[14]

Auf der anderen Seite waren die Wirkungen von Christentum und Kirche auf die politische und gesellschaftliche Welt ebenso zweischneidig. Die Eingriffe in innerkirchliche Streitigkeiten kosteten den Staat zusehends Kräfte und Autorität. Denn was sich im Raum der Kirche zunächst als theologische Disputation und innerer Konflikt vollzog, wirkte am Ende zurück auf die Innenpolitik des Reiches. Das Christentum konnte zwar als einigende Kraft im Reich, als Stütze des kaiserlichen Absolutismus wirken. Aber es konnte genauso gut zu einem Element der Auflösung werden. In dem Moment, in dem die Kirche sich selbst in den großen Glaubenskontroversen der Zeit spaltete, setzte sich diese Spaltung in den politischen Bereich hinein fort bis zum offenen Bürgerkrieg.

Noch eine Entscheidung mit weitreichenden Folgen hat Constantin getroffen: er gab dem Reich eine neue Hauptstadt. Am 11. Mai 330 weihte er an der Stelle des alten Byzantion die nach ihm benannte Stadt am Bosporus feierlich ein. Rom selbst hatte schon länger seine Funktion als Regierungszentrum verloren: Trier, Mailand und Aquileia, Sirmium, Serdica und Nicomedia waren die Residenzen der Tetrarchie. Das entsprach der Gewichtsverlagerung nach Osten, die bedingt war ebenso durch die wirtschaftliche Überlegenheit der östlichen Reichshälfte mit ihren großen Handelsmetropolen wie durch die militärische Lage. Die Hauptfronten lagen jetzt in den Balkanprovinzen, in Armenien und in Syrien. Schon Diocletian hatte als Augustus des Ostens vor allem in Nicomedia residiert. Auch für Constantins Gründung spielten politische, wirtschaftliche und strategische Erwägungen eine gewichtige Rolle. Aber daneben standen zweifellos auch religiöse und religionspolitische Motive. Die neue Hauptstadt sollte frei von der Last heidnischer Traditionen wie von überlebten politischen Erinnerungen sein. Rom war das altehrwürdige Zentrum heidnischer Überlieferungen. Der Schwerpunkt des Christentums dagegen lag um diese Zeit im Osten. Großsyrien und Kleinasien waren im 4. Jahrhundert voll blühender kirchlicher Zentren, während im Westen Verbreitung und Organisation des Christentums vergleichsweise schwächer waren.

Constantinopel wurde offensichtlich als ein zweites Rom gegründet — als Reichshauptstadt und nicht nur als neue Kaiser-residenz. In der Verwaltungsorganisation und in der Stadtplanung drückte sich dieser Anspruch aus, den man im Westen auch deutlich empfand. Die neue Gründung erhielt wie das alte Rom einen Senat, ein Kapitol, vierzehn Stadtregionen, freies Brot für die Plebs, den Kaiserpalast und eine Fülle öffentlicher Bauten. Hier aber wurde auch der tiefe Unterschied faßbar: in zahlreichen Kirchen manifestierte sich das neue Rom (in dem kein öffentlicher heidnischer Kult erlaubt war) als ein christliches Rom — als Hauptstadt des Imperium Romanum Christianum.

Constantinopel war eine Stadtgründung von unübersehbaren historischen Wirkungen: »Seit der Gründung Roms ist keine wichtigere Stadt auf Erden geschaffen worden.«[15] Constantinopel verkörpert den Sieg jener eigentümlichen Synthese aus römischer Herrschaftsordnung, griechischem Christentum und hellenistisch-orientalischer Kultur, die sich als wirksame Macht für die kommenden Jahrhunderte erweisen sollte. Für tausend Jahre wurde es Schwerpunkt, Lebenszentrum und letzte Widerstandszelle des Byzantinischen Reiches. Dieses Schicksal der Stadt hat seinen Grund nicht zuletzt in der außergewöhnlichen Gunst ihrer Lage. Unter den Bedingungen des 4. Jahrhunderts besaß die Stadt zwischen Asien und Europa eine dominierende Mittellage, die sie auch geographisch zur Reichszentrale und zur Klammer zwischen dem Osten und Westen machte. Mit der strategischen Hauptverbindungslinie zwischen den persischen und germanischen Fronten beherrschte Constantinopel auch den wichtigsten Landhandelsweg zwischen Donaubecken und Euphrat. Zugleich war seine Position seestrategisch und für den Seehandel äußerst günstig: die Position zwischen Schwarzem Meer und Ägäis, mit direkten Seeverbindungen nach Syrien, Ägypten, Nordafrika und Italien. Natürliche Lage und moderne Verteidigungsanlagen machten Constantinopel zur stärksten Festung und größten Handelsstadt des Mittelmeers, die im Laufe ihrer langen Geschichte nur zweimal erobert wurde (1204 und 1453).

Der Aufstieg von Constantinopel bedeutete den weiteren Niedergang Roms, das ein ehrenvolles Schattendasein als ein Ort großer Monumente und alter Traditionen führte, an dem die Kaiser bei ihren seltenen Aufenthalten Regierungsjubiläen oder Triumphe feierten. Dennoch war Roms symbolische Bedeutung für die Zeitgenossen noch groß: an die *aeterna urbs* knüpfte sich der beschwörende Glaube an die *aeternitas imperii* — daher der Schock, als die Goten 410 die Stadt eroberten. Das galt auch für die Christen; mit heidnischen Vorstellungen verband sich die Tradition von Rom als Stadt der Apostelgräber. Hier bereitete sich Roms zukünftige Rolle vor: die Entpolitisierung der Stadt war eine Grundlage dafür, daß das Papsttum als Zentrum der westlichen Christenheit eines Tages Unabhängigkeit gewinnen konnte.

III. KIRCHE UND CHRISTENHEIT

Kaisertum und Kirche, absoluter Staat und Christentum veränderten die Wirklichkeit des Lebens und das Dasein des einzelnen. Der spätrömische Staat war bloß das äußere Gehäuse dieser Wandlung. Was im Ineinandergreifen der absolutistischen politischen Ordnung und der geistigen Revolution des Christentums an sozialen und individuellen Leitbildern und Lebensformen entstand, überlebte diesen Staat. Mit dem Aufstieg der Kirche in einer sich neu formierenden Gesellschaft vollzog sich der eigentliche, Grundlagen der Zukunft ausbildende Umformungsprozeß.

Die Jahrzehnte von Constantin bis zum Tode Augustins (430) sind das große Zeitalter der Christenheit. Aus einer nicht einflußlosen, aber doch begrenzten Sekte wird die Kirche in schneller Entfaltung zu einer reichsumspannenden Organisation. Aus den Katakomben (in denen sie zwar nicht faktisch, aber politisch und geistig gelebt hat) steigt die Kirche auf zum eigenen Machtfaktor neben dem Staat.

Die Kirche des 4. Jahrhunderts ist eine *ecclesia triumphans*. Die Gläubigen greifen ihre Aufgaben mit dem Selbstbewußtsein einer Gemeinschaft an, die ihre Freiheit gewonnen hat und eine große Zukunft vor sich sieht. Die neuen Wirkungsmöglichkeiten und deren Anziehungskraft machen die Kirche im Zeitalter der Kirchenväter und der ersten monumentalen christlichen Kunst auch geistig und kulturell zu einem schöpferischen Faktor. Dieser neue Geist verkörpert sich im Christusbild der Kunst. Auf Denkmälern der Zeit wie dem römischen Bassus-Sarkophag (359), dem Reliquienkasten von Brescia (um 370), aber auch noch später in San Vitale in Ravenna (530/547) begegnet uns nicht die bärtige Leidensgestalt, die erst ein byzantinischer Typus des 6. Jahrhunderts ist. Nicht die Passion steht im Mittelpunkt, sondern Christus als Sieger — das Kreuz ist Siegeszeichen. In der Gestalt des jungen Lehrers, des Wundertäters oder des Weltenrichters, der in Herrlichkeit thronend Petrus das Gesetz übergibt, treten Weltoffenheit, Siegertum und das Herrscherliche prägend hervor. In diesen frühen Christusdarstellungen lebt zwar der Dionysos-Typ der spätrömischen Formensprache fort. Aber in der Adaptation dieses Bildtypus für Christus — »wir kennen sein Antlitz nicht, genauso wenig wie das seiner Mutter« (Augustinus) — spricht sich klar das Selbstverständnis des Glaubens in dieser Zeit aus.

*Abb. 5: Christus als Weltenrichter auf dem Sarkophag des Stadtprä-
fekten Junius Bassus (gest. 359)*

Der Glauben und seine Probleme dringen lebhaft und tief auch
in die breiten Massen ein; Weltgefühl und Weltbegreifen aller
Schichten verändern sich. Im Jahre 382 gibt der Bischof Gregor
von Nyssa ein höchst aufschlußreiches Bild von der Atmosphäre
in Constantinopel: »Die Stadt ist voll von Leuten, die unbe-
greifliche und unverständliche Dinge reden, auf allen Straßen,
Markthallen, Plätzen und Kreuzungen. Gehe ich in einen Laden
und frage, wieviel ich zu zahlen habe, dann bekomme ich zur
Antwort einen philosophischen Vortrag über den gezeugten
oder nicht gezeugten Sohn des Vaters. Erkundige ich mich in
einer Bäckerei nach dem Brotpreis, so antwortet mir der Bäcker:
der Vater ist ohne Zweifel größer als der Sohn. Und frage ich in
den Thermen, ob ich ein Bad bekommen kann, dann versucht
mir der Bademeister zu beweisen, daß der Sohn ohne Zweifel
aus dem Nichts hervorgegangen sei.«[16] Die großen Glaubensfragen waren nicht nur eine Affäre des Klerus und der Gebildeten, sondern eine Lebensfrage für jedermann. Verhandlungen
und Beschlüsse der Konzile wurden diskutiert und kritisiert wie
heute Fußballspiele oder die Tour de France: mit solcher Intensität beherrschten sie auch das Denken der breiten Massen.

a) Die Ordnung der Kirche

Eine durchgebildete Ordnung hatte das Christentum schon früh unterschieden von den oft sehr lockeren Gemeinschaftsformen anderer Kulte. Als hierarchisch aufgebaute Gemeinschaft, die dem Menschen das Heil vermittelte, schuf sich die Kirche eine Führungsschicht, für deren Auslese, ständische Geschlossenheit und strenge Gliederung es in den orientalischen Mysterien-Religionen nichts Vergleichbares gab. Damit entwickelte sich eine straff organisierte Priesterschaft, die anders als die der offiziellen Kulte nicht an den Staat gebunden war. Diese Unabhängigkeit wurde durch die constantinischen Privilegien noch verstärkt. Die Kirche konnte so, bei ihrem Einfluß in Staat und Gesellschaft, entscheidende Stütze wie machtvoller Widerpart der politischen Gewalten werden. Dies war freilich nur eine Seite. Ein zweites wichtiges Element der kirchlichen Ordnung lag darin, daß ihre organisatorische Gliederung in geschickter Weise an die der staatlichen Verwaltung angeglichen wurde. Unabhängigkeit und innere Geschlossenheit, verbunden mit der Anlehnung der kirchlichen an die politischen Organisationen, legten den Grund für Erfolg und Überlebensfähigkeit der Kirche.

Die Kirche war Bischofskirche: das zentrale Element der kirchlichen Ordnung war das Bischofsamt. Statt kollegialer Leitung durch Gemeindeälteste hatte sich schon im 2. Jahrhundert die führende Stellung des Bischofs in jeder Gemeinde herausgebildet. Autorität und Würde des Amtes entsprangen dem Gedanken der *successio apostolorum:* jeder Bischof galt über eine lange Reihe von Vorgängern als Nachfolger der Apostel, die den Leitern der ersten christlichen Gemeinden die Lehrautorität Christi tradiert hatten. Bei Ignatius von Antiochia (gest. um 110) tendierte seine fast monarchische Autorität bereits zu einer umfassenden Lehr-, Weihe- und Jurisdiktionsgewalt. Die beherrschende Position des Bischofs in der Hierarchie blieb auch im 4. Jahrhundert bestehen. Gewählt vom Volk seines Sprengels, später von der Metropolitansynode, leitete er seine Gemeinde völlig selbständig. Seine ausgedehnte Machtfülle beruhte nicht allein auf seiner Lehrautorität und seiner geistlichen Gewalt, sondern auch auf der anerkannten Rechtsgewalt über Klerus und Kircheneigentum. Die von ihm ernannten und häufig auch von ihm unterhaltenen Presbyter und Diakone überwachte er ebenso streng wie die Verwaltung des Diözesanbesitzes. Gegenüber den Laien handhabte er die ausgedehnten Kirchenzuchtmaßnahmen, aber auch das Recht, in Zivilstreitigkeiten inappellable Urteile zu fällen. All das gab ihm in seiner Stadt ein Maß von Einfluß und Ansehen, das oft das der weltlichen Autorität überstieg.

Nicht nur der Bischof, den sein Rangtitel unter die hohen Beamten des Reiches einreihte und der für seine Person in allen kirchlichen Angelegenheiten der weltlichen Gerichtsbarkeit entzogen war, besaß eine besondere gesellschaftliche Stellung. Auch die Kleriker waren in mancher Hinsicht privilegiert (Befreiung von Gemeindelasten und Militärdienst). Das machte den Priesterstand auch für gehobenere soziale Schichten wie die Curialen (vgl. unten S. 80f.) anziehend; nicht umsonst erließen die Kaiser Gesetze gegen die Flucht aus den Gemeindeämtern in den kirchlichen Dienst. Der Reichtum einzelner Kleriker wie der durch kaiserliche und private Schenkungen wachsende Besitz der Gemeinden führten an manchem Bischofssitz zu aufwendigem, von Zeitgenossen als sittlich anstößig kritisiertem Lebensstil. Andererseits aber trug der Bischof durch Wohltätigkeit, Armenpflege und Krankenhäuser erheblich zur Linderung der sozialen Not bei.

Die Gliederung der Bischofskirche entsprach der Stadtverfassung: die Stadt und ihr Gebiet waren der Amtsbereich des Bischofs. Die Sprengel waren daher sehr viel kleiner als heute — allein in Nordafrika gab es damals über 300 Bischöfe. Über den Bischöfen der einzelnen Städte standen mit teilweiser kirchlicher Jurisdiktion die Metropolitan-Bischöfe. Ihre Sprengel waren häufig angeglichen an die Gebiete der einzelnen Reichsprovinzen. Nicht zuletzt dank dieser Entsprechung von Kirchenaufbau und Verwaltungsstruktur konnte in der Endphase des Römischen Reiches im Westen das Bischofsamt mit seiner geistlichen Autorität, seinen Rechtsbefugnissen und seiner wirtschaftlichen Macht die staatliche Organisation vielfach vorübergehend ersetzen, die in den Germanenkriegen zugrunde ging.

Über der in Nicaea sanktionierten Metropolitanverfassung bildete sich der Einflußbereich der großen Patriarchate aus. Schon früh gab es einige große Mutterkirchen apostolischer Gründung — wie Alexandria, Antiochia oder Rom —, deren Tochtergemeinden sich nach den Gebräuchen und Ordnungen dieser besonderen Hüter der wahren Überlieferung richteten. Aus der Missionierung eine Abhängigkeit der Tochtergemeinden herleitend, begannen diese Gemeinden langsam die kirchliche Jurisdiktion über eine Gruppe von Kirchenprovinzen zu erringen. Im Laufe des 4. Jahrhunderts (endgültig bestätigt durch das Konzil von Chalkedon 451) bildeten sich fünf solcher Patriarchate heraus: Alexandria, Antiochia, Constantinopel, Jerusalem und Rom (das ursprünglich unbeschadet der späteren Sonderstellung des Bischofs von Rom zu den Patriarchensitzen gehörte). Der besondere Rang dieser Bischofssitze beruhte nicht allein darauf, daß sie große religiöse Zentren waren, sondern auch darauf, daß sie in Verwaltungsmittelpunkten von besonderer politischer und wirtschaftlicher Bedeutung angesiedelt waren. Lediglich Jerusalem war weder ein Sitz äußerer Macht noch ein großes Missionszentrum; es erhielt seine Ehrenstellung aus Traditionsgründen.

Die Verfassung der Kirche war zunächst wesentlich eine Verwaltungs- und Disziplinarordnung. Bischöfe und Patriarchen besaßen zwar Lehrautorität, aber noch keine dogmatische Lehrgewalt. Noch galt die Ranggleichheit aller Bischöfe als Hüter der Glaubensüberlieferung, die der Karthager Cyprian in der Mitte des 3. Jahrhunderts entschieden betont hatte. Dogmatische und theologische Fragen beriet und entschied eine Versammlung der Bischöfe, die Synode: entweder die begrenzte Metropolitansynode oder eine Synode, die alle Bischöfe eines Patriarchatsbereichs zusammenrief. Durch das Eingreifen des Kaisers Constantin wurde dann eine Institution geschaffen, die dem Gesamtreich zugeordnet war: die Allgemeine Synode oder das Ökumenische Konzil — eine Versammlung aller christlichen Bischöfe zu Beratung und Beschlußfassung über liturgische, dogmatische und hierarchische Fragen der Gesamtkirche und ihrer Glieder. Das Konzil wurde durch den Kaiser einberufen und präsidiert; eine dazu ermächtigte oberste kirchliche Gewalt existierte noch nicht.

Die dominierende Rolle der Bistümer und Patriarchate sprengte freilich nicht das Bewußtsein der Zusammengehörigkeit im gemeinsamen Glauben und in einer gemeinsamen Kirche. Die Kirche der Bischöfe war »die eine, heilige, katholische und apostolische Kirche« — die einheitlich alle Menschen umspannende, die apostolische Glaubenstradition bewahrende und sich um die heiligende Nachfolge Christi mühende Kirche.

b) Hierarchie. Gemeinde. Mönchstum

Aufstieg und Entfaltung veränderten hinter dem institutionellen Gerüst die personelle und soziale Struktur. Die Umbildung der Führungsschicht, die Ausbreitung der Gemeinde und das Entstehen des Mönchstums als dritter Kraft neben Klerus und Laien wurden Faktoren im Wandel der gesellschaftlichen Funktion der Kirche.

Die Kirche gewann trotz der raschen Ausdehnung der Hierarchie im 4. Jahrhundert eine breite Schicht von ungewöhnlich befähigten Führungskräften, vor allem in den Rängen der Bischöfe. Die neuen Männer, die das Profil der Kirche formten, stammten aus allen sozialen Schichten. Geprägt aber waren sie durch die Aristokratie; hierin lag ihre Stärke. Bis weit ins 6. Jahrhundert hinein kamen viele der führenden theologischen Köpfe wie auch der einflußreichsten Kirchenpolitiker aus der Führungsschicht, den großen Adelsfamilien des Reiches. Die Einengung der eigenen Initiative und des Entscheidungsspielraums sowie der sozialen Tatbereitschaft durch die bürokratische Unbeweglichkeit der staatlichen Verwaltung führte viele der besten geistigen und praktischen Begabungen der Zeit der Kirche zu, die größere Freiheit des Handelns bot. Oft gaben sie eine zukunftsreiche Karriere in der Zivilverwaltung oder in der Universität auf, um in leitende Ränge der Hierarchie einzutreten. Das Motiv lag in vielen Fällen nicht in religiöser Devotion allein, sondern in der Anziehungskraft der neuen Aufgaben. Doch neben den großen Praktikern und Politikern kommen auch Geister von einer außergewöhnlichen Spannweite, Leidenschaft und Tiefe des theologischen Denkens zur Wirkung. Unter solchen Bedingungen entsteht der Typus des Kirchenfürsten, der von seiner Residenz aus souverän seinen Sprengel regiert und vor allem auf den großen Patriarchenstühlen häufig gesellschaftlich und politisch sehr viel mächtiger ist als der Statthalter des Kaisers. In diesen Bischofsfiguren an der Spitze der Hierarchie zeigte sich dann jene kompakte Verbindung politischer und religiöser Macht, die keineswegs immer modernen Vorstellungen von christlichem Priestertum und christlicher Moral entspricht. Aber für diese Bischöfe und Theologen durchdrang das göttliche Recht ihres Amtes und der göttliche Auftrag ihres Handelns alle Lebensbereiche. Alle weltliche Tätigkeit war für sie dem religiösen Leben untergeordnet, alle irdische Ordnung nichts anderes als ein unvollkommenes Abbild der ewigen. Für sie war noch wie in der heidnischen Antike die gegenseitige Relevanz von religiöser und politischer Welt eine nicht zu diskutierende Selbstverständlichkeit.

Im Westen des Reiches, in der lateinischen Kirche, war Ambrosius von Mailand (339–397) die herausragende Figur. Als Sohn eines der höchsten Reichsbeamten, des damals in Trier residierenden *praefectus praetorio Galliarum*, stieg er nach der üblichen rhetorischen und juristischen Ausbildung bis zum Statthalter der Provinz Liguria-Aemilia auf. Dann erst wurde er unter dem Druck der Gemeinde seiner Provinzhauptstadt Mailand Metropolitan-Bischof der Stadt (374). Ambrosius war weniger ein theologischer Denker als ein bedeutender Kirchenpraktiker, Seelsorger und Kanzelredner. Vor allem aber war er der führende Kirchenpolitiker des Westens im Kampf gegen den Arianismus. Zugleich spielte er als einflußreicher Ratgeber dreier Kaiser eine nachhaltige politische Rolle in den inneren Krisen des Weströmischen Reiches. Entscheidend wichtig für das weitere Verhältnis von Kirche und weltlicher Gewalt im Westen wurde dabei, daß Ambrosius trotz enger Zusammenarbeit mit der Reichsgewalt niemals in Theorie und Praxis die Unabhängigkeit der Kirche gegenüber dem Kaiser preisgab: »Der Kaiser ist in der Kirche, nicht über der Kirche«. Er ging so weit, selbst Theodosius im Jahre 390 wegen eines Massakers in Saloniki zur öffentlichen Kirchenbuße zu zwingen. Freilich hat er ebenso scharf die Selbständigkeit des Episkopats gegenüber dem Bischof von Rom verteidigt, dem er nur einen *primatus confessionis et fidei*, nicht aber *honoris et ordinis* (Vorrang in Bekenntnis und Glauben, nicht in Würde und Hierarchie) zugestand.[17] Ambrosius, der Verfasser der ersten christlichen Ethik (*De officiis ministrorum*), vereinigt die politischen Traditionen des Römertums mit den Aufgaben des neuen Glaubens — einer jener römischen Adligen, die im Übergang aus der Reichsverwaltung in die kirchliche Hierarchie den kirchenfürstlichen Stil des Episkopats prägen.

Einer anderen sozialen Schicht entstammt Augustinus (354 bis 430), der mit dem Ehrentitel eines *Doctor gratiae* ausgezeichnete afrikanische Kirchenlehrer. Der Sohn einer kleinbürgerlichen Curialen-Familie schlug unter großen finanziellen Opfern die Universitätslaufbahn ein und lebte jahrelang in Rom und Mailand als ein zukunftsreicher, doch unzufriedener Privatdozent. Tiefe religiöse Zweifel, die er in seinen *Bekenntnissen* schildert, gingen der Bekehrung unter dem Einfluß des Ambrosius voraus. Dann aber wurde Augustinus seit 396 in seiner Diözese Hippo Regius (Bône) schnell der führende Bischof der afrikanischen Kirche. Bis zum Schluß in Seelsorgepflichten, kirchenpolitischen Kämpfen und theologischen Streitfragen aufgehend, starb er 430 inmitten der kämpfenden Garnison des von Vandalen belagerten Hippo. Drei zentrale Themen lösen sich in seiner theologischen Arbeit ab: die Auseinandersetzung mit dem Manichäismus, der Kampf gegen die Donatisten und das Ringen um die Frage von Gnade und freiem Willen. Sein theologischer Ruf, seine Überzeugungskraft und sein nicht geringes kirchenpolitisches Geschick trugen wesentlich dazu bei, das christliche Afrika vor dem vollständigen Abfall zur Sonderkirche des Donatismus zu retten.

Aber Augustinus war weit mehr als nur ein erfolgreicher Kontroverstheologe und afrikanischer Kirchenpolitiker. Als theologischer Denker war er in seiner Gnadenlehre wie in der Schrift *Über den Gottesstaat* der tiefste und fruchtbarste Geist, den die alte Kirche im Westen überhaupt hervorgebracht hat. Sein Einfluß hat die theologische Arbeit und das kirchliche Leben im Abendland bis zur Hochscholastik entscheidend bestimmt — Dogmatik, Moraltheologie und Mystik ebenso wie Bildung, Kirchenpolitik und Staatsdenken. Weit über den theologischen Bereich hinaus lebt dieser Kirchenvater bis heute — über Bonaventura und Luther — in der geistigen Tradition Europas als Herausforderung und geistiges Ferment fort.

Hieronymus (um 347-419/420) gehörte zur Generation Augustins, war aber eine völlig andere Natur. Als Sohn einer wohlhabenden Familie aus dem gehobenen Bürgertum Dalmatiens repräsentierte er die dritte Schicht, die in der Kirche gesellschaftlich eine Rolle spielte. Hieronymus war nur Priester, nicht Bischof — im Grunde überhaupt kein Kirchenmann, sondern eine Gelehrten- und Humanistennatur. Nach einigen Jahren in Rom als Sekretär des Papstes Damasus I. (366-384) ermöglichten es ihm reiche römische Witwen, die er seelsorgerisch betreute, in Bethlehem eine Art Forschungskloster aufzubauen: eine Bibliothek als Ort zurückgezogenen christlichen Lebens und wissenschaftlicher Arbeit. Hieronymus, ein Mann von immenser Belesenheit, war der größte Polyhistor seiner Zeit; selbstbewußt und doch stets fremder Anerkennung bedürftig, war er zugleich ungemein reizbar und bissig. Seine Gegner apostrophierte er als ›zweibeinige, distelfressende Esel‹ oder ähnliches — mit einer höchst diffizile Fragen angehenden dialektischen Präzision der Theologie verband sich damals ein kräftiger Ton der Polemik, der noch nicht allzusehr von des Gedankens Blässe angekränkelt war.

Hieronymus war kein selbständiger Theologe. Dennoch ist sein Hauptwerk für die westliche Kirche und die mittelalterliche Kultur überhaupt ungemein bedeutsam geworden: das in fünfundzwanzigjähriger Arbeit entstandene Riesenwerk einer lateinischen Übersetzung der gesamten Bibel aus dem Urtext — die *Vulgata* (›Allgemeiner Text‹). Bis dahin gab es eine Vielzahl lateinischer Versionen des Bibeltextes, die zum Teil nicht unwesentlich voneinander differierten. Langsam erlangte nun die Vulgata mit ihren Formulierungen eine kanonische Gültigkeit. Da aber im Mittelalter fast alle Theologen zum Studium des Originaltextes unfähig waren, gewann die Übersetzung des Hieronymus letzten Endes auch für die dogmatische Arbeit eine eminente Bedeutung.

Die gleiche innere Spannweite von Person und Werk begegnet uns bei den Kirchenvätern des griechischen Ostens. Die ›drei Kappadokier‹, die Brüder Basileios und Gregor von Nyssa und ihr gemeinsamer Freund Gregor von Nazianz, stammen aus einer ähnlichen sozialen Schicht wie Ambrosius, aus dem großgrundbesitzenden Provinzialadel Ost-Anatoliens. Basileios (um 330-379) war unter den dreien der große Praktiker und Realist. In den bedeutenden kirchenpolitischen Auseinandersetzungen wurde er neben Athanasios die wichtigste Figur in der Überwindung des arianischen Schismas. Vor allem aber erwies sich sein Realitätssinn in der Reform und ersten wirklichen Organisation des Mönchstums. Basileios gründete auf den riesigen Besitzungen seiner Familie mehrere Klöster und gab ihr dem Mönchsleben, das gegenüber der schon stark verweltlichten Kirche seiner Zeit die Möglichkeit zu meditativer Sammlung bieten sollte, Ordnung und feste Regeln. Dieses Vorbild formt bis heute das Mönchstum der griechisch-orthodoxen Kirche; hier liegt Basileios' fortwirkende Leistung.

Eine völlig andere Natur war Gregor von Nazianz (329/330 bis um 390), wie Hieronymus eine ungemein empfindsame und komplexe Gelehrten- und Literatenpersönlichkeit von oratorischer Meisterschaft und außergewöhnlichen literarischen Kenntnissen. Bezeichnenderweise ist er in der Kirchenpolitik völlig gescheitert. 372 zum Bischof von Sasima geweiht, verweigerte er den Amtsantritt in diesem ›elenden Flecken‹. Im Jahre 381 war er für wenige Tage Bischof von Constantinopel, doch erwies er sich als völlig unfähig, auf dem Höhepunkt der christologischen Streitigkeiten mit Klerus und Gemeinde zurechtzukommen. Dennoch hat er in der griechischen Geschichte durch seine als Stilmuster geltenden Schriften und durch sein weitherziges, das rhetorische Erziehungsideal mit nur geringen Abstrichen einschließendes christliches Bildungsprogramm eine große Wirkung ausgeübt. Bis heute gilt den Orthodoxen der ›christliche Demosthenes‹ als prägender Stilist der klassischen griechisch-christlichen Literatur.

Gregor von Nyssa (um 335?-394) war trotz einer wechselvollen und einflußreichen Bischofslaufbahn in Anatolien im Gegensatz zu Basileios letztlich kein Kirchenpolitiker, sondern eine kontemplative Natur mit einer starken spekulativ-mystischen Begabung. Gründlich in der platonischen und neuplatonischen Philosophie wie in den Naturwissenschaften und der Medizin ausgebildet, wurde Gregor zum größten Theologen und zur dogmatischen Autorität der griechischen Kirche am Ende des 4. Jahrhunderts. Sein eigentliches Interesse galt den Fragen christlicher Anthropologie, Erlösung und Eschatologie. Als theologischer Denker ist er ein platonischer Spiritualist in der Nachfolge des Origenes, den er in vieler Hinsicht weiterentwickelt. Allerdings verbindet er mit der platonischen Spekulation als dem intellektuellen Element seiner Theologie eine mystisch-ekstatische Frömmigkeit: letztes Ziel aller theologischen Bemühung ist die Vereinigung der durch Askese gereinigten Seele mit ihrem Gott. Das griechische Element spekulativer Rationalität verbindet sich bei Gregor besonders eng mit einem religiösen Ansatz, der orientalisch ist — dem Drang, zur unmittelbaren Schau der Gottheit als einer körperlos-geistig verstandenen Wesenheit zu gelangen.

Neben den drei Kappadokiern steht, eine Generation älter, Athanasios von Alexandrien (um 295-373), der größte Kirchenpolitiker des 4. Jahrhunderts. Seit 328 Herr über den mächtigsten kirchlichen Apparat der Zeit, war er die bedeutendste unter den vielen markanten Persönlichkeiten auf dem Patriarchenstuhl von Alexandrien. Der führende Kopf der Orthodoxen im arianischen Schisma muß schon auf seine Zeitgenossen einen unauslöschlichen Eindruck gemacht haben. Wo es um sein Lebensziel, den Kampf für die rechte Lehre und zugleich für den

Vorrang des Patriarchenstuhls von Alexandria ging, war er unbeugsam, leidenschaftlich und furchtlos — ein Politiker, der trotz fünfmaliger Verbannung seine Ziele mit ebensoviel Zähigkeit und Geschick wie mit rücksichtsloser Energie, mit Intrigen und notfalls mit brutaler Gewalt verfolgte. Die Zeitgenossen behaupteten, er habe selbst den Mord an kirchenpolitischen Gegnern nicht gescheut; zumindest wo es um Rufmord ging, war er niemals zimperlich (über Arius: »Dieser Ketzer ist auf dem Lokus zerborsten«, was Athanasios als die passende Todesart ansah).[18] Ein intensiver Haß beherrschte gerade unter dem Eindruck dieser übermächtigen Figur die Konflikte innerhalb der Kirche, ein gefühlsgeladenes Klima der Auseinandersetzung, das es in der Begegnung mit dem Heidentum gar nicht mehr gab.

So stark in diesem Kampf kirchenpolitische Motive mitspielten, so sehr Athanasios gegenüber den älteren, philosophisch-spekulativen alexandrinischen Theologengenerationen Kirchenmann und regierender Bischof war — als entscheidende Antriebe stehen doch hinter seinem Verhalten theologische Überzeugungen und der Wille zur Erhaltung der rechten Lehre. Bei allen dubiosen Zügen seines Charakters war Athanasios eine Figur aus einem Guß, niemals *mala fide* handelnd, sondern ehrlich überzeugt vom Recht seines Tuns. Er ist der Ahnherr aller jener mehr der Politik als der Theologie ergebenen Prälaten, an denen die Geschichte der griechischen Kirche nicht gerade arm ist. Doch sein Kampf gegen die Eingriffe der politischen Gewalt und gegen die Entwicklung des Christentums zur idealistischen Kulturphilosophie hat die Kirche in einem entscheidenden Moment wieder auf ihren ursprünglichen Charakter als Heilsanstalt zurückverwiesen.

Die Verwandlung der Führungsschicht bezeichnet vertikal die neuen Möglichkeiten der Kirche in der Gesellschaft. Gleichzeitig vollzieht sich die horizontale Ausbreitung — das Wachstum der Gemeinde unter den breiten Massen der Reichsbevölkerung. Es gibt allerdings dafür keine statistischen Unterlagen, sondern lediglich gewisse Anhaltspunkte — vor allem die steigende Zahl der Bischofssitze und die Ausbreitung der Metropolitanverfassung, die sich bis zum Ende des Jahrhunderts im ganzen Reich durchsetzte. Aus solchen Indizien läßt sich eine starke Zunahme der christlichen Religion im Imperium während des 4. Jahrhunderts erschließen. Auch in bisher wenig erfaßten Provinzen gewann das Christentum nun weitere Anhänger, vor allem in Oberitalien, Frankreich, dem Rheinland und Spanien. Hier wurden jetzt die ländlichen Distrikte missioniert, wo der Zauber- und Dämonenglaube unter den *pagani* (›Landleute‹ = ›Heiden‹) noch weit verbreitet war. Die Missionsarbeit von Bischöfen wie Martin von Tours oder Vigilius von Trient schuf die Anfänge einer ländlichen Kirchenorganisation. Auch über die Grenzen des Imperiums griff die Mission hinaus; sie erreichte die gotischen Stämme in Südrußland wie Abessinien weit südlich der römischen Einflußsphäre. Nichts kennzeichnet das stetige Fortschreiten der Christianisierung deutlicher als die von Kaiser Julian in aufschlußreicher Anlehnung an die Formen der christlichen Kirche inaugurierte heidnische Restauration, die keinerlei Breiten- und Tiefenwirkung zu entfalten vermochte.

Die Hinwendung der breiten Massen zum Christentum war nicht einfach das Ergebnis von äußerem Zwang oder bloßem Opportunismus. Die staatliche Religionspolitik war im 4. Jahrhundert — von kurzen Ausnahmen abgesehen — durchaus tolerant. Zwangsbekehrungen gab es nur sporadisch; das gleiche gilt von Maßnahmen fanatischer Mönchshaufen und Bischöfe gegen heidnische Heiligtümer und Glaubensgemeinschaften. Auch ein indirekter Druck bestand nicht, denn im öffentlichen Dienst hatten Heiden durchaus noch Aufstiegschancen, wie die frühe Laufbahn Augustins zeigt. Constantin begünstigte zwar eindeutig die Kirche; diese Neigung des Herrschers mag für viele Grund genug gewesen sein, in einer gesellschaftsfähig gewordenen Kirche mitzumachen. Aber ein direktes staatliches Einschreiten gab es nur gegen einzelne sittlich anstößige orientalische Kulte. Unter der Regierung Constantins II. verschärfte sich zwar die offizielle Politik; Gesetze gegen heidnische Opfer wurden erlassen, einzelne Tempel wurden geschlossen. Doch unter Jovian, Valentinian I. und Valens kehrte der Staat wieder zur offiziellen Duldung des Heidentums zurück. Die späteren Maßnahmen der Kaiser von Theodosius bis Justinian zeigen, daß sich das Heidentum auf dem flachen Lande wie in bestimmten gebildeten Schichten lange halten konnte.

Damit stellt sich freilich erst recht die Frage, warum sich seit dem 3. Jahrhundert das Glaubensbedürfnis vom traditionellen Polytheismus den orientalischen Religionen zuwendet, die das Versprechen einer persönlichen Erlösung und eines individuellen Lebens nach dem Tode mit hohen ethischen Forderungen verbinden, und warum unter diesen zunächst scheinbar verwandten Kulten das Christentum so überraschend den Vorrang gewinnt. Der zeitgenössische heidnische Historiker Ammianus Marcellinus sah den Grund darin, daß das Christentum eine »religio simplex et absoluta« sei[19]. Ohne Zweifel war das Christentum den esoterischen Subtilitäten des Neuplatonismus oder der synkretistischen Verworrenheit mancher Mysterienreligion überlegen durch seinen klar ausgeprägten Monotheismus, der sich auf schriftlich überlieferte Offenbarung und einen zunehmend sich verfestigenden Kern von Dogmen stützte. Daneben mag das Versprechen einer Auferstehung des Leibes eine besondere Anziehungskraft besessen haben; auch das Gewicht der ausgebildeten Hierarchie ist nicht zu unterschätzen. Doch muß der neue Glaube darüber hinaus eine eigene, rational nicht mehr erklärbare Überzeugungskraft besessen haben. Am Ende läßt sich nur das Faktum feststellen, daß das Christentum sich ohne jeden nachhaltigen Zwang seitens des Staates als die überlegene Religion erwiesen hat, auch wenn der Prozeß des Absterbens der heidnischen Kulte noch bis weit ins 6. Jahrhundert dauerte.

Der Erfolg hatte freilich seine Kehrseite. Die Massenbekehrung brachte nahezu notgedrungen eine Verflachung des Glaubens, eine Lockerung dogmatischer wie ritueller Vorschriften. Ebensowenig ließ sich ein Eindringen heidnischer Anschauungen und Bräuche verhindern. Als obskure Sekte hätte das Christentum sich vielleicht gegen solche Einflüsse abschirmen können. Aber für staatliche Anerkennung und ständige Ausbreitung zahlte die Kirche doppelt: mit dem Einströmen heidnischer Traditionen wie mit einer zunehmenden Verweltlichung, die zuweilen recht handfest den Anbruch des endzeitlichen Gottesreiches in die jetzige Geschichtszeit vorverlegte. Nicht wenige Stimmen in der Kirche selbst übten wie Hieronymus eine recht deutliche Kritik daran, daß die Kirche Irdischem allzu stark verhaftet sei: »Man baut jetzt Kirchen mit inkrustierten Marmorwänden, mit riesigen Säulen, die von kostbaren Kapitellen geschmückt sind; die Türen tragen Schmuck aus Ebenholz und Silber. Ich tadle das gar nicht unbedingt [. . .], aber im Grunde gibt es doch eine andere Vorschrift: Christus in den Armen zu kleiden, in den Kranken zu besuchen und in den Obdachlosen aufzunehmen.«[20]

Am schärfsten kam solche Kritik von der dritten Kraft der kirchlichen Öffentlichkeit neben Hierarchie und Gemeinde: dem Mönchstum. Es war eine verhältnismäßig späte Erscheinung im Leben der Kirche, abgesondert von den Laien durch den Anspruch auf Verwirklichung strengster christlicher Ideale, von der organisierten Großkirche zunächst durch Unabhängigkeit von deren Hierarchie, immer aber durch eigene Lebensformen. In Ägypten zogen sich unter dem prägenden Einfluß des ›Mönchsvaters‹ Antonius (gest. um 356) nach der uralten christlichen Tradition der privaten Askese einzelne Christen in Höhlen und Zellen am Rande der Wüste zurück, um den Freuden und Versuchungen der ›Welt‹ zu entsagen. Was diese Eremiten und weltflüchtigen Fanatiker suchten, war die Einsamkeit zur Kontemplation als dem vollkommenen Gottesdienst. Diese individualistische Form der Askese hat sich vor allem im Osten immer erhalten, später, auch in der Sonderart des Säulenheiligen (vgl. unten S. 154). Neben das Einsiedlertum trat fast gleichzeitig eine zweite Form, als deren Begründer die Tradition den Pachomios bezeichnet: das ›koinobitische‹ Mönchstum — Mönchsgemeinschaften, die sich nach gewissen Regeln eines asketischen

Zusammenlebens in Mönchsdörfern niederließen. In solchen Formen breitete sich das Mönchstum im Laufe des 4. Jahrhunderts über Ägypten, Palästina und Syrien aus.

Stärke und Zusammenhalt aber gab der mönchischen Bewegung erst das Wirken des Basileios. Die losen Gruppen christlicher Einsiedler und Anachoreten wurden umgebildet zu einer Mönchsgemeinschaft, deren primäre Ziele nicht rigoristische Askese, sondern gemeinsame erkennende Kontemplation im Gebet und christliche Liebestätigkeit sind. Das basilianische Mönchstum sucht nicht so sehr virtuose Selbstkasteiung als vielmehr ein Gott wohlgefälliges Leben fern der Welt. Lobpreis Gottes wird nicht mehr in der Abtötung, sondern in einer meditativ durchgeistigten *ascesis spiritualis* gesehen. Die nach den Weisungen des Basileios entstehenden, in strenger Ordnung geregelten klösterlichen Gemeinschaften kennen bereits das Gehorsamsgebot und das Prinzip der *stabilitas loci* — der lebenslangen Bindung an das Kloster, das nur mit besonderer Genehmigung verlassen werden darf. Diese Klostergemeinschaften finden sich im späteren 4. Jahrhundert bereits in großer Zahl über das ganze Reich verteilt, darunter bedeutende, bis heute existierende Gründungen wie das Katharinen-Kloster auf dem Sinai. In den Westen des Reiches dringt der mönchische Gedanke nun erst wirklich ein. Vor allem durch die Tätigkeit von Johannes Cassianus (um 360-430/435) in Marseille entstehen Klöster in den gemäßigten basilianischen Formen, die als geregelte Lebensgemeinschaften langsam die losen Zirkel privater Askese ersetzen, wie sie im Umkreis Martins von Tours oder unter Damen des römischen Adels entstanden waren. Das gelehrte Element fehlt noch in diesem Mönchstum des 4. Jahrhunderts. Es ist eine spätere, abendländische Zutat, die — auf der Vorarbeit Cassiodors (s. unten S. 206f.) aufbauende — Schöpfung Benedikts von Nursia (um 480 bis um 547).

Im Mönchstum manifestierte sich eine weltflüchtige Unterströmung des zeitgenössischen Christentums, die sich gegen die Besitzergreifung dieser Welt durch die *ecclesia triumphans* richtete. Die Quellen dieser Strömung lagen nicht allein im Wiederaufleben rigoristischer und asketischer Ideale des Urchristentums, im Heraufdrängen orientalischer Traditionen oder in einer Reaktion gegen den Bildungshochmut der christlichen Intellektuellen. Das Mönchstum ist mit seiner Negierung von Gesellschaft, Politik und Kultur der Protest gegen bestimmte Formen der zeitgenössischen Kirche und der zeitgenössischen Kultur, gegen die Lebensbedingungen des neuen christlichen Imperiums überhaupt — der radikale Zweifel an der Vereinbarkeit so verschiedener Konzeptionen wie der des römischen Staates und der der christlichen Kirche. Es gab über die wache Kritik an der Verweltlichung der Kirche hinaus — das zeigt allein ein Blick in

Augustins *Confessiones* — in weiten Kreisen ein eigentümliches und tiefgehendes Ungenügen an der zeitgenössischen Kultur, das sich aus einem Gefühl der Unvereinbarkeit alter und neuer Lebensformen speiste.

Nicht daß es scharfe Auseinandersetzungen zwischen Heiden und Christen über solche Fragen gegeben hätte. Haß und Verachtung waren längst einer gegenseitigen Duldung gewichen. Gerade die nun in der Kirche vertretenen gebildeten Schichten verschafften ihr den bisher aus Bildungshochmut versagten Respekt der Heiden. Im ganzen 4. Jahrhundert waren die Beziehungen zwischen beiden Seiten, die sich häufig im gleichen engen Attachement an Rom und römische Kultur als gemeinsame geistige Heimat trafen, freundschaftlich, höflich und teilweise sogar von einer betonten Liberalität und Toleranz.[21] Aber eben solche Kontakte weckten das Bewußtsein für die Diskrepanz zwischen dem Christentum und den Bildungsinhalten der alten Welt. Bei tieferblickenden Christen erzwangen sie die Einsicht, daß die überlieferte heidnische Kultur steril geworden sei und dennoch nicht völlig beseitigt werden könne. Aus dem kaum lösbaren Konflikt zwischen dem Christentum und den geistigen Überlieferungen der klassischen Kultur erwuchs dann gerade unter den lebendigsten Geistern jenes tiefe Gefühl des Ungenügens, das ein Ansporn für die Entwicklung mönchischer Gemeinschaften wurde und dazu beitrug, sie über das um seiner selbst willen geübte bloße Asketentum zu erheben.

Der Protest der Mönche verstand sich als Rückgriff auf das, was man als Wesen urchristlichen Lebens zu begreifen glaubte. Doch in seiner Feindschaft gegen die Erscheinungswelt, in seinem Ziel, das irdische Dasein durch Askese dem göttlichen möglichst anzunähern (im Grunde der Versuch, schon in diesem Leben vom Seienden in das Sein überzugehen), ist das Mönchstum zugleich die am tiefsten von der Antike unterschiedene Erscheinung des neuen Glaubens. In ihm verkörpern sich orientalischer Ursprung und Traditionen des Christentums am reinsten.

Aber das Mönchstum ist nicht bloß — und das macht es als Gesamtphänomen so kompliziert — weltflüchtige Unterströmung. Das dialektische Verhältnis zur ›Welt‹, das tief verdeckt auch hinter der offenbaren Weltbemächtigung der Kirche steckt, tritt im Mönchstum scharf hervor. Mit seiner Verbreitung gewann es schnell ein eminentes geistliches Ansehen in der Bevölkerung als vollkommenste Form christlichen Lebens und als eine Art Ersatz für das Martyrium. Es war ein Zeichen dieses Ansehens, daß sich — auch in der byzantinischen Geschichte immer wieder — selbst höchste Reichsbeamte aus ihrer Karriere ins Kloster zurückzogen. Durch seine spirituelle Macht aber wurde das Mönchstum als Institution christlichen Protests zugleich ein Macht- und Propagandainstrument, das im politisch-gesellschaftlichen wie im kirchlichen Bereich eingesetzt werden konnte. Diese Doppelrolle des Mönchstums tritt besonders im 6. und 7. Jahrhundert, vor allem im Bilderstreit, zutage. Aber schon im 5. Jahrhundert wurde Constantinopel mehr als einmal von Mönchsunruhen erschüttert, und die Geschichte des Athanasios zeigt die Rolle der Mönche als Hilfstruppe der Kirchenpolitik.

c) Formen des Glaubens: Theologie, Volksfrömmigkeit, Kunst

Die Mönche und nicht nur sie allein hatten gegen ein zu enges Sich-Einlassen mit der Welt protestiert. Doch die Kirche, die eine Verwandlung der Welt als Teil ihrer Aufgabe begriff, konnte nicht im luftleeren Raum leben: im glänzenden Aufstieg christlicher Theologie, Literatur und Kunst wirkte ebensosehr der Impetus der neuen Freiheit wie die Symbiose mit der heidnischen Umgebung. Zu eng verflochten war die geistige Welt von Christen und Heiden in Kult- und Devotionsformen wie im allgemeinen Glauben an das Wirken unsichtbarer Mächte in dieser Welt. Theologie und Volksfrömmigkeit des Christentums sind durchtränkt von der Begegnung mit der Welt, in der die Christen lebten. Drei Jahrhunderte des Kontaktes mit orientalischen, griechischen und lateinischen Traditionen hatten Selbstverständnis und Ausdrucksformen bei aller Bewahrung eines eigenen Kerns verändert. Mit der constantinischen Wende beschleunigte sich die gegenseitige Einwirkung noch.

Eine der großen geistigen Leistungen des Christentums in diesem Zeitalter war die Theologie. Lehre der Kirche war ursprünglich Überlieferung der Evangelienbotschaft. Hier war ein Bestand von Wahrheiten offenbart, die zwar ausgelegt, aber nicht durch neue Entdeckungen vermehrt werden konnten. Hüter der Lehre waren die einzelnen apostolischen Gemeinden. Schon unter ihnen kam es zu den ersten abweichenden Auslegungen von Glaubenssätzen. Tradition entsteht letztlich aus dem Kampf gegen solche Abweichung: die in der alten Kirche immer gegenwärtige Häresie ist eine Mutter der Theologie. Dazu trat freilich ein zweiter mächtiger Antrieb: die Auseinandersetzung mit der Philosophie, die noch bestimmender (und problematischer) wurde als der kircheninterne Streit um die rechtmäßige Überlieferung. Schon in der alexandrinischen Schule des Origenes (um 185-253/254) durchdrangen im Prozeß einer genaueren Bestimmung der Glaubenswahrheiten wissenschaftliche Traditionen der Antike unausweichlich die kirchliche Lehre. Platonische und neuplatonische Philosophie wurden zum Medium der Dogmenentwicklung und der theologischen Streitigkeiten.

Seit dem Ende des 1. Jahrhunderts vergewisserte sich die Kirche, vor allem in Auseinandersetzung mit der Gnosis, mit griechischen Denkformen ihres positiven Weltverhältnisses. Mit dem 4. Jahrhundert begann ein neuer Abschnitt im Ringen um die Bewahrung der Tradition und um die genauere begriffliche Fassung der Glaubenswahrheiten, ein Bemühen, das unentwirrbar vermischt war mit Rangstreitigkeiten von Gemeinden, persönlichen Feindschaften und kirchenpolitischen Machtinteressen. Die Auseinandersetzung mit den philosophischen Strömungen des Heidentums ging fort, denn in der Kirche waren nun erst recht klassische Bildung und Wissenschaft akzeptiert. Die Streitfragen der großen Konzile wurden — mit unübersehbaren Folgen — formuliert, diskutiert und entschieden in jenen platonischen und aristotelischen Begriffen und Denkformen, die der Zeit geläufig waren.

Nach Augustins Ketzerkatalog *De haeresibus* gab es 88 verschiedene häretische und schismatische Gruppen in der Kirche seiner Zeit. Nur wenige waren freilich ein Problem der Gesamtkirche. In der theologischen und kirchenpolitischen Auseinandersetzung des 4. Jahrhunderts stand einmal die mehr regionale Frage der donatistischen Sonderkirche in Afrika im Vordergrund. Auf Cyprian zurückgreifend, machten die nach ihrem zweiten Führer Donatus benannten Donatisten die Gültigkeit eines Sakraments vom Gnadenstand des Priesters abhängig und verwarfen die von in der diocletianischen Verfolgung abtrünnig gewordenen Priestern gespendeten Sakramente. Mit eigener Hierarchie und Gemeindeorganisation wurden die Donatisten im Laufe des 4. Jahrhunderts fast zu einer Nationalkirche, in der die schon bei Tertullian faßbare, welt- und staatsfeindliche Tradition des afrikanischen Christentums erneut Gestalt gewann. Dazu drängten im linken Flügel der Donatisten, bei den *Circumcellionen* (etwa ›Saisonarbeiter‹), sozialrevolutionäre Kräfte an die Oberfläche. Diese Fanatiker mit verworrenen religiös-anarchistischen Vorstellungen überfielen, geführt von ›Kapitänen der Heiligen‹ und bewaffnet mit ›Israeles‹ genannten Keulen, unter dem Geschrei ›*laus deo*‹ (›Lob sei Gott‹) katholische Kleriker und Großgrundbesitzer.[22] Diese Form religiössozialer Opposition, für die es in den früheren Sklaven- oder Bauernaufständen im Imperium nichts Vergleichbares gibt, machte den Donatismus zeitweise zu einer religiösen und innenpolitischen Gefahr zugleich.

Schwerwiegender für die Einheit von Reich und Kirche wurde die überregionale, wenn auch besonders den Osten erregende Frage nach dem Verhältnis von Gottvater und Gottsohn. Dank ihrer Verflechtung mit kirchenpolitischen Machtkämpfen erweiterte sie sich schnell zu dem großen arianischen Schisma, das vorübergehend Reich und Hierarchie spaltete und in bitteren Konflikten fast das gesamte Jahrhundert über andauerte. Die Laien begriffen zwar häufig die theologischen Subtilitäten kaum, aber sie nahmen aus Loyalität gegenüber lokalen kirchlichen Führern mit Knüppeln und Fäusten Partei für die ›rechte Lehre‹ gegen die ›verfluchten Ketzer‹. »Kein Tier zeigt eine solch hemmungslose Feindschaft gegenüber dem Menschen wie die Christen, wenn sie ihre Mitchristen angreifen«, war der beißende Kommentar des Heiden Ammianus Marcellinus.[23]

Doch waren die Emotionen des großen Dogmenstreits nur die Wogenkämme des religiösen Lebens. Täglichen und tätigen Ausdruck fand der Glaube im Gottesdienst und in zahlreichen Formen der Volksfrömmigkeit, die (wie es in der dogmatischen Parteinahme geschah) alle zuerst und zuletzt Gewißheit der Erlösung suchten. Sakramente, liturgische Zeremonien, Kirchenfeste, Fasttage und Pilgerreisen schufen eine Gemeinsamkeit religiöser Erfahrung, die als *catholica fides* auch noch im Mittelalter über alle Standesunterschiede hinausgreift. Die Formung der Frömmigkeit entging genauso wenig wie die Theologie der Auseinandersetzung mit der Welt. Zu stark waren Brauchtum und ererbte Anschauungen gerade in kultischen Formen, zu vielfältig die Gemeinsamkeiten mit orientalischen Mysterienreligionen, als daß die Kirche einen Adaptations- und Verschmelzungsprozeß hätte vermeiden können, bei dem in Einzelfällen antikes Erbe fast exzessiv übernommen wurde. Zentrum des Gemeindelebens war der Gottesdienst. Wie selbstverständlich flossen in die Ausgestaltung der ursprünglichen Opferfeier zu einem strengen Gefüge kultischer Handlungen wie auch in den Aufbau des liturgischen Jahresfestkreises Bilder und Symbole von außen ein. Weihrauch, Weihwasser und Kerzenschmuck kamen aus Hofzeremoniell und Mysterienfeiern, die göttliche Jungfrau auf der Mondsichel aus dem Isis-Kult; Weihnachten wurde schon in constantinischer Zeit auf den Geburtstag des Sonnengottes (25. 12.) festgesetzt.

In der privaten Devotion tritt die Verehrung von Heiligen und Märtyrern auffallend in den Vordergrund. Ihre immer wieder verlesenen Leidensberichte (*acta, passio*) wurden zu der die Frömmigkeit am stärksten formenden Literaturgattung. Heilige und Märtyrer als Fürbitter anzurufen, ihr Leben als Vorbild zu betrachten, ihnen Erinnerungsmale (*memoriae*) und Kirchen zu errichten, war theologisch nicht anfechtbar. Aber aus den Tiefen des Volksglaubens, für den die Welt von guten und bösen Mächten und Geistern erfüllt war, drangen bald unchristliche Bräuche herauf. Man begann an die eigene wundertätige Kraft der Heiligen zu glauben. Der aufkommende Reliquienkult, auf der Überzeugung von der magischen Hilfewirkung der Berührung beruhend, fußte genauso auf heidnischen Vorstellungen wie die nächtlichen (oft zu Gelagen ausartenden) Liebesmähler an den Gräbern verehrter Toter — ein Brauch, den Ambrosius und Augustin heftig bekämpften.

Ebenso hat das Wallfahrts- und Pilgerwesen seine nichtchristlichen Vorläufer und Ursprünge, etwa im Judentum. Das Bedürfnis nach Gedächtnisstätten, Heiligtümern und Wallfahrten an Orte, wo große oder heiligmäßige Männer lebten oder wo nach dem Volksglauben gar eine Gottheit auf Erden erschienen war, entspricht einem uralten Drang der menschlichen Natur. Im Christentum sind Pilgerreise und Wallfahrt späte Erscheinungen; für die frühe Kirche stand Christus als transzendenter Gott und Weltenherrscher im Vordergrund. Dennoch gerieten die Stätten seines irdischen Wandels nie ganz in Vergessenheit. Im 3. Jahrhundert waren Orte wie die Geburtsgrotte in Bethlehem, wie Gethsemane und der Ölberg bereits Ziele einer kleinen Zahl von Pilgern, die dort besonders wirksame Gebete zu verrichten und besondere religiöse Erfahrungen zu finden hofften — im mystischen Kontakt mit der Gottheit, den herzustellen der eigentliche Zweck jeder Wallfahrt ist.

Mit der constantinischen Zeit setzte dann vor allem die Palästinawallfahrt in großem Maßstab ein, gefördert nicht zuletzt durch die Pilgerreise der Kaiserin-Mutter Helena, die sich um die Wiederauffindung der Passionsreliquien mühte. Ihre Ausgrabungen förderten selbstverständlich das echte Kreuz zutage und waren der Anlaß für den Bau der Grabeskirche in Jerusalem. Reiseberichte (Itinerarien) und Briefe schildern bereits in diesen Jahren die Palästina- und Ägyptenfahrten von Pilgern aus Aquitanien oder von adligen Damen aus Rom, die Hieronymus zu solchen Wallfahrtsreisen veranlaßt hatte. Einzelne Kirchenväter wie Gregor von Nyssa lehnten diese Reisen rundheraus ab. Doch den allgemeinen Glauben an den Wert solcher Wallfahrten faßte Hieronymus in die Worte, es sei ein besonderer Akt des Glaubens, dort zu beten, wo Christus selbst einmal gestanden habe. Im Heiligen Land nahm das Pilgerwesen einen derartigen Aufschwung, daß schon zu Beginn des 5. Jahrhunderts nahezu 200 Klöster und Hospize in der Umgebung von Jerusalem davon lebten. Der Wallfahrtsbetrieb nahm trotz zeitweiser Behinderung durch die Wirren der Völkerwanderung stetig zu. Erst die islamische Eroberung der heiligen Stätten unterbrach ihn, wenn auch nicht für allzu lange Zeit.

Mit dem Pilgerverkehr verbanden sich die Anfänge des Reliquienhandels. Immer häufiger brachten wallfahrende Gläubige bei ihrer Rückkehr Reliquien in ihre Heimat mit. Führende Theologen der Zeit wie Ambrosius glaubten an die wundertätige Kraft der Reliquien; der Dichter Prudentius versicherte den Gläubigen, daß man an den Gräbern der Märtyrer göttlichen Beistand finde und daß ihre Körper Wunder zu wirken imstande seien.[24]

Solche Formen des kirchlichen Lebens lassen sich nicht einfach mit der Formel ›Paganisierung des Christentums‹ abtun. Keine prinzipielle Glaubenswahrheit ist heidnischen Vorstellungen gewichen, sofern man nicht in der Entfaltung des Dogmas durch die gedanklichen Mittel der griechischen Philosophie eine Entfremdung von der ursprünglichen Lehre des Evangeliums sehen will. In Kultus und Volksfrömmigkeit sind jedoch erhebliche (bis heute bei Katholiken und Orthodoxen weiterwirkende) fremde Elemente aus dem weiten Reservoir antiken Volksglaubens in die christliche Frömmigkeit eingedrungen. Den Menschen der Zeit freilich schienen sie nicht fremd, sondern selbstverständlich. Das Christentum hatte das Wesen des Lebens verändert, doch zugleich tiefreichende Ströme traditioneller Lebenshaltung bewahrt.

Wachstum der Gemeinde, Liturgie und Volksfrömmigkeit waren zugleich mächtige Anreger für die jetzt aus den umgrenzten Anfängen des 3. Jahrhunderts zur ersten großen Blüte erwachsende christliche Kunst und Literatur. Eine neue und eigene christliche Dichtung entstand. Ambrosius führte den Hymnengesang in den Gottesdienst der lateinischen Kirche ein. Das wurde gleichermaßen wichtig für die Entwicklung der Liturgie wie der Dichtung. Mehrere große Kirchenhymnen hat Ambrosius selbst verfaßt und komponiert, so *Deus Creator omnium* oder *Aeterne rerum conditor* (jedoch nicht den sogenannten Ambrosianischen Lobgesang). Neben ihm stehen Hilarius von Poitiers (um 300-366), vor allem aber Aurelius Prudentius Clemens (348 bis nach 405), der größte lateinische Dichter der Kirche, der aus dem senatorischen Adel Spaniens stammte. Ein Meister aller klassischen Formen antiker Dichtung, nicht ohne Tiefe eigenen Erlebens, verfaßte er auch die hexametrische Antwort auf die berühmte Denkschrift des römischen Stadtpräfekten Symmachus zur Verteidigung des Heidentums. Nach Form und Inhalt sind diese Hymnen Schöpfungen von einem noch heute beeindruckenden Rang. Auch sie sprechen immer wieder das weltzugewandte Selbstbewußtsein und die Zukunftshoffnung der Kirche des 4. Jahrhunderts aus, wie Ambrosius in den Versen:

Devota sanctorum fides
Victa spes credentium
Perfecta Christi caritas
*Mundi triumphat principem.**

Damit war eine dichterische Tradition begründet, die über Sedulius, Venantius Fortunatus und Gregor den Großen bis zu Beda Venerabilis und weiter ins Mittelalter reicht.

Eine monumentale christliche Baukunst erwuchs aus zwei Wur-

---

* Der Heiligen Glaube, fest gelobt / Der Gläubigen Hoffnung, unbesiegt / Des Herrn vollkommene Liebeskraft / Besiegt den Fürsten dieser Welt.

zeln: aus der Notwendigkeit, die größer werdenden Gemeinden schnell mit geeigneten Kultgebäuden (anstelle der bisherigen umgebauten Privathäuser) zu versorgen, und aus der mit Constantin beginnenden Kirchenbaupolitik der Kaiser. Das Gotteshaus wurde zu einem Stück Staatsarchitektur, das auch der Repräsentation des neuen Glaubens in der Öffentlichkeit diente und die offizielle Wendung zum Christentum dokumentierte. Die ersten großen Kirchenbauten in Rom (Lateran, St. Peter), aber auch in Trier, in Aquileia, in Jerusalem und Bethlehem gehen bereits auf Constantin zurück.

Eine Grundform christlichen Kirchenbaus wurde die aus Elementen der kaiserzeitlichen Profanbasilika nach den Erfordernissen der Liturgie entwickelte Basilika: ein holzgedeckter, mehrschiffiger Säulenbau mit einer Apsis als Standort des Altars auf der Schmalseite gegenüber dem Eingang. Dieser Typus beherrscht in der Folgezeit vor allem den abendländischen Kirchenbau. Von profanen Mausoleen und von frühen Grabeskirchen stammte der überkuppelte oktogonale Zentralbau, der durch eine Säulenstellung ein umlaufendes Gürtelschiff erhielt. Auch in Rom schon in constantinischer Zeit durch S. Costanza vertreten, vor allem aber durch die Grabeskirche in Jerusalem repräsentiert, übte er einen bedeutenden Einfluß auf die Bauformen vor allem des christlichen Ostens aus. Im Gegensatz zu ihrem nüchternen Äußeren werden die Kirchen im Inneren durch Fresken oder Mosaiken festlich und prachtvoll ausgeschmückt. Der nach außen karge, aber innen im mystischen Glanz seiner Heiligenbilder und Christusfiguren erstrahlende Zentralbau ist in seiner Verbindung von Mosaik und Architektur und in seiner Orientierung nach innen die bezeichnendste Schöpfung der christlichen Kunst dieser Zeit.

In diesem Typus wie in Stil, Formensprache und Bildrepertoire der Mosaiken und Fresken tritt der starke orientalische Einfluß in der christlichen Kunst deutlich zutage. Sie stammt nach Form und Geist in erster Linie aus dem Osten — hierin manifestiert sich ein Teil des Wiedererstarkens orientalischer Kulturtraditionen unter dem griechischen Kulturfirnis. An die Stelle der oft noch recht weltlich anmutenden, durchaus klassizistischen Dekorationen in Katakomben der vorconstantinischen Zeit treten Elemente des ägyptischen und vor allem des hieratischen und zugleich realistischen syrischen Stils (der etwa den Typus des hoheitsvoll-leidenden Christus schafft). Bewußt strenge Stilisierung — Repräsentanz unnahbarer göttlicher Majestät — stellt die christlich-orientalische Kunst in klaren Gegensatz zur römisch-hellenistischen. Durch die constantinischen Bauten in Palästina wie durch Elfenbeinarbeiten und Miniaturen, die als Pilgerandenken mitgenommen wurden, verbreitete sich diese Stilrichtung immer stärker auch in den Westen. Trotz aller

Abb. 6: Basilika San Apollinare in Classe, Ravenna (geweiht 549)

Abb. 7: Der Zentralbau von Santa Costanza, Rom (1. Hälfte 4. Jh.)

verschiedenen Einflüsse entstand aber in der christlichen Kunst des 4. und 5. Jahrhunderts ein weithin geschlossener Stil — der monumentale Ausdruck des neuen Selbstverständnisses der siegreichen christlichen Religion.

d) Kirche und politische Ordnung

Die Stellung der Kirche zur gegebenen politischen Ordnung ist niemals einheitlich gewesen. Das dialektische Verhältnis eines Teils der Christenheit zur Welt beeinflußte auch das Denken der alten Kirche über die politische und gesellschaftliche Realität, über die Normen für das politische und soziale Verhalten eines christlichen Untertanen. Die Antworten variieren zwischen Tertullians Behauptung, nichts sei dem Christen fremder als der Staat (*nec ulla magis res aliena quam publica*[25]), und Eusebios' heilsnotwendiger Verbindung von Imperium und Evangelium. Die Auseinandersetzung wurde dabei niemals über den abstrakten Begriff des Staates an sich geführt. Sie ging stets vom Imperium Romanum als einzigem gegebenen Staat aus. Ist die Fragestellung so zunächst konkret-geschichtlich eingeschränkt, so ist sie doch andererseits von jener grundsätzlichen Tiefe, in der ein Stück der säkularen Auseinandersetzung zwischen Christentum und antiker Kultur sichtbar wird. Der Identität von Menschsein und Bürgersein, wie sie Aristoteles zuerst formuliert hatte, steht die transzendente Begründung menschlicher Existenz gegenüber.

Hinter den theologischen und eschatologischen Kategorien, mit denen die Kirchenväter das Imperium Romanum als politische Ordnung beurteilen, liegt freilich auch ein Hintergrund an Erfahrungen und Ressentiments. Das frühe Erlebnis einer Existenz ohne Schutz und teilweise sogar im offenen Widerspruch zur säkularen Gewalt verliert sich nie so recht. Auch darum ist das Verhältnis der alten Kirche zur politischen Ordnung immer unsicher geblieben, selbst nach der öffentlichen Anerkennung des Christentums. Der Konflikt ist gerade darum nicht allein historisch und psychologisch zu erklären. Der Widerspruch zwischen Kirche und Staat entspringt anders als im Heidentum nicht nur praktischen Kompetenzstreitigkeiten, er hat systematische Gründe: die weltliche Ordnung blieb in der Auffassung weiter Teile der Kirche zumindest eine problematische Größe.

In seinen Anfängen besaß das Christentum keine ausgebildete soziale und politische Theorie. Doch bot das Neue Testament zwei verschiedene Ansätze für eine praktische und theoretische Orientierung des Christen gegenüber dem Staat, wenn man von dem eher quietistisch als revolutionär zu verstehenden Zinsgroschengleichnis absieht. Der aus der Naherwartung des Gottesreiches geborenen indifferenten Staatsloyalität des Paulus stand die durch die Verfolgung geprägte Identifizierung von Rom und Babel als Gegenmacht der Gemeinde bei Johannes gegenüber. Das für die spätere Diskussion im Westen so wichtige Wort von der *ordinata potestas* (Römer 13) meinte ursprünglich freilich viel weniger einen umfassenden Obrigkeitsgehorsam als ein einfaches Desinteresse an irdischer Geschichte und Politik. In der eschatologischen Naherwartung war ein Verzicht auf das grundsätzliche Urteil über irdische Herrschaft möglich; sie ist irrelevant. In der Apokalypse dagegen, in der Babel in deutlicher Gleichsetzung mit Rom als böse Macht dieser Welt erscheint, wurde in mythischer Form ein metaphysisches Urteil gegeben, das Konsequenzen für die praktische Haltung haben konnte. Diese gegensätzlichen Positionen sind beide eschatologisch begründet, bezeugen aber schon die Spannweite möglicher Auslegung der eschatologischen Zukunft in der frühen Kirche. Von ihnen ging alles weitere Denken über die staatliche Ordnung aus.

Die christliche Antwort entfaltete sich in zwei verschiedenen Richtungen. In der Nachfolge des Origenes wurde der fundamentale Gegensatz von Imperium und Kirche aufgelöst, indem das politisch-geschichtliche Faktum des Imperium Romanum einen heilsnotwendigen Bezug zu Christentum und Kirche erhielt. Gleichzeitig wurde eine metaphysische Wesensanalogie beider Erscheinungen konstatiert. Die Argumente des Origenes wurden von Constantins Hoftheologen Eusebios weiterentwikkelt: die *pax Augusta* erfüllt die alttestamentlichen Weissagungen vom Völkerfrieden, die Monarchie entspricht dem Monotheismus wie der Polytheismus der politischen Teilung der Welt. Die Weltmonarchie entsteht unter Augustus, d. h. zur Zeit der Geburt Christi. Das ist nicht nur ein heilsgeschichtlicher Synchronismus, insofern das Weltreich die Ausbreitung des Glaubens erleichtert; der Kaiserfriede macht auch der Menschheit das Verständnis der Friedenslehre des Evangeliums erst möglich. Seine Erfüllung findet der göttliche Geschichtsplan unter Constantin im Imperium Christianum: die Welt hat *einen* Gott und *einen* Kaiser.

Diese politische Theologie, der Mißbrauch christlicher Verkündigung zur Rechtfertigung einer politischen Situation, wurde für große Teile der Kirche das Leitbild ihrer Stellung zum Staat — vor allem im griechischen Osten, aber auch bei prominenten Kirchenvätern des Westens wie Ambrosius oder Hieronymus. Die Frage, ob hier nicht religiöse Eschatologie zur politischen Ideologie, eine geschichtstranszendente Eschatologie zur heilsgeschichtlichen Entwicklung *in hoc saeculo* umgedeutet werde, ist schon damals gestellt worden. Sie entsprang nicht nur abweichenden eschatologischen Vorstellungen, sondern ebenso einer Erfahrung der Unvereinbarkeit des *regnum Dei* mit einem

Imperium, dessen Herrschaftsordnung heidnischen Ursprungs war. Der erste große Zeuge des Widerspruchs gegen das Sich-Akkordieren der Kirche mit dem Staat und der christlichen Kritik am Imperium als bester Staatsordnung war der Afrikaner Tertullian (um 160-220). Seine Urteile sind so komplex wie seine gesamte theologische Entwicklung. Aber seine Stellung in der Tradition ist eindeutig. Für ihn ist wie für die Apokalypse Rom ein Herrschaftsgebilde menschlichen Hochmuts, ein Feind der Heiligen Gottes. In schroffer Kritik an der römischen Staatsethik predigt er die völlige Sezession des Christen vom Staat seiner Zeit: »Göttliches Sakrament und menschlicher Eid, Christuszeichen und Teufelszeichen, das Lager des Lichtes und das Lager der Finsternis gehen niemals zusammen; eine Seele kann nicht zwei Mächten dienen, Gott und dem Kaiser.« Hinter solchen Urteilen steht ein tieferes, über den konkreten römischen Staat hinausreichendes Ablehnen aller politischen Ordnungen und Pflichten durch den Christen. Die Schrift *De pallio* enthält eine leidenschaftliche rhetorische Absage an die politisch-bürgerliche Welt überhaupt: »Ich habe keine Verpflichtung gegenüber Forum, Lager oder Senat [. . .] ich umgehe Wahlurne und Schöffenbank [. . .] ich diene weder als Magistrat noch als Soldat; wir Christen stehen jenseits der politischen Welt [*secessi de populo*].«[26]

Diese scharfe Antithese von Christentum und Rom mag ein Ergebnis von Tertullians Wendung zur Sekte der Montanisten sein, deren extremem Chiliasmus die ganze Welt diabolisch erschien. Daß aber nicht allein sektiererischer Extremismus den Widerspruch gegen die Reichstheologie begründet, zeigt in constantinischer Zeit die oppositionell-mißtrauische Haltung eines Hosius von Cordoba, Hilarius von Poitiers oder Lucifer von Cagliari gegenüber dem Staat. Vor allem aber erweist Augustin, der längst in der Wirklichkeit des Imperium Christianum lebt, daß der mißtrauische Widerspruch gegen die weltliche Ordnung nicht ein bloßes Ergebnis der Verfolgungssituation ist. Sein Hauptwerk *De civitate Dei* (412-428) lehnt die Reichstheologie eindeutig ab. Augustin betrachtet ein christliches Kaisertum zwar als Gnade Gottes, aber nicht als eine providentielle geschichtliche Wende, denn Verfolger können nach seiner Auffassung jederzeit wieder auftreten. Verstärkt wird diese Stellungnahme durch eine scharfe Kritik der römischen Geschichte, die sich ausweitet zu einer Kritik des Imperiums als einer Staatsform, die auf Gewalt, auf Herrschaft von Menschen über Menschen gegründet ist. Dabei bleibt Augustin zunächst im Rahmen der politischen Philosophie der Antike, wie sie Cicero verkörperte. Das Idealbild einer in Kleinstaaten aufgeteilten friedlichen Welt im 4. Buch der *Civitas Dei* ist zwar kaum eine reale politische Forderung, doch ein klarer Widerspruch gegen die Vorstellung von der Weltmonarchie, vom Imperium als vorausbestimmter politischer Ordnung. Die Kritik verbindet jedoch mit dem rein philosophischen ein theologisches Urteil — eine zunächst an Tertullian erinnernde Gleichsetzung von Rom und Babylon. Aber von Tertullians erregter eschatologischer Feindschaft gegen Rom ist nur mehr wenig zu spüren. Das in der Gleichsetzung Augustins zweifellos implizierte Urteil ist nicht einfach auf die Aussage der Apokalypse gestützt. Für ihn sind Babylon und Rom wesensgleich als Prototypen des großen Machtstaates, und in seiner geschichtsmetaphysischen Konzeption ist Rom die idealtypische Verkörperung der *civitas terrena*. Dieses Urteil aber gilt auch für das Imperium Romanum des 4. Jahrhunderts: für Augustin bleibt die geschichtlich-politische Welt bis zum Ende der Tage profan, d. h. bestimmt vom Lebensgesetz der *civitas terrena*. Jede politische Ordnung muß als Folge der Erbsünde eine verkehrte Ordnung sein: *dominatio* — Herrschaft von Menschen über Menschen. Eine Christianisierung bestehender Herrschaftsordnungen gibt es nicht. Das Wirken von Christen und christlichen Kaisern kann immer nur der Versuch sein, aus von Natur aus fragwürdigen Institutionen das Beste herauszuholen. »Utimur et nos pace Babylonis« (Auch wir leben im Frieden Babylons): das metaphysische Mißtrauen gegenüber aller politischen Ordnung als verkehrter Ordnung des sündigen Menschen bricht immer wieder durch.

Diese Gegensätze in der Beurteilung des Imperiums entspringen scharf voneinander abweichenden theologischen Grundpositionen. Die Reichstheologie basiert auf einer platonischen, monistischen Ontologie; in Gottes Schöpfungsordnung kann nichts Geschaffenes als radikal und dauernd böse begriffen werden. Damit läßt sich die metaphysische Struktur irdischer und göttlicher Herrschaft miteinander vergleichen und die Geschichte als Heilsgeschichte zur Paideia Gottes mit der Menschheit umdeuten, die am Ende zur Erlösung aller drängt und daher auch im Irdischen keine vollkommen böse Macht kennt. Gegenüber einer solchen anti-eschatologischen und in letzter Konsequenz die Erbsünde ausschließenden Theologie ist die augustinische Position bestimmt durch eine Ontologie, die von einer aus der Erbsünde entwickelten Prädestinationslehre her streng dualistisch die Welt als *civitas daemonicola* sieht. Daraus entspringt das grundsätzliche Mißtrauen gegen alle Schöpfungen des Menschen *in hoc saeculo*.[27]

Dennoch gibt es zwischen der Reichstheologie und der augustinischen Richtung eines loyalen Mißtrauens gegenüber dem Staat eine überraschende Gemeinsamkeit. Die christliche Lehre enthielt zwar Elemente, die in einer bestehenden Ordnung revolutionär wirken konnten. Aber sie verfügte ebenso über ein Arsenal von Argumenten, die als Stütze einer etablierten Ordnung dienen konnten. Ging es um die Beziehung des Menschen zum geschichtlichen Bestand und zur geistigen Überlieferung der politischen Gemeinschaft, so war in der Antike ein Bewahren der Tradition das Naheliegende und Selbstverständliche. Diese Haltung hat das Christentum im 4. Jahrhundert übernommen. Von beiden Richtungen ist die bestehende politische und gesellschaftliche Ordnung fast ausnahmslos hingenommen und grundsätzlich akzeptiert worden. Das schließt eine christliche Kritik am Staat und ein Bewußtsein christlicher Verantwortung in der Gesellschaft nicht aus. Die Kirche des 4. Jahrhunderts hat eine ausgeprägte Tat- und Hilfsbereitschaft entwickelt. Sie hat sich immer wieder um die Linderung sozialer Not, aber auch um die Beseitigung einzelner politischer Mißstände gemüht. Alle Kirchenväter haben stets gefordert, man solle die gesellschaftlichen und staatlichen Pflichten im Geist der christlichen Sittenlehre erfüllen. Sie haben aber ein Handeln, das nicht mit diesen Normen vereinbar war, wieder und wieder scharf und öffentlich gerügt. Diese christliche Kritik am Staat konnte bis zur öffentlichen Verurteilung eines Kaisers zur Kirchenbuße gehen.

Aber Kritik und Wirken der Christen beschränkten sich eben wesentlich auf ein Beseitigen von Mißständen oder auf eine Verbesserung einzelner Elemente. Eine durchgreifende Reform der gesellschaftlichen und politischen Ordnung wurde nicht angestrebt. Schroff formuliert: die Kirche ist zur Stütze des gegebenen Systems geworden. Sie hat die Bewahrung des Bestehenden unterstützt. Aktiv hat sie immer wieder die kaiserliche und staatliche Autorität (auch wenn sie heidnisch war) als gottgegebene Herrschaftsgewalt interpretiert, die vom Christen zumindest loyal hingenommen werden muß, und die entsprechenden Untertanenpflichten betont. Passiv wurde die gegebene Ordnung unterstützt durch die Predigt vom vorläufigen Charakter und vom bedingten Wert alles Irdischen, durch die es als eine unchristliche Verfehlung abgelehnt wurde, sich allzu viele Sorgen um die Übel dieser Welt (*mala istius saeculi*) zu machen.

Es bleibt die höchst eigentümliche Tatsache, daß das Christentum, so sehr es ursprünglich im Gegensatz zur antiken Welt und ihren Lebensordnungen stand, keine eigenen, geschweige denn revolutionären sozialen oder politischen Lehren entwickelt hat. Die Gründe für diese soziale und politische Abstinenz der alten Kirche liegen tiefer als nur in der opportunistischen Rücksicht auf die Zusammenarbeit mit dem Staat oder in der kirchenpolitischen Vorsicht gegenüber der sozialrevolutionären Programmatik bestimmter Sekten. Eine Bewegung wie die der Donatisten mag zwar dazu beigetragen haben, daß die Kirche zu einem stark konservativen Sozialverhalten tendierte. Aber letztlich geht der Verzicht auf einen eigenen christlichen Gesellschaftsentwurf doch auf positive Glaubensüberzeugungen zurück. Die kurze Zeit, in der nach der constantinischen Wende eine bruchlose Erneuerung römischer Staats- und Gesellschaftsordnung aus christlichem Geist möglich scheinen mochte, ging schnell vorbei. Eine solche Erneuerung des Staates mochte von Männern wie Eusebios und vielleicht von Constantin selbst erhofft worden sein: ein zweites, nun christliches augusteisches Zeitalter, das Christliche Weltreich als Raum eines friedlichen Zusammenlebens aller Völker. Doch ließ die Entwicklung im 4. Jahrhundert sehr schnell auch die Probleme und Nachteile deutlich erkennen, die einen solchen Versuch schwierig, wenn nicht unmöglich machten.

Warum die augustinische Richtung des Mißtrauens gegenüber dem Staat an einer grundsätzlichen Veränderung der irdischen Ordnung von vornherein desinteressiert war, ist leicht einsichtig. Auch wo Augustin selbst von einer im christlichen Sinne geordneten politischen Gemeinschaft spricht, ist das eine Art Bürger-Bruderschaft, in der staatliche Zwangsgewalt abgelöst ist durch ein Verhältnis gegenseitigen Vertrauens — das utopische Ideal einer christlichen Politeia. Schwieriger ist die Frage nach dem Mangel an positiven Entwürfen bei den Vertretern der politischen Theologie. Grundsätzlich würde die Aufnahme des Imperiums in die heilsgeschichtliche Entwicklung eine christliche Umformung des Staates und der Gesellschaft keineswegs ausschließen — der Islam hat das Beispiel für die Realisierung einer solchen Möglichkeit geliefert. Daß auch die staatsbejahenden Theologen im Osten wie im Westen auf eine Umformung von Staat und Gesellschaft verzichteten, hat weit zurückreichende Gründe. Schon seit dem 2. Jahrhundert läßt sich verfolgen, wie die Kirche in ihrer eschatologischen Hinsicht auf die politisch-geschichtliche Ordnung zwei Dinge zu verwechseln beginnt — endzeitlich und endgültig. Diese Verwechslung des Endzeitlichen und des Endgültigen wird zunehmend selbstverständlich, als die Kirche — parallel zu der Verarbeitung der griechischen Ontologie im theologischen Bereich — im Hinblick auf gesellschaftliche Ordnungen einfach die spätrömischen Grundprinzipien von Herrschaft und Gesellschaft rezipiert und sie von christlicher Tradition und christlichen Glaubenssätzen aus weiter unterbaut. Die traditionelle politische Form wird sanktioniert.

Aus einer ursprünglich revolutionären, weil antigeschichtlichen Eschatologie entsteht schließlich ein eindeutiger politisch-gesellschaftlicher Konservativismus. Er erhält eine letzte Sicherung dadurch, daß auch in der Reichstheologie trotz aller Hinwendung zum konkreten irdischen Erfolg das Moment der urchristlichen eschatologischen Zukunftshoffnung nicht völlig unterdrückt ist. Damit schlägt — im Sinne der Dialektik alles echten Christentums — doch auch wieder das Bewußtsein von der Vorläufigkeit aller irdischen Ordnungen durch. Aus der Erwartung des in Christus bereits angebrochenen neuen Äons wird die irdische Welt als alter Äon zu einer bloßen Zwischenzeit, für die eine Weltveränderung nicht zu gewärtigen ist, aber eigentlich auch gar nicht notwendig scheint. Am Ende steht man (und das bezeichnet immer wieder die Situation der Kirche und der Kirchenväter in dieser Zeit) mit einer eigentümlichen Mischung von Respekt und Resignation, von Verpflichtung und Verzicht in den Ordnungen dieser Welt.

IV. DIE GESELLSCHAFT DES IMPERIUM ROMANUM CHRISTIANUM: WIRTSCHAFT UND SOZIALORDNUNG

Das Leben der Menschen im 4. Jahrhundert beherrschte der von absoluten Militärmonarchen regierte und von einer zentralisierten Bürokratie verwaltete spätrömische Staat. Neben dieser für die einzelnen am unmittelbarsten fühlbaren Macht des *saeculum* stand die geistliche Autorität und soziale Macht der Kirche. Hinter den großen politischen und religiösen Bewegungen verlief, durch sie bedingt und zugleich immer wieder auf sie zurückwirkend, eine Umformung der gesellschaftlichen und sozialen Struktur des Imperiums. Das Bewegungsgesetz der Gesellschaft ist freilich gewöhnlich langsamer als das der innen- und außenpolitischen Entwicklung. Nur in den großen Krisen, in revolutionären Prozessen, die auch die Gesellschaft selbst ergreifen, wird sie in eine schnelle Verwandlung mit hineingerissen.

Die neu entstehende geschlossene Gesellschaft mit ihrer extremen Klassen- und Ständeschichtung, gekoppelt mit einer dirigistischen Staatswirtschaft und dem Vordringen der Grundherrschaft — dieses Sozialgebilde ist in vielem nichts anderes als eine Weiterentwicklung gesellschaftlicher Tendenzen des 3. Jahrhunderts. Dennoch gibt es bestimmte, nicht unwesentliche Unterschiede. Schon im 3. Jahrhundert befand sich die Gesellschaft gegenüber den sozialen und wirtschaftlichen Formen des Kaiserfriedens im Umbruch. Der Veränderungsprozeß war allerdings unterschiedlich weit gediehen, sowohl in den einzelnen Reichsteilen wie auf den verschiedenen Lebensgebieten. Jetzt aber verfestigte sich vieles, was nur ein unsicher erschließbarer Trend oder eine partielle Erscheinung im sozialen Leben gewesen war, zu durchgängigen Formen und Strukturen. Die Gesellschaft des 4. Jahrhunderts ist nicht mehr ein labiles Produkt von Notlage und Notmaßnahmen. Neue Formen sind klarer herausgebildet, der gesellschaftliche Prozeß ist in einem erheblichen Grade wieder stabilisiert. Diese Stabilisierung geht zeitweise mit einer wirtschaftlichen Erholung Hand in Hand. Neben ständiger Zeit-

kritik äußert sich nun auch ein hoffnungsvolles Selbstbewußtsein; neue schöpferische Kräfte entfalten sich in Kunst und Literatur.

a) Wandlungen der Wirtschaftsformen

Grundlage und wirkender Faktor im Aufbau eines neuen gesellschaftlichen Gefüges sind tiefgehende Veränderungen der Wirtschaftsverfassung. Das wirtschaftliche System der Kaiserzeit
war von zwei Elementen entscheidend bestimmt. Einmal machte
ein den Raum umfassender Güteraustausch die Spezialisierung
einzelner Provinzen auf besonders ertragreiche Monokulturen
oder bestimmte Erwerbszweige möglich. Zum anderen mischten
sich mit einer vorwiegend agrarischen Wirtschaft im gesamten
Reich städtische (vor allem Handel und Gewerbe umfassende)
Produktionsformen. Der Grad der Urbanisierung war freilich in
den einzelnen Regionen des Reiches sehr verschieden. Nur in
wenigen Gebieten spielten städtische Siedlungs- und Wirtschaftsformen eine dominierende Rolle. Zudem war die Stadt
der Kaiserzeit trotz ihrer Betriebe und Handelsfirmen mehr Ver-
waltungs- und Wohnzentrum als wirtschaftlicher Mittelpunkt;
Formen von moderner Industrie und modernem Kapitalismus
fehlten, wie sich etwa aus dem begrenzten Entwicklungsstand
des Bank- und Kreditwesens ergibt.
Durch die ständige Vermehrung von Heer und Bürokratie im
Zuge der Abwehrkriege standen schon im 3. Jahrhundert dem
steigenden Finanzbedarf des Staates Produktionsrückgang,
Währungsverfall und damit sinkende Steuerkraft gegenüber.
Ackerbau, Handwerk wie Handel waren durch Kriege, Bürgerkriege und Requisitionen gehemmt. Unter dem Druck von Steuern und Abgaben entstand eine ruinöse Überbelastung ganzer
Bevölkerungsschichten. »Täglich konnte man sehen, wie die ge-
stern noch Reichsten heute zum Bettelstab greifen mußten.«[28]
Die wirtschaftlichen Folgen der Barbareneinfälle und Bürgerkriege des 3. Jahrhunderts sind besonders deutlich in Gallien
festzustellen, das eine der reichsten und produktivsten, aber mit
seinem Export von Wein und Keramik bis nach Afrika und Syrien auch besonders krisenanfälligen Provinzen des Westens
war. Eine Komplementärerscheinung des depressiven wirtschaftlichen Trends ist die inflationäre Entwertung der Währung, verbunden mit Preissteigerungen. Die gängigste Münze, der De-
nar, sank gegen die Mitte des 3. Jahrhunderts auf rund $1/30$ seiner ursprünglichen Kaufkraft. Als Abhilfe lancierte Caracalla
eine weitere Silbermünze, den Antoninianus. Aber auch dessen
Silbergehalt sank ständig, und unter Claudius Gothicus war der
Antoninianus nur noch ein Stück Kupfer oder Bronze mit dün-
nem Silberüberzug.

Das Malaise des 3. Jahrhunderts — fallende Produktion und sinkende Einnahmen bei steigenden Staatsausgaben — dauerte zunächst auch im 4. Jahrhundert fort. Das Imperium stand weiterhin außenpolitisch und militärisch in der Defensive. Der drohende äußere Druck wurde zwar zunächst aufgefangen; aber seit den siebziger Jahren des Jahrhunderts trat er verstärkt wieder auf. Die Ausgaben für Bürokratie und Armee (die *annona* hatte täglich für den Unterhalt von 300 000 bis 400 000 Soldaten und für rund eine halbe Million von Empfängern öffentlicher Verpflegung in den Hauptstädten aufzukommen) stiegen erneut — die Inkongruenz von Bedarf und Mitteln hielt an. Panegyriker beschrieben etwa für Gallien eindrücklich (wenn auch nicht ganz ohne Übertreibung) die Entvölkerung des flachen Landes und die Verarmung der Städte.

Diese aus der äußeren Bedrohung entsprungene Notsituation wurde der Anstoß zu Reformen, die weit über den ursprünglichen begrenzten Zweck einer Sicherung der Reichsverteidigung hinausgingen. Begonnen haben Diocletian und Constantin mit pragmatischen Maßnahmen zur Sanierung der militärischen und finanziellen Situation. Aber daraus hat sich sehr schnell ein umfassendes und komplexes System wirtschaftlicher und sozialer Reformen entwickelt. Diese Sozialpolitik enthielt neben restaurativen Lösungen erstaunliche Neuerungen und führte am Ende in der spätrömischen Gesellschaft Veränderungen von großer Tragweite herauf. Die Erweiterung pragmatischer Maßnahmen zu einem System gesellschaftlicher Reform hatte einen Grund in der inneren Logik und dem Sachzwang solcher Maßnahmen. Aber zudem dachten und planten Diocletian, Constantin und einzelne ihrer Nachfolger durchaus reformerisch: »Es kommt Unserer, die Wir die Väter des Menschengeschlechts sind, weisen Voraussicht zu, unerträglichen Zuständen durch gerechtes Gesetz entgegenzuwirken, auf daß alte, unerfüllte Hoffnungen des Menschengeschlechts durch Maßnahmen Unserer weisen Voraussicht zum allgemeinen Wohle verwirklicht werden.«[29] Ihre reformerischen Intentionen wie ihre oft erfolglosen Maßnahmen werden bis ins Detail sichtbar in jener Sammlung kaiserlicher Constitutionen, die Theodosius II. im Jahre 438 anlegen ließ: dem *Codex Theodosianus*.

Die dirigistische und fiskalistische Zwangswirtschaft vermochte die wirtschaftliche Situation kaum zu bessern; sie erstickte sogar weithin Kräfte und Initiativen. Die wohlgemeinte Reform führte vielfach zu einem bösartigen *circulus vitiosus*: direkt oder indirekt brachten diese Eingriffe gesellschaftliche Wandlungen in Gang, aus denen ein starres soziales System entstand, das nicht ohne erneute Rückwirkungen auf die wirtschaftliche Lage blieb.

Die Politik des Fiskalismus steigerte die steuerliche Ausbeutung der Untertanen noch. Die gemischte Grundkopfsteuer (*capita-tio-iugatio*) als Rückgrat der Steuerpolitik war zwar an sich ein brauchbares und im ganzen gerechtes finanzpolitisches Instrument. Aber in der Praxis belastete es die gesamte Reichsbevölkerung schwer, denn neben der Grundkopfsteuer standen die verhaßte Gewerbesteuer (*collatio lustralis*) und ein ganzes System von Naturalabgaben und von Dienstleistungen (*munera*), insbesondere für die Versorgung der Armee. Zahllose bestechliche, habgierige und rücksichtslose Steuerbeamte setzten die Abgaben fest und forderten Rückstände ein. Zeitgenossen wie Lactantius, Zosimos oder Libanios schildern schreckliche Szenen: die Bevölkerung wird auf dem Marktplatz versammelt, durch Foltern oder durch die Verwendung von Aussagen von Kindern gegen ihre Eltern werden überhöhte Steuersätze festgesetzt. Kinder müssen in die Sklaverei oder zur Prostitution verkauft werden, um die Steuersummen aufzubringen. Die Bestechlichkeit und die Selbstbereicherung der Steuereinnehmer wie der für das Steueraufkommen haftenden Curialen in den Städten war sprichwörtlich; sie ließ nur einen Bruchteil der erhobenen Abgaben am Ende tatsächlich den Staatsfinanzen zugute kommen. Salvian erklärte im 5. Jahrhundert, der römische Staat sterbe in den Fesseln seines eigenen Abgabesystems wie jemand, der von einem Räuber erwürgt werde.[30] Selbst wenn man von diesen Schilderungen einiges an zweckbedingten Übertreibungen abzieht, bleibt die Tatsache, daß die Steueranforderungen zeitweise die Leistungsfähigkeit der produzierenden Schichten überstiegen. Der recht ambivalente Erfolg des Fiskalismus ist einmal aus dem sich ständig verschärfenden Steuerdruck abzulesen, zum anderen aus einer umfassenden Bewegung der Steuerflucht, die für die Zeit bezeichnend ist.

Steuer- und Abgabenfreiheit durch Privilegien wurden Kirche und Klerus gewährt, aber auch sehr vielen Angehörigen der Oberschicht, insbesondere Großgrundbesitzern — soweit sie nicht einfach aufgrund ihrer häufig fast unangreifbaren Stellung die Steuerzahlung einfach verweigerten. »Was immer von jedermann an von Uns angeordneten Dienstleistungen als allgemeine Pflicht verlangt ist, soll von jedermann ohne jede Rücksicht auf Verdienst oder Person ausgeführt werden. Allerdings gibt es Fälle, in denen Wir wegen Rang oder Verdienst von dieser allgemeinen Regel abweichen [...]. Die höchsten Hofbeamten und die Mitglieder des kaiserlichen Consistoriums, ebenso die Kirchen, die Rhetoriker und die Grammatiker sollen von niedrigen Dienstleistungen befreit sein.«[31] Da so im wesentlichen nur die Oberschicht Steuerfreiheit gewann, wurde die Hauptlast der Besteuerung erst recht auf die eigentlich produzierenden Schichten abgewälzt. Steuerdruck, Zwangsrequirierung und Produktionsbehinderung durch innen- und außenpolitische Krisen führten zur Auflösung der Kapitalvermögen im städtischen Bürgertum und zu einer unerträglichen Verschuldung der Bauern durch Darlehen, für die bis zu 50 % Zins gefordert wurde. Damit trat ein weiterer Ertragsrückgang ein, und schließlich mußte als letzter Schritt in diesem *circulus vitiosus* die Steuerschraube wiederum angezogen werden: »Es gibt sehr viele Wohlhabende, deren Abgabenlast die Armen tragen, d. h. es gibt sehr viele Wohlhabende, deren Abgabenlast die Armen umbringt.«[32]

Schon im 3. Jahrhundert gab es im sogenannten Anachoretentum, vor allem in Ägypten, eine Flucht vor dem staatlichen Abgabensystem in die Wüste — nicht der Kontemplation wegen wie bei den religiösen Anachoreten, sondern um dem Steuereinnehmer zu entgehen. Doch blieb das Anachoretentum aus mancherlei Gründen eine temporäre Ausflucht. Die staatliche Gegenwirkung war hier sehr intensiv, wenn auch nicht immer sehr erfolgreich: »Einige arbeitsunwillige Subjekte haben sich den Dienstpflichten ihrer Gemeinde entzogen und sich unter dem Vorwand der Religion in der Einsamkeit und an versteckten Orten mit Mönchshaufen zusammengetan. Wir befehlen daher mit wohlerwogener Absicht, daß alle Personen dieser Art, die in Ägypten ergriffen werden, durch den *comes orientis* aus ihren Verstecken entfernt und wieder der Erfüllung ihrer pflichtmäßigen öffentlichen Dienstleistungen zugeführt werden.«[33]

Aber nicht nur die direkte steuerliche Ausbeutung wirkte hemmend auf das wirtschaftliche Leben. In enger Wechselwirkung mit dem Fiskalismus entwickelte sich ein System von Maßnahmen gegen Steuer- und Abgabenflucht, das zu einer dirigistischen Zwangswirtschaft auswuchs. Das Allheilmittel der kaiserlichen Politik war der Versuch, alle Dienstleistungen noch genauer zu regulieren und gleichzeitig jeden Untertanen an seiner Stelle im System zu fixieren und zu kontrollieren.

Bezeichnend für den Versuch, das wirtschaftliche Leben bis ins Detail zu reglementieren, war das Höchstpreisedikt (*edictum de pretiis rerum venalium*) Diocletians aus dem Jahre 301, das vor allem in Rücksicht auf die Bedürfnisse der Armee Höchstpreise für Lebensmittel, Gebrauchsgüter und Dienstleistungen festsetzte. Nach Lactantius war der einzige Erfolg des Edikts, daß die darin aufgezählten Güter aus dem Handel verschwanden.[34] Es wurde bereits von Constantin wieder aufgehoben; mit dirigistischen Maßnahmen war dem Preisauftrieb nicht beizukommen.

Das System der staatlichen Abgaben- und Dienstleistungssicherung durch die Heranziehung von Körperschaften kam besonders deutlich in der Haftpflicht der Curialen (oder Decurionen) für Steuern und Abgaben und in der Verwandlung aller für den öffentlichen Bedarf und die Versorgung von Bevölkerung und Heer wichtigen Zünfte in Zwangsinstitute zum Ausdruck. Seit Jahrhunderten oblag die Verwaltung der römischen Städte der sich aus der städtischen Oberschicht rekrutierenden Curia, dem Gemeinderat. Auch jetzt noch war die Stellung der Curialen ehrenvoll und mit mancherlei Prärogativen bedacht; offiziell rangierten sie gleich nach den *clarissimi* und ersetzten im Grunde den alten Ritterstand. Aber der neue Eingriff des Staates bürdete ihnen über die Pflichten in der städtischen Selbstverwaltung hinaus die Verantwortung für das Eingehen der Steuern, der Naturalabgaben und der Leistungen zur Heeresversorgung auf. Mit der durch die Finanzierung von Spielen und öffentlichen Bauten an sich schon belastenden Funktion von ehrenamtlichen Bürgermeistern und Stadträten hatten sie nun auch noch die von unbesoldeten staatlichen Steuerbeamten zu verbinden. Jede Curia hatte im Gebiet der *civitas* notfalls unter Einsatz des eigenen Vermögens (*substantia curialis*) dafür zu sorgen, daß das vom Prätorianerpräfekten festgesetzte Steueraufkommen und sonstige staatliche Pflichtleistungen erfüllt wurden.

Vor allem im Hinblick auf die Bedürfnisse der Armee und der großen Städte war schon im 3. Jahrhundert ein ausgedehntes System von Dienstleistungen aller Art (*munera*) entstanden: für öffentliche Bauten, für die Verpflegung und Unterbringung der Truppe sowie reisender Staatsbeamter, für die Bespannung der staatlichen Post, die Getreidebeförderung und die Versorgung der großen Städte. Nun wurden die längst bestehenden Zunftkorporationen (*collegia*) — etwa die der Seeleute (*nautae*) oder der Getreidehändler (*negotiatores frumentarii*) — zunehmend staatlicher Überwachung unterworfen, und so wurde am Ende eine Art staatliches Transport- und Versorgungssystem geschaffen. Die Mitgliedschaft in den *collegia* war für alle Angehörigen des Berufsstandes Zwang. Teilweise waren sie sogar in Kohorten organisiert und militärischer Disziplin unterworfen, so die für das Transportwesen wichtigen Maultiertreiber (*muliones*), Pferdepfleger (*hippocomi*), Wagner (*carpentarii*) oder Veterinäre (*mulomedici*). Aber auch die Schiffseigner (*navicularii*), in deren Händen das Seetransportgeschäft lag, standen unter Kontrolle, genauso wie das für die Verpflegung der Großstädte wichtige *corpus pistorum* — eine Korporation, die Müller und Bäcker vereinigte: »Das Büro Eurer Spectabilität möge darauf achten, daß jemand, der einmal der Gilde der Bäcker zugeteilt ist, keine Möglichkeit mehr erhalten soll, sich daraus zu entfernen — sogar wenn alle übrigen Bäcker ihre Zustimmung zu seiner Entlassung aus der Zunft geben sollten«, mahnte die kaiserliche Kanzlei den römischen Stadtpräfekten Symmachus.[35]

Das Pendant zu den staatlich überwachten *collegia* war die Einrichtung handwerklicher Staatsbetriebe, vor allem für die Gewinnung von Grundstoffen und für die Armeeversorgung. Neben den meist in staatlichem Besitz befindlichen Bergwerken, deren Arbeitskräfte immer noch durch die gefürchtete Verurteilung *ad metalla* rekrutiert wurden, bestanden Waffenfabriken, daneben Woll- und Leinenwebereien. Die *fabricenses*, die in den staatlichen Waffenschmieden arbeiteten, waren militärisch organisiert und trugen Erkennungszeichen an ihrem Arm. In diesen Zusammenhang der festen beruflichen Bindung bestimmter Gruppen der Bevölkerung gehörte schließlich auch das Colonat. Der Colone ist zwar nur vom Grundherrn abhängig und ihm zu bestimmten Dienstleistungen verpflichtet. Dennoch wurde zumindest anfangs das Colonat mit Rücksicht auf die Abgabenerfassungspolitik gefördert und rechtlich gesichert, da die Bindung an den Ort Steuerzahlung und Leistung von *munera* zu sichern versprach.

Im Gegenzug gegen das System der Dienstleistungs- und Abgabensicherung versuchten einzelne oder ganze Gruppen, sich dieser Haft- und Dienstpflicht zu entziehen. In besonders aufschlußreicher und massierter Form trat dieser Fluchtversuch in der Patrocinienbewegung zutage. Die Unterstellung unter die Schutzmacht von hohen Militärs und Zivilbeamten (*patrocinium potentiorum*) scheint anfänglich vor allem im Osten eine Rolle gespielt zu haben, dehnte sich aber im späteren 4. Jahrhundert schnell auf die anderen Reichsteile aus. Da die hohen Funktionäre häufig zugleich Großgrundbesitzer waren, wurde das bleibende Element dieser Bewegung die Ausdehnung der Schutzmacht des Gutes über das freie Bauerntum der Umgebung. Um der Steuereintreibung und den oft brutalen Steuerstrafen zu entgehen, übergaben freie Bauern oder ganze Dörfer ihren Besitz den Grundherren und erhielten ihn, häufig etwas vergrößert, als Pächter zurück (*precario*), mit der Gegenleistung eines Schutzes durch den Grundherrn. Der Übergang in das *patrocinium*, der den Bauern zum Colonen machte, war im Grunde genommen nur der Austausch einer Dienstverpflichtung gegen die andere. Es ist aber bezeichnend, daß die Abhängigkeit von Grundherren (die tatsächlich auch wirtschaftliche Sicherheit und Schutz gegen Steuererpressung bot) als milder empfunden wurde. Darum erfaßte die Guts-Patrocinienbewegung nicht nur Kleinbauern, sondern auch Handwerker und sogar Curialen. Die Anziehungskraft und Protektion der großen Güter führte seit dem späten 4. Jahrhundert zu einer Flucht aus den Städten aufs Land.

Der Staat versuchte, scharf gegen solche Dienstleistungsflucht vorzugehen. Der *Codex Theodosianus* ist voll von verzweifelten Erlassen, die Menschen in für sie oft ruinösen Funktionen festhalten sollen, wobei offensichtlich auch die Kirche und die staatliche Verwaltung selbst solche Fluchtmöglichkeiten boten: »Wir bemerken, daß viele Personen sich unter dem Schutz der Mächtigen verbergen, um ihren Heimatstädten die Dienstleistungen zu entziehen, die sie dort schulden. Jedermann, der gegen dieses Gesetz verstößt, soll an unsere Staatskasse 5 Pfund in Gold bezahlen, wenn er ein Decurio ist; 1 Pfund, wenn er einem *collegium* angehört. Die Großgrundbesitzer sollen daher alle Personen dieser Art, die sie bei sich aufgenommen haben, vertreiben, wenn sie nicht den Zorn Unserer Mildtätigkeit durch schändliche Verachtung Unserer Gesetze noch weiter entflammen wollen.« »Wir erklären, daß niemand die Freiheit haben soll, sich in den kirchlichen Dienst zu flüchten, um seiner Verpflichtung als Bäcker zu entgehen.« »Damit Decurionen nicht zum Schaden ihrer Städte unabsehbare Zeit in der Fremde herumreisen oder in die kaiserliche Verwaltung eintreten, soll ihr Besitz dem Stadtrat übertragen werden, sofern sie nicht innerhalb fünf Jahren zurückkehren.«[36]

Viele Quellen scheinen aufs erste die Behauptung zu belegen, das System der Zwangskorporationen, der staatlichen Betriebe und des Colonats habe genauso zu einem Produktionsrückgang geführt wie der direkte Fiskalismus. Parallel dazu sei ein Niedergang der städtischen Wirtschaft durch Lähmung der Privatinitiative und Entzug ihrer Kapitalgrundlagen gegangen, der wiederum die Entwicklung einer Naturalwirtschaft sich selbst versorgender Höfe und Güter unterstützt habe. Doch übertreiben diese Quellen naturgemäß die negativen Züge der Situation. Es hat zweifellos im 4. Jahrhundert zeit- und gebietsweise wirtschaftliche Regressionserscheinungen gegeben, die sich in Produktionsrückgang und einem daraus folgenden bedenklichen Rückgang des Staatseinkommens äußerten. Jedoch ist diese Entwicklung anders als im 3. Jahrhundert zunächst aufgefangen und abgeschwächt worden. Die wirtschaftliche Lage der Bevölkerung im 4. Jahrhundert ist eher mit der Situation im späten 2. Jahrhundert als mit dem Tiefpunkt des 3. Jahrhunderts zu vergleichen.

Schon die Beobachtung, daß das Imperium bis weit in das 5. Jahrhundert hinein seine staatlichen und militärischen Funktionen (wenn auch oft unter Schwierigkeiten) zu erfüllen vermochte, mahnt zur Vorsicht. Tatsächlich gibt es im wirtschaftlichen Leben nicht nur Züge des Niedergangs und der Erstarrung, vor allem wenn man den Blick nicht einseitig auf den Westen des Reiches richtet. Mit der Rückkehr stabiler Verhältnisse und geordneter politischer Zustände kam es zu einem gewissen Sich-Einspielen des Systems — zu einer Leistungsfähigkeit innerhalb der gegebenen Schranken und sogar zu einem begrenzten Aufschwung der Wirtschaft. Für Gallien läßt sich eine vielleicht verhältnismäßig weitgehende wirtschaftliche Erholung im 4. Jahrhundert feststellen. Vor allem hat der Osten des Reiches im späteren 4. und im 5. Jahrhundert eine gewisse wirtschaftliche Blüte entwickelt. Große, produktive Gewerbezentren und Handelsmetropolen florierten weiterhin, vor allem in Syrien und Ägypten, wo sie von politischen Wirren kaum berührt waren. Ein einträglicher Handel ging über das Schwarze Meer bis nach Rußland, Turkestan und China, über das Rote Meer nach Abessinien und Indien. Über das gesamte Mittelmeer, im Westen bis nach Paris, erstreckte sich ein Netz von Handelskontoren. Constantinopel war damals eine Art Drehscheibe des internationalen Handels.

Mit der Erholung der Wirtschaft ging eine Stabilisierung der Währung Hand in Hand. Neben einer den täglichen Geldaustausch beherrschenden Kupfermünze, dem Follis, wurde der seit Constantin geprägte, etwa 4,5 g wiegende Goldsolidus zur eigentlichen Grundlage des Geldverkehrs.[37] Er blieb die Hauptmünze des Oströmischen und Byzantinischen Reiches und erwies sich als eine der stabilsten Währungen aller Zeiten: sein Wert blieb im wesentlichen bis zur Regierung des Kaisers Alexios I. (1081-1118) konstant. Die Befestigung der Währung hatte im 4. Jahrhundert sogar gewisse deflationistische Wirkungen: die Preise für lebenswichtige Waren wie Getreide und Fleisch sanken. Allerdings profitierte einseitig die Oberschicht von der stabilen Goldwährung — weite Teile der Bevölkerung blieben durch die fortdauernde Erhebung von Abgaben und Auszahlung von Löhnen in Naturalien davon ausgeschlossen. Die Aufspaltung der Bevölkerung in zwei nach ihren wirtschaftlichen Möglichkeiten völlig verschiedene Gruppen wurde dadurch gefördert: sicherer Reichtum und wirtschaftliche Macht beruhten von nun an auf der doppelten Kapitalanlage in Gold und in Land.

Doch im ganzen hob sich trotz Fiskalismus und Steuerdruck, trotz zunehmender Vernichtung des freien Bauerntums (besonders deutlich im östlichen Reichsteil) das Steueraufkommen wieder und deckte einen Staatshaushalt, der eine normale Verwaltung, eine funktionsfähige Armee und diplomatische Manövrierfähigkeit besser als bisher sicherte. Diese Situation bestand bis zu den Haupteinbrüchen der Völkerwanderung und hat dem östlichen Reichsteil eine erfolgreiche Verteidigung ermöglicht.

Stabilisierung und Erholung vermochten jedoch nicht, die latenten Gefahren und inhärenten Mißstände des Wirtschaftsdirigismus aufzuheben. Sie lagen nicht nur in zeitweiligem Produktionsrückgang oder in der trotz aller Gegenmaßnahmen der Kaiser sich noch steigernden Korruption der Bürokratie. Folgenschwerer waren Versuche aller gesellschaftlichen Schichten, den Zwängen der staatlichen Wirtschaftslenkung zu entgehen — vom

Bauernaufstand bis zu ingeniösen Methoden der Steuerflucht. Diese Erscheinungen konnten zwar soweit unter Kontrolle gehalten werden, daß vorläufig das Funktionieren von Verwaltung und Wirtschaft nicht gefährdet war. Aber die staatliche Abwehrreaktion bestand aus neuen dirigistischen Maßnahmen, die teils direkt, teils indirekt über die Wirtschaftssituation auf den sozialen Bereich einwirkten und erhebliche gesellschaftliche und politische Folgen hatten. Entscheidendes wirtschaftliches Element war der Aufstieg der großen Grundherrschaften.

Eine langsame Verlagerung des wirtschaftlichen Schwergewichts von den Städten auf den großen Grundbesitz begann schon im 3. Jahrhundert. In ihren politischen und sozialen Konsequenzen war dies das am stärksten in die Zukunft wirkende Ergebnis des Umbruchsprozesses. Dabei überschneiden sich zwei gegenläufige Bewegungen. Einmal ist ein Rückgang der wirtschaftlichen Rolle der Stadt zu beobachten. Krisenhafte Situationen, die die Verbindungen mit dem Hinterland unterbrachen, führten in vielen Fällen zur Befestigung und gleichzeitigen Verkleinerung der Städte. Zugleich übte die besondere Belastung der in den Städten angesiedelten ertragsintensiven Produktionszweige wie Gewerbe und Handel eine depressive Wirkung auf ihre Wirtschaftskraft aus. Allerdings vollzog sich der Niedergang der Städte im 4. und 5. Jahrhundert nicht besonders schnell; auch war er in seiner Intensität in den einzelnen Provinzen sehr verschieden. Die Stabilisierung und Erholung im Laufe des 4. Jahrhunderts hat ihn zum Teil aufgehalten; in bestimmten Regionen, wie in Syrien, bestand sogar die Anziehungskraft der Stadt auf die Bevölkerung des flachen Landes noch fort und wirkte vorläufig dem Vordringen der Grundherrschaft entgegen.

Dennoch war eine wirtschaftliche Strukturveränderung im Gange, die zu einem Überwiegen der Agrarwirtschaft führte und den Großgrundbesitz — gefördert durch die Möglichkeiten der Steuerimmunität und sicheren Kapitalanlage — zum eigentlichen Rückhalt der Führungsschichten im Imperium machte. Die Ansätze dieser Entwicklung lagen weit zurück: schon Plinius behauptete im 1. Jahrhundert, die Hälfte der Provinz Afrika sei im Besitze von sechs Großagrariern.[38] Aber jetzt wurde — das läßt sich an der spätrömischen Redaktion des *corpus iuris* ablesen oder an der Darstellung Salvians — die Absorption des unabhängigen Kleinbauerntums durch den Großgrundbesitz ein beherrschendes Phänomen der Zeit.

Die großen Latifundien entwickelten keine neuen Methoden der Ökonomie oder der Ackerbautechnik. Der technologische Standard war hier wie überall im Imperium — von der Bau- und Ingenieurkunst abgesehen — kaum anders als im Hellenismus: Palladius, der letzte Vertreter der Landwirtschaftslehre als ältester römischer Fachwissenschaft, repetierte steril die Vorschläge eines Plinius oder Columella. Zwar wurden die einträglicheren Wirtschaftszweige — Pferde- und Viehzucht, Öl-, Wein- und Obstbau — im nahen Umkreis des Hauptgutes zentral betrieben. Aber die Colonen behielten die traditionellen Formen des Getreidebaus bei; das Landgut (*fundus*) war ein riesenhaftes Agglomerat bäuerlicher Kleinbetriebe. Doch auch wenn sich die Betriebsformen nicht änderten, brachte die große *villa rustica* in ihrer allgemeinen Ausbreitung erhebliche wirtschaftliche und soziale Veränderungen. Das Gut wurde zu einer wirtschaftlichen Einheit, die langsam auch ursprünglich städtische Produktionsformen an sich zog; bestimmte Zweige von Gewerbe und Handwerk wurden mit dem Gutsbetrieb selbst gekoppelt. Die großen Güter produzierten nicht nur für den Eigenverbrauch, sondern auch für einen regionalen Bedarf. Das Marktrecht des Gutes galt nicht allein für landwirtschaftliche Güter, sondern auch für die Erzeugnisse von Töpferei, Weberei, Schmiede, Bäckerei und Metzgerei. Der *fundus* — der nach Palladius den Bauern den Weg in die Stadt ersparte — war eine wirtschaftlich autarke Einheit; die Gutsindustrie sollte zusätzlich Profit bringen.

Diese stärkere Verlagerung auf ländliche Produktionsformen bedeutete keinen Übergang von der Geld- zur Naturalwirtschaft.[39] Das partielle, durch die *munera* geförderte Vordringen naturalwirtschaftlicher Formen war nach Reichsteilen und Provinzen verschieden stark. Bezeichnenderweise entstand im Lauf des Jahrhunderts im Osten des Reiches sogar wieder ein rückläufiger Trend zu einer monetären Ökonomie. Wirtschaft und Staat begannen sich wieder auf das Geld als Hauptzahlungsmittel einzustellen. Entscheidend blieb im Wandel der Wirtschaftsverfassung, daß die alte komplexere Struktur, die auf der Möglichkeit relativ schnellen Verkehrs beruhte, verhältnismäßig offene Märkte besaß und damit eine gewisse regionale Spezialisierung der Produktion erlaubte, zurückging. Das Gut wurde stattdessen der neue Wirtschaftsschwerpunkt. Die große Grundherrschaft (die in manchen wirtschaftlichen Elementen und auch im Lebensstil gewisse ›feudale‹ Züge trägt) erscheint daher seit dem 4. Jahrhundert immer mehr als dominierender Faktor in den weiten Landgebieten des gesamten Imperiums. Die Macht des Reichsadels stützte sich wirtschaftlich vor allem auf den Grundbesitz. Die senatorische Aristokratie lebte auf dem Lande, und dies nicht ohne Gusto und Luxus, wie ein Ausonius im 4., ein Sidonius Apollinaris im 5. Jahrhundert. Im Eigentum der großen Familien befanden sich zahllose, weit ausgedehnte Besitzungen, meistens in verschiedenen Provinzen des Imperiums. Die Güter der Symmachi — üblicherweise durch Agenten (*procuratores*) oder Pächter (*conductores*) bewirtschaftet — lagen in Latium, Campanien, Unteritalien, Sizilien und Mauretanien;

andere stadtrömische Adelsfamilien besaßen Landgüter in Italien, Sizilien, Spanien und Afrika. Dazu kam bei allen diesen Familien ein Kapitalbesitz, der sie von wirtschaftlichen Schwankungen und Inflationen weitgehend unabhängig machte.

Der graduelle Übergang von städtischer Zivilisation zur Lebensform der großen Güter läßt sich durch ökonomische und politische Faktoren allein nicht ausreichend erklären, zumal er sich gerade in einer Zeit erhöhter Gefährdung des offenen Landes vollzog. Die Entmachtung eines Teils der Aristokratie hat wie die sinkende Anziehungskraft der Städte den Rückzug auf die großen Güter mitbestimmt. Aber dazu kam ohne Zweifel noch ein freilich schlecht faßbares Phänomen: ein Wandel des Lebensstils — des Geschmacks an bestimmten Formen des Lebens.

Die Tendenz der Entwicklung geht zu einem Wirtschaftssystem, das auf kleinen, autarken, sich selbst erhaltenden Einheiten beruht. Das Endergebnis dieses Vorgangs sind politische Organisationen, die auf Grundherrschaft und Landeigentum basieren; die Masse der Bevölkerung lebt als Halbfreie auf dem Land, die Herrschaftsschicht wird ökonomisch von der Produktion dieser bäuerlichen Bevölkerung getragen. Noch ist diese Form durch Handel und Gewerbe einer komplexeren Wirtschaft überlagert. Erst in einem Prozeß von Jahrhunderten kristallisiert sie sich im Westen rein heraus als Grundlage des Mittelalters.

b) Ein neues Gesellschaftsgefüge

Der Wandel der Wirtschaftsverfassung mit dem Aufstieg des Großgrundbesitzes war Grundlage und zugleich Antriebsmoment für den Wandel der gesellschaftlichen Struktur. Weitere Wirkungsfaktoren waren die veränderte politische Gesamtsituation, der Absolutismus mit seinen dirigistischen Maßnahmen und die Versuche eines Widerstandes gegen das Dienstpflichtsystem. Alle diese Antriebe standen in beständiger, enger Wechselwirkung, die nur der nachlebende Betrachter künstlich zu scheiden versucht. Aus diesem Interaktionsprozeß erwuchs schließlich ein in seinen Grundzügen Jahrhunderte hindurch bestehendes soziales Gefüge. Durch eine Umschichtung der vorhandenen sozialen Gruppen entstand ein neues Bezugssystem von nach politischer Macht, Besitz und Rechtsstellung unterschiedenen Klassen — eine geschlossene Standesgesellschaft, in der der soziale Ort des einzelnen vorgegeben und grundsätzlich nicht zu wechseln war.

Die Gesellschaft der Kaiserzeit, wie sie aus dem Untergang der alten sozialen Ordnung am Ende der Republik hervorgegangen war, gliederte sich traditionell in Senatoren, Ritter und Plebs. Doch diese Gliederung, in der sich Geburts-, Dienst- und Besitzprinzip mischten, gibt nicht die eigentliche Realität wieder. Die Gesellschaft der Kaiserzeit war unpolitisch und zugleich offener und mobiler geworden. Besitz wie kaiserlicher Dienst führten schnell nach oben. Dennoch kam es nicht zu einer völligen Aufhebung der alten Ständeordnung, zum Übergang von der Standes- zur reinen Leistungsgesellschaft. Die erstaunliche Präge- und Assimilationsfähigkeit der alten Schichten neutralisierte die Wirkungen der gesellschaftlichen Fluktuation weitgehend.

Die spätrömische Gesellschaft spaltete sich durch die Pauperisierung von Bürgertum und Bauern in zwei extreme Gruppen. Durch die wirtschaftliche Belastung der zahlreichen *munera* und Steuern verarmten die Unterschichten mehr und mehr; die Reste des alten Mittelstandes wurden zerrieben. Umgekehrt bemächtigte sich der weitgehend mit Steuerprivilegien ausgestattete Großgrundbesitz immer einseitiger der wirtschaftlichen Macht im Reich. Das Kapital konzentrierte sich in einem engen Kreis von Großgrundbesitzern. Eine schmale, wirtschaftlich und politisch immer einflußreichere Schicht von Herrschenden, die der *potentes* oder *honestiores* (›Mächtige‹ bzw. ›Ehrbarere‹), stand gegen eine breite, verarmte Schicht von Beherrschten, die der *humiliores* (›Niedrige‹). Freilich waren diese beiden Schichten keineswegs völlig homogen. Unter den *humiliores* bildete sich eine Art von berufsständischen Gruppen aus. Die Unterschiede zwischen verarmten Freien, Colonen und Sklaven verwischten sich zwar rechtlich und wirtschaftlich zusehends, dafür bestimmten nun Beruf und Tätigkeit den sozialen Ort und Rang. In der Oberschicht bestand ein eher politischer als gesellschaftlicher Gegensatz zwischen dem eigentlichen Grundadel und der hohen Militär- und Beamtenaristokratie.

Schon der Reichsadel der frühen Kaiserzeit hatte mit dem senatorischen Stand der Republik nur noch wenig gemein. Die alten Familien waren weithin ausgestorben, durch Neuzugänge entstand eine Art von verbürgerlichtem Dienst- und Beamtenadel; der Übergang zwischen diesem und den führenden Ritterfamilien war fließend. Aber auch dieser bisher privilegierte Stand wurde im Laufe des 3. Jahrhunderts dezimiert und verdrängt. An seine Stelle traten als neue Führungsschicht die *potentes*. Diese neue Aristokratie setzte sich außer aus den Familien des alten senatorischen Grundadels vor allem aus den hohen Offizieren und Beamten der Verwaltung zusammen. Dazu kam eine Gruppe von Neureichen — Reste des städtischen Großbürgertums, das (von den Wirren des 3. Jahrhunderts profitierend) in die Klasse der *honestiores* aufgestiegen war. Die *clarissimi* besaßen nicht nur höchstes gesellschaftliches Ansehen, sondern ebenso wichtige Privilegien wie Immunität von Munizipalsteuern und eigene Standesgerichte. Die neue Führungsschicht blieb keine künstlich geschaffene, traditionslose Funktionsklasse. Wiederum wirkten die Faszination altadliger Lebensformen und zugleich das Eigeninteresse des Standes vereinheitlichend auf die zunächst heterogene Gruppe der neuen *clarissimi*, ob sie hochkultivierte Abkömmlinge alter Senatorenfamilien oder brillante, rücksichtslose *homines novi* waren. In einem nach Intensität und Tempo von Provinz zu Provinz verschiedenen Prozeß bildete sich aus den Resten der alten Agrararistokratie und aus dem seinerseits Großgrundbesitz erwerbenden Militär- und Dienstadel unter Einschluß einer Anzahl ritterlicher Familien der neue spätrömische Senatsadel — die *honestiores* oder, wie sie im Sprachgebrauch der Zeit bezeichnenderweise genannt werden, die *potentes*.

Soziologisch stimmt die Reichsaristokratie mit der Schicht der großen Grundbesitzer überein. Mit ihren großen Domänen in Afrika, in Gallien oder in Kleinasien hatte die verhältnismäßig kleine Gruppe der Latifundienbesitzer die Schwerpunkte wirtschaftlicher Macht in der Hand und verfügte über die entscheidenden Produktionsmittel. Der Landbesitz und das Leben auf den fürstlichen Villen prägte einheitlich den Lebensstil des Adels, wie er uns heute noch in den Bauten und Mosaiken großer Herrensitze in Sizilien, Syrien und Afrika lebendig entgegentritt: der *dominus* reitet, geht mit Gefolge auf die Jagd, überwacht die Gutsfinanzen und gibt sich da und dort auch mit Büchern und Gelehrten ab.[40]

Der senatorische Adel hatte zwar längst seine alte institutionelle Macht als Stand verloren. Aber jetzt gewann er als eigentlicher Träger von Macht und Verwaltung im Reich erneut eine politische Schlüsselposition. Seine Angehörigen waren tatsächlich die *potentes*: wirtschaftlich durch die Kombination von Grundbesitz und Steuerimmunität, politisch durch weitgehende Verfügung über die entscheidenden Staatsämter. Die *clarissimi* entwickelten schnell eigene Standesinteressen gegenüber dem absolutistischen Regime: aus staatstragendem Dienstadel wurde ein Element, das politisch mit der Zentralregierung in Konflikt geraten und als Sondergewalt gegen sie stehen konnte. Es ist kein Zufall, daß die kaiserliche Regierung ständig, wenn auch vergeblich, gegen die Ausdehnung der großen Magnatengüter kämpfte. Denn das Gut war nicht nur ein wirtschaftlicher Schwerpunkt. Zumindest in Ansätzen schufen sich die *potentes* in dauernder Auseinandersetzung mit Regierung und Verwaltung darin eigene Herrschaftsbereiche. Der adlige Grundbesitz lag innerhalb seiner eigenen Grenzsteine, ausgeklammert aus dem administrativen Bezirk der Stadt. Steuerprivilegien, Abgabenimmunitäten, Verweigerung der Steuerzahlung gegenüber den zum Einzug unfähigen Curialen (Erlasse vom Ende des 4. Jahrhunderts übertrugen die Steuereintreibung auf den Gütern an das *officium,* das Büro des Provinzgouverneurs) stärkten seine ökonomische Unabhängigkeit und rechtliche Sonderstellung. Auf den Gütern entstanden allmählich Privatmilizen (*bucellarii*), eine eigene Gerichtsbarkeit und eigene Gefängnisse. Private, nur lose der Hierarchie angegliederte Kirchen (*capellae*) wurden erbaut. Die große Grundherrschaft bildete so wirtschaftlich, fiskalisch, rechtlich und religiös eine selbständige Einheit, die öffentliche Funktionen an sich zog. Sie zeigt bestimmte Vorformen der Feudalität, doch fehlt die zu einer entwickelten feudalen Grundaristokratie gehörende spezifische politische Struktur.

Den *honestiores* oder *potentes* standen die *humiliores* oder *tenuiores* (›Schwachen‹) gegenüber — die arbeitende, produzierende und gegenüber dem Adel sozial nivellierte Bevölkerung. Ein Umschichtungsvorgang, der in seiner Weise ebenso wichtig war wie die Neubildung der Führungsschicht, vollzog sich am entgegengesetzten Ende der sozialen Skala. Die Sklaven verloren stark an Zahl und wirtschaftlicher Bedeutung. Soweit sie in der Landwirtschaft eingesetzt waren, näherten sie sich dem Status des halbfreien ländlichen Proletariats an. Eine einigermaßen relevante Rolle spielten sie nur noch auf den großen Gütern in der persönlichen Umgebung der Besitzer. Entscheidend waren die Veränderungen im Bauerntum. Die Zahl der freien Bauern ging ebenfalls ständig zurück, wurde jedoch nie so unbedeutend wie die der Sklaven. Die wirtschaftliche Misere lastete aber aus verschiedenen Gründen besonders auf dem Bauerntum. Das Anachoretentum war kein allgemeiner Ausweg. Die staatliche Wirtschaftspolitik, die sie in Überschuldung stürzte und dadurch immer mehr in Abhängigkeit geraten ließ, der Fiskalismus, der sie veranlaßte, den effektiven Schutz der großen Grundherrschaft zu suchen, und schließlich das natürliche Ausdehnungsbedürfnis der Grundherrschaft mit ihrer ständigen Suche nach einem sicheren Stamm von Arbeitskräften wirkten zusammen dahin, daß viele Kleinbauern halb freiwillig, halb unter Zwang Colonen wurden. Die formalrechtliche Übergabe (*precario*) des Besitztums machte den *rusticus, vicanus* oder *agricola* zum Colonen des Gutes. Der Kampf gegen diese Patrociniebewegung war ein Teil des ständigen Konflikts zwischen Staat und Großgrundbesitz. Dennoch erwies sich die Verwandlung der ländlichen Unterschicht zum Colonat immer mehr als unabwendbar.

Der Colone war ursprünglich ein Rente zahlender Pächter. Der Großteil des Landes der großen Latifundien war gegen Abgabe von Teilen des Ertrags und gegen Leistung von Hand- und Spanndiensten (*corvatae*) an solche *coloni* verpachtet. Die damit gegebene wirtschaftliche Abhängigkeit verstärkte zunehmend die Bindung und Hörigkeit des Colonen dem Grundherrn gegenüber. Schon 332 war er einem Edikt Constantins zufolge an seine Scholle (genauer: an das Steuerregister seines Gutes) und damit an Beruf und Grundherrn gebunden.[41] Der Übergang von freiem Bauerntum zum Colonat ist nicht überall ohne Widerstand vor sich gegangen; Bauernunruhen wie die der Bagauden in Gallien gehörten zum Sichaufbäumen dieses Standes gegen sein Schicksal.

Das Entstehen der halbfreien Colonen als Träger eines neuen Standes neben den Resten des freien Bauerntums, der städtischen Unterschicht und den Sklaven ist die Kehrseite der Entwicklung zum grundherrschaftlichen System und das andere Extrem der gesellschaftlichen Umschichtung. Zwischen der breiten Gruppe der *coloni* und der schmalen adligen Führungsschicht verlor der bisher das wirtschaftliche Leben des Reiches weithin tragende bürgerliche Mittelstand gesellschaftlich erheblich an Bedeutung. In einer stärker städtisch bestimmten Wirtschaftsordnung hatte die Bourgeoisie in Handel und Gewerbe wie in Verwaltung und Beamtentum eine wichtige Rolle gespielt. Jetzt verfiel sie, mit Ausnahme einzelner, die den Weg in die neue Führungsschicht der *honestiores* fanden, ebenfalls einem gewissen Niedergang. Steuerdruck, Konfiskation und Erpressung in gröbsten Formen, Zwangsabgaben und Behinderung des Handels ließen die Vermögen der Curialen zusammenschmelzen und entzogen dem gehobenen Bürgertum viel von seinem vorherigen Einfluß. Gleichzeitig verkleinerte sich diese Schicht, teilweise durch Abwanderung in den Produktionsbereich der Großgüter, teilweise durch Verarmung und Absinken ins Proletariat. Es existierten zwar noch recht wohlhabende Bürger, vor allem unter den Vertretern des besonders im Osten florierenden Großhandels. Aber wer wirtschaftlich überlebte, tarnte sich, um nicht als Curiale ein finanzielles Faustpfand des Staates zu werden. Gab es so keinen rechten Lebensraum mehr für ein städtisches Bürgertum alter Art, so blieb doch neben den Staatsbetrieben ein Teil der städtischen Gewerbezweige noch erhalten. Im Besitz der mittleren und unteren Bevölkerungsschichten, der *plebei*, arbeiteten zahlreiche kleine Handwerksbetriebe, die neben Lebensmitteln und gängigen Waren auch Spezialitäten wie Wolle und Leinen produzierten. Im Osten bestanden die Werkstätten in Syrien und Alexandria weiter, die ihre kostbaren Textilien in das gesamte Imperium lieferten. Auch der Handel, besonders der Fernhandel mit orientalischen Luxusgütern, wurde von den Korporationen der Kaufleute (*negotiatores*) und Schiffseigner (*navicularii*) in nicht unbeträchtlichem Umfange weitergeführt.

Mit dem Herausbilden neuer sozialer Schichten verklammert war eine Verfestigung der Standesgrenzen durch staatliche Eingriffe und damit letztlich eine Immobilisierung des gesellschaftlichen Gefüges. Der für die soziale Entwicklung des Jahrhunderts überaus bezeichnende Versuch, das Geburtsprinzip auf die Zuordnung zur sozialen Gruppe anzuwenden, war eine Konsequenz der spätrömischen Staatswirtschaft — ein Endergebnis des reglementierenden Etatismus eines bürokratischen Systems, der mit der Sicherung der wirtschaftlichen Bedürfnisse des Staates begonnen hatte.

Der Versuch einer Flucht aus Haftpflicht und Korporation (oben S. 82 f.) rief staatliche Gegenmaßnahmen hervor, die mit der Zwangsverpflichtung auch die Zwangsrückführung zur Leistung aller Lasten und Aufgaben sichern sollten, auf die der Staat angewiesen schien, um funktionieren zu können. War der Staat zunächst bestrebt, einzelne Verantwortliche für bestimmte Leistungen zu schaffen, so erweiterte sich in der ersten Hälfte des 4. Jahrhunderts dieser Prozeß auf alle Gruppen, deren Dienstleistungen oder Steuerkraft von Interesse waren. Gesetzgebung und Administration entfalteten in seinen Ambitionen geradezu grandioses Schema der Sozialpolitik, das die vererbbare Bindung des einzelnen an bestimmte Berufe und damit an bestimmte gesellschaftliche Gruppen durchzusetzen suchte.

Für die senatorische Oberschicht hatte das Geblütsrecht schon lange gegolten, wenn auch immer gewisse Aufstiegschancen in diese Klasse bestanden, vor allem über das Heer. Die Beamten unterlagen nicht nur längst einer streng militärischen Dienstpflicht. Auch ihre Funktionen wurden nun vererbt: »Söhne von Verwaltungsbeamten jeder Art — seien ihre Väter noch im Dienst oder schon pensioniert — müssen die Tätigkeit ihrer Väter übernehmen.« Das Rekrutierungsproblem der Armee sollte durch Erblichkeit des Soldatenberufs gelöst werden (was zusammen mit disqualifizierenden Bedingungen wie der Kennzeichnung der Soldaten am Oberarm nicht gerade zur Verbesserung der Qualität beitrug): »Es gibt für den Militärdienst taugliche Söhne von Veteranen, die aus Indolenz sich weigern, in den für sie zwingenden Militärdienst einzutreten; andere sind so feige, daß sie sich ihrer Verpflichtung durch Selbstverstümmelung zu entziehen versuchen. Sollten sie für den Militärdienst nicht mehr tauglich sein, weil sie ihre Finger abgeschlagen haben, so befehlen Wir, daß sie ohne jegliches Zögern zur Übernahme von Decurionenpflichten herangezogen werden.« Ebenso wurde die Gruppe der Curialen schon früh in eine erbliche Zwangskaste umgewandelt. Der *curialis* war der Hörige der Curia genau wie der *colonus* Höriger des Bodens. Beim Fehlen direkter Nachkommen sorgte der Staat durch ingeniöse Maßnahmen dafür, daß entweder der Käufer der Hinterlassenschaft die Curialfunktion übernahm oder daß finanziell dazu unfähige Erben die Curie in anderer Weise entschädigten. »Kein Rang und keine noch so lange Beschäftigung im staatlichen Dienst kann irgendeine Person schützen, wenn die Curie seinen Dienst verlangt mit der Begründung, daß er seinem Geburtsstatus nach ein *decurio* ist.« »Wer sich entschließt, in den kirchlichen Dienst zu treten, muß entweder einen nahen Verwandten an seiner Stelle zum *decurio* machen, indem er ihm seinen Besitz überträgt, oder er muß sein Vermögen an die Curie übergeben, die er verläßt.« Die Fluchtbewegung ging auch in die andere Richtung der sozialen Skala: »Zum Nachteil der Curien versuchen Curialen sich ihrer Amtspflichten zu entledigen, indem sie [...] ihren Geburtsstatus durch Übernahme der Dienstpflichten eines *navicularius* ändern. [...] Eure Erhabenheit soll im Hinblick auf die Aufrechterhaltung der öffentlichen Dienstleistungen niemand gestatten, sich seinem Vater, der Curie, zu entziehen.«

Die Bestimmungen und Maßnahmen im Hinblick auf die Curialen sind besonders vielseitig und ausgeprägt. Doch gilt prinzipiell das gleiche Verfahren auch für die Mitglieder sämtlicher *collegia* des Handwerks und des Handels. »Wenn Angehörige irgendeines *collegium* der Stadt Rom in andere Gebiete abgewandert sind, sollen sie durch Verwaltungsakte der dortigen Provinzgouverneure zur Rückkehr gezwungen werden, um die Dienstpflichten weiter zu erfüllen, die ihnen nach altem Brauch auferlegt sind.« Der Staat sorgte auch für den Fall vor, daß durch frühen Tod eine Lücke in der erblich gesicherten Erfüllung der Dienstpflicht entstand: »Wir befehlen, daß unmündige Söhne von Bäckern bis zu ihrem 20. Lebensjahr von der Pflicht zum Brotbacken befreit sind. Es müssen jedoch andere Bäcker als Ersatz zu Lasten der gesamten Zunft eingestellt werden. Nach der Vollendung ihres 20. Lebensjahres sind die Bäckerkinder gezwungen, die Dienstpflichten ihrer Väter zu übernehmen. Trotzdem sollen die an ihrer Stelle eingetretenen Ersatzleute weiterhin Bäcker bleiben.« Ähnlich wurde mit Metzgern (*suarii*), dem Baugewerbe (*calcis coctores et vectores*) oder dem privaten Schiffahrtsgewerbe (*navicularii*) verfahren.

Zur Vollständigkeit dieses Systems der Berufsbindung gehörte schließlich die Institution des Colonats: denn die Landwirtschaft war Grundlage der Gesellschaft. »Der *colonus* kann nicht nach seinem Wunsch [...] gehen, wohin es ihm beliebt. Er ist an den Besitzer des Guts gebunden, der [...] alle Gewalt hat, einen Flüchtigen zurückzuholen. Der Kaiser erinnert alle seine Untertanen daran, daß nach ewigem Recht [...] die *coloni* das Land nicht verlassen dürfen, das sie zur Bearbeitung übernommen haben.« Der Versuch des Constans, auch den Klerikerberuf erblich zu machen, wurde allerdings aufgegeben.[42]

Dieser die Zwangskorporierung und staatliche Indienstnahme abschließende Prozeß schuf sehr viel mehr als eine berufsständische Untergliederung der *humiliores*. Die erbliche Festlegung auf einen bestimmten Beruf und damit auf einen bestimmten sozialen Stand (*ordo*) verfestigte das gesellschaftliche Gefüge immer stärker. Noch gab es zwar, durch wirtschaftliches oder politisches Schicksal bedingt, eine gewisse Fluktuation. Aber die Tendenz zur Abschließung der Standesgrenzen machte bereits um die Mitte des 4. Jahrhunderts entscheidende Fortschritte. Und in der ersten Hälfte des 5. Jahrhunderts erscheint in der Darstellung Salvians der Gegensatz zwischen *potentes* und *humiliores* als *divites* (Reiche) und *pauperes* (Arme) als Grundfigur der gesellschaftlichen Situation und des sozialen Konflikts.[43] Natürlich gelang es nicht, das System der Berufsbindung rigoros durchzuführen; die ständig wiederholten kaiserlichen Verordnungen sind ein klarer Beweis dafür. Der legale wie der illegale Übergang von einem Stand zum andern ließ sich nicht einfach abschaffen. Aber auch dort, wo durch Aufstieg in der staatlichen Hierarchie als legaler Form des Standeswechsels der Geburtsstatus verändert wird, gibt es einen bezeichnenden Unterschied zur Kaiserzeit: während damals etwa die *adlectio* (Zuwahl) in den Senatorenstand der Betrauung mit bestimmten Funktionen normalerweise voraufging, ist nun die Zugehörigkeit zu einer gesellschaftlichen Klasse automatisch mit der Übernahme einer Funktion gegeben (was an der Gliederung der Oberschicht durch das System der Rangtitel deutlich wird).

Grundsätzlich ist der Wechsel des *ordo* nur noch in Ausnahmefällen möglich: »Wer vor dem Erlaß dieses Gesetzes den Rang eines *spectabilis* oder *illustris* erreicht hat, soll die Ehrenrechte und Privilegien, die er damit erworben hat, für dauernd besitzen. Wer aber von jetzt an als *decurio* [...] den Rang eines *spectabilis* gewinnt, muß sowohl die Verpflichtungen eines *decurio* als auch die eines Senators übernehmen. Ebenso sind seine Kinder, die nach der Erlangung des senatorischen Ranges geboren werden, in dieser doppelten Pflicht gebunden.«[44] Das Erfüllen einmal ererbter Pflichten und Funktionen gegenüber dem Gutsherrn, der Stadt oder dem Staat kann rigoros erzwungen und sogar rechtlich eingeklagt werden. Mit der Fixierung der Klassen veränderte sich das traditionelle Gefüge der Gesellschaft in Richtung auf eine neue soziale Ordnung. Der letzte Schritt zu einer geschlossenen und immobilen Standesgesellschaft war damit getan.

c) Die Haltung der Gesellschaft

Eine Gesellschaft ist nicht nur ein Gefüge sozialer und ständischer Strukturen in Wechselwirkung mit bestimmten Wirtschaftsformen. Zu ihrem Funktionieren gehört eine Summe von Grundüberzeugungen und Affekten, deren Reservoir die Kultur der Zeit ist. Die kausale Verrechnung zwischen dieser geistigen Haltung und den politischen und wirtschaftlichen Faktoren in einer Gesellschaft ist mehr als problematisch. Doch haben ohne Zweifel nicht wirtschaftliche Situation und staatlicher Dirigismus allein die Umformung der Gesellschaft bewirkt. Die Beschreibung der Staatsordnung des Dominats und der Strukturveränderungen der Gesellschaft muß darum ergänzt werden durch die Frage nach der Haltung der Gesellschaft und dem möglichen Wandel dieser Haltung.

Die Standesgesellschaft mit ihrem immobilisierten Gefüge ist nichts anderes als eine Konsequenz des Dienstpflichtgedankens in der politischen Ideologie der Zeit — des Gedankens, daß der Bürger als Untertan im wesentlichen zur Dienstleistung für den Staat und für das Gemeinwohl verfügbar und verpflichtet sei. Entscheidend ist dabei, ob die allgemeine Dienstpflicht nur als auferlegt betrachtet oder ob sie freiwillig angenommen wurde. Diese Frage nach Zwang oder Consensus im Verhalten des einzelnen zu den übergreifenden Ordnungen von Staat und Gesellschaft ist freilich nicht einfach zu beantworten.

Im Laufe der Kaiserzeit wandelte sich der einzelne in seinem politischen Grundverhalten vom Bürger zum Untertan. Der am Ende der Republik zerstörte politische und gesellschaftliche Consensus — die bei allen Interessenkonflikten grundsätzliche Annahme der gegebenen Ordnung und der eigenen Stellung darin — wurde im Prinzipat wieder etabliert, und zwar nicht allein durch Zwang. Neben Duldung und Opportunismus hat es weithin eine Bejahung des neuen Regimes gegeben. Freilich war das selbst in den führenden Schichten nie mehr als ein Teilconsensus. Die politischen Traditionen der Republik lebten noch — in Konflikt mit Zwang und Kontrollen des neuen Systems; nicht zufällig gehen die Anfänge der Geheimpolizei auf Augustus zurück. Die Oberschicht war beherrscht vom Dilemma einer Staatsgesinnung zwischen Bürger und Untertan — angesichts ihrer politischen Ohnmacht eine sterile und selbstzerstörerische Position. Zeugnis dafür ist die nur aus diesem Dilemma zu verstehende, fast schon pathologische Opposition des Tacitus, aber auch anonymer Stimmen: »Bereits von Jugend an sind wir in dieser Zeit zur Unterwürfigkeit erzogen und zu servilen Praktiken angeleitet; wie der Trank der Freiheit schmeckt, wissen wir nicht mehr, aber wir sind Genies in der Kunst des Schmeichelns.«[45]

Die letzten Elemente des alten römischen Staatsbewußtseins haben sich dann seit dem 3. Jahrhundert vollends verflüchtigt. Das Reichsbürgerrecht der *constitutio Antoniniana* war ein Rechtsstatus, aber kein politisches Bürgerrecht mehr. Dienstbereitschaft und Servilität wurden mit eiserner Faust durchgesetzt und in die Mentalität eingeprägt. Der Weg zum Untertan im negativen Sinne, der nur noch Pflichten, aber keine Rechte gegenüber dem Staat hat und widerstandslos sich einem reinen

System des Zwangs, des Befehlens und des Gehorchens fügt, scheint vollendet. Es gibt ein positives Leitbild des Untertanen, der im Consensus mit der Herrschaftsordnung lebt — der die absolute Monarchie nicht nur hinnimmt, sondern anerkennt. Aber ein solches Staatsbewußtsein hat sich im 4. Jahrhundert kaum ausgebildet. Historisch läßt sich zwar die Existenz einer auf reinen Zwang gegründeten Herrschaftsordnung höchstens für sehr kurze Zeitspannen und sehr begrenzte Räume nachweisen (etwa in der paradoxen Eignung der griechischen Polis zur Tyrannis). Für das Imperium Romanum ist sie unter den damaligen Bedingungen unwahrscheinlich. Aber ein Consensus manifestierte sich höchstens in Bruchstücken. Nur in der Herrschaftsschicht, im Heer und im neuen Beamtenadel gab es eine entschiedene, die Interessen der einzelnen Gruppen übergreifende Bejahung der gesellschaftlichen Ordnung des Imperiums. Auch dieses positive Reichsbewußtsein war ohne Zweifel stark interessenbedingt; das prägt sich etwa in den antigermanischen Adelsfraktionen zur Zeit des Theodosius oder in den Schriften des Sidonius Apollinaris aus. Doch zum Teil ist dieser Consensus von einer christianisierten Reichsidee getragen. Bei aller Vorsicht, mit der die diese rhetorischen und floskelhaften Äußerungen zu interpretieren sind, kann man sagen, daß gerade in den Krisen, die die Sicherheit des Reiches im 4. und 5. Jahrhundert erschütterten, das Imperium als eine Lebensordnung erschien, deren Bestand der Sorge wert war. Aber das gilt eben nur für die sehr dünne Schicht der *potentes*, und selbst hier ist häufig das positive Staatsbewußtsein durchbrochen von den Sonderinteressen des Reichsadels.

Die Haltung der *humiliores* — für die Inschriften und Papyri nur in einem sehr begrenzten Maß verbindlich sind — ist freilich kaum greifbar. Aber die unteren Klassen sind offensichtlich nie zu einem positiven Consensus mit der Reichsordnung gekommen. Ihr Verhalten war trotz der bedingten Anerkennung von praktischen Vorteilen der Pax Romana nicht am Staat orientiert. Für den einfachen Mann stand nach wie vor im Vordergrund, was er immer gekannt hatte: das weiterdauernde System der engeren lokalen Bindungen und Abhängigkeiten. Unruhen wie die der Donatisten in Afrika oder der Bagauden in Gallien zeigen, daß es in der Unterschicht sehr wohl soziale Unzufriedenheit und Protest gab. Die *humiliores* haben zwar die Abhängigkeit ihrer sozialen und politischen Stellung meist ohne Widerstand hingenommen. Aber das war nur ein erzwungener Consensus. Schon lange in die Haltung einer unfreiwilligen Servilität gegenüber der Autorität gedrängt, standen sie auch im 4. und 5. Jahrhundert politisch als Untertanen, sozial als Hintersassen in einem reinen System des Zwangs, des Befehlens und des Gehorchens. Eine eigentliche Loyalität oder eine positive Untertanengesinnung konnte sich dabei gar nicht entwickeln. Wo nicht eine Loyalität gegenüber einzelnen Angehörigen der Führungsschicht vorwaltete, begegnete der *humilis* der staatlichen und gesellschaftlichen Ordnung mit Resignation und Apathie, wo nicht mit Feindschaft. Für den *colonus* etwa machte es im Grunde wenig Unterschied, welcher Staat ihn beherrschte: der Verlust der Selbständigkeit und die Verarmung änderten sich dadurch nicht. Die Masse der Untertanen bestand aus einfachen Leuten, denen die tägliche Sorge um das Fortkommen gerade noch etwas Zeit für religiöse Anliegen ließ. Johannes Chrysostomos (354-407) hat die Erschöpfung der *humiliores* durch harte Arbeit und ihre Einschüchterung durch brutale Gutsverwalter und Steuereintreiber eindringlich beschrieben, Salvian ihre duldende Apathie und Indifferenz.[46] Das Reichsbewußtsein der niederen Schichten, das ohnehin niemals stark war, wurde durch die Steuerlasten und den Druck der Grundherren erstickt. In diesen Zusammenhang gehört die Rolle des politisch-sozialen Wunschdenkens, wie es sich in den Münzlegenden niederschlägt. Bei der Kluft, die zwischen Wunschbild und Wirklichkeit bestand, muß eine Aufnahmebereitschaft und Anfälligkeit für eine solche Wirklichkeitsflucht bestanden haben, die in ihrer Art einen Protest gegen die bestehenden Verhältnisse darstellt.

Die Rolle der Kirche in der Prägung des Sozialverhaltens und damit auch im gesellschaftlichen Umformungsprozeß war wesentlich passiv. Trotz ihrer wirtschaftlichen Machtposition und ihrer bedeutenden Wirkungen auf die geistige Situation der Zeit hat die Kirche — wenn man von vereinzelter Aktivität wie der Mahnung zur Wohltätigkeit, dem Kampf gegen Zinswucher oder dem Eintreten für bessere Behandlung der Sklaven absieht — keine eigenen und schon gar keine revolutionären Soziallehren entwickelt und daher auch keine Antriebe zur Veränderung im gesellschaftlichen Prozeß gegeben (vgl. oben S. 74f.). Sie hat vielmehr zur Anerkennung des in der neuen Gesellschaft allgegenwärtigen Dienstpflichtgedankens entscheidend beigetragen und damit die Befestigung der bestehenden Autoritäten und Abhängigkeitsverhältnisse indirekt erheblich gefördert. Sie war eine Stütze für das System staatlichen Zwanges; wohl auch deshalb, weil das Phänomen der Staatsflucht verschiedentlich in allzu enger Verbindung mit Häresie und Sektierertum stand.

d) Restauration oder Erneuerung?

Die neue Gesellschaft des 4. Jahrhunderts unterscheidet sich grundlegend von der Gesellschaft des Prinzipats. Dort bestand trotz der altüberlieferten römischen Standesgliederungen eigentlich doch ein mobiles, vielfach differenziertes Sozialgebilde. Es war im wesentlichen liberal-kapitalistisch aufgebaut; Besitz galt als entscheidendes Moment sozialer Zugehörigkeit. Das machte den personellen Austausch zwischen den einzelnen Schichten und Klassen der Gesellschaft beständig möglich. Aus dieser offenen Gesellschaft der früheren Kaiserzeit ist nun eine Gesellschaftsstruktur von straffer, sich verfestigender Gliederung entstanden. Die Standes- und Klassengrenzen sind großenteils nicht mehr an den Besitz gebunden und werden streng fixiert, ja sogar häufig erblich. Damit hat sich — bei allen Übergangsformen — im Imperium Romanum Christianum eine eng mit der absoluten Monarchie und ihrer dirigistischen Staatswirtschaft verbundene, geschlossene Gesellschaft mit weitgehend verfestigten Standesgrenzen herausgebildet. Der besondere Charakter dieser geschlossenen Gesellschaft lag darin, daß die dünne Herrschaftsschicht soziologisch eine grundherrliche Aristokratie mit einzelnen feudalen Zügen darstellte.

In dieser Gesellschaft des 4. und 5. Jahrhunderts waren politische, soziale und geistige Kräfte am Werk, die trotz aller krisenhaften Schwierigkeiten erneuerte Lebensformen schufen. Das war in der Sprache der Zeit *renovatio*, nicht einfach *restauratio*: schöpferisches Eigenleben, nicht bloße Sterilität. Die Stabilität, die die Gesellschaft in Wechselwirkung mit der neugefestigten Staatsordnung gefunden hat, schlägt sich in der geschichtlichen Stimmung der Zeit nieder. Das Urteil der Zeitgenossen über ihre eigene Gegenwart birgt freilich einen eigentümlichen Zwiespalt von Kritik und Sicherheit. Auf der einen Seite klagt man über den ständig zunehmenden Steuerdruck und die Abgabenlast (bis zu der nicht völlig von der Realität entfernten Behauptung, die Steuern hätten sich in 40 Jahren verdoppelt), über die Erpressungen der Steuerbeamten und über die Korruption der gesamten Bürokratie. Von verlassenen Gütern und vom Rückgang der Produktion ist häufig die Rede, ebenso von den verschiedenen Formen der Flucht vor staatlichen Zwangskorporationen und Dienstleistungen. Dieses Lied von der staatlichen Bedrückung und der wirtschaftlichen Not verstummt niemals. Es ist ohne Zweifel der eine Aspekt, unter dem die Zeitgenossen ihre Gegenwart erlebten. Doch beschreibt das nicht in jedem Fall die Realität genau: vieles, was hier ständig wiederholt wird, sind uralte, längst zum Klischee gewordene Motive des Verfalls.

Aber daneben steht nun, anders als im 3. Jahrhundert, ein neues Selbstbewußtsein. Erst im Kontrast damit erhalten die kritischen und klagenden Stimmen ihren richtigen Wert. Heiden wie Christen, ein Rutilius Namatianus wie ein Orosius sind davon überzeugt, daß das Imperium weder durch wirtschaftliche Not noch durch die außenpolitischen Schwierigkeiten der Germaneneinfälle entscheidend getroffen sei. In der Führungsschicht des

Reiches gibt es ein klares Bewußtsein von Sicherheit, Erfolg und Zukunft in der neuen staatlichen und gesellschaftlichen Ordnung. Die Entwicklung des Porträts — auch wenn sich hier wiederum fast nur die Oberschicht fassen läßt — bestätigt das. Nach der Verfeinerung und Dekadenz, nach der Resignation der gallienischen Zeit gewinnt es — über die eigentümliche Zwischenstufe der Tetrarchie mit ihren Zügen von Kleinlichkeit und Engstirnigkeit — eine neue Festigkeit, auch wenn diese geradlinig, jeder Finesse entbehrend und oft fast primitiv anmutet. Dem veränderten Bewußtsein der Zeitgenossen entspricht in der Realität des Zeitalters neben der Erholung im wirtschaftlichen Bereich und der Stabilisierung der sozialen Situation eine Reihe von lebendigen und schöpferischen Elementen im geistigen Leben und in der Kunst. Es ist die Zeit, in der auf heidnischer und christlicher Seite jene Werke entstehen, die neben den Klassikern wie Cicero oder Vergil im Mittelalter die geistige Kontinuität bewahren.

Man darf die Leistungen der Kultur nicht allein an der heidnischen Literatur messen. Selbst hier kam es gegenüber der intellektuellen Müdigkeit des 2. Jahrhunderts oder dem Tiefstand des 3. Jahrhunderts noch einmal zu einer Art Blüte. Vieles ist freilich Dekadenz, Epigonentum und Manierismus: wie immer wird die Rhetorik zum Friedhof von Literatur und Wissenschaft. Im Osten war Libanios (314 bis um 393) in jeder Beziehung der echte Typ des Rhetors, die überragende Gestalt. Im Westen entstanden in stadtrömischen Kreisen um den lateinischen Neuplatoniker Agorius Praetextatus und die beiden Symmachi für das Zeitalter typische Werke wie die *Saturnalien* des Macrobius oder der gelehrte Vergilkommentar des Donatus. Die Rhetorik blieb nicht Domäne und Hort des letzten Heidentums. Sie wurde vom Christentum übernommen als Grundlage eines Bildungsbetriebes, der jetzt von staatlicher Seite erneut gefördert wurde.

In zwei Provinzen, in denen die Rhetorik besonders stark beheimatet war, begann sie ein eigenes Gesicht anzunehmen. Afrika, schon vorher literarisch eines der aufgeschlossensten und fruchtbarsten Gebiete des Reiches, wurde zu einem Hauptträger der Latinität. Seine besondere Bedeutung lag in der Entwicklung der christlichen Literatur. Von Ambrosius und Hieronymus abgesehen, gehörten fast alle bedeutenden Namen der westlichen Christenheit bis ins 5. Jahrhundert hinein dem afrikanischen Raum an: Tertullian, Minucius Felix, Cyprian, Arnobius, Lactantius und schließlich Augustin. Ähnlich begann auch Gallien einen eigenen literarischen Charakter auszubilden — ein Phänomen von großer Bedeutung für die geistige Kontinuität der kommenden Jahrhunderte. Sidonius Apollinaris verband Rhetorik und christliche Bildung, Ausonius (dessen später

Nachfolger Venantius Fortunatus war) pflegte eine klassizistische Dichtkunst. Aber daneben gab es die eigenwillige und selbständige Figur Salvians oder die Weiterbildung der spezifisch christlichen Form der Weltchronik durch Sulpicius Severus und Prosper Tiro, die für das ganze Mittelalter verbindlich wurde.

Auch im Sondercharakter einzelner Provinzen wirkte immer noch die Bannkraft der klassischen Tradition. Ammianus Marcellinus schrieb — wiewohl syrischer Grieche — in lateinischer Sprache und im deutlichen Anschluß an Tacitus das letzte große lateinische Geschichtswerk. Der Ägypter Claudianus wurde mit seinen lateinischen Gedichten zu einem der letzten heidnischen Verkündiger von Roms Größe, in seiner poetischen Technik seinen großen Ahnen nicht unebenbürtig. »Rom hat sich der Eroberten als Mutter, nicht als Herrscher angenommen, und dem ganzen Menschengeschlecht einen Namen gegeben [. . .] Ihm verdanken wir, daß wir [. . .] das Wasser der Rhone oder des Orontes trinken und doch ein Volk sind.«[47]

Das geistige Leben der Zeit erschöpfte sich jedoch nicht in dieser späten Nachblüte der Klassik. Sie ließe sich geschichtlich mit einem gewissen Recht als Restauration einordnen. Aber das spätere 4. und das beginnende 5. Jahrhundert war auch die Zeit der großen Kirchenväter und der lebendigsten theologischen Entwicklung. Die christliche Literatur erlebte ihre erste Blütezeit, christliche Dichtung wurde mit Prudentius der heidnischen ebenbürtig.

Greifbaren Ausdruck fanden die schöpferischen Kräfte in der Kunst, die seit dem Beginn des 4. Jahrhunderts eigene Formen schuf. Die Revolution des Stils läßt sich an der Kluft zwischen der klassischen Form des heidnischen Tempels und der Constantinsbasilika ermessen, die eine der ersten großen architektonischen Schöpfungen des neuen Zeitalters war. Ebenso klar wird dieser Sprung in dem Kontrast zweier Monumente, die noch heute auf dem Forum Romanum direkt nebeneinanderstehen: Septimius-Severus-Bogen und Decennalienbasis. Hier erweist sich, daß diese Kunst einem Gestaltungswillen und einem künstlerischen Prinzip entsprang, das den klassischen und klassizistischen Vorstellungen gerade in der Architektur völlig entgegengesetzt war. Dem heidnischen Tempel mit seiner umlaufenden Säulenordnung wurde der mit Mosaiken geschmückte Zentralbau der christlichen Kirche entgegengestellt: diese architektonische Form ist die typische Leistung des Zeitalters, die in Ravenna genauso begegnet wie in Constantinopel oder Syrien (vgl. oben S. 67).

Das Imperium Romanum Christianum war keine mühsame restaurative Notlösung, sondern eine lebensfähige, in vieler Hinsicht neue Ordnung, die sich auf einer neuen und eigenständigen Konzeption des Staates und der kaiserlichen Macht wie auf dem neuen Begriff einer die gesicherte Zusammenarbeit der Bürger im Dienste des Gemeinwohls lenkenden Gesellschaft aufbaute. Politisch und gesellschaftlich war es fähig, innere Krisen zu überwinden und in bestimmten Grenzen auch soziale Formen fortzuentwickeln; auf vielen Gebieten des Geistes und der Kunst brachte es eigene schöpferische Leistungen hervor. Die sozialen und wirtschaftlichen Formen des Imperium Romanum Christianum — die Auflösung der bürgerlichen Mittelschicht und die Übernahme des zerstreuten Kleinbauernbesitzes durch die großen Grundherrschaften, damit verbunden der ökonomische und gesellschaftliche Machtzuwachs der landsässigen Aristokratie und die Aufspaltung der Gesellschaft in zwei ungleiche Gruppen, eine schmale Schicht von Grundbesitzern und eine breite Schicht ihrer Hintersassen — sind, historisch betrachtet, das entscheidende Ergebnis der Zeit. Das Reich war in seiner inneren Ordnung erneuert. Diese Erneuerung freilich hat nicht immer die Ziele verwirklicht, die sich ihre Schöpfer gesetzt hatten; trotzdem war sie ungemein folgenreich für die Zukunft. Die für die Zeit bezeichnende Verbindung des christlichen Glaubens und der Kirche mit den soziologischen Komplementärerscheinungen von Senatsadel, Grundherrschaft und Colonat läßt sich zwar nicht als beginnendes Mittelalter deuten — es sei denn, man abstrahiert völlig von der Gesamtsituation, in der diese Erscheinungen sich ausbildeten. Aber in der neuen gesellschaftlichen Struktur wurden bedeutsame Elemente und Grundlagen für die Entwicklung der mittelalterlichen Staatenwelt im Westen und des Byzantinischen Reiches geschaffen.

Der spätrömische Staat war (bei allen scheinbaren Parallelen) kein totalitäres System im modernen Sinne. Dazu fehlten schon die technischen Möglichkeiten; auch der Ansatz des politischen Denkens, der dieser Ordnung zugrunde lag, war anders. Ob die Ordnungsfunktionen und der unzweifelhafte Ordnungserfolg dieses zentralisierten Absolutismus höher zu bewerten sind als die Einschränkung der Freiheit und die Unterdrückung der Untertanen — das ist jenseits aller historischen Wirkungen die offene Frage an das System des Imperium Romanum Christianum.

V. DAS REICH UND DIE NEUEN MÄCHTE: KIRCHE UND GERMANEN
(337-395)

Das Jahrhundert von Constantin bis Theodosius war eine Zeit der Bürgerkriege und schnellen Kaiserwechsel, der Vorstöße von Westgoten und Sassaniden tief ins Reichsgebiet hinein, aber auch der weiteren Ausbreitung des Christentums und einer sich anbahnenden Entfremdung zwischen West und Ost im Imperium. Kirche und Barbaren waren die Kräfte, die von innen und außen am nachhaltigsten auf das Leben des Imperiums im 4. Jahrhundert einwirkten. Das Verhältnis von Politik und Religion erwies sich als ein beherrschendes innenpolitisches Thema des Jahrhunderts. Der Zusammenstoß zwischen dem Reich und den fremden Völkern an den Grenzen aber bestimmte die äußere Politik. Diese Konflikte und Kräftekonstellationen reichen bis ins folgende Jahrhundert hinein — entscheidende Faktoren für die zukünftige geschichtliche Welt des Mittelmeerraumes.

a) Kaiser und Innenpolitik von Constantin bis zu Theodosius

Die Innenpolitik des 4. Jahrhunderts ist gekennzeichnet durch eine Abfolge von — teilweise in Formen des offenen Bürgerkriegs ausgetragenen — dynastischen Machtkämpfen, die eng mit kirchenpolitischen Auseinandersetzungen verknüpft waren. Im Jahre 337 teilten Constantins Söhne Constantin, Constantius und Constans als gleichberechtigte Augusti das Reich. Bald einsetzende Machtkämpfe arteten zu militärischen Konflikten aus; die Erhebung von Gegenkaisern komplizierte noch die Lage. Erst nachdem Constantin II. im Jahre 340 gestorben, Constans zehn Jahre später im Kampf gegen den heidnischen Usurpator Magnus Magnentius gefallen war, kam es zu einer zehnjährigen Alleinherrschaft des Constantius. Unmittelbar bevor er 361 mitten im Aufbruch zu einem Sassaniden-Feldzug starb, designierte er — da alle anderen Familienmitglieder beseitigt waren — als Nachfolger seinen Vetter Julian, der sich bei der Verteidigung der Westgrenze Galliens als Truppenführer ausgezeichnet hatte. Die kurze Regierung des Julian Apostata ist berühmt geworden durch den Versuch einer Restauration des Heidentums: ein Edikt des Kaisers befahl, »die Tempel wieder zu öffnen und zur Ehre der Götter zu opfern«.[48] Doch schon 363 wurde Julian bei Rückzugsoperationen in der Nähe von Ktesiphon am Euphrat von sassanidischer Reiterei verwundet und überlebte die folgende Nacht nicht. Die Herrschaft des Gardegenerals Jovian war nur ein kurzes Zwischenspiel (363-364). Auch seine Nachfolger, die Brüder Valentinian I. (364-375) und Valens (364-378) waren von der Armee zur Macht gebrachte pannonische Offiziere. Für diese neuen Soldatenkaiser stand eindeutig die Reichsverteidigung im Vordergrund. Zur Sicherung ihrer Abwehrpolitik teilten sie pragmatisch das Reich in verschiedene Herrschaftsbezirke auf (ohne damit eine eigentliche Reichsteilung zu planen) und trieben, mit dem Belagerungszustand vertraut, die Reglementierung des Lebens im Reich weiter voran. Valentinian I. war ein brutaler Charakter, der in seinen

Wutanfällen — die ihn schließlich das Leben kosteten — wahllos Hinrichtungen befahl. Doch vermochte er die Grenzen des westlichen Reichsteils noch einigermaßen zu wahren. Den spätrömischen Limes an Iller und Donau sicherte er durch neue Befestigungen; im Jahre 368 stieß er nochmals in das Gebiet des mittleren Neckar vor. Im Gefolge des Kaisers befand sich übrigens damals der Poet Ausonius; ein erbeutetes Alamannenmädchen namens Bissula besang er in zärtlichen Versen. Valens, von dessen Regierung in Constantinopel der riesige Aquädukt zeugt, fiel — außenpolitisch glücklos — 378 im Kampf gegen die Goten bei Adrianopel inmitten seines geschlagenen Heeres. Nachfolger Valentinians I. im Westen war sein 16jähriger Sohn Gratian (375-383). Der literarisch interessierte Zögling des Ausonius war bei aller persönlichen Liebenswürdigkeit kein Staatsmann: »Seine Tugenden wären vollkommen gewesen, wenn er auch die Kunst der Politik gelernt hätte, der er freilich von Neigung und Ausbildung her fernstand.«[49] Im Kampf gegen einen von der Armee in England erhobenen Gegenkaiser, Magnus Maximus, wurde der junge Kaiser von meuternden Truppen im August 383 getötet. Seine wichtigste Entscheidung war, im Jahre 379 den Sohn von Valentinians I. *magister equitum*, Theodosius, zum Augustus und zum tatsächlichen Regenten der *pars orientis* zu erheben. Dieser befähigte General, der letzte große Spanier auf dem Kaiserthron, wurde mit Gratians Tod für zwölf Jahre noch einmal Lenker des Gesamtreiches. Valentinian II. (Gratians fünfjährig 375 Kaiser gewordener Stiefbruder) blieb, von seiner Mutter Justina und seinen Ministern beherrscht, nur nominell Augustus des Westens, bis ihn der Konflikt mit seinem fränkischen *magister militum* Arbogast 392 das Leben kostete.

Die Triebkräfte in diesem Prozeß von Teilung und Wiedervereinigung der zentralen Herrschaftsgewalt waren zunächst politischer Art. Machtrivalitäten der einzelnen Augusti wurden durch die parallellaufenden Konflikte zwischen den jeweils den Kaisern zugeordneten zivilen Präfekten und Armeekommandeuren geschürt, die in dieser innenpolitischen Situation einen erheblichen eigenen Entscheidungsspielraum gewannen. Erschwerend wirkte, daß in einzelnen Provinzen der politische Ehrgeiz lokaler Machthaber in Verbindung mit einem langsam erwachenden Sonderbewußtsein mancher Reichslandschaften zur offenen Rebellion und zum zeitweiligen Abfall von der Zentralregierung führte.

Doch neben den im engeren Sinne politischen Ursachen war noch ein zweites Moment für die innenpolitischen Konflikte mit ihrer vorübergehenden Erschütterung des Reichsgefüges und der kaiserlichen Zentralgewalt verantwortlich: die innerkirchlichen Streitigkeiten. Schon mit Constantin hatte eine fast untrenn-

bare Verflechtung von Kirchenpolitik und Innenpolitik, dynastischen und religiösen Auseinandersetzungen begonnen. Im
4. Jahrhundert war es das arianische Schisma, das einen beherrschenden Einfluß auf die Innenpolitik des Gesamtreiches ausübte.

b) Kirche und Innenpolitik im 4. Jahrhundert: die arianische Frage

Das arianische Schisma begann als ein reines Theologengezänk.
Im Jahre 318 wurde der Presbyter Arius, Absolvent der be-
rühmten Theologenschule von Antiochia, von einer Synode in
Alexandria wegen abweichender Lehren über die Natur Christi
exkommuniziert. Aber schon sieben Jahre später, im Jahre 325,
war die von Arius aufgeworfene Frage Gegenstand des ersten
allgemeinen Konzils der Christenheit. Die theologischen Mei-
nungsverschiedenheiten, die dem arianischen Streit zugrunde
lagen, waren keineswegs neu; der dialektisch geschulte Arius
provozierte nur durch kompromißlose Formulierung eines lange
umstrittenen Problems den Konflikt. Durch die undifferenzierte
Verehrung Christi als Gott glaubte er den Monotheismus gefährdet, der den Glauben entscheidend vom polytheistischen
Heidentum abhob. Das führte ihn zu der These, der Logos sei
als Geschöpf des Vaters diesem nicht wesensgleich, sondern nur
bedingt wesensähnlich. Diese Position wurde dann in dem eingängigen Schlagwort *homoios* (wesensähnlich) formuliert. Die
Orthodoxen, auch als Nicaener oder nach ihrem großen Führer
als Athanasianer bezeichnet, beharrten gegenüber der arianischen Lehre von der Geschöpflichkeit und zeitlichen Erzeugung
des Logos auf dem grundsätzlichen Unterschied zwischen Geschöpflichkeit als Schöpfung aus dem Nichts und innergöttlicher
Zeugung. Der Sohn ist als eigene Person wahrer Gott und
wesenseins mit dem Vater, weil er auf dem Wege innergöttlicher, nicht irdischer Zeugung vor aller Zeit zu seinem Wesen
kam. Gegen das arianische *homoios* stand der Kampfruf *homo-
ousios* als Formel der Wesenseinheit von Vater und Sohn.
Der Arianismus fand vor allem bei den stark an Origenes orientierten Theologen des griechischen Ostens schnell Anklang.
Aber er gewann auch überall bei den Laien und besonders bei
Neubekehrten an Boden, offensichtlich wegen seiner größeren
begrifflichen Einfachheit und Klarheit. Entschlossener Widerspruch erhob sich vor allem bei den Theologen des Westens und
bei Athanasios von Alexandria. Gerade in dessen Argumentation treten die Hintergründe des zunächst als dialektische Spitz-
findigkeit erscheinenden Ringens um die Natur Christi zutage.
Athanasios hat stets schroff die ›Einheit‹ und die ›Selbigkeit‹
der göttlichen ›Natur‹ von Vater und Sohn behauptet, ohne auf

die unaufhebbare Verschiedenheit von Vater und Sohn zu verzichten. Die Wesenseinheit von Vater und Sohn ergab sich für ihn nicht eigentlich aus rationaler theologischer Spekulation. Er begriff als das zentrale Anliegen des Glaubens die Erlösung — Erlösung nicht als stufenweiser Aufstieg zur Vergeistigung (wie in der platonisierenden Theologie eines Gregor von Nyssa), sondern durch Inkarnation göttlicher Wesenskräfte im menschlichen Fleisch. Darum beharrten Athanasios und seine Anhänger leidenschaftlich auf der Wesenseinheit Christi mit dem Vater: wäre Christus nicht selbst Gott, so könnte er uns Menschen nicht erlösen. Das Erlösungsverlangen im Christentum der Zeit erklärt erst, warum aus einem theologischen Schulstreit in wenigen Jahren ein alle Gläubigen erfassendes großes Schisma wurde, das den Konflikt zwischen Heidentum und Christentum weit überschattete. »Die einfache und reine christliche Religion wurde durch Aberglauben verdunkelt; subtile und komplizierte Debatten über das Dogma, die im Grunde kein Versuch zu einer wirklichen Einigung waren, führten zu ständigen Kontroversen [. . .] Scharen von Bischöfen hasteten dahin und dorthin zu ihren verschiedenen Synoden und desorganisierten so den öffentlichen Postdienst«: dem gebildeten, ironisch-detachierten Heiden Ammian erschien die ganze Auseinandersetzung überflüssig und unverständlich.[50] Doch Stimmen aus dem christlichen Lager wie die Briefe der großen Kappadokier zeigen, wie tief der Streit um die Lehre des Arius den christlichen Teil der Reichsbevölkerung ergriff.

Gerade das aber zwang den Staat zur Intervention. In dem Moment, in dem die Kirche ein Pfeiler staatlicher Autorität geworden war, schien mit der Einheit der Kirche auch die Einheit des Reichsgefüges gefährdet. Mit dem religiösen Schisma drohte der Bürgerkrieg oder zumindest der Verlust der politischen Loyalität der nichtorthodoxen Reichsangehörigen. Die Kaiser der Zeit waren tief überzeugt von ihrem göttlichen Recht und ihrer Pflicht zum Eingreifen in die Kirchenpolitik (Constantin erklärte, wohl etwas übertrieben, die Frage störe seinen Schlaf); sie übten dieses Recht oft in exzessiver Weise aus. Die Haltung der Kirche gegenüber dem kaiserlichen Kirchenregiment war nicht einheitlich. Im Osten war man eher geneigt, der Gewalt zu weichen und die übergeordnete Autorität des Kaisers anzuerkennen. Widerstand leistete vor allem der Westen, wo Hilarius von Poitiers auf dem Höhepunkt der Auseinandersetzungen Constantius den ›Antichristen‹ nannte.[51]

Die kaiserliche Kirchenpolitik begann mit der Einberufung des ersten ökumenischen Konzils von Nicaea durch Constantin (325). Unter dem Vorsitz und unter dem nachdrücklichen Einfluß des von dem bedeutenden Theologen Hosius von Cordoba beratenen Kaisers verurteilte das Konzil den Arianismus als

Häresie; das *homoousius* wurde zum offiziellen Glaubenssatz der Reichskirche. Doch war dieser unter weitgehender Unterdrückung einer theologischen Diskussion erreichte Beschluß ein Scheinsieg. Der Arianismus erwies sich als so mächtig, daß Constantin seine eigene Kirchenpolitik *de facto* revidieren mußte und einen großen Teil seiner antiarianischen Erlasse stillschweigend wieder rückgängig machte. Er mußte sogar zeitweilig Athanasios von seinem Patriarchenstuhl verbannen.

Der Arianismus zeigte als unerledigte kirchen- und innenpolitische Erbschaft unter den Nachfolgern Constantins sofort eine gefährliche Sprengkraft. Die dynastischen und politischen Gegensätze verschärften sich, wenn die einzelnen Kaiser aus persönlichen Motiven wie aus Rücksicht auf die religionspolitische Situation in ihrem Herrschaftsbereich Partei ergriffen. Mehrfach unterstützte der Augustus des Westens die Orthodoxie, während der Kaiser im Osten für die Arianer eintrat. Geschürt durch ständige Eingriffe der Staatsgewalt wie durch die Gegensätze der theologischen Schulen und kirchenpolitischen Machtkämpfe zwischen den Patriarchen führte das Schisma so zeitweise sogar zum Bürgerkrieg. Zunächst vermochte das politische Übergewicht des westlichen Kaisers Constans die rücksichtslose arianische Politik seines Bruders Constantius zu zügeln. Eine Einigung durch eine Reichssynode in Serdica (342) mißlang; die Synode löste sich vor Beginn ihrer Verhandlungen wieder auf. Die Alleinherrschaft des Constantius (350-361) veränderte die religionspolitische Situation. Orthodoxe Kirchenführer wie Lucifer von Cagliari, Hilarius von Poitiers und erneut Athanasios gingen in Verbannung; die Synoden von Sirmium (357, mit der öffentlichen Unterwerfung des alten Hosius) und Rimini (359) erklärten den Arianismus zur Staatsreligion. Trotz rigoroser staatlicher Verfolgung der Orthodoxen ließen sich aber diese Beschlüsse nicht durchsetzen. Eine neue theologische Frontbildung spaltete den Arianismus. Der radikale Flügel (der der Eunomianer, so genannt nach dem theologischen Protagonisten) bestand streng auf der Wesensverschiedenheit von Vater und Sohn, der gemäßigte Flügel der ›Semiarianer‹ trat für eine Wesensähnlichkeit ein und führte eine neue Kompromißformel, das *homoiousios* (wesensähnlich) in die Debatte ein. Der kirchliche Burgfrieden während der Regierung Julians kam vor allem den im Westen zahlreich gebliebenen Nicaenern (die Stellung der römischen Bischöfe mit Ausnahme des Liberius, 352-366, war immer eindeutig nicaenisch) zugute, während der Arianismus weiter zerfiel. Ein Teil der Semiarianer ging als ›Homoier‹ zu den radikalen Verfechtern der Wesensverschiedenheit über; doch der größte Teil näherte sich der Orthodoxie an, die ihre schroffe Position gemildert hatte (Jungnicaener). Mit der theologischen Isolierung der radikalen

Arianer bahnte sich eine Erneuerung der dogmatischen Einheit an, für die theologisch und kirchenpolitisch die drei Kappadokier wesentliche Vorarbeit geleistet hatten.

Die endgültige Überwindung des Schismas verzögerte sich freilich durch neue staatliche Eingriffe und durch die Rivalität der Patriarchate von Alexandria, Antiochia und Rom noch um fast zwanzig Jahre. Seit 364 hatte das Reich wieder zwei Augusti mit verschiedenem religionspolitischem Kurs: Valentinian I. war orthodox, Valens erneuerte die gewalttätige proarianische Politik des Constantius. Nochmals gelangte im Osten die überwiegende Zahl aller Bischofssitze in arianische Hand. Erst mit dem Tod des Valens (378) verlor der Arianismus seinen politischen Rückhalt.

Damit war die Bahn frei für eine durch die langsame Annäherung von Lehrmeinungen und kirchlichen Parteien vorbereitete Beilegung des Schismas. Eine bestimmende Rolle spielte dabei der Kaiser selbst. Die Religionspolitik des Theodosius richtete sich nicht nur gegen das Heidentum oder die kleineren Häresien (der Bischof Epiphanios von Salamis auf Cypern hat damals achtzig solcher Häresien beschrieben). Sie drang, dem persönlichen Bekenntnis des Kaisers gemäß, vor allem auf eine endgültige Lösung der arianischen Frage. Gestützt auf die 370 erzielte Einigung zwischen jungnicaenischen Glaubensformeln und dem römischen Bekenntnis des Papstes Damasus (366-384), erhob Theodosius durch kaiserliches Edikt im Februar 380 das nicaenische Bekenntnis zur einzig legalen Religion im Reich: »Es ist Unser Wille, daß alle Völker, die der Regierung Unserer gnädigen Milde unterstehen, den Glauben befolgen, den der göttliche Apostel Petrus, wie bis heute der von ihm verkündete Glaube dartut, den Römern überliefert hat. Diesem Bekenntnis folgen der Pontifex Damasus und Petrus, der Bischof von Alexandria, ein Mann von apostolischer Heiligkeit. Wir glauben nach der apostolischen Unterweisung und der evangelischen Lehre an die eine Gottheit des Vaters in gleichartiger Majestät und in heiliger Dreifaltigkeit. Wer diesem Gebot folgt, soll nach Unserem Willen die Bezeichnung katholische Christen (*nomen Christianum catholicum*) in Anspruch nehmen. Alle anderen aber, nach Unserem Urteil Unsinnige und Verrückte, sollen [...] durch die Vergeltung Unseres gerichtlichen Einschreitens zerschmettert werden, das Wir, gestützt auf des Himmels Ermessen, treffen werden.«[52] Aber allein durch kaiserliches Edikt ließen sich kirchenpolitische Fragen nicht mehr regeln. Die Macht der Kirche zwang den Kaiser — wie sich dann im 5. und 6. Jahrhundert in verschärftem Maße zeigt — zum Mittel des Konzils zu greifen, wollte er wirklich eine Verständigung mit den Theologen des Ostens erreichen. Das 381 einberufene Konzil von Constantinopel (2. Ökumenisches Konzil), an dem dank der diplomatischen Voraussicht des Kaisers eigentlich nur 150 Bischöfe des griechischen Ostens teilnahmen, bestätigte die kaiserliche Entscheidung. Es erhob das Bekenntnis von Nicaea zum rechtmäßigen Bekenntnis der Reichskirche — ergänzt freilich durch die im Laufe der Auseinandersetzung erarbeiteten differenzierteren trinitarischen Begriffe, die auch dem Osten die Anerkennung der Homoiousie möglich machten. Mit den Formeln vom ›einen Gott in drei Personen‹ bzw. von ›drei Personen in dem einen Wesen‹ war die dogmatische Einheit der Kirche wiederhergestellt. Der Sieg der Orthodoxie kam nicht nur politisch, durch das Eintreten des Kaisers, zustande. Die theologische Entwicklung hatte weitgehend zu einer regelrechten Überwindung der arianischen Lehre geführt. Nach Constantinopel spielte der Arianismus nur noch bei den Germanen eine Rolle.

Obwohl am Ende die Kircheneinheit wiedergewonnen wurde, hat der arianische Streit eine Rolle in der Auflösung der Reichseinheit gespielt. Die komplexen Zusammenhänge zwischen Innen- und Kirchenpolitik haben vielfach die zentrifugalen Kräfte gestärkt. Vor allem aber hat der Arianismus einer zunehmenden Trennung der beiden Reichshälften entschieden Vorschub geleistet. Die äußere Wiederherstellung eines einheitlichen dogmatischen Bekenntnisses kann nicht darüber hinwegtäuschen, wie sehr sich lateinisch-westliche und griechisch-östliche Kirche in den Grundansätzen von Glauben und Theologie schon damals auseinandergelebt haben. Im griechischen Osten steht eine stark rationale, hochentwickelte theologische Spekulation im Vordergrund, verbunden mit orientalisch gefärbter, meditativ-asketischer Mystik; im Westen haben eindeutig Ethik, Kirchenlehre und eine konkret-juristische Dogmatik den Vorrang. Diese Gegensätze in der geistigen Haltung hat der arianische Streit schärfer herausgearbeitet. Dazu legte das Konzil von Constantinopel die Unabhängigkeit der griechischen Kirche gegenüber dem Primatanspruch des römischen Bischofs fest. Unter Übergehen der traditionellen Ansprüche von Antiochia und Alexandria erhielt das Patriarchat von Constantinopel den zweiten Rang hinter Rom (weil »jene Stadt das neue Rom ist«). Die Zuordnung von Reichszentrale und kirchlicher Zentrale im Osten förderte die Entwicklung der Kirche zur Staatskirche erheblich.

Eine letzte wesentliche Folge des Schismas war die Bekehrung der germanischen Stämme zum arianischen Bekenntnis. Der Gote Wulfila, 343 von den Arianer Eusebios von Nikomedien zum Bischof geweiht, wurde der Pionier der Mission unter den Westgoten. Von dort gelangte das arianische Christentum zu den Ostgoten, Vandalen, Burgundern und Herulern. Diese Stämme haben teilweise lange an ihrem Bekenntnis festgehalten — die Burgunder bis 516, die Westgoten bis 589. In den

Auseinandersetzungen der Völkerwanderung trat so neben den politischen Gegensatz der Stämme zum Reich auch der des religiösen Bekenntnisses — eine Tatsache, die mit auf die Auflösung des westlichen Reichsteils einwirkte.

c) Das Reich und die fremden Völker: die Anfänge der Völkerwanderung und die Sassaniden

Kaiserpolitik im 4. Jahrhundert war nicht nur Innenpolitik und Kirchenpolitik. Hatten sich schon die scheinbar luftigen Höhen theologischer Spekulation als bittere politische Realitäten erwiesen, so war man in der Außenpolitik erst recht vor harte Notwendigkeiten und fast unlösbare Aufgaben gestellt. Das zweite große Thema des Jahrhunderts war der Zusammenstoß zwischen dem — wie in den düsteren Jahrzehnten des 3. Jahrhunderts durch schwere innere Auseinandersetzungen erschütterten — Imperium und den ersten Wellen der Völkerwanderung. Ihre Hauptakteure waren neben den Hunnen die eben zum Christentum bekehrten germanischen Stammesgruppen. Schon im 3. Jahrhundert waren den neu entstandenen west- und ostgermanischen Stammesverbänden tiefe Einbrüche in das Reich gelungen, die allerdings trotz steigender Gefährlichkeit aufgefangen werden konnten (vgl. oben S. 24f., 31f.). Diese Situation verschärfter, aber unter Verlusten noch abgeschlagener Grenzattacken dauerte bis in die sechziger Jahre des 4. Jahrhunderts an. Durch Alamannen und Franken war in dieser Zeit besonders die Rheingrenze bedroht. Der letzte große Erfolg in den Abwehrkämpfen am Oberrhein war Julians Sieg über die Alamannen bei Argentoratum, dem heutigen Straßburg (357). Auch unter Valentinian I., der aus strategischen Gründen in Trier residierte, und unter Gratian blieb die offensive Grenzverteidigung erfolgreich. Militärische Maßnahmen wurden unterstützt von diplomatischer Aktivität: über 50 Verträge wurden in diesen Jahrzehnten zwischen Rom und den Stämmen an der Grenze abgeschlossen.

Dennoch war es nur ein Friede auf Zeit, der in den sechziger Jahren an den germanischen Grenzen des Imperiums eintrat. Im Osten mußten schwere Abwehrkämpfe gegen die Sassaniden geführt werden; seit den siebziger Jahren veränderte sich die Situation an den germanischen Fronten sehr schnell. Mit einem verstärkten Druck der germanischen Völkerschaften gegen die Balkangrenze setzte die Völkerwanderung im eigentlichen Sinne ein. Auslösende Kraft in dieser Veränderung der außenpolitischen und strategischen Situation war das zentralasiatische, nomadische Reitervolk der Hunnen. Aus dem Raum vor der chinesischen Nordwestgrenze hatten sie sich nach definitiven Abwehrerfolgen der chinesischen Kaiser aus der Han-Dynastie im 1. Jahrhundert n. Chr. langsam nach Westen in Marsch gesetzt und schoben schließlich im Lauf des 4. Jahrhunderts die ost- und westgermanischen Stammesgruppen zwischen Ostsee und Schwarzem Meer vor sich her gegen die Grenzen des Reiches. Nur dieser äußere Zwang machte die bisher in festen Siedlungsgebieten lebenden Ostgermanen zu nomadischen Wanderstämmen, die Beute und neuen Siedlungsraum suchten.

Der erste große Stoß traf die Donaugrenze. Im Vorfeld des Reiches zwischen Donau und Don hatten sich die Goten bis zum frühen 3. Jahrhundert niedergelassen (vgl. Fischer Weltgeschichte Bd. 8, S. 312). Der Dnjestr trennte Ost- und Westgoten. Kontakte mit dem Bosporanischen Königreich und den griechischen Kolonien auf der Krim verschafften den Goten im Gegensatz zu anderen Stämmen einen gewissen Grad von Zivilisation — freilich auch eine genauere Kenntnis der gehobenen Lebensverhältnisse im Imperium und seines militärischen Systems. Im Rücken der Goten setzte der hunnische Druck zuerst ein. Das Ostgotenreich wurde überrannt, die Westgoten wichen im Jahre 376 nach Verhandlungen mit der Regierung des östlichen Reichsteils als *foederati*, zur Heeresfolge verpflichtete Siedler, in die Provinz Mösien aus. Die rund 70 000 Westgoten erwiesen sich freilich als ein schwer assimilierbarer Fremdkörper. Reibungen mit der kaiserlichen Verwaltung führten zum offenen Konflikt und zum Marsch der gotischen *foederati*, zusammen mit Gruppen von Hunnen und Alanen, auf Constantinopel. Die von Kaiser Valens persönlich zur Gegenoffensive geführte römische Armee brach im August 378 bei Adrianopel unter dem Angriff der germanischen Kavallerie zusammen; der Kaiser selbst und vier seiner höchsten Truppenführer fielen. Der Weg nach Constantinopel und in das Herz des östlichen Reichsteils schien den germanischen Stämmen offen zu stehen.

Der Eindruck der Niederlage von Adrianopel auf die Zeitgenossen war ungeheuer; er wurde nur noch übertroffen vom Echo auf die Eroberung Roms im Jahre 410. Auch für die Mitlebenden kündigte Adrianopel eine neue Phase der Auseinandersetzung zwischen Reich und Germanen an. Zum erstenmal war der Glaube an die Beständigkeit und Sicherheit des Imperiums, an die Ewigkeit des Reiches (*aeternitas imperii*) als Form politischer Existenz bis in seine Tiefen erschüttert. Unter den Christen verband sich dieser Schock mit den immer leicht aufflammenden eschatologischen Stimmungen — selbst ein nüchterner Beobachter wie Ambrosius reagierte für einen Augenblick recht katastrophenhaft: »*in occasu saeculi sumus*« (wir erleben den Untergang der Welt)[53]. Solche extremen Stimmungen sind wieder verflogen. Doch den Schock von Adrianopel hat das spätrömische Reichsbewußtsein nie mehr völlig verwunden. Er wurde zwar vorläufig verdrängt. Aber die Tatsache, daß Außenpolitik nicht mehr eine mühsame, doch in ihrem Erfolg kaum fragliche Grenzverteidigung war, sondern ein Kampf um die Existenz des Imperiums, prägte nun politische Realität und politisches Bewußtsein im Imperium Romanum Christianum.

Die durch den Einbruch der Westgoten zunächst unhaltbar erscheinende Situation ist freilich — wie das im Laufe der nächsten Jahrzehnte noch oft geschehen sollte — verhältnismäßig schnell bereinigt worden. Das war die Leistung des Theodosius. Vor dem neuernannten Augustus im Osten stand als erste Aufgabe die Säuberung des Balkangebietes von den gefährlichsten gotischen Gruppen. Das gelang einer reorganisierten Armee, in der auch gotische Kontingente dienten, wie sie das römische Heer schon seit Constantin aufgenommen hatte. Germanen kämpften von nun an auf beiden Seiten in allen Völkerwanderungskriegen. Eine weiterreichende Aufgabe für den Kaiser war es, die von den ins Reich eingedrungenen Germanen als politischem Faktor ausgehende Bedrohung abzuschwächen. Geschlossene Stammeseinheiten wie die Ostgoten in Pannonien und die in Mösien verbleibenden Westgoten wurden als *foederati* dauerhaft angesiedelt — mit voller Autonomie, Steuerfreiheit und einem zusätzlichen Sold für den Dienst als Grenztruppen. Zugleich wurde gerade unter Theodosius die reguläre Armee bis in die höchsten Führungsstellen germanisiert. Diese Germanenpolitik war der Versuch, die Gefahr durch Indienstnahme der Germanen für die Reichsverteidigung zu neutralisieren; doch sie fand wachsenden Widerstand. Tatsächlich erwies es sich in den kommenden Jahrzehnten, daß die neue Germanenpolitik zweischneidig und am Ende gefährlich war. Aber in den Anfängen der Regierung des Theodosius war sie die einzige Möglichkeit, die Bedrohung des Ostreiches durch die Goten vorläufig abzufangen.

Die Romania hatte in diesen Jahren ihre Feinde nicht nur im Nordosten und im Norden (wo 383 ein Teil Englands geräumt werden mußte), sondern auch im Osten. Das außenpolitische Zweifrontenproblem, das durch die nationale Erneuerung Persiens unter den Sassaniden im 3. Jahrhundert entstanden war (vgl. S. 25), dauerte an. Auch im 4. Jahrhundert blieben die Sassaniden eine beständige latente Gefahr an der Ostgrenze. Der offene Konflikt begann, nachdem Schapur II. (309-379) — einer der bedeutendsten sassanidischen Monarchen — die in den dynastischen Konflikten seiner Vorgänger außer Kontrolle geratene Situation an der Ostgrenze vor allem durch die erneute Unterwerfung der Kushan bereinigt hatte. Von 339-363 führte Schapur fast beständig Krieg gegen Rom. Diese Operationen, von Ammianus Marcellinus (der während dieser Kämpfe selbst als Offizier an der persischen Front diente) ausführlich geschildert, vollzogen sich nach den Regeln einer neuen

Militärtechnik. Entscheidende Waffe war nun auch auf römischer Seite die gepanzerte Reiterei, die freilich immer noch der sassanidischen Kavallerie unterlegen war. Die persische Armee übernahm andererseits von der römischen die hochentwickelten Techniken des Belagerungskrieges. Ein beträchtlicher Teil der Kriegführung bestand in erbittert durchkämpften Belagerungen der großen Grenzfestungen wie Nisibis, Amida oder Edessa — in mancher Hinsicht nicht unähnlich den Feldzügen Marlboroughs im Spanischen Erbfolgekrieg.

Nach den Erfolgen Schapurs II. in Syrien gegen Constantius versuchte Julian das sassanidische Vordringen aufzuhalten: »Wir müssen diese in jeder Hinsicht unerfreuliche Nation auslöschen, an deren Schwertern noch das Blut unserer Brüder klebt.«[54] Aber seine Gegenoffensive wurde zu einem militärischen Fiasko, das mit dem Tod des Kaisers endete. Jovian mußte die Niederlage akzeptieren und die römische Interessensphäre in Armenien wie die Grenzfestungen Nisibis und Singura aufgeben. Unter diesen demütigenden Bedingungen konnte dank innerer Wirren im Sassanidenreich nach dem Tode Schapurs II. (379) für den Rest des Jahrhunderts ein Zustand ohne militärische Konflikte aufrechterhalten werden. Es war ein geschichtlicher Glücksfall für das Imperium, daß so in dem Moment, in dem sich die erste Krise an der germanischen Front entwickelte, Persien vorläufig nicht zu außenpolitischer Aktivität fähig war.

VI. THEODOSIUS DER GROSSE

Die innere Lähmung des Sassanidenstaates und die militärischen Teilerfolge gegen die Goten erlaubten es Theodosius, am Ende des 4. Jahrhunderts das Reich nochmals für kurze Zeit zu einem einheitlichen und widerstandskräftigen Imperium zusammenzufassen. Seine Leistung war eine vorläufige Lösung der religiösen und politischen Probleme. Courtoisie und Liberalität verbanden sich bei ihm mit Jähzorn und Brutalität, rigorose Finanzpolitik mit einer vorsichtig planenden militärischen Führungskunst. Ob ihm die Geschichte zu Recht den Beinamen des Großen zugelegt hat, ist umstritten. Aber er war die letzte überragende Gestalt unter den Lenkern des Imperiums — souverän die großen Fragen der Außenpolitik, der Strategie und der Kirchenpolitik persönlich entscheidend. Augustins Behauptung übertreibt, die Zugehörigkeit zur katholischen Kirche sei ihm weit wichtiger gewesen als die Herrschaft auf Erden. Doch noch tiefer als Constantin war er von der göttlichen Legitimation seiner Herrschaft und dem damit verbundenen Auftrag überzeugt, als Herr der Kirche für die Ausbreitung des von ihm als recht erkannten Glaubens zu sorgen.

Die Glaubenseinheit des Reiches hat Theodosius, der die Autorität des Kaisers auch in Glaubensfragen deutlich zur Geltung brachte, entscheidend vorangetrieben. Die Kirchenspaltung war durch das Konzil von Constantinopel und die daran sich anschließenden kirchenpolitischen Maßnahmen beseitigt. Die beruhigte Atmosphäre einer unbestrittenen Vorherrschaft der Orthodoxie dauerte für einige Zeit an; die neuen dogmatischen Konflikte mit Pelagianern und Monophysiten bereiteten sich erst langsam vor. Manichäer, Donatisten und eine Vielzahl anderer kleiner Sekten bestanden freilich noch. Gegen sie leitete Theodosius eine rigorose Politik ein. Er empfing häretische Bischöfe, deren Eingaben er vor ihren Augen zerriß. Die Kirchen der Häretiker wurden konfisziert, Angehörigen mancher Sekten sogar die bürgerlichen Rechte beschnitten.

Die *ecclesia catholica*, das Christentum nicaenischen Bekenntnisses, sollte zur ausschließlichen Religion des Imperium Romanum werden. Für Theodosius hatte die Kirche endgültig gesiegt; was er als christlicher Herrscher verwirklichen wollte, war der christliche Staat. Der Glaube sollte nicht nur, befreit von rechtlichen Fesseln und vielfach gefördert, ein Ferment der Gesellschaft sein, sondern ein politisches Prinzip aller irdischen Ordnung. Der Gefahr, daß auf diese Weise nicht menschliche Organisation in den Dienst Gottes gestellt, sondern Gott mit der Erhaltung von Staat und Gesellschaft identifiziert wird, ist freilich auch die theodosianische Politik nicht entgangen.

Gegen das Heidentum griff Theodosius mit zunehmender Schärfe durch. Bezeichnend war es, daß er das Amt des Pontifex Maximus nicht mehr bekleidete. In die Anfänge seiner Herrschaft fiel die letzte gewichtige Auseinandersetzung zwischen Christen und Heiden, die sich freilich dank der sicheren Position der Kirche ruhig und ohne Fanatismus abspielte. Symbolisch in seiner Vergeblichkeit war der Kampf der heidnischen Senatsaristokratie unter Führung des römischen Stadtpräfekten Symmachus um die Wiedererrichtung des Altars der Victoria im Sitzungssaal des Senats, den Gratian im Jahre 382 hatte entfernen lassen. Ähnlich rigorose Maßnahmen wie gegen die Häretiker — Versammlungsverbot, Kirchenentzug, Einschränkung der bürgerlichen Rechte — wurden jetzt gegen die Heiden (*pagani*) ergriffen. Tempel wurden geschlossen, Opfer und Verehrung der Statuen verboten, überhaupt sämtliche Riten der *gentilicia superstitio* (des heidnischen Aberglaubens) mit schweren Strafen belegt. Im Jahre 393 — auch das ist eine Etappe in der Zurückdrängung des Heidentums — fanden zum letztenmal olympische Spiele statt. Das Heidentum war endgültig zerbrochen; auch zahlenmäßig trat ein verhältnismäßig schneller Rückgang ein. Der Kampf gegen das Heidentum griff einmal sogar in die Politik über — im Zusammenhang mit der zweiten großen Leistung des Theodosius, der Wiederherstellung der Einheit des Reiches unter der Herrschaft *eines* Kaisers. Zunächst hatte er den von der britannischen und gallischen Armee erhobenen Gegenkaiser Maximus niederzukämpfen. Doch wenige Jahre danach erhob der fränkische *magister militum* Arbogast nach dem Tode Valentinians II. (392) den Rhetorikprofessor Flavius Eugenius zum Gegenkaiser. Eugenius trat noch einmal für das Heidentum ein, freilich in einer gegenüber Julian in sehr bezeichnender Weise abgeschwächten Form: er propagierte Toleranz für die Anhänger der alten Götter. Doch in der militärischen Auseinandersetzung erfochten die Truppen des Theodosius, begünstigt durch einen Wirbelsturm (Bora), im September 394 am Frigidus einen klaren Sieg. Schlachtausgang und ›Bora-Wunder‹ wurden als Gottesgericht und nachdrückliche Bestätigung des Sieges des Christentums empfunden. »Du bist der von Gott über alles geliebte Kaiser, [. . .] für den sogar der Äther streitet und zu dessen Fahnen die Winde strömen«, dichtete selbst der Heide Claudian.[55] Der *praefectus praetorio* Nicomachus Flavianus, prominenter Repräsentant des Heidentums, wählte (wie einst der jüngere Cato in Utica) den Freitod.

Theodosius' dritte große Leistung lag in der Außenpolitik: mit der Überwindung der Gotengefahr, die es möglich machte, die Reichsgrenze im Nordosten zu halten, war die germanische Invasion wenigstens vorläufig zum Stillstand gebracht. Das Reich scheint aus den Wirren und Nöten der vergangenen Jahrzehnte gestärkt hervorgegangen. Noch einmal war die einheitliche Verwaltung des gesamten Imperiums wiederhergestellt, die Zentralgewalt gestrafft, die kaiserliche Einwirkung auch in die fernsten Provinzen des Reiches gesichert. In den Provinzen selbst wurde vor allem im Osten eine wirtschaftliche Regeneration spürbar, wenn auch die erhöhten militärpolitischen Anforderungen weiterhin eine sehr straffe Fiskalpolitik erforderten. Die Armee war reorganisiert, schlagkräftig und abwehrbereit, die Grenzen des Reiches waren nach der Gefahr von 378 wieder ohne Verlust gesichert. Die vermutlich bald nach dem Tod des Theodosius entstandene *Notitia dignitatum* gibt eine verhältnismäßig genaue Vorstellung von Gliederung und strategischer Disposition der Armee. Die Feldarmee bildete rund 135 Legionen und 108 Auxilia (Hilfstruppen), zusammen etwa 240 Infanterieverbände; dazu 88 Kavallerieregimenter. Die Effektivstärke ist bei 180 000 Mann Infanterie und 44 000 Mann Kavallerie anzusetzen. Die Kavallerie war etwa gleichmäßig auf Osten und Westen verteilt, die Zahl der Infanterieverbände lag im Westen etwa 10 % höher als im Osten. Die Feldarmee war nach Schwerpunkten garnisoniert und gegliedert; so zählte etwa die strategische Reserve des *magister militum per Gallias* rund 40 000 Mann. Die Truppen der Grenzverteidigung umfaßten rund 317 Infanterieeinheiten und 258 Kavallerieverbände, dazu 10 Flußflottillen. Ihre Effektivzahl ist schwerer zu schätzen; sie muß für die Infanterie in der Nähe von 250 000 Mann gelegen haben, für die Kavallerie bei 25 000 Mann. Hier gab es einen sehr aufschlußreichen Unterschied in der Gliederung: 184 der 258 Kavallerieverbände standen im Osten. Der Zahl nach war die römische Armee den an den Grenzen aufmarschierten Stammesverbänden weit unterlegen. Sie besaß aber den Vorteil besserer Ausbildung und Organisation; dazu verfügte sie über den entscheidenden strategischen Vorteil der inneren Linie mit einem verhältnismäßig guten Verkehrsnetz.

Die Ruhepause, die Theodosius' verzweifelte Anstrengung in beschränktem Maße durch Sicherheit an den Grenzen und Frieden im Innern schuf, hatte ihre Wirkung auch in der Kultur. Die Zeit schien stillzustehen und eine Nachblüte hervorzubringen, die man geradezu als ›theodosianische Renaissance‹ bezeichnet hat. Neben den letzten klassizistischen Schöpfungen der heidnischen Literatur kennzeichnete der Höhepunkt des christlichen Humanismus und der Kirchenväterliteratur das geistige Leben. Außer den großen Figuren eines Ambrosius oder Gregor von Nyssa gab es eine Schar von kleineren Talenten wie Synesios von Kyrene, Theodor von Mopsuestia oder Paulinus von Nola, die Hieronymus in *De viris illustribus* vorführt, einem glänzenden Selbstzeugnis der Zeit. Ein ungeheuer reger Briefwechsel, der einen geistigen Austausch im ganzen Imperium schuf und alle Fragen der Zeit berührte, zeugt von der Lebendigkeit der Epoche. Für die Kunst der theodosianischen Zeit ist eine starke Anlehnung an antike Vorbilder neben einer gewissen Raffinesse der Ausführung typisch: Zeichen einer neuen Selbstgewißheit, die ein freieres Umgehen mit den heidnischen Traditionen erlaubte. Bauwillen und Stil prägten sich in Mosaiken wie in der Apsis von Santa Pudenziana in Rom (dem ersten großen Apsismosaik) oder in Hagios Georgios in Saloniki aus, aber auch in prunkvollen Siegesdenkmälern. In Constantinopel hat sich die Basis des großen Obelisken erhalten, den Theodosius 390 vom ägyptischen Heliopolis in das Hippodrom transportieren ließ. Ihre Reliefs zeigen den Kaiser, wie er der Aufrichtung des Obelisken oder einem Wagenrennen zusieht, während Musiker und Tänzerinnen die Zuschauer unterhalten: ein Monument in der Nachfolge römischer Kaisersäulen und Triumphbögen. Aber der feierliche, fast hieratische Stil ist hier noch vollkommener ausgeprägt als auf dem Constantinsbogen. Der Kaiser als Person tritt völlig hinter der Verkörperung des obersten Herrscherwillens zurück. In Stil wie in politischer Haltung heidnische Traditionen und christlichen Anspruch vereinend, sind diese Monumente ein klarer Ausdruck des Selbstbewußtseins der Epoche — Selbstdarstellung des Imperium Romanum Christianum.

Theodosius war auch in den Augen seiner Zeitgenossen der große Erneuerer des constantinischen Werkes. Aber er war zugleich der letzte Herrscher eines einheitlichen Imperium Christianum: seine große Anstrengung hatte keinen Bestand. Das Signum seines Wirkens ist eine seltsame Mischung von Dauer und Vergänglichkeit. Wie die theodosianische Kunst eine kurze Blüte, ein Phänomen des Übergangs war, so macht es den hintergründigen geschichtlichen Charakter der theodosianischen Herrschaft aus, daß viele ihrer Erfolge und scheinbar dauerhaften Lösungen sich als etwas durchaus Vorläufiges erwiesen. Die Beseitigung des arianischen Schismas schuf keine beständige Bekenntniseinheit der Kirche. Im Laufe des 5. Jahrhunderts entwickelte sich vielmehr mit der Häresie der Monophysiten ein noch tiefer gehendes Schisma der Kirche. Ähnlich steht es mit der Außenpolitik und den Abwehrerfolgen des Kaisers. Auch hier ist im Grunde das Problem, das die Völkerwanderung aufgeworfen hatte, nicht gelöst worden. Die Germanenpolitik des Theodosius — in vieler Hinsicht auf den hervorragenden persönlichen Beziehungen des Kaisers zu den germanischen Stammesfürsten beruhend — hat zu der schon an sich kaum zu bewältigenden äußeren Schwierigkeit der Verteidigung der Reichsgrenzen auch noch das Problem einer Unterwanderung des Reiches durch die Germanen gefügt — einen zumindest für den westlichen Reichsteil gefährlichen Zündstoff. Auch das persische Problem an der Ostfront war nicht bereinigt; es wurde im 5. Jahrhundert erneut akut. Schotten und Sachsen in Britannien, Franken, Alamannen und jetzt auch noch Burgunder, Vandalen und Sueben an der Rhein- und der oberen Donaufront, vor allem aber die Goten an der unteren Donau — diesen bedrohlichen Aufmarsch fremder Stämme entlang der weiten Grenzen des Imperiums hatte Theodosius nicht ernsthaft verhindern können.

Theodosius selbst hat offenbar zumindest in einer Hinsicht die Problematik und mangelnde Dauerhaftigkeit seiner Restauration erkannt: in der Frage der wiedergewonnenen Reichseinheit. Anders ist es nicht zu erklären, daß er in seinem politischen Testament diesen politischen Erfolg bereits selbst rückgängig machte: nach seinem Tode wurde das einheitliche Imperium Romanum definitiv in einen östlichen und in einen westlichen Bereich unter seine Söhne geteilt. Arcadius, der ältere, erhielt als Augustus den Osten, Honorius den Westen. Staatsrechtlich war das zunächst nur gedacht als Aufgliederung des Reiches in zwei große, aber noch übersehbare Verwaltungseinheiten. De facto haben sich diese Verwaltungseinheiten freilich sehr schnell zu selbständigen Reichsteilen entwickelt — ein Vorgang, der durch die kulturellen Differenzen zwischen lateinischer und griechisch-orientalischer Reichshälfte gefördert wurde.

2. Der Lebenskampf des Imperiums:
Die Krisis des 5. Jahrhunderts

Als Theodosius im Januar 395 in Mailand, der damaligen Hauptstadt des westlichen Reichsteiles, starb, wurde die innere Brüchigkeit seiner innenpolitischen Erneuerung, die Fragwürdigkeit der Lösungen, die er für die politischen Probleme des Imperiums gefunden hatte, nicht sofort offenbar. Nach dem Schock von Adrianopel schien das Imperium neu gefestigt. Herrschaftsform des Reiches und Lebensraum der Christenheit galten dem politischen Selbstbewußtsein der Zeit als Einheit, ›Romania‹ wurde zu einem neuen Begriff für die Welt des christlichen Imperiums. Die erneuerte kaiserliche Autorität wirkte so stark nach, daß die Dynastie den kritischen Augenblick des Thronwechsels ohne Gefahr überstand. Zwei minderjährige Kaiser übernahmen ohne Anzeichen einer innenpolitischen Krise die nominelle Staatsgewalt: in Constantinopel der 17jährige Arcadius, in Mailand der erst 11jährige Honorius. Dennoch war der Tod des Theodosius eine Zäsur, mit der eine — wesentlich von außen verursachte — Krise der neuen Lebensformen des spätrömischen Reiches begann.
Bis zum Regierungsantritt des Kaisers Justin im Jahre 518, der die Epoche Justinians einleitete, vollzog sich eine durchgreifende Verwandlung der Mittelmeerwelt: Zerfall des Imperiums im Westen, Bewahrung im Osten.

Das verschiedene politische Schicksal der beiden Reichshälften machte die Trennungslinie zwischen den Reichsteilen zu einem entscheidenden geopolitischen Faktum. Die Grenze ging durch die Präfektur Illyricum; die Diözesen Macedonia (das heutige Griechenland) und Dacia (das südliche Serbien) wurden noch zum Osten geschlagen. Diese Grenzziehung wirkt sich in der Geschichte der Balkanländer bis heute aus: sie hat dazu geführt, daß der größere Teil des slawischen Balkans byzantinischem und nicht westlichem Kultureinfluß unterlag.
Theodosius hatte die Herrschaft, nicht eigentlich das Reich geteilt. Was er aus der Einsicht in die übergroße Last der Herrschaft unter den Beanspruchungen der Zeit plante, waren zwei Regierungseinheiten: *pars Orientis* und *pars Occidentis* hießen sie in der Verwaltungssprache der Zeit. Staatsrechtlich bestand die Reichseinheit fort; Edikte und Gesetze wurden oft noch von beiden Kaisern gemeinsam erlassen. Ebenso galt das Designa-

tionsrecht des überlebenden Regenten bei einer Thronvakanz im anderen Reichsteil *de iure* weiter. Die Idee der einheitlichen Herrschaft ließ Reichsverweser und in den Anfängen sogar germanische Herrscher im Westen die Legitimation des Kaisers im Osten suchen, der nach dem Erlöschen des westlichen Kaisertums seinen Herrschaftsanspruch auf das Gesamtreich aufrechterhielt. Doch die staatsrechtliche Fiktion des Zusammenhanges beider Reichshälften überzubetonen hieße die politische Realität verfälschen.

Das Sichauseinanderleben von Ost und West blieb ein Grundzug des Jahrhunderts: Ostrom und Westrom wurden immer mehr zu eigenen Staatsgebilden mit verschiedenen inneren und äußeren Problemen. Mit dem 5. Jahrhundert setzte eine — auch in der Geschichte der letzten Jahrzehnte zu beobachtende — schnelle Verfestigung und Trennwirkung von zunächst rein künstlich geschaffenen Grenzen ein. Die verwaltungstechnische Reichsteilung brachte alle bereits bestehenden Differenzen verstärkt zur Geltung. Eine Katalysatorwirkung übte dabei die machtpolitische Rivalität der eigentlichen Regenten in West und Ost, der großen Heermeister und Prätorianerpräfekten aus. Diese persönlichen Rivalitäten wie die divergierenden politischen Interessen der beiden Reichsteile haben auch die Verteidigung gegen den Ansturm der Völkerwanderung erheblich erschwert.

Noch heißen die Kernprobleme der Zeit Religionspolitik und Völkerwanderung. Aber Glaubenskonflikte und Kampf mit den germanischen Stämmen werden im Osten und Westen in sehr verschiedener Form bewältigt. Im Westen endete die Völkerwanderung mit der Auflösung des Imperiums als politischer Organisation; der Osten überstand äußere Angriffe wie innere Unterwanderung und bestand als Oströmisches Reich weiter. Genauso unterscheiden sich Kirchenpolitik und dogmatische Kontroversen. Im Osten blieb die Kirche in ihrer Entwicklung eng mit dem Staat verbunden: sie wurde Teil einer übergreifenden byzantinischen Lebensform. Im Westen dagegen entwickelten sich Papsttum und Kirche zu einer selbständigen Kraft, oft sogar im Gegensatz zum Staat. Im Osten blieb die Christologie das beherrschende theologische Thema: im monophysitischen Schisma, das Kirche und Innenpolitik schwer erschütterte. Im Westen führte die Konzentration auf die Gnadenfrage im sogenannten pelagianischen Streit zu einer unpolitischen Auseinandersetzung innerhalb der Kirche selbst. Wie in der theologischen Diskussion ergaben die letztlich grundverschiedenen Interessen und Haltungen auch in der Auseinandersetzung von Christentum und antiker Kultur divergierende Lösungen. Schon damals entsteht im Grunde die Trennungslinie zwischen westlich-lateinischem und östlich-griechisch-byzantinischem Kulturbereich.

Dennoch gibt es weiterbestehende Gemeinsamkeiten und durchgehende Züge. Der spätrömische Staat bleibt auch nach der Reichsteilung ein System des Dominats; die äußeren Formen des Absolutismus und der höfischen Devotion werden aber noch stärker ausgebildet. Genauso erhält sich die Gesellschafts- und Wirtschaftsordnung des 4. Jahrhunderts mit ihrer immobilisierten Sozialstruktur. Im Endergebnis ist die gesellschaftliche Entwicklung freilich verschieden. Im Osten wird die staatliche und soziale Ordnung im wesentlichen bewahrt, um in der justinianischen Epoche eine neue Festigung zu erleben. Im Westen dagegen beginnt mit dem Zerfall des Imperiums in die neuen germanischen Staaten eine — auch im Osten längst angelegte, dort aber latent bleibende — Veränderung der sozialen Struktur.

II. GRUNDZÜGE DER INNENPOLITIK: SCHATTENKAISER UND
NEBENREGIMENT

Die politische Geschichte der Zeit von 395-518 ist besonders im Westen noch verworrener als die des 4. Jahrhunderts — sie ist erfüllt von zahllosen dynastischen und innenpolitischen Konflikten innerhalb der einzelnen Reichsteile wie zwischen den beiden Reichshälften. Kein Kaiser erreichte auch nur annähernd das Format des Theodosius. Eine typische Figur des Jahrhunderts war, häufig sehr jung, schwach und meist für seinen Beruf mäßig begabt, der ›Kinderkaiser‹, der in seinem Palast durch Hofzeremoniell, Höflinge und Garde von der Welt abgeschirmt lebte. Die politische Schwäche der Kaiser ließ hinter dem Schleier eines übersteigerten höfischen Zeremoniells ein ausgesprochenes Nebenregiment entstehen. Dieses Nebenregiment war freilich ein konfliktgeladenes Zusammen- und Gegenspiel sehr verschiedenartiger Kräfte. Die Kaiserpaläste und Regierungszentren wurden zum Schauplatz ständiger, verschlungener Intrigen, deren Verlauf und Hintergründe wir — trotz des vielfach überlieferten historischen Klatsches — kaum mehr sicher rekonstruieren können. Im Mittelpunkt dieser Intrigen traten beherrschend die Frauen des Kaiserhauses hervor — energische und ehrgeizige Figuren, die (ihrerseits oft unter dem Einfluß ihrer geistlichen Berater) die dynastischen Interessen im politischen Spiel zu wahren suchten. Eine prominente Rolle spielten im Osten unter Theodosius II. seine Schwester Pulcheria und seine Gattin Eudokia, im Westen unter Honorius und Valentinian III. Galla Placidia, die Tochter des Theodosius. Ihr Lebenslauf hat etwas Romanhaftes: bei der Eroberung Roms 410 in gotische Gefangenschaft geraten, heiratete sie zunächst den Westgotenkönig Athaulf, später den illyrischen Heermeister Constantius — durch politische Erfahrung wie durch eine mystische Frömmigkeit (deren Zeugnis ihr Mausoleum in Ravenna ist) eine ungewöhnliche Wirkung ausübend. Neben den Frauen des Kaiserhauses stellte die Hofkamarilla eine wichtige Fraktion in den politischen Intrigen; dazu kamen vereinzelt auch befähigte Prätorianerpräfekten. Ein allmächtiger Oberkämmerer wie der Eunuch Eutropius unter Arcadius hielt praktisch die Fäden der Politik in der Hand, bestimmte die kaiserlichen Ehen und suchte die Balance zwischen den großen Militärbefehlshabern zu halten. Diese *magistri militum*, Oberbefehlshaber des Feldheeres und häufig als *patricii* zur obersten Klasse der Gesellschaft gehörend, waren die dritte große Kraft neben den Schattenfiguren der Kaiser. Solange sie ihre Armee kontrollierten, waren sie — Germanen oder wie Constantius und Aëtius romanisierte Illyrer — die Träger der realen Macht und häufig die tatsächlichen Lenker der Reichsgeschicke. Vor allem im Westen gewann der *magister militum praesentalis* als Oberbefehlshaber eine eindeutig überlegene Stellung gegenüber dem Prätorianerpräfekten der Zivilverwaltung.

Dieses Nebenregiment hatte eine eminent gefährliche innenpolitische Seite. Die Machtkämpfe und Intrigen an den einzelnen Höfen wie die Verschärfung des latenten Konfliktes zwischen den Regenten des Ostens und denen des Westens trugen vielfach zu politischen Fehlentscheidungen (infolge mangelnder Koordination) und damit letztlich zur Schwächung der Abwehrkraft bei. In gleicher Richtung wirkte, wie schon im 4. Jahrhundert, der Versuch einzelner hoher Beamter und Militärs, den eigenen Herrschaftsbereich dem Zugriff der Zentralregierung weitgehend zu entziehen. Ansätze zur Bildung eigener Machtschwerpunkte gab es unter dem Hochadel Galliens, aber auch in Afrika. Die für die Getreideversorgung Italiens immer noch wichtige Provinz war 396-398 unter dem Comes Gildo *de facto* selbständig; von 427 bis zum Vorabend der vandalischen Invasion machte sich der Comes Africae Bonifatius von der weströmischen Regierung unabhängig. Das Nebenregiment war freilich auch nicht ohne Erfolge. Befähigten und energischen Regenten gelang es wenigstens noch zeitweise, die mit dem Germanensturm entstehenden politischen und militärischen Probleme zu lösen, die Reichsgrenzen zu schützen oder wenigstens hinhaltend zu verteidigen.

Im Osten verfügte die Dynastie des Theodosius — Arcadius (395-408) und Theodosius II. (408-450), — nicht über Herrschertalente. Arcadius war nach Ansicht der Zeitgenossen »über alle Maßen dumm«; Theodosius II., der fast ein halbes Jahrhundert regierte, war wegen seiner mönchischen kalligraphischen Neigungen als ›der Schönschreiber‹ bekannt. Die politische Führung hatte zunächst — ein Mißgriff des Theodosius — der *praefectus praetorio Orientis* Rufinus, eine selten unerfreuliche und intrigante Kreatur. Er wurde schon nach zwei Jahren durch den Oberkämmerer Eutropius beseitigt, den bald das gleiche Schicksal ereilte. Für einige Zeit spielte der Gote Gainas als *magister militum* die entscheidende Rolle. Nachdem ihn eine antigermanische Reaktion hinweggefegt hatte, übernahm im Zusammenspiel mit Pulcheria und Eudokia wieder ein Zivilist, der Prätorianerpräfekt Anthemios, die Leitung der Politik. Neben den schweren christologischen Streitigkeiten gab es drei innenpolitisch bedeutsame Ereignisse in dieser Zeit. Die Publikation des *Codex Theodosianus* (438), der die kaiserlichen Erlasse seit Constantin enthielt, übte erheblichen Einfluß auf die Gesetzgebung Justinians wie auf die germanischen Stammesrechte aus (die *Lex Romana Visigothorum* ist kaum etwas anderes als ein Auszug aus dem *Codex*). Die Reorganisation der Universität Constantinopels (425) schuf dem östlichen Reichsteil ein zentrales Bildungszentrum. Unter dem Eindruck des Westgoten-Alarms von 410 wurde die große Landmauer von Constantinopel erbaut: die Hauptstadt war nun die stärkste Festung des Mittelmeerraumes — eine Position mit weitreichenden Folgen.

Die drei nächsten Kaiser verkörperten einen anderen, wenn auch nicht neuen Herrschertyp: Markian (450-457), Leon I. (457 bis 474) und Zenon (474-491) waren befähigte Generäle, die nicht aus der Oberschicht der großen griechischen Familien stammten. Die Politik wurde maßgeblich von der Armee diktiert. Unter dem durch Heirat mit Pulcheria zum Thron gelangten Thraker Markian wie unter Leon war der Alane Aspar Lenker der oströmischen Politik. Erst 471 beseitigte ihn eine antigermanische Reaktionswelle. Die Germanen wurden (was den Teufel durch Beelzebub austreiben hieß) durch Söldner aus dem halbzivilisierten Bergvolk der Isaurer ersetzt; 474 bestieg der Isaurerhäuptling Tarasikodissa als Zenon den Kaiserthron, legitimiert durch die Heirat mit Leons Tochter Ariadne. Zenon — als erster Kaiser vom Patriarchen gekrönt — war eine bemerkenswerte Figur mit ungewöhnlichen Fähigkeiten. Fast zwanzig Jahre hielt er sich mit harter Hand gegen die Anschläge seiner isaurischen Stammesgenossen und gegen Verschwörungen und Aufstände der antiisaurischen Partei. Nach seinem Tod führte jedoch der Widerstand gegen die Isaurer wie gegen Zenons vermittelnde Religionspolitik zu einer nationalgriechischen und orthodoxen Reaktion: der Erhebung des Griechen Anastasios zum Kaiser (491-518). Der ältliche Verwaltungsbeamte erwies sich bei der Zerschlagung der isaurischen Opposition als unerwartet energisch. Seine eigentliche Befähigung lag aber auf administrativem Gebiet. Eine Reorganisation der Steuererhebung zeitigte bedeutende fiskalische Erfolge (bei seinem Tod enthielt die Staatskasse 320 000 Pfund Gold). Aber seine harte Steuerpolitik wie seine spätere monophysitische Kirchenpolitik provo-

Abb. 8: Stilicho (Elfenbeindiptychon aus Monza, um 400)

zierten gegen Ende seiner Regierung eine Reihe lokaler Revolten und Bürgerkriege.

Im Westen war die Regierung des Honorius (395–423) zunächst beherrscht von der Figur des Vandalen Stilicho, der die Regentschaft für den erst 11jährigen Kaiser übernommen hatte. Stilicho, der möglicherweise seinen politischen Einfluß über das Ostreich auszudehnen plante, stand in ständigem Konflikt mit der Regierung in Constantinopel; zugleich hatte er sich mit Usurpatoren in Afrika und England (Constantin 407) auseinanderzusetzen. Den ersten Germaneneinbruch auf breiter Front in den Westen vermochte auch er nur zu verlangsamen. Die Situation verschärfte sich bereits so sehr, daß seit dem Jahre 400 Ravenna mit seiner außergewöhnlich geschützten Lage auf einem schmalen Landstreifen zwischen der Adria und ausgedehnten Lagunen Mailand als Hauptresidenz ersetzte. Der ehemalige Flottenstützpunkt wurde nun zu einer der wichtigsten Stätten frühbyzantinischer Kunst; das Grabmal der Galla Placidia (um 450) eröffnet die Reihe der bis in die justinianische Zeit reichenden großen Baudenkmäler.

Der von wenigen geliebte Reichsfeldherr fiel 408 der nationalrömischen Partei am Hofe und dem immer wieder einmal aufflammenden Haß der Kaiser gegen ihre übermächtigen ›Berater‹ zum Opfer: Honorius ließ ihn in Ravenna hinrichten. Auch seinem Nachfolger als *magister militum*, Constantius, gelang es nicht, den germanischen Vormarsch für dauernd aufzuhalten. Von großer Bedeutung war aber, daß er die germanische Landnahme in Gallien in einigermaßen geordnete Bahnen zu lenken vermochte. Als im Jahre 421 Constantius, zwei Jahre darauf der Kaiser Honorius starb, versuchte die Regierung des Theodosius II., ihren Anspruch auf die Herrschaft auch im Westen durchzusetzen. Sie mußte jedoch den 4jährigen Valentinian III., den Sohn des Constantius, als Augustus anerkennen, für den Galla Placidia die Regentschaft führte. Für 30 Jahre beherrschte der neue Reichsfeldherr Aëtius die Geschichte des Westens, freilich in fortwährender Auseinandersetzung mit Galla Placidia und den von ihr begünstigten Generälen Felix und Bonifatius. Der letzte große Erfolg der ständigen Abwehrkämpfe war der Sieg des Aëtius über die Hunnen (451). Drei Jahre später wurde er von Valentinian III. während einer Besprechung erstochen; im folgenden Jahr wurde der Kaiser selbst ermordet.

Mit dem Ende der theodosianischen Dynastie begann im Westen die endgültige Auflösung; die Autorität der ravennatischen Regierung reichte praktisch nicht mehr über die Grenzen Italiens hinaus, und auch in Italien herrschten zeitweise chaotische Zustände. In zwanzig Jahren wechselten neun Schattenkaiser auf dem Thron, wie es dem Heermeister Ricimer beliebte. Der zu selbständige, fähige Maiorian wurde ermordet, den Avitus ließ Ricimer zum Bischof weihen (eine der im 5. Jahrhundert neben der schlichten Ermordung als erprobt geltenden Methoden zur Entfernung aus der Politik). 476 riefen schließlich die germanischen *foederati* in Italien den General Odoaker zum König aus und entthronten den Kinderkaiser Romulus Augustulus (der eigentlich legitime, vom Osten anerkannte Kaiser Nepos lebte noch bis 480 in Dalmatien). Als eine Art Vizekönig von Constantinopel anerkannt, beherrschte Odoaker Italien bis zur Ankunft des Theoderich.

III. IMPERIUM UND VÖLKERWANDERUNG: DER EINBRUCH DER
GERMANEN IN DIE ROMANIA

Das wahre Malaise des Zeitalters lag nicht in der verworrenen und blutigen Innenpolitik, sondern in der (freilich eng damit verflochtenen) Außenpolitik: das in seinen Wirkungen auf die machtpolitische Neugestaltung der Mittelmeerwelt entscheidende Ereignis war die Auseinandersetzung mit der Völkerwanderung. Völkerwanderung im klassischen Sinn als Angriff der Germanen und Hunnen auf das Imperium ist nur ein begrenzter Ereigniszusammenhang aus einer Gesamtbewegung, die den ganzen Balkan und Orient erfaßte und auch von anderen Seiten gegen die Grenzen des Imperiums brandete. Nicht allein die Sassaniden erwiesen sich als weiterer gefährlicher außenpolitischer Gegner. Im 5. Jahrhundert begann auch schon der Angriff der arabischen und nordafrikanischen Nomaden gegen den Limes in der syrischen Steppe und die Verteidigungslinie in Afrika, das *fossatum Africae*. Nur blieben im Moment des Hauptansturmes der Germanen die anderen Grenzen verhältnismäßig ruhig, vor allem die Ostflanke, da die Sassaniden durch die Hunnen an der Nordgrenze Persiens gebunden waren.

Die Auflösung des Weströmischen Reiches im Zusammenstoß mit den Völkerwanderungsstämmen setzte mit dem Einbruch der Ostgermanen ein. Nach Adrianopel hatte die offizielle Propaganda zunächst die Formeln von der *beata tranquillitas* oder den *felicia tempora* (der ›gesegneten Ruhe‹ bzw. den ›glücklichen Zeiten‹) noch einmal repetiert. Aber schon in den ersten Jahren des 5. Jahrhunderts konnte der Historiker Zosimos das Reich als »Wohnstätte der Barbaren« bezeichnen.[1] Die Germanen (die, anders als die Hunnen, keine Nomaden waren) hatten Beute und Tributzahlungen, aber mehr noch Siedlungsland, d. h. eine lose Inkorporation in die höhere Zivilisation des Reiches gesucht. Statt dessen aber sind um 500 von England bis Nordafrika unabhängige germanische Reiche entstanden.

a) Die innere Germanengefahr

Die germanische Gefahr hatte für das Imperium zwei Seiten: den direkten militärischen Angriff und die innere Unterwanderung. Das zunehmende Eindringen von Germanen in das Heer und in die höchsten Reichsämter spielte in der Innenpolitik des 5. Jahrhunderts eine entscheidende Rolle. Hier mag eine gewisse Gefahr für die Verteidigungskraft des Reiches gelegen haben. Doch der Gedanke einer drohenden Machtergreifung durch die Germanen dramatisierte ihre Position im Heer und in den militärischen Führerstellungen. Immer wieder erwies sich die unerhörte Bannkraft der römischen Staatsidee. Die germanischen Soldaten und Generäle strebten keineswegs die Auflösung des Imperiums an; sie setzten sich entschieden und lange Zeit erfolgreich für seine Erhaltung ein. An den Intrigen, dem Ehrgeiz und dem rücksichtslosen Verfolgen eigenen Vorteils bei den großen Heermeistern besteht kein Zweifel. Aber was an Verteidigung des Reiches gegen Germanen und Hunnen geleistet wurde, beruhte doch auf diesen Truppen und Generälen. Trotzdem hat die germanische ›Unterwanderung‹ immer wieder heftige Reaktionen hervorgerufen. Prominente Truppenführer wurden der Illoyalität verdächtigt oder beseitigt. Am Ende freilich verpuffte diese ohnehin nicht völlig reflektierte Reaktion angesichts einer Lage, die das weitgehend germanisierte und von Germanen geführte Heer unentbehrlich machte.

Im Osten verstand man es, das innere Germanenproblem nach längeren Auseinandersetzungen endgültig zu lösen. Auch hier

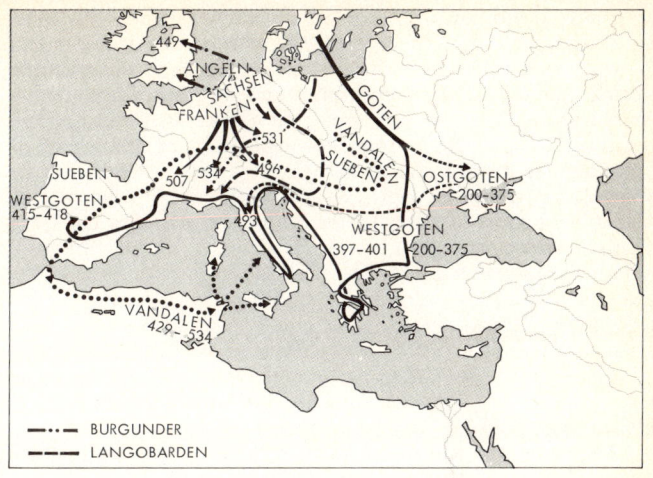

Abb. 9: Die germanische Völkerwanderung

gab es zu Anfang des Jahrhunderts eine ausgeprägte Vorherrschaft der Goten in der Armee; der gotische *magister militum
praesentalis* Gainas war, wie im Westen Stilicho, die beherrschende Figur. Doch der Widerstand gegen die ›Germanenherrschaft‹ war stark genug, um mehr zu tun, als (in den Schriften
des Synesios oder Johannes Chrysostomos erhaltene) Propaganda zu treiben. Ein Aufstand in Constantinopel beseitigte
— mit Hilfe des heidnischen Goten Fravitta — Gainas; das Heer
wurde unter völligem Ausschluß von Germanen reorganisiert.
Der erste Erfolg des Antigermanismus war nicht von Dauer.
Unter dem Druck der Verhältnisse sickerten wieder Germanen
in das Heer ein. Doch erst gegen Ende der Regierung Theodosius' II. (450) schien die Situation erneut bedrohlich, vor allem
durch das Regime des Heermeisters Aspar, der — selbst Alane —
eng mit den Goten zusammenarbeitete. Aber wieder fand man,
anders als im Westen, eine Lösung: Kaiser Leon I. zog 466
eine kleinasiatische Söldnertruppe der Isaurer heran. An die
Stelle einer germanischen Machtbildung trat damit freilich für
fast dreißig Jahre ein neuer Staat im Staate, der sogar dem selbst
aus dem Kreis der isaurischen Söldner stammenden Kaiser Zenon
beträchtliche Schwierigkeiten machte. Erst die Regierung des
Anastasios beseitigte dann auch die Isaurerherrschaft; diese
durch die Bevölkerung unterstützte Aktion erledigte das Problem einer inneren Unterwanderung der oströmischen Herrschaft durch barbarische Hilfsvölker für lange Zeit. Im Westen
dagegen bestimmten germanische Generäle die Reichspolitik

fast ohne Unterbrechung. Wellen antigermanischer Reaktion und antigermanische Ausschreitungen vermochten höchstens Personen auszutauschen, nicht aber die Situation zu ändern. Die Reihe der großen *magistri militum* reichte von Stilicho bis Odoaker. Sie schloß mit der Aufhebung des Kaisertums und mit der kurzfristigen, aber das System konsequent zu Ende führenden Herrschaft des letzten germanischen Generals. Das freilich in einem Moment, in dem sich das Westreich ohnehin aus vielen anderen Gründen in voller Auflösung befand und aus der Germanenherrschaft im westlichen Reich *de facto* schon eine germanische Staatenwelt geworden war.

b) Der Zerfall des Weströmischen Reiches

Der Aufmarsch der Germanenstämme zeichnete sich in den letzten Jahren des 4. Jahrhunderts ab. An der Rheingrenze standen die Stammesgruppen der Franken; hinter ihnen an der Weser die Sachsen, in Schleswig-Holstein die Angeln, im Elbgebiet die Sueben. Die gefährliche strategische Position des Decumatlandes war von den Alamannen besetzt; anschließend standen an den Grenzen der Provinz Noricum in der ungarischen Tiefebene die Burgunder, die Vandalen und die Alanen. Die Westgoten waren über die untere Donau bereits in die nordgriechischen Reichsprovinzen eingedrungen; hinter ihnen hielten Ostgoten und Heruler. Natürlich gab es keine einheitliche Führung dieser Stammesgruppen, dafür blutige Auseinandersetzungen unter ihnen. Die eigentlichen Angriffe — die nur in der verkürzenden historischen Perspektive als einmalige und umfassende Katastrophe erscheinen — waren darum örtliche Angriffe mit begrenzten Kräften. Die Größe dieser wandernden Stammesgruppen ist schwer zu schätzen. Keinesfalls umfaßten sie mehr als zwischen 25 000 und 90 000 Menschen, von denen wiederum höchstens ein Fünftel kampffähig war. Selbst in den größten Schlachten zwischen der römischen Armee und Germanen überschritt die Zahl der Kämpfenden kaum 20 000. Auf der Gegenseite stand eine gut organisierte und zeitweise auch vorzüglich geführte Armee. Sie hatte freilich eine Grenze zu verteidigen, die von Schottland über Rhein und Donau, Kaukasus, Syrische Wüste und Nilkatarakte bis zur Sahara und zum Atlas reichte.
Der Hauptstoß der Völkerwanderung traf, bedingt durch die Stoßrichtung der Hunnen, den Westen. Der eigentliche Dammbruch erfolgte zu Beginn des 5. Jahrhunderts: bis zum Jahre 425 ergoß sich eine Sturmflut germanischer Stämme über die westlichen Provinzen. Im Dezember des Jahres 406 brach endgültig die wegen der Westgotengefahr in Oberitalien zeitweilig von Truppen entblößte Rheingrenze. Die Vandalen und in ihrem Gefolge Alanen und Sueben, die sich unter dem Druck der Hun-

nen ihren Weg aus der Theißebene durch Pannonien, Noricum und Raetien freigekämpft hatten, überschritten in der Sylvesternacht den gefrorenen Fluß. Nachdem die Front der am westlichen Rheinufer angesiedelten fränkischen *foederati* durchstoßen war, hörte jeder organisierte Widerstand auf. Stammesgruppen zogen plündernd durch Gallien; befestigte Städte, abgelegene Dörfer und Kirchen fielen ihnen gleichermaßen zur Beute: »*uno fumavit Gallia tota rogo*« (ganz Gallien rauchte wie ein riesiger Scheiterhaufen)². Lediglich Toulouse, unter dem Kommando seines Bischofs energisch verteidigt, überstand alle Angriffe. 408/409 drangen die drei Stämme über die Pyrenäen nach Spanien vor, wo die römische Diplomatie eine temporäre Lösung durch ihre Ansiedlung als *foederati* zwischen den Hispano-Römern erreichte.

Mit militärischen Operationen gingen auch in diesen Jahren noch die Versuche diplomatischer Gegenwirkung Hand in Hand. Zwischen 395 und 476 wurden zwischen dem Imperium und den barbarischen Stämmen über 100 Verträge abgeschlossen. Die germanische Landnahme vollzog sich fast überall nominell zunächst als Ansiedlung nach dem Foederaten-Gesetz des Arcadius. ³ Die Wahrung der rechtlichen Form änderte aber nichts daran, daß damit ein großer Schritt in der Auflösung des westlichen Reiches getan war.

Spanien kam für zwanzig Jahre nicht zur Ruhe. Nach einer in der Auseinandersetzung mit den Germanen bewährten Methode übernahm 416 der westgotische König Wallia den Auftrag, die ›Barbaren‹ in Spanien anzugreifen. Ein Teil der Vandalen wurde praktisch vernichtet, der kleine Rest der Alanen vereinigte sich mit den asdingischen Vandalen. Nun schienen die Westgoten selbst gefährlich zu werden; sie wurden zurückgerufen und in Aquitanien angesiedelt. Statt dessen unterstützte man die Sueben gegen Vandalen und Alanen. Hier aber überspielte die römische Diplomatie sich selbst. Die Furcht vorausschauender römischer Politiker vor der Etablierung einer germanischen Seemacht — im *Codex Theodosianus* bedroht ein Gesetz aus dieser Zeit jede Unterweisung von Barbaren im Schiffsbau mit dem Tode⁴ — sollte sich als nur zu berechtigt erweisen.

Die Vandalen wurden zwar von den Sueben nach Südspanien abgedrängt, eroberten aber dort gegen starken römischen Widerstand die Küstenstädte und begannen eine Flotte aufzubauen. Geiserich, seit 428 König der Vandalen und neben Chlodwig und Theoderich der begabteste und skrupelloseste germanische Politiker der Zeit, dazu ein rücksichtsloser Soldat, traf eine folgenschwere Entscheidung und entwarf den Plan zur Eroberung Nordafrikas. Die Kornkammer Italiens versprach reiches Siedlungsland für sein Volk; die Kontrolle über die afrikanische Getreideausfuhr aber mußte ihm eine unschätzbare diplomatische Waffe in die Hand geben. Die allgemeine Desorganisation der Provinz bot sich für ein solches Unternehmen geradezu an: die Berberstämme standen ohnehin in Aufruhr, die Donatisten kämpften gegen die katholische Kirche, die Beziehungen zwischen dem Comes Bonifatius und Ravenna waren gespannt. 429 setzten rund 80 000 Vandalen nach Afrika über; gegen ihren Vormarsch war die schwache römische Garnison machtlos. Lediglich die Städte hielten sich einige Jahre. Ein Ansiedlungsvertrag (435) war nur eine Zwischenlösung; bald nach der Eroberung der Hauptstadt Karthago (439) mußte die Unabhängigkeit der Vandalen anerkannt werden. Der erste souveräne Germanenstaat auf Reichsboden war entstanden — mit einer strategischen Schlüsselposition im Mittelmeer. Der Ausbau der vandalischen Flotte machte es zu einem Jagdgebiet vandalischer Seeräuber, und ständig drohte nun die Gefahr einer Landung vandalischer Truppen an den Küsten Italiens oder Siziliens.

Auch beim Einbruch der Westgoten in Italien spielte ein fähiger König die entscheidende Rolle: der kurz nach dem Tod des Theodosius zur Herrschaft gekommene Alarich. Stärker als Geiserich von der römischen Welt fasziniert, mag er ursprünglich die Laufbahn eines einflußreichen *magister militum* im Auge gehabt haben. Seit 395 stand er mit seinen Stämmen in Epirus und Griechenland; schließlich marschierte Alarich — 397 zum *magister militum* in Illyrien ernannt — im Jahre 401 in Italien ein. Durch Konzentration aller verfügbaren militärischen Kräfte vermochte Stilicho 402 bei Verona die Westgoten zunächst noch einmal abzudrängen. Mit dem Tod Stilichos begann der erneute Angriff der Westgoten, der im Jahre 410 zur Eroberung Roms durch Alarich führte. Die Stadt wurde nicht übermäßig geplündert, doch der Widerhall des Ereignisses unter den Zeitgenossen war ungeheuer. Nach planlosen Märschen der an Versorgungsschwierigkeiten leidenden Goten in Italien starb Alarich am Ende des Jahres. Die unnachgiebige Haltung der ravennatischen Regierung und die Blockade der gotischen Truppen zwang Alarichs Schwager und Nachfolger Athaulf, über Norditalien nach Südfrankreich auszuweichen. In Athaulf wird wie an keinem anderen germanischen Führer deutlich, daß der Angriff der Germanen nicht auf die Auflösung des Imperiums zielte. Für sie war das Reich eine gegebene Form politischer Organisation, in der sie sich lediglich einen angemessenen Platz verschaffen wollten. Athaulf wird der Satz zugeschrieben, er habe die Romania in eine Gothia mit sich selbst als gotischem Kaiser verwandeln wollen, doch die Goten seien zu undiszipliniert, um die Römer zu ersetzen; deswegen wolle er sein Volk in den Dienst des Reiches stellen und selbst ein *Romanae restitutionis auctor,* ein Erneuerer der römischen Welt, werden.[5] Auch sein Nachfolger Wallia kämpfte im römischen Interesse in Spanien und erhielt dann (418) einen Vertrag, der den Westgoten die Ansiedlung im Gebiet zwischen Loire und Garonne (mit Poitiers, Bordeaux und Toulouse) zwischen der provinzialrömischen Bevölkerung gestattete. Die Ansiedlung geschah nach dem Prinzip der (in ihren einzelnen Modalitäten von Vertrag zu Vertrag wechselnden und oft nicht mehr genau zu rekonstruierenden) *tertia-hospitalitas*. In der späteren Kaiserzeit war *hospitalitas* der *terminus technicus* für die Einquartierung von Truppen, wobei der Soldat über ein Drittel des Hauses verfügen konnte, in das er eingewiesen war. Bei der permanenten Ansiedlung germanischer *foederati* wurde dieses System weitergeführt, indem der germanische Soldat den Teil einer Grundherrschaft (nur der Großgrundbesitz wurde herangezogen) zur ständigen Nutznießung erhielt (*sors*) — in der Regel ein Drittel (*tertia*). Im Grunde fand eine Teilenteignung der römischen Vorbesitzer statt. Aber auch hier war das nominelle Weiterbestehen einer römischen Verwaltung und Oberhoheit nur der Übergang zur Begründung des selbständigen ›Tolosanischen Reiches‹ der Westgoten.

Eine vorläufige Neuordnung der Verhältnisse in Gallien schloß diese erste Einbruchsphase ab. Diese Neuordnung war wesentlich das Werk des *magister militum* Constantius, dem es Frankreich nicht zuletzt verdankt, daß es heute ein lateinisches Land ist. Denn nur dadurch, daß die Germanen sich verhältnismäßig friedlich im römischen Gebiet niederließen, hatten sie Gelegenheit, Sprache, Sitte und Institutionen der Romanen langsam zu absorbieren. Die Burgunder, die sich im 3. Jahrhundert neben den Alamannen an den mittleren Rhein vorgekämpft und den Fluß zu Beginn des 4. Jahrhunderts überschritten hatten, erhielten 413 einen Ansiedlungsvertrag für die Gegend von Worms beiderseits des Rheins, um die Grenze gegen alamannische Angriffe zu schützen. Nördlich davon hatten die Franken ebenfalls schon im späteren 3. Jahrhundert ständig die Rheingrenze bedroht und schließlich erzwungen, daß Trier als Hauptstadt Galliens zugunsten von Arles aufgegeben wurde. Auch hier wurde die Lage zunächst durch Verträge mit den Franken stabilisiert.

In dem bereits um 400 von römischen Truppen geräumten Britannien hatten zur gleichen Zeit die Angeln und die Sachsen ihre Herrschaft etabliert.

So schien in den dreißiger Jahren eine politische Lösung durch friedliche Assimilierung der germanischen Angreifer möglich. Aber diese Lagebeurteilung, der man in Ravenna lange Zeit anhing, unterschied zu wenig zwischen rechtlicher und politischer Situation. In der völkerrechtlichen Abstraktion standen die geschlossenen germanischen Siedlungsgruppen auf dem Reichsboden noch unter der Autorität der westlichen Regierung;

sie waren im System der *hospitalitas* in das Reich inkorporiert. Doch in der politischen Realität waren die burgundischen und gotischen Könige bereits auf dem Wege zu der gleichen Stellung unabhängiger Staaten wie Geiserich, dessen Flotten ihre Plünderungszüge bis nach Rom ausdehnten (455). Der tatsächliche Herrschaftsbereich des Imperium Romanum im Westen war reduziert auf Italien, Sizilien, kleine Teile Afrikas und bestimmte Regionen Galliens. Und selbst hier kündigte sich bereits in offenen Rivalitäten zwischen der (zeitweise mit den Germanen zusammenarbeitenden) gallischen und der italischen Reichsaristokratie die beginnende Auflösung des Imperiums als politischen Verbandes an.

Unter der energischen Herrschaft des Aëtius mochte es tatsächlich für einen Augenblick möglich scheinen, die Lage zu stabilisieren. Die Zusammenarbeit der Reichsverwaltung mit den neu eingedrungenen germanischen Stämmen ermöglichte immerhin die letzte große militärische Leistung des Westreiches: die Abwehr der Hunnen. Das Hunnenreich war eines jener ›Steppenreiche‹, die von mongolisch-altaischen Reitervölkern mit einer erstaunlichen Plötzlichkeit errichtet worden sind und in Entwicklung und politischem Aufbau stark an die besonderen Lebensformen dieser Reiternomaden gebunden gewesen sind. Die Hunnen hatten bei ihrem Vordringen nach Westen das Gotenreich in Südrußland vernichtet und waren dann in Rumänien und Ungarn, möglicherweise auch in Schlesien und Polen eingefallen. Das Reich, dessen Herrschaft Attila 433 übernahm, war bereits ein Vielvölkerstaat — eine Art Gesamtprofil der Völkerwanderung. In lockerem, föderativem Anschluß gehörten ihm Ostgoten, Heruler, Gepiden und Langobarden, aber auch slawische Stammeseinheiten an. Strategisch zugleich den westlichen und östlichen Reichsteil bedrohend, konzentrierte Attila seine Angriffe zunächst auf die oströmische Donaugrenze. Gleichzeitig stellte er Aëtius hunnische Söldner zur Verfügung, die entscheidend mithalfen, den Vormarsch der Burgunder nach Belgien (436) aufzuhalten. Aus diesen Kämpfen entstand die Nibelungensage mit der Geschichte vom Untergang des Königs Gunter, in der die Gestalten von Aëtius und Attila in der Gestalt Etzels zusammenflossen. Der Rest der Burgunder wurde 443 im Gebiet des französischen Jura angesiedelt, wo sich ein eigener burgundischer Staat ausbildete.

450 spitzten sich die Beziehungen zwischen dem Hunnenreich und Rom zu; der oströmische Kaiser Markian wie die westliche Regierung verweigerten, offensichtlich in einer kalkulierten Aktion, die Zahlung weiterer Tribute. Attila selbst muß in diesem Augenblick (nach Berichten des byzantinischen Historikers Priskos, der 449 Gesandter an seinem Hofe war) bereits ein sehr übersteigertes Bewußtsein seiner Größe und Möglichkeiten

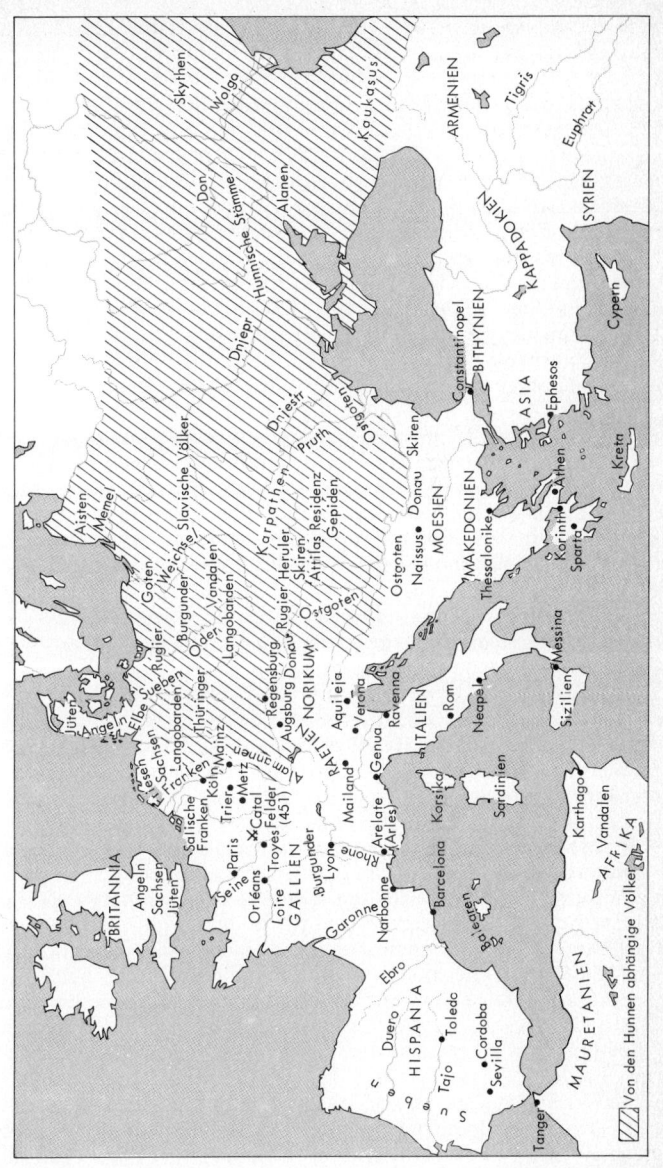

Abb. 10: Das Hunnenreich

besessen haben, das freilich seine Erfolge und die Ausdehnung seines Herrschaftsbereiches zu bestätigen schienen.

Der in seinem Hoflager in barbarischem Luxus lebende Hunnenkönig war offenbar zur Eroberung in großem Stil entschlossen und konzentrierte 451 den Druck der hunnischen Armee auf die Rheingrenze. Im Vormarsch gegen die mühsam von Aëtius aufgebaute Abwehr erreichten die Hunnen die Loire. Dann jedoch erfocht die römische Armee mit westgotischen, burgundischen und fränkischen Kontingenten 451 auf den Katalaunischen Feldern (in der Champagne) einen klaren Sieg über das hunnische Aufgebot. Es ist fraglich, ob die Schlacht auf den Katalaunischen Feldern zu den Entscheidungsschlachten der Weltgeschichte gehört, auch wenn sie schon von zeitgenössischen Chronisten so bewertet wurde. Denn die hunnischen Operationen gingen im nächsten Jahr ohne großen Widerstand in Oberitalien weiter. Nur durch diplomatische Bemühungen des Papstes Leo I. (440-461) im Zusammenwirken mit einer oströmischen Offensive an der Donau wurde der Abzug der Hunnen erreicht. Leo repräsentiert die Rolle der Bischöfe, die in dieser Zeit der Wirren und des Verfalls der Staatsgewalt immer wieder als die wirklichen Träger der Autorität fungieren. Der eigentliche Wendepunkt der Entwicklung war der überraschende Tod Attilas im Jahre 453. Damit setzte der rapide Verfall des riesenhaft und unüberwindlich scheinenden Hunnenreiches ein — ein typischer Vorgang für solche aus der Steppe entstehenden Nomadenreiche.

Es ist, als ob diese Abwehrleistung die Kräfte des Westens vollends erschöpft hätte. Die letzte Phase der Auflösung, die Agonie des Westreiches begann. Nach dem Tod von Aëtius und Valentinian III. zerfiel im schnellen Wechsel von Kaisern und Heermeistern der letzte Rest einer Souveränität über Spanien und Gallien. Der senatorische Adel Galliens, der im Konflikt mit der italischen Aristokratie selbst das machtpolitische Vakuum auszufüllen suchte, trug zu dieser weiteren Auflösung bei. Aber auch wenn diese zentrifugalen Tendenzen des Senatsadels die Aufsplitterung förderten — politisch waren sie schon ein Nachhutgefecht. Das entscheidende Moment der Entwicklung war die weitere Expansion und Konsolidierung der germanischen Stammeseinheiten auf dem Reichsboden. Die vandalische Flotte war Herrin des westlichen Mittelmeeres. Die Westgoten besetzten Spanien (mit Ausnahme der von den Sueben gehaltenen Provinz Gallaecia) und Teile Südfrankreichs; ihr Herrschaftsbereich reichte von Gibraltar bis zur Loire. In Savoyen eroberten die Burgunder Lyon und erweiterten ihr Gebiet bis zur Durance und den Seealpen.

Noch bestand in Gallien inmitten der sich von Köln und Mainz nach Westen ausdehnenden und weiter südlich im Kampf gegen die Westgoten stehenden Franken unter Childerich ein seltsames Relikt römischer Herrschaft: das Reich des Syagrius. Ägidius, sein Vater, hatte römische Truppen im mittleren Frankreich kommandiert und war, durch Westgoten und Burgunder von Italien abgeschnitten, schon eine Art unabhängiger Herrscher geworden. Syagrius selbst führte den kuriosen Titel ›Rex Romanorum‹ und vermochte tatsächlich eine Zeitlang sein Herrschaftsgebiet um die Hauptstadt Soissons zu erhalten. Im Jahre 481 übernahm Chlodwig die Herrschaft über einen Teil der Franken. In verhältnismäßig kurzer Zeit unterwarf er durch Mord, Intrige und militärische Operationen ganz Mittel- und Nordfrankreich. Sein erstes Opfer war Syagrius, der nach einer Niederlage bei Soissons als Flüchtling von den Westgoten ausgeliefert und hingerichtet wurde. Damit war die Grundlage für das fränkische Merowingerreich geschaffen.

Der letzte Akt des Dramas spielte in Italien. Hier war, wie anderswo die germanischen Stämme, die Armee zu einem selbständigen Machtfaktor geworden, der sich um die Reste der Verwaltung und um den letzten römischen Kaiser kaum mehr kümmerte. Als die ravennatische Regierung der Armee eine Landzuteilung, die der den Föderaten gewährten vergleichbar gewesen wäre, verweigerte, riefen die Truppen ihren Oberbefehlshaber Odoaker zum König aus. Odoaker eroberte Ravenna und setzte Romulus Augustulus ab (476). Die oströmische Regierung erkannte schließlich Odoaker *de facto* an, indem sie ihm den Titel eines *patricius* verlieh. Für ein Jahrzehnt behauptete sich Odoaker mit politischem Takt, dann war auch sein Ende gekommen. Im Jahr 488 gelang es der Regierung Zenons, durch diplomatische Manöver die an den Grenzen Ostroms aufmarschierten Ostgoten nach Italien abzulenken. Unter Theoderich eroberten sie bis 493 das Land. Zwei Jahre wurde Ravenna, Odoakers letzter Stützpunkt, belagert. Schließlich schlossen die beiden Germanen einen Vertrag über die Teilung der Herrschaft, doch nach wenigen Tagen erstach Theoderich seinen Partner im Palast von Ravenna. Gleichzeitig wurden die Familie Odoakers und seine Truppen niedergemacht. Theoderich war der Herr Italiens — auch er in der staatsrechtlichen Fiktion zunächst nur Statthalter des Kaisers im Westen als *patricius*. Aber in Wirklichkeit war mit Theoderich der Zerfallsprozeß des westlichen Reiches zu Ende: an die Stelle seines letzten lebensfähigen Restes in Italien trat ein selbständiges Ostgotenreich.

Am Ende des 5. Jahrhunderts war so vom Imperium Romanum in der politischen Wirklichkeit nur noch das Oströmische (Byzantinische) Reich übrig. Aber als politische Idee war das Imperium Romanum als Gesamtreich noch nicht tot. Das zeigte sich gerade in diesen Jahren — nicht nur in der von Orosius dem Goten Athaulf zugeschriebenen Äußerung, er wolle nicht über eine

Gothia, sondern über eine Romania herrschen. Noch suchten germanische Herrscher eine Legitimation ihrer Herrschaft durch den Kaiser in Byzanz. Theoderich war *patricius*; aber auch der viel weniger mit römischen Traditionen vertraute Frankenherrscher Chlodwig ließ sich vom Kaiser den Titel eines *consul* verleihen. Zumindest in den Anfängen der germanischen Staatengründung wurde der römische Reichsgedanke in der spezifisch byzantinischen Ausformung der Idee von der ›Familie des Kaisers‹ anerkannt, dessen ›Söhne‹ alle anderen Herrscher und Fürsten sind — weil der Kaiser allein die Quelle legitimer Macht und Herrschaft ist.

c) Geschichtsbewußtsein und Völkerwanderung

In diesen Jahrzehnten des Umbruchs schlägt sich das Drama des politischen Geschehens und das Zerbrechen aller Sicherheit in weiten Gebieten des Reiches immer wieder in Briefen, Gedichten und Geschichtswerken christlicher wie heidnischer Zeitgenossen nieder. Flüchtlingsnot, Belagerung von Städten, Rolle der Bischöfe als zentrale Träger des Widerstandes — all das kommt genauso zum Ausdruck wie zahlreiche einzelne Nachrichten über die ungewohnten und fremden Eindringlinge. Freilich bleibt vieles Wichtige ungreifbar: ihre Marschrouten, ihre eigentliche Stärke, die Formen ihrer politischen und persönlichen Kontakte. Aber da und dort bricht durch konventionelle Klischees ein realistischer Pinselstrich: die Burgunder sind alle über zwei Meter groß, benutzen ranzige Butter als Pomade, haben einen fürchterlichen Appetit und sprechen mit Stentorstimme, berichtet Sidonius Apollinaris.[6]

Für viele Mitlebende erscheint die Zeit als die tiefste Krisensituation Roms seit den Bürgerkriegen. Doch wird nicht eigentlich realisiert, was in dieser Krise mit dem Imperium Romanum geschieht. Das spätrömische Heidentum in der Oberschicht des Westens erlebte das Ereignis Völkerwanderung zunächst als Erschütterung jenes Glaubens an Rom, in dem man Trost und eine Versicherung der sinnvollen Ordnung der Welt gefunden hatte. Diese Romidee verkörperte um die Wende zum 5. Jahrhundert Claudius Claudianus noch in ungebrochener Stärke. Wo der Hofpoet und Hofpropagandist des Honorius (ein nicht unbedeutendes, an klassischen Vorbildern geschultes Talent) nicht gehässig oder kriecherisch die Tagespolitik kommentierte, rühmte er römische Geschichte, Kaiser und Staatsidee, als ob es niemals eine Schlacht bei Adrianopel gegeben hätte. Stilicho, versicherte er, habe die Barbaren gezwungen, ihre Schwerter in Pflugscharen umzuschmieden und sich römischem Befehl zu beugen. Auch wenn Rom gealtert sei, werde es doch nur mit der Welt selbst zugrunde gehen.[7]

Der Fall von Rom, wenige Jahre später, hat das Heidentum aus dieser illusionären Haltung aufgestört; wiewohl militärisch kaum von Bedeutung, galt er doch nicht zu Unrecht als symbolisches Ereignis. Aber auch jetzt fand man nach einem Aufschrecken aus der Sicherheit wieder zu einer stoischen Gelassenheit, ja zu einer gewissen Zuversicht zurück. Zumindest in der ersten Hälfte des Jahrhunderts erhob sich nochmals die Hoffnung, das Reich werde auch diese Krisensituation überwinden. Bezeichnendes Selbstzeugnis dieser Zuversicht ist der Vers des heidnischen Senators Rutilius Namatianus: »Ordo renascendi est crescere posse malis« — Wesen der Wiedergeburt ist es, an Unglück und Schwierigkeiten zu wachsen.[8]

Auch unter den Christen herrschte weithin diese zwiespältige Stimmung der Erschütterung und der Hoffnung. Allerdings gab es zwei bezeichnende Ausnahmen vom allgemeinen Tenor der Zeit: die gallischen Schriftsteller Salvian und Sidonius Apollinaris. Sie haben früher und deutlicher als andere die Realitäten des Eindringens der Germanen und des Zusammenlebens mit ihnen erfahren. Salvian, der als Priester bis gegen 480 in der Umgebung von Marseille lebte, entwickelte radikale soziale Ideen und vertrat als einziger zeitgenössischer Schriftsteller in seinem Hauptwerk *De gubernatione Dei* die Auffassung, das Weströmische Reich sei endgültig am Ende. Die Ursache des Verfalls lag für seine moralisierende Geschichtsbetrachtung in der sozialen Bedrückung der *humiliores* durch die *potentes* und in der Uneinigkeit der Römer selbst. Obwohl Salvian die Barbaren nicht gerade idealisiert — sie sind Analphabeten ohne Bildung, mit seltsamen Sitten, ungewaschen und übelriechend —, erklärt er doch polemisch, unter ihrer Herrschaft sei eher Freiheit und Menschlichkeit zu finden. Sein Bild von den Nöten und Realitäten der germanischen Landnahme in Gallien ist überaus eindringlich, doch sicherlich nach der Seite einer allgemeinen Misere hin verzeichnet.[9]

Die entgegengesetzte soziale Schicht, die *potentes*, vertrat Sidonius: seine Briefe und Gedichte stammen aus der Zeit nach der Jahrhundertmitte. Literarisch umfassend gebildet und Besitzer eines großen Landgutes in der Auvergne, war er zeitweise eng in die Politik des gallischen Hochadels verstrickt; sein Schwiegervater war der gallische Gegenkaiser Avitus. Sidonius hat ihn wie die rechtmäßigen Kaiser gefeiert und sich auf diese Weise 468 sogar die römische Stadtpräfektur verdient. Schließlich wurde er ziemlich unerwartet 470 Bischof von Clermont-Ferrand. Er leitete die Verteidigung der Stadt gegen die Westgoten und trat später für eine gotisch-romanische Verständigung ein. Sidonius schildert die Lebensform des Adels in seiner Zeit höchst anschaulich. Jagd, Reisen, gegenseitige Besuche, Sport füllen neben der Beaufsichtigung der Güter das Leben der *nobilium universitas* aus. Das Leben der *humiliores* allgemein wie der eigenen Hintersassen interessierte nicht. Eine Ausgleichspolitik zwischen Romanen und Goten war für Sidonius mehr eine erzwungene Haltung, keine politische Überzeugung wie bei Salvian. Nie verlor er ganz die Überlegenheit des Adligen und zivilisierten Römers: »Du gehst den Barbaren aus dem Weg, weil sie angeblich schlecht sind; ich tue es, auch wenn sie gut sind.«[10] Erst der Bischof Sidonius lernte durch zwangsläufigen engeren Kontakt mit dem Leben der unteren Schichten den Ausgleich mit den neuen Herren als wahres Interesse der Bevölkerung verstehen und akzeptierte den Ersatz der römischen durch die gotische Herrschaft. Von der Überlegenheit der römischen Kultur aber blieb er zutiefst überzeugt — ein Vertreter jenes Provinzialadels, der Besitz, Bildung und soziale Stellung auch in die germanische Herrschaft hinüberrettete und damit die weitere Entwicklung der Grundherrschaft in diesen Gebieten entscheidend beeinflußte.

Wo der Abstand von den Ereignissen größer war, mischte sich — wie in den Briefen und Predigten der lateinischen Kirchenväter — eine leidenschaftliche, aber klischeehafte Darstellung der Zeitnöte mit der Erschütterung über die politische Katastrophe. Augustin hielt seiner Gemeinde zahlreiche Predigten zum Thema *de tribulationibus et pressuris mundi,* mit Kernsätzen wie: »Unsere ganze Erde ist nichts anderes als ein großes Schiff, das uns schwankend, gefährdet und allen Stürmen und Unwettern ausgesetzt durch das Leben trägt.«[11] Ein Gefühl der Unsicherheit breitete sich selbst in Gebieten aus, die noch gar nicht direkt vom germanischen Angriff betroffen waren (der Vandaleneinfall erfolgte erst 20 Jahre später).

Die Erschütterung der politischen Sicherheit mündete bei den christlichen Reichsangehörigen leicht in Verzweiflung, wenn nicht Weltuntergangsstimmung. Die Verbindung von christlichem Glauben und römischem Reichsbewußtsein hatte einen eigentümlichen, religiös gefärbten Patriotismus ausgebildet: *orbis Romanus* wurde identifiziert mit *orbis Christianus, pax Romana* und *pax Christiana* waren im Grunde eins. Besonders beredt gab Prudentius der Verbindung von römischem und christlichem Sendungsbewußtsein Ausdruck. Durch das Christentum wiedergeboren, beginnt Rom erst seine wahre Bestimmung zu verwirklichen: »Nun erst bin ich wahrhaft verehrungswürdig als Haupt des Erdkreises«, erklärt Roma in einem seiner Gedichte, »mag sonst alles Sterbliche altern: mir schenkte die Zeit ein neues Jahrhundert.«[12] Für Prudentius begründete Theodosius eine christliche Herrschaft ohne Ende, die Roms vorherbestimmte Aufgabe vollzieht, die Völker zu einigen und zum wahren Glauben zu führen.

In einem solchen christlichen Reichsbewußtsein lag eine gefährliche Verknüpfung religiöser und politischer Existenz. Darum erhob sich unter dem Eindruck der Ereignisse, vor allem als Echo auf den Fall von Rom 410, unter den Christen tatsächlich die bedenkliche Frage: Warum hat der christliche Gott, dessen Hilfe man eine erneuerte Dauer des Reiches zuschrieb, dieses Reich nicht geschützt? Diese Frage erzeugte vielfach eine resignierte eschatologische Stimmung. Überscharf zeigen das die Reaktionen des Hieronymus. Rhetorisch übersteigerte Äußerungen der Bestürzung: »Ich habe geradezu die Sprache verlernt und habe lange geschwiegen, denn ich wußte, nun ist die Zeit der Tränen«, führen, als Rom das erstemal bedroht wird, zu der Frage: »*Si Roma perit quid salvum est?*« (Was gibt es noch Sicheres, wenn Rom untergeht?) Und den Fall Roms kommentiert er mit der lapidaren Feststellung: »*Orbis terrarum ruit*« (Der ganze Erdkreis stürzt zusammen).[13] Gerade in der rhetorischen Übertreibung wird die Unsicherheit des Christen in der politischen Krise sichtbar; es zeigte sich, wie wenig verwurzelt der christliche Glaube in weiten Kreisen war.

Nur wenige Theologen der Zeit haben den letzten Grund dieser Unsicherheit erkannt. Für Augustin resultierte sie aus dem allzu kompakten politischen Engagement seiner Gemeindeglieder, aus der Gleichsetzung politischen und religiösen Heils in der Romideologie. Sein großes Werk *De Civitate Dei*, begonnen unter dem Eindruck des Falles von Rom, richtete sich nicht nur gegen die Heiden, sondern genauso gegen den übertriebenen christlichen Patriotismus seiner Zeitgenossen. Es war auch eine Abrechnung mit der christlichen Romideologie, in der Augustin nicht zu Unrecht genau wie im Glauben der Heiden an die Ewigkeit des Reiches eine widerchristliche Form politischer Religiosität sah. Augustin setzte sich mit einer neuen Möglichkeit christlichen Selbstverständnisses ab von den christlichen Denkweisen des Zeitalters; gegenüber dem kompakten Romglauben der Zeit repräsentierte er hier freilich nur *eine*, zudem nicht allzu beachtete Stimme.

d) Das Überleben des Oströmischen Reiches

Die Auflösung des Weströmischen Reiches war eine Seite des politischen Gesamtprozesses. Dem Oströmischen Reich gelang die Überwindung der inneren Germanengefahr (s. oben S. 124f.) und die erfolgreiche äußere Abwehr der Völkerwanderung. Die Auseinandersetzung mit den Angriffen der Völkerwanderungsstämme vollzog sich im östlichen Reichsteil völlig anders als im Westen. Bedeutete das innere Germanenproblem hier zeitweise eine Bedrohung, so ging der äußere Ansturm der Germanen verhältnismäßig glimpflich vorüber. Die germanische Völkerwanderung traf Ostrom nur in drei einzelnen Stößen, die jeweils relativ gut abgefangen werden konnten.

Der Angriff der Westgoten, die zeitweilig als *foederati* unter Alarich im Balkan angesiedelt waren, dann aber seit 395 wieder unruhig wurden und sich in Richtung auf Constantinopel in Bewegung setzten, konnte durch diplomatische Maßnahmen des Prätorianerpräfekten Rufinus zunächst nach Griechenland und Epirus abgelenkt werden. Im einzelnen nicht durchschaubare Verhandlungen Alarichs mit Constantinopel wie mit Stilicho blieben erfolglos. Nachdem Griechenland mehrere Jahre hindurch geplündert worden war, gelang es schließlich 401, durch einen kaiserlichen Auftrag an den *magister militum* Alarich den Abzug der Goten über Dalmatien nach Italien zu veranlassen. Zum erstenmal wurde das Oströmische Reich vor einem germanischen Angriff auf Kosten des Westens gerettet: ein Stil, den sich die oströmische Diplomatie schnell zu eigen machte. Konsequenz dieser Politik war am Ende die Besetzung Spaniens durch die Westgoten.

Es folgten, abgesehen von andauernden Kämpfen an der persischen Grenze, fast 50 Jahre weitgehender außenpolitischer Ruhe. Sie gaben dem Oströmischen Reich Zeit, mit dem inneren Germanenproblem ohne äußere Belastung fertig zu werden. Dann freilich führte das Hunnenreich die zweite große außenpolitische Krise herauf. Seit den vierziger Jahren brachten ständige Einfälle in die Balkanländer durch langsame Verwüstung des Gebietes wie durch immer neue Tributforderungen Ostrom an den Rand des finanziellen Ruins. Nicht die oströmische Diplomatie, auch nicht militärische Aktionen wandten die Lage, sondern eine bis heute unerklärte Änderung der hunnischen Stoßrichtung und der schnelle Verfall des Hunnenreichs nach dem Tode Attilas.

Die letzte außenpolitische Krise kam gegen Ende des Jahrhunderts durch die Ostgoten. Nachdem das Ostgotenreich Ermanarichs zwischen Dnjestr und Don unter dem hunnischen Ansturm zerbrochen war, hatte Theodosius I. den Kern der Ostgoten in Pannonien angesiedelt. Hier gerieten sie erneut unter hunnische Oberhoheit und kämpften auf der Seite Attilas auf den Katalaunischen Feldern. Nach seinem Tode blieben sie für das Oströmische Reich unruhige Nachbarn. Im Jahre 471 wurde ein Prinz aus dem Hause der Amaler, Theoderich, einer der Führer des Stammesverbandes. In den zehn Jahren, die er als Geisel am Hofe von Constantinopel verbracht hatte, war er wie Alarich ein guter Kenner der politischen und militärischen Situation des Imperiums geworden und wenigstens oberflächlich mit der Bildung der Zeit in Berührung gekommen. Unter dem zum König erhobenen Theoderich wurden die gotischen Kontingente vom ausgebeuteten Pannonien in die Gegend von Saloniki verlegt und damit in die inneren Auseinandersetzungen des östlichen Reichsteils hineingezogen. 473 verlieh der Kaiser Leon I. Theoderich das Amt eines *magister militum praesentalis* mit dem Rang eines *patricius* und siedelte die Ostgoten in Niedermösien an. Fast ein Jahrzehnt versuchte dann Kaiser Zenon den Ostgotenkönig und den einflußreichen ostgotischen General Theoderich Strabon, der gotische Kontingente in der oströmischen Armee kommandierte, gegeneinander auszuspielen. 488 fand er eine Lösung der bedrängenden Ostgotenfrage durch diplomatisches Abdrängen dieser in der Nähe der Reichszentrale gefährlichen Stammesgruppe nach dem Westen. Es ist zweifelhaft, ob Zenon jemals annahm, mit dem Ersatz Odoakers durch Theoderich könne man die politische Kontrolle über Italien wiedergewinnen. Entscheidend war zunächst die Befreiung Ostroms selbst. 488 zogen die Ostgoten unter dem zum *magister militum per Italiam* ernannten Theoderich über das Balkangebiet nach Italien ab, errangen im August 489 an der Adda einen klaren Sieg und eroberten schließlich — in der ›Rabenschlacht‹ der germanischen Heldensage — Ravenna. Als Bevollmächtigter des Kaisers hatte Theoderich den vom gleichen Kaiser zum *patricius* ernannten Odoaker beseitigt — ein typisches Stück aus der römischen Politik der Völkerwanderungszeit. Nach längeren Kämpfen war Theoderich 493 endgültig Herr Italiens.

Noch einmal war der Bestand des Oströmischen Reiches mit einem Verzicht auf die Wahrung der Interessen im Westreich erkauft. Wenn auch Theoderich als *patricius* und *magister militum* nominell für Zenon (bzw. Anastasios) regierte, wenn die staatsrechtliche Fiktion noch immer an der Reichseinheit festhielt — *de facto* entstand an der Stelle des letzten Restes von Westrom ein selbständiges Ostgotenreich. Die Gründe für diese Entwicklung lagen freilich nicht nur in der geschickteren Diplomatie des Ostens, sondern in der geringeren Widerstandsfähigkeit des Westens und darin, daß die natürliche Stoßrichtung der zweiten Welle der Völkerwanderung sich von vornherein mehr gegen den Westen richtete.

Entsprechend der ruhiger ablaufenden Auseinandersetzung mit der Völkerwanderung fehlt im Osten die Stimmung der großen Krise. In der Literatur der Zeit, etwa in den Briefen der Kirchenväter Synesios oder Johannes Chrysostomos, äußert sich vor allem die antigermanische Reaktion in den Rängen der Reichsaristokratie und der Kirche, nicht aber ein Bewußtsein tiefgreifender Erschütterung der politischen Sicherheit. Es gab politische und militärische Probleme: die latente Rebellion der isaurischen Söldner, das Auftauchen bulgarischer Nomaden an der unteren Donau, die aus dem Monophysitenstreit erwachsenden Schwierigkeiten in den östlichen Reichsprovinzen. Arabische Nomadenvorstöße an der Wüstengrenze, Angriffe der Blemmyer an der ägyptischen Südgrenze gingen weiter; die persische Front hatte momentan durch den Druck der Hunnen an Bedeutung verloren. Aber dies waren lokale und begrenzte Probleme; es war keine Staatskrise. Das Oströmische Reich überstand die inneren und äußeren Krisen des 5. Jahrhunderts ohne entscheidende Schädigung. Die Staatsform des absoluten Erbmonarchie mit ihrer straff zentralisierten Bürokratie und ihrem Berufsheer erhielt sich als politisches System. Die Gesellschaftsordnung erfuhr keinen wesentlichen Wandel, und während im westlichen Reichsteil mit dem politischen Zerfall eine steigende wirtschaftliche und soziale Depression einherging, kam es im Oströmischen Reich wieder zu einer beachtlichen wirtschaftlichen Blüte. In einem gewissen Sinn hat das Oströmische Reich durch den Verfall des Westens sogar gewonnen: Byzanz war der einzige Rechtsnachfolger des Imperiums — politisch, militärisch und wirtschaftlich gegenüber den Germanenstaaten die dominierende Macht des Mittelmeerraumes. Diese Situation bildete die Grundlage für das Zeitalter Justinians.

Die Völkerwanderung hat die Welt zwischen der Donau, Schottland und der Sahara verwandelt. An die Stelle eines mittelmeerischen Einheitsreiches ist ein pluralistisches politisches System getreten — eine Staatenwelt, bestehend aus den germanischen Nachfolgestaaten auf dem Boden des westlichen Imperiums und dem Byzantinischen Reich im Osten. Der Ausgang dieses über hundert Jahre dauernden Verwandlungsprozesses war keineswegs von vornherein so eindeutig, wie er *ex eventu* erscheint: es gab immer wieder Momente, in denen das Schicksal in der Schwebe hing — Augenblicke wie um die Mitte des Jahrhunderts, wo es möglich schien, daß unter dem Druck des Hunnenreiches und der Vandalen die Entwicklung einen völlig anderen Verlauf nehmen könnte. Bei allen lokalen und temporären Notsituationen hatte die Auseinandersetzung der Germanen mit der römischen Welt auch im Westen keinen katastrophenhaften Charakter. Doch sie beschleunigte eine schon im Gang befindliche Entwicklung. Auf dem Boden des alten Imperiums bestanden die Elemente der spätrömischen Kultur, der sozialen und wirtschaftlichen Struktur und zum Teil sogar die Verwaltungseinheiten fort. Die Romania als ein Bereich gemeinsamer Kultur war nur in den Randgebieten gefährdet, in denen die Germanen in geschlossenen Gruppen siedelten — im ostrheinischen Gebiet, im nördlichen Belgien, in Raetien, Noricum und Pannonien. Überall sonst war von entscheidender Bedeutung der Weiterbestand der alten Grundherrschaften und des alten Grundadels, mit dem sich die Neuankömmlinge sehr schnell zu einer kompakten Interessengruppe verbanden — ein Vorgang, der ein Fortschreiten der sozialen und politischen Entwicklung in bereits vorgegebenen Bahnen förderte.

Die Völkerwanderung in einem weiteren Sinne ist mit den Ereignissen des 5. Jahrhunderts nicht abgeschlossen. Es tritt lediglich um das Jahr 500 eine Art retardierendes Moment ein. Der nördliche Flügel der Gesamtbewegung, auf dem die germanischen und hunnischen Wanderungen verlaufen sind, ist durch die Bildung von neuen Staaten auf dem alten Reichsboden zur Ruhe gekommen. Der östliche Flügel befindet sich noch in langsamem Aufbruch. Erst im 6. und 7. Jahrhundert entfaltet er mit den Sassaniden und dann mit den Arabern seine volle Stoßkraft.

IV. DIE FRAGE NACH DEM ZERFALL DES WESTENS

Die Distanz dramatisiert die Epoche. Die Zeit von Theodosius bis Odoaker erscheint als rapider Zusammenbruch des Westens. Aber die Perspektive ist falsch. Von 1885 bis heute hat sich die Welt politisch wie gesellschaftlich mindestens ebensosehr verändert – ohne daß wir die gleiche Dramatik von Auflösung und Verfall empfinden. Es bleibt jedoch eine auffallende Tatsache: die Verschiedenheit des Schicksals von Osten und Westen. Sie erzwingt die Frage nach den Gründen für den Zerfall des Imperiums im Westen. Als Frage nach dem ›Untergang des Römischen Reiches‹ oder nach dem ›Niedergang der antiken Kultur‹ ist das Problem falsch formuliert. Das Imperium Romanum bestand als Byzantinisches Reich noch über tausend Jahre weiter – die politischen, gesellschaftlichen und geistigen Lebensformen, die sich im Westen langsam auflösen, leben im Byzantinischen Reich als bestimmende Strukturen fort. Aber auch die Frage nach dem Untergang des Weströmischen Reiches ist ein historisches Problem ersten Ranges – »vielleicht das wichtigste und interessanteste Problem der Universalgeschichte«[14].

Die Frage ist fast so alt wie das Ereignis selbst. Die Diskussion der Zeitgenossen ist allerdings nicht über moralisierende, geschichtsphilosophische oder geschichtstheologische Erklärungsversuche hinausgekommen. Sie ist ein Ausschnitt aus der umfassenderen Dekadenzproblematik in der römischen Literatur und Geschichtsschreibung, nimmt aber vom tatsächlichen Untergang des Weströmischen Reiches im Grunde wenig Notiz. Viel später erlangt das Problem wieder Aktualität: daß eine weltbeherrschende Macht, eine große und alte Zivilisation zusammenbrechen kann, hatte etwas tief Erschreckendes an sich. Am 30. August 1734 legte Montesquieu der Akademie in Paris seine *Considérations sur les causes de la grandeur des Romains et de leur décadence* vor. Die hier mit Nachdruck formulierte Frage ist nicht mehr zur Ruhe gekommen. Edward Gibbon sah in seiner monumentalen Darstellung von *Decline and Fall of the Roman Empire* eine doppelte Ursache für den Niedergang des Römischen Reiches: »Was ich hier zu beschreiben suche, ist der Triumph der Religion und der Barbarei.« Nach ihm hat sich ein ganzes Spektrum von Theorien und Lösungsversuchen angesammelt. Klimaschwankungen, Rassenverschlechterung, Entvölkerung, Glaubenswandel wurden für den Niedergang des Reiches verantwortlich gemacht. Eine konsequent marxistische Interpretation identifizierte ihn mit dem Zusammenbruch einer auf Sklaverei basierenden Gesellschafts- und Wirtschaftsordnung und ihrem Übergang zu einem Feudalsystem. Innenpolitische Konflikte oder das Zerwürfnis der Führenden untereinander, schließlich sogar eine unglückliche Summierung zufälliger Fehlentscheidungen und militärischer Mißerfolg wurden als Erklärung herangezogen.

Zwei scharf entgegengesetzte Deutungen werden bis heute besonders häufig vertreten. Einmal die Theorie vom Niedergang Roms durch den inneren Zerfall von Wirtschaft und Gesellschaft, mit dem eine Erstarrung des geistigen Lebens und der Kultur einherging: die wandernden germanischen Stämme gaben einem im Verfall befindlichen Imperium nur den letzten Stoß. Für Michael Rostowzew waren die Barbaren der Völkerwanderung nichts anderes als Exekutoren eines Schicksals, das längst entschieden war: das Reich, ein »blutloser und verbrauchter Organismus« ohne Schöpferkräfte, befand sich längst in einer »Apathie der Altersschwäche«. Inneres Absterben und Selbstzerstörung waren die Ursachen des Zerfalls. Dagegen steht die These, ein durchaus funktions- und lebensfähiges Imperium sei durch von außen kommende Kräfte, genauer durch die Germanen, zerstört worden. Für André Piganiol, den entschiedensten Verfechter dieser Auffassung, war trotz aller nicht zu übersehenden Krisenmomente das Imperium als Ganzes eher auf dem Weg der Gesundung: »Es ist durchaus falsch zu sagen, daß Rom sich damals im Niedergang befunden habe [...]. Die römische Welt ist nicht ihren friedlichen Tod gestorben, sie ist ermordet worden.«[15]

Hinter der Deutung des Imperiums im 4. und 5. Jahrhundert als steriler und absterbender Lebensform steht die Gesellschafts- und Wirtschaftsauffassung eines an einer städtisch-mittelständischen Kultur orientierten, doktrinären Liberalismus, der jedes staatswirtschaftliche System grundsätzlich für zum Ruin verurteilt hält und sich in dieser Auffassung durch eine einseitige Betrachtung der spezifisch bedingten Verhältnisse des westlichen Reiches im 5. Jahrhundert bestätigt sieht. Ergänzt wird diese falsche Perspektive durch den Klassizismus einer Generation von Philologen, denen über ihrem ›klassischen‹ Leitbild alles eigentlich Neue im 4. und 5. Jahrhundert — Denken,

Schreiben und Kunst der Christenheit — gar nicht in den Gesichtskreis gerät.[16] In einem wesentlichen Punkt aber stimmen diese antithetischen Lösungsversuche überein: für die Frage, ob innere oder äußere Faktoren das Schicksal des Weströmischen Reiches verschieden von dem des Ostens gestalteten, ist das Urteil über die Gesellschaft des Imperiums im 5. Jahrhundert entscheidend.

a) Die Widerstandskraft von Staat und Gesellschaft

In Staat, Gesellschaft und Kultur sind das 4. und 5. Jahrhundert weitgehend ein Kontinuum. Die politische Ordnung des Dominats ist unverändert: eine absolute, auf eine umfassende Beamtenbürokratie gestützte Militärmonarchie, deren Herrschaftsrechte metaphysisch begründet sind. In der Gesellschaft bleiben die Klassen- und Standesgrenzen zwischen der schmalen Herrschaftsschicht der *potentes* und einer verarmten, abhängigen Unterschicht verfestigt, weithin sogar erblich. Fiskalismus und Dirigismus binden den Bauern an die Scholle, den Handwerker und den Händler an seine Zunft; in den Staatsbetrieben und Bergwerken sind die erblichen Arbeiter gebrandmarkte Sklaven. Die entscheidende soziale Gruppe ist eine mächtige grundherrliche Aristokratie, zu der die Bevölkerung des flachen Landes in ausgeprägten Abhängigkeitsverhältnissen steht. Die soziale Reglementierung war freilich schon theoretisch nicht völlig durchgeführt, vor allem aber — was die zahllosen Wiederholungen und Ausnahmen im *Codex Theodosianus* erweisen — in der Praxis nie in voller Konsequenz erzwungen. Zu dieser geschlossenen Gesellschaft gehört eine Wirtschaftsstruktur, die bestimmt ist von einem Trend zu überwiegender Agrarwirtschaft und zur Verbreitung naturalwirtschaftlicher Formen neben der monetären Ökonomie (vgl. oben S. 85ff.).
Dieser politische und soziale Bestand läßt sich ohne große Differenzen der Beurteilung feststellen. Was aber ist das Ergebnis des Ineinanderwirkens dieser Elemente in Staat, Gesellschaft und Wirtschaft? Tatsächlich ergaben sich aus direkten Einwirkungen des Staates wie aus den indirekten Wirkungen des Gesellschaftsgefüges einzelne Ansätze politischer Schwächung und wirtschaftlicher Regression. Politische Schwächemomente lagen in der oft gegeneinander spielenden Politik der beiden Reichsteile, ebenso in den zentrifugalen Tendenzen des Grundadels gegenüber der Zentralgewalt. Finanziell war die riesige Reichsbürokratie eine schwere Belastung; nach manchen Schätzungen verschlangen im westlichen Reichsteil im späteren 5. Jahrhundert allein die Gehälter der Finanzverwaltung fast ein Viertel des Steueraufkommens. Die Administration, aber auch Teile der Armee waren bis zum Exzeß bestechlich und belasteten die Be-

völkerung durch illegale Ausnützung ihrer Amtsbefugnisse zusätzlich.

Im Wirtschaftsleben hat man häufig Reglementierung und Steuerdruck für einen Niedergang der städtischen Wirtschaft und damit für einen sich auf die Finanzkraft des Reiches auswirkenden Rückgang der Produktion verantwortlich gemacht. Doch kann hier nicht die Ursache wesentlicher Regressionserscheinungen liegen. Die Curialen der Städte waren ökonomisch nie besonders produktiv gewesen; der Anteil von Gewerbe und Handel am gesamten Steueraufkommen war selbst im Osten verhältnismäßig gering. Wo sich ein Niedergang feststellen läßt, bleibt er zudem in einem begrenzten Rahmen. Möglicherweise konnte die dirigistische Reglementierung — wie es die Wirtschaftserholung des 4. gegenüber dem 3. Jahrhundert zeigt — unter den gegebenen Bedingungen besser als ein anderes ökonomisches System ein Optimum an Stabilität und Produktion erreichen. Was häufig den Eindruck einer Regression erweckt, ist die Verlagerung der wirtschaftlichen Schwerpunkte, die es tatsächlich dem Staat sehr viel schwerer machte, seine Abgaben und Steuern einzutreiben. Das Vordringen der Grundherrschaft, gekoppelt mit einer Verarmung der Unterschicht und mit einer Ausbreitung agrarischer Wirtschaftsformen, führte zwar im Osten wie im Westen zum Brachliegen bisher landwirtschaftlich genutzter Flächen. Das war zum Teil durch Erschöpfung des Bodens und durch fortschreitende Erosion bedingt, wesentlich aber auch durch Steuererhöhungen, die die Bebauung schlechter Böden zu einem Verlustgeschäft machten. Der Umfang des auf diese Weise der Produktion entzogenen Landes darf aber nicht überschätzt werden; ohnehin handelte es sich um die unergiebigsten Anbauflächen.

Schwerer wiegt, daß der technologische Stillstand weiterhin den Ersatz extensiver Wirtschaftsformen durch intensive verhinderte. Wie im Töpferhandwerk oder in den Webereien blieb es im Ackerbau bei der traditionellen Technik. Es gab keinen Einsatz von Pferden zur Landarbeit, weil ein Zuggeschirr noch nicht erfunden war. Geerntet wurde von Hand mit der Sichel; sogar der Schubkarren war ein unbekanntes Instrument. Einzelne ingeniöse Neuerungen wie eine von Ochsen gezogene Erntemaschine wurden zwar auf einigen großen Gütern Galliens verwendet. Im ganzen aber setzten sich Neuerungen, zu denen sogar die Konstruktion eines von Ochsen getriebenen Rad-›Dampfers‹ gehörte, nicht durch. Lediglich die Wassermühle gewann langsam an Boden. Diese Stagnation und ein ungünstiges Gesamtverhältnis zwischen Produzenten und Verbrauchern in der Bevölkerung waren nicht gerade Antriebe zu schnell wachsender Prosperität. Einen allgemeinen Produktionsrückgang der Landwirtschaft gab es jedoch nicht; gute Böden erzielten weiterhin hohe Renditen.

Doch tendierten die Sonderrechte des Grundadels und die Art der Steuererfassung dazu, bei gleichbleibender Produktion das Steueraufkommen des Staates zu mindern.

In der wirtschaftlichen Produktivität und Stabilität gab es nun allerdings aufschlußreiche Differenzen zwischen dem Westen und dem Osten des Reiches. Der politische Hintergrund war in beiden Fällen identisch: eine korrupte und auf Ausbeutung bedachte Verwaltung, ein Regime, in dem die Curialen an ihre Städte, die *coloni* an ihr Land gebunden waren. Auch im geistigen Leben und in der Kunst gab es keine entscheidenden Unterschiede zwischen den beiden Hälften des Reiches. Die klassizistische Produktivität der heidnischen Literatur war im Westen ebenso kräftig wie im Osten und dauerte — wie die Figur des Sidonius Apollinaris zeigt — weit in die Zeit der germanischen Eroberung hinein an. Das gleiche gilt für die Blüte der christlichen Literatur und Theologie. Seit der Mitte des 4. Jahrhunderts ließen zwar Qualität und Umfang des Geschaffenen nach. Aber das betraf auch den Osten — ein Zeichen, daß diese Entwicklung nicht durch äußere Umstände diktiert war. In der Kunst bezeugt Ravenna, daß die Führung nicht einseitig beim Osten lag, sondern daß — wiederum bis weit in die Wirren der Völkerwanderung hinein — im Westen bedeutende Denkmäler entstehen konnten.

Dagegen war auf wirtschaftlichem Gebiet das östliche Imperium dank seiner ökonomischen und demographischen Struktur von Anfang an überlegen. Abgesehen von Südgallien und Afrika waren Bevölkerungsdichte, natürliche Reserven, Produktionskraft und wohl auch angesammeltes Kapital in den Provinzen des Ostens größer.[17] Auch die im 4. Jahrhundert einsetzende Erholung von der Regression des 3. Jahrhunderts prägte sich im Osten deutlicher aus, in einer neuen Ausbreitung des Handels bis hin nach China wie in einer stärkeren Wiederbelebung der städtischen Wirtschaft (vgl. oben S. 84). Gewerbe und Handel haben hier das Niveau des 2. Jahrhunderts eher wieder erreicht und länger gehalten. Für die wirtschaftliche Stabilität und Prosperität war zudem nicht unerheblich, daß sich neben den Grundherrschaften noch in größerem Umfang ein kleines und mittleres Bauerntum gehalten hatte. Das führte zu einer etwas gleichmäßigeren Verteilung von Eigentum und Einkommen und mit einem weniger starken wirtschaftlichen Druck auf das Bauerntum vermutlich auch zu einem geringeren Bevölkerungsrückgang.

Die niedrigere politische Bedeutung des Grundadels hatte auch positive Rückwirkungen auf die innere Stabilität. Im Osten waren die hohen Verwaltungsämter nicht in gleichem Maß wie im Westen in den Händen der Nobilität und wurden so eher im Interesse der Zentralverwaltung geführt. Daher dehnten sich unter anderem die Steuerprivilegien des Adels noch nicht im selben Maße wie im Westen aus, so daß ein größerer Teil der Produktionskraft für die Armee und wichtige Verwaltungsdienste verfügbar wurde. Das versetzte die Regierung des Ostens in die Lage, ein höheres Steueraufkommen ohne Überlastung der Produktionskräfte zu erzielen und mehr Truppen ohne Gefahr für die Arbeitskraftreserven zu rekrutieren: wirtschaftliche Überlegenheit hat den Osten befähigt, selbst in außenpolitischen Krisensituationen eine effektive Bürokratie, eine gut ausgerüstete Armee und eine funktionierende Finanzverwaltung als Elemente staatlicher Stabilität zu bewahren.

Im Westen des Reiches waren Bevölkerungsdichte, gewerbliche Produktionskraft und Ertragsfähigkeit des Bodens im Durchschnitt geringer. Das war vor allem dadurch bedingt, daß die aus dem Mittelmeerbecken stammenden Anbaumethoden für das zentraleuropäische Klima — und damit für erhebliche Teile des Westens — schlecht geeignet waren. Der übliche leichte Pflug etwa vermochte die schweren alluvialen Böden nur ungenügend zu erschließen. Der Überschuß der Produktion über den Eigenbedarf war daher — von Afrika abgesehen — im Hinblick auf die Gesamtbevölkerung gefährlich gering und erhöht krisenanfällig. Überhaupt war die soziale und wirtschaftliche Struktur durch weitgehende Eliminierung des kleinen Landbesitzes weniger ausgewogen als im Osten. Damit wurden zugleich die Möglichkeiten der Steuererfassung schlechter. Tatsächlich machte unter der Regierung Theodosius' I. das Budget des Westens fast nur die Hälfte von dem des Ostens aus. Am Ende der Herrschaft Valentinians III. war der weströmische Staat praktisch bankrott.

Aber der Rückgang der Staatsfinanzen bedeutete noch keine allgemeine wirtschaftliche Regression. Es gibt genügend Zeugen dafür, daß auch in den westlichen Provinzen der Großgrundbesitz im 5. Jahrhundert wirtschaftlich recht gut gestellt war. Die Erträge der Güter waren ausreichend, wenn nicht profitabel. Dazu wurde in den Händen des Adels ein erhebliches Kapital an Gold angesammelt. Gallien wie Afrika waren bis weit ins 5. Jahrhundert hinein reiche Länder, in denen die Städte noch einen einträglichen Handel pflegten und die Aristokratie in kultiviertem Komfort auf ihren Gütern lebte. Selbst Salvian spricht trotz seiner Klagen über den Ruin des kleinen Bauerntums vom Reichtum und der Fruchtbarkeit Afrikas und Südfrankreichs.[18] Im ganzen gibt es auch im Westen keine Zeichen fortschreitenden Verfalls. Eine wirtschaftliche Stabilität, die das Steueraufkommen so weit wieder hebt, daß zunächst die Bedürfnisse von Verwaltung und Armee gedeckt werden können, steht außer Zweifel. Zeit- und gebietsweise eintretende Regressionserscheinungen sind nicht Faktoren, die allein mächtig genug wären, Staat und Gesellschaft zu ruinieren.

Andererseits zeichnete sich zweifellos im Westen zunehmend eine finanzielle Krise des Staates ab. Die Ursachen dafür lagen aber nicht im wirtschaftlichen, sondern im fiskalischen Bereich. Ein Niedergang der Landwirtschaft, unter anderem durch Verkleinerung der Anbaufläche, und der daraus resultierende Einnahmerückgang des Staates wurden verursacht durch eine Zunahme der Steuerlasten, die ihrerseits eine Folge der steigenden Ausgaben für die Verteidigung des Reiches (darunter erhebliche Tributzahlungen) darstellten. Diese Verschärfung der wirtschaftlichen Unterschiede zwischen Ost und West hat tatsächlich politische Ursachen: der Beginn einer allgemeinen wirtschaftlichen Regression im Westen setzte verhältnismäßig abrupt in den Jahren nach 410 ein – d. h. unter der gleichzeitigen Wirkung der Verwüstungen und Produktionshemmungen durch germanische Einfälle und des Anziehens der Steuerschraube durch den eminent gesteigerten Finanzbedarf des Staates. Erst jetzt reichte der vorhandene wirtschaftliche Wohlstand nicht mehr für die Anforderungen des Staates aus. Der *circulus vitiosus* von nachlassendem Steueraufkommen, Steuerflucht und steigenden Steuerforderungen begann.

Um die Jahrhundertmitte, unter Valentinian III., erreichte dieser Prozeß ruinöse Dimensionen. Ein Teil der Provinzen, die bisher neben Rekruten die Staatseinnahmen geliefert hatten, war verloren, ein anderer Teil so verwüstet, daß die Steuern herabgesetzt werden mußten. Salvian und Sidonius schilderten die zerstörten Städte Galliens mit ihren »halbeingerissenen Mauern« und »glänzenden Ruinen«; nach dem Eindringen der Vandalen in Afrika mußten die Steuern in Numidien und Mauretanien auf $1/8$ des alten Satzes gesenkt werden.[19] Auf der andern Seite stiegen die Militärausgaben weiter, und so wuchsen für den Rest der Bevölkerung Steuern, Abgabenforderungen und Dienstleistungen ständig mit einer Art von selbstmörderischer Notwendigkeit. Als ein wesentliches Moment innerer Schwäche gilt schließlich immer wieder ein Mangel an Loyalität und Patriotismus unter der Reichsbevölkerung. Auch im 5. Jahrhundert ist in der Tat der Dienstpflichtgedanke, der hinter der politischen Ordnung des Dominats und der geschlossenen Gesellschaft steht, nur duldend und schweigend ertragen worden.

Einen Consensus mit dem Imperium als Gesamtordnung gab es nur bei einem Teil der Oberschicht (vgl. oben S. 96f.). Aber dieser Patriotismus — wenn man den Begriff überhaupt verwenden will — hat allzu oft jenen passiven Charakter, der schon in der Kaiserzeit das Verhältnis auch der Oberschicht zu ihrem Staat charakterisierte. Es gab Fälle einer bis zur Selbstaufopferung gehenden Staatsloyalität unter den hohen Beamten des Reiches. Es gab sogar Beispiele eines von einzelnen Aristokraten geführten aktiven Widerstandes gegen Einbrüche der Völkerwanderung — 397 durch Valentinus von Selge gegen die Goten, 405 durch Synesios von Kyrene gegen die Austuriani, noch 532 durch Prudentius gegen die Vandalen in Tripolitanien. Aber selbst hier stand ja ebensosehr die eigene wirtschaftliche Sicherheit wie das Interesse des Gesamtreiches auf dem Spiel. Und im großen und ganzen war im Moment akuter Gefahr Flucht oder Kompromiß mit den neuen Machthabern die normale Haltung auch der Aristokratie. Zudem war diese passive Loyalität der Herrschaftsschicht teilweise von den Partikularinteressen des Grundadels gegenüber der Zentralgewalt unterminiert.

Ein solcher — wenn auch interessenbedingter — Consensus mit Staat und Gesellschaft fehlte in der Unterschicht fast völlig. Es gab auch hier Fälle, in denen sich Stadtbevölkerung oder Bauern am Kampf gegen eindringende Stämme beteiligten — so bei der Verteidigung von Clermont-Ferrand (Avernum) gegen die Westgoten unter Sidonius Apollinaris (471-475). Aber das sind Einzelfälle ohne prinzipielle Aussagekraft, wobei wiederum zugleich die eigene Existenz gegen feindliche Invasion mitverteidigt wurde. Im ganzen nahm die Unterschicht ihre Stellung in der gegebenen Ordnung nur unter Zwang hin, mit Apathie oder seltener mit Protest. In Gallien setzten seit dem Jahre 407 die Bauernaufstände der Bagauden wieder ein. Sklaven und Colonen schlossen sich in paramilitärischen Formationen zusammen und gingen gegen römische Truppen wie gegen die einbrechenden Kräfte der Völkerwanderung vor. In den dreißiger und vierziger Jahren hatte Aëtius schwer gegen diese Banden zu kämpfen, in Nordspanien mußten sie 454 durch ein Westgotenaufgebot vernichtet werden. In dieser von der sonstigen Passivität abweichenden offenen Rebellion manifestierte sich der soziale Protest der Unterschicht: sie war ein Akt der Revolte und der Notwehr nicht nur gegen die fremden Invasionen, sondern ebensosehr gegen den spätrömischen Zwangsstaat. Hinter der scheinbar festgefügten Klassenordnung der Gesellschaft bestand eine Situation des Konflikts, nicht des Consensus.

Wäre die in der Historie weithin rezipierte Auffassung richtig, daß eine ›gesunde‹, funktionsfähige Gesellschaft auf einem Consensus der Herrschenden wie der Beherrschten beruhe und durch ein weitgehendes Fehlen von Konflikten gekennzeichnet sei, dann wäre die spätrömische Gesellschaft trotz äußerer Restaurationserfolge letztlich doch ein krankes und gestörtes Sozialgebilde. Die Soziologie bietet zwei recht gegensätzliche Gesellschaftsmodelle an. Nach dem Gleichgewichtsmodell ist Gesellschaft ein ausgewogenes und stabiles Gefüge, in dem der Konflikt die abnorme Ausnahmeerscheinung darstellt; sie beruht danach auf einem allgemeinen Consensus über bestimmte Werte und über die Form der Sozialordnung. Im Konfliktsmodell erscheint Gesellschaft als ein ständig sich wandelndes Gebilde, in

dem der Konflikt die normale Situation und zugleich das eigentlich bewegende Element ist, während Integration und Ordnung
nur durch einen gewissen Zwang bewirkt werden. Der Konflikt
muß nicht grundsätzlich gewaltsam auftreten, er kann sich auch
in friedlichen Formen vollziehen oder nur latent bestehen. Als
sachgemäße historische Theorie, geschweige denn in Anwen-
dung auf den Einzelfall, sind solche soziologischen Modelle in
ihrer strengen formalen Alternative unbrauchbar. Sie müssen
differenzierter, ausgeglichener und realitätsnäher sein, um eine
historische Gesellschaft überhaupt zu erfassen. In jeder Gesellschaft besteht zumindest ein Consensus der Herrschaftsschicht,
der integrierenden Zwang ermöglicht. Eine funktionierende Gesellschaft besteht immer dort, wo der integrierende Zwang, den
eine im Consensus handelnde Herrschaftsschicht ausübt, stark
genug ist, um krisenhafte Änderungen oder revolutionäre Zerstörung des Sozialgefüges zu verhindern — ohne daß das schöpferische Element des Konflikts, das die gesellschaftliche Bewegung lebendig hält, unterdrückt wird.
Ohne Zweifel war darum das Imperium Romanum Christianum
nach seinen äußeren Wirkungen wie in seiner inneren Verfassung durchaus eine funktionierende und regenerationsfähige
Gesellschaft. Trotz Absolutismus, Zwangswirtschaft und Stan-
desverfestigung war das Imperium fähig, innere Krisen und
wirtschaftliche Depressionen zu überwinden, fähig — wie das
Beispiel des Oströmischen Reiches zeigt — soziale Formen fortzuentwickeln, fähig zu schöpferischen Leistungen des Geistes
und der Kunst. Im weiteren Leben des Oströmischen Reiches
erweist sich die Stabilität und Entwicklungsfähigkeit der sozialen und wirtschaftlichen Ordnung.

b) Die Gründe für den Zerfall des Westens

Läßt sich so aus der Situation der Gesellschaft nicht die Notwendigkeit eines Niedergangs, nicht einmal eine entscheidende
Verteidigungsschwäche des Imperiums ableiten, so erhebt sich
erst recht die Frage, warum dennoch eine Hälfte des Imperiums
unter dem Ansturm der Völkerwanderung zugrunde gegangen
ist. Die Unterschiede in der wirtschaftlichen und sozialen Lage
beider Reichsteile sind nicht so erheblich, daß darin die entscheidende Ursache liegen könnte. Zudem treten sie in gefährlichem
Ausmaß eben erst im Verlauf der Völkerwanderung ein, sind
also durch andere Faktoren ursächlich bedingt.
Historische Vorgänge sind nicht monokausal erklärbar. Der
Untergang des Weströmischen Reiches war ein komplexer sozialer und politischer Prozeß, bei dem sehr schnell eine Interaktion
verschiedener Faktoren eintrat, die — wie immer in solchen Fällen — eine Unterscheidung zwischen Ursache und Wirkung oder

zwischen primären und daraus entstehenden sekundären Faktoren häufig fast unmöglich macht. Doch am Anfang dieses ineinandergreifenden Ursachenkomplexes stand ein politischer Vorgang: erst äußere Wirkungen machten die ›Krankheit des Reiches‹ unheilbar. Das Schicksal des Ostens, in dem sich die Möglichkeiten des Widerstandes und der Erholung deutlich abzeichnen, verweist auf die entscheidende Rolle der Außenpolitik — auf das Eindringen der Germanen. Das heißt nicht, daß die Germanen allein aufgrund günstiger militärisch-politischer Konstellationen den Westen zu Fall gebracht hätten. Diese Theorie ist genauso monokausal wie jene, die die Ursache allein in der Wirtschafts- und Gesellschaftsstruktur sucht. Die germanischen Kräfte waren nachweislich zahlenmäßig schwach, während die römische Armee sich anfänglich in guter Verteidigungsbereitschaft befand; in diesem Zusammenhang ist nicht unwichtig festzuhalten, daß in dieser Zeit die Grenze gegen die militärisch sehr viel stärkeren Sassaniden gehalten werden konnte. Mit beiden Theorien ist nicht genügend erklärt, worauf eigentlich die offenbare geringere Widerstandskraft des Westens beruhte. Es ist eine ganze Reihe von Teilursachen und Faktoren, die als ineinanderwirkender Komplex die temporäre Widerstandsschwäche des Westens und seinen daraus resultierenden Untergang bedingen.

Eine entscheidende Voraussetzung war die militärpolitische Situation. Die Defensivposition des Ostens war strategisch zumindest im Hinblick auf die germanisch-hunnische Völkerwanderung erheblich günstiger. Der Westen verfügte über eine sehr lange Grenze, die nicht vollständig garnisoniert werden konnte. Dahinter gab es trotz Ansätzen zu einer Tiefengliederung des Verteidigungssystems durch befestigte Städte kaum mehr natürliche zweite Abwehrlinien. Die strategische Ungunst der Lage wurde dadurch erheblich verstärkt, daß die Stoßrichtung der Völkerwanderung nach ihren ersten Anfängen einseitig gegen die Grenzen des westlichen Reichsteils ging. Damit im Zusammenhang stand ein zweites Moment: die durch die Reichsteilung bedingten Divergenzen der Politik zwischen Ost und West. Die Teilung machte nicht nur eine Koordination der Verteidigungsanstrengungen oder eine wirksame Unterstützung des Westens durch den Osten in Krisenmomenten illusorisch, sondern führte im Fall der Westgoten sogar zu einer von der oströmischen Politik leichthin akzeptierten zusätzlichen Gefährdung des westlichen Reichsteils.

Der einseitige und überhöhte äußere Druck, dem das Weströmische Reich mit einer an sich schon schwächeren Verteidigungsfront ausgesetzt war, wirkte auf die dünnen Stellen in der militärischen Widerstandsfähigkeit. In einer kritischen Defensivsituation stellte sich hier aufgrund der geringeren Produktions-

und Finanzkapazität des Westens schneller eine verhängnisvolle Wechselwirkung zwischen direkten staatlichen Eingriffen, indirekten Folgen der Gesellschaftsstruktur und militärischer Abwehrkraft ein. Als Folge der Germaneneinfälle begann der fiskalische *circulus vitiosus* von Ertragsrückgang und steigenden Steuerforderungen die finanzielle Operationsmöglichkeit des Staates einzuschränken. Im System der Armeerekrutierung spielte die Höhe der finanziellen Mittel eine schwerwiegende Rolle: sie entschied, ob in einer Krisenlage zusätzlich Truppen eingestellt werden konnten. Steuerunfähigkeit breiter Schichten, Steuerflucht der *potentes* auf ihren privilegierten Gütern, Verlust oder Verwüstung ganzer Gebiete wirkten so über die langsame Aushöhlung der Staatsfinanzen immer bedenklicher auf die außenpolitische Abwehr zurück.

Ein weiterer entscheidender Faktor im Niedergang des Westens wurde eine hier viel stärker als im Osten ausgeprägte strukturelle Schwächung des Staatsverbandes, die eine politische Konsequenz der sich wandelnden Gesellschafts- und Wirtschaftsordnung war. Diese Erscheinung wirkte mit mindestens ebenso gefährlich aus wie die immer hoffnungslosere finanzielle Situation oder die Staatsflucht, die sich in der völligen politischen Apathie der Bevölkerung äußerte. Der Standesegoismus der Führungsschicht förderte einmal die ständige Aufweichung der staatlichen Exekutive durch die wachsende Unabhängigkeit der großen Gutsbezirke. Das gefährlichste Element einer militärischen und politischen Schwäche aber entsprang dem Gegensatz zwischen den zentrifugalen Eigeninteressen des Reichsadels und der kaiserlichen Zentralregierung. Die sich häufig ergebende Zusammenarbeit von Heermeistern und Grundadel gegen die Zentralgewalt führte in diesem Konflikt zunächst zu zahllosen Reibungen, dann aber zu regelrechten Auflösungserscheinungen der staatlichen Gewalt bis zur faktischen Entmachtung der Kaiser und jeder zentralen Staatslenkung.

Diese innenpolitische Zersplitterung trug wesentlich zum Gelingen der germanischen Angriffe bei. Zusätzlich spielten regionale Sonderbestrebungen einzelner großer Reichsprovinzen hinein, in denen zeitweilig sogar regelrechte Sonderherrschaften gegründet wurden (vgl. S. 122, 132). Unter den besonderen Bedingungen des Westens und unter dem Druck der germanischen Invasion kam es tatsächlich weithin zu einem Sieg des Grund- und Provinzadels über die zentrale Regierung und ihre Organe.[20] Wirkte so im Westen die Machtstellung des Grundadels als entscheidender Faktor im staatlichen Verfall, so zeigte sich doch gleichzeitig im Osten, daß unter anderen außenpolitischen Bedingungen die Zentralgewalt fähig war, die zentrifugalen Mächte zurückzudrängen. Die Reichsverteidigung wurde von politischen Sonderinteressen nicht ernstlich gefährdet, staatliche

Einheit und politische Stabilität wurden gegenüber allen partikularistischen Strömungen aufrechterhalten.

Der Untergang des Weströmischen Reiches war darum nach Ursachen und Verlauf letztlich doch ein politisches Geschehen — ein politisches Geschehen freilich, das sich nicht einseitig von der Außenpolitik her erklären läßt. Außenpolitische und innenpolitisch-gesellschaftliche Kräfte wirkten zusammen. Aber es war ein gewaltsames, wenn auch langsames und von verschiedenen Faktoren bedingtes Ende, bei dem die anbrandende Flut der germanischen und hunnischen Völker eine auslösende und entscheidende Rolle spielte.

V. KIRCHE UND KULTUR IM 5. JAHRHUNDERT

Das Ostreich hat im Gegensatz zum Westen die innenpolitischen wie die äußeren Krisen der Völkerwanderung gemeistert. Es erfährt freilich im Laufe des Jahrhunderts von anderer Seite eine ebenso ernste Bedrohung seiner Existenz. Die Geschichte der Zeit wie die Interessen der Zeitgenossen gehen nicht in der Außenpolitik auf. Eine religiöse und geistige Krise stürzt das Ostreich für zweieinhalb Jahrhunderte in ständig neue Auseinandersetzungen und erschüttert anders als der Zusammenprall mit der Völkerwanderung die Einheit des Ostens ernstlich. Die Kirche war im Imperium Romanum Christianum eine in Staat und Gesellschaft fest etablierte Macht geworden. Als geistige Kraft repräsentierte das Christentum in der Kultur der Zeit das schöpferische und zukunftsträchtige Element. Neben den Leistungen theologischen Denkens und kirchlicher Kunst sind drei große Kontroversen in ihrer Wirkung auf den politischen Bereich und auf die weitere Entwicklung besonders bedeutsam geworden: im Osten das monophysitische Schisma, im Westen der Gnadenstreit und übergreifend das Problem der Auseinandersetzung des Christentums mit der antiken Kultur, das ebenfalls in Ost und West unterschiedliche Lösungen fand.

a) Ostrom und das monophysitische Schisma

Die monophysitische Frage griff noch stärker in die Entwicklung des Oströmischen Reiches ein als der arianische Streit. Hier wirkte sich nicht nur aus, daß das Verhältnis der Kirche zum Staat im Osten enger war als im Westen. Der scharfe Gegensatz theologischer Richtungen verband sich nicht mehr allein mit kirchenpolitischen Machtkämpfen; er entsprang regional bedingten Ressentiments auch unter den breiten Schichten der Laien, Ressentiments, die in eine tiefere Sphäre reichten — in den durch den Hellenismus äußerlich lange überbrückten geistigen Gegensatz von Hellas und Orient, abendländischer und vorderasiatischer Welt.

Während sich im Westen die theologische Arbeit seit dem späteren 4. Jahrhundert immer mehr der Gnadenfrage zuwendete, kam im Osten die dogmatische Entwicklung mit dem Konzil von Constantinopel (381) keineswegs zur Ruhe. Die Diskussion unter den griechischen Theologen schritt vom Verständnis der Natur von Gottvater und Gottsohn, die den Kernpunkt des arianischen Streites gebildet hatte, fort zu dem Problem des Verhältnisses von göttlicher Natur und menschlicher Natur in Christus. Für die theologische und kirchenpolitische Entwicklung mit all ihren Konsequenzen wurde dabei eminent wichtig, daß die griechisch-orientalische Kirche alles andere als ein monolithischer Block war. Landschaftliche und traditionelle Gruppierungen, in ihren theologischen Auffassungen und religiösen Haltungen erheblich verschieden, bildeten innerhalb der östlichen Kirche den Hintergrund der Auseinandersetzung.

Der griechisch-kleinasiatische Bereich, dessen geistiger Vorort lange das alte apostolische Zentrum Ephesos gewesen war, wurde von Constantinopel beherrscht. Dieser Raum war in seiner theologischen Spekulation und seiner religiösen Gefühlswelt am wenigsten vom orientalischen Element geprägt; hier bestand eine starke reichskirchliche und orthodoxe Tradition. In den wenig hellenisierten Landdistrikten des inneren Anatolien lebten freilich immer noch die alten Traditionen kleinasiatischer ekstatischer Riten und Fruchtbarkeitskulte fort.

Die zweite große Landschaft der östlichen Kirche war Ostsyrien. Vor allem das Gebiet um Edessa und die Osrhoene, das damals eine Art halbselbständiger Pufferstaat des Reiches war, zählte schon zu Anfang des 3. Jahrhunderts zu den Kernbereichen des christlichen Glaubens. Hier, wo im Gegensatz zu den küstennahen Regionen Syriens die Hellenisierung nie sehr tief gegangen war, entwickelte sich eine eigentümliche, stark mit orientalischen Traditionen durchsetzte Volksfrömmigkeit, die vieles vom komplizierten Zeremoniell der Reichskirche ablehnte. In Nordostsyrien und in den angrenzenden mesopotamischen Gebieten entstand unter den aramäisch sprechenden Teilen der Bevölkerung eine syrisch-christliche Literatur, vor allem eine bedeutende kirchliche Hymnendichtung, die ein Vorbild für die griechische liturgische Poesie wurde. Trotz seiner starken Einflüsse auf Volksreligion und Liturgie trat Ostsyrien in den großen theologischen Konflikten der Zeit kaum hervor, wohl auch wegen seiner Randlage. Der eigentliche Repräsentant des syrischen Elements in der Gesamtkirche war der Westen um das Zentrum Antiochia. Unter dem konstanten Einfluß seleukidischer und römischer Verwaltung war hier die Hellenisierung nachhaltiger gewesen; mit der griechischen Fähigkeit subtiler Dialektik verband sich ein orientalisches Element leidenschaftlicher geistiger Auseinandersetzung. In Antiochia bestand seit langem eine berühmte, stark von neuplatonischen Einflüssen bestimmte Theologenschule, die aufgrund ihrer ausgeprägten Schultradition in ständigen Spannungen mit Constantinopel und mit Ägypten stand. Ein eigentümliches Element syrischer Frömmigkeit bildeten die Styliten — Einsiedlermönche, die als besonders harte Form der Askese ihr Leben auf der Plattform einer (manchmal bis zu 15 m hohen) Säule zubrachten. Begründer dieser Form des Eremitentums war der syrische Mönch Simeon Stylites (gest. 459). Der um seine Säule errichtete oktogonale Kirchenbau in Qual'at Sim'an gehört zu den bedeutendsten erhaltenen Monumenten der byzantinischen Architektur des 6. Jahrhunderts.

Auch in Ägypten gab es wie in Syrien eine tief verwurzelte Volkskirche; Alexandria war eines der ersten großen Zentren der Christenheit gewesen. Vor allem vom Süden des Landes her setzten sich hier völlig überwundene Traditionen altägyptischer Kultformen wieder durch; die Anfänge einer koptischen christlichen Literatur liegen bereits im 4. Jahrhundert. Der Charakter von Frömmigkeit und kirchlichem Leben in Ägypten war aber besonders durch die dominierende Rolle des — häufig aus den kaum hellenisierten Kreisen der Fellahin rekrutierten — Mönchstums bestimmt. Das Mönchstum durchsetzte die ägyptische Kirche mit allen Formen der Frömmigkeit von sublimer mystischer Meditation bis zu einem zum Pogrom erhitzten religiösen Fanatismus; es trug wesentlich zur Rezeption altägyptischer Volkssagen und Kultelemente bei, die sich in einem wachsenden Bestand von Geister-, Dämonen-, Traum- und Höllengeschichten niederschlug.

Das zweite Element, das dem ägyptischen Christentum eine Sonderstellung verlieh, war die Position des Patriarchen von Alexandria, mit der die seiner Amtsbrüder in Antiochia und Constantinopel kaum zu vergleichen war. Die alexandrinischen Patriarchen verstanden sich großzügig als ›Hüter und Richter der christlichen Ökumene‹; Dioskoros (444-454) nannte sich schlicht ›Kaiser von Ägypten‹[21]. Ihre Macht beruhte freilich weniger auf fürstlichen Titulaturen als auf einer absoluten Abhängigkeit der ägyptischen Bischöfe und auf der stets bereiten, entschlossenen Unterstützung durch das Mönchstum. Der immense Reichtum des Patriarchats, die prekäre Lage im ewigen Unruhezentrum Alexandria, die Bedeutung Ägyptens als Kornlieferant für Constantinopel — all das gestattete dem Patriarchen immer wieder, den kaiserlichen Statthalter der Diözese Ägypten, also den politisch eigentlich Verantwortlichen, zu überspielen. Dazu war seit dem Ende des 4. Jahrhunderts der Patriarchenstuhl von energischen und rücksichtslosen Prälaten in der Tradition eines Athanasios besetzt, die sich in der Kirchenpolitik wie in der Auseinandersetzung mit der zivilen Gewalt mit Brillanz der bewährten Techniken bedienten: Bestechung, öffentliche Meinungsmache, Einsatz der eigenen Leibwache oder von Banden bewaffneter Seeleute und Mönche.

Lange Zeit war auch die kirchenpolitische Stellung des alexandrinischen Patriarchen ungewöhnlich. Seit Athanasios war es Alexandria im Bunde mit Rom immer wieder gelungen, sich gegen Constantinopel und Antiochia durchzusetzen. Daß jede der großen traditionellen Gruppen in der griechischen Kirche durch einen Patriarchen repräsentiert war, verschärfte alle theologischen Auseinandersetzungen durch den persönlichen und kirchenpolitischen Rangstreit. 381 hatte der Patriarch von Constantinopel den Ehrenvorrang über die beiden anderen Patriarchen des Ostens erhalten. Der Aufstieg des ›Emporkömmlings‹ auf dem Patriarchenthron der Reichshauptstadt erregte bitteren Haß und Widerstand, in den sich auch der Neid der alten Handelszentren Alexandria und Antiochia gegen die zunehmende Konzentration des Handels in Constantinopel mischte.

Ausgangspunkt der theologischen Entwicklung war das Konzil von Constantinopel (381), das die Lehre von der Wesensgleichheit von Vater und Sohn verbindlich gemacht hatte. Diese Doktrin galt wegen der Rolle des Athanasios in der arianischen Frage wesentlich als alexandrinisch. Die relativ dehnbare Formulierung, daß in Christus »göttliche und menschliche Natur unvermischt, aber in mystischer Weise vereinigt« seien, bot verschiedene Angriffspunkte für die theologische Kritik. Entschiedener Widerspruch kam aus der mehr philosophisch-rationalistisch orientierten, mit Alexandria rivalisierenden Theologenschule von Antiochia. Hier wurde schon im späteren 4. Jahrhundert die These von zwei deutlich getrennten Naturen in Christus entwickelt, die nur — im Sinne der spätplatonischen Philosophie — moralisch verbunden seien. Das war nach den Begriffen der Zeit keine theologische Haarspalterei; es war nicht nur ein begrenzte Kreise bewegender Schulstreit zwischen Antiochia und Alexandria. Auch wenn beide Parteien jeweils die ihnen von der Gegenseite unterschobenen Thesen bestritten, auch wenn die Feinheit der zur Debatte stehenden Distinktionen nur von ausgebildeten Theologen begriffen wurde, so ergriff die Kontroverse doch das breite Kirchenvolk und entfachte unerwartete Leidenschaften. Zwei elementare Glaubensbedürfnisse waren hier angerührt. Die Erlösungs- und Unsterblichkeitshoffnung des damaligen Christen verlangte nach der vollkommenen Göttlichkeit des Erlösers; man befürchtete, das Heil durch die geringste Unterscheidung von göttlicher und menschlicher Natur Jesu zu gefährden. Darum setzte das Schlagwort der ›Lehre von den zwei Gottessöhnen‹, mit dem alexandrinische Theologie und alexandrinisches Mönchstum gegen Antiochia in den Krieg zogen, die Massen in Bewegung. Nestorios als Wortführer der Antiochener hatte im Sinne seiner theologischen Auffassung vorgeschlagen, Maria nicht mehr als Gottesmutter (*theotokos*), sondern nur als Christusmutter (*christotokos*) zu verehren. Die antiochenische Lehre schien also gleichzeitig die Verehrung des göttlichen Erlösers und die bereits ungemein populäre Verehrung der Muttergottes zu gefährden. Das verschaffte ihren Gegnern eine weite Resonanz.

Zur ersten akuten Krise kam es in dem Moment, in dem 428 Nestorios zum Patriarchen von Constantinopel ernannt wurde. Persischer Abstammung und Absolvent der Theologenschule in Antiochia, war er ein außergewöhnlich befähigter Redner und Kanzelprediger, der von der Plattform des Patriarchenstuhls aus in Zusammenarbeit mit der Regierung entschlossen versuchte, die antiochenische Lehre (›Nestorianismus‹) durchzusetzen. Furchtlos lehnte der Patriarch im Bewußtsein seiner Integrität und dogmatischen Sicherheit alle taktischen Kompromisse ab; aber er war den Finessen der Kirchen- und Hofpolitik, die er offen verachtete, nicht gewachsen. Sein eigentlicher Gegner, wiewohl persönlich eine sehr viel fragwürdigere Figur, war ihm kirchenpolitisch von vornherein überlegen: der Patriarch Kyrillos von Alexandria — vielleicht die größte Herrscherfigur, die die Ostkirche jemals hervorgebracht hat. In einem starren und von feineren dialektischen Unterscheidungen durchaus unberührten Beharren auf seinem Begriff von Orthodoxie übertraf er Athanasios noch — freilich auch im taktisch ungemein gewandten, aber auf zweifelhafte und illegale Mittel keineswegs verzichtenden Durchsetzen seiner kirchlichen Macht. Wiederum taten sich die Mönche als Kampftruppe des alexandrinischen ›Papstes‹ hervor.

Der theologische Konflikt kulminiert im Jahre 431 im dritten ökumenischen Konzil von Ephesos. Schon seine Einberufung war fragwürdig: es war der Versuch des Kyrillos, einer ihm aufgrund von Klagen seines Klerus drohenden Untersuchung zuvorzukommen. Ebenso zweifelhaft waren die Prozeduren des Konzils: es faßte seine Beschlüsse in Abwesenheit der syrischen Bischöfe, also fast aller Anhänger des Nestorios. Nestorios hatte zunächst die Unterstützung von Constantinopel hinter sich, und es bedurfte langer Nachverhandlungen — über die die zeitgenössischen Beobachter bemerkten, das ›bekannte Überredungsmittel‹ der Bestechung habe eine große Rolle gespielt —, bis der Kaiser diese Beschlüsse bestätigte. Die nestorianische Unterscheidung zwischen den nur moralisch miteinander verbundenen menschlichen und göttlichen Naturen in Christus gefährdete nach der neuplatonischen Auffassung vom Zusammenhang zwischen Geist und Körper die Einheit der Person Christi nicht. Mochte sie auch nicht der orthodox-alexandrinischen Christologie entsprechen, so stand doch Nestorios der später vom Konzil von Chalkedon angenommenen Formel im Grunde gar nicht sehr fern. Dennoch wurde die antiochenische Lehre als Häresie verurteilt, Nestorios verlor den Patriarchenstuhl und wurde verbannt. Staatliche Maßnahmen gegen die Ketzer – denn als solche galten die Nestorianer von diesem Moment an offiziell – setzten ein.

Das dritte ökumenische Konzil war von ebenso fragwürdiger Art wie sein Protagonist. Doch es war der Triumph Alexandrias: die beiden rivalisierenden Patriarchenstühle waren gedemütigt und wurden unter ägyptischem Einfluß neu besetzt. Alexandria schien der unbestrittene Führer der griechischen Kirche und die bestimmende kirchenpolitische Macht im Byzantinischen Reich – fähig, sich auch gegen Constantinopel und die kaiserliche Regierung durchzusetzen. Ähnlich wie nach Nicaea war freilich der Streit mit dem Konzilsbeschluß von 431 keineswegs zu Ende. Die syrischen Bischöfe gaben ihren Kampf gegen die alexandrinische Lehre nicht auf, und ihre Opposition führte schließlich zum Sturze Alexandrias.

Die alexandrinische Theologie überspitzte im Vollgefühl ihrer Macht ihre eigene Position. Der alexandrinische Archimandrit (eine Art Gesandter des Patriarchen) in Constantinopel, Eutyches, vertrat die These, aus den beiden Naturen Christi werde im Moment der Inkarnation *eine* göttliche Natur (*monon physis*); das Fleisch des Logos sei daher dem unseren nicht wesensgleich. Diese extreme Formulierung der ›monophysitischen‹ Lehre wurde schon 448 auf einer Patriarchatssynode in Constantinopel verurteilt. Im folgenden Jahr vermochte sich Alexandria noch einmal durchzusetzen: die ›Räubersynode‹ von Ephesos zwang unter dem Vorsitz des Patriarchen Dioskoros die anwesenden nichtmonophysitischen Bischöfe mit Brachialgewalt zur Anerkennung der alexandrinischen Lehre. Aber das war ein Nachhutgefecht: ein politischer Umschwung und eine kirchenpolitische Umgruppierung brachen binnen kurzem die Vormachtstellung Alexandrias für immer. Nach dem Tode Theodosius' II. (450) verlor der Oberkämmerer Chrysaphios, der mit Alexandria zusammengespielt hatte, seine führende Stellung. Der neue Kaiser Markian tolerierte die Monophysiten nicht und berief zur Klärung der unerträglichen kirchenpolitischen Spannungen ein neues Konzil ein, das vierte ökumenische Konzil von Chalkedon (451). Papst Coelestin (von dem Nestorios bissig erklärte, der Bischof von Rom sei »viel zu einfältig, um in die feinere Bedeutung der Lehrwahrheiten eindringen zu können«[22], was vermutlich nicht übertrieben war) hatte zunächst Alexandria unterstützt. Sein Nachfolger Leo der Große (440-461) ging aus kirchenpolitischen Motiven wie wegen der theologischen Überspitzung der alexandrinischen Position mit Constantinopel zusammen. Der *Tomus Leonis*, ein dogmatischer Lehrbrief, erklärte mit der Autorität des römischen Bischofs, Christus besitze auch nach der Inkarnation in einer Person immer noch zwei verschiedene Naturen.

Das letzte Konzil, in dem noch die Mehrzahl der westlichen wie östlichen Bischöfe sich zusammenfand, hielt in Chalkedon in der Basilika der Hl. Euphemia stürmische Sitzungen ab, setzte zunächst den Patriarchen Dioskoros ab und kam schließlich zu der von Rom, von Constantinopel und vom Kaiser befürworteten Lösung: »Ein Christus in [nicht nur aus] zwei Naturen« oder »eine Person, die in zwei unzertrennbaren, aber unvermengbaren Personen je nach deren Eigenart wirkt«. Mit dieser Formel waren der Nestorianismus wie die (zu einer Verleugnung der menschlichen Natur Christi tendierende) monophysitische Lehre verurteilt. Das Dogma von den ungetrennten und unzerteilten Naturen ist scharf gegen den Nestorianismus gerichtet, die Formel von den unvermischten und ungewandelten Naturen gegen die Monophysiten. Die Konzilsentscheidung entsprach weitgehend der von Leo formulierten westlichen Auffassung, die schon auf Tertullian zurückging.

Das Konzil von Chalkedon war für die weitere Entwicklung der Christenheit im Osten und Westen von unabsehbarer Bedeutung. Die Formel von Chalkedon blieb die Basis aller orthodoxen Theologie; daß sie zusammen mit der lateinischen Kirche erarbeitet war, hat zumindest auf dogmatischem Gebiet die Kircheneinheit bis zum Jahre 1054 gesichert. Kirchenpolitisch freilich schuf das Konzil die Wurzeln des Zwiespalts zwischen Ost und West. Die griechischen Bischöfe bedienten sich zwar des Satzes: »Petrus hat durch Leo gesprochen«, aber der Canon 28 des Konzils stellte praktisch Constantinopel und Rom völlig gleich. Rom verblieb lediglich noch ein ›Ehrenvorrang‹ vor Constantinopel.

Auch Chalkedon brachte trotz der Einigung auf eine christologische Formel keine durchgreifende Lösung der Kontroversen. Zwar schmolz der Nestorianismus zu einer verhältnismäßig kleinen Sekte in Ostsyrien (um Edessa) zusammen. Sein Rückzugsgebiet wurde das sassanidische Mesopotamien. Dort bildeten die Nestorianer nach anfänglicher Verfolgung eine anerkannte Kirche, die im 5. und 6. Jahrhundert in Nisibis eine blühende theologische Schule unterhielt und bis nach Indien (›Thomaschristen‹), der Mongolei und China missionierte. Wohl erlagen die Nestorianer allmählich dem Islam. Durch das Interesse ihres z. T. hochgebildeten Klerus für griechische Philosophie und Wissenschaft spielten sie aber eine bedeutsame Rolle bei der Übermittlung antiken Geistesgutes an die arabische Kultur und damit weiter in den lateinischen Westen.

Das monophysitische Schisma aber brach dadurch, daß die Monophysiten in die Verteidigungsstellung gedrängt waren, erst in vollem Umfang aus. Weder in Ägypten noch in Armenien und in weiten Teilen Palästinas und Syriens wurde die des Kompromisses und nestorianischer Neigungen verdächtigte Entscheidung von Chalkedon akzeptiert. Am schärfsten war die Reaktion in Alexandria. Auf die Nachricht vom Ausgang des Konzils wurde die kaiserliche Besatzung niedergemetzelt und später der neu eingesetzte orthodoxe Patriarch sofort nach seiner Ankunft ermordet. Nach wenigen Jahren war Ägypten — mit Ausnahme einer kleinen Gruppe Orthodoxer, die den Schimpfnamen der ›Melchiten‹ oder ›Basilikoi‹ (Kaiseranhänger) führten — monophysitisch. Der wahre Herr Ägyptens war nicht mehr der kaiserliche Statthalter, sondern der schismatische Patriarch, dessen Nachfolger bis heute in ununterbrochener Linie als koptische Patriarchen in Ägypten residieren. Die Kopten (ägyptisch sprechende Christen) bildeten eine ägyptische Nationalkirche, in der der alte Volks- und Bildungsgegensatz zwischen der einheimischen Bevölkerung und der hellenisierten Oberschicht entscheidenden Ausdruck fand. Eine reiche eigene Liturgie, Literatur und Kunst, in der sich die Abkehr von hellenistischen Vorbildern und die Wiederaufnahme alter ägyptischer Motive ausprägt, entwickelte sich. Zeitweilige scharfe Unterdrückung vermochte dem monophysitischen Bewußtsein eigener Rechtgläubigkeit gegenüber dem finsteren Unglauben nichts anzuhaben: »Das Reich der Rhomäer bleibt gegründet auf die immer neue Erinnerung an das unreine Konzil von Chalkedon und ist nicht auf festem Felsen gebaut.«[23]

Von Ägypten drang die monophysitische Lehre in die äthiopische Kirche des Reiches Aksum ein. Auch sie bewahrte neben ihrer monophysitischen Christologie in Dogmatik (Jenseitsvorstellungen, Dämonenlehre) und Volksfrömmigkeit (Mumifikation, Reliquienkult, Zauberei und Magie) viele Züge des ägyptischen Christentums, in denen Elemente der heidnischen Religion wie gnostische Traditionen nachleben. Auch Palästina und Westsyrien wurden schnell und zunehmend monophysitisch. Wie in Ägypten organisierten die Monophysiten sich auch hier als Kirchen mit eigener Hierarchie: die syrischen Monophysiten führen bis heute nach ihrem ersten Patriarchen den Namen Jakobiten. Ebenso schloß sich die armenische Kirche an das monophysitische Bekenntnis an. Damit war fast der gesamte Osten und Südosten im kirchlichen Bekenntnis von Constantinopel getrennt.

Mit dem religiösen Separatismus des eigenen Dogmas und der eigenen Kirchenorganisation verband sich ein regionales Sonderbewußtsein. Die schismatischen Kirchen verwandelten sich in wirkliche Volkskirchen. Damit wurden sie Triebkraft und

Gefäß für eine Stärkung des geistigen Selbstbewußtseins dieser kulturell wie politisch seit langem unter Fremdherrschaft stehenden Landschaften. In den östlichen Reichsgebieten vollzog sich ein Prozeß der Enthellenisierung, wie er sich in Ägypten etwa im Ersatz des Griechischen durch das Koptische (ein mit griechischen Buchstaben geschriebener ägyptischer Dialekt) äußerte. Die neugewonnene geistige Selbständigkeit dieser Landschaften mußte eine politische Färbung bekommen, sobald die von den orientalischen Kirchenprovinzen fanatisch festgehaltenen Bekenntnisformen von der staatlichen Macht verfolgt wurden. Tatsächlich hat die Regierung in Constantinopel die ersten Akte des Abfalls mit Gewalt beantwortet. Heer und Zivilverwaltung fungierten als weltlicher Arm der orthodoxen Reichskirche gegen die Ketzer. Das trug erst recht zur schnellen Verfestigung des Monophysitentums bei; darüber hinaus weckte diese Repressionspolitik latente separatistische Tendenzen, vor allem in Ägypten. Der Monophysitismus wurde Ausdruck des ägyptischen Partikularismus, der seinerseits auf die Verfestigung der kirchenpolitischen Situation zurückwirkte.

Das monophysitische Schisma wurde so ein innenpolitisches wie kirchenpolitisches Problem ersten Ranges. Jeder Kaiser, jede Regierung stand im Dilemma zwischen dem Eintreten für das orthodoxe Bekenntnis und der Wahrung des Friedens in den reichsten Provinzen. Der enge Zusammenhang religiös-kirchenpolitischer und innenpolitischer Fragen machte das Schisma fast 200 Jahre lang zu einer Gefahr für die Reichseinheit. Sämtliche von Constantinopel in der Sorge um die religiöse und politische Einheit des Reiches unternommenen Ausgleichsversuche schlugen ebenso fehl wie Versuche zur gewaltsamen Unterdrückung der Monophysiten. Unter Markian und Leon I. befand sich fast das ganze östliche Reichsgebiet in Aufruhr; in Alexandria in Jerusalem und Antiochia kam es zu monophysitischen Aufständen. Sie wurden zwar von der Regierung brutal niedergeschlagen, aber die Politik der Gewalt erwies sich als erfolglos. Daher unternahm Zenon den Versuch eines kirchenpolitischen Ausgleichs durch kaiserliches Edikt: das Henotikon (Unionsedikt) des Jahres 482 umging vorsichtig alle strittigen Punkte — und wurde deswegen auch von Monophysiten wie Orthodoxen gleichermaßen verworfen. Auch Rom lehnte die Unionsformel ab.

Die Politik der reinen Repression wie der Versuch einer Einigung waren gescheitert. Der letzte Kaiser des Jahrhunderts, Anastasios, griff zur dritten Möglichkeit. Zwar hatte er sich bei seiner Wahl zum Kaiser ausdrücklich verpflichtet, das orthodoxe Bekenntnis zu unterstützen. Aber er versuchte dann doch den Knoten des Schismas durch eine konsequent monophysitische Kirchenpolitik zu durchhauen. Doch auch dieser Weg erwies sich als nicht gangbar. Anastasios stieß auf den entschlossenen Widerstand der kleinasiatischen Gebiete und des Balkans, der Kernlande der Orthodoxie. Seine Kirchenpolitik brachte das Byzantinische Reich an den Rand einer politischen Katastrophe. Seit 512 wüteten Aufstände im orthodoxen Reichsgebiet und in Constantinopel. 513 gelang dem revoltierenden thrakischen Statthalter Vitalian unter dem Vorwand eines Eintretens für die Orthodoxie fast die Einnahme der Hauptstadt. Als im Jahre 518 mit dem Kaiser Justin I. eine Neuordnung der politischen Verhältnisse begann, war das monophysitische Problem brennender denn je. Im Grunde fand es bis zur islamischen Eroberung der Ostprovinzen keine Lösung.

Die unheilbare Schärfe der Auseinandersetzung zwischen Zentralgewalt und Ostprovinzen, Reichskirche und Monophysiten erklärt sich letztlich daraus, daß in der auslösenden theologischen Kontroverse der Gegensatz zwischen Griechentum und Orient, den beiden im Byzantinischen Reich politisch vereinigten geistigen Elementen, aufbrach. Der Antagonismus zwischen westlicher und östlicher Überlieferung kam hier erneut zum Tragen — die tiefe Feindschaft des Ostens gegen die rationale Helle und Beweglichkeit des griechischen Denkens, die sich in der dogmatischen Spekulation äußert. Die geistige Haltung der orientalischen Kirchen repräsentieren vor allem die großen Mystiker, ein Ephraëm von Nisibis oder der Syrer Pseudo-Dionysios Areopagita. Für sie ist die Gottheit menschlichem Fragen und Denken unzugänglich — eine unfaßbare und überwirkliche Kraft, der man nicht mit Spekulationen über zwei Naturen beikommt. Von Ephraëm stammt der überaus bezeichnende Satz, das ›Geheimnis des Glaubens sei seine Schönheit‹. Wen er anklagt, das sind die »Männer, die versuchen, das Feuer zu kosten, die Luft zu sehen und das Licht zu greifen« — und aus der Fortsetzung erhellt, wer damit gemeint ist: »der verfluchte Streit aber, diese Motte, die im Verborgenen frißt, stammt von den Griechen«.[24]

b) Kirche und Gnadenfrage im Westen

Im Westen verläuft die Entwicklung von Theologie und Kirchenpolitik auf den ersten Blick wesentlich undramatischer. Das theologische Thema, das den Westen im 5. Jahrhundert beschäftigt, liegt in einem Bereich, der zunächst weniger in unversöhnliche Gegensätze und prinzipielle Tiefen zu führen scheint. Es geht nicht um die Lehre von Gott (die in der Frage nach dem Wesen Christi liegt), sondern um die Lehre vom Menschen, um christliche Anthropologie und Moraltheologie.

Der Westen war zwar nicht ohne kirchliche Konflikte, die den politischen Raum berührten. Die donatistische Sonderkirche in Afrika, die sich nach dem Jahre 312 in Auseinandersetzungen über den sakramentalen Gnadenstand der Priester gebildet hatte (vgl. oben S. 63), bestand weiter. Die Gegenmaßnahmen der Kaiser im 4. Jahrhundert waren ergebnislos geblieben. Erst als nach einem von Donatisten unterstützten lokalen Aufstand kaiserliche Edikte eine schärfere Verfolgung der Sekte einleiteten und gleichzeitig das Wirken Augustins die Donatisten kirchenpolitisch zurückdrängte (Verurteilung der Donatisten nach dem Religionsgespräch von Karthago 411), erlitt der Donatismus entscheidende Rückschläge. Die staatliche Repressionspolitik führte teilweise zu blutigen Kämpfen; es ist nicht völlig ausgeschlossen, daß zumindest Teile der Donatisten mit dem Aufstand des Bonifatius gegen die Reichsregierung und mit der sich daran anschließenden vandalischen Eroberung sympathisierten. Donatistische Restgruppen hielten sich bis ins 6. Jahrhundert, vielleicht sogar noch nach der islamischen Eroberung; es ist möglich, daß die Neubelebung der berberisch-numidischen Volksfrömmigkeit der Einbeziehung Nordafrikas in den islamischen Kulturbereich vorgearbeitet hat.

Die entscheidende theologische Auseinandersetzung, der Gnadenstreit, stand jedoch in keinem Zusammenhang mit der innen- und außenpolitischen Entwicklung. Während im Osten die Verbindung von Kirche und politischer Existenz auch durch den Zerfall von Sonderkirchen institutionell wie ideologisch im Grunde noch enger wurde, löste sich im Westen die Kirche von den Institutionen der zusammenbrechenden Staatsgewalt. Das Bischofsamt spielte dabei eine ausschlaggebende Rolle. Landbesitz, Vermögen und die Verfügung über eine eigene Hierarchie mit sozialen Einrichtungen machten den Bischof oft zum Lenker auch der politischen Geschicke einer Stadt. Der Bischof, der mit den angreifenden Barbaren verhandelt, seine Gemeinde in der Belagerung materiell und moralisch unterstützt oder gar selbst die Verteidigung kommandiert, ist eine geläufige Figur in diesen Jahrhunderten — Sidonius in Gallien, Synesios von Kyrene an der afrikanischen, Akakios von Amida an der persischen Grenze. Im byzantinischen Italien führen die Bischöfe dann die Aufsicht über Finanzen und Versorgung der Städte und haben ein Vorschlagsrecht für Provinzialbeamte.

Die Kirche wird langsam zu einer eigenen Potenz, die in ihrer Zentralisierung auf Rom hin einen selbständigen Mittelpunkt findet. Die Ablösung von der staatlichen Gewalt und das gleichzeitige Begreifen der neuen Situation durch die westliche Kirche läßt sich deutlich an den Äußerungen der Päpste des Jahrhunderts ablesen. Leo der Große konnte noch an Kaiser Leon I. schreiben, der Kaiser sei vom Heiligen Geist erleuchtet und könne im Glauben nicht irren; der Papst habe deswegen nur auszusprechen und zu lehren, was der Kaiser glaube. Am Ende des Jahrhunderts aber vertrat Gelasius I. (492-496) eine völlig andere Auffassung. Er fordert prinzipiell eine Scheidung der geistlichen und der weltlichen Gewalt. Beide stehen — weil beide göttlicher Herkunft sind — zunächst gleichberechtigt nebeneinander. Aber sind auch Bischöfe und Priester in der staatlichen Ordnung den weltlichen Instanzen unterstellt, so ist doch ihre Gewalt die überlegene, weil sie »vor Gottes Gericht auch für die Könige Rechenschaft ablegen müssen«[25]. Das sind bezeichnende Anfänge der auch im Denken der Kirche völlig anders verlaufenden Entwicklung des Verhältnisses von Sacerdotium und Imperium im Westen.

Die institutionelle und ideelle Distanzierung zwischen Kirche und staatlicher Gewalt hielt die theologischen Streitigkeiten im Westen aus politischen Verwicklungen heraus. Dennoch hat der geistige Konflikt, der im Gnadenstreit ausgetragen wird, die gleiche Tiefe und für die westliche Kultur auch eine ähnliche Zukunftsbedeutung wie das Monophysitenproblem im Osten. Die Persönlichkeit, die dem ganzen Streit den Namen gab, war der irische Laienmönch Pelagius (um 360 bis um 425), der zwischen 390 und 400 in Rom auftrat und mit theologischen Arbeiten wie durch eine vorbildliche Lebensführung zu Ansehen gelangte. Pelagius verwarf das Prinzip der Erbsünde und behauptete, die Unverdorbenheit der menschlichen Natur begründe ihre völlige Willensfreiheit und damit die Fähigkeit des Menschen, aus eigener Kraft gut zu handeln. Die göttliche Gnade war nach seiner Auffassung zwar ein Beistand zur menschlichen Heiligung und Sittlichkeit, aber nicht dazu notwendig. Nominell hat er die christliche Glaubenslehre und ihre Gebote nie aufgegeben; aber letztlich vertrat er den Standpunkt eines rationalistischen Moralismus mit dem eindeutigen Glauben an die sittliche Autarkie des Menschen.

Diese Lehre rief sehr schnell den Widerstand der lateinischen Kirche hervor. Sie wurde schon 412 auf einer afrikanischen Synode unter dem Einfluß Augustins verurteilt, ebenso 416 in Rom und schließlich 431 auf dem Konzil von Ephesos, obwohl die Frage dort ein Nebenproblem war und des Pelagius bedeutendster Schüler, Julian von Eclanum (in Campanien), offenbar unbehelligt blieb. Der geistige Hauptgegner des Pelagianismus war Augustin als führender Theologe der lateinischen Kirche. Er hat erst in der Herausforderung durch diese Lehre seine eigene Gnaden- und Prädestinationslehre in ihrer schroffen Form ausgebildet. Die theologische Kontroverse ging auch nach dem Tode des Pelagius weiter. Augustin hinterließ als letzte theologische Arbeit ein unvollendetes Werk gegen Julian von Eclanum (der im Grunde ein begabterer Vertreter des Pelagianismus war als der Begründer der Lehre selbst). Im Widerspruch zu Pelagius hat Augustin die völlige Abhängigkeit des sündigen Menschen von Gottes Gnade als eine Grunderfahrung christlicher Existenz behauptet. Von diesem zentralen Anliegen des späten Augustin führt dann die Brücke zu Luther. Auch wenn Augustins Auffassungen nicht in ihrer Schroffheit akzeptiert wurden, hat seine Position das Selbstverständnis der lateinischen Kirche in dieser Frage doch wesentlich geformt. Der Pelagianismus lebte lediglich in Resten, vor allem in Südgallien, bis ins 6. Jahrhundert fort.

Dem völlig von der monophysitischen Frage absorbierten Osten mußte diese Fragestellung in gewisser Hinsicht unverständlich sein. In den Tiefendimensionen des pelagianischen Streites wird der zunehmende Gegensatz zum Osten auch in der Theologie sichtbar. Hier im Westen wurde der erste Versuch unternommen, eine grundsätzliche Trennung zwischen göttlicher und menschlicher Existenz, überirdischem und irdischem Lebensbereich zu finden — eine Trennung, die dann zur Konsequenz des Pelagius führen konnte, zur Selbstbehauptung des Menschen gegenüber Gott in einem autonomen Humanismus. Der Pelagianismus ist nicht nur ein historisches Ereignis, sondern eine grundsätzliche Möglichkeit abendländischer Existenz. In abgeschwächter Form wirkte er mit seiner Überbetonung der natürlichen Freiheit und sittlichen Fähigkeit des Menschen als ›Semipelagianismus‹ fort — in der Jesuitentheologie des 17. Jahrhunderts, auch in der Renaissance und der Aufklärung als ›christlicher‹ Humanismus. Pelagius wie Gelasius bilden den Ansatz eines spezifisch abendländisch-westlichen Denkens — den Keim einer neuen Lebensform in einer noch von anderen geistigen Prinzipien beherrschten Welt.

c) Athen und Jerusalem: Kirche und weltliche Kultur

Für Augustin war der christliche Humanismus des Pelagius eine unzulässige Verbindung antiker Philosophie und christlicher Theologie. Tatsächlich hatte bei Pelagius eine Synthese antiker, vor allem stoischer Gedanken und christlicher Ideen zu einem letztlich unchristlichen Moralismus geführt. Die Frage aber war, ob nicht statt dieser extremen Konsequenz ein legitimer christlicher Humanismus möglich sei. Das Problem der Auseinandersetzung des Christentums mit den heidnischen Traditionen seiner Umwelt ist das dritte große Problem des Jahrhunderts. Wie im eigentlich theologischen Bereich im Westen um die Gnadenfrage, im Osten um das Problem der Natur Christi, so hat die Kirche in West und Ost um die allgemeinere Frage der Vereinbarkeit von Glauben und antiker Kultur gerungen. Immer wieder erwies sich, daß die antike Grundsubstanz bei Theologen wie Laien nicht auszurotten war. Selbst die schärfsten Gegner des Heidentums sind tief verflochten in die klassische Bildung. Auch Tertullian war trotz seiner extremen Stellung in dieser

Frage mit seiner lateinischen Rhetorik ein Erbe der Tradition und ein Kind seiner Zeit. In der Bildungsstruktur des Imperium Romanum wuchs man notwendig von Jugend auf in das mit der Sprache untrennbar verbundene Bildungsgut der antiken Welt hinein und lernte mit dem Wissen und den geistigen Mitteln der Zeit zu operieren.

Vielfach hat das Christentum gar nicht das Bedürfnis empfunden, sich grundsätzlich von dieser Bildungswelt zu trennen. Das hängt eng mit der eigentümlichen, für die gesamte griechische und römische Welt verständnis-notwendigen Tatsache zusammen, daß der Begriff der Originalität und des Neuen in unserem Sinne fehlt. Noch der Kirchenvater Johannes Damascenus versicherte im 7. Jahrhundert, in seinem ganzen Buch finde sich nicht *ein* eigener Gedanke.[26] Das ist kein Armutszeugnis, sondern eine sehr bezeichnende Überzeugung: es kommt nicht auf neue Gedanken, sondern auf die neue Auslegung alter Gedanken an — nicht auf das, was man persönlich neu findet, sondern auf das, was man zum Verständnis der Wahrheit beitragen oder überliefern kann. Geistige Arbeit ist Auslegen der einen vorhandenen, geoffenbarten Wahrheit. Darum ist die bezeichnende literarische Form der Kirchenväter der Kommentar — der Überlieferung und Offenbarung durchaus in revolutionärer Weise interpretieren kann. Mit dem mangelnden Originalitätsbegriff fehlt aber der grundsätzliche Antrieb, eine völlig eigene christliche Literatur der heidnischen entgegenzusetzen.

Dennoch wurde das Verhältnis des Christen zu Inhalten und Zielen der klassischen Bildungswelt schon sehr früh problematisch. In den Anfängen gab es wohl eine soziologisch wie geistig begründete Kulturfeindschaft gegenüber der heidnischen Umwelt. Diese Kulturfeindschaft ist aber bereits im 2. Jahrhundert überwunden; das Christentum nahm die erste bewußte Auseinandersetzung mit der hellenistisch-römischen Bildungswelt auf. Sie war eine Leistung des Kirchenvaters Clemens (gest. vor 215) und der alexandrinischen Theologenschule überhaupt. Clemens artikulierte zum erstenmal das Problem der Vereinbarkeit von Christentum und antiker Kultur.

Die alexandrinische Lösung war die von Clemens formulierte Auffassung, eine Vermittlung der beiden geistigen Traditionen sei durchaus erlaubt und gerechtfertigt durch den Satz des Alten Testaments, man solle »die Ägypter ruhig berauben« (*spoliare Aegyptios*) — man solle von den Heiden alles übernehmen, was auch nur irgendwie für die Christen brauchbar sei. Clemens und dann Origenes haben Rhetorik, Wissenschaft und Philosophie des Heidentums zu Vorstufen des Glaubens und christlicher Bildung erhoben. Hier kam ein für die griechische Kirche bezeichnendes Denken in Rangordnungen zum Ausdruck — gegenüber dem westlichen Denken in Gegensätzen. Die folgenreiche Verschmelzung von Christentum und griechischem Denken hat Origenes programmatisch in die Formel gefaßt, man solle »philosophieren und aus allen Kräften die Schriften der Alten durcharbeiten, [. . .] nichts auslassen und nichts verwerfen (außer den Schriften der Gottesleugner)«[27]. Diese liberale und versöhnende alexandrinische Lösung eines Aufnehmens der antiken Überlieferung hat im 4. und 5. Jahrhundert vor allem im Bereich der griechischen Kirche weite Anerkennung gefunden. Gregor von Nazianz sah sich selbst durchaus als Fortsetzer klassischer griechischer Traditionen; Basileios verfaßte die grundsätzliche Abhandlung: *Mahnworte an die Jugend über den nützlichen Gebrauch der heidnischen Literatur.* Ihre ungemein weitherzige Auffassung ist für die Stellung der Kirche zu dieser Frage von größter Bedeutung geworden.

Die alexandrinische Anschauungsweise war nicht auf den Osten beschränkt. Auch der Westen besaß Beispiele eines überzeugten und wirkungsvollen christlichen Humanismus, der für Theologie und Dichtung zahlreiche Impulse und Anregungen gegeben hat. So vereinte etwa Prudentius nach Programm und Leistung klassische Tradition und christliches Gedankengut. Auch in anderer Weise wirkte diese Synthese im Westen durchaus positiv, etwa indem sie die erstarrende und völlig formal gewordene heidnische Bildung wieder enger mit dem sozialen Leben verband.

Dennoch hat man im Westen aus bestimmten geistigen Traditionen, aber wohl auch aus der persönlichen Veranlagung einzelner Kirchenväter heraus, die Problematik in diesem Prozeß zwischen Christentum und Heidentum sehr viel schärfer empfunden. Den christlichen Humanisten mit dem schlechten Gewissen gab es vor allem im Westen. Sein Prototyp war Hieronymus, der sich im Traum angeklagt sah, er sei im Grunde genommen ein »Anhänger Ciceros [*Ciceronianus*], nicht ein Anhänger Christi [*Christianus*]«[28]. Hieronymus ist aus dem Schwanken zwischen beiden Welten nie herausgekommen. Aber es gab gegenüber der klassischen Kultur auch eine wirkliche Feindschaft, für die Kirche und antike Bildungswelt als unüberbrückbarer Gegensatz galten. Diese kulturfeindliche Richtung hat Tertullian in besonders einprägsamen Formeln präzisiert, die Schlagworte in der Auseinandersetzung geworden sind. »*Quid ergo Athenae et Hierosolymis, quid Academiae et ecclesiae?*« (Was hat Athen mit Jerusalem, was hat die Philosophenschule mit der Kirche zu tun?), fragte er provokativ. Noch schärfer formuliert er gegen Ende seines Buches *Apologeticus*: »Was gibt es eigentlich Verwandtes zwischen einem Philosophen und einem Christen, zwischen einem Schüler Griechenlands und einem Schüler des Himmels, zwischen dem, der den Ruhm sucht und dem, der das Ewige Leben sucht; [. . .] zwischen dem Feind oder dem

Freund der Wahrheit [...] dem Dieb der Wahrheit und ihrem Wächter.«[29] Die überspitzte Radikalität dieser Antithesen entspringt (neben Tertullians Rigorismus) noch der Kampfsituation des 3. Jahrhunderts. Aber als Unterströmung bestand diese kulturfeindliche Haltung auch im 4. und 5. Jahrhundert fort.

Augustin war der Kirchenvater des Westens, der sich am intensivsten mit dieser Frage auseinandersetzte. Einen christlichen Humanismus im Sinne einfacher Vereinbarkeit klassischer und christlicher Welt hat er genauso entschlossen verneint wie Tertullian — nur von prinzipiellen Überlegungen her. Augustin hat sich von der bloß verneinenden Haltung einer radikalen Kulturfeindschaft gelöst; er sah, daß diese Radikalität in sich fragwürdig, weil undurchführbar war. An ihre Stelle setzte er als positiven Entwurf die Grundlegung eines neuen Verhältnisses zwischen Kultur der Antike und Bildung des Christentums. In seinem Buch über die *Doctrina Christiana* wie in vielen anderen Schriften kommt die einzige eigenständige, genuin christliche Konzeption zutage, die die alte Kirche in dieser Frage hervorgebracht hat. Christliche Bildung wird als etwas begriffen, das seinem Wesen und seiner Form nach tief verschieden ist von der antiken Paideia, auch von der philosophischen Paideia antiker Form und christlichen Inhalts, wie sie Augustin in seinen Anfängen vertreten hatte. Auch er hat eine prägnante Formel gefunden: ein Christ habe sich an der Grundregel des *uti* und *frui* zu orientieren — des ›die Dinge zu einem höheren Zweck benutzen‹ und des ›sich der Dinge um ihrer selbst willen erfreuen‹. Nach Augustins Auffassung galt das *frui* nur für die Theologie: allein die Beschäftigung mit der Lehre von Gott und mit der Offenbarung darf um ihrer selbst willen betrieben werden. Alle anderen geistigen Tätigkeiten sind nur im Hinblick auf diesen höheren Zweck vertretbar: was nicht durch ihn gerechtfertigt ist, fällt unter den von Augustin in der Auseinandersetzung immer wieder gebrauchten Begriff der *curiositas* — des Wissenwollens um seiner selbst willen, das sich über seinen Zweck im Grunde keine Rechenschaft geben kann.

Für Augustin wird in dieser *doctrina Christiana* die eine und einzig sinnvolle Aufgabe christlichen Denkens und christlicher Bildung das weitere Durchdringen und immer tiefere Sichaneignen der Offenbarung. Das war ein Bruch mit jedem christlichen Humanismus, der immer noch vom Eigenwert auch der weltlichen Bildung ausgeht. Aber Augustins Position ging über die bloße Ablehnung hinaus, weil er bewußt bestimmte Elemente der antiken Bildung und Rudimente der antiken Wissenschaft anerkannte, die als Hilfsmittel und als Voraussetzung für jede theologische Arbeit unentbehrlich waren.

Die augustinische Kulturlehre ist genausowenig wie seine Gnadentheologie von der Kirche vollständig rezipiert worden. Man hat nicht erkannt, daß hier ein neues christliches Existenzbewußtsein sich ankündigte, das weit über die begrenzte Frage einer Vereinbarkeit von Christentum und klassischer Kultur hinausreichte. Der ›Augustinismus‹ ist so nur eine Kette von Einzelwirkungen; seine Bedeutung ist noch heute in ihren Konsequenzen nicht voll erkannt. Dennoch ist die Distanzierung Augustins von der weltlichen Kultur in ihrer Weise wirksam geworden. Sie hat in der lateinischen Kirche den nach Augustins Auffassung allzu liberalen christlichen Humanismus vieler Zeitgenossen des 4. und 5. Jahrhunderts korrigiert. Diese Entwicklung aber gewann erheblichen Einfluß auf den stärker kirchlich-mönchischen Grundzug der beginnenden mittelalterlichen Kultur. Denn modifiziert blieb die Synthese biblischer und klassischer Überlieferung erhalten, die Kultur und geistige Struktur des 4. wie des 5. und 6. Jahrhunderts prägte. Im Westen war die Kirche nicht nur Trägerin der christlichen Lehre, sondern auch Hüterin der klassischen Bildung. Damit entstand jener klassische und christliche Tradition umschließende Überlieferungsstrom, der Kultur und geistige Welt des Mittelalters mitformt, aber auch Voraussetzungen für Renaissance und Neuzeit schafft. Erhaltung und Weitergabe antiker Literatur und Philosophie verhinderten nicht nur das Entstehen einer rein kirchlichen Kultur. Sie förderten auch die Entwicklung einer rationalen und kritischen Haltung zur Welt als besondere Eigenart des Westens.

Augustin und — durch die Jahrhunderte hindurch — die Vertreter des Augustinismus hat freilich immer wieder die Frage beschäftigt, ob nicht mit der geistigen Fruchtbarkeit in der Verbindung dieser beiden Traditionsströme auch eine Gefahr gegeben sei: der Sieg des kritischen Rationalismus, der mit zum Erbe der klassischen Kultur gehört, über Glauben und Offenbarung. Eine solche einseitige Auflösung der prekären Synthese zuungunsten des Christentums ist häufig eingetreten. Sie ist stets von neuem von einzelnen hervorragenden Köpfen als Möglichkeit und damit als letzte Fragwürdigkeit eines christlichen Humanismus erkannt worden. Daß der christliche Humanismus nur *eine* Möglichkeit der Auseinandersetzung des Glaubens mit der Welt sei, hat Augustin als erster in voller Schärfe entdeckt. Aber er hat auch die über Tertullian hinausführende, entsprechende Entdeckung gemacht, daß man irgendeiner Form der Auseinandersetzung und auch der Synthese mit der klassischen Tradition nicht entgehen könne.

Der Regierungsantritt Justins I. (518) beschloß eine Epoche, die für die Zeitgenossen eine dramatische Abfolge umstürzender Ereignisse war. Das 4. Jahrhundert hatte die innere Verwandlung des Imperium Romanum durch Christentum und absoluten Staat gebracht. Im 5. Jahrhundert hat das Einwirken der fremden Völker die machtpolitische Struktur des Mittelmeerraumes tiefgreifend verändert. Durch den Zerfall des Weströmischen Reiches in germanische Königreiche entstand statt des alten Einheitsstaates eine Gruppe selbständiger Machtzentren, auch wenn die gesamte Mittelmeerwelt politisch und kulturell immer noch im Bannkreis des Oströmischen Reiches und Constantinopels blieb.

Dennoch begannen sich in der neuen politischen Gliederung des Mittelmeerraumes seit Ende des 5. Jahrhunderts auch die Konturen neuer geistiger Landschaften abzuheben. Nicht nur östliche und westliche Reichshälfte lebten sich zunehmend auseinander. Auch in einzelnen Regionen wie in Ägypten oder Syrien erwachte langsam ein eigenes Selbstbewußtsein (vgl. oben S. 159f.). Syrien wird zwar erst in der islamischen Zeit wieder zu einem eigentlich politischen Machtzentrum. Aber sein Einfluß auf die Entwicklung von Kunst, Denken und Religion nahm schon in dieser Zeit erheblich zu. Es war bis hinein ins 6. Jahrhundert mit seiner spekulativen Theologie eine der führenden Regionen in der Entwicklung des christlichen Dogmas, ebenso in der Herausbildung liturgischer Formen. Noch stärker aber war seine Rolle in der Geschichte der christlichen Kunst. Zahlreiche Bauformen, Stilmerkmale und Bildtypen, die weit in den Westen hinüber wirkten, stammten aus dem syrischen Raum. Hier wandelte sich das Christusbild vom jugendlichen Apollo zum bärtigen Weltenherrscher, hier entstand das System der vertikalen Perspektive, aber auch die byzanto-islamische Baukunst und die Theorie des Ikonoklasmus (Kampf gegen die Bilderverehrung). Ohne den syrischen Einfluß wäre der byzantinische Stil in vieler Hinsicht bloß eine kraftlose Weiterentwicklung des spätrömischen geblieben; ohne Syrien hätte die islamische Kunst nie ihren eigentümlichen Weg genommen.[30]

Neben der Verwandlung steht das Bleibende. Selbst im Westen tangierte die politische Auflösung des Reiches vorläufig nur in geringem Maße die übrigen Bereiche des Lebens. Das zeitweilige Fehlen zentraler staatlicher Autorität, stabiler Verhältnisse und eines geregelten Handels unterstützte freilich weiterhin die Tendenz zur wirtschaftlichen Selbständigkeit der großen Güter und zu einer mehr agrarischen Ökonomie. Aber auch hier gab es regionale Verschiedenheiten. Italien war auch im 6. Jahrhundert noch keineswegs wirtschaftlich autark, während sich ande-

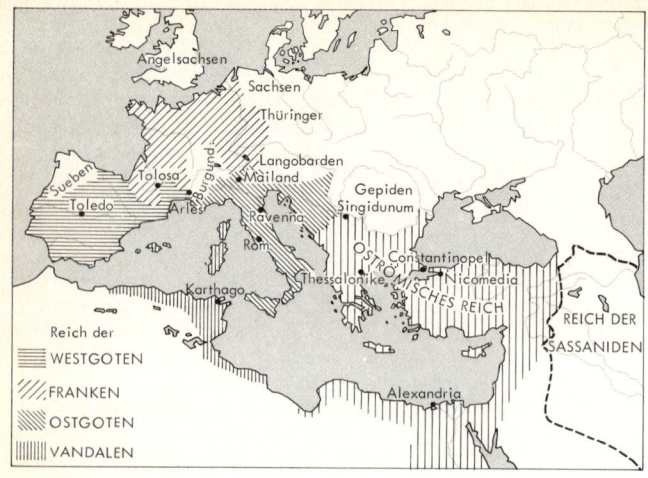

Abb. 11: Die Mittelmeerwelt im Jahre 526/527

rerseits in einer so eminent verbund- und geldwirtschaftlichen
Region wie Ägypten ›feudalistische‹ Tendenzen im Großgrundbesitz zeigten. Gegenmaßnahmen des Anastasios waren
hier nur bedingt wirksam; selbst für einen starken Kaiser
war es nicht einfach, die privilegierte Stellung der großen
Eigentümer und die Leibeigenschaft der Colonen rückgängig zu
machen.
Das Zentrum der Welt war für die Zeitgenossen zu Beginn des
6. Jahrhunderts immer noch das Byzantinische Reich. Es hat die
Stürme der Völkerwanderung ohne wesentliche Schäden überstanden. Die politischen Institutionen, die Hauptformen der
sozialen Ordnung, der Wirtschaft und der materiellen Kultur
sind fast unverändert erhalten: ein absolutistischer, christlicher
und griechisch-orientalischer Staat. Die zentrale kaiserliche
Autorität ist wieder gesichert, die Bürokratie funktioniert, städtisches Leben und Handel gehen weiter, die Währung bleibt
stabil. Aber nachdem alle Bedrohungen der Völkerwanderung
gemeistert sind, steht am Ende die Gefahr innerer Desintegration durch die vom monophysitischen Schisma ausgelösten
Konflikte in den reichen östlichen Provinzen. Es scheint eine
offene Frage, ob die kaiserliche Zentralgewalt die zentrifugalen
Tendenzen zu unterdrücken fähig ist. Und selbst im Falle einer
politischen Bewahrung der Reichseinheit droht immer noch die
Gefahr einer inneren Orientalisierung des Byzantinischen Reiches. Tatsächlich endete die Regierung des Anastasios, der, unerwartet tatkräftig, in der wirtschaftlichen und verwaltungstech-

nischen Reorganisation des Imperiums Großes leistete, in einer Kette von Revolten und Bürgerkriegen.

Das Jahr 518 war der Wendepunkt. Im Moment politischer Unsicherheit nach dem Tode des Anastasios gewann — eine seltene Erscheinung in der spätrömisch-byzantinischen Geschichte — der weitgehend dekorativ gewordene Senat in Constantinopel noch einmal politischen Einfluß. Im Zusammenspiel mit Fraktionen und Gruppen der hauptstädtischen Bevölkerung wurde, gegen die Absichten des Oberkämmerers Amantios, der Kommandeur der kaiserlichen Garde, Justin (wie Diocletian ein illyrischer Bauernsohn aus der Gegend von Skoplje), zum Kaiser erhoben. Der energische und befähigte General stellte trotz seiner 67 Jahre die Ordnung in Constantinopel und die Autorität der zentralen Regierung schnell wieder her. Zugleich warf er das kirchenpolitische Steuer entschlossen zugunsten der Orthodoxie herum; mit Rom wurde kirchlich Friede geschlossen, die Monophysiten wurden nachdrücklich verfolgt. Hinter den Kulissen der politischen Konsolidierung und der kirchenpolitischen Schwenkung wird bereits die überragende Figur des Jahrhunderts sichtbar: Justins Neffe Justinian, der im Jahre 521 offiziell als *patricius* und *consul* hervortritt und dann 527 mit 45 Jahren Nachfolger Justins wird.

3. Renovatio imperii: Das Jahrhundert Justinians

Justinian hat das Gesicht der Jahre zwischen 518 und 610 geprägt. Der Kaiser, der den Machtbereich des Imperiums wieder bis nach Spanien ausdehnte, im *Corpus Juris* die Grundlage der europäischen Rechtsentwicklung schuf und die Hagia Sophia erbaute, beherrscht so eindeutig das 6. Jahrhundert, daß er nicht zu Unrecht dem Zeitalter seinen Namen gibt — einer der wenigen großen einzelnen in der Geschichte, die durch ihr persönliches Wirken die Entwicklung in eine besondere Richtung gelenkt haben.

a) Person und Leistung

Leistung und Werk Justinians sind trotzdem nicht allein aus seiner Person zu erklären. Die Ausschaltung der germanisch-barbarischen Gefahren und die wirtschaftliche Konsolidierung des östlichen Reiches nach dem ersten Schock der Völkerwanderung waren entscheidende politische und wirtschaftliche Grundlagen. Anastasios hat darin eine bedeutsame Vorbereitungsarbeit für Justinian geleistet. Die außenpolitischen Erfolge aber sind nicht vorstellbar ohne die relative Schwäche und mangelnde Stabilität der germanischen Nachfolgestaaten im Westen. Justinians Erfolge sind jedoch auch undenkbar ohne die außergewöhnlich befähigten Helfer, die er fand — wenngleich Wahl, Einsatz und Loyalität dieser Figuren schon die große Herrscherbegabung dokumentieren. Belisar war der bedeutendste Stratege und Truppenführer des Jahrhunderts, der Eunuch Narses ebenso brillant als Diplomat wie später erfolgreich als Militär. Die innenpolitischen Reformen Justinians hat der Prätorianerpräfekt Johannes von Kappadokien verwirklicht, ein gleichermaßen effektiver wie verhaßter Innen- und Finanzminister. Der große Jurist Tribonianus war eine treibende Kraft der Rechtsreform.
Der einflußreichste Ratgeber und Helfer des Kaisers war jedoch die Kaiserin. Die Erhebung der Theodora zur Kaiserin »könne nicht gerade als ein Triumph der weiblichen Tugend begrüßt werden«, hat Edward Gibbon bemerkt.[1] Die böswillige *chronique scandaleuse* des byzantinischen Hofes, die der Historiker Prokop nach dem Tode des Kaisers in seiner *Geheimgeschichte* unters Publikum gebracht hat, strotzt zwar von gehässigen Entstellungen; doch einige Tatsachen lassen sich nicht abstrei-

ten. Die früh verwaiste Tochter eines Bärenwärters im Hippodrom von Constantinopel, von der die Zeitgenossen (fälschlich) behaupteten, sie stamme nicht zufällig von Cypern, der Insel der Aphrodite, begann als begehrte Kraft in der damaligen Music Hall (Pantomimus). Als eine der fashionablen Kurtisanen Constantinopels zog sie die Aufmerksamkeit des *consul* Justinian auf sich, der sie gegen erhebliche Widerstand seiner Tante, der Kaiserin Euphemia, heiratete. Als

Abb. 12: Justinian
(Goldmedaillon von 534/538)

Kaiserin hat Theodora radikal mit ihrer Vergangenheit gebrochen, aber — was auch Prokop widerwillig zugeben muß — ihren Charme und ihre Schönheit bewahrt. Ihren Tagesablauf hat er maliziös geschildert: »Ihren Körper pflegte sie mehr als nötig, doch immer noch weniger als sie selbst gewünscht hätte. So schnell als möglich ging sie morgens ins Bad, verließ es erst spät und nach ausgiebigem Gebrauch wieder, um dann zu frühstücken. Daraufhin pflegte sie wieder der Ruhe. Beim Frühstück und sonstigen Mahlzeiten nahm sie jede Art von Speisen und Getränken zu sich. Überhaupt schlief sie stets sehr lange — nachmittags bis zum Anbruch der Dunkelheit, nachts bis Sonnenaufgang. Obwohl die Kaiserin so jeder Art von Unmäßigkeit verfallen war, glaubte sie doch in den wenigen Stunden des Tages, die ihr verblieben, das ganze Reich regieren zu können.«[2] Nicht zuletzt durch eine ausgeprägte Günstlingspolitik, zu der auch der Sturz des Johannes von Kappadokien durch eine üble Intrige gehörte, übte Theodora einen erheblichen Einfluß auf die Regierung aus. Die Kaiserin hat dabei trotz ihrer Bigotterie und ihrer haßerfüllten Behandlung der Reichsaristokratie (eine unbewußte Reaktion auf Erlebnisse ihrer früheren Laufbahn) bedeutende Eigenschaften entfaltet. Sie besaß nicht nur politisches Interesse und Talent zur Intrige, sondern auch politischen Scharfblick. Sie hat außerdem im entscheidenden Augenblick jene Standfestigkeit aufgebracht, die dem Kaiser in Krisenmomenten fehlte. Damit wurde sie in vielen Fällen die wichtigste Stütze und Beraterin des Herrschers. »Beide machten mir und den meisten niemals den Eindruck von Menschen, sondern von mörderischen Dämonen. Sie berieten erst miteinander, wie sie Menschen und Menschenwerk möglichst einfach und schnell vernichten könnten, dann nahmen sie Menschengestalt an und suchten als Dämonen die ganze bewohnte Erde heim«: in der Schauerromantik Prokops steckt doch ein Reflex von der engen Zusammenarbeit des Herrscherpaares.³ Allerdings hat die eindeutig monophysitische Neigung der mit zunehmendem Alter religiös gewordenen Kaiserin die Religionspolitik häufig ins Lavieren und in einen folgenschweren Zwiespalt gebracht — mochte Theodora auch die Gefahr einer weiteren Entfremdung der östlichen Provinzen klarer sehen als der Kaiser selbst.

»Der Kaiser Justinian übernahm einen durch Unruhen erschütterten Staat. Er vergrößerte ihn nicht nur, sondern machte ihn in jeder Hinsicht bedeutender. Er war ein Herrscher, der die Fähigkeit besaß, ein Staatswesen völlig zu reformieren« — das ist ein unverzerrtes Urteil Prokops über den Kaiser.⁴ Tatsächlich ist die politische Leistung der Zeit nicht denkbar ohne die Person Justinians selbst. Sie erst schuf aus der Gunst der Lage und aus den Fähigkeiten der Helfer eine auf ein bestimmtes Ziel gerichtete Aktionseinheit. Justinian war wie Justin ein einfacher makedonischer Bauernsohn. Er erhielt aber durch den kaiserlichen Onkel von Anfang an eine glänzende und vorzügliche Ausbildung, die ihn — unterstützt durch eine natürliche Begabung — schon früh in erstaunlichem Maß das theologische und weltliche Wissen der Zeit genauso wie die Finessen der Staatskunst und der Diplomatie beherrschen ließ. Folgenschwer war dabei, daß er nach Herkunft wie Bildung romanisch-lateinisch, nicht griechisch war. Seine intellektuellen Fähigkeiten und eine unerschöpfliche Arbeitskraft haben viel zu seinem Erfolg beigetragen. Er besaß eine meisterhafte Kenntnis des Details der komplexen Affären des Reiches, freilich auch die Besessenheit, die Details selbst mitzubestimmen — sei es die Anlage militärischer Expeditionen, die Baupläne afrikanischer Festungen, das Programm für Festspiele oder die Ausarbeitung von Fastengeboten. Der asketische Fleiß, der ihn Tage und Nächte mit rastloser Tätigkeit erfüllen ließ, wurde von den Zeitgenossen halb ehrfürchtig, halb schaudernd bestaunt: »er hatte sozusagen kein Schlafbedürfnis, er sättigte sich kaum an Speise und Trank. Er kostete nur mit den Fingerspitzen und hatte dann genug, denn derlei erschien ihm als eine nebensächliche Notwendigkeit der Natur. Vielfach blieb er zwei Tage und zwei Nächte ohne Nahrung, zumal in der vorösterlichen Zeit. [. . .] Gelegentlich schlief er eine Stunde, den Rest der Nacht verbrachte er mit dauerndem Umhergehen.«⁵ In seinem Palast, in dem er wie Philipp II. über den Sorgen des Reiches wachte, war er von der Welt und seinen Untertanen durch eine orientalisch strenge Etikette und das Heer der Palastwürdenträger abgeschlossen. Er mühte sich mit Hingebung — was ihm Prokop als ständige Neuerungssucht und Zerstörung der erprobten Ordnung ankreidete —, die rechtliche und soziale Lage seiner Untertanen zu bessern und eine gerechte, unbestechliche Verwaltung zu schaffen. In öffentlichen Auftritten aber erhob den im Grunde liebenswürdigen Kaiser, der ein sehniger, mittelgroßer, früh kahl gewordener Mann war, der Glanz eines überwältigenden Zeremoniells als Selbstdarstellung der absoluten Macht hoch über die Untertanen.

Entscheidender noch als Arbeitskraft und soziales Bemühen war die beispiellose Energie eines herrscherlichen Willens, der Justinian zum größten Autokraten auf dem byzantinischen Thron gemacht hat. Eine der großen Ideen, die ihn mit der Gewalt einer Leidenschaft beherrschten, war die Idee von der unumschränkten Gewalt des Kaisers als Stellvertreter Gottes auf Erden, dem Kirche und Staat zugleich untertan seien. Tatsächlich ist es ihm gelungen, diesen übersteigerten Begriff kaiserlicher Machtfülle weithin durchzusetzen, im Staat völlig, in der Kirche wenigstens zum Teil. Aber nicht nur der Herrscherwille, der sich in dieser Interpretation des kaiserlichen Amtes äußerte, gehört zum Bild des Regenten, sondern auch eine eigentümliche Distanz. Justinian, der selten die Abgeschlossenheit des Palastes verließ und aus dem Arbeitszimmer das Reich regierte, fehlte das Charisma eines echten Herrschers. Bei aller Höflichkeit, die er im täglichen Umgang zeigte, bei aller Einfachheit seines persönlichen Lebens im Gegensatz zum Pomp der Staatszeremonien war Justinian unfähig, Begeisterung oder auch nur Zuneigung unter seinen Untertanen zu wecken. Ein sinistrer Zug in seiner Persönlichkeit muß die Zeitgenossen abgeschreckt haben. In der Verbindung bedeutender geistiger Fähigkeiten mit einem unbeugsam auf ein großes Ziel gerichteten politischen Willen, aber auch mit einer kalten Distanz zu Mitlebenden und Untertanen fordert Justinian zum Vergleich mit Karl V. heraus. Es ist eigentümlich, daß sich ein ähnliches mißtrauisch-neidisches Verhalten gegenüber den wichtigsten Helfern bei beiden feststellen läßt: wie Karl V. zu Pescara, so steht letzten Endes Justinian zu Belisar.

b) Die politische Idee: Renovatio Imperii

Justinian und Karl V. waren mehr als nur gebildete Autokraten. Was ihrer Person das letzte Relief gibt, ihren Helfern Ziel und Wirkungsmöglichkeit schafft, ist die Leidenschaft einer politischen Vision. Die Idee, die als eigentliche Triebkraft das Wirken Justinians erklärt und den Charakter der Epoche trägt, ist der Gedanke der *renovatio* oder der *recuperatio Imperii*: der Wiedererrichtung des umfassenden und rechtgläubigen Imperiums über die Mittelmeerwelt. Diese politische Grundkonzeption führte tatsächlich zur Reconquista, der Wiedereroberung wenigstens von Teilen des Westens. Das Oströmische Reich hat kaum die Krise der Völkerwanderung überstanden und seine politische

Existenz neu befestigt, als es bereits eine Wiedererrichtung des Gesamtreiches versucht: die weiterlebende Bannkraft des universalen römischen Reichsgedankens als staatsrechtlicher Konzeption und politischer Idee wird hier sichtbar. Byzanz und sein Kaiser verstehen sich immer noch als Erben des gesamten Imperium Romanum — mit allem politischen Anspruch, der daraus folgt. Schon in der politischen Terminologie kommt dieses Selbstverständnis zum Ausdruck: immer bezeichnen die Byzantiner sich selbst als Rhomaioi, als Römer — nicht als Griechen.

Das Weiterleben des Reichsgedankens trug dazu bei, in einem ethnisch ungemein heterogenen Reich wie dem Byzantinischen den Zusammenhalt zu gewährleisten. Aber auch jenseits der Grenzen des byzantinischen Staates, im Gebiet des alten Westreiches, war die Reichsidee noch ein politisches Faktum. An sie knüpften sich noch die Loyalität und sogar bestimmte politische Hoffnungen der ehemaligen Provinzialen — vor allem soweit sie als Katholiken mit ihren neuen arianischen Herrschern politisch wie religiös im Konflikt standen. Die Idee von der Universalität kaiserlicher Macht verfehlte selbst auf die Germanenherrscher der Zeit nicht ihre Wirkung. Vorläufig war die Überzeugung ungebrochen, daß der Kaiser die oberste Quelle aller legitimen Macht sei. Darum und nicht nur aus innenpolitischer Rücksicht auf ihre romanischen Untertanen nahmen die Germanenherrscher kaiserliche Titel an (vgl. oben S. 134) — als Legitimation der eigenen Herrschergewalt durch den Kaiser in Constantinopel. In seiner Gotengeschichte überliefert Jordanes den bezeichnenden Satz eines Westgotenfürsten: »Der Kaiser ist zweifellos Gott auf Erden. Wer seine Hand gegen ihn erhebt, verwirkt sein Leben.«[6]

Freilich gab es einen entscheidenden Unterschied: die Anerkennung der staatsrechtlich-ideellen Legitimität kaiserlicher Oberherrschaft implizierte für die germanischen Fürsten keineswegs eine direkte Herrschaft durch das Byzantinische Reich. Zum Konflikt mußte es in dem Moment kommen, in dem der grundsätzlich nicht geleugnete titulare Anspruch auf die Westprovinzen sich im Sendungsbewußtsein Justinians verwandelte in einen realen politischen Anspruch — in den Auftrag des Kaisers zur Wiedereingliederung der westlichen Gebiete in das Imperium. Gerade diesen Auftrag aber hat Justinian ungemein stark empfunden — auch weil er in seinem politischen Denken das Römische Reich zugleich als das rechtgläubige Reich, als den Lebensraum der orthodoxen Christenheit verstand. Daraus leitete sich für den Kaiser die Verpflichtung ab, den Untertanen im Westen, indem er der Herrschaft germanischer Könige ein Ende machte, die Befreiung von der Oberhoheit arianischer Schismatiker zu bringen. So verbinden sich in der universalen politischen Idee der Zeit wiederum kompakt Politik und Glauben. Justinians politische Konzeption war der Versuch, das Imperium Romanum Christianum im strengen Sinn zu erneuern.

c) Geist und Kunst

Jedes Zeitalter hat für die Späteren seine besondere geschichtliche Stimmung, die sich im Lebensgefühl der Zeitgenossen spiegelt. Im 4. Jahrhundert, in der Zeit des Imperium Romanum Christianum, herrscht ein eigentümliches Neben- und Ineinander von Verfall und Aufbruch — Nachleben der antiken Welt, verschlungen mit der Entfaltung eines aus den Fesseln des 3. Jahrhunderts befreiten Christentums, das nun beginnt, sich die Welt zu erobern. Im 5. Jahrhundert erlebt der Westen im Einbruch der germanischen Barbaren die Stimmung der großen Krise; Ostrom wird im Windschatten dieser Ereignisse vom religiösen Fanatismus erschüttert. In der mittelmeerischen Staatenwelt des 6. Jahrhunderts aber tritt trotz dem großen Ausgriff der Kriege Justinians, trotz allem unterschwelligen Brodeln im kirchlichen und sozialen Bereich eine eigentümliche Ruhe und kraftvolle Sicherheit hervor. Es ist keine Zeit halkyonischer Stille. Selbst die Hauptstadt Constantinopel verliert nur wenige Jahrzehnte den Charakter einer belagerten Festung: dazu ist die Anziehungskraft dieses Zentrums von Reichtum und Kultur auf die Barbaren zu groß. Aber ein neues Selbstbewußtsein, ein gesteigertes Lebensgefühl erzeugt eine in sich ruhende, doch entschiedene Aktivität. Die Zeit ist in ihrer geistigen Form klassisch in dem Sinne, daß bei allem Weiterleben von Traditionen doch ein eigener Stil neu geschaffen wird und in großen Werken Gestalt gewinnt.

Die eigentlich schöpferische Leistung der Epoche — denn innenpolitische und gesellschaftliche Reformen bleiben in Ansätzen stecken — liegt in der Kultur der Zeit. Das 6. Jahrhundert ist das erste große Zeitalter der byzantinischen Kunst, wenn nicht ihr brillantestes überhaupt — trotz den Leistungen der byzantinischen Renaissance des 10. und 11. Jahrhunderts. Die klassische Tradition wird im neuen Stil schöpferisch verändert: in Architektur, Malerei und Plastik treten an die Stelle der plastisch-sinnlichen Form flächige Abstraktion und strenge zweidimensionale Frontalität — statt des Naturbilds das ›Begriffsbild‹. Das immanente Weltgefühl griechischer Frömmigkeit ist verwandelt in eine Wahrheit von transzendentem Charakter: die byzantinische Klassik sucht außerweltliche Offenbarung und Sichtbarmachung des Unsichtbaren in der Theologie des Bildes. Vom Kaiser bis zum Hafenarbeiter wird die Welt von allen als eine von außerirdischen Mächten durchdrungene Wesenheit begriffen: die Kunst hat keine ästhetische Funktion, sie lebt aus dem Bewußtsein der Transzendenz.

In Wissenschaft und Literatur bringt die justinianische Zeit bemerkenswerte Erscheinungen hervor. Die Einzelwissenschaften sind vertreten von bedeutenden Mathematikern wie Anthemios von Tralles, dem Architekten der Hagia Sophia, und Isidor von Milet, oder von dem großen Mediziner Alexander von Tralles. Die römische Rechtswissenschaft erreicht unter der Ägide Tribonians einen neuen Gipfel ihrer Entwicklung. Eine höfische Dichtung floriert in Figuren wie Agathias oder dem späten Anakreontiker Johannes von Gaza. Ihr bedeutendster Vertreter ist der offizielle Hofpoet Paulus Silentiarius, der in Epigrammen die Freuden dieser Welt, in einem langen hexametrischen Gedicht aber auch das Wunderwerk der Hagia Sophia feiert. Noch einmal erscheint die gebildete Gesellschaft der griechisch-römischen Welt vor allem in den Zirkeln der Hauptstadt wiederbelebt. Das enzyklopädische Erziehungsideal der Rhetorik, kaum durch christliche Überarbeitung und Restriktion verändert — denn die Kirche hatte kein eigenes Bildungssystem entwickelt —, bestimmt die Bildung der gehobenen Schichten. Neben der Heiligen Schrift und der Theologie wird, wenn auch in rudimentären Formen, die Philosophie eines Platon und Aristoteles wie die der Neuplatoniker Plotin und Proklos gelehrt. Soziologisch ist aber bereits eine zunehmende Aufspaltung der Bildungswelt zu erkennen. Die Veränderung des gesprochenen Griechisch in der Koine des hellenisierten Ostens vertieft schnell die Kluft zwischen der Volkssprache und der gehobenen ›Gelehrten‹-Sprache in literarischer Prosa und Poesie. Neben der Literatur des gepflegten klassizistischen Griechisch der Bildungszentren lebte die volkstümliche, rhythmische Hymnen- und Liederdichtung, die unter syrischem Einfluß entsteht und ihre eigene Vollendung in den liturgischen Gesängen des Romanos (6. Jahrhundert) findet.

Einen Klassiker hat die Literatur der Zeit hervorgebracht: Prokop, den bedeutendsten griechischen Historiker seit Polybios. In Caesarea in Palästina geboren und als Jurist ausgebildet, begleitete er seit 527 Belisar als Sekretär auf seinen persischen, afrikanischen und italischen Feldzügen. Seine ausgezeichnete literarische Bildung verdankte er vermutlich der Universität Constantinopel. Aber ebenso wichtig für den Historiker war seine Augenzeugenschaft in den Kriegen der Zeit, die sich — möglicherweise aufgrund von Tagebüchern — in einer von eindringender Sachkenntnis zeugenden Darstellung niederschlägt. Dank Prokop (und den zahlreichen Dokumenten justinianischer Gesetzgebung und Verwaltung) kennen wir die Regierung Justinians so genau wie wenige andere Abschnitte der Epoche. Die — vielleicht aus persönlicher Verbitterung und Zurücksetzung entsprungene — *Geheimgeschichte* ist freilich nicht ein Dokument der sachlichen Kritik, sondern politischer Verleumdung.

+ ΗΑΓΙΑ + ΜΑΡΙΑ +

ΜΙΧΑΗΛ   ΓΑΒΡΙΗΛ

Abb. 13: Apsismosaik aus Kiti/Cypern (Anfang 7. Jh.)

Die Blüte der justinianischen Kultur manifestiert sich in der Kunst. Die Anfänge eines neuen großen Stils kündigen sich schon in der Zeit des Anastasios an: das Elfenbeinrelief Barberini (im Louvre) zeigt den Kaiser als Triumphator zu Pferde, begleitet von einer Victoria; zu seinen Füßen ein Zug tributbringender asiatischer Gefangener, zu seinen Häupten der jugendliche Christus mit dem Szepter. Bezeichnend für die trotz aller Klassizismen weiter von der Antike wegstrebende Entwicklung der byzantinischen Kunst ist es, daß nicht nur die Rundplastik an Bedeutung verliert (was sich schon in den Porträts des 5. Jahrhunderts andeutet), sondern daß auch das Relief immer mehr der eindimensionalen Malerei weicht. Die Reliefkunst des justinianischen Stils bringt zwar noch eindrucksvolle Werke wie den Elfenbeinthron des Erzbischofs Maximian in Ravenna hervor. Aber der gemäße Ausdruck der Zeit ist die Malerei — als Buchillustration, Ikone, Fresko und Wandmosaik. Von den Ikonen haben nur wenige den Bildersturm überlebt, vor allem in entlegenen Gebieten Ägyptens und im Sinaikloster. Unter den erhaltenen (allerdings oft nicht sicher zu datierenden) Bildern finden sich viele einfache, aber in ihrer Primitivität ungemein expressive Heiligendarstellungen. Doch daneben stehen hervorragende Werke wie das Petrusbild aus dem Sinaikloster — ein glänzendes Beispiel des Weiterwirkens naturalistischer Porträtkunst spätrömischer Tradition. Der Purpurkodex von Rossano aber, mit seiner ›vertikalen‹ Perspektive (in der die entfernteren Dinge über, nicht hinter den näheren plaziert werden) und der ausdrucksvollen Gestik seiner Figuren, bereitet schon Stil und Ikonographie der mittelalterlichen Buchmalerei vor.

Die bedeutendsten Monumente der justinianischen Bildkunst sind die großen Wandmosaiken der Kirchen. Der Goldglanz ihrer Heiligen- und Kaiserfiguren gab zusammen mit der Pracht der Marmorinkrustation den Kirchen der Zeit etwas vom Abbildcharakter überirdischer Herrlichkeit. Die Mosaikkunst blühte nicht nur in eng mit Constantinopel verbundenen Zentren wie Ravenna. Sie wirkte auf die Kirchenkunst im gesamten Reich, in der der justinianische Stil bis ins frühe 7. Jahrhundert weiterlebte. Kleinere Zentren wie Thessalonike mit der Kirche des Hl. Demetrios, aber auch abgelegene Gebiete wie Cypern mit dem Marienmosaik in Kiti oder das Katharinenkloster auf dem Sinai mit dem Apsismosaik der Transfiguration (auf dem ein bärtiger Christus im Gegensatz zu dem jugendlichen Weltenherrscher in Ravenna erscheint) zeigen, wie der ›Reichsstil‹ auch in den Provinzen Werke von außergewöhnlichem Rang hervorbrachte.

Die Mosaiken sind nur Teil der Gesamtkonzeption des Kirchenbaus: die Architektur schuf die höchsten Leistungen in der

Kunst der Zeit und entwickelte einen erstaunlichen Erfindungsreichtum. Neben der traditionellen Basilika suchte man in quadratischen, polygonalen und kreuzförmigen Bauten das Hauptproblem der damaligen Architektur zu lösen: die Entwicklung der Kuppel über einem Rechteck. Die typischen Bauformen des Zeitalters blieben Kreuzkuppelkirchen oder oktogonale Bauten (wie die Kirche der Heiligen Sergios und Bakchos in Constantinopel). Hier findet die Kuppellösung eine vollendete Form in einem Zentral-

Abb. 14: Liturgischer Silberfächer aus Antiochia (2. Hälfte 6. Jh.)

bau, der mehr meditatives Verharren ausdrückt als die Basilika in ihrer Zielgerichtetheit. Die späteren Bauten von Ravenna — wie die Basilika von San Apollinare in Classe oder das Oktogon von San Vitale — sind die eindrucksvollsten Monumente der justinianischen Kirchenarchitektur neben den Bauten der Hauptstadt selbst.

Aber nicht nur Kirchenbauten entstanden zu Hunderten in allen Provinzen des Reiches. Auch die Profanarchitektur schuf zahlreiche, oft originell konzipierte Bauten: Aquädukte, Zisternen, Brücken, Bäder und eine Vielzahl von Befestigungsanlagen an den östlichen und südlichen Grenzen des Reiches. Die Fußbodenmosaiken reicher Villen oder des großen Kaiserpalastes in Constantinopel kombinieren in sehr bezeichnender Form den traditionellen hellenistischen Stil der Naturdarstellung mit abstrakten, stilisierten Dekorationsmustern. Zum Gesamtbild der justinianischen Kunst gehört auch das weite Gebiet der Kleinkunst: Elfenbeinschnitzereien, Textilien und Schmuckstücke wurden durch den Handel besonders weit verbreitet und überall bestaunt als Zeichen des unerhörten Luxus der Weltstadt. Die justinianische Kunst erweckt den Eindruck unermeßlichen Reichtums. Die zahllosen Kirchen und Profanbauten in den griechischen und orientalischen Gebieten des Reiches, ganze Städte, die heute verlassen in Nordafrika oder Syrien in Ruinen dahindämmern — all das zeugt von einer erstaunlichen Baulust und Finanzkraft.

Gerade in der Hauptstadt entfalteten sich alle Zweige der Kunst und des Kunstgewerbes im besonderen Maße. Der kaiserliche Hof, der Patriarchensitz, die Paläste des Hochadels zogen Künstler an und forderten ihnen besondere Leistungen ab. Das Reich besaß auch andere große städtische Zentren mit eigener Kulturtradition wie Alexandria, Antiochia, Thessalonike, Korinth, Ephesos oder Trapezunt. Aber sie alle überschattete die Hauptstadt, ein Zentrum des internationalen Handels und für Jahrhunderte die größte und reichste Stadt der Christenheit: »In ihre Häfen laufen die Handelsschiffe aller Welt voll Erwartung ein; die Winde selber verschwören sich, Waren zu bringen, um den Reichtum ihrer Bürger zu heben.«[7] Mit der Konzentration des Handels aber wurde Constantinopel auch ein Kreuzweg verschiedenster kultureller Einflüsse. Aus der Ferne überragte die Kuppel der Hagia Sophia die zahllosen anderen Gebäude der Stadt. Wer näher kam, erblickte zunächst vom Bosporus aus das große Areal des kaiserlichen Palastes mit seinen Gartenterrassen, Bädern und über Parkanlagen aufragenden vergoldeten Kirchenkuppeln. Auf der Stadtseite des Palastes schloß sich ein riesiger Platz (das Augusteum) an, den auf der einen Seite die Hagia Sophia, auf der andern Seite das Hippodrom mit dem Kathisma, der kaiserlichen Loggia, beherrschte. Die Mitte des Platzes bildete — wie auf dem Forum in Rom — ein Meilenstein, von dem aus die Entfernungen aller Straßen des Reiches rechneten. Daneben ragte die überlebensgroße Reiterstatue Justinians in vollem Panzer auf. Breite, von Kolonnaden gesäumte Straßen führten zum Goldenen Horn hinab. Das ganze Stadtgebiet war von dem Riesenwerk der Landmauern umschlossen, einer dreifachen Befestigungslinie von nahezu 9 km Länge. Der Glanz der Hauptstadt spiegelte Reichtum, Sicherheit und Höhe der Kultur. — In der justinianischen Kunst vollzog sich die im 4. und 5. Jahrhundert angebahnte Synthese östlicher und westlicher Kunsttraditionen zu einem einheitlichen Stil. Sie ist Tradition und Neuschöpfung zugleich — eine Neuschöpfung, in der neben vielen einzelnen regionalen Einflüssen sich vor allem die beiden Hauptströme der spätrömischen und der syrisch-orientalischen Kunst vereinigen. Die spätrömisch-hellenistische Kunst hatte sich bereits seit dem 3. Jahrhundert von den klassischen Formen der Perspektive und der Rundplastik zu einer strengen zweidimensionalen Frontalität und zu einer stärkeren Rolle des formalisierten Ornaments entwickelt. Diese Tendenz kam der hieratischen und zugleich realistisch-expressiven syrischen Tradition entgegen, in der das abstrakte Ornament seit langem beheimatet war. Aus ihr stammt etwa die typische architektonische Schmuckform der Zeit, das reich ornamentierte Impost-Kapitell. Beide Stile sind noch nicht überall völlig verschmolzen. Beispiele eines streng orientalischen Stiles wie bei einem antiochenischen Silberfächer mit achtflügeligem Cherubim stehen einem

Abb. 15: Silberplatte aus Lambousa/Cypern (610-629)

Nachleben hellenistischer Bild- und Stilmotive in den Silbertellern aus dem Schatz von Lambousa (Cypern) gegenüber. Aber in den großen Schöpfungen der justinianischen Kunst ist ein einheitlicher Reichsstil entstanden, der bis weit hinein in die Provinzen von einer erstaunlichen Prägekraft war. Diese Ausstrahlung der justinianischen Kunst ist ein weiterer bezeichnender Zug. Sie war nicht nur das große Vorbild, an dem sich spätere byzantinische Stile immer wieder inspirierten. Kunst und Kunstmoden der Hauptstadt wirkten durch den Handelsverkehr wie durch wandernde Mönche weit hinüber in den Westen. Ihr Einfluß ging nach Rom (S. Cosma e Damiano, 526 bis 530, ist ein Beispiel justinianischen Stils), nach Afrika, über Ravenna in die Provence und nach Aachen, über Sizilien nach Spanien, aber auch nach Rußland wie nach Äthiopien. Vor allem die Kleinkunst und der Formenschatz der Miniaturen und Handschriften vermittelten Stil und Ikonographie und dienten oft den monumentalen Wandmalereien westeuropäischer Kirchen als Vorbilder. Angelsächsische Chronisten berichten, wie manche Bischöfe und Mönche mehrmals die beschwerliche Reise nach

Abb. 16: Die Hagia Sophia

Rom antraten, um solche Handschriften zu beschaffen. Byzantinische Kunst war ein Modell für den Westen.

Ein letzter Zug in der justinianischen Kunst — die darum mit Recht diesen Namen trägt — ist der beherrschende Wille des Kaisers, der auch hier eine bewegende Kraft war. Wie alle großen und geborenen Herrscher hat Justinian das Bedürfnis gehabt, sein Selbstverständnis in monumentalen Bauten zu verkörpern. Sein Bewußtsein imperialer Größe hat auf die bedeutende Architektur der Zeit ähnlich gewirkt wie später Ludwig XIV. auf den französischen Barock. An diesem Vergleich wird freilich auch ein bezeichnender Gegensatz deutlich. Für Justinian war nicht der Palast, sondern die Kirche Form des herrscherlichen Selbstausdruckes. Das Porträt Justinians in San Vitale in Ravenna ist keine Dekoration; es ist nicht bloß ein Element der Hofkunst, daß er auf der Seitenfläche des Chors mit seinem Hofstaat erscheint. Das Bildnis des Kaisers steht aus innerer Notwendigkeit in der Kirche und an dieser Stelle: in dem christlichen Kosmos, den dieser Kirchenbau abbildet, gehört an die Seite des thronenden göttlichen Weltenherrschers der irdische Herrscher.

Krone justinianischen Kirchenbaus ist die Hagia Sophia in Constantinopel, von den Zeitgenossen einfach die ›große Kirche‹ genannt. Als rechteckiger, im Innern durch zweistöckige Säulenarkaden gegliederter und von einer riesigen Zentralkuppel mit östlich und westlich anschließenden flachen Halbkuppeln überdeckter Baukörper repräsentiert sie — 532-537 durch Anthemios errichtet — eine geniale Kombination der beiden Haupttypen des christlichen Kirchenbaus, der flachgedeckten Säulenbasilika und des überwölbten quadratischen Zentralbaus. Heute noch ist der Eindruck des Innenraums grandios; er muß einmal, mit Chorschranke und Ambo aus geschmiedetem Silber, einem Altar aus Gold und Edelsteinen, silbernen Türen, Purpurvorhängen, Marmorinkrustation und Wandmosaiken überwältigend gewesen sein. Die Hagia Sophia ist die größte Schöpfung, die byzantinische Architektur und christliche Kunst des Ostens hervorgebracht haben. Für Justinian aber bestätigte sie seine außergewöhnliche Stellung unter den Herrschern der Welt: »Dank sei Gott, der mich würdig erfand, ein so großes Werk zu vollenden und sogar dich, Salomon, zu übertreffen.«[8]

II. STATUS IMPERII:
BESTAND UND REFORM IN STAAT UND GESELLSCHAFT

Zeitalter und Werk Justinians erschöpfen sich nicht in der Kunst, aber auch nicht in der Außenpolitik. Auch in der Innenpolitik mit ihren Ansätzen zu einer (freilich am Ende gescheiterten) Reichsreform ist die Leitidee eine Erneuerung des Imperium Romanum, verstanden als das spätrömische, christlich-absolutistische Imperium. »Da er fand, daß der Glauben in seiner Zeit sich in vielerlei Irrtümern und Richtungen verlor, zerstörte er vollständig alle Wege, die zu solchen Irrtümern führen, und erreichte es, daß das Reich wieder auf der festen Grundlage eines einzigen Glaubens stand. Da er darüber hinaus fand, das Recht sei durch allzu viele Gesetze undurchsichtig geworden, und daß diese Gesetze sich zusätzlich gegenseitig widersprachen, reinigte er das Recht von allzu großen Spitzfindigkeiten und überprüfte die Differenzen mit großer Strenge. [...] Er verhalf den Bedürftigen zu Wohlstand, befreite sie von der Bedrückung der Mächtigen und führte so den ganzen Staat zu einem wirtschaftlichen Aufschwung.«[9] Hier faßt Prokop die Hauptziele der justinianischen Innenpolitik zusammen: Stärkung der kaiserlichen Zentralgewalt, Reform der Verwaltung und schließlich die Wiedergewinnung der kirchlichen Einheit in der Orthodoxie.

a) Soziale und religiöse Unruhe

Hinter der glänzenden Fassade von Kunst und Leben in der Hauptstadt und in den großen Provinzzentralen gab es in der Tat genügend Probleme. Eine außenpolitische Offensive im Westen erforderte die militärische Sicherung der Grenzen im Nordosten und Osten; dazu reichte die Truppenzahl nicht aus. Justinian entwarf daher — was Prokop in *De aedificiis* (›Über die Bauten‹) im Detail schildert — vor allem für den Balkanraum das System einer durch Hunderte von neuerbauten Forts und Festungen tief gestaffelten Grenzverteidigung. Ergänzend versuchte er die Lage an den nordöstlichen und östlichen Fronten durch die bewährten Mittel byzantinischer Diplomatie zu sichern: Verträge, Subsidien und Tribute — ein System, das mehr neue Ansprüche weckte als alte befriedigte. Das erforderte erhebliche Summen. Anfänglich konnte Justinian auf die Goldreserve des Anastasios zurückgreifen. Sehr bald aber machte sich durch diese Ausgaben, zu denen die Baupolitik des Kaisers kam, eine Erschöpfung der Reserven bemerkbar; zugleich wurde der Steuereingang schleppender. Möglichkeiten zur Bereitstellung neuer finanzieller Mittel mußten gefunden werden. Die Anordnung, jeder Untertan habe »die staatlichen Steuern stets willig und in voller Höhe zu zahlen« genügte dazu nicht.[10] Eine Verbesserung des Steueraufkommens war nicht denkbar ohne soziale und administrative Reformen. Bestechlichkeit und Oppression der Verwaltung gefährdeten Steuerkraft und Prosperität und konnten ebenso Anlaß zu interner Unzufriedenheit und Revolte werden — beides Momente, die mit den außenpolitischen Plänen des Kaisers (die für ihn allem anderen vorgingen) nicht vereinbar waren. Die byzantinische Gesellschaft besaß eine glänzende Fassade: der Adel mit seinen Stadtpalästen und Landsitzen und seiner preziösen Kultur; die gehobene Mittelschicht der Universitätsprofessoren und der Verwaltungsbürokraten; die in verstecktem Luxus lebenden reichen Handelsherren und Bankiers. Aber dahinter regte sich unter den zahllosen Dienern, Arbeitern, Sklaven, Bettlern und Soldaten soziale Unzufriedenheit und Unruhe.

Justinian begegnete dieser Unzufriedenheit seiner Untertanen nicht nur in Eingaben und Berichten der Verwaltung. In den Anfängen seiner Regierung brach 532 in Constantinopel ein offener Aufstand aus (Nika-Aufstand nach der Parole der Verschwörer: *nika* = ›siege!‹) — erste Folge der schon von Justin im Gegenzug gegen die Anarchie begonnenen autokratischen Straffung der Regierung. Herd der Unruhen waren die Zirkusparteien. Der Zirkus mit seinen Tierhetzen, Spielen und Wagenrennen war immer noch die Hauptunterhaltungsquelle und — neben den religiösen Fragen — der Interessenmittelpunkt der städtischen Bevölkerung. Längst hatten sich in den großen Städten zwei Gruppen, die Zirkusparteien der Grünen (Prasinoi) und der Blauen (Venetoi) etabliert, die mitten im absolutistischen Staat ein seltsames Relikt altgriechischer Bürgerfreiheit und Anarchie darstellten. ›Blaue‹ und ›Grüne‹ standen sich nicht nur wie die Anhänger großer Fußballvereine leidenschaftlich in sportlichem Ehrgeiz gegenüber. Sie waren auch Organisationen einer gewissen innenpolitischen und kirchenpolitischen Willens-

bildung, die Blauen traditionell orthodox, die Grünen monophysitisch.
In den Zirkusparteien lag ein Ventil, aber gleichzeitig auch
eine Gefahr. Die staatliche Verwaltung hatte versucht, die Parteien durch institutionelle Verklammerung mit der bürgerlichen Stadtmiliz zu entschärfen. Ein Unruheherd blieben sie
trotzdem. In den Jahren der Anarchie unter Anastasios waren
sie der Polizei völlig aus der Hand geraten. Justinian, dessen
Sympathie naturgemäß den Blauen galt, versuchte die gefährlichen Gruppen durch vorsichtige, aber recht energische Verwaltungsmaßnahmen zu entmachten. Im Januar 532 führte das
Vorgehen des Stadtpräfekten von Constantinopel gegen sieben
des Mordes überführte Anhänger der Grünen und Blauen zum
Zusammenschluß beider Gruppen und zur offenen Revolte im
Hippodrom. Tagelang war der Mob Herr der Stadt. Die Hagia
Sophia und die großen Paläste wurden geplündert und zum Teil
in Brand gesteckt, der Kaiser in seinem Palast belagert. Justinian war zunächst gezwungen, dem Druck nachzugeben und
den Innenminister Johannes von Kappadokien abzuberufen.
Trotzdem wurde ein Neffe des Anastasios, Hypatios, zum Gegenkaiser ausgerufen. Erst nach fünf Tagen der Anarchie gelang
es, die Revolte zu brechen. Justinian hatte nach ergebnislosen
Verhandlungen mit den Aufrührern das Spiel bereits verloren gegeben und wollte die Hauptstadt verlassen. Die Standfestigkeit Theodoras bestimmte ihn zu bleiben: »Flucht ist unmöglich, auch wenn sie uns in Sicherheit brächte. Wer in diese
Welt geboren ist, muß sterben; aber ein Herrscher kann nicht
ins Exil gehen.«[11] Drei inzwischen herangeführte Veteranen-
regimenter Belisars erstickten den Aufstand in Blut — derart
gründlich, daß diese Kraftprobe zwischen dem Kaiser und der
Bevölkerung der einzige offene innenpolitische Konflikt während der Regierung Justinians blieb.

b) Ansätze der Verwaltungsreform

Der Schock des Nika-Aufstandes war allerdings nicht der einzige, nicht einmal der hauptsächliche Anlaß für Justinians Reformversuche. Sie entsprangen zum einen umfassenden Vorbereitungen für seine militärischen Unternehmungen im Westen,
zum andern der klaren Einsicht in die Mängel der Verwaltung,
des sozialen und des wirtschaftlichen Lebens. Der Kaiser war
der ernsten Überzeugung, auch hier habe er zum Wohle des
Staates und der Untertanen als Reformer eine gottgesandte
Aufgabe zu verwirklichen.
Ansätze zur Reform der Verwaltung enthalten vor allem zwei
große Dekrete des Jahres 535, die sich freilich zunächst mehr
prohibitiv gegen die von Johannes Lydus (in seiner Schrift *Über*

die römische Staatsverwaltung) plastisch beschriebene Bestechlichkeit der Beamtenschaft richten, das alte Grundübel der spätrömischen und byzantinischen Verwaltung. Staatsämter wurden
nur an jemanden vergeben, der hohe Sporteln (*suffragia*) zahlte,
und waren daher praktisch käuflich geworden. Die Wiederein-
treibung dieser Sporteln durch den Amtsinhaber führte zu zusätzlicher Ausbeutung der Untertanen. Unter Abschaffung der
suffragia muß sich nun der Beamte durch einen feierlichen Eid
bei Amtsantritt zur Führung seiner Geschäfte ›mit reinen Händen‹ verpflichten. Er soll »alle loyalen Untertanen mit väter-
licher Fürsorge behandeln, sie gegen Unterdrückung schützen,
alle Bestechungsgelder zurückweisen, in Urteilen und Verwal-
tungsentscheidungen gerecht sein, Verbrechen verfolgen, die
Unschuldigen beschützen, die Schuldigen nach dem Buchstaben
des Gesetzes strafen und überhaupt die Untertanen so behandeln, wie ein Vater seine Kinder behandeln würde«[12]. Diese
löblichen Absichten Justinians haben sich freilich, vor allem
nachdem die harte Hand des Prätorianerpräfekten Johannes von
Kappadokien weggefallen war, kaum durchgesetzt. Genausowenig ist es gelungen, das zweite Anliegen des Kaisers zu verwirklichen — die Straffung des schwerbeweglichen bürokratischen Apparates. Die aufgeblähte Bürokratie, die ursprünglich
als Stütze des absolutistischen Systems dienen sollte, wirkte in
vieler Hinsicht eher als Hemmschuh. Justinian hat zu manchen
Vereinfachungen gegriffen, so zur Zusammenfassung von kleinen Provinzen in größere Einheiten. Doch brachten seine Maßnahmen im Grunde nur eine einzige Neuerung von Bedeutung:
die Vereinigung von ziviler und militärischer Gewalt in der
Hand eines Prätors in Provinzen an exponierten Punkten. Diese
Praxis wurde später auf die neu eroberten Westgebiete angewandt. Die Zusammenlegung der im diocletianischen System
streng getrennten zivilen Verwaltung und militärischen Kommandostruktur bereitet die einschneidenden Verwaltungsreformen des Kaisers Heraklios vor.
Bei Justinian blieb das eine Einzelmaßnahme, der wie seinen
administrativen Reformversuchen überhaupt die durchgehende
Konsequenz fehlte. Sie hielten das diocletianisch-constanti-
nische System mit seinem überspitzten Ressortismus einigermaßen in Gang, ohne eine weitergehende Veränderung zu erreichen. Das Hauptziel war letztlich doch rein fiskalisch: »Wenn
die Beamten für Uns die Steuern schnell und erfolgreich ein-
ziehen, werden Wir sie für ihren Eifer und für ihre Weisheit
loben; und eine herrliche und friedliche Harmonie wird überall
zwischen den Herrschern und den Beherrschten walten.«[13]
Grundprinzip der ›Verwaltungsreform‹ ist die Pflicht der Beamten, ehrlich und effizient zu sein, und die Pflicht der Untertanen, willig und regelmäßig zu zahlen. Hebung der Staatsein-

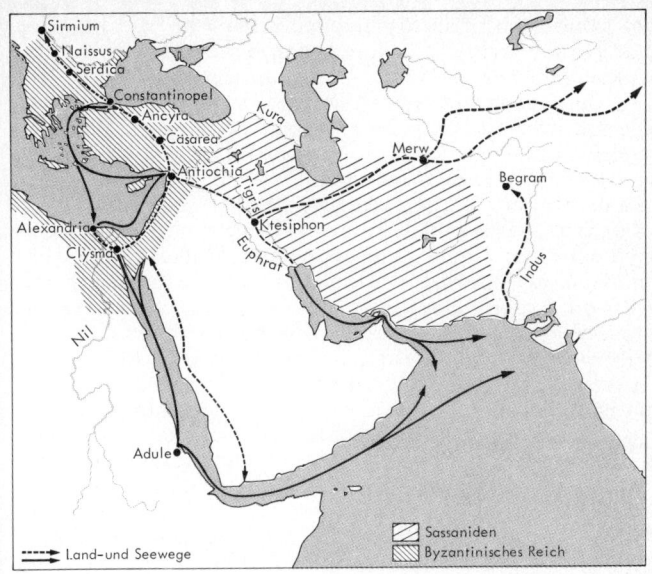

Abb. 17: Handelswege im 6. Jahrhundert

nahmen als Hauptziel der Regierungsarbeit war freilich eine bittere Notwendigkeit. Die politische Situation des Byzantinischen Reiches erzeugte einen die Staatskasse immer wieder bis zum äußersten beanspruchenden Bedarf an Mitteln für Verteidigung und Außenpolitik. So kam es doch, wie im 5. Jahrhundert, wieder zu dem *circulus vitiosus* von Steuererhöhung, rücksichtsloser Steuereintreibung (»ein Einfall von Fremden war weniger schrecklich für den Steuerzahler als die Ankunft der Steuerbeamten«[14]) und Rückgang des Steueraufkommens. Gegen Ende der Regierung Justinians geriet der Staat damit zeitweise in eine gefährliche Haushaltssituation. Während der Kaiser auf der einen Seite den Steuerzahler gegen die Ausbeutung der Verwaltung zu schützen suchte, steigerte er auf der anderen Seite gleichzeitig die Anforderungen der staatlichen Finanzverwaltung.

c) Wirtschafts- und Sozialpolitik

In einem Netz gegensätzlicher Interessen und Zielsetzungen blieb auch die Sozial- und Wirtschaftspolitik stecken. Justinian und seine Berater haben zwar richtig erkannt, daß in der gegebenen handelspolitischen Situation eine staatliche Förderung des Handels mit dem Orient von großer wirtschaftlicher Bedeutung sein konnte. Eine solche Handelspolitik hatte jedoch ihre Schwierigkeiten in der außenpolitischen Lage, denn das Sassanidenreich war nicht nur ein politischer Konkurrent. Die Auseinandersetzung mit ihm war auch ein Kampf um die großen Handelswege, die nach Indien und China führten. Die justinianische Verwaltung hat verschiedene Ansätze gemacht, der Gefährdung der beiden hauptsächlichen Handelslinien — der Karawanenroute von China durch Bochara und Persien und der Schiffsroute über Ceylon, den Indischen Ozean und den Persischen Golf — durch die Sassaniden entgegenzuwirken. Es gelang, durch den heimlichen Export von Seidenraupen aus China eine blühende Seidenindustrie im Byzantinischen Reich selbst zu schaffen und damit von einem wesentlichen Gut des Fernhandels unabhängig zu werden. Weiter versuchte man, eine Ausweichlinie für den Orienthandel zu etablieren, indem man den Seeweg durch das Rote Meer durch politische Verbindungen mit dem abessinischen Reich von Aksum sicherte. Mit byzantinischer Unterstützung waren die Herrscher Äthiopiens sogar fähig, das südarabische Königreich der Himyariten zu annektieren; doch führte das zu neuen Verwicklungen mit Persien, in dessen Interessensphäre Südarabien lag.

Ein höchst eigentümliches Werk aus der Mitte des 6. Jahrhunderts, die *Christliche Topographie* des Kosmas Indikopleustes, ist ein Dokument der Verbindung von Handel, Diplomatie und Mission in dieser Zeit. Der nestorianische Mönch beschreibt den Sinai, die Küstengebiete des Roten Meeres, Abessinien mit dem Königspalast in Aksum, Nubien und Ceylon, das mit seiner Lage zwischen China, Ostafrika und Persien eines der großen Handelszentren war. In seiner Schrift, einer Mischung von Reisehandbuch und theologischem Traktat, versucht Kosmas unter anderem zu beweisen, daß nach der Bibel die heidnische Vorstellung von der sphärischen Gestalt der Erde ein Irrtum sei. Er notiert aber auch die durch archäologische Funde in Indien und China bestätigte Tatsache, daß die byzantinische Goldmünze (*nomisma*) damals eine Weltwährung war: »Alle Nationen treiben ihren Handel mit römischem Geld, von einem Ende der Erde zum andern. Dieses Geld wird von allen Menschen bewundert, zu welchem Reich auch immer sie gehören, weil in keinem anderen Lande der Welt eine solche Währung existiert.«[15]

Erfolge der justinianischen Entwicklungspolitik lassen sich damals sogar in Randprovinzen wie Cypern beobachten: Wasserleitungen und Befestigungen werden gebaut, die Seidenraupenzucht und die Seidenverarbeitung werden eingeführt, die Prosperität der Inselstädte steigt. Die Städte sind überall im Reich noch Mittelpunkte des wirtschaftlichen und geistigen Lebens (was die materielle Kultur und die Bildung von der Kirche unabhängig erhält); das geldwirtschaftliche System gilt selbst zwischen Gutsherren und Colonen. Aber aufs Ganze gesehen hat die Finanz- und Steuerpolitik der kaiserlichen Verwaltung doch wieder den Ansätzen zur Aktivierung des wirtschaftlichen Lebens entgegengearbeitet. Eine hochgeschraubte steuerliche Belastung hat auf den Handel erneut hemmend gewirkt und damit verhindert, daß sich seine Erträge wirtschaftlich fühlbar auswirkten.

Auch sozialpolitisch kam die justinianische Verwaltung nicht aus dem Dilemma zwischen wirtschaftlicher Förderung und Fiskalismus heraus. Die Ausbreitung des Großgrundbesitzes war für die staatliche Autorität genauso gefährlich wie für die Wirtschaftskraft des Kleinbauerntums. In Kappadokien wie in Ägypten lebten Familien des Grundadels, die zahlreiche Dörfer in Besitz hatten und dazu staatliche Ländereien an sich brachten; sie hielten sich eigene Leibwachen und Truppen, eigene Arbeiter, Verwaltungspersonal und Steuereintreiber — sie verfügten sogar über ihre eigenen Gefängnisse. Justinian kämpfte mit gesetzlichen und administrativen Maßnahmen unablässig gegen Ausbreitung und Mißbrauch der Macht der großen Grundbesitzer, genauso gegen die weitere zwangsweise Übernahme von Bauern in das Colonat. Dennoch gelang es nicht, das Kleinbauerntum, das immer noch eine wichtige soziale Schicht war, zu sichern. Unter den wirtschaftlich ständig gedrückten oder enteigneten kleinen Bauern und Gewerbetreibenden wuchs ein politisches Ressentiment gegen die Reichsverwaltung, die nicht fähig war, hier Einhalt zu gebieten. Zugleich aber standen Großhandel wie Großgrundbesitz in Konflikt mit dem Staat, dessen Maßnahmen sich gegen manche ihrer Privilegien richteten. Die Wirtschafts- und Finanzpolitik Justinians hat im Grunde nichts anderes erreicht, als beide Seiten zu verstimmen; ihr Ergebnis war politische Unzufriedenheit und Rückgang der Wirtschaftskraft in breiten Gruppen der Bevölkerung.

d) Kirchenpolitik

Auch die Kirchenpolitik versuchte lediglich Symptome zu kurieren. Erfolgreich war Justinian nur in der Zurückdrängung der letzten Überreste des Heidentums. Verwaltungsmaßnahmen vollendeten *de facto* die Christianisierung des Imperiums: den noch verbliebenen Heiden wurde die Rechts- und Testierfähigkeit abgesprochen, ebenso die Fähigkeit zum Bekleiden öffentlicher Ämter. Berühmte heidnische Heiligtümer wie das des Jupiter Ammon in der Libyschen Wüste wurden endgültig in christliche Kirchen umgewandelt. Nur in den abgelegensten Gebieten lebten heidnische Kulte fort. Die Schließung der Akademie von Athen im Jahre 529 war ein programmatischer Akt: damit wurde die letzte große heidnische Bildungsstätte aufgehoben. Eine romantische, beliebte Universität mit einer langen Geschichte verschwand. Aber die Tradition des Universitätslebens riß damit nicht ab. Sie wurde in Constantinopel längst durch die von Theodosius II. geschaffene vergleichbare Institution auf christlicher Grundlage weitergeführt.

Das ungelöste Problem der inneren Politik, das Justinian von seinem Vorgänger übernahm, war die Auseinandersetzung mit den Monophysiten. Der Kaiser war hier persönlich beteiligt. Er verdankte Leontios von Byzanz (der Johannes von Damaskus stark beeinflußte) eine vorzügliche theologische Ausbildung und war aus eigener Kenntnis der Frage ein überzeugter Anhänger der Orthodoxie. Die persönliche Neigung zu einer orthodoxen Kirchenpolitik wurde durch politische Rücksichten verstärkt: Justinians imperiale Politik erforderte eine Einheit des Glaubens auch im Hinblick auf die rückerworbenen Westgebiete, wo Untertanen und Hierarchie eindeutig katholisch (also orthodox) waren. Justinian begann seine Regierung mit einer scharfen Verfolgung der Ketzer: »Es ist gerecht, diejenigen auch ihrer weltlichen Güter zu berauben, die nicht den wahren Gott verehren.«[16] Sie richtete sich zunächst gegen kleinere Sekten wie die Manichäer, nach ersten erfolglosen Verhandlungen mit den ›irrenden Brüdern‹ aber auch brutal gegen die Monophysiten. Auf die Dauer hat Justinian dann allerdings, in dieser Haltung durch Theodora bestärkt, eine nur von kurzen Verfolgungsphasen unterbrochene Vermittlungspolitik betrieben. Die hochpolitischen Konsequenzen des Schismas veranlaßten ihn, vorsichtig und oft mit sehr kompliziert kalkulierten Manövern vorzugehen.

Justinian war zwar anders als Zenon absoluter Herrscher in der Kirche. Er hat souverän Bischofsstühle besetzt, Fragen des Glaubens, des Ritus und der kirchlichen Ordnung selbstherrlich entschieden; er hat sogar Kirchenlieder und theologische Abhandlungen verfaßt. Wenn irgendwo der Begriff Cäsaropapismus berechtigt ist, dann hier. Dennoch gelang es ihm nicht, die Monophysiten entscheidend zu treffen oder auch nur eine Annäherung zwischen den theologischen Fronten herbeizuführen. Der Versuch, den Monophysiten ohne grundsätzliche Zugeständnisse taktisch entgegenzukommen und damit einer Union vorzuarbeiten, führte nur zu einem verstärkten monophysitischen Einfluß in Constantinopel und zu einer erfolgreichen monophysitischen Mission in Kleinasien durch den streitbaren Bischof Jakob Baradäus. Lediglich in Palästina hatte die Orthodoxie seit Anfang des Jahrhunderts wieder Boden gewonnen. Die theologische Diskussion gipfelte in dem von 543–554 dauernden ›Drei-Kapitel-Streit‹: der Auseinandersetzung über die nestorianischer Tendenz verdächtigten Schriften dreier syrischer Kirchenschriftsteller — Theodor von Mopsuestia, Theodoret von Cyrus und Ibas von Edessa. Nach dramatischen Intrigen — unter anderem ließ Justinian den Papst Vigilius nach Byzanz entführen, um ihn 548 mit Gewalt zur Stellungnahme gegen diese Schriften zu zwingen — verbannte das von Justinian einberufene 5. Ökumenische Konzil in Constantinopel 553 endgültig die drei Theologen. Das Konzil war — ähnlich wie Zenons Henotikon (vgl. oben S. 160) — ein Versuch, mit den Monophysiten durch Entgegenkommen einen Kompromiß zu erreichen. Aber dieser Schritt des Kaisers hat die Monophysiten nicht befriedigt und andererseits die Orthodoxie und den Westen (der erst unter Gregor dem Großen die Entscheidung des Konzils anerkannte) erneut verstimmt. Das große kirchenpolitische Problem der Zeit hat auch Justinian nicht gelöst. Letztlich hat die Ausgleichspolitik die Gegensätze sogar verschärft. Sie sind zwar unter der energischen Hand des Kaisers am offenen Ausbruch und zugleich daran gehindert worden, akute politische Auswirkungen hervorzubringen. Aber die absolute kaiserliche Kirchenherrschaft ist an dem Schisma zwischen Orthodoxen und Monophysiten gescheitert.

e) Das *Corpus Juris*

Rein und vollständig haben sich Reformwille und Staatsidee des Kaisers nur in einer theoretischen Schöpfung durchgesetzt: im *Corpus Juris Civilis*. Diese Sammlung zivil- und strafrechtlicher Bestimmungen und Entscheidungen, die die bisherigen unvollständigen Rechtseditionen und Sammlungen ersetzen sollte, besteht aus drei Teilen. Der *Codex Justinianus* enthält die noch gültigen kaiserlichen Erlasse von Hadrian bis zum Jahre 533. Was danach an kaiserlichen Erlassen erscheint, sind *novellae*, zusätzliche ›neue Entscheidungen‹. Der zweite Teil des *Corpus Juris* sind die *Digesten* (auch *Pandekten* genannt): eine revidierte und geordnete Auswahl aus den Schriften der römischen Juristen, die neben den kaiserlichen Verordnungen als geltendes Recht anzusehen waren. Die römische Rechtssprechung verfuhr, wie heute das englische Recht, im wesentlichen nach Vorgängen und älteren Entscheidungen. Deshalb war es notwendig, auch die wichtigen Urteile und Kommentare der klassischen Juristen in Auszügen zu sammeln. Der dritte Teil, die *Institutiones,* stellt eine Art kurzgefaßtes Handbuch für das juristische Studium dar, im wesentlichen eine knappe Auswahl aus dem ersten und zweiten Teil — das Prüfungshandbuch für die Juristen, die auch damals schon den eigentlichen Rückhalt der staatlichen Verwaltung bildeten.

Für das *Corpus* wurde eine intensive Arbeit geleistet: allein zur Fertigstellung von Teil II mußten mindestens 200 Werke durchgearbeitet, exzerpiert und ausgewählt werden — und das in einer erstaunlich kurzen Zeit. Die Redaktion des *Corpus* wurde in fünf Jahren (528-533) unter der Leitung des späteren Justizministers Tribonianus und eines Professors der Universität Constantinopel, Theophilos, durchgeführt. Es ist in seiner Art ein idealer Spiegel des justinianischen Systems — bezeichnend im Gegensatz zur klassisch-römischen Tradition vor allem in seiner ständigen Betonung des kaiserlichen Absolutismus, aber auch in gewissen Einwirkungen christlicher Vorstellungen auf das Rechtssystem. Das *Corpus Juris* wurde die einheitliche Rechtsgrundlage des absoluten Staates. Aber es blieb nicht nur das Fundament der weiteren byzantinischen Rechtstradition. Die Rezeption des römischen Rechts im Abendland seit dem 12. Jahrhundert beeinflußte entscheidend die Ausgestaltung der rechtlichen und politischen Anschauungen des Spätmittelalters und des Absolutismus. Tatsächlich blieb »das römische Recht in der Fassung, die ihm die Juristen Justinians gegeben haben, bis in die neueste Zeit hinein ein Hauptelement der gesamteuropäischen Rechtsentwicklung« (Ostrogorsky).

f) Die verfehlte Reform

Justinians Hoffnung, das Reich »nicht nur für die Nöte der Gegenwart, sondern auch für ein zukünftiges Zeitalter zu stärken«, hat sich nicht erfüllt.[17] Im Gegensatz zu imponierenden außenpolitischen Erfolgen ist über die Behauptung und Sicherung des Absolutismus als politischem System hinaus keine durchgreifende Reform des Staates gelungen. Wirtschaftspolitik und Verwaltungsreformen waren weitgehend ebensolche Fehlschläge wie die Kirchenpolitik. Die wirtschaftliche Lage war bereits sehr angespannt. In Constantinopel, aber auch in anderen Gebieten des Reiches sammelte sich Unzufriedenheit an. Die ständige Wiederholung der gleichen Anordnungen und Prinzipien in den späteren Novellen Justinians zeigt zur Genüge, daß Ausbeutung und Regressionserscheinungen weitergingen und eine verdeckte Opposition hervorriefen.

Justinian hat zwar offensichtlich auch für die Reorganisation des Staates und der Gesellschaft, für die Hebung der Moral von Beamten und Bürgern klar umrissene Vorstellungen besessen. Die vielen Halbheiten und unbefriedigenden Zwischenlösungen erklären sich einmal daraus, daß Kräfte und Interessen zu stark auf die außenpolitischen Unternehmungen konzentriert waren und so innenpolitische Ziele häufig nicht mit dem genügenden Nachdruck verfolgt wurden. Aber nicht nur der Primat der Außenpolitik hemmte die Durchsetzung der kaiserlichen Ideen.

Die justinianische Innenpolitik selbst geriet allzu häufig in den Sog unvereinbarer Kräfte und Tendenzen — so im ständigen Lavieren zwischen Orthodoxie und Monophysiten. Der Staatsapparat blieb zwar durch ein System der Aushilfen im großen und ganzen effektiv. Aber die Reformversuche blieben letztlich im Netz gegensätzlicher Interessen hängen. Das hat seinen Grund zum Teil darin, daß auch über der Innenpolitik die Devise *renovatio Imperii* steht. Justinian hat diese offensichtlich als *restauratio*, als Bewahrung oder Verbesserung des Bestehenden verstanden: des zentralistischen und dirigistischen christlichen Absolutismus. Der Antrieb einer neuen Konzeption fehlte; die riesige und komplizierte Verwaltungsmaschinerie erdrückte wie ein Bleigewicht jede gut gemeinte Einzelreform. Innenpolitisch ist darum das Zeitalter Justinians nichts als eine Übergangsphase zwischen zwei klaren und entschiedenen Lösungen — zwischen dem absolutistischen System des 4. Jahrhunderts und der neuen Ordnung des byzantinischen Staates, die im 7. Jahrhundert der Kaiser Heraklios zu verwirklichen begann.

Dennoch waren Staat und Verwaltung unter Justinian und seinen ersten Nachfolgern noch ein gut funktionierendes System. Daß versäumte Reform im Zusammenwirken mit finanzieller Überbelastung zu einer Erschütterung des politischen und gesellschaftlichen Gefüges führte, wurde erst gegen Ende des Jahrhunderts offenbar. Vorerst war das Reich fähig, eine außenpolitische Expansion zu beginnen, die in wenigen Jahrzehnten die ostgermanischen Staaten am Mittelmeer mit Ausnahme des Westgotenreiches wieder von der geschichtlichen Szene verschwinden ließ.

III. DIE NEUE POLITISCHE WELT: DAS MITTELMEERISCHE STAATENSYSTEM DES 6. JAHRHUNDERTS

a) Die germanischen Reiche

Voraussetzung der justinianischen Außenpolitik war die veränderte weltpolitische Lage im Mittelmeer: das System der germanischen Nachfolgestaaten auf dem alten Reichsboden. Dem im politischen Zentrum Constantinopel residierenden Betrachter bot der Westen ein vielfältiges und in mancher Hinsicht kompliziertes Bild. In England entstand eine Anzahl sich gegenseitig befehdender regionaler Königreiche; Irland war politisch weitgehend von einer Abts- und Bischofskirche beherrscht. In großen Teilen Frankreichs und in Belgien hatte sich die fränkische Dynastie der Merowinger etabliert; südöstlich von den Franken lag das Burgunder-Königreich; Südfrankreich hatten die Westgoten inne, deren Staatsgebiet aber auch den größeren Teil

Spaniens umfaßte. Nordspanien stand unter der Herrschaft der Sueben; Afrika, Sizilien und Sardinien bildeten das Vandalische Reich. Italien, Dalmatien und Illyrien schließlich waren ostgotisches Herrschaftsgebiet. Die überlegenen politischen Kräfte in diesem Nebeneinander germanischer Staaten waren Vandalen, Westgoten, Ostgoten und Merowinger.

Alle germanischen Staaten standen in ihren Anfängen vor den gleichen Grundproblemen, die sich aus dem Zusammenstoß mit der staatlichen Ordnung und den gesellschaftlichen Lebensformen wie den Glaubensformen und der Kultur des Imperiums ergaben. Roms Erbe zwang die Germanen aus der Geschichtslosigkeit der Stammeswelt in die Staatlichkeit. Als die Germanen in das Imperium eindrangen, waren sie im wesentlichen noch verhältnismäßig lose organisierte wandernde Stammesverbände, deren Zusammenhalt auf das personale Prinzip von Sippe und Gefolgschaft gegründet war, auch wenn sie von Königen geführt wurden. Einzelne Stämme wie die Ostgoten hatten zwar schon länger im Ausstrahlungsbereich des Oströmischen Reiches gelebt und Vorstufen einer entwickelteren politischen Organisation erreicht. Aber im ganzen stießen doch noch sehr rudimentäre politische Verbände auf eine Welt, deren hochentwickelte Verwaltungs-, Wirtschafts- und Sozialstruktur nach institutionellen Vorstellungen und Formen grundlegend anders organisiert war.

Die Auseinandersetzung mit diesem fremden politischen System war nicht zu umgehen. Staatsgründung konnte schon darum nicht einfach Ersetzen des Bestehenden bedeuten, weil die Germanen in ihren neuen Herrschafts- und Lebensräumen fast überall eine Minderheit gegenüber der eingesessenen römischen Bevölkerung darstellten. Die römischen Provinzialen wurden von ihnen nicht im Zuge einer intensiven Besiedlung verdrängt, sondern die Germanen überlagerten als eine verhältnismäßig schmale Führungsschicht weite Gebiete mit einer romanisierten Bevölkerung. Sie kamen nicht als Siedler, sondern als Herrscher: das schuf von vornherein einen innenpolitischen Gegensatz. Ein Widerstand der römischen Oberschicht in den Provinzen, wie ihn Sidonius Apollinaris in Gallien oder Victor Vitensis in Afrika bezeugen, erlosch zwar angesichts der militärischen Überlegenheit der Germanen schnell. Aber in den meisten Völkerwanderungsreichen entstand zunächst ein dualistischer Staatsaufbau, in dem Germanen und Romanen nach eigenem Recht und in eigenen Institutionen lebten. Der Gegensatz zwischen herrschender Minderheit und Untertanen wurde durch eine weitere Quelle ständiger Reibungen noch verschärft: fast alle Germanen waren im Gegensatz zu den katholischen Provinzialen Arianer.

Mit der romanisierten Bevölkerung bestanden auch wesentliche

Elemente der alten politischen und wirtschaftlichen Struktur fort: Verwaltungsordnung, Handel und Agrarwirtschaft des spätrömischen Imperiums. Theoderich behielt das römische System aus überzeugter Anerkennung seiner Vorteile bei. Aber auch in den anderen Germanenstaaten wurden Teile des alten Verwaltungssystems mit der niederen Beamtenschaft aus Trägheit wie unter dem Zwang der Tatsache übernommen, daß dies der einzige Weg war, eine funktionierende staatliche Ordnung aufrechtzuerhalten.

Die Kontinuität der Siedlungsformen, wie sie sich in der Geschichte der Städte nachweisen läßt, der materiellen Kultur und der sozialen Struktur erfuhr zunächst keine einschneidende Unterbrechung. Nicht nur die Schicht der *humiliores* blieb naturgemäß in ihrer alten Funktion und Stellung erhalten. Auch die dominierende Rolle der Grundherrschaft auf dem flachen Land dauerte fort. Der Großgrundbesitz in spätrömischen Formen mit seinen ausgeprägten Abhängigkeitsverhältnissen und seinen Anbaumethoden blieb als Wirtschaftssystem (abgesehen von einzelnen technischen Entwicklungen) erhalten. An der Rolle der *coloni* wie an der Verwaltung der großen Güter durch *conductores* änderte sich nichts. Vor allem kam es zu keiner durchgreifenden Enteignung der alten Besitzer, auch wenn die einseitige Perspektive der Betroffenen in manchen Quellen dies verschleiert. Die mächtige senatorische Grundaristokratie überlebte in großer Zahl mit ihrem ererbten Besitz, ihrem Lebensstil und ihrer Bildungswelt. Das wiederum war von eminenter Wirkung auf die neue Schicht germanischer *possessores*, die ihren Grundbesitz im gleichen Stil verwalteten wie ihre römischen Nachbarn. Die traditionellen Formen der spätrömischen Grundherrschaft kamen dem ›Haus-Denken‹ der germanischen Einwanderer mehr entgegen als eine auf kalkulierte Rentabilität ausgerichtete Wirtschaftsform. Daher verschmolzen die Gruppe der alten und der neuen Herren verhältnismäßig schnell: das gemeinsame ständische Eigeninteresse der kleinen Schicht grundbesitzender Adelsfamilien verhinderte jede fundamentale Veränderung der sozialen Ordnung.

Für die gleichen grundsätzlichen Probleme, vor denen jeder der neuen Staaten stand, ergaben sich jeweils sehr verschiedene Lösungen. Wie in den Lösungen unterscheiden sich die Germanenreiche auch sehr erheblich in ihrer Lebensdauer.

b) Die Vandalen in Afrika (429-534)

Das Reich der Vandalen, 429 begründet, war in vieler Hinsicht der eigentümlichste unter den germanischen Nachfolgestaaten. Bis 534 beherrschten die Vandalen mit Nordafrika eine der

Kornkammern des Reiches, dazu Sizilien, Sardinien, Korsika und die Balearen. Im Gegensatz zu allen anderen germanischen Stämmen haben sich die Vandalen als Seemacht etabliert und damit um die Mitte des 5. Jahrhunderts einen so großen Einfluß- und Machtbereich gewonnen, daß sie für einen Augenblick zusammen mit den Hunnen die kommenden Herren des Westens schienen.

Allerdings bewahrten die Vandalen (ähnlich wie die Ostgoten) ihre bedeutende Stellung im Zentrum des Mittelmeeres nur unter ihrem großen Gründerherrscher Geiserich (428-477). Er hat den Angriff auf Afrika geplant und durchgeführt, wobei die Vandalen im Lauf eines guten Jahres über 1000 km Küste besetzten. Gegen den Widerstand der kaiserlichen Truppen, des Adels und des katholischen Klerus war bis 432 das Land erobert, wobei zumindest Teile der Bevölkerung wie die extremen Donatisten mit den eindringenden Vandalen sympathisierten. Drei Jahre nach der Eroberung der Hauptstadt Karthago erzwang Geiserich von der kaiserlichen Regierung einen Vertrag (442), der dem souveränen Vandalenherrscher Nordafrika mit Ausnahme der mauretanischen Provinzen und von Teilen Tripolitaniens überließ. Die weitere Expansion vollzog sich über das Mittelmeer, nachdem der Untergang des Aëtius 454 und die Invasion der Hunnen die militärische Stellung der oströmischen wie der weströmischen Regierung geschwächt hatten. Die Balearen, Korsika, Sardinien und Sizilien wurden erobert, gleichzeitig die Küsten Italiens gebrandschatzt — 455 wurde sogar die alte Hauptstadt Rom ausgiebig geplündert. 474 erkannte auch der römische Kaiser Zenon in einem Vertrag formell Unabhängigkeit und territorialen Bestand des Vandalenreiches an und schloß einen ›ewigen Frieden‹ mit ihm.

Geiserich selbst hatte noch kaum Latein gesprochen. Doch seine Nachfolger gerieten schnell unter den überlegenen Einfluß der römischen Bildung. Das hinderte allerdings Hunerich nicht daran, während seiner kurzen Regierung (477-484) ein Schreckensregiment über die katholische Kirche Afrikas zu errichten. Gunthamund (483-496) hob die Verfolgung der Katholiken wieder auf; unter seinem Nachfolger Thrasamund (496-523), der mit Theoderichs Schwester Amalafrida verheiratet war, begann erneut die Deportation von Bischöfen. Unter Thrasamund gefährdete die zunehmende Verweichlichung der vandalischen Kriegerkaste bereits die Abwehr der Berber an der Süd- und Südwestgrenze. Mit den letzten Königen setzt der Verfall dann sichtbar ein. Hilderich, am Hofe in Constantinopel aufgewachsen und mehr Römer als Vandale, begann nach seiner Thronbesteigung 523 erneut eine liberale Kirchenpolitik, wurde aber deswegen 530 abgesetzt und durch den Kronprinzen Gelimer gefangengehalten. Die Entthronung Hilderichs bildete zumindest offiziell den Anlaß für das Eingreifen Justinians in Afrika, das sich freilich durch Perserfeldzüge und innere Schwierigkeiten in Byzanz bis 533 verzögerte.

In seiner Staats- und Gesellschaftsordnung hebt sich das Vandalenreich deutlich von den anderen Germanenstaaten ab. Hier war die Fusion mit dem spätrömischen System am wenigsten ausgeprägt; was die Vandalen an eigenen Formen schufen, ist freilich recht ungermanisch. Das schroffe Nebeneinander von Altem und Neuem ist im Vandalenreich stärker als anderswo. Die Vandalen bildeten neben Romanen und Berbern eine verschwindende Minderheit; die gesamte Volkszahl bei der Überfahrt betrug etwa 80 000 Menschen. Die Einwanderer wurden nicht wie bei den anderen germanischen Staaten zwischen der römischen Bevölkerung über das gesamte Land hin im System der *hospitalitas* angesiedelt. Der Grundbesitz des provinzialen Adels wurde rücksichtslos enteignet (nur in den Randgebieten blieb noch großer Besitz in römischem Eigentum). Aus Kronland und konfisziertem Privatbesitz in den Provinzen Africa-Proconsularis und Byzacena wurden die *sortes Vandalorum* gebildet. Diese bedeutenden, steuerfreien Güter der vandalischen Krieger, auf denen die Colonen zur Bewirtschaftung verblieben, sind am ehesten mit spätrömischen Soldatengütern vergleichbar. Auf diese Weise wurde die vandalische Herrschaftsschicht eng um die Hauptstadt konzentriert, straff militärisch in Tausendschaften organisiert. Der exklusive Zusammenschluß der vandalischen Kriegerkaste (Ehen zwischen Vandalen und Römern waren wie anderswo verboten) mochte anfänglich nationales Sonderbewußtsein und militärische Kampfkraft erhalten. Am Ende aber führte er zu einem Sinken der Truppenstärke und des Widerstandswillens, das sich dann 533 in der unrühmlich schnellen Niederlage der vandalischen Kavallerie dokumentierte. Zur Verwaltung der römischen Untertanen blieb unter einer Art Premierminister (*praepositus regni*) die alte Provinzialstruktur und Städteverfassung erhalten; die Steuer wurde weiterhin nach dem System der *capitatio* eingezogen.

Wie die vandalische ›Besatzung‹ in einer rationalen und fast künstlichen Weise organisiert war, so hat auch die Monarchie kaum Züge des alten Stammeskönigtums erhalten. Schon Geiserich beseitigte gegen blutigen Widerstand den Einfluß des Adels wie die Rechte der Versammlung der Gemeinfreien und schuf eine militärische Autokratie. In der absoluten Verfügung des Königs über Krieg und Frieden, Heerführung und Politik trug sie spätrömische Züge. Auch die Nachfolge war nicht im Sinne der germanischen Erbfolge, sondern als Seniorat geregelt: jeweils der älteste männliche Nachkomme erhielt den Thron. Vom Kaiser in Constantinopel war der vandalische König völlig unabhängig. Es gab nicht einmal mehr eine nominelle Anerkennung der Souveränität des Kaisers; der Vandalenherrscher trat als gleichberechtigter Souverän zu ihm in Beziehung. Anders als in den übrigen Germanenreichen war von Anfang an mit dem imperialen Gedanken gebrochen.

Die militärische Autokratie dieses Staates, in dem eine germanische Flotte neben dem üblichen militärischen System eines vom Adel getragenen Reiterheeres stand, war erzwungen durch die innenpolitische Situation des Vandalenreiches. Nirgendwo war die ständige Bedrohung der Herrschaftsschicht so groß wie hier. Sie stand von Anfang an in doppelter Front gegen ihre romanischen und katholischen Untertanen und gegen die Mauren, die großen Berberstämme an den Rändern des vandalischen Herrschaftsgebietes.

Im Vandalenreich herrschte — mit kurzen Unterbrechungen — die schärfste antikatholische Religionspolitik aller Germanenreiche. Mögen auch Victor Vitensis und andere katholische Schriftsteller rhetorisch übertreiben — schon Geiserich ging sehr systematisch vor: Kirchen und kirchlicher Besitz wurden konfisziert, Bischöfe ins Exil geschickt und katholischer Gottesdienst auf Land in vandalischem Besitz verboten. Hunerich griff zu noch schärferen Maßnahmen. 4966 Bischöfe und Kleriker wurden nach Süden deportiert und praktisch den Berbern ausgeliefert. 484 ließ er durch eine Synode arianischer und katholischer Bischöfe das katholische Bekenntnis als Häresie verurteilen und wandte die schärfsten kaiserlichen Ketzergesetze aus der Donatistenzeit gegen die Katholiken an. Auch unter Thrasamund verloren die Katholiken in Afrika erneut ihre Kirchen und ihre Bischöfe. Diese Repressionsmaßnahmen erzeugten einen ständig wachsenden latenten Widerstand, wenn es auch nirgends zu offener Rebellion kam. Aber die grausame und gewalttätige Religionspolitik hat wohl mehr als die Plünderungszüge — auch wenn, verglichen mit dem geradezu wissenschaftlich gründlichen Vorgehen der Vandalen in Rom im Jahre 455, die westgotische Eroberung von 410 eine dilettantische Angelegenheit war — dazu beigetragen, das falsche historische Schlagwort des ›Vandalismus‹ zu prägen.

Genausowenig wie die Vandalen den kirchlichen Konflikt zu lösen vermochten, gelang es ihnen, das Maurenproblem zu bereinigen. Zunächst wegen der Orientierung der Vandalen auf das Mittelmeer hin, dann infolge des Verfalls ihrer militärischen Kraft waren die Wüsten- und Gebirgsgrenzen nie vor ständigen Überfällen und Einfällen der Berberstämme sicher. Diese Situation trug zum relativ schnellen wirtschaftlichen Niedergang Afrikas bei, das bis ins 5. Jahrhundert hinein eine der blühendsten und reichsten Provinzen gewesen war. Dennoch hat die vandalische Herrschaft einen kurzen kulturellen Nachsommer in Afrika hervorgebracht. Unter den letzten Vandalenkönigen blühten die Rhetorenschulen, am Hofe der Könige lebten lateinische Dichter wie Fulgentius von Ruspe oder Dracontius. Ihre preziösen, Martial nachahmenden Epigramme voll priapeischer Anspielungen geben einen Abglanz vom luxuriösen Leben der vandalischen Oberschicht in den Villen und Bädern des Landes. Aber sie sind spätlateinisches Epigonentum, ohne jede Spur vandalischen Einflusses. Lediglich Kunsthandwerk germanischer Tradition ist in Spuren erhalten. Aber die Qualität ist gering, wie sich auch die vandalischen Münzen, verglichen etwa mit ostgotischen Münzen byzantinischen Stils, ziemlich barbarisch ausnehmen.

Die vandalische Herrschaft, die nach wenig mehr als 100 Jahren der eigenen Apartheidpolitik und den ungewohnten Umweltbedingungen erlag, hat Kultur und Wirtschaft Afrikas um Jahrhunderte zurückgeworfen. Daß aber die vandalische Seeherrschaft und Seeräuberei Handel und Wirtschaft im Mittelmeer lahmgelegt und den Prozeß der Rückkehr zur Naturalwirtschaft im Westen entscheidend gefördert habe, kann nicht zutreffen. Denn die Wirkung der vandalischen Seeherrschaft drängt sich auf wenige Jahrzehnte zusammen; sie ließ schon unter den Nachfolgern Geiserichs sehr schnell nach. Dauernde Schäden hat diese zeitweise Störung des Mittelmeerhandels nicht hinterlassen.

c) Die Ostgoten in Italien (493–553)

Das Ostgotenreich war noch kurzlebiger als das der Vandalen: Die ostgotische Herrschaft über Italien hat nur 60 Jahre gedauert. Wie bei den Vandalen sind in der Geschichte des Ostgotenreiches deutlich zwei Phasen zu unterscheiden: die Herrschaft des Gründers Theoderich und die Regierung seiner Nachfolger. Unter der Herrschaft Theoderichs erlebte das Ostgotenreich seine kulturelle Blütezeit. Gleichzeitig war es außenpolitisch unter den ostgermanischen Staaten führend, da Theoderich als einziger der damaligen Germanenherrscher eine konsequente und größere Zusammenhänge mit einbeziehende, nicht bloß auf die Erweiterung des eigenen Gebiets bedachte Politik verfolgte.

Ein Grundziel dieser Politik waren freundschaftliche Beziehungen mit dem Kaiserhof in Constantinopel. Es ist Theoderich auch gelungen, während seiner Regierung Konflikte mit Ostrom zu vermeiden — mit Ausnahme kirchenpolitischer Fragen und der Annexion von Sirmium (504), die jedoch die einzige Vergrößerung des ostgotischen Territoriums auf Kosten des Imperiums blieb. Ein zweites politisches Ziel war es, die Grenzen des eigenen Herrschaftsbereichs durch ein kompliziertes System von Bündnissen mit den übrigen germanischen Herrschern zu sichern — vielleicht auch, in einem solchen Gleichgewicht der Kräfte eine Art führender Vermittlerrolle zwischen den Germanen und Constantinopel zu spielen. Möglicherweise verband Theoderich damit die Vorstellung, durch eine lose Föderation der Germanenstaaten oströmischen Expansionsabsichten im Westen entgegenzuwirken. In ihrer ersten Phase war Theoderichs Außenpolitik der Bündnisse erfolgreich. Er selbst heiratete 493 eine Schwester des fränkischen Königs Chlodwig, gab eine seiner Töchter dem Westgotenkönig Alarich, eine andere dem burgundischen Thronfolger Sigismund zur Frau; seine Schwester schloß im Jahre 500 die Ehe mit dem Vandalenkönig Thrasamund. Aber das Netz dynastischer Heiraten erwies sich als nicht stark genug für eine Friedenssicherung. Die sorgfältig konstruierte Balance wurde durch den Aufstieg der merowingischen Macht schnell und empfindlich gestört.

Mit dem Ausgriff Chlodwigs über die Grenzen seines eigenen Reiches begann die zweite Phase von Theoderichs Außenpolitik. Seine diplomatischen Anstrengungen vermochten nicht zu verhindern, daß im Jahre 507 Merowinger und Burgunder in der Nähe von Poitiers den Westgotenkönig Alarich II. entscheidend schlugen und ohne Widerstand nach Süden vordrangen. Entschlossen, die Franken von der Mittelmeerküste fernzuhalten, ließ Theoderich seinen General Ibba in der Provence gegen die Burgunder aufmarschieren und annektierte das Land bis nach Arles. Im Namen des unmündigen Westgotenkönigs Amalarich, für den er die Regentschaft führte, eroberte Theoderich anschließend Septimanien für die Westgoten zurück und stürzte in Spanien den Gegenkönig. Während der Regentschaft über Spanien stärkte Theoderich seine Position durch Bündnisse mit den Thüringern, einem mächtigen germanischen Stamm im Rücken der Franken, und mit den Herulern an der Donau. Die Politik des germanischen Mächtegleichgewichts erwies sich auf die Dauer zwar als erfolglos. Das Ostgotenreich vermochte aber unter Theoderich auch in der Isolierung seine führende Stellung zu behaupten. Chlodwigs Tod (511) bremste vorläufig den fränkischen Expansionsdrang; mit dem Regierungsantritt des orthodoxen Justin verbesserten sich nach einer Zeit religionspolitischer Streitigkeiten auch die Beziehungen zu Constantinopel wieder.

In den letzten Jahren von Theoderichs Herrschaft braute sich freilich das Unwetter bereits zusammen. Außenpolitisch bahnte sich ein Zusammenspiel zwischen Byzanz und dem katholischen König der Burgunder an; zugleich wurden Absichten der fränkischen Politik auf Oberitalien erkennbar. Die Heruler waren von Ostrom als *foederati* gewonnen und damit ebenso zu einer Gefahr geworden wie die inzwischen mit Theoderich verfeindeten Vandalen. Auch innenpolitisch stand Theoderichs Regierung unter einem unglücklichen Stern. Antiarianische Maßnahmen des oströmischen Kaisers provozierten eine Vertrauenskrise zwischen den gotischen Machtträgern und dem römischen Senatsadel in Italien. Der alternde und kranke König, in seinem sonst ruhigen Urteil durch Mißtrauen getrübt, ließ um 524 seinen führenden Berater Boethius hinrichten, den Papst gefangensetzen. Als er 526 starb, war die ostgotische Herrschaft in Italien bereits in den Grundfesten erschüttert. Sie blieb eine genauso einzigartige und persönliche Leistung wie das monumentale Mausoleum des Königs in Ravenna.

Als Charakter erscheint Theoderich, der mit eigener Hand seinen Gast Odoaker tötete, zweifelhaft; daß er als Herrscher Italiens zu staatsmännischer Größe und Mäßigung aufstieg, ist sicher. Theoderich war mit sieben Jahren als Geisel nach Constantinopel gekommen, hatte elf Jahre dort gelebt, seine Ausbildung erfahren und eine Prinzessin des kaiserlichen Hauses geheiratet. Diese Herkunft mag die Stärke des spätrömischen Elements in den Formen seiner Herrschaft erklären. Der bewußte Versuch, die Ordnungen des Imperiums unter der gotischen Besatzung soweit als möglich zu erhalten, unterscheidet sie von allen anderen Germanenreichen. *Civilitas* als Koexistenz zwischen Goten und Romanen war Theoderichs Leitgedanke. »*Regnum nostrum imitatio vestra est [...] unici exemplar Imperii*« (»meine Herrschaft ist ein Abbild der Euren, [...] ein Beispiel des einzigartigen Imperiums«) schrieb er 508 an den Kaiser Anastasios.[18] In der Selbstinterpretation des Königs ist die gotisch-germanische Auffassung weitgehend zurückgetreten. Für seine Untertanen war er »*Flavius Theodericus Rex*«, *de facto* unabhängig, aber doch immer den Kaiser des »einzigen Reiches« als obersten Souverän anerkennend. Daher verzichtete er auf eigene Münzprägung und Gesetzgebung; er erließ nur Edikte, die lediglich in Italien galten. »*Theodericus gloriosissimus et inclytus rex [...] semper Augustus, propagator Romani nominis*« nennt ihn eine Inschrift[19]: sie entspricht seiner Einstellung, als germanischer König einen politischen Auftrag des weiterlebenden Imperiums zu erfüllen — als der »letzte römische Herrscher« im Westen.[20]

Dem politischen Selbstverständnis des Herrschers entsprechend war das Ostgotenreich auch seiner Struktur nach das am stärksten romanisierte Germanenreich. Zwar gab es auch hier keine innere Verbindung des römischen und germanischen Elements, sondern einen dualistischen Staatsaufbau. Aber der Grundgedanke Theoderichs war die gegenseitige Ergänzung beider Völker im friedlichen, wenn auch nach Rechten und Pflichten deutlich geschiedenen Zusammenleben von Germanen und Römern. In seiner Religionspolitik, die völlig tolerant gegenüber dem Katholizismus war und sogar Versuchen arianischer Übergriffe wehrte, wie in seiner Innenpolitik zeigte sich das Bestreben, gerecht und im Sinne einer Wohlfahrt beider Völker zu regieren. Theoderich bleibt die bedeutendste staatsmännische Figur unter den Germanenherrschern der Zeit — freilich um den Preis, daß seine Goten im Staat auf den Status einer ausländischen, gut bezahlten Kriegerkaste beschränkt sind.

Die Goten wurden in Italien nach dem System der *hospitalitas* angesiedelt. Als *possessores* zahlten sie, anders als die Vandalen, Steuern. Allerdings gab es in weiten Teilen Italiens, wie in Calabrien und Apulien, keine gotischen Siedler. Doch war im Ostgotenreich ein Drittel allen Landes *hospitalitas-pflichtig*. Waren darauf keine Germanen angesiedelt, so mußten die *tertia* finanziell durch eine Steuer abgegolten werden. Später gab es Möglichkeiten, diese Steuer abzulösen; in manchen Kaufverträgen wird ausdrücklich erklärt, das zu verkaufende Land sei frei von solchen Auflagen — »*libera a sorte barbari*«. Auch hier bleiben die Colonen als Arbeitskräfte auf den übereigneten Gütern. Gotisches Siedlungsgebiet war vor allem der Norden Italiens, konzentriert um Ravenna, Verona, Pavia und Mailand. Mitten unter den romanischen Provinzialen blieben die Goten doch immer eine Art Fremdkörper — eine angesiedelte Armee als militärische Grundlage des Königtums. Sie lebte nach eigenem Recht auf ihren Gütern, ohne Familienverbindung und als Arianer ohne religiöse Gemeinschaft mit der Zivilbevölkerung, von gotischen *comites* und *duces* kommandiert.

Daneben bestand die römische Staats- und Gesellschaftsordnung fort: Provinzeinteilung, Munizipalverfassung, Steuerverwaltung und Beamtensystem. Theoderich behielt den Apparat einer kaiserlichen Zentralverwaltung mit ihrem Stab bei, ebenso einen *praefectus praetorio* für Italien und einen *praefectus urbi* für Rom. Der Senat trat, vom König stets mit Respekt behandelt, weiterhin in Rom zusammen; die hohen Staatsämter wurden mit Männern wie Symmachus, Cassiodor oder Boethius besetzt. Die Rechtsprechung über Romanen lag gemäß dem Prinzip der Personalität des Rechts in römischer Hand, die alte Gerichtsverfassung wurde nicht angetastet. Im Korps der Sajones schuf Theoderich ein auch mit militärischen Aufgaben betrautes Korps königlicher Agenten, das auch zum Schutz von Römern vor Erpressung oder Unterdrückung durch Goten eingesetzt wurde.

Als politisches Gebilde blieb das Ostgotenreich ephemer. Aber die ostgotische Herrschaft bewahrte die Kultur der Romania in Italien auch im 6. Jahrhundert ungebrochen; das wurde ein Markstein auf dem Wege der Tradierung antiken Kulturgutes in das Mittelalter. Germanischen Einfluß gab es nur in der Kleinkunst, vor allem im Goldschmiedehandwerk wie in den Tierstilfibeln des Schatzes von Cesena. In allen Germanenreichen zeugt die Kleinkunst des ›Völkerwanderungsstils‹ (›germanischen Tierstils‹) von einer mit den Zügen der Ostgermanen weit nach Süd- und Westeuropa vordringenden Kunstströmung. Im Grunde stammt freilich dieser Stil mit seinen abstrakt-expressionistischen Tierfiguren und den in Goldfiligran gefaßten Halbedelsteinen und farbigen Glaspasten in Formgebung und Motiven aus der (›graeko-sarmatischen‹) Kunst der pontischen Griechen, der euroasiatischen Steppennomaden und des Iran. Was sonst geschaffen wurde, war durchaus spätrömisch-byzantinisch. In Rom und in Verona ließ Theoderich römische Bauten restaurieren, darunter das Colosseum. Neu entstanden nicht nur Nutzbauten wie Befestigungen und Wasserleitungen, sondern auch Paläste und vor allem Kirchen. In der Hauptstadt Ravenna, die in die-

Abb. 18: Westgotische Adlerfibel

ser Zeit ein blühendes Gemeinwesen war, wurden Werke im reinen byzantinischen Stil errichtet: die Basilika von San Apollinare Nuovo, das arianische Baptisterium und der nicht erhaltene Palast des Königs, dessen Frontansicht von einem Mosaik in San Apollinare bewahrt ist. Dazu kam der allein schon technisch großartige Bau des Mausoleums. Die damals in Italien geprägten (Kaiser-)Münzen zeigen nicht nur im Stil, sondern auch in Legenden wie *Roma invicta* das bewußte Fortsetzen spätrömischer Staatstradition.

Ravenna war auch ein Austauschzentrum für zivilisatorische Errungenschaften. Theoderich vermittelte dem König der Burgunder eine Wasseruhr, Chlodwig einen Zitherspieler und einen byzantinischen Arzt. Am Hofe entwickelte sich ein reges literarisches und geistiges Leben. Rom und Mailand bildeten weitere Zentren. Grammatiker, Rhetoren, Juristen und Ärzte waren in staatlichen Stellungen, Dichter wie Ennodius von Pavia oder Rusticus Elpidius am Hof tätig. Theoderich, der seine Tochter Amalaswintha in Latein und Griechisch ausbilden ließ, besaß offenbar wie sein Neffe Theodat (dem Prokop eine bessere Kenntnis Platons als der Kriegführung attestierte) persönlich Interesse an der Erhaltung der spätlateinischen Literatur. Kreise des Senatsadels sorgten weiterhin für Neueditionen klassischer Autoren wie Vergil oder Horaz. Drei Namen aber verkörpern den wahren Rang des geistigen Lebens im ostgotischen Italien: Boethius, Cassiodor und Benedikt von Nursia. Boethius, aus einer alten Familie des Senatsadels stammend, um 480 mit 30 Jahren Konsul, dann *magister officiorum* (Kanzler), wurde um 524 in den letzten Jahren der Regierung des Theoderich hingerichtet. Theologe, Naturwissenschaftler und Dichter, im Besitz aller enzyklopädischen Bildung seiner Zeit, war er der eigentlich philosophische Kopf unter den dreien. Nicht nur seine im Kerker geschriebene *Consolatio Philosophiae* ist für die Geistesgeschichte wichtig geworden, sondern ebenso seine Übersetzung und seine Kommentierung des Aristoteles. Was er übersetzt und kommentiert hat, ist das einzige, was das Mittelalter bis zur beginnenden Hochscholastik von Aristoteles besessen hat.

Flavius Magnus Aurelius Cassiodorus Senator (um 490 bis um 580) hat wie Boethius eine Politik kulturellen und religiösen Ausgleichs zwischen Römern und Goten vertreten. Der Sohn eines Prätorianerpräfekten aus angesehener kalabrischer Adelsfamilie ist als Großgrundbesitzer und als Staatsmann im Dienst Theoderichs eine typische Erscheinung des spätrömischen Senatsadels. Jung zum Kabinettssekretär des Königs ernannt, wurde er nach dem Hochverratsprozeß des Boethius dessen Nachfolger als *magister officiorum*, schließlich 533 unter Athalarich Prätorianerpräfekt (Chef der Zivilverwaltung in Italien). Der Staatsmann Cassiodor hinterließ in den *Variae* eine als zeitgeschichtliches Quellenmaterial wertvolle und für die Ausbildung des mittelalterlichen Kanzleistils bedeutsame Sammlung von 468 Briefen und Urkunden der königlichen Kanzlei. Seine *Gotengeschichte* hat sich nur in der kompendiösen Zusammenfassung des Jordanes (aus der Mitte des 6. Jahrhunderts) erhalten, der das Werk bis zum Tode des Witiges weiterführte und gleichzeitig zu einem Pamphlet für die gotischrömische Assimilationspolitik ummünzte.

Seine wichtigste Tätigkeit entwickelte Cassiodor nach dem Ausscheiden aus dem Staatsdienst. Das Projekt einer christlichen Hochschule in Rom schlug fehl. Statt dessen gründete er auf den ausgedehnten Besitzungen seiner Familie bei Squillace in Calabrien das ›Kloster‹ Vivarium, in dem er als Lehrer und Organisator noch 40 Jahre lang unermüdlich wirkte. Vivarium war nicht eigentlich ein Kloster, sondern ein Studienzentrum mit mönchischem Anstrich, das eine große Bibliothek enthielt und dessen Mitgliedern Cassiodor vor allem eine Aufgabe stellte: das Studium der Theologie und der profanen Wissenschaften in Verbindung mit dem Abschreiben und Kommentieren theologischer wie weltlicher Literatur. Als eine Art in die Arbeit von Vivarium einführender Enzyklopädie verfaßte er seine *Institutiones divinarum et humanarum litterarum;* der erste Teil ist eine Einleitung in das theologische Studium, der zweite (der im Mittelalter in verschiedenen Versionen stark nachgewirkt hat) ein Abriß der sieben *artes liberales.* Wiewohl als Schriftsteller ohne künstlerischen Rang und mehr ein enzyklopädischer Sammler als ein origineller Denker, hat Cassiodor durch dieses christlich-lateinische Bildungsprogramm einen entscheidenden Anstoß für das Weiterleben der klassischen Tradition im Westen gegeben.

Cassiodors geistige Haltung wie die in Vivarium inaugurierte Bewegung des Bewahrens und Kommentierens heidnischer und christlicher Literatur wurde deswegen so wirksam, weil sie sich auf die Länge mit dem Schaffen Benedikts von Nursia verband. Um 480 geboren, hat Benedikt zunächst in Subiaco im Apennin östlich von Rom als Mönch und Abt gelebt, dann um 529 sein eigenes Kloster in Monte Cassino gegründet. Die Regel, die er für das Zusammenleben seiner Mönche entwarf, ist die Gründungsurkunde des lateinischen Mönchstums. Wichtig an der *regula Benedicti* ist die *discretio:* die Bändigung orientalischer Mönchsaskese in maßvollem Gemeinschaftsleben; wichtig aber auch, daß sie neben das Gebet und neben die Handarbeit für den wirtschaftlichen Unterhalt als wesentliches Element des Klosterlebens die *meditatio* setzt: das Lesen und Meditieren. In diesen benediktinischen Begriff der *meditatio* geht allmählich der Grundgedanke von Vivarium ein; Klöster werden fortan Heimstätten von Wissenschaft und Literatur, in denen dann vor allem unter irisch-angelsächsischem Einfluß das Abschreiben von Schriftstellern eine große Rolle spielt. Das abendländisch-benediktinische Mönchstum als geistige Lebensform bewahrt, als die Laienbildung im 8. Jahrhundert vollends abstirbt, beträchtliche Teile auch der weltlichen Literatur der römischen Antike. Das Wirken von Cassiodor und Benedikt, von entscheidendem Einfluß auf das Entstehen der mittelalterlichen Kultur, ist das auf die Dauer wichtigste Ereignis unter der Ostgotenherrschaft in Italien.

d) Das Westgotenreich

Das Königreich der Westgoten in Südfrankreich und Spanien ist der dauerhafteste Ostgermanenstaat geworden; erst die ara-

bische Eroberung setzte ihm 711-713 ein Ende. Für die Westgoten gestaltete sich der Kampf um die Erringung der Herrschaft erheblich schwieriger, als er anderswo war. Sie hatten
sich nicht nur mit stark romanisierten, katholischen Provinzialen auseinanderzusetzen — wobei wiederum der Bekenntnisgegensatz zahllose Probleme schuf —, sondern zugleich mit zwei
selbständigen politischen Gruppen: im Norden und Nordwesten Spaniens saßen die germanischen Sueben und in deren
Nachbarschaft die von der römischen Verwaltung niemals rest-
los unterworfenen Basken. Der Prozeß der Durchsetzung der
germanischen Herrschaft dauerte deswegen ein ganzes Jahrhundert — von Eurich (466-484) bis zu Leowigild (568-586). In
diesem Prozeß einer straffen Einigung Spaniens durch die In-
korporierung der Basken und Sueben verlagerte sich zugleich
unter dem Druck der Merowinger der Schwerpunkt der Westgotenherrschaft von Südfrankreich nach Spanien.
Die Westgoten waren ursprünglich — nach ihrem Abzug aus
Italien 418 — in den Gebieten um Bordeaux und Toulouse als
foederati angesiedelt worden (vgl. oben S. 129). Jahrzehntelang
erwiesen sie sich trotz temporärer Spannungen als brauchbare
Alliierte des weströmischen Hofes. Theoderich I. (418-451) fiel
als Verbündeter des Aëtius an der Spitze seiner Goten in der
Schlacht auf den Katalaunischen Feldern. Theoderich II. (453
bis 466) führte wie andere Westgotenkönige im römischen
Auftrag ›Befriedungsaktionen‹ gegen die Sueben durch. Aber
die Westgoten waren nicht mehr mit der Rolle halbselbständiger Alliierter zufrieden. Die Ausdehnung in Richtung auf das
Mittelmeer erreichte 462 mit der Eroberung der Narbonnensis
ihren ersten Erfolg. Der eigentliche Gründerherrscher war Eurich, der 466 seinen Bruder Theoderich II. ermorden ließ. Unter
seiner Herrschaft (bis 484) wurde das Westgotenreich für wenige Jahrzehnte zum ausgedehntesten germanischen Herrschaftsgebiet auf altem Reichsboden. Den fortschreitenden Zerfall des weströmischen Staates ausnutzend, schob Eurich in Gallien die Grenzen seines Reiches bis zur Loire, der Saône und
der Rhône vor — im erbitterten Kampf gegen die lokale Aristokratie und die katholischen Bischöfe der Auvergne. In hart-
näckigem Ringen mit dem eingesessenen Adel und nach oft
jahrelanger Belagerung der festen Städte eroberten seine Gene-
rale Schritt für Schritt Spanien. Lediglich Galicia im äußersten
Nordwesten blieb unter suebischer Herrschaft, ebenso wahrten
die Basken ihre Unabhängigkeit. Den militärischen Besatzungen in den Städten folgten bald westgotische Siedler. In den
Jahren 475 und 477 erkannten die Kaiser von Westrom und
Ostrom, Nepos und Zenon, das *fait accompli* an: die Souveränität des Westgotenreiches in den eroberten Gebieten. Nach
dem Tod des Nepos okkupierte Eurich zusätzlich noch Arles

und Marseille, also die bis an die Grenze Italiens reichende Region.
Zentrum des ›Tolosanischen Reiches‹ war der Hof Eurichs in Toulouse (Tolosa). Freilich ließ sich das riesige Gebiet, in dem die Westgoten höchstens 2 % der Bevölkerung stellten, schon unter den schwächeren Nachfolgern des hochbegabten und energischen Eurich (Alarich II., Theoderich und Amalarich, 484-531) nicht mehr halten. Nach der Beseitigung des Syagrius wurde der Druck der verbündeten Merowinger und Burgunder auf die westgotische Nordgrenze ständig stärker; immer mehr Westgoten zogen von Südfrankreich auf neues Siedlungsland in Spanien. Im Jahre 507 brachte die Niederlage von Vouglé (bei Poitiers) gegen Chlodwigs Franken das Ende des Tolosanischen Reiches. Durch das Eingreifen des Ostgoten Theoderich konnte zwar Septimanien gehalten werden. Aber der Schwerpunkt des westgotischen Staates verschob sich endgültig nach Spanien mit Toledo als neuem Herrschaftszentrum.
Nach dem Ende der Dynastie Eurichs 531 erschütterten schwere innenpolitische Auseinandersetzungen zwischen König und Adel den Staat: »Die Goten hatten nämlich die abscheuliche Gewohnheit angenommen, einen König, der ihnen nicht paßte, zu ermorden, und den zum König einzusetzen, der ihnen gefiel.«[21] Tatsächlich wurden Amalarich wie Theudis (531-548) und Theudegisel (548-549) ermordet. Agila (549-554) sah sich bald einer katholischen Opposition, deren Zentrum Cordoba war, gegenüber und wurde durch den schon 531 zum Gegenkönig erhobenen Athanagild (554-567) ersetzt. Die justinianische Intervention in Spanien 553 begann offiziell zunächst als Unterstützung des Aufstandes von Athanagild. Unter dem Eindruck der byzantinischen Eroberungsabsichten wandte sich Athanagild gegen seinen bisherigen Verbündeten, vermochte die byzantinischen Besatzungen aber nur zum Teil zu vertreiben. Cordoba und die Küstenstädte blieben in byzantinischer Hand. Erst Leowigild (568-586) gelang die Rückeroberung Andalusiens mit Cordoba.
Parallel zur außenpolitischen Entwicklung des Westgotenreiches begann ein langsamer Ausgleich zwischen römischen und germanischen Elementen. Die Romanisierungstendenz der germanischen Herrscher war zwar zunächst keineswegs so eindeutig wie im Ostgotenreich. Am Anfang stand in Gallien wie in Spanien das Nebeneinander von Goten und romanisierten Provinzialen. Freilich machte auch nach der Konzentration der westgotischen Siedler in Spanien — deren Niederlassung zwischen 495 und 533 sich in Grabfunden mit Fibeln der Völkerwanderungszeit (pontischer oder hunnischer Tierstil) gut verfolgen läßt — der gotische Bevölkerungsanteil niemals mehr als etwa 3 % aus. Die Ansiedlung der Goten in Südfrankreich er-

folgte nach dem Prinzip der *hospitalitas*. Statt eines Drittels umfaßten jedoch (auf jeden Fall bei den spanischen Siedlungen) die *sortes* der gotischen *hospites* bald zwei Drittel vom Grund und Boden der römischen Vorbesitzer. Die *sortes* waren, auch wenn diese Bestimmung oft umgangen wurde, erblich; offenbar unterlagen sie keiner Besteuerung.

Für den König bildeten zwar Goten und Romanen zusammen ein Volk — *populus noster*. Aber zunächst lebte die germanische Siedlerschicht — diese wiederum in Oberschicht und Unterschicht, *potentiores* und *inferiores*, sozial geschieden — neben den romanisierten Provinzialen, mit eigenem Recht und Heiratsverbot. Trennend wirkte wiederum der religiöse Gegensatz, wiewohl die westgotische Kirchenpolitik liberaler war als die vandalische. Ein fanatischer Arianer wie Eurich versuchte zwar zeitweise durch das Verbot der Wiederbesetzung katholischer Bischofssitze den Katholizismus zurückzudrängen. Aber seine Nachfolger respektierten, zweifellos aus innenpolitischen Rücksichten, die katholische Kirche und ihre Rechte geradezu skrupulös. Dennoch blieb eine aus dem Bekenntnisunterschied gespeiste latente Opposition bis zu den justinianischen Kriegen in Spanien wirksam; stellenweise wurden die kaiserlichen Truppen von den Katholiken als Befreier begrüßt. Auf die Dauer erwies sich der Arianismus gegenüber der festgefügten katholischen Hierarchie und ihrer Theologie als unterlegen. Das beschleunigte den Prozeß der Angleichung, der bei den Westgoten anders als in den übrigen Staaten Schritt für Schritt zu einer völligen kulturellen Integration des germanischen Elements führte.

In der Kultur des Westgotenreiches sind germanische Elemente fast nur im engen Bereich der Goldschmiedekunst zu fassen. Aber selbst hier werden schon gegen Ende des 6. Jahrhunderts die Formen des Völkerwanderungsstils langsam durch Spätrömisches überlagert. Wurden vielleicht anfänglich am Hof noch germanische Heldenlieder vorgetragen, so lebten schon in der nächsten Umgebung Theoderichs II. Vertreter der spätlateinischen Literatur wie der Kanzler Leo, eine Mischung aus Historiker, Dichter und Jurist, oder der Rhetorikprofessor Lampridius. Sie erreichten in ihren Gedichten bei weitem nicht den Rang des Sidonius, aber sie verkörpern wie er die den germanischen Eindringlingen überlegene Kulturtradition der gallo-römischen Aristokratie. In der sakralen wie in der profanen Baukunst wirkte das Vorbild spätrömischer Anlagen wie Centcelles (Provinz Taragona) mit seinen Jagdmosaiken nach.

Auch im Westgotenreich gab es neben der Organisation der germanischen Armee, die mit Ausnahme einiger Festungsbesatzungen nur zu Kriegszeiten nach Hundertschaften im Heerbann aufgeboten wurde, eine Verwaltung in spätrömischen Formen.

Eine modifizierte Provinzialeinteilung mit *rectores* oder *iudices* als Gouverneuren blieb bestehen; ebenso die Verfassung der *civitas* unter einem *comes,* der zugleich Militärbefehlshaber war — eine typische Vereinfachung des spätrömischen Systems. Stäbe von niederen Beamten waren mit Provinzialen besetzt, in die großen Hofämter teilten sich Germanen und Romanen. Die Beamten waren vom König ernannte und besoldete Laienbeamte. Das spätrömische Steuersystem fand samt den an ihr Amt gebundenen Curialen weiterhin Verwendung. Daneben spielten die Einkünfte des Kronlandes (*domus fiscales*) eine bedeutende Rolle für den Staatshaushalt.

Die Herrschaft des Königs, der sich *dominus noster gloriosissimus Rex* titulierte, unterschied sich wenig von der eines spätrömischen absoluten Monarchen. Ähnlich wie bei den Vandalen hat sich die alte germanische Wahlmonarchie nicht erhalten. Die Versammlung der Gemeinfreien mit ihren politischen Ansprüchen war längst verschwunden. Der Adel hat zwar immer wieder versucht, im Kampf gegen die absolutistisch regierende Erbmonarchie das Wahlkönigtum germanischer Art mit dem König als *primus inter pares* durchzusetzen. In der ersten Hälfte des 6. Jahrhunderts führte das zu einem zeitweiligen Niedergang der Monarchie und zu einer raschen Aufeinanderfolge von Wahlkönigen aus dem Hochadel. Das einzige Ergebnis war jedoch eine weitgehende Auflösung der Zentralgewalt. Mit Leowigild, der eine blutige Säuberung unter dem oppositionellen Adel durchführte — »Leowigild tötete alle, die gewohnt waren, die Könige zu beseitigen, und ließ keinen von ihnen aus dem Mannesstamme übrig«[22] —, begann die Neubefestigung der königlichen Herrschaft nach byzantinischem Muster.

e) Die Burgunder

Die drei stark romanisierten ostgermanischen Staaten, in denen die Germanen stets nur eine schwache Minderheit darstellten, waren alle mittelmeerisch orientiert. Der kurzlebige Staat der Burgunder stand nach der Ansiedlung in Savoyen lange Zeit in ähnlich engen Beziehungen zum weströmischen Staat wie die Westgoten. Verschiedene Könige waren *magistri militum*; auch Burgunder waren an der Schlacht auf den Katalaunischen Feldern auf römischer Seite beteiligt. In ständiger Auseinandersetzung mit Alamannen und Franken gelang die Ausdehnung des burgundischen Herrschaftsgebiets im Süden bis zur Durance, im Norden und Nordosten bis nach Langres und in die Gegend von Solothurn. Hauptstadt wurde Lyon. Unter Gundobad (um 490-516) war das Burgunderreich zunächst mit Ostrom und den Ostgoten verbündet, um sich gegen den fränkischen Druck zu halten. Unter dem Einfluß des führenden katholischen Bischofs Avitus von Vienne, der einer der geschicktesten Diplomaten der Zeit war, wechselte Gundobad jedoch die Front und verbündete sich mit Chlodwig. Während nach der Schlacht von Vouglé die westgotischen Territorialverluste dank der Unterstützung Theoderichs gering blieben, war Burgund der eigentliche Verlierer. Unter Gundobads schwachem Nachfolger Sigismund (516-523) nahmen die Burgunder offiziell das katholische Bekenntnis an. Nach neuen Auseinandersetzungen mit dem Merowingerreich wurde Sigismund schließlich von fränkischen Truppen in dem Kloster, in das er sich geflüchtet hatte, in einem Brunnen ersäuft. Sein Bruder und Nachfolger Godomer (523-533) vermochte Burgund in ständigen Kämpfen noch eine Zeitlang zu halten; unter Theudebert I. (533-547) wurde es endgültig dem Merowingerstaat einverleibt. Seinem Aufbau nach unterschied sich das Burgunderreich trotz einzelner Differenzen nicht grundsätzlich von den ostgermanischen Staaten; die Synthese zwischen Germanentum, spätrömischer Ordnung und spätlateinischer Kultur vollzog sich in ähnlicher Weise.

f) Das Frankenreich der Merowinger

Kam es im Westgotenreich zu einer immer stärkeren Dominanz des spätrömischen Erbes, so war in dem 486 auf dem Boden Galliens begründeten Fränkischen Reich der Merowinger die Ausgangslage von vornherein anders: katholische Siedlung statt arianischer Herrschaft. Romanisierte Provinzialen und fränkische Einwanderer verschmolzen kulturell und ethnisch verhältnismäßig schnell. Dabei spielten von Anfang an zwei Dinge eine entscheidende Rolle: das Fehlen des Systems der *hospitalitas* und das Fehlen einer konfessionellen Barriere — denn die Franken wurden bei ihrem Übertritt zum Christentum 498/499 nicht Arianer, sondern Katholiken. Dabei war die Bekanntschaft der Franken mit dem Imperium und seiner Kultur ursprünglich viel geringer als die der Ostgermanen, während Gallien vor allem im Süden das vielleicht am stärksten romanisierte Provinzialgebiet darstellte. Tatsächlich war auch die Dichte der Besiedlung und damit die Bevölkerungsmischung in den einzelnen Regionen des Fränkischen Reiches sehr unterschiedlich, was in der weiteren Geschichte dieses Staates eine bedeutsame Rolle spielte. Durch archäologische Funde, Sprach- und Ortsnamenforschung lassen sich die Verhältnisse noch einigermaßen rekonstruieren. Im Norden und Nordosten gab es eine Zone ziemlich intensiver fränkischer Besiedlung. In Belgien und im nordfranzösischen Maasgebiet hatten sich seit den späten 4. Jahrhundert starke Kontingente fränkischer Krieger, vermischt mit Alamannen und Thüringern, als Föderaten niedergelassen. Eine Vielzahl der für diese Stämme typischen Reihengräberfelder, in denen die Männer mit ihren Waffen, die Frauen mit ihrem Schmuck begraben sind, bezeugt die Dichte der Besiedlung. Nach der (im 10. Jahrhundert fixierten) germanisch-romanischen Sprachgrenze lag die südliche Grenze dieses zunächst fluktuierenden Gebiets schließlich etwa auf der Linie Boulogne-Brüssel-Lüttich-Metz.[23] Hier war der Anteil der Franken an der Bevölkerung sehr viel stärker als der der Germanen in allen anderen germanischen Staaten — schätzungsweise bis zu 20%. Das führte zusammen mit den relativ engen Beziehungen zu England und den angrenzenden westgermanischen Stammesgebieten zu einer weitgehenden Germanisierung dieser Region.

In den neueroberten südlicheren Gebieten kam es dagegen auf die Dauer kaum zu einer nennenswerten germanischen Siedlung. Es gab zwar nach Ausweis der Reihengräber in dem Gebiet um Reims und Paris noch Gruppen germanischer Einwanderer, die jedoch hier schon nicht mehr dominierend wirkten. Weiter im Süden und im Westen war die fränkische Herrschaft lediglich durch einzelne vom König angesiedelte Adlige und durch Truppen vertreten. Der gesamte Süden des Fränkischen Reiches blieb daher fast ausschließlich von romanischen Provinzialen und dem einheimischen Adel bewohnt. Doch gerade diese auch wirtschaftlich nach dem Mittelmeer orientierte Region wurde zum Schwerpunkt der merowingischen Macht. Der germanisierte Norden spielte, obwohl dort der Großteil der Armee siedelte, bis zum späteren 7. Jahrhundert ein geringere Rolle. Die weiter südlich gelegenen Städte wie Reims, Soissons, Paris und Orléans waren neben Metz die politischen, wirtschaftlichen und geistigen Zentren des Reiches. Der fränkische Staat der Merowinger war vorwiegend ein neustrischer Staat — Neustrien hieß die südwestliche Mittelregion im Gegensatz zum nordöstlichen Austrasien.

Zu Beginn des 5. Jahrhunderts dehnte sich zwar das fränkische Siedlungsgebiet am Rhein aus, aber Sueben, Burgunder oder Westgoten schienen sehr viel eher zu zukünftigen Herren der reichen gallischen Provinzen bestimmt. Doch unter der Herrschaft Childerichs (um 464-481) und seines außergewöhnlich befähigten Sohnes Chlodwig wurden die Franken in wenigen Jahrzehnten nicht nur die Herren Galliens, sondern der führende germanische Staat neben Theoderichs Ostgotenreich. Beim Tode Childerichs — dessen Grab mit dem Siegelring ›Childarici Regis‹ 1653 in Tournai gefunden wurde — war Chlodwig erst 16 Jahre alt. Das Bild seiner Persönlichkeit wurde schon früh (vor allem durch die eigenwillige Darstellung in Gregor von Tours *Frankengeschichte*) durch Haß und Lobhude-

lei verzerrt. An seiner Energie, Vitalität und Intelligenz ist kein
Zweifel, aber auch nicht an seiner Brutalität (es kam ihm nicht
darauf an, in einem Racheakt einen seiner Soldaten mit eigener
Hand zu erschlagen), Hinterlist und Unzuverlässigkeit. Doch
er war neben Theoderich und Justinian damals der stärkste
politische Kopf im Mittelmeerraum. In einer raschen Folge
diplomatischer Schachzüge und militärischer Operationen ma-
növrierte er — zunächst nur einer unter anderen fränkischen
Stammesfürsten — seine Gegner aus und vergrößerte sein bis
dahin nur bis zur Somme reichendes Herrschaftsgebiet zum
fränkischen Kernstaat. Im Jahre 486 stürzte er Syagrius in
Soissons (vgl. oben S. 133). 496 (oder 497) schlug er die Alamannen zurück, inkorporierte einen Teil ihres Gebietes und be-
siegte die Westgoten bei Tours. 507 wurde im Bündnis mit
den Burgundern der größere Teil des westgotischen Südfrankreich erobert. Bevor er die Eroberung von Burgund selbst in die
Wege leiten konnte, starb er (511).
Chlodwig hat nicht nur dem fränkischen Staat seine territoriale
Grundlage geschaffen. 498/499 nahm er das katholische
Christentum an und ließ sich mit 3000 seiner Soldaten vom
Bischof Remigius von Reims taufen. In nüchterner Einschät-
zung des Religionsproblems in den anderen Germanenstaaten
hat Chlodwig mit dem Übertritt zum Katholizismus von
Anfang an den Grund für die innere Einheit seines Reiches
und den Zusammenhalt seiner Untertanen gelegt. Die Etablierung des katholischen Frankenreiches auf dem Boden Galliens
hat wie kein anderes Ereignis im Zerfallsprozeß des Weströmischen Reiches die zukünftigen Geschicke der westeuropäischen
Völker bestimmt.
Die Geschichte der Nachfolger Chlodwigs ist eine verworrene
und blutige Geschichte der Zerrüttung. Außenpolitisch wurde
die weitere Ausdehnung der Grenzen des Fränkischen Reiches
um 537 abgeschlossen. 533/534 wurde Burgund erobert —
wirtschaftlich und kulturell, aber auch wegen der strategisch
günstigen Lage zum ostgotischen Italien die wichtigste Erwer-
bung der Chlodwigsöhne. Im Süden wurde das westgotische
Gebiet annektiert, mit Ausnahme von Septimanien (dem Kü-
stengebiet um Narbonne), das bis zur arabischen Eroberung
westgotisch blieb. Theudebert I. erzwang von den unter dem
Druck der justinianischen Reconquista stehenden Ostgoten die
Abtretung der Provence (537) und gewann damit den für die
Wirtschaft des Merowingerreiches, aber auch für seine politische Orientierung wichtigen Anschluß an das Mittelmeer. Die
Ostgrenze des Reiches war im 6. wie im 7. Jahrhundert in zahl-
losen Feldzügen gegen Thüringer, Sachsen und Bayern ständig
umkämpft. Einzig bleibendes Ergebnis dieser militärischen
Operationen war 531 die Eroberung des thüringischen Gebiets

bis zur Saale durch Theuderich I. (511-533). Damit hatte das Merowingerreich im wesentlichen die Grenzen erreicht, die es bis zum Anfang des 8. Jahrhunderts beibehielt. Nicht ohne wohlgefällige Übertreibung berichtete Theudebert I. — der als erster Merowinger eigene Goldmünzen mit dem Augustustitel prägte — dem Kaiser Justinian, seine Herrschaft reiche vom Ozean bis nach Pannonien.

Die Innenpolitik war eine Folge von dynastischen Auseinandersetzungen der verschiedenen Linien des merowingischen Hauses, ihrer Prinzen, Prinzessinnen und Könige. In keinem germanischen Staat wurde Politik mit zimperlichen Mitteln getrieben. Aber selbst wenn man die schaurig-schönen Übertreibungen der *Geschichte* des Gregor von Tours und der Chronik des Fredegar — der Hauptquellen für diese Zeit — außer Betracht läßt, haben Verbrechen, Greuel und Laster im Hause der Merowinger ihr eigenes Ausmaß. Grausamkeit, Verrat, Mord, Ehebruch, Blutschande, Alkoholmißbrauch waren für die Merowinger (und für einen Teil ihres Adels) alltäglich. Chlodomer, einer der Chlodwigsöhne, ließ den burgundischen König Sigismund ersäufen, so wie sein Vater ausgeschaltete politische Gegner ermordet hatte. Die Frauen des Hauses wie Fredegunde standen ihren Männern in nichts nach.

Dynastische Kämpfe führten zu einer ständigen Aufspaltung des Frankenreiches in (nicht immer zusammenhängende) Teilherrschaften. Die germanische Erbteilung wurde auf die dynastische Nachfolge übertragen: das *regnum* war eine Art von privatem Besitz, nicht eine öffentliche Institution. Austrasien, Neustrien, Aquitanien und Burgund wurden im Wechsel von Jahrzehnten, oft nur von Jahren, geteilt, wieder zusammengefaßt, erneut geteilt oder neu gruppiert. Ansprüche eines einzelnen auf die Gesamtherrschaft führten zu bestialischen Ausrottungskampagnen unter den anderen Linien und ihren Nachkommen. Eine erste Phase gewalttätiger Erbauseinandersetzung spielte sich unter den Söhnen Chlodwigs ab, von denen schließlich Chlothar I. von 558-561 als Alleinherrscher übrigblieb. Nach seinem Tode setzte eine Serie neuer Bürgerkriege ein, die zur politischen Desintegration des Reiches führte. Erst im 7. Jahrhundert kamen unter Chlothar II. (613-629) und Dagobert (623-638) die Reichsteile nochmals unter einheitliche Herrschaft. Nur in diesen beiden relativ kurzen Zeitspannen war das Merowingerreich nach Chlodwig überhaupt unter *einem* Herrscher zusammengefaßt, wenn auch die Region von Paris mit ihren Königssitzen lange eine Art gemeinsames Zentrum bildete und eine gewisse Koordinierung der Außenpolitik ermöglichte.

Dennoch entsprach der innere Zustand des Reiches im ganzen zunächst nicht dieser Zerrüttung der Königsgewalt durch

Machtkämpfe. In der politischen und gesellschaftlichen Struktur, im Miteinander von Frankentum, *romanitas* und Katholizismus, mischten sich germanische und römische Elemente anders als in den ostgermanischen Staaten. Doch ließ auch hier das Übergewicht des Südens das fränkisch-germanische Element lange Zeit sehr stark in den Hintergrund treten.

Im Königtum der Merowinger verbanden sich spätrömische und germanische Elemente. Die Nachfolgeordnung durch Reichsteilung beruhte auf der personalen germanischen Auffassung der Macht. Lange bestand auch der germanische Glaube an das Königsheil fort (mit dem die traditionelle lange Haartracht der Könige eng verbunden war). Aber stärker waren auch in der merowingischen Monarchie absolutistische Züge, deutlich besonders im Gebrauch von Methoden des zentralistischen Beamtenstaates spätrömischer Prägung. Die Volksrechte der Heeresversammlung waren völlig ausgeschaltet, die Rechte des Adels zumindest zeitweise zurückgedrängt. Der König galt als unumschränkte Quelle aller Autorität. Grundlagen seiner Macht waren neben einem Beamtenstab das Heer und ein bedeutender Grundbesitz. Die wirtschaftliche Stärke des Königs war durch die Übernahme des römischen *fiscus* mit seinem ausgedehnten Landbesitz, Bergwerken und Steinbrüchen, ergänzt durch die Steuereinnahmen und Zölle, erheblich. Wie ein römischer Kaiser erklärte er: »Wenn jemand Unsere Befehle mißachtet, wird er durch Ausstechen der Augen bestraft.«[24]

Auch das Verhältnis zwischen König und Kirche beruhte auf der Herrschaft des Königs in der altetablierten Kirche Galliens. In der Kirchenpolitik gab es zwar kein Konfessionsproblem, doch dafür andere Schwierigkeiten. Einzelne Kirchen und Bischofssitze wurden von den Königen überreichlich mit Besitz und Immunitäten ausgestattet. Im ganzen aber war die Kirche, genau wie andere Untertanen, einem strengen Steuerregime unterworfen; Gregor von Tours berichtet wieder und wieder von Auseinandersetzungen der Könige mit ihren Bischöfen über Steueransatz und Steuerablieferung. Zudem wurde ein Großteil der Bischofssitze als Sinekuren für verdiente Anhänger und Hofbeamte verwandt. Etwas von der Einheit von Politik und Religion, die das Byzantinische Reich charakterisierte, lebte auch im Frankenreich Chlodwigs; er erklärte (nach Gregor) das Ziel seines Krieges gegen die Westgoten folgendermaßen: »Es mißfällt mir durchaus, daß diese Arianer immer noch einen Teil Galliens besetzt halten. Laßt uns mit Gottes Hilfe hingehen, sie besiegen und das Land erobern.«[25] Politischer Feind und Häretiker gelten als eines — wenn das auch für Chlodwig selbst eher die bequeme Kaschierung eines machtpolitischen Interesses war.

Das Gesellschaftsgefüge entsprach weiterhin der spätrömischen

Ständeordnung. Die Unterschiede in Sprache, Kultur und Recht — ursprünglich lebten die Franken nach ihrem Volksrecht, der unter Chlodwigs Regierung abgefaßten *Lex Salica*, die romanischen Untertanen und die Kirche nach dem Westgotenrecht des *Breviarium Alaricianum* — wichen bald einer weitgehenden Verschmelzung, wobei bezeichnenderweise im Merowingerreich auch germanische Vorstellungen wie das Wergeld ins Reichsrecht eindrangen. Ein Eheverbot zwischen Römern und Germanen bestand von Anfang an nicht. In den Machtkämpfen der ersten Merowingerzeit war der Uradel der Wanderungszeit praktisch verschwunden. An seine Stelle trat ein neuer Dienstadel, der sich schnell mit dem senatorischen Adel des südlichen Gallien (welcher bis zum Ende des 6. Jahrhunderts keine rechtlichen Privilegien, aber eine bedeutende gesellschaftliche Stellung besaß) zu einer einheitlichen Schicht großgrundbesitzenden Adels zusammenschloß. Soziale Stellung, wirtschaftliche Verfassung und Lebensstil dieser Adelsgesellschaft trugen ›feudale‹ Charakterzüge — das geht aus der Schilderung hervor, die Sidonius Apollinaris vom Leben des romanisierten Adels und des hohen katholischen Klerus im Süden auf den großen Landgütern mit ihren Thermen, Bibliotheken und damastgeschmückten Speisesälen gibt. Aber ein personales Gefolgschafts- oder Vasallenverhältnis zwischen König und Adel, das die Feudalität erst konstituiert, bestand noch nicht. Dennoch wurde in den späteren Phasen des Merowingerreiches neben den dynastischen Machtkämpfen die Auseinandersetzung zwischen dem großgrundbesitzenden Hochadel und der königlichen Gewalt das eigentliche innenpolitische Problem (vgl. unten S. 244). Dieser politische Prozeß hat die gleichen Grundlagen wie die Auseinandersetzung zwischen Zentralregierung und Senatsadel im 5. Jahrhundert und ist daher im Ansatz, wenn auch nicht im Ergebnis, damit durchaus vergleichbar.

Das eigentliche Instrument der königlichen Herrschaft war der weiterlebende spätrömische Verwaltungsapparat, der lange Zeit noch mit Romanen und mit Laienbeamten besetzt war. Er war im Merowingerreich freilich in manchem wesentlich vereinfacht. Die Aufgaben der alten Zentralverwaltung übernahm der (mit dem Herrscher von Residenz zu Residenz ziehende) königliche Hof, der als ambulantes Verwaltungszentrum in vieler Hinsicht den Charakter eines germanischen Königshaushaltes trug. Wichtigste Funktionäre waren die *referendarii;* sie führten das königliche Siegel und erledigten administrative wie finanzielle Geschäfte als oberste Berater und Beamte des Königs. Die königliche Kanzlei fertigte die Urkunden nach dem Vorbild der byzantinischen Hofkanzlei aus. Die alte Provinzverwaltung bestand nur in der Provence mit einem *praefectus* fort. Im übrigen war die Verwaltungseinheit im Merowingerreich die *civitas* (im nördlichen Austrasien der *pagus*), der ein direkt dem König verantwortlicher und von ihm ernannter Beamter mit dem Titel eines *comes* vorstand. Diese ›Grafen‹ vereinigten, wie häufig schon die spätrömischen *comites*, administrative, fiskalische, richterliche und militärische Funktionen. Die Goldwährung wurde beibehalten, ebenso das Steuersystem, wenn auch gegen Ende des Jahrhunderts die Erhebung und Nachführung der Kataster offensichtlich in Schwierigkeiten geriet und die Steuermoral des großen Grundbesitzes sich nicht gerade hob. In einzelnen Fällen, wie unter Chilperich I. (561 bis 584), kam es sogar zu blutig niedergeschlagenen Aufständen gegen die königliche Steuereintreibung.

Mit der spätrömischen Verwaltungsstruktur bestand vorläufig auch die alte Wirtschaftsordnung im Merowingerreich weiter. Das geldwirtschaftliche System war keineswegs verschwunden, auch das Wergeld war noch keine Kompensation in Sachwerten. Handel und Gewerbe spielten neben der landwirtschaftlichen Produktion noch ihre Rolle. Das 6. Jahrhundert brachte nach den Wirren des 5. Jahrhunderts sogar eher wieder eine leichte ökonomische Stabilisierung; auch die Handelskontakte mit der oströmischen und orientalischen Welt nahmen wieder zu. Der Goldsolidus wurde als Währung beibehalten; die merowingischen Könige prägten bis zum Beginn des 7. Jahrhunderts neben der eigenen auch noch Kaisermünzen. Unter Chlothar II. (584-629) verdrängte in den südfranzösischen Münzstätten der Name des Königs den Kaisernamen: *Victoria Augustorum* wurde auf dem Revers ersetzt durch *Victoria Chlotarii*. Das städtische Leben erholte sich bis zu einem gewissen Grade von den Invasionen des 5. Jahrhunderts. Neue Städte entstanden zwar nicht; auch die seit dem 4. Jahrhundert häufig verkleinerten Wohnflächen wurden nicht wieder vergrößert. Vor allem im Süden dienten aber ummauerte Städte mit relativ dichter Bevölkerung wie Marseille, Fréjus, Nîmes oder Toulouse nicht nur als administrative und kirchliche Zentren, sondern sie waren auch weiterhin Sitz von Gewerbe und Handel. Wie die archäologischen Funde zeigen, wurden Gewerbebetriebe, vor allem Töpfereien, Webereien und Kunstschmieden, weitergeführt und warfen offensichtlich Gewinn ab. Die Stadt war der Austauschmittelpunkt der umliegenden ländlichen Regionen und des noch verhältnismäßig intensiven Binnenhandels.

Auch der Fernhandel hatte anscheinend, soweit er Import war, im 6. Jahrhundert noch einen erheblichen Umfang und war oft recht lukrativ. Bei Gregor von Tours kommen Kaufleute vor wie »Chariulfus, ein sehr reicher und einflußreicher Mann, dessen Magazine und Geschäfte in der Stadt einen sehr großen Zulauf hatten«. Spekulationsgeschäfte, wenn auch durch die unsicheren Transportverhältnisse oft risikoreich, wurden gerne getätigt: »Der Handelsherr Christophorus erfuhr (in einer Zeit, in der es Versorgungsschwierigkeiten gab), daß eine große Ladung Wein gerade in Orléans angekommen war. Er reiste sofort mit einem von seinem Schwiegervater aufgenommenen Darlehen dorthin, kaufte den Wein auf verlud ihn auf Flußschiffe.« Während er selbst zu Pferd nach Hause zurückreiste, wurde er allerdings unterwegs von seinen beiden sächsischen Sklaven erschlagen, die ihn begleiteten.[26] Der Seeverkehr beschränkte sich nicht auf das Mittelmeer mit Byzanz, Ägypten, Syrien und Afrika; Bordeaux und Nantes trieben einen lebhaften Handel mit den britischen Inseln und mit Nordspanien. Hauptzentren waren jedoch die südfranzösischen Häfen Marseille, Narbonne, Nizza und Fos. Sie wurden nach altem römischem System verwaltet; königliche Beamte erhoben den Zoll. Von dort nahm die große Verkehrsader ihren Anfang, die durch das Rhônetal verlief und über die der Handel und damit Rudimente eines geldwirtschaftlichen Systems die germanischen Gebiete im Norden erreichten. Führend im Seehandel mit dem östlichen Mittelmeer waren syrische und jüdische Kaufleute. Wie später im hohen Mittelalter herrschten Luxuswaren vor: Gewürze, Datteln, feine Textilien, Schmuck, Edelsteine und Papyrus. Solche Artikel erreichten selbst die nördlichen Gebiete des Frankenreiches; auch hier gefiel man sich in der Nachahmung der gerade in Constantinopel tonangebenden Moden. Ebenso war der Import von Olivenöl im Orienthandel eine gute Geldanlage. Dazu kam die Einfuhr von Kamelen, die in der westgotischen und burgundischen Armee sowie im Handel als Transportmittel eine Rolle spielten. Auffällig bleibt freilich, daß Nachrichten über den Export von Waren aus Gallien im Gegensatz etwa zum 4. Jahrhundert sehr spärlich sind.

Auch auf dem bedeutendsten wirtschaftlichen Sektor, der Landwirtschaft, hat sich der spätrömische Charakter erhalten. Die großen Landgüter des Adels mit ihren Colonen und Sklaven entsprachen in den Formen der landwirtschaftlichen Nutzung wie in ihrer Tendenz zur geschlossenen Hauswirtschaft den großen *villae* des 4. und 5. Jahrhunderts. Neben der Grundherrschaft bestand jedoch in den romanisierten Dörfern des Südens wie vor allem im Norden auch ein freies Kleinbauerntum; diese Menschen lebten in Dörfern und Höfen mit niederen strohgedeckten Häusern, die durch einfache Holzpalisaden von den umliegenden Gärten, Wiesen und Feldern abgetrennt waren. Eine gewisse Erleichterung der Steuerlasten wie langsam verbesserte Anbaumethoden gaben dieser Gruppe einen neuen ökonomischen Rückhalt. Ein Beispiel technischen Fortschritts war es, daß neben der alten Handmühle sich nun die spätrömische Wassermühle und große, von Ochsen getriebene Mühlen immer stärker durchsetzten. Anthimos, der von

Theoderich an Chlodwig vermittelte byzantinische Arzt, verfaßte damals eine hochinteressante kleine Schrift über die fränkischen Ernährungsgewohnheiten. Was an Fleisch, Gemüse und Früchten gegessen wurde, unterschied sich kaum von dem heute üblichen; Fisch, Geflügel und Wild richtete man mit Gemüse und mit durch Honig und Wein gewürzten Soßen an. Ein bevorzugtes Essen waren Schinken und hartgekochte Eier; letztere werden von Anthimos allerdings nicht empfohlen. Der fränkische Käse findet großes Lob, freilich nur, solange er frisch ist; wer ihn hartgesotten ißt, »braucht kein anderes Gift«[27].

Die Kirche bildete im Fränkischen Reich einen immer stärkeren Faktor geistiger wie wirtschaftlicher Macht. Durch die Einheit des Bekenntnisses war sie, anders als in den übrigen Germanenstaaten, von vornherein eine Reichskirche. Jedenfalls zu Anfang wurde sie wie dort vom König kontrolliert. Er erwarb das Recht zur Einsetzung der Bischöfe; zumindest Chlodwig hat für Synoden sogar selbst Tagesordnungen festgelegt. Der Metropolitanbischof von Arles war zwar der anerkannte Vertreter des Papstes, erhielt jedoch damit lediglich einen Ehrenvorrang gegenüber den anderen Reichsbischöfen. Prinzipiell stellte allerdings schon unter Chlodwig ein Synodalbeschluß fest, die fränkische Kirche solle Lehre und Recht der römischen beachten. Die Bischöfe rekrutierten sich aus dem Adel, im 6. Jahrhundert fast völlig aus dem gallo-römischen Senatsadel. Erst im 7. Jahrhundert waren auf der Synode von Paris 41 germanische neben 38 romanischen Bischöfen vertreten. Dieser soziologische Hintergrund und das steigende wirtschaftliche Gewicht ihrer riesigen Besitzungen und zahlreichen Steuer- und Abgabenprivilegien machten die Kirche langsam zu einem Element, das wie der Hochadel auch politisch zu einem Eigenleben tendierte.

Die fürstliche Stellung der größeren Bischöfe mit ihren umfassenden lokalen Organisationsaufgaben kam nicht zuletzt in ihren aufwendigen Bauten zum Ausdruck. Nicetius von Trier ließ seine Basilika durch italienische Steinmetzen restaurieren; die Basilika von Tours, mit dem Grab des Hl. Martin das größte Wallfahrtszentrum des Fränkischen Reiches, wurde nach dem Vorbild der Grabeskirche in Jerusalem erneuert. Zusammen mit dem gallo-römischen Adel war die Kirche ein entscheidender Motor der Romanisierung; die Kirchensprache schuf die Verbindung mit dem spätrömischen Bildungsgut. Freilich ließ, wie das merowingische Kirchenlatein, auch das geistliche Leben der fränkischen Kirche manches zu wünschen übrig. Prälaten und Priester waren häufig verweltlicht, von irgendwelcher höheren Bildung kaum berührt. Unter dem breiten Volk hatte die Kirche noch lange mit den Rudimenten heidnischer Kulte zu kämpfen. Ganz ist es nie gelungen, im Volksglauben die heilbringenden Amulette oder die zahllosen Sagen von Geistern, Dämonen und Engeln zurückzudrängen. Der Reliquienkult war ungemein populär und wurde später durch die irischen Missionare noch gefördert. Für die Reliquienhändler wie für die Goldschmiede, die zahlreiche kostbare Reliquiare schufen, bedeutete diese Seite des Glaubens ein gutes Geschäft. Die merowingische Religiosität blieb eine eigentümliche Mischung von barbarischer Vitalität und dumpfem Glauben an das Wirken über- und unterirdischer Mächte. Etwas von den nebelverhangenen Sümpfen des rheinischen Germanien steckte in ihr, das auch das klare Licht der Provence nie völlig verdrängte.

Neben der Hierarchie der Weltgeistlichen gewann das Mönchstum, aufbauend auf dem Wirken Cassians (vgl. oben S. 60), zunehmend Einfluß und Verbreitung. Schon nach der Mitte des 6. Jahrhunderts bestanden etwa 200 Klöster, vor allem im Gebiet südlich der Loire. Doch erst mit der Tätigkeit irischer Mönche seit dem Ende des Jahrhunderts begann die eigentliche Blütezeit der Klostergründungen und der kulturellen Rolle des Mönchstums.

Romanischer Adel und Kirche waren gemeinsam wirtschaftliche Träger und Inspiratoren des geistigen und künstlerischen Lebens. Wie in keinem anderen Germanenreich ist die Kultur der Merowinger eine Synthese erstaunlich verschiedener und zum Teil sehr fremder Einflüsse: in ihr vereinigen sich germanische, gallo-römische, langobardische, byzantinische, koptische und syrische Traditionen zu einer Einheit, die oft Schöpfungen einer zugleich barbarischen und raffinierten Pracht hervorbringt.

Das gilt weniger für das literarische Leben. Zwar dauerte die Tradition der spätlateinischen Grammatik- und Rhetorikschulen in den Städten des Südens wie Lyon, Vienne, Bordeaux oder Clermont, wenn auch mit bescheidenem Programm, fort; sie besaß auch noch einen Rückhalt in den großen Familien des Adels. Latein war die Sprache der Verwaltung, aber auch der Kirche und ihrer Gelehrsamkeit. Daher entstanden im 6. Jahrhundert allmählich am Bischofssitz, aber vereinzelt auch in ländlichen Pfarreien, kirchliche Schulen für den Klerikernachwuchs. Der Wandlungsprozeß des Latein zur Volkssprache setzte in dieser Zeit ein.

Vorläufig jedoch erhielt sich das Interesse am geistigen Erbe des Imperium Christianum und damit das traditionelle intellektuelle Leben, wenn auch Bildung und Literatur einen dürftigen Charakter annahmen und nur noch ein bescheidenes Wissen und geringe sprachliche Fertigkeiten vermittelt wurden. Noch um die Wende des Jahrhunderts hat Gregor der Große den Bischof Didius von Vienne zurechtgewiesen, weil er sich lieber mit Grammatik als mit Theologie beschäftige. In einzelnen Fällen entstanden Werke von einem gewissen Rang. Chilperich I. (561-584) hat selbst lateinische Gedichte verfaßt. Am Hofe Sigiberts I. (561-575) in Poitiers lebte in den sechziger Jahren der Dichter Venantius Fortunatus. Sein Lebensgang war zeittypisch: nach grammatischer, rhetorischer und juristischer Ausbildung in Ravenna kam er am königlichen Hof in Kontakt mit der als Nonne lebenden thüringischen Prinzessin Radegunde. Unter ihrem Einfluß wurde er Priester und starb schließlich als Bischof von Poitiers. Seine Gedichte sind ein letztes Aufflackern des spätlateinischen Klassizismus, eingebettet in christliches Denken. Absterben der Tradition und neue lebendige Synthese verkörpern sich kaum irgendwo so deutlich wie bei ihm. Aus seiner Feder stammen großartige kirchliche Hymnen wie das *Vexilla regis prodeunt*. Seine weltlichen Gedichte aber, meist eindeutig panegyrischer Natur, sind trotz aller formalen Geschliffenheit selten mehr als dürftige, Vergil und Ovid ausbeutende Versifikationen — so das *Epitalamium Cupidis et Verenis*, das er für die Hochzeit von Sigibert und Brunhilde verfaßte. Ein anderer Bischof, Gregor von Tours (geweiht 573, gest. 597), war der einzige bedeutende Historiker des Jahrhunderts im Westen. Seine bis 591 reichenden *Historiae* geben in den zeitgenössischen Partien ein höchst lebendiges Bild der Verhältnisse im Fränkischen Reich. Es ist der Bericht eines einigermaßen klar blickenden, wenn auch in der kirchlichen Perspektive befangenen Beobachters — ein Bericht, der freilich vielfach von Heiligen- und Wundergeschichten überwuchert ist und die Fülle der dynastischen Kämpfe und ihrer Grausamkeiten nicht immer zu einem einheitlichen Bild fügt.

In Kunst und Architektur dominierte der Süden mit seinen starken spätrömischen Traditionen. Chlodwig und seine Söhne waren große Bauherren, denen Abteien und Kirchen in den Hauptstädten des Reiches ihr Entstehen verdanken; daneben trat die Bautätigkeit der Bischöfe. Allerdings ist von der fränkischen Architektur der Zeit so gut wie nichts erhalten — mit Ausnahme des (im 7. Jahrhundert umgebauten) Baptisteriums von St. Jean in Poitiers: Anlage, Ziegelbautechnik und plastischer Schmuck der Gesimse bezeugen ebenso wie die wenigen aus dieser Zeit in Toulouse erhaltenen Kapitelle das Weiterleben des spätrömischen Stils. Dagegen ist (ähnlich wie in den anderen germanischen Staaten) der germanische Einfluß im Bereich der Kleinkunst erkennbar. Die Grabfunde der Zeit enthalten neben römischem Glas (die Werkstätten im Rheinland arbeiteten weiter) zahlreiche aus Gold, Silber, Edelsteinen und farbigen Glaspasten gearbeitete Gefäße, Gewandbeschläge, Schmuckwaffen und Fibeln. Dazu gehören unter anderem Hunderte von Zikaden aus dem Grab Childerichs, die als Symbol königlicher Unsterblichkeit auf seinen Mantel aufgenäht waren (Napoleon interpretierte sie, als er für den Schmuck seiner eige-

nen Krönungsrobe auf sie
zurückgriff, fälschlich als
Bienen). Der Völkerwande-
rungsstil mit seinen abstrakten Formen verband sich
langsam mit den hochent-
wickelten, verfeinerten Techniken und künstlerischen
Vorbildern der spätrömisch-
byzantinischen Goldschmiedekunst. Neben diese Ele-
mente trat aber in der Mero-
wingerkunst ein starker orientalischer Einfluß, der ihr
ein eigentümliches Flair ver-
leiht. Der Wohlstand der
Oberschicht und der damit
verbundene Handel mit dem
östlichen Mittelmeergebiet
brachte eine Bereicherung
durch fremde Stilelemente;
aber auch durch die Klöster
fanden über Vorbilder aus
Italien und Constantinopel
Motive und Formen aus Sy-
rien und vor allem aus der
koptischen Kunst Ägyptens
Eingang. Solche Verbindungen sind durch direkte Im-
porte bezeugt: das Lesepult

Abb. 19: Fränkischer Krieger-
grabstein (7. Jh.) aus Nieder-
dollendorf

der Hl. Radegunde in Poitiers stammt aus Syrien, Funde koptischer Bronzegefäße reichen bis weit hinauf ins Rheinland.
Auch der Einfluß koptischer Textilien ist in der zeitgenössischen fränkischen Kunst nachzuweisen.
Aus dem christlichen Orient stammt das (letztlich auf sassanidische Vorbilder zurückgehende) Motiv des reitenden Heiligen,
das sich in der fränkischen Kleinkunst ausbreitete und später
im 7. Jahrhundert zunehmend auf Grabsteinen verwendet
wurde. Deutliche Einflüsse des Koptischen zeigt auch die Relief-
skulptur in Arbeiten der Metzer Schule. Das aufschlußreichste
Stück in diesem Zusammenhang ist der Grabstein des Bischofs
Boethius von Carpentras (gest. 604). Die Hauptdekoration
besteht aus einem Kreuz mit den daran aufgehängten Buchstaben Alpha und Omega, einem damals im östlichen Mittelmeer geläufigen Motiv — wobei freilich der fränkische Kopist
in Unkenntnis des Griechischen die Reihenfolge der Buchstaben
verkehrt hat. Der Giebel mit der Inschrift dagegen steht durch-

aus in westlich-spätrömischer Tradition. Aus solchen verschiedenartigen Einflüssen erwuchs in einem auch im 7. Jahrhundert weitergehenden Prozeß schöpferischer Aneignung die merowingische Kunst in ihrer Mischung von Raffinement und Primitivität. Auch sie ist ein Zeichen dafür, daß das Frankenreich des 6. Jahrhunderts noch in der mediterranen, christlich-byzantinischen Kultur seiner Zeit lebte — ein romanisiertes Germanenreich mit starkem spätrömischem Gepräge, selbst wenn sich hier ein germanisches Element stärker als in den Ostgermanenstaaten erhalten hat. Die besonderen Ausgangsbedingungen wie das Fehlen tiefgreifender Störungen von außen ließen eine andersartige Synthese des Römischen und des Germanischen entstehen, eröffneten damit aber auch die Möglichkeit einer Entwicklung über das spätrömische Erbe hinaus.

g) Die Germanen und die spätrömische Tradition

Die aus der Begegnung mit dem Imperium entstandenen germanischen Staaten bilden nach staatlicher Ordnung, Gesellschaftsaufbau, wirtschaftlichen Formen und Kultur einen Staatstyp eigener Art. Gemeinsam ist allen Staaten außer dem Frankenreich zumindest in den Anfängen ein ›dualistischer Staatsaufbau‹; er wird durch den Bekenntnisgegensatz zwischen Katholiken und Arianern mitbedingt. Vereinigt werden die beiden Gruppen der Bevölkerung überall durch ein Königtum, das absolutistischen Charakter trägt und über eine von Laien gebildete Zivilverwaltung als Mittel der Herrschaft verfügt. Überall ist in Grundzügen der Unterbau der römischen Verwaltung, das Steuersystem und die *civitas*-Verfassung mit Städten als Zentrum erhalten. Eine auf dem byzantinischen Goldsolidus oder daran angelehnten Eigenprägungen beruhende Geldwirtschaft besteht weiter. Grundlage der Königsherrschaft ist nicht nur Landbesitz, sondern sind ebenso Abgaben und Steuern für Fiskus und Privatschatulle. Nach Überwindung der ersten Wirren hat sich die Wirtschaftsform und die soziale Infrastruktur der spätrömischen Zeit wieder eingespielt und als ungemein beständig erwiesen. Die Tendenz zur Agrarisierung der Gesamtwirtschaft hält an, doch haben die Städte mit Gewerbe und Handel noch ihren Anteil am wirtschaftlichen Leben. Der Weiterbestand des Großgrundbesitzes und damit auch von Teilen des alten senatorischen Adels ist zusätzliches Element einer Kontinuität, die sich in hohem Maße in der Siedlungsgeschichte beobachten läßt und die im unveränderten Weiterleben der Unterschicht deutlich wird. Die Rechtsentwicklung ist in diesem Zusammenhang von hohem Interesse: so sehr die Rechtssammlungen der Germanenstaaten im Gegensatz zur unitarischen und klassizistischen Rechtspolitik Justinians stehen, so

eindeutig ist darin der Sieg des Vulgarrechts eine durchaus spätrömische Tendenz.

Die Kirche bleibt trotz mancher durch die verschiedenen Be-
kenntnisse bedingten religionspolitischen Auseinandersetzungen ein Teil der großen Gesamtordnung irdischen Lebens. In
Organisation und Lehre ändert sich nichts an ihrer römischen
Tradition. Sie behält ihre auf ausgedehntem Besitz beruhende
wirtschaftliche Stellung und ihre sozialen Funktionen. Die
Herrschaft des Königs über die Kirche war wie die des spätrömischen Kaisers in den meisten Fällen unbestritten: er ernannte Bischöfe, rief Synoden zusammen und nahm oft selbst
daran teil.

Kultur und Kunst der Zeit sind trotz allem Einfluß germanischer und (mit den Germanenstämmen aus dem Osten nach
dem Westen gewanderter) iranischer Ornamentik auf die
Kleinkunst in ihrem Grundcharakter spätrömisch. Wo sich, wie
in der merowingischen Kunst, fremde Einflüsse deutlicher
durchsetzen, sind sie byzantinisch und orientalisch. Immer noch
gibt es eine von der zeittypischen Synthese des spätlateinischen
Klassizismus und des Christentums geprägte Laienbildung und
Laiendichtung. Bildung und geistige Tradition sind noch nicht
an die Kirche allein übergegangen, wenn auch erste Ansätze zur
Bindung der Kultur an sie erkennbar sind. Das Latein verändert
sich zwar zusehends, aber die Deutung dieses Vorganges als
Barbarisierung oder Verfall entspringt einer falschen Perspektive. Das Vulgärlatein schafft als Volkssprache ein Element der
Einheit zwischen Germanen und Romanen. Es ist eine Stufe
neuer, lebendiger Sprachentwicklung, die der zunehmenden
sprachlichen Hellenisierung im Osten entspricht und anders als
im Mittelalter noch kein Nebeneinander von Volkssprache und
Latein als Hochsprache kennt.

Die Romania hat zwar Einbußen erlitten: Pannonien, große
Teile von Norikum, das ostrheinische Gebiet und Britannien
sind ihr verlorengegangen. Aber im ganzen ist sie im Westen
als geistige und politische Lebensordnung bewahrt. Die Germanen, die sich auf dem alten Reichs- und Kulturboden ansiedel-
ten, sind in ihr aufgegangen. Die Germanenstaaten lassen sich
»nur in ihrer engen Verbindung mit den spätantiken Voraussetzungen und Elementen erfassen [. . .]. Das Neue, das in
dem ersten beherrschenden Auftreten germanischer Stämme
auf römischem Reichsboden unzweifelhaft liegt, erweist sich
dann als nicht so stark, daß die spätantike Tradition abgerissen
oder auch nur in eine völlig andere Richtung gedrängt worden
wäre«[28]. Die Germanen bleiben Minderheiten, die unfähig
sind, die spätrömisch-byzantinische Struktur zu zerstören und
durch etwas Neues zu ersetzen. Die alten Lebensformen dauern
unter den neuen Königen, wenn auch mit Einbußen, weiter.

Gesellschaft und Kultur, aber auch administrative Ordnungen des spätrömischen Reiches haben sich bei aller langsamen Degeneration als unerhört zählebig erwiesen. Das bezeugt auch das Selbstverständnis der Zeit: Venantius Fortunatus stellt in seinen Gedichten die ›Romania‹ der ›Barbaries‹ gegenüber — der romanisierte Franke oder Gote empfand sich als Glied und Bewahrer der Romania gegenüber der Welt der barbarischen, noch unzivilisierten (oder nichtkatholischen) germanischen Stämme jenseits der Grenzen des eigenen Reiches.

Bei aller engen Verbindung mit der byzantinischen Kultur tritt freilich auch der wachsende Unterschied zwischen Ost und West innerhalb der mittelmeerischen Einheit weiter hervor: wie sich Justinians Relatinisierung im Byzantinischen Reich als erfolglos erwies, so ging auf der anderen Seite im Westen schon seit dem 5. Jahrhundert die Kenntnis des Griechischen und damit die Vertrautheit mit der klassischen und der christlichen griechischen Literatur zunehmend verloren.

h) Die Welt im Osten: Das Sassanidenreich im 6. Jahrhundert

Die politische Umwelt von Byzanz bestand nicht allein aus den Germanenreichen des Westens. Das alte Zweifrontenproblem des Imperiums entwickelte sich im Laufe des 6. Jahrhunderts sogar zu einem Dreifrontenproblem. Die ersten Einfälle der Slawen und Bulgaren im Balkan waren allerdings nur Vorspiele — sie kündigten, ohne daß man das bereits erkannt hätte, eine dritte Front an. Doch die latente Drohung an der Ostgrenze verschärfte sich gerade in der justinianischen Zeit erneut.

Das Sassanidenreich hatte seinen ersten großen Macht- und Kulturhöhepunkt im 3. Jahrhundert unter Ardaschir I. und Schapur I. erreicht (vgl. oben S. 25 f.). Auch im 4. Jahrhundert hatte es sich unter Schapur II. als ein gefährlicher militärischer Gegner erwiesen (vgl. oben S. 111 f.). Lediglich der nach dem Tode Schapurs II. einsetzende innere Zerfall milderte den Druck an der römischen Ostgrenze und hielt für nahezu 150 Jahre die Auseinandersetzung zwischen beiden Weltmächten im Rahmen begrenzter lokaler Konflikte. Dynastische Streitigkeiten und Kämpfe mit Adel und Priesterschaft erschütterten die Macht des Königtums im 5. Jahrhundert schwer. Dazu kamen religiöse, auch ins Soziale übergreifende Auseinandersetzungen durch die revolutionäre, zum Teil auf manichäischen Vorstellungen beruhende Lehre des Predigers Mazdak. Zugleich war das sassanidische Reich selbst genau wie Byzanz an zwei Fronten bedroht. An der Nordostgrenze hatte sich in der Mitte des 5. Jahrhunderts auf dem Gebiet des alten Reiches von Kushan ein mit den Hunnen verwandter Stamm, die Hephtaliten (›weiße Hunnen‹), niedergelassen. Er bedrohte ernsthaft das iranische Hochland und fügte 484 der sassanidischen Armee eine vernichtende Niederlage bei, die den König Peroz (459-484) das Leben kostete.

Die Herrschaft Chosroes' I. (531-579) brachte eine durchgreifende Erneuerung des sassanidischen Staates — vielleicht den absoluten Höhepunkt seiner Macht und seiner kulturellen Bedeutung. Grundlagen für diesen Aufstieg legte schon Chosroes' Vater Kavadh (488-531), der sich erfolgreich gegen Adelsverschwörungen an der Macht hielt und die Stellung der Monarchie wieder stärkte — unter anderem, indem er das Amt des allmächtigen Großwesirs durch die Ernennung von vier Vizekönigen als Spitzen der regionalen Verwaltung entmachtete. Chosroes führte das Werk der Stabilisierung außenpolitisch und innenpolitisch fort. Zugleich setzte er durch die Unterdrückung der Mazdakiten der sozialen Unruhe zeitweilig ein Ende. Das Hephtalitenreich wurde endgültig zerstört, andere hunnische Stämme an der Nordgrenze abgewehrt, im Süden der Yemen in den sassanidischen Herrschaftsbereich einbezogen. Die Reorganisation der Verwaltung ging weiter, ebenso wurden Kommandostruktur und Rekrutierung der Armee verbessert. Zur besseren Grenzverteidigung siedelte Chosroes Stammeskrieger innerhalb seines Reichsgebietes um — ein militärpolitisches Mittel, das im Byzantinischen Reich Schule machte und sich bis ins Ottomanenreich vererbte.

Der Großkönig führte ein umfangreiches Wiederaufbau- und Erschließungsprogramm durch: Straßen und Kanäle wurden repariert oder neu gebaut, Bewässerungssysteme eingerichtet. Mit steigendem Wohlstand begann auch eine neue Blüte des geistigen Lebens und der Kunst. Die große, schon von Schapur I. gegründete Hochschule in Gundischapur östlich von Susa wurde von Chosroes persönlich gefördert (der Großkönig nahm einen Teil der nach der Aufhebung der athenischen Universität emigrierten heidnischen Philosophieprofessoren auf) und knüpfte Beziehungen nach Byzanz wie nach Indien an. Das indische Dezimalsystem mit den sogenannten arabischen Ziffern wurde übernommen; an der besonders bekannten medizinischen Fakultät fanden regelrechte Ärztekongresse statt, in Gegenwart des Königs und mit protokollierter Diskussion. Der königliche Hof in Ktesiphon, an Luxus und Zeremoniell Constantinopel ebenbürtig, war ein Zentrum von Kunst und Kunsthandwerk. Farbige Gewebe mit Tierszenen, Jagden und Schlachtbildern bildeten ein besonders typisches und weithin exportiertes Produkt, ebenso die sassanidischen Silberarbeiten, in denen altorientalische und achämenidische Bildtradition weiterlebte. Baktrisch-hellenistische und indische Einflüsse mischten sich mit byzantinischen Formen, vor allem aus der syrischen Kunst. Der Einfluß des westlichen Nachbarlandes war be-

Abb. 20: Der große Palast der Sassaniden in Ktesiphon

sonders stark in der Münzprägung (der wir die Porträtreihe der gesamten sassanidischen Könige verdanken, jeder mit einer eigens für ihn neugeschaffenen Krone dargestellt). Gegenüber dem Verfall der Münzkunst im 4. und 5. Jahrhundert prägte sich die Wirkung des neuen byzantinischen Stils aus. Eindrucksvoll und typisch zugleich sind die an achämenidische Traditionen anknüpfenden großen Felsreliefs der Könige. In Naqsch-i-Rustem und Taq-i Bustan reichen sie von den Siegesbildern Schapurs I. bis zu der (von einer Nische in der Art römischer Triumphbogen überwölbten) Reiterfigur Chosroes' II. in voller Rüstung.

Auch in der Architektur schuf die sassanidische Kunst in Nachwirkung parthischer Traditionen eigene Leistungen, besonders auf dem Gebiet der Palastbauten. Das Zentrum der Anlage war, umgeben von reichen Gärten und im Innern mit Bodenmosaiken und farbiger Stuckdekoration ausgeschmückt, der sogenannte Liwan — ein von zwei kleineren Hallen flankierter, tonnengewölbter und auf der Vorderseite offener Empfangssaal. Bei seiner Konstruktion wie bei der der anschließenden Palasträume entwickelten die sassanidischen Baumeister eine fortgeschrittene Kuppel- und Gewölbetechnik. Chosroes' Palast in Ktesiphon (die Taq-i-kisra) ist noch heute ein eindrucksvolles Monument seines Herrscherwillens, schon rein ingenieurtechnisch — mit einem Ziegelgewölbe von mehr als 25 m lichter Weite — eine der größten Leistungen der zeitgenössischen Architektur.

Unter Chosroes' Nachfolgern begann jedoch wieder der alte Prozeß einer Entmachtung des Königtums durch Adelsrevolten in Verbindung mit der immer eingriffsbereiten byzantinischen Diplomatie. 590 gelangte mit byzantinischer Hilfe Chosroes II. auf den Thron — der letzte bedeutende Sassanidenherrscher, dessen militärische Offensive zu Beginn des 7. Jahrhunderts für das Byzantinische Reich nahezu tödlich werden sollte.

IV. RECUPERATIO IMPERII: IDEOLOGIE UND WIRKLICHKEIT

a) Die Ausgangslage

Ausgangspunkt der justinianischen Außenpolitik war die Gesamtlage an den Grenzen des Reiches, wie sie sich um das Jahr 530 aus der Perspektive byzantinischer Militärpolitik darbot. Der Eindruck, den die byzantinische Diplomatie von den germanischen Nachfolgestaaten im ganzen gewonnen hatte, war offensichtlich der einer erheblichen Instabilität der Gesamtlage wie der einzelnen Reiche im westlichen Mittelmeerbecken. Die Germanenreiche standen in den ersten Jahrzehnten des 6. Jahrhunderts innenpolitisch auch dort, wo die Schwierigkeiten der ersten Etablierung überwunden waren, noch in der Auseinandersetzung mit ihren romanischen und katholischen Untertanen. Dazu kamen dynastische Konflikte. Deutlich war aber auch das Fehlen jeder gemeinsamen politischen Front dieser Staaten gegenüber Byzanz. Die intergermanischen Beziehungen des 6. Jahrhunderts mit ihrer komplizierten Bündnis- und Heiratspolitik sind — auch dank der Nachhilfe der byzantinischen Diplomatie — bestimmt von ständigen Rivalitäten und Versuchen, sich auf Kosten des Nachbarn auszudehnen. Der Gegensatz zwischen Chlodwig und Theoderich war unüberbrückbar und reichte über das bloß Machtpolitische tief in die politische Vorstellungswelt dieser Herrscher hinein. Diese Gesamtsituation verschaffte dem Byzantinischen Reich, als es unter Justinian die außenpolitische Passivität des 5. Jahrhunderts aufgab, von vornherein eine überlegene Ausgangsposition. Die mangelnde Koordination der Abwehr unter den Germanen hat es Justinian und seinen Generälen erst ermöglicht, ihre überlegene diplomatisch-militärische Stellung voll zur Geltung zu bringen und die germanische Welt in Einzelaktionen langsam auseinanderzubrechen.
Zu einer offensiven Außenpolitik im Westen waren finanziell die Möglichkeiten gegeben; ebenso hatte Justinian durch eine planmäßige Aufrüstung der Armee Vorbereitungen getroffen. Doch war auch die Rückendeckung im Osten zu bedenken. Die jahrhundertelange Auseinandersetzung mit den Sassaniden

hatte zeitweise zu einer Verständigung geführt, in jedem Fall aber zu einer sehr genauen Kenntnis der beiderseitigen militärischen und politischen Reaktionsweisen. Die gegenseitige Anerkennung als Mächte gleichen Ranges kam in der zeremoniellen Anrede der Souveräne untereinander als ›Bruder‹, auch noch in einem Brief Chosroes II. an den Kaiser Maurikios zum Ausdruck: »Von Anbeginn hat die Gottheit der Welt zu ihrer Führung und Erleuchtung wie zwei Augen das mächtige Reich der Römer und die erfahrene Monarchie der Perser gegeben.«[29] Die Methoden byzantinischer Diplomatie bei der Sicherung der Ostgrenze entwickelten lang bewährte römische Traditionen, die sich ihrerseits bis ins Ottomanische Reich vererben sollten: eine zunehmend verfeinerte Mischung von politischen Kontakten, Spionage und religiöser Propaganda, wirtschaftlichen Sanktionen und militärischen Aktionen, ohne die Byzanz nie die kommenden Jahrhunderte überdauert hätte. Söhne von Klientelfürsten oder selbständigen Machthabern in der Interessensphäre des Reiches wurden in Constantinopel erzogen, notfalls auch gegeneinander ausgespielt. Bestechung, Tributzahlungen und Subsidien ergänzten dieses Verfahren. An manchen Abschnitten der Grenzen entstand eine regelrechte Zone von Pufferstaaten. Dazu gehörte vorübergehend Armenien. In justinianischer Zeit war der König des nördlicher gelegenen Lazika (des heutigen Georgien) zunächst ein Verbündeter des Byzantinischen Reiches. An der zweiten kritischen Nahtstelle der beiden Großmächte, in der syrischen Wüste, lag das Klientelfürstentum der Ghassaniden, eines christlichen Araberstammes mit der Hauptstadt in Bosra; der König Harith-ibn-Gabala erhielt von Justinian den Titel eines *patricius*. Hinter dieser Zone verlief die eigentliche Wehrgrenze, die sich von der Krim über die Grenzen von Lazika und Armenien, den Oberlauf des Tigris und den Euphrat bis in das Vorland von Palmyra und nach Petra hinzog.

Nach langen Jahrzehnten verhältnismäßiger Ruhe war die persische Grenze für einige Jahre wieder gefährdet gewesen. 527 hatte Justin, die vermeintliche Gunst der Lage gegenüber dem selber von Osten her bedrängten Sassanidenreich ausnützend, mit dem Angriff auf die persische Grenzfestung Nisibis begonnen. Der sich daraus entwickelnde Krieg ging freilich kaum über das Ausmaß normaler Grenzkämpfe hinaus und wurde 532 durch einen ›ewigen Friedensvertrag‹ (der wie jeder ewige Friede nicht sehr lange gedauert hat) beendet. Damit schien die Lage soweit stabilisiert, daß nach der Überwindung der innenpolitischen Krise des Nikaaufstandes 532 und der schweren Bedenken Johannes' von Kappadokien die Offensive im Westen eröffnet werden konnte.

b) Erfolge im Westen

Die Feldzüge im Westen wurden zu einer Serie von Erfolgen durch glänzend organisierte, auf der Höhe der Kriegstechnik der Zeit stehende amphibische Unternehmungen der Generäle Belisar und Narses. In der diplomatischen Eröffnung folgten die einzelnen Offensiven jeweils dem gleichen Schema: jedesmal war die Unterstützung eines Angehörigen der Herrscherfamilie in Thronkämpfen das offizielle Motiv für das byzantinische Eingreifen.

Im Jahre 533 begann die Expedition Belisars nach Afrika. Afrika, das sich an Reichtum und Produktionskraft fast mit den großen orientalischen Provinzen messen konnte, war vom Oströmischen Reich mit sehr viel mehr Zögern und Widerstand aufgegeben worden als andere Provinzen des Westens. Der Versuch einer Wiedereroberung unter Leon I. im Jahre 468 ist allerdings gescheitert. Dagegen gelang es Belisar, mit einem Expeditionskorps von nur 18 000 Mann in einem Blitzfeldzug bis zum Sommer 534 das Vandalenreich zu zerschlagen. Die vandalische Kavallerie versagte in zwei Schlachten, Belisar führte den letzten König Gelimer als Gefangenen nach Constantinopel ab; der aus den zahllosen Plünderungszügen stammende Staatsschatz kam den byzantinischen Finanzen zugute. Gelimer konnte einen ruhigen Lebensabend auf einem großen, vom Kaiser zur Verfügung gestellten Landgut in Galatien verbringen.

Byzanz ist der wiedererworbenen Provinz nie recht froh geworden. Schon die Wiedereinsetzung der alten Grundbesitzer in ihre durch die Vandalen konfiszierten Güter schuf die größten Schwierigkeiten. Vor allem aber entwickelte sich im Anschluß an die byzantinische Eroberung sofort eine neue Berberrevolte, die in einem verwickelten Kleinkrieg weiterdauerte, in dem die schwergepanzerte byzantinische Reiterei den leichtbeweglichen Berbern auf ihren Pferden und Kamelen taktisch eindeutig unterlegen war. Es gelang der byzantinischen Armee im Grunde niemals, das Berberproblem zu lösen. Bis zur arabischen Eroberung bewirkte es eine ständige Abnutzung der militärischen Kräfte des Reiches an der afrikanischen Wüstengrenze.

Trotz der Belastung durch das Berberproblem begann nach Abschluß der Operationen gegen die Vandalen bereits im Juni 535 der italienische Feldzug gegen das Ostgotenreich. Er war als umfassende Zangenbewegung angelegt: eine Balkanarmee drang durch Serbien, Jugoslawien und Dalmatien nach Oberitalien vor, während eine Landungsarmee unter Belisar in Sizilien eingesetzt wurde. Sizilien selbst, das kaum gotische Besatzung und keine gotischen Siedler hatte, fiel fast ohne Kämpfe. Im Frühjahr 536 war der Kaiser überzeugt, »Gott werde ihm nach seinen bisherigen Erfolgen auch den Besitz aller übrigen Güter wieder gewähren, die durch Nachlässigkeit verlorengegangen seien, nachdem die alten Römer bis zu den Grenzen beider Ozeane geherrscht hätten«[30]. Tatsächlich gelang die Landung in Unteritalien, und mit einer kaum 8000 Mann starken Armee errang Belisar dank überlegenen Manövrierens und besserer Organisation erstaunliche Erfolge. Dennoch waren auf dem italienischen Festland die Kämpfe langwieriger als auf Sizilien. Neapel fiel verhältnismäßig bald, doch vom Winter 536/537 bis zum März 538 kam es zu harten Auseinandersetzungen um Rom, wo die kaiserliche Armee lange Zeit eingeschlossen war. 540 fiel schließlich Ravenna. Der Ostgotenkönig Witigis (der im Jahre 534 an die Stelle des von der gotischen Armee gestürzten, unentschlossenen Theodahad getreten war) wurde als Gefangener nach Constantinopel gebracht.

Aber wie in Afrika, freilich in gefährlicherer Form, folgte auch in Italien auf den relativ rasch errungenen ersten Erfolg der Rückschlag. Seit 540 band eine neue sassanidische Offensive einen Teil der byzantinischen Truppen an der Ostfront; in Italien erhoben sich 541 die Ostgoten unter dem neuen König Totila. Der Gotenaufstand führte zu 14 Jahre dauernden Kämpfen in Italien, bei denen nach zahlreichen Mißerfolgen Belisar als Oberbefehlshaber durch den Eunuchen Narses ersetzt wurde. Erst die verlustreiche Niederlage der Goten bei Busta Gallorum im Apennin (551) leitete den Zusammenbruch ihres Widerstandes (der durch Operationen der Alamannen und Franken in Oberitalien behindert wurde) ein. Im Jahre 555 wurden die letzten Garnisonen in Süditalien vernichtet; nur im Norden hielten Brescia und Verona (nun mit merowingischer Hilfe) noch bis 563 aus. Italien war wieder Reichsgebiet. Justinian richtete eine Verwaltung nach byzantinischem Muster ein (wobei allerdings – ein Zugeständnis an die Macht des Grundadels – die Gouverneure von den Notabeln der Provinz gewählt wurden), an deren Spitze mit militärischer wie ziviler Gewalt Narses als *patricius* stand.

Die dritte große militärische Aktion, der Angriff gegen Spanien, überschnitt sich bereits mit der Endphase des Italienkrieges. Wiederum wurden geschickt Thronfolgewirren im Westgotenreich als Ansatzpunkt ausgenutzt, und ähnlich wie in Afrika kam eine sehr kleine Landungsstreitmacht zu bedeutenden Erfolgen. Das Westgotenreich konnte zwar nicht wie das der Ostgoten zerschlagen werden, aber es gelang immerhin, neben den Balearen die wichtigsten Festungen und Hafenstädte des südwestlichen Spanien zu besetzen und dem Byzantinischen Reich wieder einzugliedern. War auch die Forderung von der Herrschaft *usque ad utriusque oceani fines* (bis zu den Grenzen beider Ozeane) nur in einem beschränkten Maß erfüllt, so be-

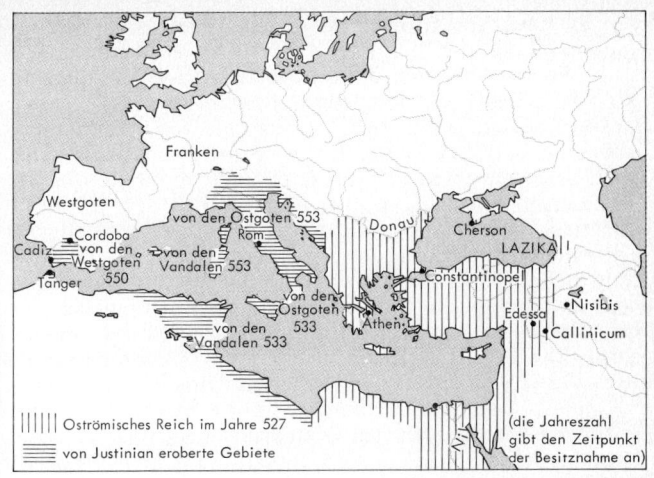

Franken

Westgoten

Cordoba
Cadiz — von den
Tanger — Westgoten
550

von den Ostgoten 553

Rom

von den
Vandalen 553

von den
Ostgoten
533

Athen

von den
Vandalen 533

Donau

Constantinopel

Cherson

LAZIKA

Edessa

•Nisibis

•Callinicum

|||||| Oströmisches Reich im Jahre 527

≡≡≡ von Justinian eroberte Gebiete

(die Jahreszahl
gibt den Zeitpunkt
der Besitznahme an)

Abb. 21: Die Rückeroberung des Westens unter Justinian

deutete doch der byzantinische Brückenkopf in Spanien neben
der seestrategisch wichtigen Kontrolle des westlichen Mittelmeerbeckens und der Straße von Gibraltar auch handelspoli-
tisch einen erheblichen Erfolg.

Im Jahre 555, nach etwas über 20 Jahren Kriegführung im
Westen des Mittelmeerraumes, war das Römische Reich wenigstens zu einem Teil wiederhergestellt. Es fehlte zwar Gallien, es
fehlten die germanischen Provinzen, Teile Spaniens und Nordafrikas. Aber die Kernländer des westlichen Reiches waren zurückerobert; das Mittelmeer war wieder ein römisch-byzantini-
sches Meer. Justinian hatte einen glanzvollen, die Zeitgenossen
tief beeindruckenden Erfolg errungen: die *recuperatio Imperii*
war weitgehend, wenn auch nicht vollständig, gelungen.

c) Bilanz der Reconquista: Leistung und Versagen Justinians

Aber dieser glanzvolle Erfolg hat seine düstere Kehrseite — die
Diskrepanz von Ideologie und Wirklichkeit. Die Eroberungs-
politik mit dem Wiedergewinn eines Teils der Reichsprovinzen
im Westen und der Herrschaft über die Küsten des Mittelmeeres
brachte schwerwiegende Konsequenzen für das Byzantinische
Reich und beeinflußte die weitere Entwicklung des gesamten
Mittelmeerraumes entscheidend. Die Zerstörung des Ostgotenreiches beseitigte die letzte widerstandsfähige Barriere gegen
das Eindringen der Langobarden in Oberitalien. Im Osten war

Byzanz zu einer gefährlichen militärischen Defensive und zur Vernachlässigung der politischen Probleme gezwungen. Die persische Front blieb trotz des ›ewigen Friedens‹ nur bis zum Jahre 540 ruhig. Geschickt den Ostgotenkrieg ausnutzend, nahm Chosroes im Jahre 540 Grenzstreitigkeiten zwischen den Ghassaniden und den Lakhmiden in Syrien zum Anlaß, die byzantinischen Ostprovinzen anzugreifen. Er drang tief ins Innere Armeniens und Lazikas, vor allem aber Syriens vor. Antiochia, das Zentrum dieser Region, wurde zerstört. Erst 545 kam es unter großen byzantinischen Zugeständnissen zu einem Waffenstillstand, der nach jahrelangen Grenzzwischenfällen schließlich 562 in einen lang dauernden Frieden umgewandelt wurde. Der darin festgelegte *status quo* (der Lazika an das Byzantinische Reich gab) blieb während der 50jährigen Laufzeit des Vertrages einigermaßen erhalten. Dies freilich nur gegen hohe jährliche Tributzahlungen an die Sassaniden — ein Preis für den Frieden, der den Staatshaushalt schwer belastete und das politische Ansehen von Byzanz im Osten erheblich schädigte.

An der persischen Front gelang es noch unter Opfern, die Grenze zu halten und zu sichern. Für den dritten Kriegsschauplatz, die Balkanfront, reichten die militärischen Kräfte des Byzantinischen Reiches in keiner Weise mehr aus. Hier betrieb Justinian von vornherein bewußt eine Defensivpolitik. An der Donau und in Thrakien wurde eine lose zusammenhängende Kette von Festungen angelegt — ein byzantinischer Limes auf dem Balkan. Hinter dieser ersten Abwehrlinie reichte ein System einzelner größerer Stützpunkte als Zentren der Verteidigung bis nach Griechenland hinein. Aber die mobilen Kräfte, die von diesen Festungen aus hätten operieren können, fehlten. Deswegen versank das kunstvolle und kostspielige System militärischer Anlagen fast ohne irgendwie nützlich gewesen zu sein, in der slawischen Flut. Sein Schicksal ähnelte dem der Kreuzfahrerfestungen in Syrien: auch sie waren militärische und technische Meisterleistungen ihrer Zeit, fielen aber am Ende ohne großen Widerstand, weil die militärischen Kräfte zur mobilen Verteidigung fehlten. Der größte Wert der byzantinischen Forts lag in ihrer Funktion als Fluchtburgen für die Bevölkerung.

Schon seit Anastasios war der gesamte Balkanraum durch die ständigen Einfälle einer Vielzahl wandernder Stämme — zunächst Hunnen und Germanen, dann aber vor allem Slawen und Bulgaren — bedroht. Die Stämme waren eine Landplage, die jährlich über die Balkanprovinzen kam wie der Ausbruch des Frühlings und die Ernte — falls man diese überhaupt einbringen konnte. Verschiedentlich drangen sie bis in die Nähe der Hauptstadt selbst vor; Saloniki und sogar Korinth waren häufig in Gefahr. Vorläufig blieb es zwar bei Beutezügen: die wandernden Stämme durchzogen in kleineren und größeren Gruppen plündernd das Land, verließen aber dann das byzantinische Gebiet wieder. Doch ihre Bewegungen waren die Vorboten der slawischen Landnahme und der bulgarischen Staatsbildung auf dem Balkan. Die slawische Völkerwanderung vollzog sich nicht geschlossen, nicht in dramatischen Aktionen großer Stammesverbände mit überragenden militärischen und politischen Führern. Sie geschah anonymer, in vielen kleinen Rinnsalen und Einzelaktionen — wobei sich freilich Slawen wie Bulgaren als vorzügliche Soldaten erwiesen, deren besondere Stärke der Bogenkampf und der Guerillakrieg war. Die Anonymität ihres Vordringens mag dazu beigetragen haben, daß die Betroffenen lange Zeit kaum bemerkten, wie sich in Südosteuropa eine gefährliche politische Depressionszone ausbildete.

In der Auseinandersetzung mit den slawisch-bulgarischen Kräften auf dem Balkan und mit der Übermacht der Sassaniden im Osten lagen die bedrohlichen politischen Themen für das Byzantinische Reich. Trotz seiner defensiven Maßnahmen auf dem Balkan unterschätzte Justinian das slawische und das sassanidische Problem, die Lebensfragen von Byzanz. In ihrer einseitigen, ideologiebestimmten Orientierung verkannte seine Politik die heraufziehenden Gefahren an der Nordost- und Ostfront. Sie band und erschöpfte ihre Kräfte in Eroberungen im Westen, die sich nur zum geringsten Teil auf die Dauer halten ließen. Damit vergab Justinian die Chance, aus einer Situation militärischer Überlegenheit heraus in einem Moment einzugreifen, da sich die Verhältnisse noch im Fluß befanden, und damit das Balkanproblem im Entstehen zu bereinigen. Die Folgen dieses schweren politischen Versäumnisses bekam das Byzantinische Reich schon am Ende des 6. Jahrhunderts in aller Schärfe zu spüren.

Die grundsätzliche außenpolitische Fehlorientierung angesichts einer sich verändernden Lage im Nordosten war aber nicht die einzige gefährliche Erbschaft der Herrschaft Justinians. Auch im inneren Leben des Reiches blieben zwanzig Jahre Krieg nicht ohne bedenkliche und ungünstige Rückwirkungen. Die riesigen Kosten der Feldzüge und der Besatzungen — ohne die die Westprovinzen von Anfang an nicht zu halten waren — haben die von Anastasios geschaffenen Finanzreserven des Staates schnell erschöpft. Neue, höhere Steuerforderungen waren wie immer die Folge. Vor allem in den wiedereroberten Westgebieten wurde die Last der byzantinischen Verwaltung besonders hart empfunden. Schon am Ende der Herrschaft Justinians steht das Gespenst einer neuen Finanzkrise und eine dadurch geschürte steigende politische Unzufriedenheit der Untertanen.

Die Mitte des 6. Jahrhunderts war der Höhepunkt, freilich auch die Peripetie des frühbyzantinischen Reiches, das sich als Erbe des christlichen Imperiums begriff. Den Zeitgenossen im Westen und im Osten bot sich ein glänzendes Bild. Justinians Werk schien gelungen: der Triumph, den die Hagia Sophia als Symbol seines Wirkens als majestätischer Statthalter Christi auf Erden versinnbildlichte — die erneute Herrschaft des Imperium Romanum Christianum, des *einen* Reiches und der *einen* Kirche, die den Auftrag Gottes auf Erden verwirklichten. Dem Herrschaftsanspruch Justinians entsprach in der Mitte seiner Regierung bis zu einem gewissen Grad auch die Realität. In der Mittelmeerwelt des 6. Jahrhunderts war das Byzantinische Reich politisch wie geistig die dominierende Macht. Dauerndes und Wirkendes entstand. Das große Rechtscorpus wurde eine Grundlage des Rechtslebens im Osten und später auch im Westen. Glanz und Leistung der justinianischen Kunst wirkten für Jahrhunderte auch im Westen nach — bis zu Karls des Großen Palastkapelle in Aachen. Der Ausstrahlung der Kunst aber schien in der Politik die *recuperatio imperii* zu entsprechen. Die ostgermanischen Staaten waren der justinianischen Politik erlegen: Vandalen und Ostgoten waren von der politischen Landkarte verschwunden, die Westgoten blieben für einige Zeit vom Mittelmeer abgedrängt; das Merowingerreich war in seinen inneren Wirren kein Widerpart für Byzanz.

Aber nicht alles war von Dauer. Schatten und Mißerfolge verdunkelten schon die letzten Jahre des alternden Kaisers, dessen Interesse sich immer einseitiger theologischen Fragen zuwandte. Der Krieg hatte das Reich finanziell und personell ausgeblutet. Die Reform der Verwaltung war nicht durchgedrungen. Das schwerfällige System hatte sich als zu mächtig und zu unbeweglich erwiesen, die steigende Finanzlast hatte sozialpolitische Reformen scheitern lassen und wieder zur fiskalistischen Bedrückung mit der vom Kaiser ursprünglich bekämpften Korruption geführt. Die gesellschaftliche Entwicklung stagnierte. Der religiöse Konflikt schwelte unter der Decke weiter, um beim geringsten Anlaß, unter schwächeren Regenten und in politischen Krisen mit unverminderter Heftigkeit aufzuflammen. Bedrohlich war schließlich die Vernachlässigung der eigentlich gefährlichen außenpolitischen Probleme im Osten.

Leistung und Versagen, Erfolg und Verblendung abzuwägen ist schwierig. Von Lord Salisbury stammt der Satz: »*the commonest error in politics is sticking to the carcasse of dead policies*«. In der realen Lage des Reiches wie unter dem Horizont der Zukunft war die *recuperatio imperii* keine lebenskräftige politische Idee mehr, sondern nur noch verbrauchte Ideologie, die die Wirklichkeit des Lebens mißachtete. Das Phantom einer Erneuerung des römischen Gesamtreiches bis nach Spanien überforderte die Kräfte und ließ Byzanz schon am Ende des Jahrhunderts in einer Anarchie versinken, die das Ende des frühbyzantinischen Staates überhaupt bedeutete. Doch auch das ist nur die halbe Wahrheit. Die Diskrepanz zwischen politischer Idee und Realität ist nur eine Seite der Epoche. Denn die Lage des Imperiums war 610 doch anders als 518. Der schnelle krisenhafte Zusammenbruch des justinianischen Systems hat wesentliche Wirkungen der *renovatio Imperii* nicht betroffen. Die Reromanisierung des Imperiums hatte zwar keinen dauernden Erfolg. Aber sie hielt doch den Orientalisierungsprozeß im Reich praktisch bis zu dem Moment auf, in dem die Ostprovinzen sich in der islamischen Eroberung vom Reich lösten. Das schuf eine wichtige Grundlage für die geschichtliche Stellung von Byzanz zwischen Abendland und Orient.

Die Bannkraft der römischen Staatstradition in Byzanz verhinderte Justinian und spätere Kaiser, primäre Probleme ihres Staates zu sehen und notwendige Entscheidungen zu treffen. Aber das ist das Urteil der Nachlebenden: wenn Justinians Leistung ein Irrtum war, so war sie doch nicht ohne Größe. Seine Nachfolger hatten das gefährdete Erbe zu tragen. Allzu schnell zerrannen ihnen die Eroberungen unter der Hand; neue Bedrohungen türmten sich um das Reich auf. Die Jahre von Justinians Tod bis zum Regime des Usurpators Phokas sind Jahre eines begrabenen Traums — einer zusammenstürzenden Welt, in der sich Kaiser und Generäle vergebens gegen den Verfall stemmen.

V. DER ZERFALL DES JUSTINIANISCHEN SYSTEMS

Der Zerfall des justinianischen Systems und der Machtstellung des Byzantinischen Reiches begann schon unter Justinians nächsten Nachfolgern — ein rapider Prozeß von nur 37 Jahren Dauer. Justin II., Tiberios I. und Maurikios waren energische und befähigte Politiker und Militärs, die mit allen Kräften Abwehrkämpfe führten und den Niedergang aufzuhalten suchten, ohne am Ende die Staatskrise unter Phokas (602-610) mit dem Zusammenbruch der Balkanverteidigung und der Ostgrenze verhindern zu können.

Justin II. (565-578) verfolgte die imperialen Ideen seines Onkels Justinian in eher noch übersteigerter Form und mit noch geringeren Möglichkeiten einer Realisierung. Gleichzeitige Kämpfe gegen Avaren und Sassaniden führten trotz momentaner Einzelerfolge zu einer Serie von Niederlagen, denn es fehlten die militärischen und finanziellen Reserven. Als Justins politische Megalomanie in Anfälle echten Wahnsinns umschlug, wurde er durch den thrakischen General Tiberios I. (578-582) ersetzt. Der Versuch, auf dem Balkan zu einer elasti-

schen Verteidigung unter Aufgabe gewisser Gebiete überzugehen, kam freilich bereits zu spät: der strategische Schlüsselpunkt Sirmium wurde an den Khagan der Avaren verloren.
Die militärischen Auseinandersetzungen mit den Sassaniden
nahmen kein Ende und dauerten auch unter der Regierung von
Tiberios' Schwiegersohn Maurikios (582-602) fort. Erst 591
ermöglichte der Friedensschluß mit dem durch byzantinische
Hilfe auf den Thron gekommenen Chosroes II. eine Konzentration der militärischen Kräfte an der Balkanfront. Aber nach
einigen langsam Erfolge zeitigenden Feldzügen beging Maurikios den Fehler, seinen erschöpften Truppen keinen Rückzug in
Winterquartiere in der Umgebung der Hauptstadt zu gestatten.
Eine Meuterei der Armee führte zur völligen Anarchie im
Reich.
Drei Momente bedingen neben der finanzpolitischen und wirtschaftlichen Situation die politische Schwäche des Byzantinischen Reiches im ausgehenden 6. Jahrhundert. Einmal bestand
das monophysitische Krebsübel fort. Die Nachfolger Justinians
waren entschiedene Orthodoxe; besonders unter Justin II. kam
es zu erneuten schweren Verfolgungen der Monophysiten. Mit
einer Verschärfung der religiösen Gegensätze verband sich innenpolitisch eine Schwächung der Zentralgewalt. Im Grundadel
wurden Tendenzen politischer Selbständigkeit spürbar, die der
Entwicklung im Westen entsprachen. Gleichzeitig erwachten
unter dem Druck der äußeren Krise die städtischen Demen
(vgl. oben S. 186) und Zirkusparteien zu neuer Aktivität und
gerieten der Regierung zunehmend aus der Hand. Schließlich
löste sich zugleich die Disziplin im Heer auf: auch die Armee
entglitt dem Kaiser und zum Teil ihren Generälen — nicht zuletzt wegen finanzieller Schwierigkeiten. Die Achillesferse jeder
Söldnerarmee wurde sichtbar: mit dem Ausbleiben oder der
Verminderung der Soldzahlungen drohte ein Nachlassen der
Kampfkraft, wenn nicht offene Meuterei. Dennoch gab es in
der Auflösung des justinianischen Systems einen Punkt, bei
dem durchgreifende Maßnahmen des Kaisers Maurikios Ordnung und neue Festigkeit zu schaffen vermochten: die Reorganisation des Westens im System der Exarchate von Ravenna
und Karthago. In diesen militärischen Statthalterbezirken wurden Zivilgewalt und militärisches Kommando in einer Hand
vereinigt. Mit dem Ansatz einer Militarisierung der Verwaltung schuf Maurikios Bleibendes: sie wurde zum Vorbild der
Themenverfassung des 7. Jahrhunderts und damit eine wichtige
Etappe auf dem Wege zum mittelbyzantinischen Staat. Vom
Exarchat Karthago ging zu Anfang des 7. Jahrhunderts auch
tatsächlich die Erneuerung des Reiches aus.
Außenpolitisch mußten schon im Laufe einer Generation zahlreiche Eroberungen der justinianischen Zeit wiederaufgegeben

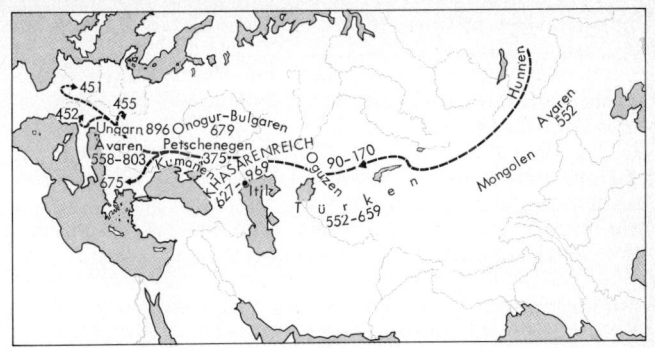

Abb. 22: Das Reservoir der Steppe

werden. Die Ostfront des Reiches war im ausgehenden 6. Jahrhundert fast ständig schwer bedroht. Nach Aufkündigung des
Friedens mit Persien durch Justin II. dauerten zwanzig Jahre
lang schwere militärische Auseinandersetzungen an, bis schließlich 591 unter Maurikios ein für Byzanz sogar verhältnismäßig
günstiger Friedensvertrag geschlossen wurde, aufgrund dessen
ein Teil Armeniens dem Byzantinischen Reich eingegliedert
wurde. Die momentane Stabilisierung der Ostgrenze schien sogar noch die Möglichkeit zu bieten, die im Nordosten andrän-
gende slawische Flut aufzuhalten.
Unter den Nachfolgern Justinians war der Balkan weitgehend
der Kontrolle des Reiches entglitten. Neben Slawen und Bulgaren tauchte eine dritte Kraft aus dem scheinbar unerschöpflichen
Reservoir der innerasiatischen Steppen auf: die Avaren. Sie
spielten in diesen Jahrzehnten eine ähnliche Rolle wie früher die
Hunnen — in der Schnelligkeit, mit der sie Räume wechselten,
Herrschaften begründeten und die verschiedensten Stämme
unter einer kurzlebigen Oberhoheit zusammenfaßten. Sie übten
einen zusätzlichen Druck auf die slawischen Wanderstämme
aus, der diese gegen die Reichsgrenzen und in die Reichsprovinzen preßte. Zunächst verwirrte sich dadurch die gesamte
politische und militärische Lage derartig, daß die Situation auch
für erfahrene byzantinische Diplomaten und Generäle kaum
mehr durchschaubar war.
Trotz ständiger Abwehrkämpfe war schon in den siebziger Jahren des Jahrhunderts mit Ausnahme der großen Festungen wie
Saloniki kein Gebiet des Balkans mehr fest in byzantinischer
Hand. Die slawische Flut erreichte nicht nur Dalmatien, sondern
auch den Peloponnes und selbst die griechische Inselwelt.
Diese Gebiete blieben zwar kulturell und ethnisch weitgehend

griechisch. Aber überall sonst kam es in den achtziger Jahren zu einem entscheidenden Wandel im Verhalten der slawischen Stämme: an die Stelle der Raub- und Beutezüge trat die Ansiedlung auf byzantinischem Gebiet. Am Ende des 6. Jahrhunderts bestand die Donaugrenze nur noch auf der Karte, die romanische und hellenische Reichsbevölkerung im Balkan war auf die Küstensäume der Adria und der Ägäis zurückgedrängt. Im 7. Jahrhundert trug Mazedonien bereits wegen seiner dichten slawischen Bevölkerung den Namen ›Sclavinia‹; aus der spanischen Perspektive Isidors von Sevilla gesehen hatten »die Slawen Griechenland den Römern entrissen«[31]. Die beginnende Niederlassung der Slawen war — auch wenn die Zeitgenossen das nicht erkennen konnten — das bedeutendste außenpolitische Ereignis des späteren 6. Jahrhunderts. Byzanz vermochte diese große Völkerbewegung nicht diplomatisch zu meistern oder militärisch abzuwehren wie die verschiedenen Wellen der Völkerwanderung. Wie bei der germanischen Eroberung im Westen war das Endergebnis der slawischen Landnahme im Balkan die Gründung von unabhängigen Staaten auf dem Reichsboden — wenn auch die planmäßigen Balkan-Offensiven des Maurikios seit 592 für einen Moment noch an eine Wendung des Schicksals glauben ließen.

Im Westen war die Vergeblichkeit des Kampfes der drei Nachfolger Justinians gegen die langsame Auflösung des Imperiums vielleicht am deutlichsten. Er begann schon im Jahre 568 mit dem Vordringen der Langobarden (hinter denen ebenfalls der Druck der avarischen Expansion stand) aus Ungarn nach Italien; sie besetzten das Land bis auf Rom, Ravenna und den Süden. Auch in Spanien mußte man bereits 572 einen Teil der Neueroberungen aufgeben. Im Jahre 584 fiel Cordoba, 629 war dann ganz Spanien wieder in westgotischer Hand. Afrika erlebte nochmals eine Blüte des Kirchenbaus wie der Profanarchitektur und war durch Justinian mit einem modernen Festungsgürtel ausgestattet; aber die kräftezehrenden Kämpfe gegen die Berber dauerten weiter an. Am Ende des Jahrhunderts waren damit die Erfolge der justinianischen Wiedereroberungspolitik zu erheblichen Teilen verloren. Wo noch byzantinische Truppen standen, waren sie in ständige schwere Abwehrkämpfe verwickelt.

a) Einbruch der Langobarden

Der Westen lag in dieser Zeit zunehmend im weltpolitischen Windschatten, auch wenn sich die Beziehungen zum Osten nur langsam lockerten. Eine entscheidende Rolle spielte dabei der Einbruch der Langobarden in Italien. Auch hier waren die Anfänge eines neuen Staates mit der Figur eines bedeutenden Gründerherrschers verknüpft: mit Alboin (568-572). Die byzantinischen Grenzfestungen wie Cividale und Aquileia wurden schnell überrannt; stärkerer Widerstand massierte sich am Po. Doch Vicenza und Verona gingen bald verloren, 569 wurde Mailand erobert und schließlich nach einer langen Belagerung die zukünftige Langobardenhauptstadt Pavia eingenommen. Von dieser gesicherten Position aus drängten die Langobarden weiter nach Süden. Ravenna und Rom blieben zwar in byzantinischem Besitz; aber südlich davon entstanden die großen langobardischen Herzogtümer Spoleto und Benevent.

Die Ermordung Alboins im Jahre 572 war in ihren Hintergründen bezeichnend für den halbbarbarischen Status der neuen Herren Italiens. Die Langobarden hatten unter Justinian als *foederati* im Theißbecken gegen den ruhelosen Stamm der Gepiden gekämpft und ihn in Zusammenarbeit mit den Avaren im Jahre 567 praktisch ausgerottet. Alboin nahm die Tochter des Gepidenkönigs zur Frau, fiel aber nach der Einnahme von Pavia einem Racheakt der Gepidenprinzessin zum Opfer. Alboins Tod unterbrach die weitere Expansion der Langobarden, gleichzeitig verfiel die königliche Macht, die nur auf seiner überlegenen Person beruht hatte. Von 574 bis 584 wurde kein König mehr gewählt. Das Land versank in die temperierte Anarchie einer Herrschaft der 35 langobardischen Herzöge; eine gemeinsam geplante Aktion byzantinischer und merowingischer Truppen bedrohte ernsthaft den neuen Staat. Erst die Herrschaft von Authari (584-590) und Agilulf (590-616) brachte eine Erneuerung der zentralen Königsgewalt, eine Festigung des staatlichen Aufbaus und einen Rückgewinn der verlorenen Gebiete.

Am Ende des Jahrhunderts hatte sich ein neuer Staat in Nord- und Mittelitalien etabliert. Seine auf feudalen Elementen der staatlichen Struktur beruhende innere Schwäche führte freilich dazu, daß sich die territoriale Situation für Jahrzehnte kaum veränderte. Die byzantinische Position in Ligurien, Venetien und einem mittelitalienischen Streifen zwischen Ravenna und Rom stabilisierte sich; die Herrschaft über Kalabrien, Apulien und Sizilien war unangefochten. Dabei bestand zwischen den Langobarden und Byzanz lange Zeit praktisch nur ein Waffenstillstand. Das blieb auf die Organisation der Territorien beiderseits der Grenzen nicht ohne Auswirkung. Die Lombardei ist übersät mit befestigten Städten und Kastellen. Jenseits der Grenze liegen in den Ligurischen Alpen, im Apennin und an den Rändern der venetianischen *terra ferma* die byzantinischen Festungen, gedeckt von den Garnisonen der großen Städte und der in Ravenna und Sizilien stationierten Flotte. Der byzantinische Kultureinfluß auf die italienischen Gebiete — nachwirkend in Venedig wie in Sizilien — war in diesen Jahrzehnten besonders stark (vgl. unten S. 329). In Süditalien ging der Prozeß der Rehellenisierung bis zum Beginn der normannischen Herrschaft weiter.

Die Gründung des Langobardenreiches hat eine historische Bedeutung, die weit über die lokalen Auseinandersetzungen mit dem byzantinischen Exarchen von Ravenna hinausgeht. Es bildete in Oberitalien politisch und geistig einen Riegel, der die Merowinger zunehmend von byzantinischem Einfluß abschloß — eine Tatsache, die für die weitere Geschichte des Merowingerreiches und für seine Herausentwicklung aus dem spätrömisch-byzantinischen Rahmen ungemein wichtig wurde.

b) Die Merowinger (561-613)

Die politische Geschichte des Merowingerreiches war im späteren 6. Jahrhundert weiterhin bestimmt von bitteren dynastischen Kämpfen. Das Erbübel der verfehlten Nachfolgeordnung in einem Herrscherhaus, in dem unkontrollierte Leidenschaften, Ausschweifungen und Brutalität endemisch waren, trat freilich jetzt besonders kraß hervor. Mit dem Tode Chlothars I. 561 endete eine kurze Spanne einheitlicher Herrschaft. Von seinen vier Söhnen starb Charibert, der König von Paris, bereits im Jahre 567. Gunthchramn (561-592) blieb als Herrscher von Orléans und Burgund am Rande der Ereignisse. Auf der politischen Szene dominierten der austrasische König Sigibert I. (561-575) in Metz und der neustrische König Chilperich I. (561-584) in Soissons; ihre Frauen Brunhilde und Galaswintha waren Schwestern aus dem westgotischen Königshaus. Gregor von Tours zeichnet von Chilperich, freilich nicht ohne Abscheu, ein frappierendes Porträt. Neben seiner Mätresse Fredegunde kannte er nur zwei Interessen: die Ausdehnung seiner Herrschaft auf Kosten seiner Brüder und das Erraffen eines möglichst großen Schatzes. In seinen Mitteln war er nicht wählerisch: Erhöhung und brutale Eintreibung von Steuern, hohe Geldstrafen gegen begüterte Adlige und der Verkauf von Bischofssitzen an den Meistbietenden sollten seine Kassen füllen. Mit fast pathologischem Geiz und raffinierter politischer Verschlagenheit verbanden sich bei ihm originelle Züge: Chilperich war ein Merowingerkönig, der lateinische Ge-

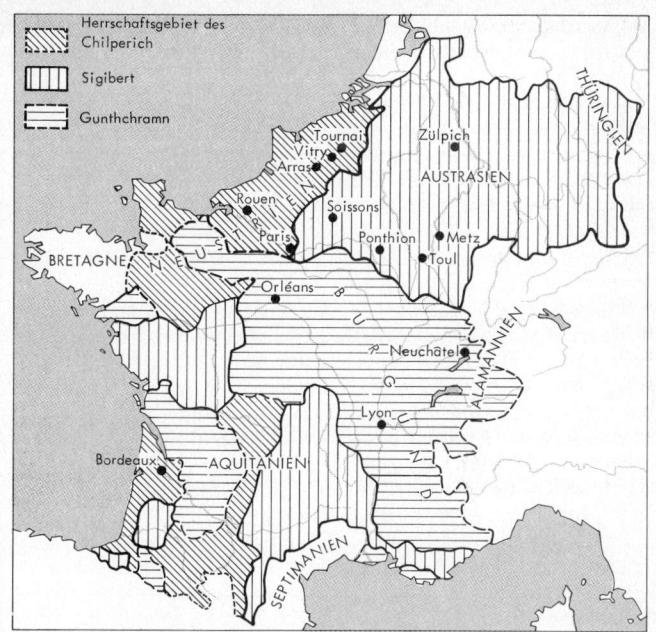

Abb. 23: Das Merowingerreich nach Chlothars Tod

dichte verfaßte, durch königlichen Erlaß das Alphabet um vier
Buchstaben erweiterte und die Trinitätslehre als anthropomor-
phen Unsinn verwarf.

Der Kampf um die Herrschaft im Regnum Francorum begann
mit der mysteriösen Erdrosselung von Galaswintha. In ›Ver-
geltungsfeldzügen‹ errang Sigibert militärische und politische
Erfolge gegen Chilperich; im Augenblick seines Triumphes ließ
ihn Fredegunde mit vergifteten Dolchen ermorden (575). Brunhilde wurde gefangengenommen, doch gelang ihr die Flucht.
Für die nächsten 30 Jahre übte sie als Königin von Austrasien
den beherrschenden Einfluß in der merowingischen Politik aus,
bis 595 offiziell als Regentin für ihren mit fünf Jahren in Metz
inthronisierten Sohn Childebert II. (575-595). Sie war eine
ebenso skrupellose wie formidable Person, der es für Jahrzehnte
gelang, Austrasien gegen die Eroberungsversuche Chilperichs
zu verteidigen (der 584 selbst ermordet wurde) und gleichzeitig die Opposition des Adels gegen ihre eigene Person nie-
derzuhalten. Als ihr Enkel Theudebert II. (595-612), durch ihre
Gnade König von Austrasien, sich gegen sie auflehnte, bewog

243

sie seinen Bruder Theuderich II. (595-613) zur Niederschlagung dieser ›Insurrektion‹; Theudebert wurde 612 an Brunhilde ausgeliefert und beseitigt. Als auch Theuderich II. schon ein Jahr später starb, versuchte Brunhilde die Königreiche Austrasien und Burgund unter ihrem 12jährigen Urenkel Sigibert II. zu vereinigen. Jetzt aber kam es zum offenen Aufstand des austrasischen Adels unter Führung des Bischofs Arnulf von Metz und des Majordomus (vgl. unten S. 322) Pippin. Mit neustrischer Hilfe wurde Brunhilde am Neuenburger See gefangengenommen, drei Tage gefoltert und schließlich am Schweif eines Pferdes zu Tode geschleift (613).

Der Versuch, von der austrasischen Basis aus eine stabile, einheitliche Herrschaft zu begründen, war gescheitert; die Machtkämpfe im Königshaus förderten die innenpolitische Desintegration im Merowingerreich. Der Sieg des Adels über das Königtum leitete eine langsame Strukturveränderung zum Personenverbandsstaat hin ein. Parallel dazu ging eine bedeutsame Entwicklung im geistigen Leben. Immer mehr setzten sich in Ablösung der alten Laienbildung nun die kirchlichen Schulen durch, damit freilich auch eine engere Eingrenzung jeder literarischen Bildung auf die Angehörigen der kirchlichen Hierarchie und die Mönche. *Clericus* meint von nun an nicht allein den Priester, sondern den Gebildeten überhaupt. Diese Entwicklung wurde unterstützt durch die Tätigkeit des Missionars Columban aus dem irischen Kloster Bangor (vgl. unten S. 318). Die enorme Zunahme der monastischen Bewegung trug weiter zur Zentrierung der Kultur im kirchlichen Bereich bei.

c) Das Westgotenreich

Machte sich im Merowingerreich hinter innenpolitischer Zerrissenheit und außenpolitischer Passivität ein Umwandlungsprozeß bemerkbar, der immer mehr zu einer Ablösung von den spätrömischen politischen und kulturellen Traditionen führte, so gab es im Westgotenreich eher eine gegenläufige Entwicklung. In dem einzigen die justinianische Restitutionspolitik überdauernden Ostgermanenstaat zeigte sich, daß die anfängliche dualistische Lösung temporär bleiben mußte. Im späten 6. Jahrhundert begann ein Prozeß eindeutiger ›Byzantinisierung‹ der Herrschaft. Für Leowigild (568-586), der im Kampf gegen die Aristokratie die Stellung des Königtums wieder festigte, war die byzantinische Monarchie das große Vorbild. Er führte als erster Westgotenkönig Herrschaftssymbole römischer Tradition wie Königsornat und Thron ein, gründete als erster germanischer Herrscher Städte (darunter das nach seinem Sohn benannte Reccopolis) und übernahm in der Münzprägung kaiserliche Titulaturen wie ›Pius‹ und ›Victor‹.

Leowigild tat auch den ersten wichtigen Schritt, der zu einer weiteren Romanisierung der Germanen, ihrem Aufgehen in einer von spätrömisch-byzantinischen Formen bestimmten Staatsordnung und Kultur führte: er hob das Heiratsverbot zwischen den beiden Volksteilen auf. Verstärkend wirkte in dieser Richtung die Annahme des Katholizismus durch die Westgoten unter Leowigilds Sohn Rekkared I. (586-601): auf dem 3. Konzil von Toledo im Jahre 589, an dem der König selbst teilnahm, trat die Mehrzahl der arianischen Bischöfe zum römischen Bekenntnis über. Letzter Schritt war schließlich die völlige Rechtsgleichheit zwischen Romanen und Germanen unter Rekkeswinth (653–672, vgl. unten S. 303). Die Konversion hatte nicht nur die außenpolitische Folge, daß Papst Gregor der Große als Gegenleistung die diplomatische Vermittlung zwischen Byzanz und dem Westgotenreich übernahm. Vor allem kam auch hier mit der Einheit von Königtum und Kirche erneut ein spätrömisches Element zum Tragen.

Galt Byzanz für die Westgotenkönige offensichtlich als Modell, so hinderte sie das freilich keineswegs daran, die politische Präsenz Ostroms auf spanischem Boden mit allen Mitteln zu bekämpfen. Der Glaubenswechsel änderte trotz der päpstlichen Bemühungen das politische Verhältnis zu Byzanz nicht grundlegend. Auch die katholischen Westgotenkönige kämpften energisch gegen die byzantinischen Positionen in Südspanien. Über Leowigilds Erfolge (vgl. oben S. 209) vermochte freilich Rekkared kaum hinauszukommen; die zweite große Phase der westgotischen Rückeroberung vollzog sich erst unter Sisebut (612-621).

d) Der Aufstieg des Papsttums

Zwischen den Mächten im Westen, vor allem in steter Auseinandersetzung mit dem byzantinischen Italien und den Langobarden, bildete sich langsam die Stellung des Papsttums aus. Der Primatsanspruch des Bischofs von Rom war alt. Die Auffassung, daß der Nachfolger Petri der erste unter den Bischöfen der Christenheit überhaupt sei, reichte schon ins 2. Jahrhundert zurück. Der Kampf um die Durchsetzung des römischen Primats war allerdings schwierig und langwierig, sowohl auf dogmatischem Gebiet, in der Kirchenlehre, wie auch im politisch-praktischen Bereich der kirchlichen Jurisdiktion. Seit Constantin hatte der Bischof in Rom ständig seine Ansprüche gegen die großen Patriarchen des Ostens zu verteidigen. In den dogmatischen und kirchenpolitischen Auseinandersetzungen spielte er als Bundesgenosse eine nicht unwesentliche Rolle auch im Osten und bewahrte in den Konzilien des 4. und 5. Jahrhunderts wenigstens den Ehrenvorrang über die anderen Patriarchen. Der Ehrenvorrang des Bischofs von Rom bot einen ideologischen Ansatzpunkt für die Weiterentwicklung des Primatsanspruchs.

Der kirchenpolitische Machtkampf war freilich noch lange nicht entschieden. Jahrzehnte hindurch blieb der Bischof in Rom kirchenpolitisch eine unbedeutende Figur, das Papsttum ein Zankapfel der römischen Adelsfamilien. Für die östliche Kirche war der Papst im 5. und 6. Jahrhundert nichts anderes als der Patriarch des Westens. Dennoch zeichnen sich in dieser Zeit zwei entscheidende Stufen auf dem Weg zum Papsttum als realer Macht ab. Eine wichtige Vorbedingung war die veränderte Stellung, die die Kirche im Westen gegenüber dem Staat gewann. Was Leo der Große (440-461) an kirchlichem Regiment und politischem Einfluß verwirklichte, untermauerte Gelasius (492 bis 496) theoretisch in seiner Lehre von den zwei Gewalten (vgl. oben S. 162f.).

Eine zweite große Wende bedeutete die langobardische Eroberung von Norditalien. Auf dem Höhepunkt der justinianischen Macht waren Einfluß und Unabhängigkeit des Papstes erheblich reduziert worden. Der Exarch hatte den Heiligen Stuhl fest im Griff. Papst Vigilius wurde trotz längerem Widerstand gezwungen, der Verdammung der drei Kapitel (vgl. oben S. 193) zuzustimmen. Pelagius I. (555-560) und seine Nachfolger konnten nur mit kaiserlicher Zustimmung gewählt werden, was praktisch auf eine Ernennung hinauslief. Gleichzeitig verlor Rom *de facto* seine Jurisdiktion über die Patriarchen und Erzbischöfe von Aquileia, Mailand und Ravenna, die nach wie vor die Verurteilung der drei Kapitel ablehnten. Der langobardische Einbruch brachte die dogmatische Einigung mit Ravenna und Mailand, wenn auch erhebliche Ländereien des Heiligen Stuhls auf langobardischem Territorium konfisziert wurden. Vor allem aber ergab sich nun für Rom die Möglichkeit politischer Selbständigkeit: der Sitz des Bischofs von Rom rückte an die Nahtstelle zwischen langobardischer Einflußsphäre und byzantinischem Herrschaftsbereich in Italien. Daraus entwickelten sich die Anfänge einer eigenen politischen Existenz, die Grundlagen des Kirchenstaates.

Einen Markstein in dieser Entwicklung bedeutete das Pontifikat Gregors des Großen (590-604). Noch war das Papsttum freilich zu schwach, um sich politisch selbständig zu erhalten. Noch brauchte es vorläufig gegenüber Constantinopel eine Möglichkeit zur Anlehnung. Das Bedürfnis nach einer politischen Stütze gegenüber der großen kirchenpolitischen Konkurrenz, dem Patriarchen von Constantinopel (hinter dem natürlich der byzantinische Kaiser stand), war der Ausgangspunkt des späteren Bündnisses zwischen Karolingern und Papst. Was sich zwischen Papst und fränkischem König entwickelte, war freilich nach Wesen und Anspruch ein völlig anderes Verhältnis als das zwischen Patriarch und Kaiser in Byzanz.

In den Jahren 591/592 hatte es noch einmal scheinbare politische Erfolge für Byzanz gegeben. Mit den Sassaniden war ein Friedensvertrag abgeschlossen, auf dem Balkan ging die Offensive des Maurikios erfolgreich voran. Aber gerade die Balkanfeldzüge wurden zum Anlaß einer neuen Krise. 602 kam es zur Meuterei der Armee und gleichzeitig zu einem Aufstand in Constantinopel, bei dem Maurikios und seine Söhne hingerichtet wurden. Der General Phokas (602–610) etablierte, zum Kaiser ausgerufen, ein durch krassen Terror gekennzeichnetes Regime, das sich durch Massenhinrichtungen unter der Aristokratie zu sichern versuchte und damit naturgemäß nur Gegenverschwörungen auf den Plan rief. In Constantinopel kam es zu Straßenkämpfen zwischen Demen und Zirkusparteien, in den östlichen Provinzen zu bürgerkriegsähnlichen Auseinandersetzungen zu Folge der strengen orthodoxen Kirchenpolitik des Phokas. Diese acht Jahre gehören zu den blutigsten Epochen der byzantinischen Geschichte. Aber sie bedeuteten nicht nur eine innenpolitische Krise. Die ersten Jahre des 7. Jahrhunderts brachten zugleich eine außenpolitische Katastrophe für Byzanz. Die Balkanverteidigung brach endgültig zusammen: Slawen und Avaren breiteten sich ungehemmt aus. Gleichzeitig drang eine neue sassanidische Gegenoffensive bis tief nach Kleinasien, nach Cäsarea und Chalkedon — also bis in die nächste Nähe der Reichshauptstadt — vor.
Die Jahre der Anarchie unter Phokas waren eine Folge der justinianischen Politik. Sie enthüllten noch einmal, wie sehr die überraschende Ausdehnung des Reiches in der Mitte des Jahrhunderts auf tönernen Füßen gestanden hatte — eine glänzende Restauration ohne tragfähige innere Erneuerung. Ihr Ergebnis war eine Krise, die den Staat bis an den Rand des Ruins führte. Der frühbyzantinische Staat und damit das letzte direkte institutionelle Erbe des spätrömischen Reiches zerfiel. Es ist darum eine symbolische Tatsache, daß das letzte auf dem Forum Romanum aufgestellte Monument eine Säule des Kaisers Phokas ist. Hier endete die römische Tradition.
Was danach kam, war bei allem Aufbauen auf dem Herkommen etwas Neues — wenn man die politische Realität über staatsrechtliche Traditionszusammenhänge und das Weiterleben alter Titel stellt: der mittelalterliche byzantinische Staat. Daß es ein Danach statt der offenbar drohenden Katastrophe geben würde — das war allerdings in den Jahren 609 und 610 gar nicht so sicher. Selbst in den Augen der Zeitgenossen zeichnete sich die Möglichkeit eines endgültigen Zerfalls des Reiches ab. Die Ret-

tung vor dem Zusammenbruch war die letzte Tat des dem Einfluß von Byzanz entgleitenden Westens: die von Heraklios, dem Sohn des Exarchen von Karthago, geführte Revolte gegen den Usurpator Phokas setzte der Anarchie ein Ende. Heraklios gelangte 610 in Constantinopel auf den Thron. Seine Herrschaft, so unglaubhaft das im Moment scheinen mochte, eröffnete ein neues Zeitalter. Die dreißig Jahre seiner Regierung waren der dramatischste, aber auch der folgenreichste Abschnitt der byzantinischen Geschichte — voll von überraschenden Erfolgen und jähen Peripetien.

4. Der Aufbruch des Ostens: Das Jahrhundert der arabisch-islamischen Eroberung

Es gibt Orte und Momente, in denen sich der geschichtliche Ablauf und seine Wendungen symbolhaft kristallisieren. Das Drama des Heraklios und damit die Zeitenwende, die sich für das Byzantinische Reich in knapp 30 Jahren vollzieht, verkörpert sich im Schicksal einer Stadt — Jerusalem. Dieser Mittelpunkt der Christenheit wird 614 von den Sassaniden erobert. Tagelang wüten Mord und Plünderung in der Stadt, schließlich zieht die sassanidische Armee wieder ab und führt auch die Kreuzesreliquie mit sich. Sechzehn Jahre später wendet sich das Schicksal. Im Jahre 630 hält Heraklios einen triumphalen Einzug in Jerusalem mit der Kreuzesreliquie, die er durch seinen Sieg über das Sassanidenreich wiedergewonnen hat: der Höhepunkt des Byzantinischen Staates im 7. Jahrhundert. Doch kaum acht Jahre später kommt eine neue, völlig unerwartete Wende. Im Februar des Jahres 638 reitet an einem winterlichen Tag der Kalif Omar auf einem weißen Kamel in Jerusalem ein, gefolgt von einer abgerissenen, aber disziplinierten Beduinenarmee. Dem Patriarchen Sophronios, der mit seiner Begleitung den Kalifen an den Ruinen des Tempels Salomons erwartet, drängt sich der biblische Satz auf: »Seht den Greuel der Verwüstung, vorhergesagt vom Propheten Daniel.«[1] Seit diesen Februartagen des Jahres 638 ist Jerusalem auch eine heilige Stätte des Islam. Über dem Ort, an dem der Tempel Salomons stand, erhebt sich die Felsenmoschee, bis heute neben Mekka eines der großen Heiligtümer der islamischen Welt.

Der Einzug Omars in Jerusalem war nur ein Ausschnitt der arabisch-islamischen Expansion. Sie war das entscheidende historische Ereignis des Jahrhunderts, mochte auch anfänglich die sassanidische Gefahr sehr viel größer erscheinen. Betrachtet man die Gesamtsituation des Mittelmeergebiets in einem weiteren geschichtlichen Zusammenhang, so setzen in dieser Zeit auch im Osten Entwicklungen ein, die aus den Lebensformen der spätrömisch-frühbyzantinischen Zeit herausführen. Auch hier zerstört ein großer Umwälzungs- und Erneuerungsprozeß die alten politischen Konstellationen und die einheitliche hellenistisch-römische Kultur. Die Renaissance der Sassaniden seit Chosroes I. (531-579) war der Vorbote eines Wiedererstarkens des Orients; das Erwachen dieser historischen Region kündigte sich geistig bereits in religiösen Strömungen wie dem Monophysitentum an. Doch das Sassanidenreich, im frühen 7. Jahrhundert noch der große und einflußreiche Rivale von Byzanz, war mit den Traditionen der alten Mittelmeerwelt noch durch tausend Fäden verflochten. Erst der Islam bedeutet den eigentlichen Wendepunkt: er ist die bestimmende Kraft in der sich durch zwei Jahrhunderte hinziehenden Verwandlung der mediterranen Welt. Die islamisch-arabische Eroberung, die sich wie eine Flutwelle um die Mitte des Jahrhunderts in den Mittelmeerraum ergießt, schafft aus den Trümmern der alten Kultur eine neue geistige und politische Welt, die gleichberechtigt neben der germanisch-romanischen Völkergemeinschaft des abendländischen Mittelalters und neben Byzanz steht. Trotz allem, was sie an ererbten Traditionen übernimmt, ist diese Kultur von eigenen Kräften getragen, die nachhaltig auf den Mittelmeerraum und das westliche Europa einwirken. Die Geschichte des Byzantinischen und des Fränkischen Reiches wie des Hochmittelalters ist nicht denkbar ohne die politische Herausforderung des Kalifats und den geistigen Austausch mit der islamischen Kultur.

Verändert der Islam die politische und auf weite Sicht auch die wirtschaftliche und geistige Gesamtsituation im Mittelmeerraum, so machen zugleich auch Byzanz und der Westen bedeutsame Verwandlungen durch. Im Frankenreich vollzieht sich ein politischer und gesellschaftlicher Umbruchsprozeß, der durch die Entwicklung der Feudalität und durch den Aufstieg des Hausmeiertums bezeichnet ist. Mit der Schlacht von Tertry im Jahre 687 ist die Vorrangstellung der austrasischen Hausmeier im gesamten Merowingerreich entschieden; die Grundlagen der Karolingerherrschaft sind geschaffen. Für Byzanz bedeutet die Dynastie des Heraklios den Existenzkampf gegen die Sassaniden und später gegen den Islam. Aber aus dieser Herausforderung erwächst auch eine tiefgreifende Neugestaltung des byzantinischen Staates und des byzantinischen Lebens. Außenpolitisch verlor Byzanz für fast drei Jahrhunderte seine territoriale Großmachtstellung. Am Ende des 7. Jahrhunderts beschränkte sich das Reich auf Kleinasien, auf Reste Italiens (Ravenna, Rom, Kalabrien, Sizilien und Sardinien) und auf den südlichen Balkan, wo aber die byzantinische Herrschaft vorläufig recht unsicher war. Die Gründe für diese Entwicklung lagen nur zum Teil in Fehlern der byzantinischen Politik. Manches war eine Quittung für Chalkedon und die justinianische Politik; aber entscheidend blieb das Auftreten des Islam. Nach dem kurzen Erfolg des 6. Jahrhunderts war das Byzantinische Reich aus der neuentstehenden westlichen Staatenwelt wieder verdrängt und gleichzeitig von Osten her durch die neue Macht des Araberreiches unter stärksten Druck gesetzt. Dennoch hielt es sich mit seinem Kerngebiet zwischen den neuen Mächtegruppierungen um den Preis erheblicher Gebietsverluste und einer zeitweisen Verarmung seiner Kultur. Byzanz blieb in der Geschichte des

Mittelmeerraumes und des Nahen Osten für weitere 700 Jahre ein wesentlicher Faktor.

Dank der unerhörten Widerstandskraft von Byzanz vermochte die Herausforderung zum Existenzkampf einen heroischen Prozeß der Adaption einzuleiten: der byzantinische Staat gewann eine neue, weitgehend von römischen Traditionen gelöste Form und in seinen engeren Grenzen eine neue Festigkeit. Politische Ordnung und Sozialstruktur veränderten sich: aus dem spätrömischen Bürokratenstaat, der sich den gewandelten Lebensbedingungen nicht mehr gewachsen zeigte, wurde ein Militärstaat. Hand in Hand damit bildete sich wieder ein freier Bauernstand, der das finanzpolitische Rückgrat des Staates darstellte. Die monophysitischen Provinzen fielen der islamischen Eroberung anheim. Byzanz war der schwelenden religiösen Konflikte ledig: die Orthodoxie wurde zum Rückgrat des Staates. Die Glaubenseinheit wirkte gerade in diesem Augenblick als ein entscheidendes Element der Standfestigkeit des Reiches. Dieser Prozeß hat eine zweite Seite, in der der Durchgangscharakter der Epoche deutlich wird. Die Kultur verarmte zwar unter dem einseitigen Übergewicht militärischer Selbstbehauptung. Aber mit der Verkirchlichung und religiösen Vereinheitlichung ging eine umfassende Hellenisierung einher. In der geistigen Substanz vollzog sich ein durchgreifender Wandel: jetzt erst wurde Byzanz nach Sprache und Kultur ein rein griechisches Reich — dessen Kernraum freilich nicht in Griechenland selbst, sondern im hellenisierten Anatolien lag.

Im 7. Jahrhundert gewann damit Byzanz in Staat, Kirche und Kultur seine eigentliche Gestalt. Diese Grundlagen erwiesen sich als dauerhaft. Sie sicherten nicht nur das Überleben, sondern den späteren Wiederaufstieg zur wirtschaftlichen und militärischen Führungsmacht im östlichen Mittelmeer. Unter dem Mantel äußerer Verarmung erfolgte im 7. Jahrhundert eine Regeneration, in der die zähe byzantinische Lebenskraft zum erstenmal voll zutage trat.

Noch sind es Anfänge einer Verwandlung, die sich überall in den Gehäusen der alten Welt vollzieht. Neue Kräfte bereiten sich erst vor. Doch in den Jahren seit 610 beginnt im Osten und im Westen die Auseinandersetzung mit den Traditionen und Lebensformen der alten Mittelmeerwelt. Der Prozeß dauert über hundert Jahre. Außenpolitisch ist die Umformung des Mittelmeerraumes etwa um das Jahr 717 abgeschlossen. Die innere Verwandlung der drei neuen Macht- und Kulturbereiche aber zieht sich bis in die Mitte des 8. Jahrhunderts hin.

Die Ouvertüre des Zeitalters war das langsam abrollende Drama der Herrschaft des Heraklios (610-641): ein Ineinander von Katastrophen und Regungen künftiger Lebenskraft. Träger der Abwehr und der Reform im Byzantinischen Reich war jetzt die Dynastie des Heraklios — die erste byzantinische Dynastie, die über fünf Generationen und ein volles Jahrhundert dauerte. Sie stellte eine Gruppe von bedeutenden Staatsmännern, bei denen sich freilich auch Zeichen einer pathologischen Überspanntheit und Anfälle wirklicher Geisteskrankheit zeigten. Heraklios selbst — bei dem solche Züge noch durchaus fehlen — ist ohne Zweifel nach Justinian die zweite große Herrscherfigur des Byzantinischen Reiches. Auch hier sind Abwehr äußerer Gefahr und Reform des Reiches nicht denkbar ohne die persönliche Leistung des einzelnen.

a) Außenpolitik: Niederlage und Perserkrieg

Die außenpolitische Ausgangslage war düster. Von Osten stieß die militärisch am besten organisierte und politisch erfahrenste Großmacht der Zeit, der Sassanidenstaat, immer tiefer in das Reich vor. Von Nordosten schob sich die slawische Flut unaufhaltsam südwärts. Zum innenpolitischen Chaos trat für Heraklios in den ersten Regierungsjahren das außenpolitische, dessen er nur mühsam und nach schweren Rückschlägen Herr zu werden vermochte. Das Slawen- und Avarenproblem war auch in seiner politischen Perspektive zunächst zweitrangig. Dennoch wirkte sich im Zusammenhang mit der sassanidischen Politik die Lage auf dem Balkan spürbar aus. Die schon unter Maurikios begonnene Landnahme der Slawen im Balkangebiet und in Griechenland ging weiter. Immer deutlicher machte sich im Hintergrund des Gemisches avarisch-hunnischer, slawischer und bulgarischer Stammesgruppen die dominierende Wirkung des einzigen politisch geschlossenen Verbandes fühlbar, des Avarenreiches im Theiß-Becken. Die Avaren selbst führten zwar nur Beutezüge und Expeditionen zur Erpressung von Tributen durch. Aber unter ihrem Druck schränkte eine völlige Überflutung des Balkans den byzantinischen Herrschaftsbereich *de facto* auf Constantinopel, Saloniki und einzelne Festungen in Dalmatien ein.

Gleichzeitig mit dem Verlust der Herrschaft im Balkanraum wurde die Überlegenheit des Gegners im Osten erdrückend. Die byzantinische Diplomatie hatte das ihre getan, Chosroes II. (590-628) auf den Thron zu bringen, das erwies sich als ein nahezu selbstmörderischer Akt. Noch einmal entfaltete das Sassanidenreich seine volle politische Macht. Gestützt auf erhebliche finanzielle Reserven, vermochte der Großkönig eine konsequente militärische Offensive gegen das Byzantinische Reich zu entwickeln. Das Bewußtsein sassanidischer Überlegenheit manifestierte sich nun selbst im (normalerweise recht kultivierten) diplomatischen Verkehrston zwischen beiden Staaten. Chosroes eröffnet eine Note an Heraklios mit der Grußformel: »Wir, Chosroes, Liebling der Götter, Herr und König der ganzen Erde, Sohn des großen Ormuzd, an unseren schwachsinnigen und infamen Diener Heraklios«[2].

Die erste militärische Hilfsmaßnahme des Heraklios im Jahre 611 war notwendigerweise eine Entlastungsoffensive gegen die Sassaniden. Sie scheiterte nach der Rückeroberung von Cäsarea bereits in Mittelanatolien. Eine neue persische Offensive setzte ein, die wahrscheinlich sogar diplomatisch koordiniert war mit einem Vorstoß der Avaren auf Constantinopel. Heraklios, der vor fast unüberwindlichen innenpolitischen Problemen stand — zerrüttete Disziplin der Armee, Opposition der politischen Gruppen in der Hauptstadt und des Adels, Erschöpfung der Finanzen, weiterdauernde monophysitische Konflikte —, hatte ihr nichts entgegenzusetzen. Im Jahre 611 wurde Antiochia, 613 wurden Damaskus und Tarsus erobert, 614 fiel nach dreiwöchiger Belagerung Jerusalem. Im folgenden Jahr stieß die sassanidische Armee durch Kleinasien bis zum Bosporus vor, während sich gleichzeitig avarische Kräfte von der andern Seite her Constantinopel näherten. Beim Versuch, wenigstens die nördliche Front zu stabilisieren, entging Heraklios im Jahre 617 während seiner Verhandlungen mit dem Avaren-Khagan nur um Haaresbreite einem Hinterhalt.

Eine Katastrophe folgte der andern: 619 eroberten die Sassaniden Ägypten und gliederten es als Provinz in ihr Reich ein; das Vordringen der Avaren ließ sich nicht mehr aufhalten. Ständig kamen neue Hiobsbotschaften. Der Zusammenbruch des Reiches schien nur noch eine Frage von Monaten. Heraklios beurteilte die Lage so verzweifelt, daß er im Jahre 618 entschlossen war, Constantinopel zu verlassen und sich nach Afrika zurückzuziehen: ein Vorhaben, von dem ihn erst im letzten Moment der Patriarch Sergios von Constantinopel abbrachte.

Dem Augenblick der Verzweiflung und des Defaitismus folgte ein kaum erwarteter Umschlag. Im Jahre 622 begann die byzantinische Gegenoffensive, im Rücken abgesichert durch einen 619 geschlossenen Frieden mit den Avaren und getragen von einer religiösen Begeisterung in Constantinopel, die sich im Vorgriff auf das 11. Jahrhundert als Kreuzzugsstimmung bezeichnen läßt. Die Offensive stand unter dem persönlichen Oberbefehl des Kaisers und trug alle Zeichen einer kühnen, erhebliche Risiken in Kauf nehmenden Strategie. Ihr Grundgedanke war der Schlag gegen das Zentrum der persischen Macht statt einer systematischen Rückeroberung der verlorenen Ostprovinzen. Bis Ende 622 gelang es tatsächlich, nach einer überraschenden Landung im Rücken des Feindes bei Issos im schnellen Zug Kleinasien zu befreien und die persischen Streitkräfte bei Chalkedon vom Rücken her zu fassen. In den nächsten drei Jahren ging die Offensive in Armenien und in Kilikien erfolgreich weiter, freilich ohne bedeutenden Bodengewinn. Im Jahre 626 kam ein erneuter Rückschlag, der aber den Wendepunkt des Krieges darstellte.

Chosroes setzte der Strategie des Heraklios einen ebenso geschickten wie gefährlichen Operationsplan entgegen: ein Teil seiner Kräfte sollte die Offensivarmee des Kaisers binden, eine zweite Armeegruppe gleichzeitig in Heraklios' Rücken die byzantinische Hauptstadt angreifen. Tatsächlich prellte im Jahre 626 die sassanidische Armee erneut nach Kleinasien vor; Constantinopel wurde von den Sassaniden und Avaren in einer gemeinsam geplanten Operation belagert. Zwei Dinge retteten die Hauptstadt und die Situation. Die byzantinische Überlegenheit zur See machte unter der Führung des Patriarchen Sergios eine erfolgreiche Verteidigung der Hauptstadt in den Sommermonaten möglich. Die unerhörte Kaltblütigkeit des Heraklios aber, der in diesem Moment mit seinen Truppen weit in Lazika und Armenien stand, ließ ihn auf einen kopflosen Rückzug verzichten. Lediglich ein geringer Teil seiner Streitkräfte wurde als Entsatzarmee nach Constantinopel zurückbeordert. Im übrigen wartete er in seinen Stellungen die Niederlage der Avaren und den persischen Rückzug aus Kleinasien ab, um dann unbeirrt seine eigenen Operationen weiterzutreiben. Der Lohn war im Jahre 627 eine aus den in Armenien geschaffenen Positionen nach Süden vorgetragene Offensive, die mit dem Einbruch in das Tigristal und dem Sieg bei Ninive im Dezember 627 den kriegsentscheidenden Erfolg brachte. Die definitive militärische Niederlage der sassanidischen Armee hatte weitreichende innenpolitische Folgen: die Truppen meuterten und folterten Chosroes grausam zu Tode. Sein Nachfolger mußte einen Frieden zugestehen, der eher schon ein Diktat war. Byzanz erhielt sämtliche von den Sassaniden eroberten Provinzen zurück, dazu neue Gebiete in Armenien. Im Jahre 630 traf Heraklios als triumphaler Sieger der langen Feldzüge wieder in Constantinopel ein.

Auch das Avarenproblem schien gelöst. Die verlustreiche Abwehrschlacht vor Constantinopel hatte die militärische Kraft der avarischen Armeen für den Moment gebrochen; sie zogen nach Ungarn ab, die Avarenherrschaft löste sich in der Revolte der unterworfenen Stämme auf. Zwei politische Entwicklungen, die Byzanz nachdrücklich förderte, schränkten die Position des Avarenreiches weiter ein: die Einwanderung der Serben und Kroaten ins heutige Jugoslawien und die Bildung eines ersten Bulgarischen Reiches. Serben und Bulgaren erkannten nominell die byzantinische Oberhoheit an; doch von einem tatsächlichen Wiedergewinn der Souveränität in diesem Raum konnte keine Rede sein. Es blieb wiederum bei einem System der Aushilfen. Aber die beiden Staaten im Rücken der Avaren brachten doch zunächst eine fühlbare militärische Entlastung und ein Ende der ständigen avarischen Plünderungszüge. Was die byzantinische Politik nicht voraussehen konnte, war die Bedrohung durch Serben und Bulgaren, die auf lange Sicht eintreten sollte. Niemand konnte zu Beginn des 7. Jahrhunderts ahnen, daß das Byzantinische Reich 150 Jahre später in einen Existenzkampf gegen das Bulgarische Reich verwickelt werden würde und daß die serbisch-kroatischen Reichsbildungen den Versuch einer Wiedererrichtung der byzantinischen Herrschaft im Balkanraum endgültig zum Scheitern bringen sollten. Doch selbst wenn ein byzantinischer Politiker diese Entwicklung überblickt hätte: die Kräfte hätten im Gegensatz zum späteren 5. Jahrhundert zur Lösung des Slawenproblems nicht mehr ausgereicht — die Bereinigung der Situation durch vorläufige Notmaßnahmen war der einzige Ausweg.

Dennoch muß es für die Zeitgenossen im Jahre 630 wie ein unglaubhaftes Wunder erschienen sein, daß die Lebenskrise des Reiches in einen solchen Erfolg ausmündete. Das Perserreich, der jahrhundertelange Erbfeind, war militärisch ausgeschaltet und von inneren Wirren zerrissen, das Avarenreich erschüttert und ungefährlich, verlorenes Reichsgebiet war wiedergewonnen und die Grenzen waren gesichert. In der Hagia Sophia segnete der Patriarch mit der Kreuzesreliquie den christlichen Kaiser, das Haupt der Kirche und den Verteidiger des Glaubens. Es war ein Triumph, der nur sechs Jahre dauerte. Aber niemand konnte in diesem Augenblick erkennen, was es bedeutete, daß der erste Sieg über die Perser im Jahre der Hedschra erfochten wurde und daß im Jahre 630, in dem das Byzantinische Reich auf einem neuen Höhepunkt seiner Macht stand, Muhammad Mekka eroberte. Das unterirdische Grollen in der arabischen Wüste vernahm in Constantinopel niemand.

b) Innenpolitik: Beginn der Reichsreform

Was trotz der weitgehenden inneren Desintegration und der drohenden äußeren Katastrophe den Widerstand des Byzantinischen Reiches ermöglichte, waren die politischen und sozialen Reformen des Heraklios. Sie sind das Bleibende im Wirken des großen Kaisers. Eine neue Heeres- und Verwaltungsordnung bildete die Grundlage für das Überleben von Byzanz in den Stürmen der arabischen Invasion und für den späteren Wiederaufstieg zur Großmacht. Das neue System gab den zentralistischen Absolutismus nicht auf, der allein die effektive Führung eines komplexen Staatsgebildes verbürgte. Aber es bewies erneut die besondere (den eingeborenen Konservativismus ergänzende) byzantinische Fähigkeit, administrative und soziale Formen flexibel zu handhaben und mit Erfolg weiterzuentwickeln. Kernstück der Reformpolitik war eine Verwaltungsneuordnung, deren Auswirkungen tief in das gesamte Gesellschaftsgefüge hineinreichten: die ›Themenverfassung‹. Die (etwa einer modernen Division entsprechende) Grundeinheit der byzantinischen Armee war das ›Thema‹. In einer administrativen Umgliederung wurden jeweils mehrere alte Provinzen zu Militär- und Verwaltungsbezirken zusammengefaßt, in denen ähnlich wie in den Exarchaten des Maurikios der Stratege (der kommandierende General) die oberste vollziehende Gewalt erhielt. Auf den Themenproconsul, der als Chef der Zivilverwaltung von vornherein im Hintertreffen war, wurde bald überhaupt verzichtet. Das Ergebnis war die Ablösung der Zivilverwaltung durch eine reine Militärverwaltung — die Aufgabe des Systems der differenzierten spätrömischen Administration zugunsten einer straffen Einheit von Verwaltung und Heeresorganisation.[3]

Mit dieser Reform verband sich eine Entwicklung, die sich ebenfalls schon in den Exarchaten des 6. Jahrhunderts abzeichnete: es gab dort die *limitanei*, die auf eigenen Gütern an den *limites* lebenden, zur Grenzverteidigung bestimmten Truppen. Die Soldaten, die dem Thema als militärischer Einheit angehörten, wurden nun im Gebiet ihres Themas angesiedelt. Sie waren nicht mehr Söldner, sondern freie Bauern auf eigenen Gütern und zugleich Soldaten; der Status des Colonen war für diese ›Stratioten‹ überwunden. Die Ablösung des Söldnerheeres durch ein bodenständiges Heer einheimischer Bauern war nicht allein eine militärische Reform, die im Gegensatz zu den bei einer Söldnerarmee unvermeidlichen Schwierigkeiten die Abwehrkraft von Byzanz erheblich stärkte. Sie bedeutete auch eine sozialpolitische und finanzpolitische Revolution. Mit dem freien Bauernstand der Stratioten entstand eine soziale Schicht, die zur Sanierung der Staatsfinanzen auf doppelte Weise beitrug. Die Abfindung der Stratioten durch Landbesitz befreite die Regierung von den hohen Soldkosten und bewirkte damit einen starken Rückgang der militärischen Ausgaben. Zugleich aber wurde der Stratiot auf seinem Gut zu einem klar erfaßbaren, sicheren Faktor für Steuerpolitik.

Die Themenverfassung kombinierte in genialer Weise das System der Exarchate mit der Institution der *limitanei*. In den Anfängen bedeutete sie eine eindeutige Militarisierung des byzantinischen Staates mit entsprechenden Rückwirkungen auf das geistige und kulturelle Leben. Aber angesichts des Lebenskampfes, in dem Byzanz stand, war dies fast unumgänglich. Am Ende führte zudem der Militarisierungsprozeß durch die damit verbundene soziale Umschichtung zu einer gesünderen inneren Struktur des Byzantinischen Reiches. Die innere Reform des Reiches durch die Themenverfassung vollzog sich allerdings langsam und nicht immer systematisch, in einer mehr als hundertjährigen Entwicklung. Sie war nicht das Ergebnis eines einzigen gesetzgeberischen Aktes, sondern wuchs aus einzelnen Reorganisationsmaßnahmen zusammen, die freilich alle einer einheitlichen verteidigungs- und verwaltungspolitischen Konzeption entsprangen. Es ist sehr wohl möglich, daß neben den Erfahrungen, die Heraklios im Exarchat von Karthago gesammelt hatte, auch das Vorbild der Reorganisation des sassanidischen Reiches durch Chosroes I. eine erhebliche Rolle spielte. Die Anfänge der neuen Ordnung liegen ohne Zweifel schon vor dem Jahre 619: damals traf Heraklios erste Maßnahmen in dieser Richtung. In seinen militärischen Erfolgen zeigte sich bereits eine erste Wirkung der Verwaltungs- und Kommandovereinfachung. Die sozial- und finanzpolitischen Wirkungen des neuen Systems konnten freilich erst mit seiner schrittweisen Durchsetzung im Lauf der Jahrzehnte Bedeutung erlangen.

Zunächst konnte die Themenverfassung nur Kleinasien erfassen, da die Ostprovinzen verloren waren und der Balkan sich weitgehend nicht mehr in byzantinischer Hand befand. Im 7. Jahrhundert entstanden vier solcher Militärdistrikte: Armeniakon und Anatolikon als Verteidigungseinheiten Zentralanatoliens, Opsikion als Militärbereich der Hauptstadt und Kybyrrhaiotikon im ostägäischen Bereich als Oberkommando der maritimen Verteidigung. Erst im ausgehenden 7. und im 8. Jahrhundert setzte sich die Themenverfassung langsam auch auf dem Balkan und in den Küstengebieten Griechenlands durch: ihre Einrichtung ist immer ein Zeichen dafür, daß sich die Herrschaft von Byzanz in der betroffenen Region wieder konsolidiert hat.

Parallel zu dieser Umgliederung ging eine Reform der Zentralverwaltung. Im 6. Jahrhundert hatte sich die Prätorianerpräfektur zu einem Superministerium entwickelt, das durch seine Hypertrophie immer funktionsunfähiger wurde, während gleichzeitig die Finanzverwaltung (die *comitiva rerum privatarum* und die *comitiva sacrarum largitionum*) verkümmerte. Es war im Grunde genommen nur eine logische Fortführung der Themengliederung, daß das alte System der Zentralverwaltung ebenfalls aufgehoben wurde, wenn auch der Prätorianerpräfekt selbst noch bis ins 8. Jahrhundert eine Schattenexistenz führte. Die neuen, die Regierung und Verwaltung des Reiches lenkenden Zentralämter wurden von Beamten mit dem Titel eines

Logotheten geleitet. Bezeichnenderweise gab es gleich drei Logotheten für die Finanzen — für die militärische Finanzverwaltung, für die allgemeine Staatsverwaltung und für das Privatvermögen des Kaisers. Der *logothetes tou dromou* trat anstelle des *magister officiorum* an die Spitze der eigentlichen Administration. Die Neuordnung der Zentrale durch die Logothesien blieb wie die Themenverfassung für den byzantinischen Staat bis ins hohe Mittelalter hinein charakteristisch.

Manifestiert sich in der neuen Staatsordnung die byzantinische Fähigkeit des Überlebens durch Anpassung, so vermochte Heraklios ein brennendes innenpolitisches Problem nicht zu lösen: das der Monophysiten. Die Rückeroberung von Armenien, Syrien und Ägypten wie die Einsicht, daß die politischen Folgen des monophysitischen Schismas die persische Offensive in vieler Hinsicht erleichtert hatten, machte das Problem der Kirchenunion dringender denn je. Heraklios wie der Patriarch Sergios betrieben mit Nachdruck eine Aussöhnung. Theologisch war etwas anderes als ein Kompromiß unmöglich. Für einen Moment schien er in der im Osten entwickelten Doktrin des Monenergismus gefunden: es gibt zwei Naturen Christi, aber nur eine gottmenschliche Wirkungsweise (*energeia*). Nach anfänglicher Zustimmung wuchs jedoch der Widerstand von beiden Seiten schnell an, für die Orthodoxen verkörpert in dem großen Mystiker Maximus Confessor in Constantinopel, für die Monophysiten in dem Patriarchen Sophronios in Jerusalem vertreten. Als neuen Kompromiß entwickelte Sergios in Abschwächung des Monenergismus die Lehre des Monotheletismus (die Lehre von einem gottmenschlichen Willen in zwei Naturen). Heraklios verkündete sie 638 durch ein kaiserliches Edikt, die *Ekthesis*, als Unionsformel. Der Monotheletismus blieb wie das *Henotikon* (vgl. oben S. 160) ein unbefriedigendes Geschöpf staatlicher Kirchenpolitik — von Orthodoxen, Monophysiten und vom Papst gleichermaßen abgelehnt und nur Ausgangspunkt neuer Streitigkeiten. Die Lösung des Schismas erfolgte schließlich überraschend schnell, freilich nicht mehr auf kirchenpolitischer Ebene. Schon im Jahre der Ekthesis trennte die arabische Eroberung Armenien und Syrien, wenige Jahre später Palästina und Ägypten vom Reich. Die monophysitischen Kirchen des Ostens wurden zu schismatischen Sonderkirchen in fremdem Herrschaftsraum; im griechisch-kleinasiatischen Reichsgebiet spielte der Monophysitismus nur eine geringe Rolle.

Der Erfolg der Offensive des Heraklios war durchschlagend: Byzanz war an seiner gefährlichsten Grenze gesichert. Das jahrhundertealte Ringen mit den Sassaniden um die Hegemonie im Nahen Osten schien endgültig zugunsten von Byzanz entschieden. Die Herrschaft von Griechentum und Christentum war in Kleinasien, Ägypten, Syrien und Mesopotamien neu befestigt. Aber auch im Westen bestanden trotz der Auseinandersetzung mit den Langobarden und des Verlustes byzantinischer Territorien in Spanien Zonen unbestrittener byzantinischer Herrschaft. Festungsbau und militärische Organisation in Afrika und in Italien zielten auf Dauer. Die Seeherrschaft war in byzantinischer Hand, die Diplomatie von Constantinopel unterhielt, vorsichtig lavierend, Beziehungen zu Franken und Westgoten. Das Ansehen von Byzanz stand im Osten wie im Westen höher denn je: indische Herrscher sandten nach dem Perserkrieg Glückwunschbotschaften, der Merowingerkönig Dagobert schloß einen ›ewigen‹ Frieden mit Byzanz.

Doch es war ein leerer Sieg. Die Herrschaft des Heraklios war ebensosehr Ende wie Anfang, die zwanzig Jahre von 610 bis 630 stellten im Grunde nur ein trügerisches Vordergrundgefecht dar. Die einseitige Konzentration und tödliche Erschöpfung des jahrzehntelangen Krieges, in dem der machtpolitische Konflikt zwischen Ostrom und Persien kulminierte, machte beide Gegner unfähig, die in ihrem Rücken vorgehende Veränderung der Welt zu bemerken, und hinderte sie ebenso daran, einem neuen Ansturm Widerstand zu leisten. Mit den Anfängen des Feudalismus in Italien und Frankreich, mit der Konsolidierung der päpstlichen Stellung, mit der zunehmenden Christianisierung Englands begann sich das mittelalterliche Europa herauszubilden. Doch nicht im Westen — den Constantinopel stets im Auge behielt und dessen Wandel hinter der sich verfestigenden Barriere des Balkans und des Langobardenreiches vorläufig ohne machtpolitische Konsequenzen blieb — lag die eigentliche Gefahr. Es war die große, politische wie persönliche Tragödie des Heraklios, daß unbemerkt von byzantinischer Diplomatie und Strategie in den Jahren der Perserkriege in Arabien eine neue, den Sassaniden weit überlegene orientalische Macht entstand.

a) Arabien vor Muhammad

Byzanz wie Persien unterschätzten den Aufbruch Arabiens in seiner Bedeutung. Nicht nur, weil man den Islam (wie noch Johannes Damascenus im 8. Jahrhundert) für eine neue schismatische Richtung der östlichen Christenheit hielt. Arabien war

seit Jahrhunderten ein Raum, über dessen Schicksal die angrenzenden Staaten bestimmten. Byzanz hatte sich ebenso wie Rom
mit der Kontrolle des Karawanenhandels und der Abwehr der
üblichen Scharmützel am Rand von Fruchtland und Wüste durch
einen Limes und mit Hilfe von Klientelstaaten begnügt. Arabien
schien kein mit den üblichen Formen der Herrschaftsausübung
kontrollierbares Gebiet. Herren der weiten Steppe und Wüste
der Halbinsel waren unbestritten die in Stammesverbänden von
jeweils wenigen hundert Köpfen lebenden Beduinen. Härte und
Unsicherheit des Nomadendaseins, dazu die Stammesgemein-
schaft als Grunderfahrung prägen Normen und Lebensform der
Beduinen.

Loyalität kennt der Beduine nur gegenüber den Stammesangehö-
rigen und dem durch persönliche Autorität herrschenden Stammesfürsten, dem Sajjid. Dem Städter wie dem arabischen Bauern
gilt seine Verachtung, Plünderung von Stadt oder Fruchtland ist
gutes Recht. Unter den Stämmen selbst führt leidenschaftliche
Arroganz, stets waches Mißtrauen und dauernder Kampf um
Wasserplätze und Weiden ständig zu Fehden und Kriegen. Die
eifersüchtig gewahrte Autonomie des Stammes läßt nicht einmal
Ansätze einer umfassenderen politischen Organisation in Nord-
und Mittelarabien entstehen. Nur in den fruchtbaren Randzonen der Halbinsel herrschte nicht das Gesetz nomadischer
Zerrissenheit, sondern die Stadt mit Ackerbau und Fernhandel.
Im Yemen (der Arabia Felix der Römer) kam es seit dem 3.
Jahrhundert im sabäischen Reich der Himyariten zu einer die
einzelnen Stadtstaaten übergreifenden Staatsbildung. Der Sü-
den Arabiens besaß eine durch den Bau großer Staudämme und
Bewässerungssysteme ermöglichte fortgeschrittene städtische
Kultur. Er war zugleich dank seiner Lage am Ausgang des Roten Meeres ein Knotenpunkt der großen Ost-West-Handels-
routen, Verbindungsstück zwischen der Handelsschiffahrt im
Indischen Ozean und den Karawanenstraßen nach Syrien und
Ägypten. Dadurch geriet Südarabien auch in den politischen
Interessenkreis der beiden Großmächte. Byzanz, am Seeweg
durch das Rote Meer als Ausgleich für die durch die Sassaniden
gesperrte Route durch den Persischen Golf interessiert, hatte
schon unter Justinian das christianisierte Reich von Aksum unterstützt (vgl. oben S. 190). Nach dem Tode des yemenitischen
Königs Dhū Nuwās (525) kam das Land unter äthiopische Hegemonie und wurde von halbautonomen Satrapen regiert. Die
persische Diplomatie unterstützte einen Aufstand der Yemeni-
ten, dem 597 die Umwandlung des Yemen in eine sassanidische
Provinz folgte (zugleich die Konversion der südarabischen Christen zum Nestorianismus). Politische Unsicherheit und schnelle
Herrschaftswechsel führten dazu, daß der Staudamm von Maʾrib
(anders als 450 und 542) nach seiner Zerstörung um das Jahr

570 nicht mehr repariert wurde. Große Anbauflächen gingen verloren, ein Teil des Landes fiel wieder in die Hand der Beduinen.

Der Riegel der wasserlosen Rub-al-Khali hat den Süden trotz der durchlaufenden Karawanenstraßen immer bis zu einem gewissen Grad von der übrigen Welt abgetrennt. Anders war es im Nordwesten. Er lag seit Jahrhunderten in der Spannungszone des römisch-parthischen und später des byzantinisch-sassanidischen Konfliktes, ständig wechselnden politischen und kulturellen Einflüssen unterworfen. Die sassanidische Einflußsphäre reichte bis an die Ostgrenze von Palmyra und in den östlichen Teil der Nefud; Byzanz versuchte den westlichen Wüstenrand von Akaba bis nach Syrien durch Klientelstaaten unter Kontrolle zu halten. Im System der tiefgestaffelten byzantinischen und sassanidischen Wehrgrenzen des 6. Jahrhunderts bestanden hier halbbeduinische Klientel- und Pufferstaaten unter arabischen Fürsten. Im Reich der Ghassaniden an der südsyrischen Grenze mit dem Zentrum Bosra, das unter Justinian den Höhepunkt seiner Bedeutung als verbündeter Vasall (seit 502) erreichte, faßte das Christentum monophysitischer Prägung Fuß. Die Dynastie der Lakhmiden, Herrscher über das Handelszentrum Hira am unteren Euphrat, trat zum nestorianischen Christentum über, das in der Hauptstadt eine blühende Gemeinde besaß. Der religiöse Gegensatz spiegelte die politische Situation: den konstanten Konflikt zwischen »Arabern der Rhomäer« und »Arabern der Perser«, dem schließlich durch Annexion (582 kamen die Ghassaniden unter byzantinische, 602 die Lakhmiden unter persische Verwaltung) die direkte Konfrontation der Schutzmächte folgte.

Aufgrund ihrer Randlage hatten diese Araberstaaten genausowenig Einfluß auf die Beduinenwelt der Halbinsel wie der Yemen. In Zentren wie Taif in Mittelarabien oder Yathrib im Nordwesten hatten die Beduinen dank günstiger Umweltverhältnisse seßhafte Lebensformen angenommen. In der großen Oase Yathrib (dem späteren Medina) boten über 50 qkm Fruchtland die Möglichkeit für eine blühende Dattelindustrie und für das Leben mehrerer (z. T. jüdischer) Stämme. Gleichzeitig profitierte Yathrib wie andere Städte Arabiens vom Transithandel. Die wichtigste unter diesen aristokratischen Republiken von reichen Handelsleuten war das etwa 450 km weiter südlich gelegene Mekka — Handelsvorort und religiöses Zentrum zugleich. Dank seiner Lage am Schnittpunkt zweier großer Karawanenstraßen — zwischen Südarabien und Syrien und zwischen dem Roten Meer und dem Irak —, über die Weihrauch und Hölzer aus dem Yemen, Gewürze und Luxusartikel aus Indien und dem Fernen Osten transportiert wurden, war Mekka seit langem ein einflußreicher Handelsplatz mit einer Aristokratie reicher Großhändlerfamilien. Neben den Handel trat das Pilgergewerbe: die Termine der wichtigsten Karawanen fielen teilweise mit der jährlichen Wallfahrt zur Kaaba zusammen, während der ein den Geschäften nützlicher Gottesfriede zwischen den Stämmen galt. Die Kaaba, mit dem von den Gläubigen verehrten ›schwarzen Stein‹, einem Meteoriten, war die bedeutendste Kultstätte Nordwestarabiens.

Dank der weiten Verbindungen des mekkanischen Handels war die seit dem 5. Jahrhundert herrschende Sippenoligarchie der Koraisch an Erfahrung in der Welt und der Weltpolitik den anderen zentralarabischen Stammesfürsten überlegen. Mehr als anderswo machten sich darum in Mekka auch die religiösen Strömungen der Umwelt fühlbar. Dennoch blieb Mekka neutral, am Rande der Politik der großen Mächte; auch sein Gottesfriede und daran anknüpfende ›Eidgenossenschaften‹ vermochten die anarchische politische Situation des Beduinentums nicht zu ändern. Zu Beginn des 7. Jahrhunderts war Arabien tatsächlich politisch ein toter Raum: die politisch gefestigteren Einheiten waren im Machtbereich der Großmächte aufgegangen, im übrigen herrschte ein ständiger Kleinkrieg der Stämme. Dabei machte sich jedoch um die Jahrhundertwende eine gewisse Unruhe auf der Halbinsel bemerkbar: schwere Auseinandersetzungen zwischen jüdischen und arabischen Stämmen in der Oase Yathrib, zugleich eine Ausdehnung des beduinischen Herrschaftsbereichs — letzteres wohl ein (durchaus typischer) Vorgang der Verdichtung der normalen beduinischen Binnenwanderung, wie es immer wieder durch Machtveränderungen vor allem im Süden der Halbinsel auftrat.

Geistig regten sich neue Kräfte: mehr noch als der Einfluß des Judentums in den Städten und im Süden machte sich ein Vordringen des Christentums von den Randzonen her bemerkbar. Der von den Sassaniden dank seinem unversöhnlichen Gegensatz zur Orthodoxie offiziell geduldete Nestorianismus gewann im Süden wie im lakhmidischen Herrschaftsbereich an Boden. In Hira gab es schon um 410 ein nestorianisches Bistum; hier entstand im 6. Jahrhundert die arabisch-nestorianische Gemeinde der 'ibād (›Gottesdiener‹) — eine Art Vorstufe der islamischen Urgemeinde in ihrer Verbindung von Religionsgemeinschaft und Stammesorganisation. Von Westen her, ausgehend vom Territorium der christlichen Ghassanidenfürsten, verzeichnete unter den Beduinenstämmen die von dem großen Jakob Barde'ana von Edessa (542-578) organisierte monophysitische Mission Erfolge; einzelne der großen Nomadenlager besaßen ihre eigenen Bischöfe. Dennoch blieb in Nord- und Zentralarabien ein Heidentum vorherrschend, in dem besonders Dämonenfurcht, Steinfetischismus und Gestirnglaube als gemeinsame Züge hervortreten. Manche seiner Kultformen wie die Hajj, der jährliche Pilgerzug, oder das Umwandeln des heiligen Ortes sind in den Islam übergegangen. Trotzdem waren offenbar Judentum und Christentum die Elemente, die am Ende des 6. Jahrhunderts einen geistigen Wandel in der arabischen Welt anregten. In der Figur des *hanīf*, des asketischen Predigers, verkörperte sich — sei es in christlicher oder jüdischer Schattierung oder in einem vagen Monotheismus — das Ungenügen an der traditionellen Religion und die Suche nach einer geläuterten Form der Religion. Doch blieben die Hanifen (durchaus geduldete) Einzelgänger, um die sich nur selten eine kleine Gemeinde scharte.

b) Der Prophet und die Einigung Arabiens

Arabien konnte aus byzantinischer wie sassanidischer Sicht mit Recht als ein politisches Vakuum erscheinen. Aus diesem Vakuum aber brach mit unerwarteter Gewalt im Jahre 632 die große islamisch-arabische Eroberungsbewegung hervor. Die Identifizierung des Islam mit dem Arabertum — das daher bis heute eine privilegierte Sonderstellung in der islamischen Welt bewahrt — galt freilich nur für die Anfänge, in denen tatsächlich die Araber die führenden Kräfte eines Weltreiches und einer Weltreligion waren. Der Beginn dieser den gesamten Lauf der Weltgeschichte verändernden Bewegung war ein scheinbar höchst privates Ereignis — das religiöse Berufungserlebnis des Kaufmannes Muhammad ibn Abdallah auf dem Berge Hirā' nahe Mekka um das Jahr 610. Muhammad entstammte der Familie Hashin, einem verarmten Seitenzweig der Koraisch. Vielleicht lag auch in dieser sozialen Situation am Rande der Herrschaftsschicht ein Antrieb für das kritische Unbehagen an überkommenen Ordnungen und Glaubensformen. Doch trat Muhammads religiöses Interesse offenbar erst nach der Heirat mit der reichen älteren Kaufmannswitwe Khadidscha hervor. Sie gab ihm mit wirtschaftlicher Unabhängigkeit die Möglichkeit zu Handelsreisen in Arabien, die vielleicht Kontakte mit syrischen Christen einschlossen, und Muße zur religiösen Spekulation. Muhammad predigte seine Erkenntnis zunächst nur der treu ergebenen Familie. Als er sich an weitere Kreise in Mekka wandte, wurde er zunächst wie einer der Hanifen nachsichtig geduldet. Bald jedoch stieß seine Predigt auf Ablehnung — nicht so sehr wegen der monotheistischen Lehre von dem einen höchsten Gott, als vielmehr wegen der leidenschaftlichen Verkündigung des Jüngsten Gerichts über Fromme und Sünder und der Verwerfung des Polytheismus, insbesondere der mekkanischen Lokalgottheiten. Um den Sektierer sammelte sich die kleine Gruppe der — meist aus den unteren Schichten stammenden — Muslime, der ›sich Gott völlig Ergebenden‹ (»siehe, mein Gebet, meine Verehrung, mein Leben und mein Tod gehören Allah, dem Herrn der Welten. Er hat keinen Gefährten, und solches ist mir geheißen, und ich bin der erste der Muslime«[4]). Soziales Ressentiment und konservative Religiosität, vor allem aber die Furcht vor einer Störung des einträglichen Geschäfts mit der Wallfahrt verstärkten den Widerstand gegen Muhammad. Dieser Widerstand aber war für ihn die Herausforderung, seine Lehre von anderen Traditionen abzuheben und sie im Stil einer Offenbarung zu verkünden: aus dem Bußprediger und Warner im beschränkten Kreis wurde der Prophet. Seine Verkündigung gab offenbar Antworten auf in den Städten und unter den Beduinen Mittel- und Westarabiens latent vorhandene Fragen. Aber diese Resonanz barg wieder eine Gefahr: die Deutung von Muhammads Prophetenrolle als Anspruch auf politische Führerschaft, eine für Weltverständnis und Erfahrung der Zeit naheliegende Identifikation. 622 wurde die Lage so schwierig, daß Prophet und Gemeinde (nach der traditionellen Liste der Emigrierten nur rund 70 Personen) nach Yathrib auswanderten. Mit der *Hedschra* (›Auswanderung‹) begann die zweite Phase von Muhammads Leben. Das spätere Epochenjahr der islamischen Geschichte war tatsächlich ein Wendepunkt für die muslimische Urgemeinde. Die festgefügte soziale Struktur Mekkas hätte die Ausdehnung über eine konventikelhafte Gruppe hinaus kaum erlaubt. Yathrib dagegen schuf Muhammad den Wirkungsraum, dessen er bedurfte. Die im Kleinkrieg gegeneinander zerstrittenen Oasenstämme erhofften offenbar von dem Propheten, dessen religiöse Sendung sie anerkannten, auch eine politische Neuordnung in Yathrib. Muhammad hatte nicht nur erhebliche Bekehrungserfolge. Wirtschaftlich unabhängig durch Razzien gegen mekkanische Karawanen und gestützt auf den Machtkern seiner *muhādschira* (›Emigranten‹) und auf die *ansār* (›Helfer) aus Medina, gewann er bis 627 die unbestrittene Herrschaft über die gesamte Oase.

Muhammad in Medina gilt vor allem als Organisator des neuen Glaubens. Seine Anfänge in Mekka waren allein der Versuch einer Bekehrung der Umwelt zu den ihm geoffenbarten Wahrheiten gewesen. Medina bedeutete für seine Lehre eine zweite große Herausforderung. Jetzt erst wurde der Islam (›unbedingte Ergebung‹) rein und scharf ausgebildet. Hatte Muhammad sich bisher als einen unter den Gesandten Gottes verstanden, der in arabischer Zunge und Form die eine, auch Christen und Juden verkündete Offenbarung lehrte, so veränderte die Ablehnung seiner Lehre durch die medinensischen Juden sein religiöses Selbstverständnis. Äußeres Zeichen war der Wechsel der Gebetsrichtung von Jerusalem nach Mekka. Er begriff sich nun als Propheten der vollkommenen und endgültigen Offenbarung:

Moses und Christus sind keine falschen Propheten, aber sie sind Propheten, die noch nicht die volle Wahrheit kannten oder deren Anhänger die ursprüngliche Verkündigung verfälschten. Muhammads Lehre war nicht absolut neu. Wie das geistige Milieu Mekkas war seine religiöse Welt weitgehend von christlichen und jüdischen Gedanken und Bildern geprägt, wenn auch arabische Kultgebräuche und soziale Traditionen zu ihrer Formung beitrugen. Dennoch ist der Islam nicht einfach eine synkretistische Schöpfung. Muhammad war eine genuine prophetische Natur, am Ende gegenüber mosaischer Religion und Christentum in wesentlichen Zügen eigenständig. Der Erfolg der neuen Lehre lag nicht allein darin, daß sich in Muhammad schöpferischer religiöser Geist, unerschütterlicher Glaube an die eigene Mission und ausstrahlendes Sendungsbewußtsein verbanden mit realistischer Klugheit, außergewöhnlichem Geschick der Menschenführung und großen politischen Fähigkeiten. Der Islam gab als prophetische Wiedererneuerung von Anbeginn existierender religiöser Wahrheiten Antwort auf halbformulierte Fragen der Zeit. Aus einem neuen Gotteserlebnis waren ein neues Lebensgefühl und eine Glaubenswelt hervorgegangen, die den Grundbestand der religiösen Traditionen und Erfahrungen des Vorderen Orients umdeutend zusammenfaßten.

Grundzug der islamischen Lehre — deren Hauptquelle die im Koran gesammelten Verkündigungen Muhammads darstellen, 114 Suren von verschiedener Länge, nur mündlich tradiert und zum erstenmal unter dem Kalifen Uthman (644–656) offiziell aufgezeichnet — war ein strenger Monotheismus mit wenigen einfachen und einleuchtenden ethischen und rituellen Geboten. »Es gibt nur einen Gott«: damit waren nicht nur die Götterkulte des heidnischen Arabien, sondern auch der christliche Trinitätsbegriff als Polytheismus verurteilt. Die absolute Überlegenheit der göttlichen Allmacht gegenüber der vollkommenen Abhängigkeit des Menschen wurde scharf betont; auch der Prophet war nur menschlicher Bote, nicht ein göttlicher Mittler in Menschengestalt. Die Frage, wie sich göttliche Lenkung und menschlicher Wille zueinander verhielten, war im Koran nicht entschieden; sie wurde bald im Sinne einer (freilich die menschliche Willensfreiheit nicht ausschließenden) strengen Prädestination gelöst. Dennoch ist das persönliche Verantwortungsbewußtsein lebendig erhalten durch die einprägsame Lehre vom allgemeinen Weltgericht mit der Vergeltung von Werken und Glauben im Jenseits. Die Antinomie von Gesetz und Freiheit verschwindet allerdings nie völlig, denn es gibt keine durch Erbsünde verderbte menschliche Natur, darum keine böse und gottwidrige ›Welt‹. Die Lehre von der *djihād*, dem ›Heiligen Krieg‹ als Teil der Verwirklichung islamischen Lebens in der Gemeinschaft, entsprang dem fatalistischen Prädestinationsglau-

ben: das Versprechen des sofortigen Eintritts in ein sehr sinn-
lich ausgemaltes Paradies als verbürgter Lohn für den Tod im
Glaubenskampf gab der Lehre des Islam eine offensive Stoßkraft.

Die Glaubenslehre des Islam wurde erst spät systematisiert; die
Pflichtenlehre lag von Anfang an in klaren Hauptgeboten vor:
1) Der bedingungslose Glaube an Gott, niedergelegt in dem
Bekenntnis »Es ist kein Gott außer Allah, und Muhammad ist
sein Prophet«. 2) Das fünfmalige tägliche Ritualgebet. 3) Das
Almosengeben (bald zu einer Armensteuer umgewandelt).
4) Das Fasten von Sonnenaufgang bis Dunkelheit während des
Monats Rhamadan. 5) Die einmal im Leben durchzuführende
Pilgerfahrt (*hadjj*) nach Mekka, in deren Ritual Züge vorislami-
schen Pilgerwesens und Sakralgut der alten Kaaba eingingen.
Der *hadjj* schuf dem Islam in Mekka ein dauerndes geistiges
Zentrum.

Trotz seiner Kritik an der Gesellschaftsstruktur Mekkas war
Muhammad nicht in erster Linie ein arabischer Sozialreformer.
Entscheidend war zunächst die Verkündigung einer arabischem
Empfinden gemäßen, neuen Erfahrung des Heiligen und der
Gottheit. Die fortwirkende geistige Macht des Islam ist nicht
zuletzt darin begründet, daß er sich nur bedingt auf die sozialen Formen und den Lebenszuschnitt der zeitgenössischen Araber bezog. Dennoch blieb die neue Religion nicht ohne Auswirkung auf den politischen und gesellschaftlichen Bereich. Der
Prophet war nicht nur religiöser Lehrer, sondern auch Schöpfer
einer Gemeinschaftsform. Die Notwendigkeit, eine wachsende
Anhängerschar zu organisieren, zwang Muhammad dazu, seine
Lehre durch soziale und politische Grundprinzipien zu ergänzen. In den Medina-Suren des Koran überwiegen die praktischen Lebensgebote: in diesem Sinne war Muhammad in Mekka
der Prophet, in Medina der Staatsmann, der sich der politischen
und militärischen Führung und Organisation seiner Anhänger
widmete. In Medina entstand die erste ›Gemeindeordnung‹ der
umma (›Gemeinde‹, ›Religionsgemeinschaft‹). Für die Zugehörigkeit zur *umma* galt der Glaube, also persönliche Entscheidung, als maßgebend — ein gesellschaftliches Ordnungsprinzip,
das der geschlossenen Stammesorganisation entgegenwirkte
und für das politische Denken und die Staatsauffassung des
Islam bestimmend blieb. Lenker, Richter und auch militärischer
Führer dieser Gemeinschaft war Muhammad.

Mit der Organisation verband sich der Ausgriff. Neben die Bekehrung zum Glauben an Allah trat die Anerkennung der Füh-
rerrolle seines Propheten, neben den Übertritt des einzelnen
der mehr auf politischen als religiösen Motiven beruhende Anschluß ganzer Stämme. Der Islam war auf dem Wege zu einem
religiös fundierten Staatswesen; es entstand eine politisch eini-

gende, expansive Kraft in Arabien. Aus Karawanenüberfällen entwickelte sich ein lang andauernder Krieg gegen das »ungläubige« Mekka und die mit ihm verbündeten Stämme. Im Jahre 627 brachte der »Grabenkrieg« (auf Rat eines persischen Sklaven setzte Muhammad an der Nordwestfront von Medina durch einen Graben die gefährliche mekkanische Reiterei matt) die Wende zugunsten von Medina. Immer mehr Stämme erkannten Muhammads politische Führung an; im Januar 630 wurde Mekka selbst besetzt. Der Triumph über die heilige Stadt beschleunigte den Anschluß der Beduinenstämme. Zugleich zeigte sich das diplomatische Geschick des Propheten: Schonung des städtischen Adels und Übernahme der Kaaba als Zentralheiligtum des neuen Glaubens gewannen ihm die Oberschicht Mekkas, ohne deren politische Geschlossenheit und Erfahrung die Ausbreitung der *umma* in den kommenden Jahrzehnten kaum möglich gewesen wäre. Aus diesem einzigen nennenswerten Reservoir von Kräften, die für administrative und militärische Aufgaben in größeren Zusammenhängen einsetzbar waren, stammen hohe Beamte der *umma* oder große Generäle wie Khalid und 'Amr, der Eroberer Ägyptens.

Als Muhammad im Juni 632 nach kurzem Fieber völlig unerwartet für die Gläubigen starb, waren die Stämme der Halbinsel weitgehend unter dem Propheten geeint. Auch der Süden, nach der Ermordung Chosroes' II. (628) sassanidischer Kontrolle entglitten, erkannte seine Herrschaft an. Im byzantinischen Grenzgebiet hatten sich christliche Arabergruppen, darunter der Fürst von Eilath, unterworfen, behielten aber gegen jährliche Tributzahlung das Recht freier Religionsausübung — ein wichtiger Präzedenzfall für die Zukunft. Der Tod des Propheten erwies die mangelnde Konsolidierung seiner Schöpfung. Das politische Gebilde, das er hinterließ, war weniger ein Staat als eine lose Gruppierung von Territorien und Stämmen, gegenüber denen die *umma* recht unterschiedliche Herrschaftsrechte besaß. Auch über seine Nachfolge hatte Muhammad nichts entschieden. In den Wirren der ersten Monate fiel ein Großteil der eben unterworfenen Stämme, die mit dem Tode des Propheten ihre vertraglichen Bindungen für aufgelöst erachteten, wieder ab. Im Süden traten neue, mit Muhammad konkurrierende Propheten auf. Dennoch erwies sich die einmal verkündete Idee als stärker denn die zentrifugalen Kräfte: die Rivalität zwischen *ansār* und *muhādschira* wurde durch die Wahl eines Kalifen (*chalīfat rasūl Allāh*, ›Vertreter des Propheten Gottes‹) vorläufig überwunden. Es war Abu Bekr (632-634), einer der frühesten Anhänger Muhammads unter den Koraisch, der schon während der Krankheit des Propheten ihn beim Gemeindegebet vertreten hatte. Der Aufstand der Stämme gegen Medina aber (die Ridda), in dem der Partikularismus der alten Stammesordnung

wiederzuerstehen schien, wurde in schnellen und rücksichtslosen Expeditionen arabischer Generäle niedergeschlagen.

c) Der Ausbruch aus der Wüste: die ersten Kalifen

Die Wiederherstellung der Einheit Arabiens und die endgültige
Überwindung der Stammesautonomie als politisches Prinzip
war die Voraussetzung für die unaufhaltsame Expansion der
arabisch-islamischen Herrschaft. In einem lawinenartigen Ausbruch aus der Wüste wirkten die soldatischen Tugenden der
arabischen Stämme und die staatsmännischen Fähigkeiten der
ersten Kalifen zusammen mit der Idee des ›Heiligen Krieges‹
als treibende Faktoren bei der Bildung eines arabischen Großreiches, das die bestehende Staatenwelt des Mittelmeerraumes
zerstörte. Schon unter Muhammad hatte der Islam begonnen,
den Rahmen einer religiösen Bewegung zu sprengen. Die Ausbreitung der *umma* besaß eine innere Dynamik, die über die
Grenzen Arabiens hinausdrängte: der einzige Ausweg aus dem
Dilemma zwischen den begrenzten wirtschaftlichen Reserven
der Halbinsel und dem Koran-Verbot des Kampfes unter Muslimen war eine weitere Expansion.[5] Von der persönlichen Glaubensgemeinschaft der Anhänger des Propheten über die politische Glaubensgemeinschaft der Araber wurde der Islam, geführt
von einer bis zum Agnostizismus realistischen Militäraristokratie, zu einer erobernden Hegemonialmacht.
Schon 629 stieß eine Truppe von 3000 Beduinen unter Khalid
und unter Muhammads Adoptivsohn Zayd gegen die Grenzfestung Mu'ta südöstlich vom Toten Meer vor, wurde aber ohne
Mühe von byzantinischen Truppen zurückgeschlagen. Im Moment seines Todes war der Prophet mit dem Plan einer neuen
Expedition ins byzantinische Jordangebiet beschäftigt. Heraklios
und sein Stab hatten das Gefecht von Mu'ta als einen der geläufigen Grenzzwischenfälle eingestuft, wie sie sich seit Jahrhunderten auf der Trennungslinie zwischen der beduinischen
Wüste und dem Fruchtland der seßhaften Ackerbaubevölkerung
abspielten. Doch im Grunde begann damit die zweite Peripetie
seiner Herrschaft: Schein und Wirklichkeit klafften auseinander. Der Angriff auf Mu'ta war der erste Schritt einer Expansion, die nach 100 Jahren bereits Spanien und Turkestan erreichen sollte, und zugleich das erste Gefecht des 800jährigen
Kampfes zwischen Byzanz und dem Islam, der erst 1453 mit
der endgültigen Vernichtung des Byzantinischen Reiches endete.
Ihren ersten Höhepunkt erreicht die arabische Expansion unter
dem zweiten Kalifen Umar I. (634-644). Die erste Welle des
arabischen Ausgreifens hatte von vornherein zwei Stoßrichtun-
gen. Die eine zielte nach Norden, gegen das noch im Koma der
Niederlage liegende Sassanidenreich. Im Jahre 633 begann der

Einbruch von Beduinenstämmen durch die sich auflösende sassanidische Grenzschutzzone nach Mittelmesopotamien, eine Aktion, die bald durch eine *ansār*-Einheit unter Khalid unterstützt wurde. Hīra fiel; nach der entscheidenden Schlacht am Yarmuk in Syrien brachten verstärkte arabische Kräfte der persischen Armee bei Quadisijja 636/637 eine vernichtende Niederlage bei. 637 folgte der Fall der Hauptstadt Ktesiphon am Tigris. Bis 640 wurde von Syrien aus das obere Mesopotamien besetzt. 642 standen die arabischen Truppen schon im Iran selbst; die sassanidische Armee erlitt bei Nehawend ihre letzte große Niederlage. Im Jahre 643 war die Grenze Indiens erreicht. Der letzte Sassanide Jezdegerd III. (632-651) hatte nicht nur gegen die vordringenden arabischen Einheiten, sondern zugleich gegen persische Separationsbestrebungen zu kämpfen; 651 wurde er, in den äußersten Nordosten seines Herrschaftsbereichs abgedrängt, bei Merw ermordet.

Mit Jezdegerd III. endete nicht nur die Dynastie der Sassaniden, sondern auch die über zwölfhundertjährige, nur durch Alexander den Großen unterbrochene Geschichte des antiken Perserreiches. Im 7. Jahrhundert wie beim Eroberungszug Alexanders bestätigte sich, daß das persische Großreich wegen der nie gebrochenen Sonderinteressen seiner Provinzen immer eine nur begrenzt stabile politische Einheit darstellte, die dem energischen Zugriff selbst verhältnismäßig kleiner Armeen nicht lange standhielt. Andererseits erwies sich die persische Kultur als erstaunlich widerstandsfähig. Die jahrtausendealten eigenen persischen Kulturtraditionen überdauerten den Prozeß der Arabisierung. Persien bewahrte seine eigene Hochsprache und wurde seit dem späteren 8. Jahrhundert ein bestimmender Faktor in der islamischen Literatur und Kunst.

Ebenso überraschend und erfolgreich war — und das ist die zweite Stoßrichtung der arabischen Expansion — der Einbruch in die byzantinischen Ostprovinzen. Die tiefgestaffelte Verteidigung erwies sich schnell als brüchig — die Araber überrannten die Ghassaniden, den syrischen Limes und die byzantinische Armee. Der Großangriff begann 633. Ein arabisches Heer marschierte in Südpalästina ein, 634 erlitt der Gouverneur Sergios im Wadi Araba (bei al-Adschnadain) eine schwere Niederlage, die den Verlust der Provinz besiegelte. Den entscheidenden Schlag aber führte der fähigste Feldherr der frühislamischen Zeit: Khalid ibn al-Walid, das ›Schwert Allahs‹ (gest. 641). Er war in hervorragender Weise an der Niederwerfung der Ridda beteiligt und eroberte im Frühjahr 634 Hīra im Irak. Von dort begann seine genialste Operation — der Marsch quer durch die syrische Wüste, der ihn in 18 Tagen in den Rücken einer byzantinischen Armee bei Damaskus führte, von dort in die Nähe von Bosra, wo er sich mit der arabischen Südarmee vereinigte.

Unter seinem Kommando errangen die arabischen Streitkräfte im Juli 634 einen definitiven Erfolg westlich von Jerusalem, dem die Einnahme von Bosra, von Damaskus (im September 635 nach sechs Monaten Belagerung) und von Homs folgte. Die Vernichtung einer Entsatzarmee, die von Theodoros, dem Bruder des Heraklios, befehligt wurde und zunächst Damaskus wiedererobert hatte, am 20. August 636 am Yarmuk schloß die Eroberung Syriens ab. Die Schlacht war das Ende von Khalids Karriere: er wurde wegen persönlicher Differenzen von Umar des Kommandos entsetzt.

Das Schicksal von Syrien und Palästina war entschieden, auch wenn sich ähnlich wie in der Endphase der Kreuzzüge noch einzelne Festungen hielten (Akkon, Tyrus und Sidon bis 637, Jerusalem nach zweijähriger Belagerung bis 638, die Verwaltungshauptstadt Cäsarea sogar bis 640). Der arabische Einbruch in das Byzantinische Reich war damit keineswegs zu Ende. Schon nach Abschluß der größeren Kämpfe in Syrien begann 639 unter dem zweiten großen General der Zeit, 'Amr ibn al-Āṣ, die Eroberung Ägyptens, das für die Araber sowohl wirtschaftlich (als Getreidereservoir und Handelszentrum) wie strategisch (wegen der Bedrohung ihrer Flanke in Syrien) wichtig war. Im Juli 640 verloren die byzantinischen Truppen die kriegsentscheidende Schlacht bei Babylon im Nordwesten von Kairo; die Festung selbst fiel im nächsten Jahr. Im September 642 räumten gemäß einem vom Patriarchen Kyros (dem auch die zivile Verwaltung Ägyptens übertragen worden war) geschlossenen Vertrag die letzten Einheiten Alexandria, den größten Flottenstützpunkt und das bedeutendste Schiffsbauzentrum im Ostmittelmeer. Die byzantinische Herrschaft in Ägypten war zu Ende. Im Norden wurde der arabische Angriff vorläufig an der Tauros-Linie aufgefangen. Im byzantinischen Afrika brandete er dagegen über Ägypten hinaus: bis 647 wurden Tripolitanien und die Cyrenaika erobert.

Das Perserreich der Sassaniden zerstört, der byzantinische Osten bis zum Tauros verloren, der neue arabische Staat die einzige Großmacht am Mittelmeer neben Byzanz: das war nach wenig mehr als zehn Jahren die Bilanz der ersten Eroberungswelle. Am Ende der Regierung des Heraklios waren alle vom Kaiser wiedereroberten Gebiete erneut verloren, die wirtschaftlich kräftigsten Provinzen aus dem Reichsverband ausgeschieden, war der byzantinische Staat in seiner Fläche auf ein knappes Drittel geschrumpft. Sein Herrschaftsbereich bestand im Grunde nur noch aus Kleinasien und dem direkten Hinterland von Constantinopel, das aber ständig von Slawen und Avaren bedroht war. Für Constantinopel begann die bis zum 15. Jahrhundert andauernde historische Rolle einer ununterbrochenen Defensive mit wechselnden Phasen territorialer Expansion und

Reduktion. Heraklios hat im letzten Jahr seiner Regierung vor der elementaren Katastrophe, die sein Lebenswerk zerstörte, resigniert und tatenlos der Entwicklung zugesehen. Dennoch trog diese (verständliche) Resignation: das bedeutendste Werk des Kaisers war in der Katastrophe nicht zerbrochen. Blieb auch unter seinen Nachfolgern der Abwehrkampf gegen den Islam das alles überschattende politische Problem, so schuf doch die neue Staatsordnung die Möglichkeit einer erfolgreichen Abwehr: am reorganisierten Kernland des Reiches prallte die arabische Flut ab.

Die fünfziger Jahre des Jahrhunderts brachten sogar eine Art Atempause. Grenzkrieg und Plünderungszüge in Kappadokien und Phrygien dauerten, manchmal bis nach Mittelanatolien reichend, zwar seit 642 fort; 646 begann die langsame, bis 666 dauernde Eroberung Armeniens. Aber drei Momente dämpften den Schwung der arabischen Expansion für mehr als ein Jahrzehnt: der Widerstand der Berber in Nordafrika, die Überlegenheit von Byzanz zur See und die inneren Wirren im Kalifat, die im Streit um die Nachfolge des vierten Kalifen Ali gipfelten. Das Berberproblem hatten weder Vandalen noch die byzantinische Besatzung gelöst, die allein den Küstengürtel und die durch ein System von Festungen und Militärstraßen gesicherten Gebiete beherrschte. Der Exarch von Karthago, Gregorios, durch die Bindung aller Kräfte im Osten auf sich selbst gestellt, unterlag 647 der Armee des Emirs von Ägypten, Ibn Saud. Dennoch verzögerte sich die islamische Eroberung Nordafrikas bis in die siebziger Jahre, weniger wegen des Durchhaltens der justinianischen Festungen als dank des hartnäckigen Widerstandes der an der Seite der byzantinischen Truppen kämpfenden Berber.

Noch bestand Hoffnung auf eine Rettung Afrikas. Seine wirtschaftliche Wichtigkeit wie vor allem seine seestrategische Bedeutung für die Sicherheit der maritimen Schlüsselposition Sizilien veranlaßte Constans II. (641-668) sogar, das kaiserliche Hauptquartier zeitweise in Syrakus aufzuschlagen. Dem lag nicht der Plan zugrunde, das Zentrum des Reiches überhaupt in den Westen zu verlegen; Byzanz hatte noch keineswegs erfaßt, daß es von seiner Großmachtstellung im östlichen Mittelmeer verdrängt war. Noch beherrschte die kaiserliche Flotte trotz des Verlustes von Alexandria die See, noch lagen ihrem Zugriff die Küsten der arabischen Provinzen wehrlos offen.

Muawija, der Gouverneur von Syrien, realisierte als erster, wie schwach die arabische Stellung ohne Seemacht war. Langsam begann der Aufbau einer eigenen, an Schiffszahl und seemännischer Erfahrung wachsenden Flotte. Die Mannschaften rekrutierten sich zunächst aus Griechen und Syrern; nach zahlreichen Dokumenten gehörten Bau und Bemannung von Schiffen im späteren 7. Jahrhundert zu den großen Problemen der arabischen Verwaltung in Ägypten.

Doch der Hauptgrund für das Abebben der ersten Eroberungswelle lag in den zunehmenden inneren Schwierigkeiten des Kalifats. Kein Kalif regierte lange; schnell ergaben sich die Prätendentenprobleme jeder Wahlherrschaft. Die bitteren Auseinandersetzungen, die dem plötzlichen Verlust der charismatischen, durch die Verkündigung von Gottes Wort regierenden Führerschaft des Propheten folgten, waren zunächst durch die Wahl Abu Bakrs zum ersten der »rechtgeleiteten« (orthodoxen) Kalifen beseitigt. Zu seinem Nachfolger bestimmte Abu Bakr kurz vor seinem Tode Umar (Umar ibn al-Khattab, 634-644), der ebenfalls aus einem Koraischiten-Clan stammte. Umar I., von der arabischen Tradition ob seiner Charakterstärke und patriarchalischen Einfachheit gerühmt, wurde widerspruchslos als »Gebieter der Gläubigen« (*amīr al-mu'minīn*) anerkannt. Ein politischer Kopf ersten Ranges, entwickelte er sich zum fähigsten Staatsmann der früharabischen Epoche. Umar war nicht nur der Motor der Expansion (den syrischen Feldzug leitete er selbst) und damit der eigentliche Begründer des arabischen Großreichs in territorialer Hinsicht. Er beeinflußte gleichzeitig entscheidend den künftigen Aufbau des islamischen Staates mit der strikten Trennung in die militärisch organisierte arabische Herrschaftsschicht der Muslime und in die Masse der tributzahlenden andersgläubigen Untertanen. Das organisierende Prinzip des frühen Kalifenstaates war theokratisch: der Zweck des politischen Verbandes — die religiöse Integrität der *umma* zu sichern — wie die Elemente seiner administrativen Struktur orientierten sich an der Offenbarung des Koran oder an vom Propheten Gottes geschaffenen vorbildlichen Einrichtungen.

Über das eroberte Land legte sich eine arabische Herrschaftsschicht; sie lebte zunächst neben den alten Provinzhauptstädten in Militärlagern oder Garnisonstädten — wie Basra oder Kufa (beim heutigen Bagdad) im Irak, al-Fustāt (Alt-Kairo) in Ägypten, oder später Kairuan in Tunesien. Freilich wurde die schroffe Trennung zwischen der privilegierten (durch aktiven Militärdienst Anspruch auf eine Staatspension erwerbenden) Kriegerkaste der Araber und der unterworfenen Bevölkerung bald aufgeweicht. Die Vergabe von erobertem Staatsland an verdiente Anhänger der Kalifen schuf eine den — meist geflüchteten — byzantinischen Grundherren ähnliche Schicht; im alten persischen Gebiet hatten ohnehin die zum Islam konvertierten Grundherren ihre Stellung bewahrt. Die Situation der Untertanen unterschied sich wirtschaftlich und sozial nicht von der in der vorislamischen Zeit.

In den neueroberten Provinzen übernahmen vom Kalifen ernannte Statthalter die Führung der Armee und die Sorge für die

Aufrechterhaltung der inneren Ordnung. Alle Provinzialstatthalter unterstanden direkt der Zentralregierung; neue Eroberungen wurden aber vorerst von der Provinz verwaltet, aus der die erobernde Armee stammte (etwa Chorasan durch Basra). Das ergab kein straff zentralistisches System, sondern nur einen lockeren politischen Verband. Medina war zwar das religiöse und administrative Zentrum, aber die Gouverneure besaßen weitgehende Selbständigkeit. Hier war ein Punkt, an dem bald partikularistische Tendenzen ansetzten, wenn sie auch vorläufig durch die Konzentration aller Interessen auf die Eroberung im Hintergrund blieben. Die Provinzen mit der notgedrungen großen (bis zum Recht eigener Kriegführung reichenden) Unabhängigkeit der Statthalter tendierten zu politischem Regionalismus, wenn nicht zur Bildung autonomer Einheiten, zumal die in ihren Grenzen meist kaum veränderten neuerworbenen Gebiete oft kräftige eigene Traditionen besaßen. Die lockere Kontrolle der Zentralregierung wie die Einheit der *umma* boten hier kein rechtes Gegengewicht. Zugleich waren in der *umma* immer Stämme und Clans bestehengeblieben, und damit der Widerstreit dieser überlieferten Bindungen mit der Loyalität gegenüber der Gemeinde. Wo die alten Stammesbindungen durch die Expansion gelockert waren, entstand in den Garnisonstädten ein neues Zusammengehörigkeitsgefühl, das verbunden mit dem Lokalbewußtsein von Basra oder Kufa bald ein politischer Faktor wurde.

Im November 644 wurde Umar aus persönlichen Motiven durch einen persischen Sklaven ermordet. Das Wahlkomitee von sechs Koraischiten bestimmte eines seiner Mitglieder zum dritten Kalifen: den ältlich-frommen, wenig energischen Uthman ibn-Affan (644-656) aus der mekkanischen Familie der Umajjaden. Uthmans Schwäche und der Einfluß seiner zahlreichen unter ihm in hohe Stellungen gelangten Verwandten, die ihre Positionen rücksichtslos ausnutzten, riefen bald die Opposition gegen die Umajjaden-Familie auf den Plan. Politisch spielten alte Rivalitäten zwischen Adelsfamilien aus Mekka und Medina im Hintergrund eine erhebliche Rolle; Uthmans offizielle, aber angefochtene Koranrevision (653) brachte dann auch die ›Frommen‹ gegen ihn auf. Dazu kam ein zunehmender Widerstand der Provinzen gegen die zentrale Verwaltung. Von anderen Bewerbern um das Kalifat (darunter Ali) wie von den ›Frommen‹ Medinas gebilligte und insgeheim geförderte Revolten brachen aus. Im Juli 656 ermordete eine Truppe ägyptischer Insurgenten in Medina den Kalifen und erhob Ali, den Neffen Muhammads und Gatten seiner einzigen Tochter Fatima, am gleichen Tag zum Nachfolger.

Das Kalifat von Ali ibn abi-Talib (656-661), den die Nachwelt als Verkörperung arabischen Rittertums feierte, der aber bei aller persönlichen Tapferkeit entschlußlos und unpolitisch war, ließ durch nicht abreißende Wirren die Expansion völlig zum Stehen kommen. Als »Mörder Uthmans« traf Ali sofort auf Gegenprätendenten. Zwei von der Basra-Armee gestützte ›Prophetengenossen‹ (Talha und Zubair) konnte Ali im Dezember 656 mit Hilfe der Truppen aus Kufa in der »Kamelschlacht« ausmanövrieren. Gefährlicher war der Widerstand des syrischen Gouverneurs Muawija, der als Verwandter Uthmans und im Namen der Legitimität mit seiner starken Armee Ali die Anerkennung verweigerte. Die militärische Lage und die Stimmung seiner eigenen Armee zwangen Ali, der Einleitung eines Schiedsverfahrens zuzustimmen. Dagegen erhoben sich unter seinen Truppen die Verteidiger der konservativ-religiösen Kalifatsidee, die Kharaidschiten (›Sezessionisten‹). Ali ließ sie 658 bis auf acht Mann von der Kufa-Armee niedermetzeln, wurde aber selbst im Januar 661 in Kufa von einem Kharaidschiten ermordet. Sein Sohn Hasan verzichtete gegen eine finanzielle Abfindung auf das Kalifat; Muawija wurde in Jerusalem zum Kalifen ausgerufen. Die äußere politische Einheit von *umma* und Kalifat war damit wiederhergestellt. Doch die durch die Wirren um Ali entstandenen inneren Risse im Islam wurden nie mehr geheilt. Der Tote erwies sich als mächtiger denn der Lebende: mit Alis Tod setzte die konfliktbeladene Trennung des Islam in die beiden großen Richtungen der Sunna und der Schia ein (*Schi'at Ali*, ›Partei Alis‹). Als erster Imam der Schiiten hat Ali einen Einfluß auf die Geschichte des Islam ausgeübt, der kaum geringer war als der des Propheten selbst.

d) Die Ursachen des Erfolges

Die arabisch-islamische Expansion als bedeutsamstes Ereignis des 7. Jahrhunderts veränderte in der Spanne eines guten Jahrzehnts das politische Antlitz des Mittelmeerraums. Aus der geschichtslosen Welt von stetigen Fehden zerrissener Beduinenstämme entsteht ein Staat, der auf Welteroberung ausgeht. Nach dem Ausbruch aus der Halbinsel wird von den zwei Großmächten der Zeit die eine, das Sassanidenreich, vernichtet, die andere, Byzanz, unter Verlust der wichtigsten Ostgebiete auf nahezu ein Drittel ihres Bestandes reduziert. Schon für das überraschende Tempo dieses Prozesses findet sich kaum Vergleichbares — es sei denn in den mongolischen Steppenreichen eines Attila, Dschingis Khan oder Timur Lenk, die ebenfalls in kurzen Jahrzehnten Herrschaftsbereiche von überraschend großer Dimension schufen. Gerade an diesem Vergleich wird das Außergewöhnliche deutlich: die Dauerhaftigkeit des neuen Weltreiches. Die Ausbreitung der *dār al-islām*, des islamischen Herrschaftsbereiches, bedeutete nicht nur eine vorübergehende

Veränderung der politischen Landkarte. Im arabisch-islamischen Reich entstand zwar ein großes, hochentwickeltes Staats- und Kulturgebilde auf einer erstaunlich schmalen Ausgangs- und Machtbasis. Aber während die germanischen Stämme der Völkerwanderung in einer ähnlichen Situation vom Imperium und seiner Kultur aufgesogen oder doch zumindest auf die Dauer entscheidend beeinflußt wurden, sind nahezu alle islamischen Eroberungen (von Teilen Spaniens und des Balkans abgesehen) bis heute islamisches Kultur- und Glaubensgebiet geblieben. Darum hat der Islam nicht nur das Schicksal des Byzantinischen Reiches tiefgreifend verändert. Er hat so stark wie sonst kein Ereignis nach der germanischen Völkerwanderung die weitere Geschichte Europas und des Nahen Ostens bestimmt.

Angesichts dieser Wirkungen drängt sich die Frage nach den Ursachen für Ausbreitung und Erfolg der Araber auf. Sie waren zu Anfang selbst von Größe und Schnelligkeit ihres Erfolges überrascht; staunend drangen sie Schritt für Schritt in einer fremden Kulturwelt vor. »Ich habe eine Stadt erobert, mit deren Beschreibung ich gar nicht erst beginnen will. Es genüge zu berichten, daß ich darin 4000 Villen mit 4000 Bädern vorgefunden habe, dazu 40 000 steuerzahlende Juden und 400 eines Königs würdige Vergnügungsstätten« — in diesem Rapport 'Amr's nach der Eroberung von Alexandria schlägt sich die Konfrontation beduinischer Reiterscharen mit einer hochentwickelten alten Zivilisation nieder.[6]

Eine monokausale Erklärung ist unmöglich; es läßt sich lediglich ein Kräftefeld, ein Ursachenbündel für diese große Bewegung umschreiben. Ein Vorgang wiederholt sich durchgehend in der geschichtlichen Entwicklung des Vorderen Orients seit dem 5. Jahrtausend: die arabische Halbinsel ist ein Menschenreservoir, aus dem periodisch in die angrenzenden Länder (semitische) Beduinenstämme ausbrechen, die dort nach der Eroberung häufig neue Herrschaftsschichten bilden. Das führt vom Eindringen der Akkader in Sumer im späten 3. und frühen 2. Jahrtausend über den Einbruch der Aramäer in Syrien im Laufe des 2. Jahrtausends bis zur Einwanderung der Hebräer in Palästina: ein Teil des ständigen, eng mit der Natur der Bedawi zusammenhängenden Konflikts zwischen der Wüste und den großen fruchtbaren Zonen im Vorderen Orient. Tatsächlich befinden sich zu Beginn des 7. Jahrhunderts die Stämme Arabiens in einer gewissen Unruhe (vgl. oben S. 262), wie sie solchen Bewegungen vorauszugehen pflegt. Zum Teil erklären ohne Zweifel Veränderung des Klimas dieses periodische Hervorbrechen von Stämmen aus dem innerarabischen Raum. Eine Austrocknung der arabischen Halbinsel läßt sich aber nicht als eigentliche Ursache der islamischen Expansion erweisen; die Niederschläge in diesem Raum haben seit dem 1. Jahrhundert

n. Chr. eher allmählich zugenommen. Doch ist zwischen 591 und 640 ein temporärer Rückgang der Niederschläge (und damit eine Austrocknung bestimmter Gebiete) festzustellen. Hierin liegt ein mitverursachender Faktor, genauso wie in einem zweiten, ökonomischen Moment — in der Unmöglichkeit, die anwachsende *umma* in Arabien selbst wirtschaftlich weiter zu versorgen. Doch der Versuch, die arabische Eroberung als einen aus Wanderlust, Beutesucht, Klimaverschlechterung und dem Druck von unerträglichen Lebensverhältnissen entspringenden Prozeß zu verstehen, erklärt nicht die Stoßkraft und Nachhaltigkeit dieser Eruption, die alle vergleichbaren Vorgänge übertrifft. Daß aus dem geschichtlich sich wiederholenden Vorstoß aus der arabischen Wüste ein Weltreich von solcher Dauer und Dimension wird, ist eine Erscheinung, die noch andere Ursachen haben muß.

Für den schnellen Erfolg waren wie in ähnlichen Fällen auch politische Faktoren entscheidend. Die Araber wurden Nutznießer des alten Ost-West-Konflikts: die momentane Schwäche der Hauptgegner hat die Expansion erheblich erleichtert. Im Moment des Angriffs war die persische Armee desorganisiert, die von isolierten Befehlshabern geleitete Grenzverteidigung nicht mehr koordiniert, der Staat in innenpolitischen Wirren. Zudem hatte man wie in Byzanz die Wüstengrenze nie für ernsthaft gefährdet gehalten. Aber auch in Byzanz hatten durch zwanzig Jahre Krieg Widerstandskraft, Disziplin und Stärke der Truppen erheblich gelitten. Die Führung war infolge mangelnder Koordination der Grenzprovinzen sowohl untereinander wie auch mit der Feldarmee unzureichend; dazu kam später das Nachlassen einer energischen zentralen Leitung. Faktisch gelang die für den Kampf mit der leichten arabischen Kavallerie notwendige Umstellung nicht; auch fehlten den Ostprovinzen natürlich geschützte Grenzen. Ein weiteres Moment der Schwäche lag darin, daß die Themenverfassung gerade in den zunächst betroffenen Ostprovinzen noch nicht durchgeführt war. Die Armee war dort noch ein schwerbewegliches Söldnerheer, dessen Kontingente in Syrien mit armenischen und transkaukasischen Hilfstruppen von zweifelhafter Verläßlichkeit gemischt waren, in Ägypten mit einer wenig trainierten lokalen Miliz. Die arabischen Truppen waren zusätzlich darin überlegen, daß sie auf der inneren Linie kämpften und das Kamel ein rasches Verschieben von Verbänden an der Front erleichterte.

Aber auch politisch war die Widerstandskraft des byzantinischen Ostens geschwächt. Einmal wirkte sich die rigorose Steuerpolitik aus, mit der Heraklios verzweifelt versuchte, die durch den Perserkrieg geleerten Kassen zu füllen. Dazu kam die Gleichgültigkeit einer durch Jahrhunderte an Fremdherrschaft gewöhnten Bevölkerung gegenüber dem Schicksal der Herren-

schicht, aber auch — etwa in Ägypten — die Opposition der großen Grundbesitzer. Ebenso schwerwiegend waren die Folgen
des monophysitischen Schismas. Häresie und religiöse Sezession schürten den passiven Widerstand gegen die Zentrale in
Constantinopel. Die Entfremdung der Monophysiten und Nestorianer von der Regierung und den griechisch-orthodoxen
Bevölkerungsteilen wuchs noch durch Monophysiten-Verfol-
gungen im monotheletischen Streit. Aber auch die orthodoxe
Bevölkerung war mit der als kompromißlerisch geltenden monotheletischen Religionspolitik unzufrieden. Ebenso führte die
von Heraklios 634 angeordnete gewaltsame Taufe der Juden zu
Aufständen und Massakern.
Die Loyalität aller Bevölkerungsgruppen im Osten war schwer
erschüttert: das hatte fehlenden Widerstandswillen und eine
passive Duldung der arabischen Eroberung zur Folge. Auf monophysitischer und jüdischer Seite gab es sogar einzelne Fälle
direkter Begünstigung und offenen Verrats. Man empfand in
den Ostprovinzen die Araber häufig als Befreier vom Druck der
byzantinischen Staatsmaschinerie und der orthodoxen Religionspolitik. »Eure Herrschaft und eure Gerechtigkeit sind für uns
angenehmer als die Tyrannei und die Beschimpfungen, denen
wir unterworfen waren«: das war (nach einem arabischen Historiker) die Stimmung der syrischen Monophysiten.[7] Tatsächlich war das frühe Kalifat religiös tolerant. Eine Bekehrung der
neuen Untertanen wurde — mit Ausnahme der Heiden — nicht
angestrebt. Christen und Juden genossen als *al-kitab* (›Völker
des Buches‹), als Religionsgemeinschaften, die an der Wahrheit
teilhaben, Freiheit der Religionsausübung gegen Zahlung einer
Kopfsteuer. Ihre Behandlung war wesentlich großzügiger als die
der Häretiker durch Constantinopel, sofern sie loyal die arabische Herrschaft anerkannten.
Aber die militärische Schwäche von Persien und Byzanz, die
mangelnde Loyalität der Ostprovinzen sind ebenfalls nur Teil-
erklärungen. Der letzte Grund für den Erfolg der arabischen
Eroberungswelle lag im Islam: der neue Glaube mit seiner fatalistischen Todesverachtung verlieh ihr Stoßkraft und Dauer
zugleich. Nur diese kriegerische Religion vermochte die Energien der arabischen Stämme, die bislang keinerlei Staatsvorstel-
lung besessen hatten, geballt auf ein großes politisches Ziel zu
lenken. Das Ziel war nicht die Zwangsbekehrung anderer Völker, sondern die Herrschaft der Gläubigen über sie: »Kämpfet
gegen jene, die nicht glauben an Allah [. . .], bis sie unterwürfig
und gedemütigt den Tribut entrichten.«[8] Politik und Staatlichkeit wie Dauer und Kulturfähigkeit des arabischen Großreiches
beruhten auf der unlösbaren Verbindung von Religion und
Staat: der Koran war auch das politische Grundgesetz des frühen Kalifats. Nur der Islam machte die Araber fähig, aus einer

nationalarabischen Religionsgemeinschaft der muslimischen Gemeinde ein mediterran-vorderasiatisches Universalreich mit einer Weltreligion zu schaffen. Die Umsetzung religiöser und ethischer Lehren in eine politische Idee bedingte Weiterleben, Größe und Erfolg des Islams: aber darin blieb doch die religiöse Idee als Kern der Stärke erhalten. Weil die Araber dem Christentum einen eigenen Glauben entgegenzusetzen hatten (der zudem bei der orientalischen Bevölkerung der eroberten Gebiete auf besondere Resonanz traf), wurden sie anders als die Germanen nicht von der überlegenen Kultur der Gegner absorbiert, sondern assimilierten die hellenistischen und persischen Traditionsströme zu einer eigenen Kultur.

Kronzeuge für die Rolle der Religion in der Geschichte der Araber ist ein Araber selbst: der Historiker Ibn Khaldun (1332 bis 1406). Die *Muqqadima* (›Einleitung‹) zu einer Geschichte des islamischen Reiches in Spanien analysiert präzis die in Natur und Tradition der Beduinen begründete Tendenz der Araber zur ständigen politischen Zersplitterung und ihre Unfähigkeit, größere politische Organisationen zu bilden — eine Situation, die nach Ansicht von Ibn Khaldun nur eine Religion, der Islam, ändern konnte: »Durch ihre wilden Lebensformen sind die Araber von allen Völkern am wenigsten willig, sich einander unterzuordnen; sie sind grob, stolz, ehrgeizig, und jeder will selbst Führer sein. Ihre individuellen Wünsche und Ziele sind selten auf einen Nenner zu bringen. Nur wenn durch Heilige oder Propheten eine Religion unter ihnen wirkt, übt das einen disziplinierenden Einfluß auf sie aus, und die Charakterzüge der Überheblichkeit und der Eifersucht treten zurück. Dann wird es leicht für sie, sich unterzuordnen und sich zu einem sozialen Organismus zusammenzuschließen. Dies wurde erreicht durch die gemeinsame Religion, die die Araber nun besitzen.«[9] Bei aller temporären Gunst der äußeren Umstände wäre ohne den Islam weder der territoriale Erfolg denkbar noch die historische Fernwirkung — die dauernde Islamisierung der in der ersten Expansion erreichten Gebiete, die heute wieder ein weltpolitischer Faktor ist.

e) Die Umajjaden (661-750)

Die Jahre der Wirren vor und nach Alis Tod bedeuten Stillstand und Umschwung. Die Ausbreitung des Reiches war am Oxus im Osten und an der großen Syrte im Westen zum Stehen gekommen. Nach Überwindung der Wirren trat eine neue politische Kraft auf: die Dynastie der Umajjaden. Ein Herrscherhaus trat an die Stelle der gewählten Führer des Islam. Die Umajjaden waren schon vor Muhammad einer der führenden Clans im Hedschas gewesen; trotz ihres späten Übertritts hatten sie bereits unter den ersten Kalifen eine bedeutende Rolle gespielt und selbst den dritten Kalifen gestellt. Die Umajjadenherrschaft war als mediterrane Epoche des Kalifats zunächst eine Zeit der weiteren Expansion und der Festigung des arabischen Staates. Muawija I. (661-680) war nach Umar die bedeutendste Herrscherfigur im frühen Islam und der zweite Begründer des Kalifats. Er war ein hervorragender Militär, der mit realistischem strategischem Kalkül die neue Offensive plante; zugleich aber war er als weitblickender Staatsmann der eigentliche Organisator des arabischen Großreiches. Unter seinen Nachfolgern wurde es zum größten Territorialreich der Weltgeschichte — seiner Fläche nach größer als das Imperium Romanum oder das Alexanderreich. Muawija erkannte klar, daß das wachsende Kalifenreich nicht mehr mit der primitiven Gefolgsorganisation der Gründerjahre zu regieren war. Unter seiner Herrschaft begann die erste große Transformation des arabischen Reiches; durch entscheidende Änderungen im Herrschaftssystem wurde es jetzt erst von einer die eroberten Gebiete locker überlagernden Besatzungsorganisation zu einem Staat.

Das Kalifat, vom Wahlamt zur erblichen Herrscherwürde geworden, blieb trotz ständiger innerer Auseinandersetzungen nahezu ein Jahrhundert in der Familie der Umajjaden. Unter der umajjadischen Restauration Abd al-Maliks (685-705), der größten Herrscherbegabung der Dynastie nach Muawija, erreichte das großarabische Reich den Zenit seiner Macht und Kultur. Abd al-Malik vermochte nochmals die regionalen Sonderinteressen und andere Tendenzen zur Selbstzerstörung der arabischen Staatsnation aufzufangen, nicht zuletzt dank der in diesen Fragen neutralen Berufsarmee. Die Ära der letzten Umajjaden aber kennzeichnen kurze Regierungszeiten, bittere innere Fehden und ständige Revolten. Nach dem Tode des dritten bedeutenden Umajjaden-Staatsmannes, Hischām (724-743), zerfiel die Herrschaft schnell in Thronwirren. Merwan II. (744-750), ein befähigter General, der die Armee durch Aufstellung kleinerer, beweglicher Einheiten reorganisierte, gelangte anstelle des eigentlichen Erben Ibrahim zur Herrschaft in den Kernländern. Durch Aufstände in Syrien und Mesopotamien gebunden, war er jedoch machtlos gegen die von den Südarabern unterstützte Verschwörung der Abbasiden (aus einer Seitenlinie der Familie Muhammads) in Khorasan. Nach dem Ausbruch des offenen Aufstandes wurde er 750 von Abdallah ibn-Ali am großen Zab geschlagen und auf der Flucht bei Buschir in Ägypten ermordet.

Der Widerstand gegen die Umajjaden kam von verschiedenen Seiten. Die ›Frommen‹ von Medina intrigierten gegen die syrische Politiker- und Generalsdynastie, die das Kalifat wie ein weltliches Königtum behandelte und einen mehr arabischen als islamischen Begriff von Herrschaft besaß. Der Irak revoltierte aus regionalem Interesse gegen die Vorherrschaft Syriens, des Kernlandes der Umajjaden. Weiter gehörten zu den Unzufriedenen die nicht auszurottenden Kharaidschiten, mehr aber noch die Anhänger der Schia, um die sich die unterprivilegierten nichtarabischen Muslime sammelten. In Husain ibn-Ali, der unter Jezid I. (680-683) in einer Revolte kufischer Schiiten im Oktober 680 bei Karbala fiel, gewann die Bewegung einen zweiten Märtyrer, der bis heute eine zentrale Rolle in der schiitischen Religiosität spielt. Kufische Lokaltradition, die wehmütige Erinnerung an die Tage, in denen Kufa unter Ali die Hauptstadt des Islam gewesen war, verband sich mit einem politischen Legitimismus, für den die Nachfahren Alis die einzigen rechtmäßigen Nachfolger im Kalifat waren, und mit einer von chiliastischer Begeisterung durchsetzten emotional-sektiererischen Religiosität. Genauso gefährlich wie die (sich bald mit dem Aufstand der Abbasiden verbindende) Schia war das Wiedererstarken des Stammespartikularismus. Die in einem Weltreich untragbaren politischen Bräuche des Beduinentums waren keineswegs tot. Stammesgruppen oder Familienclans wurden wieder politische Machtfaktoren; vor allem zwischen Nord- und Südarabern (Quais und Kalb) entwickelte sich ein von tiefem Haß durchtränkter innenpolitischer Gegensatz.

Das Jahrhundert der Umajjaden brachte aber trotz dieser zunehmenden Gefährdung der gesamtarabischen Interessen eine staatliche Konsolidierung und eine neue Phase des territorialen Ausgriffs — die zweite große Expansion der *dār-al-islām*. Bereits Muawija nahm Umars Politik wieder auf. Die Eroberung Armeniens ging seit 646 schrittweise voran. Muawija sah jedoch, daß die Tauroslinie schon aus Geländegründen kaum zu überwinden war. Seine grundlegende strategische Idee war, statt des ständigen Anrennens gegen die Berge Kleinasiens Byzanz von der See her in seinem Nervenzentrum, der Hauptstadt, zu treffen. Der Kampf um die Seemacht als Vorbereitung dieser Strategie begann schon in seiner Gouverneurszeit. Der Ausbau einer Flotte und die Eroberung einer Stützpunktkette in der Ägäis gingen als Teiloperationen dem zentralen Stoß voraus.

Der Seekrieg zog sich fast ein halbes Jahrhundert hin und kulminierte dreimal in einer Belagerung von Constantinopel (668/669, 674-678, 716/717). Schon 649 wurde Cypern (das wie alle Inselstützpunkte noch einige Male den Besitzer wechselte) als Flottenbasis besetzt. 654 besiegten arabische Seestreitkräfte zum erstenmal die von Constans II. selbst geführte byzantinische Flotte. In der Folge wurde Rhodos eingenommen, später faßten die Araber zeitweise auf Kreta und Sizilien Fuß. Ein konzentrischer Angriff auf Constantinopel selbst fand 668/669 unter Muawija statt — zu Land durch bis Chalkedon vorgestoßene Truppen (die byzantinische Verteidigung war für solche Einzelvorstöße immer noch durchlässig), über See durch eine im Marmara-Meer operierende Flotte. Dem ersten, gescheiterten Versuch folgte ein zweiter mit umfassenderer Vorbereitung: Cypern, Rhodos, Kos und Chios wurden als Nachschublinie ausgebaut, Kyzikos wurde als Operationsbasis besetzt und vier Jahre (674-678) eine Blockade durchgeführt, die in jedem Sommer durch eine regelrechte Belagerung ergänzt wurde. Wie schon 668/669 spielte der Einsatz des »griechischen Feuers« eine große Rolle — einer von dem aus Syrien geflüchteten Architekten Kallinikos erfundenen explosiven, auch auf dem Wasser brennenden Flüssigkeit, die aus primitiven Flammenwerfern auf ›Siphonophor‹-Schiffen verschossen wurde. Diese geheimgehaltene Erfindung entschied für Jahrzehnte die Abwehrerfolge byzantinischer Seestreitkräfte. 678 kam es zum Friedensschluß und dank innerer Wirren im Kalifat zu zwei Jahrzehnten Atempause. Der letzte großangelegte Versuch eines direkten Vorstoßes nach Constantinopel war die Belagerung von 716/717: sie scheiterte am Widerstand der Byzantiner unter dem brillanten General Leon III. und ihrer abwehrtechnischen Überlegenheit. Der Versuch, ins Lebenszentrum von Byzanz vorzustoßen, wurde für Jahrhunderte aufgegeben. Die Flottenoperationen im östlichen Mittelmeer beschränkten sich lange Zeit auf Einzelaktionen und Piraterie; die byzantinische Überlegenheit zur See war bis zum Beginn des 8. Jahrhunderts ungebrochen.

Doch unabhängig davon ging die territoriale Ausbreitung in anderen Richtungen weiter. Auf dem östlichen Flügel wurde — was durch die Stammesanarchie, in der sich das Reich des türkischen Großkhans an der Ostgrenze aufgelöst hatte, erleichtert wurde — 664 Kabul erobert, 674 Bochara und Samarkand erreicht, schließlich bis 715 in längeren Feldzügen Khorasan, Chwarezmien und die Sogdiana endgültig unterworfen. Gleichzeitig wurde seit 711/712 in Sindh (mit Karachi und Haiderabad) und im Punjab das Vorfeld Indiens erreicht, wo in der Mitte des 7. Jahrhunderts die Herrschaft der Gupta-Könige aus dem Süden zusammengebrochen war. Letzte Ausläufer der arabischen Expansion gelangten sogar, gefördert durch den Niedergang der T'ang-Dynastie, bis nach Chinesisch-Turkestan. Doch blieb nach der Schlacht am Talas (751) der arabisch-islamische Einflußbereich auf Westturkestan und die Pamirpässe beschränkt. Die Araber stellten in den ostiranischen Gebieten nur eine verschwindende Minorität; das erklärt das Wiedererstarken eines iranischen Sonderbewußtseins im Islam seit Beginn des 8. Jahrhunderts.

Auch im Westen gewann der islamische Ausgriff nochmals nachhaltig an Boden. Im Jahre 642 war die Pentapolis als Flankensicherung besetzt worden, aber Teile des Exarchats Karthago hielten sich noch (vgl. oben S. 271). 664 begann der neue Vormarsch: eine byzantinische Armee wurde bei Hadrumet geschlagen, Djelula eingenommen. Die Schlüsselposition für die Eroberung Nordafrikas wurde durch die Gründung des Militärlagers Kairuan durch Sidi Okba (Uqba ibn-Nafi) 670 geschaffen; es war als Operationsbasis und kulturelles Zentrum den ältesten Garnisonstädten in Syrien und Ägypten vergleichbar. Von dort aus wurde 681 zum erstenmal die marokkanische Atlantikküste erreicht, zugleich ein intensiver Krieg gegen die Berber im Aures-Gebirge eröffnet. Doch waren dank der byzantinischen Überlegenheit zur See fast zwanzig Jahre Kriegführung mit zahlreichen Rückschlägen notwendig, bis zwischen 693 und 700 (Karthago fiel endgültig 698) die letzten Reste byzantinischen und berberischen Widerstands beseitigt werden konnten. Nur Septem (Ceuta) und einige spanische Stützpunkte hielten sich noch etwa zehn Jahre. Nordafrika wurde eine selbständige Provinz unter Musa ibn Nusair, die neue Hauptstadt Tunis mit dem Hafen Goletta eine große arabische Flottenbasis, die das westliche Mittelmeer kontrollierte. Die byzantinisch-lateinische Kultur des Küstenbereichs erwies sich als wenig widerstandsfähig, die Berber fanden leicht zum Islam: die Islamisierung Nordafrikas war schnell und dauerhaft.

Doch der islamische Bereich dehnte sich noch weiter aus, was mitbedingt wurde durch den Zwang, den weiterhin unruhigen Berbern Beschäftigung und Beute zu verschaffen. Der erste, wohl nur als Plünderungszug gedachte Angriff auf Spanien unter dem Berbergeneral Tariq hatte 711 unerwarteten Erfolg, obwohl er nur mit etwa 7000 Mann durchgeführt wurde. Die westgotische Armee unter König Roderich unterlag im ersten Gefecht; nur einige Städte leisteten ernsthaften Widerstand. Auch Cordoba fiel nach zwei Monaten, einige Wochen später Toledo. 712 säuberte Musa in planmäßigen Operationen gegen die westgotische Kavallerie das Land, dessen Abwehrkraft durch dynastische Fehden, Unpopularität der Goten und eine durch Verfolgungen geschürte jüdische Kollaboration geschwächt war. 713 proklamierte Musa in der Hauptstadt Toledo die Herrschaft des Kalifen über die neue Provinz al-Andalus. Bis 718 war mit Ausnahme von Asturien und Kantabrien im Norden das ganze Land unterworfen.

Noch war der arabisch-berberische Angriffsschwung nicht gebrochen. Bereits 718 begannen erste Einfälle in Südfrankreich, 720 kam Septimanien mit Narbonne als Hauptstützpunkt unter islamische Herrschaft. Von hier aus wurden fast vierzig Jahre hindurch die Städte Südfrankreichs angegriffen — wie das von Herzog Eudo von Aquitanien erfolgreich verteidigte Toulouse, wie Arles oder Avignon. Der Griff nach Mittelfrankreich schei-

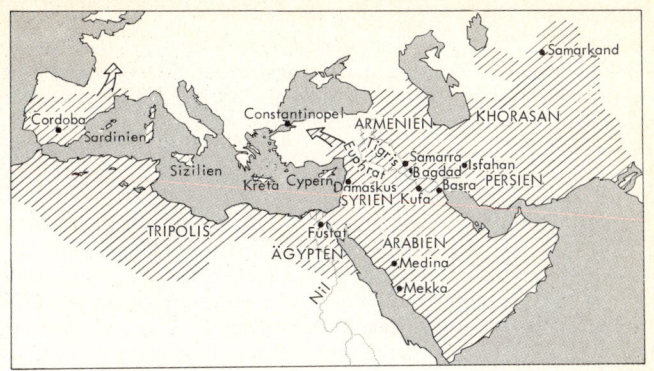

Abb. 24: Die Ausbreitung des Islam

terte 732 bei Poitiers am fränkischen Aufgebot Karl Martells. Dennoch gilt Karl Martell zu Unrecht als Retter der westlichen Christenheit: die Stoßkraft der Araber war ohnehin am Ende, die zweite Expansionswelle hatte ihren Kulminationspunkt erreicht. Selbst eine dauernde Eroberung von Südfrankreich wurde durch die inneren Wirren im Kalifat und durch die Barriere des Königreichs Asturien verhindert, das sich in Nordspanien behauptete und die christlichen Widerstandskräfte sammelte. In Spanien aber faßte die arabische Kultur (die ihre eigentliche Blüte unter den spanischen Umajjaden erleben sollte) Fuß; nichts bezeugt das deutlicher als das Entstehen einer eigenen sozialen Klasse der »Mozaraber« — Christen gebliebene Spanier arabischer Zunge und Kultur.

Neben der direkten Grenze Islam-Byzanz entstand eine zweite direkte Grenze zwischen dem sich ausbildenden Kern der abendländisch-mittelalterlichen Völkerwelt und dem islamischen Kulturbereich. Das war entscheidend für die weitere Entwicklung. Für das Abendland wirkte Byzanz als Riegel. Politisch und militärisch in einem positiven Sinne: dank der Abwehrleistung von Byzanz veränderte sich die Landkarte Europas im Südosten durch die arabische Expansion nicht. Kulturell aber war diese Riegelwirkung negativ: über Byzanz erreichten die arabisch-islamischen Kultureinflüsse Europa meist nur in abgeschwächter oder byzantinisierter Form. Vor allem im Hochmittelalter wurde der direkte Kontakt zwischen dem Westen und der arabischen Kulturwelt über Spanien und Sizilien besonders bedeutsam.

Dem zweiten großen Akt der Expansion folgte außenpolitisch die Phase der Militärgrenze und der Sommerfeldzüge, die keine nennenswerte territoriale Veränderung mehr brachten: ein *status quo* war erreicht. Zu gleicher Zeit kam es im Umajjadenreich zu einer gewissen Konsolidierung von Staat und Gesellschaft. Die Jahre der rechtgeleiteten Kalifen waren ein Provisorium, der arabische ›Staat‹ nichts anderes als die nach den Geboten des Koran und nach den Prinzipien der *umma* organisierte arabische Kriegerkaste im eroberten Land. Schon siedlungsgeschichtlich weisen die großen Militärlager (vgl. oben S. 272) aus, daß die Araber als Besatzungsarmee neben dem alten gesellschaftlichen und wirtschaftlichen System lebten und den vorhandenen Verwaltungsapparat benutzten. Muawija hat nichts völlig Neues an die Stelle dieses Herrschaftssystems gesetzt; er hat das Provisorium in festere Formen und Regeln gefaßt. Die Herrschaft der auf religiöser Einheit gegründeten und vorläufig überwiegend arabischen Kriegerkaste bleibt der Grundzug des früharabischen Staates. Dennoch hat Muawija mehr getan als nur die *umma* institutionalisiert. Zu Recht warfen ihm seine Gegner eine entschiedene Verweltlichung des islamischen Staates vor: im politischen Denken des Umajjaden wirkt neben der Figur des Kalifen als religiös-charismatischem Führer die vorkoranische Tradition des Sajjd, des alten Stammesfürsten. In der Fusion dieser beiden politischen Prinzipien war der Umajjadenstaat etwas Neues. Das deutet schon die Verschiebung des Schwergewichts vom Hedschas nach Syrien, von Medina nach Damaskus an.

Die Stellung des privilegierten muslimisch-arabischen Militäradels als dem Kalifen persönlich verpflichteter Herrenschicht war weiterhin grundlegend für die Herrschaftsstruktur. Diese Schicht bildete eine streng geschlossene Gesellschaftsgruppe, der der Dienst in der Armee und alle führenden Stellen der Reichsverwaltung vorbehalten waren. Sie blieb — und das war in einem gewissen Grade den Verhältnissen in den Ostgermanenstaaten vergleichbar — eine die Führungspositionen monopolisierende Erobererschicht; vornehmste Aufgabe der auch hier durch ihr religiöses Bekenntnis von der Herrenschicht getrennten Untertanen ist wie eh und je Steuerzahlen — das Finanzieren des Staates und des Militäradels.

Aber wie in den Ostgermanenstaaten wurde es bald schwierig, die Abschließung der Herrenklasse in den neuen Gebieten zu bewahren. Der anfängliche scharfe (politische und soziale Exklusivität gegen kulturelle Überlegenheit setzende) Ausschluß aller Unterworfenen von der *umma* ließ sich nicht aufrechterhalten. Vor allem, als in den Oberschichten der eroberten Gebiete eine Islamisierung einsetzte, konnte die arabische Militäraristokratie ihre exklusive Stellung nicht mehr halten. Der byzantinische Adel war zwar verschwunden; doch die verbliebene iranische und berberische Herrenschicht drängte nach der nur über den Islam erreichbaren gesellschaftlichen Gleichstellung (die zudem durch das Steuersystem materielle Vorteile brachte). Zur gleichen Zeit endete mit dem Auslaufen der Eroberungswelle das soziale Exklusivität sichernde Leben in der spartanischen Abgeschlossenheit der großen Militärlager: als Grundbesitzer, Bauer oder Kaufmann mußte der Araber sich wirtschaftlich, sozial und kulturell seiner Umwelt angleichen. Die Neumuslime verstanden den Islam egalitär. Dennoch wurden die nichtarabischen Neubekehrten (*mawali*) zunächst weder gesellschaftlich noch wirtschaftlich gleichgestellt. Als Soldaten erhielten sie keinen Pensionsanspruch; sie wurden von der Grundsteuer nicht befreit, manchmal nicht einmal von der eigentlich nur für Nichtmuslime zulässigen Kopfsteuer. Das führte schon unter den späteren Umajjaden zur stillen Opposition, bei den Berbern auch zum offenen Aufstand.

Zwischen arabischer Herrschaftsschicht und (im wesentlichen christlichen) Untertanen stand als ein vermittelndes drittes Element im früharabischen Staat das Weiterleben der alten Verwaltungsstruktur. Der Kalif und seine Gouverneure bedienten sich des bestehenden Systems; auch die Armee wurde nach byzantinischem Vorbild reorganisiert. Als Wüstennomaden ohne vergleichbare Erfahrung in der Verwaltung komplizierter staatlicher Einheiten hatten die Araber in den eroberten Gebieten die hochentwickelten Organisationen der Byzantiner und Sassaniden vorgefunden. Das sassanidische Modell wirkte sich erst unter den Abbasiden aus; für die Umajjaden mit ihrem Zentrum in Syrien bot sich die byzantinische Organisation an. Nach Ausweis der Papyrusurkunden übernahmen Muawija und seine Nachfolger vor allem in Ägypten und Syrien bewußt das bestehende fiskalische und administrative System — offenbar aus der Einsicht, daß man nichts Neues oder Besseres an die Stelle des verhältnismäßig gut laufenden Apparates zu setzen habe. Da es unter den Arabern an erfahrenen Verwaltungsfachleuten fehlte, kamen nicht nur die Angehörigen der unteren Beamtenschaft, sondern auch einzelne höhere Würdenträger schon früh aus dem Kreis der christlichen Untertanen. Das System der Steuerpacht mit den Schwierigkeiten der Erfassung, den Mißbräuchen und dem Prinzip einer reinen Ausbeutung der Untertanen blieb in Kraft, obwohl im frühen 8. Jahrhundert eine den Geboten des Islam eher entsprechende Umgestaltung versucht wurde.

Auch an der wirtschaftlichen und sozialen Struktur der eroberten Gebiete änderte sich wenig. Eine städtische Kultur erhielt sich. Die muslimische Stadt war wie die spätrömisch-byzantinische politisches und wirtschaftliches Zentrum — ein orientalisierter Typus der ostbyzantinischen Stadt mit Moschee (statt Kirche) und Marktanlagen als Mittelpunkt. In Syrien und

Ägypten arbeiteten die alten Manufakturen für Glas und Textilien weiter; auch die vom Staat beaufsichtigten Zwangskollegien lebten (wie ihre sassanidischen Gegenstücke) in den Kaufleute und Handwerker zusammenfassenden Gilden fort, deren Oberhaupt staatlich bestätigt wurde. Hier wie in dem das Wirtschaftsleben einer Stadt kontrollierenden Beamten, der schon im Titel des ›Marktmeisters‹ (*Sahib as-suq*) die Abstammung vom byzantinischen Agoranomos verriet, ist das byzantinische Erbe unübersehbar.

Die Währung hatte im Osten in der Nachfolge der Sassaniden Silberstandard, im Westen lebte im Dinar die byzantinische Goldwährung fort (wobei der sich um 900 durchsetzende Dinar eine ähnlich stabile Leitwährung blieb wie der byzantinische Solidus). Das Bankwesen entwickelte sich weiter; damit verband sich ein Wiederaufstieg des Fernhandels. Hier lag, neben dem Rückgewinn von Fruchtland durch Wiederherstellung des Bewässerungssystems im Irak, der eigentliche wirtschaftliche Fortschritt der Umajjadenzeit. Zur Steigerung des Fernhandels trug neben der traditionellen Neigung der Araber für diesen Wirtschaftszweig (dessen Sozialprestige entsprechend stieg) das Entstehen eines einheitlichen Wirtschaftsraumes vom Atlantik bis nach Zentralasien bei. Basra, Bagdad, Damaskus oder Kairo lagen an den großen Handelswegen, die durch den Bau von Karawan-Serais und Brunnen verbessert wurden. Zunehmender Wohlstand schuf Märkte im arabischen Reich selbst; aber auch Constantinopel war ein Abnehmer für Luxusgüter wie Textilien und Metallarbeiten. Nach Münzfunden zu schließen, erreichte der muslimische Handel durch das Khasarenreich Rußland, die Ostsee und Skandinavien. Die Hauptkarawanenstraßen führten von Zentralasien über Bochara und den Iran; der Schiffsverkehr ging durch den Persischen Golf und das Rote Meer nach Indien, Ceylon und China, wo unter der T'ang-Dynastie arabische Handelskontore bestanden. Ein lebhafter Handel verlief entlang der Südküste des Mittelmeeres. Doch mit Italien und Frankreich blieb der Handelsaustausch bis ins 10. Jahrhundert gering. Hier herrschte der byzantinische Handel; muslimische Schiffe traten eher als Piraten denn als Kauffahrer auf.

Das wirtschaftliche Leben blieb weitgehend noch in den Händen der Untertanen. Für sie änderte sich auch sonst wenig: die finanzielle Belastung durch den Staat wandelte sich in den ersten Jahren der neuen Herrschaft kaum. Am ehesten gewannen noch Nestorianer und Monophysiten durch die tolerante Religionspolitik. In einem Punkt allerdings erhielt das Zusammenleben muslimischer Herren und christlicher Untertanen im arabischen Staat eine eigentümliche, von der Lösung der Ostgermanenstaaten verschiedene Form, die im türkischen Reich im System des *millet* bis ins 20. Jahrhundert fortlebte. Das arabische *millet* bedeutet Nation: doch Nation als Glaubensgemeinschaft. Dem auch die *umma* bestimmenden Prinzip, daß Gemeinschaften gleichen Glaubens zum Eigenleben berechtigt sind, lag zweierlei zu Grunde: zum einen der Begriff einer Personalität des Rechts, die die verschiedene rechtliche Stellung von Menschen unterschiedlichen Glaubens im gleichen Staat ermöglichte; zum andern die bei den Muslimen im Vergleich mit Byzanz größere Bereitschaft, fremde Glaubensformen zu dulden. Die *millet*-Lösung beschränkte sich allerdings auf die *al-kitab* (›Schriftbesitzer‹)-Christen, Juden und Zoroastrier. Sie erhielten als *dhimmi* (Angehörige eines Schutzverbandes) einen besonderen Status: gegen Verzicht auf Teilnahme an der Staatsführung und Zahlung der Kopfsteuer wurde ihnen das Recht freien Eigentums, freier wirtschaftlicher Entwicklung, freier Religionsausübung und einer weitgehenden Selbstverwaltung der jeweiligen Religionsgemeinschaft zugestanden.

Die religiöse Gemeinschaft wird zu einer Art halbautonomen Verbands im Staat, der seinerseits Rechte und Pflichten des einzelnen weitgehend bestimmt. In diesem System behielten vor allem die monophysitischen Patriarchen ihre schon in byzantinischer Zeit errungene Stellung: neben der religiösen gewannen sie eine halböffentliche, von der arabischen Verwaltung anerkannte Autorität — sie waren nicht nur für die geistliche Leitung ihrer Religionsgemeinschaft verantwortlich, sondern gegenüber dem Kalifen auch für die politische Loyalität der Glieder ihres *millet*. Damit entstehen ›Nationalitäten‹, die nicht an Rasse oder Staat gebunden sind, sondern an religiöse Zusammengehörigkeit und gemeinsame Kulturtradition. Diese Zementierung der religiösen Situation bildete letztlich die Voraussetzung für die spätere Befreiung der Griechen und der Balkanvölker. Nur weil sich in diesem System der halbautonomen Religionsgemeinschaft mit der religiösen auch die kulturelle Identität erhielt, fand der moderne Nationalstaatsgedanke im türkischen Reich im 19. Jahrhundert einen Ansatzpunkt.

Arabisch-muslimische *umma*, die Untertanengemeinschaften der *dhimmi* und als vermittelndes Element die wesentlich in byzantinischer Form übernommene Verwaltung bestimmten den Aufbau des Umajjaden-Staates. Die arabische Eroberung hatte die Gesellschaft verändert, insoweit sie Formen der Herrschaft und politische Machtbildung verändert hatte. Aber im übrigen war die Struktur von Gesellschaft, Wirtschaft und Verwaltung noch kaum vom ostbyzantinischen Typus verschieden. Die frühe Umajjadenzeit bedeutet — wieder in einer gewissen Parallele zu den Ostgermanenstaaten — in erster Linie immer noch das Eindringen einer Schicht kriegerischer Eroberer in die Lebensordnungen der alten Welt. Die Stärke der traditionellen Lebensformen erweist sich in der Kultur der Zeit.

Die erobernden Araber, besonders die Kalifen selbst und die Schicht der Emire, begegneten dem Neuen ohne Feindseligkeit, fasziniert durch die verfeinerte Zivilisation und die Kunst der byzantinischen Welt. Aus dem ersten Staunen entwickelte sich — in manchem dem Verhältnis der persischen Oberschicht zur griechischen Kultur im 6. und 5. Jahrhundert v. Chr. vergleichbar — Hochschätzung und Anerkennung. Überraschend schnell übernahmen die Araber die blühende städtische Kultur Persiens und des byzantinischen Ostens. Das war nicht allein ein passiver Vorgang: die Araber belebten die alte Kultur mit dem Selbstbewußtsein und der Leidenschaft einer erfolgreichen jungen Religion und entwickelten das Übernommene weiter. Von Khorasan über Damaskus und Afrika bis nach Spanien entstand eine hochentwickelte und luxuriöse Kultur, die mit sicherem Griff überlieferte Kenntnisse und Traditionen aufnahm und sie schöpferisch fortbildete. Das arabisch-islamische Element selbst wirkte zunächst eher als formender Katalysator in einer neuen Synthese; nur in wenigen Zügen setzte es sich schon dominierend durch. Griechisch-byzantinische, syrische, koptische und sassanidische Traditionen verschmolzen mit der islamischen Vorstellungswelt. Daraus entfaltete sich im Ineinandergreifen alter und neuer Kräfte in den großen Hauptstädten und Zentren des Islam eine bald zu eigener Ausstrahlung gelangende Weltkultur.

Diese umajjadische Kultur des 7. Jahrhunderts ist nach Ursprung und Hauptcharakterzügen keine arabische, sondern im Grunde genommen eine ostbyzantinische, hellenistisch-orientalische Kultur[10]: nicht ›asiatisch‹ statt ›europäisch‹, vielmehr ein Produkt der im ganzen Nahen Osten wirksamen Verschmelzung hellenistischer und semitischer Kulturströme. Nur in einem Bereich geistigen Lebens dominiert das arabisch-islamische Element eindeutig: in der Religion. Neben den Anfängen einer die zeitgenössische westliche Historie bald überflügelnden arabischen Geschichtsschreibung entwickelte sich in Syrien und Ägypten die muslimische Theologie — und zwar unter einer doppelten Herausforderung: der Berufung von Sunniten, Kharaidschiten wie Schiiten auf die absolute Verbindlichkeit der Offenbarung Muhammads und der Begegnung mit der christlichen Theologie. In Figuren wie Johannes Damascenus (um 680-750), dessen kompilierende und systematisierende Verarbeitung des orthodoxen Lehrguts von nachhaltiger Wirkung war, war sie auch unter arabischer Herrschaft noch achtbar vertreten, dem Islam zunächst in denkerischer Durchdringung der Glaubenstradition überlegen. Neben den Nachrichten über das Leben des Propheten als Quelle für Pflichtenlehre und Lebensführung blieb der Koran die höchste Autorität für Religion, Recht, Moral und politische Ordnung. Um so dringender war es, seine Aussagen zu sammeln, zu systematisieren und Widersprüche zu klären. Daraus entwickelte sich schnell eine unübersehbare Fülle von Kommentaren und exegetischer Literatur.

Im übrigen aber war die Kultur des frühen Kalifats in ihren bedeutenden Leistungen wie in der eigentlich kulturtragenden Schicht nicht arabisch. Syrer, Ägypter (auch Perser), nur vereinzelt zum Islam übergetreten, beherrschten — oft für arabische Herren arbeitend — Kunst und Kunsthandwerk der Zeit. Gerade in den byzantinischen Ostprovinzen stand die griechisch-christliche Kultur trotz der politischen Umwälzung noch durchaus in Blüte. Das 7. Jahrhundert verfügte über eine erstaunliche kulturelle Lebendigkeit. Erst allmählich setzte mit der Abtrennung von den anderen Zentren der östlichen Christenheit die geistige Provinzialisierung ein. Im byzantinischen Erbe treten freilich die lange verdeckten orientalischen Traditionen der Ostprovinzen (vor allem Ägyptens und Syriens) stärker heraus. Das Empordrängen dieser bodenständigen Elemente durch den hellenistischen Firnis, nicht das eigentlich arabisch-islamische Moment gibt der Kultur der Umajjaden ihren eigenen Charakter, der sie von der byzantinischen im strengen Sinn abhebt.

Wiederum prägt sich in der Architektur die Entwicklung der frühislamischen Kunst am deutlichsten aus. Aus den vielfältigen Strömungen, die bald zu einer einheitlichen und großen Kultur verschmelzen, entsteht zunächst noch dank der Übernahme von (oft sehr hoch entwickelten) Kunst- und Handwerkstraditionen der eroberten Gebiete eine Art Eklektizismus. Die arabische Kunst braucht Jahrzehnte, um zur vollen Selbständigkeit heranzuwachsen, wobei sehr unterschiedliche regionale Einflüsse wirksam werden — wie sich das etwa an der verschiedenartigen Entwicklung des Minarett-Typus ablesen läßt. Die Architektur der Umajjaden verkörpert im Grunde die letzte große Blüte des ostbyzantinischen Stils. Die Araberherrschaft brachte eine intensive Bautätigkeit. Fürstliche Bau- und Repräsentationssucht, verbunden mit dem eigentümlichen Hang orientalischer Herrscher zum ständigen Wechsel und Neubau von Residenzen (die Abneigung dagegen, die Residenz des Vorgängers zu bewohnen, zeigt sich etwa in den Wüstenschlössern der umajjadischen Kalifen), wirkten ebenso anregend und fördernd wie die in der islamischen Tradition immer lebendige Verpflichtung der Reichen zur Stiftung von Bauten für den öffentlichen Nutzen. Auf diese Weise entstehen Schulen, Bäder, Karawan-Serais; ganze neue Städte wie Basra, Kufa oder al-Fustat werden errichtet.

Hauptmonumente der Baukunst aber sind die Herrschersitze — die prachtvollen Paläste und Wüstenschlösser der Kalifen und Emire wie Ukhaidir, Qusair Amra oder M'schatta (743/744) und die großen Staatsmoscheen, wie die ›Große Moschee‹ in Damaskus (705) oder die Umar-Moschee (›Felsendom‹) in Jerusalem (691). Für den Gottesdienst des Islam übernahm man zunächst geringfügig umgebaute christliche Basiliken. Auch in Neubauten wurden noch lange byzantinische Spolien als Säulen und Kapitelle benutzt. Die neuerrichteten Moscheen freilich sind Schöpfungen eines neuen Stils, in dem sich das islamisch-arabische Element durchsetzt: in Grundriß und Bauformen verschafft es sich durch Hof und Brunnen, Mihrab und Minarett Geltung, in den Schmuckformen durch die zunehmende Bevorzugung rein formaler Dekorationselemente, in denen vorgegebene Motive der klassischen wie der orientalischen Kunst, etwa der Akanthus oder die Weinrebe, abstrahierend weiterentwickelt werden. In der Umajjadenkunst wird das bereits Muhammad zugeschriebene Verbot bildlicher Darstellung freilich noch nicht immer beachtet; manche Wüstenschlösser besaßen noch figürliche Fresken im byzantinisierenden Stil. Mosaiken wie die in der Großen Moschee mit ihren idealen Landschaften in Damaskus, aber auch die Gestaltung von Raum und Baukörper in anderen Moscheen bezeugen die Verbindung zur byzantinischen Tradition und die engen künstlerischen Beziehungen über die Grenzen hinweg.

In der Woge der Eroberung, die über den Nahen Osten und Nordafrika hereinbrach, hat sich so auch im geistigen Bereich und in der Kultur zunächst die Form des alten Lebens mit erstaunlicher Zähigkeit gehalten. Dennoch setzte langsam eine Arabisierung und Islamisierung ein, die gegen Ende des Jahrhunderts auch das Gebiet der Kultur erfaßte. Die Religionspolitik der Kalifen blieb tolerant. Nicht staatlicher Druck, sondern religiös indifferenter Opportunismus und eine geistige Annäherung unter den Gebildeten waren für das langsame Schwinden der christlichen Glaubensgemeinschaften und das Versteinern ihrer eigenen Kultur verantwortlich. Kopten und Nestorianer existierten zwar als Gruppe weiter. Aber während die Germanen der Völkerwanderung sich in zunehmendem Grade romanisiert hatten, zeigte der Islam die Kraft, mit dem religiösen auch das kulturelle Milieu seiner Untertanen immer stärker zu durchdringen. Die einsetzende Arabisierung läßt sich in Einzelvorgängen deutlich beobachten. Mit Abd al-Malik begann die Prägung einer Münze mit arabischer Legende, des Dinar, die langsam den griechischen und (erst um 720) im Westen auch den lateinisch-arabischen *denarius* verdrängte. Wirksamer noch war die Übernahme der Wirtschaftsmonopole (etwa für Papyrus oder Luxusstoffe) und die Einführung des Arabischen als Amts- und Kanzleisprache. Galten bisher noch Griechisch, Koptisch und Pahlawi (in den persischen Distrikten) als Verwaltungssprachen, so wurde 705 in Damaskus das Arabische offiziell eingeführt. Hand in Hand damit setzte sich das Arabische als Umgangssprache durch (in Alexandria etwa um 700 nachweisbar). Allerdings gewinnt der Arabisierungsprozeß seine eigentliche Breitenwirkung erst im 8. Jahrhundert.

III. BYZANZ IN DER DEFENSIVE

Entstehen des Islam und Weltstellung des Kalifats waren die beherrschenden Ereignisse des Jahrhunderts. Doch hat die Zeit noch andere Aspekte, die Mittelmeerwelt noch andere Schwerpunkte. In Byzanz wie in Westeuropa beginnen Entwicklungen, die den Rahmen der ›alten Welt‹ sprengen. Im Byzantinischen Reich des späteren 7. Jahrhunderts dauert der Abwehrkampf an zwei Fronten weiter, die Verfestigung und regionale Ausdehnung der reformierten Staatsordnung schreitet fort. Die Nachfolger des Heraklios kämpften mit grimmiger Entschlossenheit um die Existenz des Reiches, ohne freilich die eigene Situation klar zu erkennen. Tatsächlich war es für den Zeitgenossen schwer, die völlige Veränderung der Welt und damit auch der eigenen Lebensprobleme zu begreifen. Im 6. Jahrhundert war Byzanz noch die einzige Großmacht am Mittelmeer gewesen, die Hauptstadt Constantinopel der Mittelpunkt der zivilisierten Welt. Das Auftreten von Slawen und Islam veränderte das politische Gleichgewicht von Grund auf: die Ostprovinzen und Afrika gingen an das Kalifat verloren, der Balkan wurde zunehmend slawisiert, der Einflußbereich in Italien war durch die Langobarden entscheidend eingeschränkt. Dazu kam der Rückgang der byzantinischen Seemacht, die sich in der Ägäis und in der Adria mehr und mehr auf Defensive umstellen mußte. Die Umklammerung des Mittelmeerbeckens durch die Araber verringerte den politischen, wirtschaftlichen und geistigen Einfluß von Byzanz im Westen erheblich.

Auch die Grenzen des auf einen Bruchteil seines alten Umfangs reduzierten Staates waren noch ständig umstritten. Grenzkampf, insbesondere im Osten, war für das Byzantinische Reich wie für das Imperium Romanum eine lange vertraute Aufgabe. Aber wie im 3. Jahrhundert vollzog sich jetzt ein schwerwiegender Wandel: von einer auf Überlegenheit der eigenen Kräfte beruhenden und Erfolg versprechenden Defensive zum nackten Existenzkampf. Die Araber erwiesen sich als weitaus bedrohlicher denn die Sassaniden; die Balkangrenze stellte bisher nicht gekannte Probleme. In den zwei Generationen nach Heraklios wurden die Energien des Reiches aufgezehrt von der riesigen Doppelaufgabe des Abwehrkampfes und der inneren Konsolidierung. Gegenüber dem Versuch, den Staat funktionsfähig zu erhalten und auf neue Lebensbedingungen umzustellen, mußte alles andere zurücktreten.

Es war nicht leicht, die zielbewußte und energische Politik eines Heraklios fortzuführen. Nur straffe Ausnutzung der absolutistischen Vollmachten der Zentrale konnte das Überleben ermöglichen. Dennoch nahm gegen Ende des Jahrhunderts die innenpolitische Opposition gegen das autokratische kaiserliche Regime ständig zu. Dieser Widerstand kam nicht aus der breiten Masse der Bevölkerung; er ging vom Adel aus, dessen Macht auch in Byzanz weithin auf Großgrundbesitz basierte. Einzelne Kaiser wie Constans II. (641-668) und sein Sohn Constantin IV. (668-685) waren energische Herrscher und fähige Generäle — also das, was Byzanz in erster Linie brauchte. Constans II. besaß eine ungewöhnliche seestrategische Begabung und trug dadurch wesentlich zu den byzantinischen Abwehrerfolgen bei. Die schöpferische Phase der Dynastie endete mit Justinian II. (seit 685), genauer mit seinem ersten Sturz 695. Seine entschlossene autokratische, aber auch grausame Politik gegenüber dem Hochadel führte zu seiner Absetzung. Dem Kaiser wurden — daher sein Beiname *Rhinotmetos* — die Nase und ein Teil der Zunge abgeschnitten: ein gebräuchliches Mittel, um die Rückkehr von Prätendenten oder verstoßenen Kaisern auf den Thron zu verhindern, weil man mit der Deformierung von Gesicht und Menschennatur eine Vorbedingung für die Bekleidung des höchsten Amtes verloren glaubte. Justinian floh zu den Khasaren, heiratete die Tochter des Khagans und eroberte mit bulgarischer Hilfe im Jahre 705 den Thron zurück. Seine zweite Regierung war ein Regime systematischen Terrors, der Rache an allen vermeintlichen Gegnern. Das Ende bildete 711 ein Massaker unter der gesamten engeren Kaiserfamilie.

a) Abwehrkampf und militärische Selbstbehauptung

Die Außenpolitik dominierte im Leben von Byzanz. Außenpolitik aber bedeutete jetzt militärische Selbstbehauptung zwischen Arabern, Slawen und Bulgaren. Im Osten rollte die arabische Eroberungswelle weiter, in den Balkanraum drängten slawische Völker und Bulgaren hinein. Es war lebensrettend für Byzanz, daß in den drei Phasen dieses Abwehrkampfes jeweils der Verteidigungsschwerpunkt wechselte. Bis über die Mitte des Jahrhunderts standen die arabischen Fronten weiterhin im Vordergrund (vgl. oben S. 280). Nach dem Tode Umars war zwar der Vormarsch in Afrika bei Tripolis zum Stehen gekommen. Selbst einzelne byzantinische Erfolge wurden erzielt, wie die mehrmonatige Besetzung Alexandrias 646. Doch an den Grenzen des Kernlandes hielt der islamische Druck an. In Kilikien und Armenien kam es neben dem permanenten Grenzkampf immer noch jährlich zu tiefen Einbrüchen nach Inneranatolien. Außer in Westarmenien, Kilikien und Kappadokien gewannen

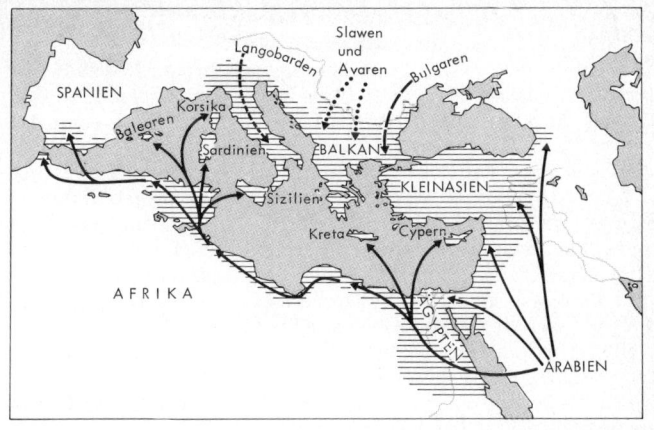

Abb. 25: Byzanz in der Defensive

jedoch die Araber keine neuen Territorien mehr. Die Tauros-
linie konnte gehalten werden; langsam wich die Durchlässig-
keit der Verteidigungspositionen einer festen Wehrgrenze.
Die mit der Regierung Muawijas beginnende zweite Expansionswelle setzte gegenüber Byzanz strategisch an zwei Punkten an. Einmal bereitete der Bau einer arabischen Flotte und
die Eroberung von Ägäis-Inseln als Stützpunkte direkte amphibische Operationen gegen das Herrschaftszentrum vor (vgl.
oben S. 271 f.). Die Abwehrkämpfe von 668/669 und 674-678
bereinigten an dieser Front zunächst für fast dreißig Jahre die
Situation; das wurde durch einen Vertrag mit Abd al-Malik
bestätigt. Es war der erste definitive Erfolg nach fast fünfzig
Jahren — ein entscheidender Schritt für die Sicherung des Kernlandes Kleinasien. Weniger glücklich war Byzanz auf dem
zweiten Flügel der arabischen Expansion. In Nordafrika mußte
der dauernde Verlust des Exarchats hingenommen werden.
Was im letzten Viertel des Jahrhunderts Kräfte band und Byzanz nicht aus dem ständigen Druck an den Grenzen entließ,
war das Balkanproblem. Das Urteil des byzantinischen Historikers Theophanes nach der zweiten Belagerung von Constantinopel war trügerisch: »Es trat ein ungetrübter Friede ein im
Osten und im Westen.«[11] Im Norden fielen gerade jetzt gefährliche Entscheidungen. Die Gründung des Bulgarenreiches
war ein erster Schritt in der künftigen politischen Gestaltung
des Balkans, die sich nun außerhalb des byzantinischen Machtbereichs vollzog. Seit der slawischen Landnahme hatte sich
eine effektive byzantinische Herrschaft auf die Festungen

und auf die Wirkungen kurzer Sommerfeldzüge beschränkt. Die slawischen Stämme wurden jedoch für das byzantinische Territorium und für die Hauptstadt nur dann gefährlich, wenn eine fremde politische Macht ihre Kräfte zusammenfaßte. Die Hegemonie der Avaren war nach dem gemeinsam mit den Sassaniden durchgeführten Angriff auf Constantinopel auseinandergebrochen (vgl. oben S. 254). Wie Kroaten und Serben machten sich auch die mit den Hunnen verwandten Bulgaren um 640 von avarischer Herrschaft frei — freilich nur, um durch eine eigene Staatengründung ein ungleich konzentrierteres politisches Kräftefeld im Durcheinander von Stammeswanderungen und Siedlungsversuchen auf dem Balkan zu schaffen.

Während der Regierung Constans' II. wurde die Entwicklung des bulgarischen Herrschaftsbereiches bedrohlich: die Bulgarenhorde des Asparuch besetzte das Gebiet der Donaumündung. Die so oft erfolgreiche byzantinische Klientelpolitik hatte sich hier gegen sich selbst gekehrt, denn die Bulgaren waren erst durch die Khasaren aus der südrussischen Asow-Steppe nach Süden gedrängt worden. Die Khasaren (ein Turkvolk unbekannter Herkunft) beherrschten seit dem 6. Jahrhundert das Gebiet zwischen dem Asowschen und dem Kaspischen Meer. Ihre Zusammenarbeit mit Byzanz begann nach einem Vertrag mit Heraklios im Jahre 626. Bis ins 9. Jahrhundert unterstützten sie dann den byzantinischen Abwehrkampf gegen die Araber durch Flanken-Vorstöße in Kaukasien und Armenien. Die enge politische Kooperation zeigte sich in der Heirat zweier Khasarenprinzessinnen ins Kaiserhaus (die eine wurde Gattin von Justinian II., die andere Gemahlin von Constantin V. [741-775]). Gegen das bulgarische Vordringen unternahm Constantin IV. 679/680 eine Abwehroffensive. Eine völlige Niederlage zwang jedoch den Kaiser, dem Bulgarenkhan einen jährlichen Tribut zuzusichern und ihm Mösien und die Dobrudscha abzutreten. Der militärisch organisierte Staat, in dem die Bulgaren als kriegerische Herrschaftskaste die slawische Ackerbaubevölkerung regierten, erweiterte sich bald, unterwarf neue slawisierte Balkangebiete und begegnete erfolgreich den wiederholten Rückeroberungsversuchen byzantinischer Armeen trotz deren hochentwickelter Taktik. Die Gründung des Bulgarenreiches war ein Schlüsselpunkt in der Geschichte des Balkans: damit entstand der erste völlig unabhängige Staat auf altem Reichsboden, der zu einer neuen tödlichen Bedrohung für Byzanz wurde, als der Islam seine Stoßkraft verloren hatte.

Im Moment schien die Lage jedoch stabilisiert, wenn auch unter diplomatischen und finanziellen Zugeständnissen. Es gelang Byzanz, eine vorläufige Ordnung auf dem Balkan wiederherzustellen. In den nicht zum bulgarischen Staat gehörenden Gebieten faßte die byzantinische Herrschaft wieder Fuß. Die erste

Offensive gegen »Sclavinia« führte schon Constans II. durch. Eine weitere Festigung der Situation brachte der große Slawenfeldzug Justinians II. 688/689. Justinian versuchte (wie in begrenztem Maß schon Constantin IV.), das Slawenproblem mit einem recht modern anmutenden Mittel zu bereinigen: durch Massendeportation von slawischen Einwanderern. Eine dieser Aktionen erfaßte rund 80 000 Menschen, die in das kleinasiatische Thema Opsikion verbracht wurden. Die Ansiedlung als Stratioten in Anatolien sollte die Slawen durch Lösung aus der slawisierten Umwelt des Balkans politisch ungefährlich machen und ihre unbestrittenen soldatischen Fähigkeiten für die Grenzverteidigung im Osten nutzen.

Doch wie unter Justinian I. beherrschte, unter dem Überdruck der militärischen Probleme an den arabischen Grenzen, im Grunde ein System von Aushilfen die Balkanpolitik. Es kam nie zu durchgreifenden Maßnahmen auf längere Sicht. Die Balkanfrage blieb zweitrangig; Byzanz konnte zu ihrer Bewältigung nicht genügend Kräfte aufbringen. Gegen Ende des Jahrhunderts äußerte sich dieser Überdruck des Ostens erneut: wieder traten die islamischen Fronten in den Vordergrund. Bis 698 gingen die letzten in Nordafrika noch gehaltenen Festungen verloren. Eine neue arabische Großoffensive brachte zugleich den dritten und letzten Griff nach der Zentrale des Reiches. Der Versuch, im Bündnis mit den Bulgaren Constantinopel von der See her zu erobern, konnte allerdings von Leon III. nachdrücklich abgewehrt werden.

b) Innere Selbstbehauptung: Fortschreiten der Reichsreform

Während der Abwehrkämpfe ging die Reorganisation des byzantinischen Staates weiter. Vor allem Constantin IV. und Justinian II. trieben die Militarisierung des Reiches in der Themenverfassung (vgl. oben S. 255f.) energisch voran. Der Druck der weiterdauernden Defensive festigte die neue Staatsordnung. Der Ausbau der Themenorganisation bedeutete nicht nur ihre Konsolidierung in Kleinasien, sondern auch ihre Ausdehnung über weitere Gebiete. Wo die byzantinische Verwaltung wieder fest Fuß faßte, wurde die Themenordnung etabliert. Auf dem Balkan entstand im Gebiet des heutigen Griechisch-Mazedonien und Südbulgarien das Thema Thrakien, am Ende des Jahrhunderts in Griechenland das Thema Hellas. Dazu kam der Militärbezirk Thessalonike unter einem eigenen Exarchen, möglicherweise auch das gegen die arabischen Überfälle als Exarchat organisierte Sizilien. In diesem Fortschreiten der Reichsreform trotz äußerer und innerer Krisen äußerte sich erneut die byzantinische Selbstbehauptungskraft.

Mit der Konsolidierung des Verwaltungssystems wurden in

späteren Jahrzehnten des 7. Jahrhunderts jene gesellschafts- und sozialpolitischen Wirkungen spürbar, die weit über die bloße Straffung der militärischen Organisation und Verteidigungskraft hinausgehen. Entscheidendes Dokument dieser Entwicklung ist der *Nomos Georgikos*. Diese Landpolizeiordnung zeugt nicht nur (in manchen recht rohen Bestimmungen) vom unruhigen Charakter der Zeit. In ihr erscheinen neben Großgrundbesitz und Colonen neue Elemente der sozialen Ordnung: bäuerliches Privateigentum, Abschaffung von Dienstbarkeiten, kommunaler Landbesitz (Allmende) und Freizügigkeit anstelle von Schollenbindung.[12] Die kaiserliche Gesetzgebung und Innenpolitik versuchten gegen die weitere, auch politisch gefährliche Zunahme der großen Domänen und gegen das Verschwinden des freien Einzelbesitzes vorzugehen; sie zielten zugleich auf bessere soziale Bedingungen für das Bauerntum. Es entstand eine neue Schicht freier kleiner Landbesitzer, die eine erhebliche Gewichtsverschiebung zwischen Bauerntum und Großgrundbesitz bedeutete und für die byzantinischen Provinzen zu einem bestimmenden sozialen und ökonomischen Faktor wurde. Mitten im Zeitalter der großen Kriege vollzog sich damit eine innere Erneuerung der Gesellschaft.

Die Förderung des freien Soldatenbauerntums verschränkte sich mit den ethnischen Verschiebungen im Zuge der umfassenden Umsiedlungsaktionen. Das verstärkte noch die Veränderungen im sozialen System. Die Politik, Balkanslawen in etablierte Themen umzusiedeln und so den Soldaten- und Menschenmangel der in langen Grenzkämpfen ausgebluteten Gebiete wieder auszugleichen, erlitt zwar einzelne Rückschläge. Im Jahre 691 kam es zur Desertion von rund 30 000 Neusiedlern zu den Arabern, die durch schwere Massaker geahndet wurde. Doch die Umsiedlungspolitik wurde auch in anderen Fällen fortgeführt, etwa in dem Versuch, alle Einwohner Cyperns im Moment arabischer Bedrohung nach Kleinasien auszusiedeln und damit die kampffähige Bevölkerung dieses gefährdeten Außenpostens für das Kernland des Reiches zu retten. In dieser Mischung von slawischen, anatolischen und griechischen Bevölkerungselementen geriet die ethnische Struktur des byzantinischen Herrschaftsbereiches völlig durcheinander. Damit setzte ein Vorgang von ebenso großer Tragweite wie die Gründung des Bulgarenreiches ein, der unter anderem dazu führte, daß das moderne Griechenland ethnisch eher slawisch als hellenistisch ist. Doch trug dieser großangelegte Versuch eines staatlich gelenkten Bevölkerungsausgleiches wesentlich zur weiteren inneren Konsolidierung bei, auch durch das Zutun der — den sozialpolitischen Ansatz der Regierung unterstützenden — sozialen Traditionen der Neusiedler aus dem Balkan. Trotz der ethnischen Differenzen trat eine erstaunlich schnelle Verschmel-

zung von Neusiedlern und eingesessener Bevölkerung ein —
nicht zuletzt dank der in Kultur und Bräuchen ausgleichend
wirkenden gemeinsamen Religion.

c) Identität von Reich und Orthodoxie

Verteidigung und Gesellschaftsreform lassen kaum für anderes
Zeit: die Dürre der Kultur als Kehrseite des Existenzkampfes
hebt sich scharf von der schöpferischen Blüte der justinianischen
Zeit ab. Für fast zweihundert Jahre verarmen Literatur und
Kunst; ein Großteil antiken Erbes geht in dieser dunkelsten
Epoche der byzantinischen Kultur verloren. Die geistige Sterili-
tät der Zeit ist bedingt durch die einseitige Beanspruchung aller
Energien, durch die Bedrohung des hauptstädtischen Kultur-
zentrums und durch den Verlust der literarisch und künstle-
risch regsamsten Provinzen im Osten. Die Verkirchlichung der
Kultur gibt dem geistigen Leben einen mystisch-asketischen
Zug und drängt die bisher auch von den Bedürfnissen der Zi-
vilverwaltung gestützte weltliche Bildung zurück.
Dennoch gibt es Ausnahmen — Anzeichen einer weiterwirken-
den Kulturfähigkeit, freilich häufig jenseits der neuen Grenzen.
Im Reich selbst hat die große Architektur der justinianischen
Zeit kaum Nachfolge gefunden. Aber in der Umar-Moschee in
Jerusalem (687-690), in Bauwerken Roms oder in den armeni-
schen Kathedralen von Etchmiadzin (611-628) und Ani (622)
entstanden große Schöpfungen des ostbyzantinischen Stils. Die
Literatur war steril. Kein historisches Werk von einiger Bedeutung wurde geschrieben — seltsam angesichts der Zeitsituation.
Das anonyme *Chronikon Paschale* ist eine bloße Datenaufrei-
hung von Adam bis 629 (mit einigen zeitgeschichtlich wichtigen Bemerkungen). Am ehesten vermittelt noch der einzige
Dichter der Zeit Geschichte: Georgios Pisides. Der Diakon der
Hagia Sophia ist mit seinen drei Verswerken über die Slawen-
und Perserfeldzüge des Heraklios freilich die große Ausnahme:
vielleicht der bedeutendste weltliche Dichter von Byzanz überhaupt, aber völlig isoliert in dieser kargen Zeit.
Die Theologie versandete in der monotheletischen Streitlitera-
tur. Auch die bedeutenderen Köpfe, Johannes Damascenus und
der zur Zeit des Heraklios und Constans II. lebende Maximus
Confessor (als unbeugsamer Verteidiger der Orthodoxie gefoltert und verbannt), waren im Grunde schon Kompilatoren und
Kommentatoren der großen Väter des 5. Jahrhunderts. Maximus ist allerdings (durch seine Vermittlung des Dionysius
Areopagita) entscheidend für die Entwicklung einer byzantinischen Mystik geworden. Von einem gewissen sozialgeschicht-
lichen Interesse sind manche der zahlreichen populären Heiligenleben, wie die (im Gegensatz zur sonstigen Hagiographie

für die breite Masse verfaßten) Lebensbeschreibungen des Bischofs Leontios von Neapolis in Cypern.

Dennoch läßt sich die Kultur der Zeit nicht einfach mit dem Begriff ›Barbarisierung‹ kennzeichnen. Sie kennt auch einen fruchtbaren Vorgang: den der Hellenisierung. Neben der administrativen und sozialpolitischen Entwicklung trug der Wiedergewinn der Kircheneinheit in der Orthodoxie nachdrücklich zur Konsolidierung im 7. Jahrhundert bei. Die jahrhundertealte kirchenpolitische Streitfrage, an der Kaiser wie Patriarchen und Bischöfe gescheitert waren, war gelöst. Der Verlust der Ostprovinzen machte das Byzantinische Reich religiös zum einheitlichen Raum der orthodoxen Christenheit. Die Religionspolitik trat damit momentan zurück. Der monotheletische Kompromißversuch war schon im Moment der Veröffentlichung der *Ekthesis* (638) überholt (vgl. oben S. 258). Dennoch blieb der Monotheletismus, gefördert von Constans II., eine Zeitlang ein Moment religiöser Unruhe. Der Versuch des Kaisers, durch den *Typos* von 648 die weitere Diskussion der Willensfrage zu unterbinden und die Opposition des Papstes Martin I. (der die *impiissima Ecthesis* und den *scelerosus Typus* verworfen hatte) durch Inhaftierung wegen Hochverrats zu brechen, mißlang. Constantin IV. griff nach altem Vorbild zum Mittel des Konzils. Das 6. Ökumenische Konzil von Constantinopel 680/681 (auf dem die Patriarchen des Ostens noch vertreten waren) verdammte endgültig den Monotheletismus durch die Formel von den zwei Naturen, die in Christus in einer Hypostase wirken und »zwei Willen und Energien« besitzen, die »harmonisch miteinander für die Erlösung des Menschengeschlechts wirken«. Der Kirchenfriede war gewonnen — auch mit Rom: das Konzil erkannte den Papst als »Haupt des ersten Bischofssitzes der allgemeinen Kirche« an. Für den monophysitischen Osten war damit klar geworden, daß Constantinopel den Versuch einer Verständigung aufgegeben hatte. Für Byzanz selbst aber bedeutete die Rückkehr zur Formel von Chalkedon eindeutig einen Gewinn: es war jetzt ein geschlossenes orthodoxchristliches Reich.

Mit der religiösen Einheit aber verband sich eine tiefgreifende Hellenisierung: die Kultur wie das politische und geistige Selbstbewußtsein der führenden Schichten wurden nun einheitlich griechisch.[13] In den neuen Grenzen des Byzantinischen Reiches fehlten die romanisierten Gebiete des nordwestlichen Balkans, ebenso der Osten mit seinen orientalischen Traditionen. In den italienischen Besitzungen wuchs vor allem im Süden der griechischsprechende Bevölkerungsanteil durch Flüchtlinge aus Nordafrika und Ägypten. Die slawischen Neusiedler im südlichen Balkan wie in Kleinasien, die über keine eigene Kulturtradition verfügten, wurden schnell assimiliert: Sprache und Geist des orthodoxen Glaubens, den sie übernahmen, waren griechisch. Die Hellenisierung des Reiches fand auch in der Verwaltungssprache und den staatlichen Titulaturen ihren Ausdruck; statt der alten lateinischen Benennungen erhielten die neugeschaffenen Staatsämter nun griechische Titel wie *Logothetes* oder *Strategos*. Auch die Kaisertitulatur selbst verzichtete seit Heraklios auf die gräzisierten lateinischen Formeln: an die Stelle von *Imperator* und *Augustus* trat der alte griechische Titel des *Basileus*.

Die Hellenisierung des griechisch-kleinasiatischen Kernlandes ist ebenso bedeutend für den Bestand und die Erneuerung von Byzanz geworden wie die reformierte Staatsordnung oder die Tatsache, daß Anatolien im Gegensatz zu den alten Ostprovinzen starke natürliche Grenzen besaß. Wenn sich der Horizont des byzantinischen Staates mit dem Verlust der Weltmachtstellung verengte, so entstand als Ausgleich jene Identität von griechischem Selbstbewußtsein und orthodoxem Glauben, die in ihrer engen Verflechtung politischer und religiöser Existenz gerade gegenüber dem Islam ein entscheidendes Moment der Widerstandskraft blieb. Das Griechentum von Byzanz ist nicht ohne starke orientalische Unterströmungen. Das bestimmt für die kommenden Jahrhunderte seine Mittlerstellung zwischen Ost und West. Noch besteht zwischen griechischen und orientalischen Elementen in Kultur und Religion eine unterirdische Spannung, die sich im 8. Jahrhundert nochmals zur Krise des Bilderstreits verdichtet.

Dennoch stand am Ausgang des 7. Jahrhunderts eine neue, zwanzigjährige Staatskrise. Mit dem ersten Sturz Justinians II. (vgl. oben S. 292) hatte die erfolgreiche Konsolidierungspolitik der Heraklios-Dynastie ihr Ende gefunden. Justinians Rückkehr und sein zweiter Sturz 711 leiteten über zu sechs Jahren der Bürgerkriege und schnellen Kaiserwechsel, die erst mit der Machtübernahme durch einen Themenbefehlshaber, den energischen und fähigen General Leon, endeten. Der Charakter der Krise war anders als hundert Jahre zuvor beim Ende des justinianischen Systems unter Phokas. Es war eine schwere, aber doch temporäre Erschütterung des Staates, nicht eine sich in alle Lebensbereiche ausbreitende Existenzbedrohung. In den Wirren dieser politisch bedingten Wachstumskrise vermochte sich die neue Ordnung zu halten: sie blieb Grundlage für die historische Rolle von Byzanz in den kommenden Jahrhunderten.

Die Gründe der Staatskrise lagen — abgesehen von den autokratischen Regierungsmethoden Justinians II. und seiner unberechenbaren Grausamkeit — vor allem in innenpolitischen Problemen. Auch im orthodoxen Raum regten sich noch monophysitische Strömungen. Die Unruhe der großen Bevölkerungsbewegungen brachte trotz ihrer schließlich stabilisierenden

Wirkung im Moment der Durchführung zunächst eine gewisse Labilität in das Reichsgefüge. Vor allem aber spielte der Widerstand der von den sozialpolitischen Auswirkungen der Themenverfassung betroffenen Schichten, besonders der landbesitzenden Aristokratie, eine Rolle. Der Großgrundbesitz hatte seine Position offensichtlich soweit bewahrt, daß er vor allem unter Justinian II. erheblichen Widerstand gegen die zentrale Reichsführung zu leisten vermochte.

Unter den Elementen politischer Labilität trat aber noch ein neuer Faktor hervor (der wie der Widerstand der Großgrundbesitzer auf die weitere gesellschaftliche Entwicklung in Byzanz vorausweist): die Rolle des Militärs, der Strategen und Truppen der Themen, bei Thronwechseln. Ein Prozeß des 3. Jahrhunderts wiederholt sich auf ähnlicher Grundlage. Wie in der Zeit der Soldatenkaiser führte die Konzentration der Reichsverwaltung in den Händen des Militärs zum Eingreifen der Generäle in den politischen Machtkampf. Wie damals das Kommando der großen Armeen in Gallien oder Syrien stellte nun der Befehl über eines der kleinasiatischen Themen ein Sprungbrett zur Macht dar. Die hohen Truppenführer rivalisierten um innenpolitischen Einfluß und schließlich um die Nachfolge des Kaisers. Diese Situation erzwang bald eine Verkleinerung der ursprünglich sehr großen Themenbezirke — um den bedeutenden Machtrückhalt abzubauen, über den etwa der Kommandeur von Anatolikon mit einem Viertel Kleinasiens und den entsprechenden Truppen verfügte. Militärkaiser in diesem Sinne waren Leontios und Tiberios II., Philippikos und schließlich Leon III. selbst, der als übermächtig gewordener Themenstratege im Moment außenpolitischer Gefahr durch Thronverzicht Theodosios' III. zur Regierung kam.

Denn schwere außenpolitische Erschütterungen und militärische Rückschläge verschärften die Krise. Auf dem Zenit der zweiten arabischen Expansion (vgl. oben S. 280) begann eine dritte Phase heftiger Angriffe auf Kleinasien. Seit 711 wurden jährlich neben Seeoperationen Landrazzien tief nach Kleinasien durchgeführt; sie reichten bis nach Chrysopolis am Bosporus. Damit parallel gingen Angriffe der Bulgaren bis in die Vorstädte von Constantinopel. 717 besetzten arabische Truppen Pergamon und Abydos als Vorbereitung zum Angriff auf die Hauptstadt. Im Sommer 717 wurde wenige Tage nach Leons III. Regierungsantritt die Belagerung der Hauptstadt zu Land und zur See eröffnet. Der Erfolg von 678 schien umsonst, die Araberkatastrophe unabwendbar. Doch nach heroischem Widerstand und langwierigen Kämpfen vermochte der Kaiser dank der Überlegenheit der Flotte und der byzantinischen Ingenieurtechnik (samt dem ›griechischen Feuer‹) den Angriff endgültig abzuwehren. Es war eine der Entscheidungsschlachten der Weltgeschichte, wichtiger als die bei Poitiers. Damals entschied sich, daß Kleinasien nochmals für fast 700 Jahre byzantinisch und orthodox und damit ein Bollwerk gegen den Islam blieb. Der definitive Sieg zu Lande bei Akroinion im Jahre 740 befestigte den Abwehrerfolg.

Den Ursachen der Staatskrise war mit einer vernünftigen Politik leicht beizukommen. Das machte es Leon III. nach dem militärischen Erfolg von 717 möglich, auch die innenpolitische Lage schnell zu konsolidieren. Dafür zeichnete sich unter seiner Herrschaft eine sehr viel tiefergehende Erschütterung bereits ab: die religiöse Krise des Bilderstreites. Die Gefahr eines Auseinanderbrechens der byzantinischen Kirche in Monophysiten und Orthodoxie war überwunden. Doch nach wenigen Jahrzehnten Ruhe erhob sich mit der Frage der Bilderverehrung ein Problem, das die orthodoxe Kirche erneut spaltete.

IV. WANDLUNGEN UND MÄCHTE IM WESTEN

Von den großen außenpolitischen Machtverschiebungen ist der Westen des Mittelmeerraumes wenig berührt. Spanien fällt noch der islamischen Welle zum Opfer; doch werden ihre Ausläufer hinter den Pyrenäen aufgefangen. Im Moment der Begegnung mit den Merowingern hat die islamische Expansion die Grenze ihrer Stoßkraft erreicht. Das Leben im weltpolitischen Windschatten hinter der Barriere des Langobardenreiches und der Balkanstaaten ermöglicht dem Westen eine Konzentration auf die inneren Probleme. Hand in Hand mit einer Verrohung des politischen Lebens und einem temporären Niedergang der Herrschaftsorganisation vollzieht sich ein Wandlungsprozeß, der freilich völlig anderer Art ist als in Byzanz. Schon die Ausgangsposition ist verschieden. Im Osten muß jede Reform auf einem komplizierten Bestand von Institutionen und Traditionen aufbauen. Sie hat sich nicht nur mit dem Islam auseinanderzusetzen, sondern mit einem etablierten Herrschaftssystem, mit einer selbstsicheren Nobilität in festen Machtpositionen und mit einem Kulturerbe voll innerer Widersprüche. Im Westen begegnet eine in ihren Formen einfacher gewordene Gesellschaft einer andersartigen Herausforderung: die äußere Bedrohung fehlt, gleichzeitig aber gibt die Auflösung alter Ordnungen der eigenen Initiative und Erfindungskraft freieren Raum. Aus der Fusion römischer, christlicher und germanischer Traditionen entstehen in einem Akt schöpferischer Synthese neue Formen. Drei Kräfte bestimmen die Entwicklung: die Langobarden, das Merowingerreich und das Papsttum. Hier zeichnen sich erste Formen der mittelalterlichen europäischen Welt ab.

a) Spätzeit und Untergang des Westgotenreiches

Das spanische Westgotenreich ist von solchen Bewegungen kaum ergriffen. Der Ursachenkomplex, der einen Wandel in Staat und Gesellschaft in Gang setzte, war zwar sehr ähnlich wie im Merowingerreich. Aus der wenig gefestigten Stellung des auch durch dynastische Kämpfe geschwächten Königtums resultierte ein zunehmender Machtverlust der Herrscher, während der Adel erstarkte. Dazu kam ein wirtschaftlicher Niedergang (Rückgang des Handels) und das Wegfallen von wenigstens eine gewisse innenpolitische Einigkeit erzwingenden außenpolitischen Konflikten. Doch im westgotischen Spanien führten die sich daraus ergebenden Veränderungen nicht eigentlich aus den alten Lebensformen heraus: im Miteinander von spätrömischen, christlichen und germanischen Elementen setzten sich deutlich spätrömische oder byzantinische Tendenzen in Staat und Kultur durch. Die direkte Konfrontation seit der justinianischen Reconquista machte offenbar Constantinopel zum Vorbild für den inneren Aufbau des Westgotenreiches.

Die außenpolitische Situation der Westgoten war bis zum Vorabend der arabischen Eroberung verhältnismäßig sicher. Das Suebenreich, die ständige Bedrohung im Rücken, war schon 585 nach dem Tode des Königs Miro (Theodemir) durch Leowigild annektiert worden. Die Merowinger bedeuteten dank ihres ständigen Machtverfalls im 7. Jahrhundert keine Gefahr mehr. Sisebut (612-621), ein literarisch interessierter, Heiligenviten verfassender Fürst (dessen Humanität Zeitgenossen wie Isidor von Sevilla rühmten), drängte mit Hilfe einer neugeschaffenen Flotte und unter Ausnutzung der Sassanidenkriege die byzantinischen Besatzungen zurück. Das letzte den Byzantinern verbliebene Restgebiet im Süden wurde von Swinthila (621-631) zurückerobert: er herrschte als erster Westgotenkönig über ganz Spanien. Die Basken unterwarf zwar auch er nicht, aber eine ernsthafte Bedrohung stellte dieses Bergvolk für den westgotischen Staat nie dar.

Auch innenpolitisch war das Westgotenreich auf dem Wege, den Grundkonflikt zu überwinden, der die politische Schwäche aller Ostgermanenstaaten begründete: den Dualismus von Eroberern und Untertanen. Schon seit dem Ende des 5. Jahrhunderts hatte der gemeinsame Kriegsdienst von Goten und Romanen (allerdings unter Vorrang der gotischen Kavallerie als entscheidender Waffe) verbindend gewirkt. Die Beseitigung des Dualismus vollzog sich in drei Stufen: Aufhebung des Mischehenverbots unter Leowigild, dann Übertritt zum Katholizismus unter Rekkared (589; vgl. oben S. 245) und damit Beseitigung der religiösen Spaltung, schließlich Aufgabe der Personalität des

Rechts unter Rekkeswinth (653-672). Der umfassende *liber iudiciorum* von 654 ersetzte das Nebeneinander des westgotischen Volksrechts (475 von Eurich im *Codex Euricianus* aufgezeichnet) und des alten römischen Rechts der Provinzialen (von Alarich II. 506 zum Schutz der Untertanen als *Lex Romana Visigothorum* [*Breviarium Alaricianum*] publiziert) und schuf für alle Reichsangehörigen ein gleiches und einheitliches Recht. Der Angleichungsprozeß wurde auch dadurch gefördert, daß die Loyalität der spanischen Provinzialen gegenüber dem Imperium zusehends schwand. Für Isidor von Sevilla und seine Zeitgenossen waren die *Romani* (Byzantiner) nicht mehr *compatriotes*, sondern Ausländer, gegen deren ›Übergriffe‹ man sich verteidigen mußte.[14] Die gotische Aristokratie bewahrte zwar ein Sonderbewußtsein, doch war dies mehr gesellschaftlicher Art. In keiner der germanischen Staatsgründungen kam es zu einer ähnlich vollständigen Fusion von Herrschenden und Beherrschten — die hier freilich eine Absorption der Eroberer durch das spätrömisch-byzantinische Kulturmilieu darstellte.

Der Übertritt der Goten zum Katholizismus stärkte die Stellung der Kirche im Westgotenreich. Es entstand eine geschlossene, nach außen weitgehend unabhängige Reichskirche; Rekkared erschien seinen spanischen Zeitgenossen als ›neuer Constantin‹.[15] Der Versuch Gregors des Großen, auf den spanischen Episkopat stärkeren Einfluß zu erlangen, war wenig erfolgreich. Dafür gewannen die Bischöfe im politischen Leben steigende Geltung; sie wurden zu einer Stütze (damit freilich auch zu einem gefährlichen Machtteilhaber) des Königtums. Die Reichskonzilien waren auch ein Mittel der Innenpolitik; seit 638 hatten dabei Angehörige des Hochadels Stimmrecht. Der Westgotenkönig wurde seit Rekkared vom Erzbischof von Toledo geweiht: er galt als »Gesalbter des Herrn«. Freilich gab es auch in der spanischen Kirche — wie die Bestimmungen des 11. Konzils von Toledo 675 gegen Simonie, Unzucht oder Verwendung von Milch statt Wein in der Messe zeigen — ähnliche Verfallserscheinungen wie in der merowingischen. Dennoch war ihr Zusammenhalt straffer, die Herrschaft des Königs in der Kirche für lange Zeit noch unbestritten.

Die gegenseitige Angleichung von Herrschenden und Beherrschten schuf ein gemeinsames, gegenüber dem Imperium selbständiges politisches Bewußtsein im Westgotenreich. Die Lebensformen aber blieben eng verwandt. Die wirtschaftlichen und sozialen Verhältnisse veränderten sich gegenüber dem 6. Jahrhundert kaum: Landwirtschaft mit Großgrundbesitz in den Händen von Adel und Kirche herrschte vor. Die Kirche gewann, vor allem durch königliche Schenkungen, weiteren Landbesitz und zahlreiche steuerliche Immunitäten. Von den südspanischen Hafenstädten führten noch Handelsbeziehungen

nach dem östlichen Mittelmeer. In dieses Bild einer spätrömisch-byzantinischen Sozialstruktur fügt sich auch die an Bedeutung zunehmende Rolle des Bischofs im öffentlichen Leben
der Stadt. Die administrative Ordnung bewahrte ihre spätrömischen Elemente wie die vereinfachte *civitas*-Organisation unter
den *comites* (vgl. oben S. 211). Die Steuerverwaltung, vor
allem das Aufkommen an direkten Steuern, degenerierte allerdings.

Die Formen der Herrschaft entwickelten sich im Ringen um die
Bewahrung und Festigung der Königsmacht sogar noch stärker
nach byzantinischem Modell. Die innenpolitische Situation
schwankte immer wieder zwischen Autokratie des Königs und
Adelsanarchie; von dieser Strukturschwäche wurde das Westgotenreich nie völlig frei. Doch unter energischen Herrschern
wie Leowigild (568-586) und Rekkared (586-601) wurde die
absolute Stellung des Königs in einem einheitlich regierten
Staat gegen Adel und Kirche gewahrt (vgl. oben S. 244). Nach
Sisebuts Tod (621) begannen allerdings Adelsfraktionen erneut
das Königtum zu beherrschen. Auf dem 4. Konzil von Toledo
(633) setzten sie das Prinzip des Wahlkönigtums offiziell
durch: legale Herrschaft beruhte auf der Wahl durch die Bischöfe und die weltlichen Großen.[16] Diese Bestimmung wurde
nie außer Kraft gesetzt, blieb aber weitgehend formal. Chindaswinth (642-652), vor allem aber sein Sohn Rekkeswinth (653
bis 672) und Wamba (672-680) stellten die an den absolutistischen Formen des Byzantinischen Reiches orientierte monarchische Zentralgewalt wieder her. Schon Leowigild hatte Elemente
des spätrömischen Zeremoniells eingeführt; jetzt schufen sich
die Westgotenkönige Hofämter und eine Leibwache der *spatarii*,
wie sie der Kaiser hatte. Die Stellung des *sacratissimus rex* als
gottgesalbter Inhaber der Macht wurde noch stärker als im
6. Jahrhundert betont: »Es ist eine Sünde, die Autorität dessen
in Zweifel zu ziehen, dem alle Macht nach göttlichem Ratschluß
zusteht.«[17] Grundlage seiner Herrschaft war eine zeitweise
brutale Niederhaltung der Aristokratie (Chindaswinth ließ zweihundert oppositionelle Adlige hinrichten) und die Unterstützung der stark vom König (der wie die Merowinger frei mit
Bischofsstuhl und Kirchengut schaltete) abhängigen Kirche. Die
Konzilien von Toledo wurden vom König einberufen, der die
Tagesordnung bestimmte und präsidierte: eine Vermengung
weltlichen und geistlichen Regiments, die bei aller gegenseitigen Abhängigkeit von König und Kirche eine am byzantinischen Absolutismus orientierte Form der Herrschaftsausübung war.

Es gab jedoch eine Entwicklung, die der Sicherung einer starken
zentralen Herrschaft entgegenwirkte. Auch in Byzanz war der
große Grundadel ein latentes innenpolitisches Problem. In Spa-

nien erwies er sich am Ende als stärker denn die Monarchie. Die zentrifugalen Tendenzen des westgotischen Adels konnten auch von mächtigen Königen nur unterdrückt, nicht ausgerottet werden. Nach Wambas Tod wurde der Adel zum Totengräber der Königsherrschaft. Doch zugleich war die Veränderung der politischen Stellung des Adels ein wichtiger Schritt auf dem Weg zum Lehnswesen als bestimmendem Element staatlicher Organisation im Mittelalter. Die Anfänge des entscheidenden Übergangs von der Grundherrschaft zur Vasallität lassen sich in den südfranzösischen Teilen des Westgotenreiches fassen. Sie entspringen einem Bündel von Ursachen: in ihrer Funktion eng verwandte gesellschaftliche und wirtschaftliche Elemente aus spätrömischer wie aus germanischer Tradition wirken fast nahtlos ineinander.[18]

Der senatorische Adel des 4. und 5. Jahrhunderts zeigte bereits ›feudale‹ Züge — im Großgrundbesitz mit oft burgartigen Residenzen, im Grundherrn als Spitze persönlicher Abhängigkeitsverhältnisse und in der Existenz von auf den Grundherrn verpflichteten Privatsoldaten (*bucellarii*). Die Macht der Grundherrschaft hatte schon in der spätrömischen Gesellschaft die staatliche Zentralgewalt ausgehöhlt und zur politischen Strukturschwäche des Reiches geführt (vgl. oben S. 89f.). Diese Tendenzen im spätrömischen senatorischen Grundadel verbanden sich leicht mit den politischen Ordnungsvorstellungen und Herrschaftstraditionen des westgotischen Adels. Für ihn standen personale Bindungen im Vordergrund; dabei trugen in der westgotischen Reiterei persönliche Treue- und Gefolgschaftsverhältnisse offenbar auch militärischen Charakter. Möglicherweise wirkten auf die Ausbreitung solcher zur Feudalität tendierenden sozialen Formen überdies noch im spätrömischen Gallien lebendig gebliebene keltische Traditionen ein: das Wort *vassus* stammt zwar aus dem gallischen Vulgärlatein, geht aber auf das keltische *gwas* (›junger Mann‹, ›Diener‹) zurück.

Entscheidend war, daß die Westgotenkönige politisch zwar die Macht des Adels einzudämmen versuchten, rechtlich aber das den Adel begünstigende Vordringen persönlicher Dienstverhältnisse legalisierten. Schon der *Codex Euricianus* (um 475) erkannte im Gegensatz zum spätrömischen Recht die Institution der *bucellarii* an. Terminologie und Formen der persönlichen Bindung ähneln bereits der späteren fränkischen Vasallität: der *bucellarius* verpflichtete sich zum *obsequium* gegenüber dem *patronus*, der ihm die Kriegsausrüstung stellte. Trotz des Rechts, den Dienstherrn zu wechseln, war eine dauernde, oft schon vererbbare Bindung offenbar weithin üblich. Im Westgotenreich verharrte die Entwicklung auf diesem Punkt. Die persönlichen Treue- und Dienstverhältnisse blieben noch privatrechtlicher Art. Es bildete sich keine neue, in sich geschlossene politische Institution aus, die — wie später die fränkische Vasallität — die alte Zivilverwaltung ersetzt hätte. Das Westgotenreich blieb auch in seiner letzten Phase in einem präfeudalen Zustand; es hatte sich zwar aus dem Herrschaftsbereich des Kaisertums gelöst, aber nicht aus dem Bannkreis der politischen Ideen des spätrömisch-byzantinischen Staates.

Unter den letzten schwachen Herrschern zerfiel die Königsmacht schnell. Der Erlaß Wambas, Hintersassen zum Kriegsdienst zu stellen, zeigt die Auflösung der gotischen Armee. Adelswirren schwächten den Staat, ebenso die latente Opposition der Juden. Fanatische Verfolgungen durch König und Klerus, beginnend mit dem Taufbefehl und den Repressionsmaßnahmen Sisebuts im Jahre 616, hatten sie zu geschworenen Feinden der Westgotenherrschaft gemacht. In weniger als zwei Jahren brach das Westgotenreich schließlich unter dem Araberangriff zusammen (vgl. oben S. 282). In der entscheidenden Schlacht zwischen Medina Sidonia und Jerez de la Frontera (Juli 711), die König Roderich das Leben und seinen Staat die Existenz kostete, desertierte ein Teil des hohen Adels.

Eine spanisch-westgotische Kultur spätrömischer Tradition blühte auch noch im 7. Jahrhundert. Die öffentlichen Rhetorikschulen waren mangels staatlicher Unterstützung den Bischofs- und Klosterschulen gewichen; einzelne Könige und Teile des Adels besaßen noch literarische Interessen. Doch nur eine Figur hat Rang und Profil: Isidor von Sevilla (um 560-636) war für seine Umwelt eine Art ›Leuchte des Jahrhunderts‹. Der vielseitige Bischof verfaßte eine (sehr offiziöse) Gotengeschichte und eine Weltchronik, die den Gedanken einer Autonomie der Einzelreiche in der christlichen Völkergemeinschaft vertrat. Mehr als Isidors theologisches Hauptwerk, die an Augustin und Gregor den Großen angelehnten *Sententiae*, wirkten seine *Etymologiae* auf die Nachwelt: eine immense enzyklopädische Kompilation, die in des Autors Absicht das Studium der ›verdammten Heiden‹ ersparen sollte. Dieses Zeugnis einer oft disparaten Gelehrsamkeit, ähnlich wie die Werke Gregors des Großen oder Gregors von Tours bei aller Reserve gegenüber der antiken Kultur doch auf jeder Seite von ihr getränkt, war von bedeutender Wirkung auf das Mittelalter.

Auch in der Kunst herrschte die spätrömische Tradition, gestärkt durch nachhaltige Einflüsse aus dem byzantinischen Bereich. Die Kleinkunst, besonders die Goldschmiedearbeiten, zeugt von einem immer noch luxuriösen Lebensstil des Adels und des Hofes. Doch im Gegensatz zum 6. Jahrhundert werden nun die Stücke der Völkerwanderungskunst (wie die Adlerfibeln) verdrängt durch Arbeiten byzantinischen, aber auch merowingischen und langobardischen Stils. Bedeutendstes Beispiel dieser westgotischen Hofkunst sind die juwelengeschmückten Votivkronen von Königen wie Rekkeswinth. Der zeittypische Zug zum Zweidimensionalen und Ungegenständlichen setzt sich in den wenigen erhaltenen Flachreliefs durch (S. Maria Naranco; S. Miguel de Lillo), in denen westgotische, spätrömische und byzantinische Elemente eine etwas unsichere Balance finden. Die Kirchenbauten der Zeit — wie S. Pedro de la Nave oder das von Rekkeswinth gestiftete S. Juan de Baños — sind zwar von geringen Dimensionen, entwickeln aber spätrömische Formen mit Anregungen aus dem Osten weiter. Sie haben, unter anderem in den hier zum erstenmal auftretenden Hufeisenbögen, auf die frühe maurische Architektur in Spanien gewirkt, aber auch auf die Bauten des westgotischen Restfürstentums Asturien, in dem seit der Mitte des 8. Jahrhunderts trotz seiner Abgeschlossenheit eine erstaunlich lebendige Kultur entstand.

b) Die Krise des Merowingerreiches

Bleibt das Westgotenreich bis zum Ende im spätrömisch-byzantinischen Kulturbereich, dringen in seinem inneren Aufbau eher noch absolutistische Ele-

Abb. 26: Votivkrone des Westgotenkönigs Rekkeswinth

307

mente vor, so macht das Merowingerreich eine andere, in die Zukunft weisende Entwicklung durch. Wenn auch in beiden Staaten sehr verwandte Ursachenkomplexe zur Wirksamkeit gelangten, führte doch hier der Strukturwandel mit dem Absterben der spätrömischen Ämterverfassung zu den Frühformen eines Personenverbandsstaates, aus denen sich dann im Karolingerreich mit der Ausbildung des Lehnswesens der volle Feudalismus entwickelte. In der permanenten politischen Krise des Merowingerreiches im 7. Jahrhundert ist freilich diese langsame Umbildung der politischen Struktur nur schwer zu verfolgen. Die Zeit ist ein kaum entwirrbares Chaos. Könige leben ein schattenhaftes Leben, sterben eines frühen und oft rätselhaften Todes. Mord und Gewalttat, Seuche und Hungersnot füllen die Seiten der Chroniken; Kirchenraub ist ebenso üblich wie Wegelagerei. Wie im 6. Jahrhundert reißen Intrigen, dynastische Fehden und Reichsteilungen nicht ab. Die Randgebiete — Aquitanien im Süden, Bayern, Schwaben und Thüringen im Osten — leben nahezu selbständig unter lokalen Machthabern. Mitten im Reich gründen Große wie Bischöfe mit rücksichtslosem Eigeninteresse halbselbständige Herrschaften.

Das außenpolitische Prestige des Merowingerreiches war erheblich gesunken. Seine Politik blieb weithin defensiv; die Zeit einer territorialen Expansion war schon im 6. Jahrhundert abgelaufen. Die Versuche, das westgotische Septimanien zu erobern, wurden aufgegeben. Die fränkische Herrschaft über die Bretonen war trotz zahlreichen Expeditionen lediglich nominell. Versuche, die Merowingerherrschaft nach Norditalien auszudehnen, hatten seit 569 angedauert. Trotz seines zeitweiligen Bündnisses mit Byzanz war es aber Childebert II. nicht gelungen, sich militärisch durchzusetzen. Nach dem Friedensschluß mit dem Langobardenkönig Agilulf (591) hörte eine planmäßige merowingische Italienpolitik für fast eineinhalb Jahrhunderte auf. Die jenseits der Ostgrenzen heraufziehende Avarengefahr schien noch gering; erste Angriffe auf fränkisches Territorium konnten 561/562, 565/566 und 596 abgewehrt werden. Diplomatische Beziehungen zu dem Hof von Constantinopel dauerten zwar fort; für die kaiserliche Kanzlei war der fränkische König ein ›sehr christlicher und sehr lieber Sohn‹ des Kaisers. Aber im ganzen war das Merowingerreich im 7. Jahrhundert als Machtfaktor für die byzantinische Diplomatie uninteressant geworden.

Innenpolitisch waren die Jahre 561-613 ein nahezu pausenloser Bürgerkrieg gewesen (vgl. oben S. 242 f.). Er hatte die Reichsteile Austrasien, Neustrien, Burgund und Aquitanien zu fast autonomen Teilreichen gemacht, die bereits ein regionales Sonderbewußtsein entwickelten. Die fortdauernden Wirren förderten den Niedergang der Königsmacht: die Kirche geriet dem Herrscher aus der Hand, der Adel — auf dessen Heeresfolge er in den dynastischen Kämpfen angewiesen war — wurde politisch immer unabhängiger. Brunhilde hatte es mit all ihren unerfreulichen Charakterzügen doch verstanden, diese Kräfte zu kontrollieren. Sie hatte die Kirche mit harter Hand und frommen Stiftungen am Zügel gehalten, den Adel unablässig und gnadenlos bekämpft. Mit ihrem Tod war der Sieg der Aristokratie entschieden, die nun ihren Teil an der Macht forderte. Chlothar II. verdankte seine — zumindest nominelle — Herrschaft über das Gesamtreich (613-629) nicht zuletzt dem Verrat des austrasischen und burgundischen Adels. Dafür hatte er seinen Preis zu zahlen. Im Oktober 614 erzwang in Paris eine den westgotischen Konzilien vergleichbare Reichsversammlung von Bischöfen und Adligen das *Edictum Chlotharii*. Sein erklärtes Ziel war eine Wiederherstellung der öffentlichen Ordnung nach den Bürgerkriegen. Doch enthielt es nicht nur in der Beseitigung neu geschaffener Abgaben klare Konzessionen des Königs an den Adel. Der Grundadel gewann an Befugnissen gegenüber den Hofbeamten, das lokale Prinzip im Herrschaftsaufbau wurde konzediert, die Sonderentwicklung der Reichsteile durch eine gesonderte Verwaltung mit eigenem *major domus* für Austrasien und Burgund anerkannt. Freiheit der Bischofswahlen und erweiterte Befugnisse der bischöflichen Gerichte förderten die Unabhängigkeit der Kirche, wenn auch das königliche Bestätigungsrecht die Herrschaft des Monarchen in der fränkischen Reichskirche noch eine Zeitlang zu sichern vermochte.[19]

Die Herrschaft von Chlothars Sohn Dagobert I. (623-638) verlangsamte den Auflösungsprozeß für ein Jahrzehnt. Entschlossen und durchsetzungskräftig regierte dieser letzte bedeutende Merowinger *de facto* als Alleinherrscher. Dank seiner Aktivität gewann das Merowingerreich für kurze Zeit nochmals eine außenpolitische Stellung, wie es sie seit der Mitte des 6. Jahrhunderts nicht mehr besessen hatte. In Verbindung mit Bayern und Langobarden unternommene Feldzüge gegen das von dem fränkischen Abenteurer Samo gegründete Slawenreich, das sich von Böhmen in die Lausitz hinein und bis an die thüringische Grenze ausweitete, richteten wenig aus. Nur der Zerfall des ›Wendenreiches‹ nach Samos Tod verhinderte eine bedenkliche Entwicklung an der Ostgrenze. Auch Dagoberts Südpolitik, vor allem die Pläne einer Ausdehnung auf Kosten der Langobarden, blieb trotz eines mit Heraklios abgeschlossenen Bündnisses ohne Erfolge. Nach ihm gibt es keinen nennenswerten Versuch außenpolitischer Intervention in Italien oder Spanien mehr. Aber daß sich die byzantinische Diplomatie von diesem Bündnis eine gemeinsame militärische Aktion an Rhein und Donau gegen Slawen und Bulgaren versprach, zeigt Dagoberts Gewicht auf der politischen Bühne.

Innenpolitisch befestigte Dagobert die Stellung des Königs noch einmal. Auf drei ›Königsreisen‹ in Austrasien und Burgund zu Beginn seiner Herrschaft (630 und 631) griff er rücksichtslos gegen Adel und Bischöfe durch: »Er vergaß alle Gerechtigkeit in seiner Gier nach dem Gut der Kirchen und der Untertanen.«[20] Gegen den austrasischen Partikularismus vermochte aber auch er sich, von Neustrien aus herrschend, trotz der Unterstützung durch den mächtigen Bischof Arnulf von Metz, nicht völlig durchzusetzen. Im Jahre 634 mußte er seinen (erst dreijährigen) Sohn Sigebert III. dem austrasischen Adel als König in Metz konzedieren. Der prunkvolle Hof des jungen Königs in Paris war ein Zentrum der Kunst. Neue Klostergründungen gaben der Missionsbewegung Antrieb. Aber Dagoberts Herrschaft war zu kurz, um den Niedergang der Monarchie aufhalten zu können. Als nach seinem Tod im Januar 639 das Reich erneut geteilt wurde, begann im Kampf zwischen König, Palast und Adel eine Anarchie widerstreitender Kräfte und Interessen. Adel und Kirche, aber auch die Teilreiche Neustrien und Austrasien traten immer klarer als Wirkkräfte im Aufbau einer veränderten gesellschaftlichen und politischen Ordnung hervor.

Der Machtgewinn des Adels gegenüber dem Königtum war der entscheidende politische Prozeß im Merowingerreich des 7. Jahrhunderts. Das Reich zerfiel mehr und mehr in Adelsherrschaften mit oft beträchtlichem territorialem Umfang und zahlreicher Gefolgschaft, die in ihren Rivalitäten Staatsinteresse und öffentliche Ordnung souverän mißachteten. Die Teilstaaten, besonders Austrasien, wurden zunehmend vom Adel oder von einzelnen Adelsfraktionen in ihren Auseinandersetzungen untereinander und mit den Zweigen der Königsfamilie beherrscht. Dabei wirken in der Herausbildung feudaler Formen sehr verschiedene, oft heterogene Elemente und Entwicklungsstränge zusammen. Ein Aspekt ist der Machtzerfall der unter Chlodwig noch absoluten Monarchie. Beim Fehlen einer den einzelnen verpflichtenden Staatstradition beruhte jede Machtdurchsetzung in erster Linie auf der Finanzkraft des königlichen Fiskus, auf der Herrschaft über die Kirche durch Verfügung über die Bischofssitze und auf dem Einsatz von Palast und *comites* als Stützen der Verwaltung.

Die schon im 6. Jahrhundert einsetzende Degeneration dieser Machtelemente ging im 7. Jahrhundert weiter. Die Kirche verlor zunehmend ihre Funktion als Stütze der Herrschaft; mehr und mehr mußten königliche Rechte gegen Geldzahlungen an den Klerus abgetreten werden. Das war eine Folge der ständigen Aushöhlung der wirtschaftlichen Grundlagen des Königtums. Eine geregelte Festsetzung und Erhebung von Steuern und Zöllen wurde immer schwieriger. Zugleich senkte die Vermehrung von Immunitätsprivilegien das Steuer- und Zollaufkommen. Dazu kam der Verlust der königlichen Münzhoheit durch nichtautorisierte Eigenprägungen von Kirchen und Klöstern. Genauso verfiel der königliche Grundbesitz, gerade als er mit dem Rückgang der Steuereinkünfte als Lebensgrundlage des Königtums immer wichtiger wurde. Da ein Staatsbewußtsein fehlte, ließ sich die prekäre Verläßlichkeit von Beamten und Gefolgsleuten nur noch durch materielle Gegenleistung, durch Vergabe von königlichem Besitz sichern. Die Landvergaben durch die Merowinger waren aber noch keine Lehen, sondern Schenkungen zu vollem Besitz. Sie wurden zwar oft beim bloßen Verdacht oder sogar nur unter dem Vorwand der *infidelitas* zurückgefordert. Aber immer seltener besaß die Monarchie noch die Macht, ihren Domanial-Fiskus in dieser Weise wieder anzureichern. Der Versuch, die Loyalität von Adel und Kirche zu erhalten, zehrte das wichtigste und im Grunde einzige Element auf, das eine solche Loyalität garantieren konnte.

Der politische Machtzuwachs von Adel und Grundherrschaft aber machte gleichzeitig zwei Hauptelemente der Reichsverwaltung von Gehilfen zu Widersachern der Herrschaft: den Majordomus als Spitze des Hofes und die *comites* (›Grafen‹) als Rückgrat der Regionalverwaltung. Der merowingische Adel war anfänglich ein Dienstadel, der *comes* ein vom König ernannter und jederzeit abberufbarer Beamter (vgl. oben S. 218). Unter veränderten sozialen und politischen Bedingungen löste sich die ohnehin rudimentär gewordene, nach spätrömischem Vorbild organisierte alte Verwaltungsordnung langsam auf. Mit der Laienbildung verschwand auch das speziell ausgebildete Laienbeamtentum (spätestens zu Beginn des 8. Jahrhunderts). Der Träger des Grafenamts wandelte sich von einem Beamten spätrömischer Tradition zum landsässigen Fürsten und Teilhaber der Reichsgewalt, als der Adel durchsetzte, daß der Graf aus den Grundherren des Gaues zu wählen war, den er verwaltete. Der Weg zum regionalen und damit bald auch hereditären Prinzip in der niederen Herrschaft war frei.[21]

Damit entstand unter den Merowingern jedoch noch kein Feudalstaat. Noch war Herrschaft nicht auf die personenrechtlichen Beziehungen der Vasallität allein gegründet. Aber anders als in Spanien, wo die Ausbildung der Vasallität durch die Gegenwirkung absolutistischer Herrschaftsformen aufgehalten wurde (vgl. oben S. 305), entwickelten sich im Merowingerreich Vorstufen des Personenverbandsstaates. Vasallitätsbindungen im strikten Sinn als politische Sicherung der Monarchie entstanden zwar nicht; lediglich zwischen dem Herrscher und seiner näheren Umgebung sowie seiner Leibwache (*antrustiones*) gab es auf einer Art *commendatio* beruhende Treueverpflichtungen: sie waren ›Leuden‹ (›Männer des Königs‹). Die merowingische Monarchie ging aber nicht zuletzt auch daran zugrunde, daß sie solche personalen Bindungen nicht in größerem Umfang zu schaffen wußte. In der politischen Infrastruktur aber stärkte der Verfall anderer Ordnungselemente die Rolle persönlicher Bindungen; damit entstanden immer mehr Vorbedingungen für ein feudales System.

In Neustrien wirkten unter der Westgotenherrschaft in Südfrankreich entstandene Formen auf eine Vorbereitung des Lehnswesens hin, ebenso die Nichtentziehbarkeit der vom König verliehenen Güter, die der Adel im Vertrag von Andelot (587) zum erstenmal ertrotzt hatte. Das Hervortreten personaler Bindungen als Grundelemente der politischen und gesellschaftlichen Struktur ist trotz gewisser Einflüsse fränkischer Gefolgschaftstraditionen in Austrasien nur in begrenztem Maß durch ein Nachwirken der germanischen Stammesordnung bedingt. Die Idee vom Staat als Institution, der gleiches Gesetz und Herrschaftsordnung für jedermann etabliert, ist schon in der spätrömischen Gesellschaft vielfach dem Prinzip der Machtausübung aufgrund personaler Bindungen gewichen – die abstrakte Loyalität gegenüber einer Zentralgewalt hat der realen Verpflichtung gegenüber einer Person im überschaubaren Herrschaftsbezirk Platz gemacht. Doch haben der politische Aufbau wie die innere Geschichte des Merowingerreiches die Herausbildung des politischen Feudalismus in sehr viel höherem Maße begünstigt als das westgotische System. Im Frankenreich war die spätrömische Administration noch stärker auf wenige Elemente reduziert; viele Grafen und vor allem die *duces* der Marken waren längst halb unabhängig geworden. Unter solchen Bedingungen breiteten sich auf der Loyalität zwischen Personen beruhende Abhängigkeiten in der Gesellschaft immer mehr aus; der Begriff ›Leude‹ wird bezeichnenderweise langsam ersetzt durch *vassus*.

Die im 7. Jahrhundert erfolgende Verfestigung personaler Abhängigkeitsverhältnisse als Hauptelement der Herrschaftsordnung ging Hand in Hand mit einem Wandel der sozialen Funktion und wirtschaftlichen Stellung der Grundherrschaft. Auch hier — wie bei allen Teilelementen der Feudalisierung — verstärkten sich lediglich Tendenzen, die längst in den spätrömischen Latifundien angelegt waren (vgl. oben S. 90). Je mehr sich der wirtschaftliche Schwerpunkt in die selbstversorgende Landwirtschaft verschob, desto erheblicher wurde der Einfluß des grundbesitzenden Adels in der Gesellschaft: immer mehr kleine Landbesitzer suchten die Protektion des großen Grundherrn und gaben dafür ihr Eigentumsrecht an der Scholle auf. Diese Entwicklung geht parallel mit der Vasallität: in beiden Fällen wird Schutzgewährung gegen Dienstleistung gegeben.[22]

Ein bezeichnender Zug in dieser Entwicklung der Grundherrschaft war das Eigenkirchenwesen. Auch Eigenkirchen gab es bereits im 4. und 5. Jahrhundert, etwa in spanischen *villae*. Doch erst im späten Merowingerreich breiteten sie sich in größerem Maße aus und wurden oft ländliche Kulturmittelpunkte. Noch weittragender war der schrittweise Übergang des mit der Wahrung der öffentlichen Ordnung zusammenhängenden Aufgabenbereichs an die Grundherren, seien es Kirchen oder Laien. Häufig wurde mit der Steuerimmunität und mit Zoll- und Wegerechten auch die niedere Gerichtsbarkeit verliehen. Die Unfähigkeit der Zentrale, ihre Steuer- und Polizeibeamten zu kontrollieren, führte die Grundbesitzer zunächst als Akt der Notwehr zur Durchsetzung von Immunitäten, durch die die Rechte dieser Beamten nun ihnen selbst übertragen wurden. Eigentum und Souveränität begannen eins zu werden.

Im wirtschaftlichen Leben entsprachen dem Vordringen der Naturalwirtschaft und damit eines agrarisch bestimmten Gesellschaftsaufbaus zwei eng miteinander verbundene gegenläufige Erscheinungen. Unter der doppelten Wirkung von Islam und Slawen, dazu unter dem (zum Teil durch das Fehlen jeglicher Wirtschaftspolitik verschuldeten) Niedergang des Binnenverkehrs und des Geldwesens litt der Handel mit dem Mittelmeergebiet immer mehr; das Städtewesen verfiel. Im frühen Merowingerreich hatte sich nach dem Abklingen der Völkerwanderungswirren ein verhältnismäßig intensiver Fern- und Binnenhandel wieder ausgebildet (vgl. S. 218f.). Ein Handel über das Mittelmeer nach Osten hielt bis in die Mitte des 7. Jahrhunderts in einigem Umfang an, beschränkte sich aber mehr und mehr auf Luxusgüter für Adel und Kirche. Nachrichten über Besitz oder Stiftungen reicher, teils auch einheimischer Handelsherren dauern fort. Zumindest seit der Jahrhundertwende aber ging der Import von Gewürzen, Papyrus und Öl über die südfranzösischen Häfen zugunsten der italienischen Handelsstädte zurück. Gleichzeitig verschwanden Goldwährung und Goldprägung im Merowingerreich; eine schwierige Übergangszeit zum Silberdenar als Hauptzahlungsmünze setzte ein. Dafür traten, über Zentren wie Haithabu, die Handelsbeziehungen über Nord- und Ostsee (Viehhandel, Salz, schwedische Erze) stärker in den Vordergrund.

Verwandelte sich das Land immer mehr in eine Welt selbstgenügsamer Güter, so verfielen die alten Formen städtischen Lebens weitgehend. Im 6. Jahrhundert hatte es noch verhältnismäßig blühende Zentren mit von Arkaden gesäumten Straßen, großen Handelshöfen und speziellen Industrien gegeben (vgl. oben S. 218). Jetzt kam mit dem Handel auch das städtische Gewerbe durch die Konkurrenz der Eigenproduktion der Güter fast zum Erliegen. Lediglich Goldschmiede, Emailleure und Waffenmacher, für deren Erzeugnisse weltliche und geistliche

Prunkentfaltung einen Markt erhielt, arbeiteten weiter. Die Urbanisierung, die einmal ein entscheidender Faktor in der Romanisierung dieser Gebiete gewesen war, war rückgängig gemacht; nur als Residenz oder Bischofssitz überlebte die Stadt. Selbst Königssitze wie Paris, Orléans, Reims oder Metz waren bei einer Größe von 5 bis 12 ha und wenigen Tausend Einwohnern verglichen mit den Städten des byzantinischen und islamischen Ostens Kleinstädte. Ihr oft schon im 3. Jahrhundert reduzierter Umfang erweiterte sich bis zum 12. Jahrhundert nicht mehr. Teilweise lagen innerhalb des Mauerrings neben den Ruinen von Tempeln, Amphitheatern und öffentlichen Gebäuden Gärten und Felder; Schweine und Geflügel bevölkerten die Straße. Wie im späteren Mittelalter waren es Ackerbürgerstädte, in denen die Könige weitaus seltener als auf ihren Gütern residierten. Die eigentliche Stadtherrschaft ging von den letzten Relikten städtischer Selbstverwaltungsorgane häufig auf den Bischof über, der auch einen Großteil des städtischen Grundbesitzes in Händen hatte. Bau, Schmuck und Unterhaltung der Kirchen gaben der Stadtbevölkerung noch Arbeit.

Der Grund für den Rückgang des Städtewesens und der Handelsbeziehungen zum Osten ist nicht primär bei den Arabern zu suchen. Er hat mit der Ausbreitung agrarisch-grundherrschaftlicher Lebensformen — die als Tendenz der Wirtschaftsentwicklung sehr viel älter ist als das Auftreten des Islam — eher akzidentiell zu tun. Der früharabische Handel hatte zwar mit Südfrankreich wenig Kontakte. Doch zielte die Handelspolitik der Umajjaden keineswegs auf eine Unterbindung des Austauschs mit Byzanz und dem Westen. Auch der byzantinische Handel entlang der italienischen Küsten dauerte fort. Erst die Besetzung der Provence im 8. Jahrhundert blockierte mit der Zerstörung der Häfen und ständigen Plünderungszügen die Handelswege zum Mittelmeer. Doch war für die Durchtrennung oder zumindest Erschwerung der wirtschaftlichen Beziehungen zum Osten letztlich eine Vielzahl von Ursachen verantwortlich: Wandlungen des Geschmacks und der Nachfrage; strengere Handhabung von Staatsmonopolen (etwa für Papyrus) in Byzanz und Damaskus; Sinken der Kaufkraft im Westen durch geringe Produktionskapazität; Verfall des Straßennetzes und der öffentlichen Sicherheit im späten Merowingerreich; schließlich die Blockierung der Landrouten durch Avaren und Slawen. Die Handelsregression war (schon des begrenzten Handelsumfanges wegen) nicht die Hauptursache, sondern nur ein Moment im inneren Niedergang und in der außenpolitischen Situationsveränderung des Merowingerreiches.[23] Die wirtschaftlichen Wandlungen sind auch nicht zu trennen von der Verlagerung des politischen Schwergewichts aus Neustrien, dem am nachhaltigsten romanisierten Bereich (vgl. oben S. 213) — ein

Vorgang, der zugleich innenpolitisch und kulturell entscheidenden Einfluß ausübte. Politisch bedeutete der Verlust der Vorherrschaft Neustriens den Aufstieg der austrasischen Hausmeierdynastie der Arnulfinger (vgl. unten S. 323). Diese Gewichtsverlagerung mag damit zusammenhängen, daß die nördlichen und nordöstlichen Gebiete von Anfang an stärker agrarisch und daher vom Niedergang der städtischen Wirtschaft wie
der staatlichen Verwaltung weniger betroffen waren. Zugleich
machte im 7. Jahrhundert hier die Erschließung des Landes
durch Königshöfe und Klöster (etwa in den Ardennen und im
Elsaß) entschiedene Fortschritte.

Doch war im gesamten Gebiet des Merowingerreiches schon
immer die Landwirtschaft das bestimmende wirtschaftliche Element gewesen. Wie in der Kaiserzeit blieb der Grundbesitz trotz
aller ethnischen und politischen Umwälzungen die eigentliche
Quelle des Reichtums, der große Gutsbezirk ein Hauptelement
der sozialen Struktur. Die Weite des flachen Landes beherrschten die großen Domänen, die das Prinzip einer ›geschlossenen Hauswirtschaft‹ verkörperten. Wie schon in der spätrömischen Zeit besaßen sie Werkstätten mit eigenen Arbeitskräften, z. B. Spinnereien, Webereien und Töpfereien. Die
1200 bis 1300 ha großen *fundi* oder *villae* (deren Namen sich
oft in französischen oder belgischen Ortsnamen erhalten haben)
wie die umfangreichen Domänen des Königs, der Bistümer und
Abteien (etwa St. Denis oder St. Germain des Prés) waren jedoch keine Großbetriebe, die auf Massenproduktion landwirt-
schaftlicher oder gewerblicher Güter für fremde Märkte zielten.
Neben der Selbstversorgung spielte der Handelsaustausch zwar
eine gewisse Rolle. Aber die wirtschaftliche Autonomie der
Domäne diente in erster Linie der Sicherung aller wesentlichen
Lebensbedürfnisse der Bewohner in einer Zeit gefährdeter
Verkehrsbeziehungen, so wie die Eigenkirche die religiöse
Autonomie des Gutes wahren sollte.

Die Bewirtschaftungsform selbst blieb der der spätrömischen
villa ähnlich. Das ›Herrenland‹ (*indominicatum* bzw. in den
germanisierten Gebieten *terra Salica*), ein kleiner Teil der Anbaufläche, dazu alle Wälder und Ödländer, wurde direkt von
Beauftragten der Herrschaft verwaltet und durch die Hand- und
Spanndienste (*corvatae* und *manuoperae*) der Hintersassen be-
stellt. Im übrigen war die Domäne in *mansus* (im Osten *hoba*,
huf) aufgeteilt — Produktions-, nicht Flächeneinheiten, die eine
Bauernfamilie ernährten. Wie die Colonen waren die Gutsbau-
ern *de iure* frei, doch *de facto* schollengebundene Leibeigene.
Ihre bescheidenen Häuser lagen manchmal über das Gebiet der
Domäne verstreut, meist jedoch an einer Straße im Zentrum des
Gutes um die Kirche und die Werkstätten herum. Die Herrensitze selbst waren nicht mehr offene Anlagen mit Arkaden-

höfen und Bädern, sondern geschlossene burgähnliche Bauten. Das freie Dorf, der *vicus*, wurde durch die *villa* immer weiter zurückgedrängt. Die Unsicherheit der Zeit wie der gewalttätige Ausdehnungsdrang der großen Besitzer trieben auch die *vicani* unter den ›Schutz‹ der Grundherren. Die Güterhauswirtschaft zerstörte die Existenzgrundlage vieler Dorfhandwerker.

Die ersten Wurzeln dieses ›Systems lokaler Horizonte‹ lagen weit zurück — im Zusammenbruch der zentralen Verwaltung des Verkehrs und des Handels während des 3. Jahrhunderts. Die zwangswirtschaftliche Erholung des 4. Jahrhunderts vermochte im Westen eine Rückentwicklung zu den einfacheren Bedingungen wirtschaftlicher Selbstversorgung nicht völlig aufzuhalten, besonders in Randgebieten wie England oder Nordfrankreich, wo sich die städtische Lebensform nie völlig durchgesetzt hatte. Aber dennoch treten nun drei Veränderungen in dem durch Jahrhunderte ähnlichen Erscheinungsbild hervor: das immer stärkere Überwiegen der Grundherrschaft als Wirtschaftsform, die zunehmende Verbindung von politischer Macht und Grundherrschaft und der Beginn einschneidender Veränderungen in der Anbautechnik. Die Merowingerzeit bedeutete für die Landwirtschaft zunächst eine Rückkehr zu einfacheren, vorkaiserzeitlichen Formen. Aber diese Regression war zugleich eine ›rückwärts gerichtete Revolution‹: das Aufgeben von römischen Anbautraditionen, die für die schweren Böden im feuchten nördlichen Klima ungeeignet waren, schuf die Möglichkeit einer neuen, weiterführenden Entwicklung. Ähnlich wie in der Kunst machte sich auch im technologischen Bereich die Energie einer jungen Kultur bemerkbar, in einem Prozeß schöpferischer Aneignung und Entwicklung oft schon lange bekannter, aber wenig genutzter Werkzeuge und Methoden. In großem Maßstab wurde nun die schon seit der Kaiserzeit bekannte Wassermühle angewandt. Noch bedeutsamer war für die sich entfaltende mittelalterliche Landwirtschaft, insbesondere für das mit dem späteren 8. Jahrhundert einsetzende System der Dreifelderwirtschaft, die Verwendung des tiefgehenden schweren Räderpflugs, dem im 9. Jahrhundert die eminent wichtige Einführung eines modernen Zuggeschirrs folgte. Ebenso wurden allmählich effektivere Formen der Viehzucht mit Stallfütterung und Dungverwertung entwickelt. Diese beginnende landwirtschaftliche Revolution hob den Ertrag der alten und ermöglichte die Erschließung neuer Anbauflächen: durch den Zuwachs an Produktionskraft wie durch ihre weiteren sozialen Konsequenzen war sie von kaum übersehbarer Bedeutung für die Zukunft.[24]

Die Rolle des Bischofs in der Stadt schien im 4. und 5. Jahrhundert vorgebildet. Aber nicht nur die Stadt hatte sich verwandelt, auch die Kirche. Sie war kaum mehr ein Hort der Kultur. Zunehmend königlicher Verfügung entgleitend, waren die Bischofssitze eine Beute der großen Adelsfamilien geworden. Von wenigen Ausnahmen abgesehen wurden Bistümer und Abteien nicht anders behandelt als eine weltliche Adelsherrschaft. Der Bischof war in erster Linie ein häufig unzivilisierter, an der Spitze seiner Gefolgschaft in die innenpolitischen Wirren verwickelter großer Herr, dessen Hauptinteresse in der Vermehrung von Besitz und Einfluß lag. Eine klare Schranke zwischen religiösem Wirken und politischen Interessen war längst gefallen. Die kirchliche Anarchie des 7. Jahrhunderts entsprach darum der politischen, soweit sie nicht deren direkte Folge war. Besonders im Süden, aber auch in Autun oder Châlons gab es oft jahrzehntelange Vakanzen von Bischofsstühlen; manche davon dauerten bis ins 9. Jahrhundert hinein. Fränkische Reichssynoden kamen seit 695 (bis 742) überhaupt nicht mehr zustande. Nach dem Absterben des Arianismus und des Pelagianismus drang nur noch ein fernes Echo der dogmatischen Kämpfe ins Merowingerreich. Zum Begreifen von Theologie — die ohnehin nie eine Stärke der fränkischen Kirche war — genügte die Bildung der Bischöfe nicht mehr. Kenntnis des Griechischen wie der lateinischen Väter war zu einer großen Seltenheit geworden. Diese Dekadenz der Kirche ist zunächst noch durch die königliche Kirchenherrschaft erklärbar, die ungeeignete, aber verdiente Anhänger auf Bischofsstühle brachte. Doch auch nachdem sich die Kirche seit dem *Edictum Chlotharii* (614) weitgehend aus dem Griff des Staates gelöst hatte, änderte sich kaum etwas: die Simonie (der Kauf geistlicher Ämter) ersetzte die vormals vom König geübte Praxis. Jetzt entstehen auf alter Basis die großen kirchlichen Fürstentümer, die dann die Karolinger teilweise in Lehen für ihre Anhänger auflösen.

Lebensführung und geistige Welt der Oberhirten färbten naturgemäß auf die Gemeinde ab. Der Weltklerus besaß fast keine Ausbildung, keinerlei Disziplin und keinen Respekt gegenüber kanonischen Regeln wie dem Zölibat. Die Kirche erfüllte ihre sozialen und ihre geistlichen Funktionen nur noch unvollständig. Die kirchliche Erschließung des flachen Landes ging nur langsam voran. Hospitäler und Hospize gerieten in Verfall. Die Bischofsschulen, die die alten Institutionen der Laienbildung ersetzt hatten, vermittelten nur Unkenntnis und Aberglauben der Lehrenden. Denn Aberglauben und mirakelhafte Vorstellungen bei Klerus und Laien sind ein hervorstechender Zug der späten merowingischen Kirche. Wohl war offiziell das Heidentum beseitigt (wenn auch das unter fränkischer Oberhoheit stehende Bayern noch im 7. Jahrhundert nicht völlig bekehrt war). Aber die alten Feld-, Wald- und Quellgottheiten wurden weiter unter gleichen Riten verehrt, wo sie nicht oberflächlich als Heilige christianisiert waren. Dämonen und

Hexen, der Schwarze Jäger und der Teufel spielten prominente Rollen im Volksglauben. Die christliche Religiosität war bestimmt von Heiligenkult, Reliquienverehrung, Wallfahrten (nach Tours, aber auch nach Rom), Wundererscheinungen und Teufelsfurcht. Die geistliche Welt des 7. Jahrhunderts war im Frankenreich für alle Schichten eine Welt von Helfern und Dämonen, in der Natürliches und Übernatürliches nicht mehr scharf gegeneinander abgegrenzt waren, in der aber zugleich von sittlicher Wirkung des Glaubens nur noch wenig zu spüren war.

Das Mönchstum rettete die fränkische Kirche vor dem völligen geistlichen und moralischen Niedergang. Nach einer ersten Blüte des (freilich in Regeln und Gebräuchen sehr wenig einheitlichen) gallischen Mönchstums im 6. Jahrhundert setzte jetzt mit der Ankunft irischer Mönche eine Welle von Klostergründungen ein. Columban (um 530-615) gründete in Burgund Luxueil und Fontaines, nach 610 Bregenz, schließlich 614 Bobbio. Vor allem im austrasischen ›Entwicklungsgebiet‹, im Elsaß, in Lothringen und in Mittelfrankreich, entstanden zahlreiche neue Klöster (Stablo, Malmedy, Nivelles, Péronne). Zwei Momente wurden für die Zukunft dieser Klöster wichtig. Einmal gelangten sie dank zahlreicher Schenkungen schnell zu reichem Besitz, der mit dem wirtschaftlichen auch ihren spirituellen Einfluß erheblich stärkte. Noch bedeutsamer war, daß sich seit der Mitte des Jahrhunderts allmählich — nach einer Übergangsphase, in der man vor allem in Luxueil eine Kompromißformel zwischen der strengen Regel Columbans und derjenigen Benedikts zu erarbeiten suchte — die *Regula Benedicti* im Klosterleben durchsetzte. Die asketisch-kontemplative ägyptisch-syrische Richtung wurde ebenso überwunden wie die trotz manchen neuartigen Seelsorgeformen (wie der Ohrenbeichte) fremden Observanzen der irischen Mönchskirche.

Damit wurde das Mönchstum fähig zu einer entscheidenden sozialen und geistigen Rolle. Dank der Gewohnheit der iroschottischen ›weißen Märtyrer‹, Klöster in abgelegenen Gebieten zu gründen, wurden sie auch Schrittmacher der materiellen Kultur. Diese Funktion aber erfüllten sie über die Grenzen des Fränkischen Reiches hinaus: denn Mission war der große Impetus der Iro-Schotten. Die fränkische Reichskirche war lange an äußerer Mission nicht interessiert gewesen. Einen Ansatz im Norden des Reiches machten im 1. Jahrhundert aus Aquitanien stammende Bischöfe wie Eligius (amtierte in Tournai 641-660). Aber ihr Missionsbereich blieb doch wesentlich das Maas-Schelde-Gebiet. Die Iren jedoch gingen über den Rhein. Columban, seine Schüler Gallus und Fridolin, später im 8. Jahrhundert noch der Spanier Pirmin führten die Missionierung Südwestdeutschlands und der Schweiz durch. Das (vom alamannischen Herzogtum gegründete) Bistum Konstanz und die Klöster

St. Gallen und Reichenau bildeten die religiösen und kulturellen Zentren dieser Region. Unter Friesen und Sachsen setzten dann die angelsächsischen Missionare des 8. Jahrhunderts, Willibrord und Bonifatius, das Missionswerk fort (vgl. unten S. 345).

Mönche und Klöster vermittelten nicht nur einen auf einfache sittliche Forderungen gegründeten Glauben. Die Klöster wurden zum letzten Hort dessen, was an weltlicher Bildung und geistlicher Tradition geblieben war. Ohne ihre *scriptoria* (›Schreibstuben‹) wäre kaum ein Werk des Altertums überhaupt überliefert. Die Kirche im Westen zeigte an sich kein besonderes Interesse an der Bewahrung der antiken Kultur. Trotz bestimmten Ausnahmen von der kompromißlosen Haltung Tertullians (vgl. oben S. 72) setzte sich diese seit Gregor dem Großen weithin durch. Doch zumindest in der irischen und angelsächsischen Kirche waren die für die Ausbildung von Priestern notwendigen Kenntnisse — Verständnis des Meßkanons und vielleicht einiger theologischer und kirchenrechtlicher Texte — nicht einziger Inhalt geistiger Tätigkeit. Hier bildete sich eine monastische Kultur aus, die aus Elementen antiker Literatur und Wissenschaft, aus den Überlieferungen der Kirchenväter und aus architektonischen und graphischen Traditionen der spätrömischen Kunst eine eigene Synthese schuf und ein Bildungsprogramm mit neuen Zielen und Werten entwickelte. Muße, Büchereien und wirtschaftliche Sicherheit — diese Voraussetzungen gaben in den Klöstern eine Möglichkeit zur Erhaltung der Kultur, die damals keine andere Institution bieten konnte. Aber das nach den Maßstäben des 7. Jahrhunderts außergewöhnliche geistige Niveau von Zentren wie Canterbury, York oder Jarrow, mit Gelehrten wie Beda oder Aldhelm, war nicht repräsentativ, vor allem nicht für das Merowingerreich. Anthologien und Heiligenleben sind die typischen Produkte der Zeit.

In einer Gesellschaft, in der das Leben von Fehde, Jagd und primitiven Vergnügungen geprägt war, mußten, wie der Bildungsstand des Klerus, auch die weltliche Kultur und die Kunst stagnieren. Das 6. Jahrhundert hatte noch einen Gregor von Tours und einen Venantius Fortunatus hervorgebracht. Jetzt nahm das von den alten Traditionen zehrende geistige Leben im Verlauf der Jahrzehnte rapide ab, sicher nicht ohne Zusammenhang mit dem Niedergang der Städte, die neben den kirchlichen Institutionen einen Nährboden für Kunst und Literatur gebildet hatten. Die Literatur besteht nun nur noch aus Resten von Historie und aus Hagiographie. Im Vorwort des *Fredegar*, einer in mehreren Fortsetzungen die *Historiae* des Gregor von Tours bis auf das Jahr 768 weiterführenden kümmerlichen austrasischen Chronik, gesteht der unbekannte Verfasser nicht zu Unrecht: »Die Welt ist alt geworden; kein Schriftsteller unserer Zeit kann sich mit den Rhetoren der Vergangenheit messen.« Ein Satz, der noch mehr für den *Liber historiae Francorum* gilt, den vielleicht ein Mönch aus St. Denis kurz nach 727 verfaßte (nahezu die einzige Quelle für die Zeit von 657-727). Zahlreicher entstehen nur noch Heiligenleben, ein Zeugnis für die Reduktion der Theologie auf eine magisch-beschwörende Erbaulichkeit. Der historische Wert dieser Lebensbeschreibungen des Arnulf von Metz, Leodegar von Autun oder der Königin Balthilde ist gering; allzu häufig verdrängen Klischees aus dem reichen Schatz der Hagiographie die individuellen Züge.

In der Hagiographie tritt zugleich am frühesten und nachhaltigsten der Verfall des Lateins zutage. Das Verschwinden der alten Rhetorikschulen, das Nachlassen des geistigen Interesses der Oberschicht, die latente Feindschaft der Kirche gegen die heidnische Kultur machten den Abstand zwischen dem literarischen Latein und der Vulgärsprache immer größer. Schon um die Mitte des 7. Jahrhunderts war die Fähigkeit, ein nur einigermaßen korrektes Latein zu schreiben, im Merowingerreich erloschen. Ein ständiger Prozeß der Abschleifung und der Vereinfachung hatte nicht nur das Gefühl für die Feinheiten des klassischen Lateins beseitigt, sondern Grammatik und Syntax einschneidend verändert. Dekliniert wurde nun mit Präpositionen (*flumina de sanguine* = ›Ströme von Blut‹); Passiv, Futurum und manche Vergangenheitsformen bildete man durch Umschreibung (*sum amatus* = ›ich werde geliebt‹). Zugleich drangen zahlreiche neue Worte und Formulierungen aus dem Vulgärlatein, dem Keltischen und auch aus dem Germanischen (das in den nordöstlichen Gebieten vorherrschte) in die Sprache ein. Die Lehnworte ersetzten schnell die klassischen Ausdrücke (etwa *testa* für *caput*). Damit entstand freilich nicht einfach ein gräßlich degeneriertes Latein, sondern eine neue Sprache — die *lingua Romana* als Vorform des Französischen. In ihr sind die Dokumente und literarischen Werke des 7. Jahrhunderts geschrieben. Daß sie als neue Sprache empfunden wurde, zeigt am deutlichsten die ›Erneuerung des Lateins‹ in der karolingischen Renaissance: das klassische Latein war für die späten Merowinger genauso eine Fremdsprache wie für die irischen und angelsächsischen Mönche, die ursprünglich die Erneuerung der klassischen Sprache einleiteten.

Mit diesen Veränderungen gingen offensichtlich bestimmte Verschiebungen im kulturellen Milieu einher. Die Verdrängung der Mitglieder der alten ›senatorischen‹ Familien aus Staats- und Kirchenämtern eröffnete einen entschiedenen Entromanisierungsprozeß; zugleich erwachten keltische Traditionen in der künstlerischen Ausdruckswelt und Formensprache wieder, neben denen aber orientalische Einflüsse weiter wirksam sind.[25] In der bildenden Kunst herrschte nach wie vor eine manchmal

Abb. 27: Sarkophag des Bischofs Agilbert in Jouarre (um 685)

unsichere, oft aber auch reizvolle Synthese germanischer, gallo-romanischer, byzantinischer und orientalischer Züge. In der Skulptur entwickelte sich aus koptischen, vielleicht zusätzlich auch langobardischen Einflüssen (etwa in Metz) ein ornamentaler Flachrelief-Stil. Auf rheinischen Grabsteinen finden sich, neben einer Mischung von Tierstil und ostbyzantinischen Motiven (in Gondorf), freilich auch sehr summarische, primitiv-expressive Umrißfiguren. Für Kirchenbauten wurden zwar noch italienische Werkleute eingesetzt, doch entstanden offenbar fast nur kleine, einfache Anlagen basilikalen Typs mit Holzdach. St. Jean in Poitiers erhielt nun seine auf die karolingische Architektur vorausweisenden Blendarkaden. Da nur sehr wenige Monumente erhalten sind, wirken die Krypten von Notre Dame de Jouarre besonders eindrucksvoll: den Sarg des Bischofs Agilbert (gest. 685) schmückt ein erstaunlich qualitätsvoller Christus in der Mandorla mit den Evangelistensymbolen, der sich in Komposition und Stil eng an byzantinische Vorbilder wie Hosios Lukas anlehnt.

Mosaik, Bronzeguß oder feinere Keramik existieren nur noch in rudimentären Formen. Zwei Kunstgattungen allein blühen weiter: die hochentwickelte Gold- und Silberschmiedekunst des Cloisonné-Typs (deren Erzeugnisse bei Kirchen und Fürstenhöfen begehrt sind) und die Buchmalerei. In den prachtvollen Rundfibeln der Zeit, die auch antike Gemmen verarbeiten, setzt

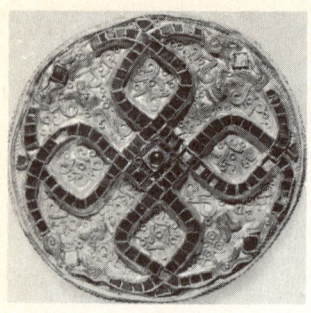

Abb. 28: Merowingische Rundfibel von Wittislingen (7. Jh.)

sich byzantinischer und langobardischer Einfluß gegenüber dem Völkerwanderungsstil immer mehr durch. Der unverwechselbare Stil der Buchmalerei ist vor allem aus byzantinisch-orientalischen (möglicherweise koptischen oder armenischen) Traditionen entwickelt — das zeigt sich gerade in der phantastischen Tier- und Rankenwerkverzierung der Initialen in den Pergament-Codices, die jetzt den Papyrus verdrängen. Ein daneben spürbarer keltischer Einschlag ist nicht genuin, sondern eine Wirkung der irischen Buchkunst; er ist erst ein Vorklang eigener Gestaltung, die dann parallel geht mit der allmählichen Verdrängung der wegen ihrer Ligaturen fast unleserlichen merowingischen Schrift durch die karolingische Kapitale und Unziale.

Unter der Herrschaft der Nachfolger Dagoberts schien das Merowingerreich seiner Auflösung in eine Adelsanarchie nahe; in seiner Rückwendung zu primitiveren Lebensformen stellte es einen gefährdeten Organismus dar, der ebensowenig wie das Westgotenreich zum Widerstand gegen die islamische Invasion fähig schien. Doch jetzt erwies sich ein politisches Element immer mehr als stabilisierender Faktor in den Auseinandersetzungen des neustrischen und austrasischen Adels: das Hausmeiertum. Die Aristokratie war nicht der einzige Erbe der Königsmacht. Der Majordomus wurde der eigentliche Nutznießer der Anarchie, als ein dritter politischer Faktor die beherrschende Kraft. Entscheidend für den wachsenden Machtgewinn der Beamten des königlichen Hofes war es, daß die Familienfehden und die Minderjährigkeit vieler Herrscher dem ›Palast‹ im 7. Jahrhundert immer mehr Spielraum in der Regierung des *regnum Francorum* gaben. Der Majordomus, ursprünglich einer unter anderen Hofbeamten, gewann hier im letzten Drittel des 6. Jahrhunderts die führende Stellung; Stützen seiner Position waren die Verfügung über die Beamtenschaft und über die Person des Königs, dazu das Kommando über die königlichen Streitkräfte. Anfänglich galt er als Chefbeamter des Palastes, dem Adel zugleich als der eigentliche Repräsentant seiner Interessen am Hof. Wie ambivalent diese Stellung politisch in der Zeit des Übergangs von königlichen Beamten zu landsässigen Vasallen war, stellte sich erst allmählich heraus. Lange vertraten die Hausmeier entweder die königlichen Belange gegen den Adel, oder sie verbündeten sich (besonders in Austrasien) mit dem Adel gegen die königliche Politik. Erst um die Mitte des Jahrhunderts traten die divergierenden Interessen von Adel und Hausmeiertum klar hervor. Mit Grimoald bezog zum erstenmal ein Hausmeier politisch gegen Adel und Königtum zugleich Stellung. Damit begann ein Kampf der Aristokratie gegen die Dissidenten aus den eigenen Reihen, der die Beseitigung der Hausmeierstellung überhaupt oder zumindest die Sicherung des Rechtes auf ihre Nominierung durch den Adel zum Ziel hatte. In seinem Ausgang lange Zeit unsicher, endete er erst nach Jahrzehnten mit dem Sieg der Karolinger.

Tatsächlich ist die Geschichte des späteren 7. Jahrhunderts weitgehend eine Geschichte der Auseinandersetzung zwischen den einzelnen Hausmeiern um die Vorherrschaft im Frankenreich. Doch wenn der Majordomus auch Nutznießer der innenpolitischen Situation war, so setzte sein Erfolg die Anerkennung und Übernahme der verwandelten Herrschaftsstruktur voraus. Der Sieg des Hausmeiertums verstärkte die Entwicklung zur grundherrschaftlich organisierten Gesellschaft, die politisch durch die Vasallität neu geordnet wurde; mit ihm verband sich die Heraufkunft des Personenverbandsstaates.

Nach dem Tode Dagoberts (638) zerfiel das Reich wieder in Teilreiche, in denen die Kräfte der inneren Auflösung freies Spiel hatten. Chlodwig II. (640-657) trat als Minderjähriger die Herrschaft in Neustrien an; die dominierende Rolle spielte hier der Majordomus Erchinoald. In Austrasien war kurz nach Dagobert der Hausmeier Pippin der Ältere gestorben, der Begründer der zunächst vor allem im Maas- und Moselgebiet begüterten Hausmeierdynastie der Arnulfinger (Pippin der Mittlere war der Enkel Arnulfs v. Metz und Pippins des Älteren). Sein Sohn Grimoald führte, wie dies der austrasische Adel längst gewohnt war, von Metz aus selbstherrlich die Regierung für Sigibert III. Er zwang dem zunächst kinderlosen König seinen eigenen Sohn als Adoptivsohn und Erben auf und brachte diesen nach dem Tode Sigiberts 656 als Childebert III. auf den austrasischen Thron. Der wahre Thronerbe Dagobert II. wurde zum Priester geweiht und nach Irland verbannt. Doch es war zu früh für den Versuch, gegen Königshaus *und* Adel die Herrschaft der eigenen Familie offen zu begründen. Grimoald wurde vom neustrischen Adel in einen Hinterhalt gelockt und 662 in Paris hingerichtet. Für einige Jahre lagen die ungewissen Geschicke beider Königreiche in den Händen der neustrischen Königin-Mutter Balthilde, doch der eigentliche Gewinner war der neue Majordomus Neustriens, Ebroin. In Austrasien wurden die Arnulfinger aus ihrer Position verdrängt; Majordomus war unter dem Kinderkönig Childerich II. Wulfoald.

Gegen die für Neustrien vorteilhafte zielbewußte, aber auch gewalttätige Einheitspolitik Ebroins revoltierten Adel und Bischöfe in Neustrien und Burgund. Sie nahmen Verbindung mit dem austrasischen Hausmeier auf; Ebroins Kreatur Theuderich III. wurde gezwungen, ins Kloster St. Denis einzutreten, Ebroin selbst in das ferne Luxueil in den Vogesen verbannt. Der Adel schien am Ziel: der austrasische König Childerich II. (662-675), der die drei Teilreiche in seiner Hand vereinigen wollte, mußte dem Adel die ›alten Rechte‹ der drei Königreiche und jedem Teilreich einen eigenen, aus dem Lande selbst stammenden Majordomus garantieren — »damit nicht wieder irgend jemand wie Ebroin sich zum Tyrannen aufwerfe«. Trotz dieser Zugeständnisse versuchte Childerich II. als letzter Merowinger, selbständig zu regieren: »in jugendlichem Übermut, verdorben durch die Ratschläge fast heidnisch gewordener Wüstlinge, widerrief er plötzlich die Abmachungen, die er mit solcher Weisheit zunächst bekräftigt hatte«[26]. Der einflußreiche Führer des burgundischen Adels, Bischof Leodegar von Autun, wurde 675 ebenfalls nach Luxueil verbannt. Doch schon im gleichen Jahr fiel der König einer Verschwörung neustrischer Adliger zum Opfer. In den folgenden Wirren entkamen sowohl Ebroin wie Leodegar aus dem Kloster. Verbündet mit Wulfoald, der jedoch eine Nebenrolle spielte, hatte Ebroin die Geschicke der Königreiche in der Hand. Mit dem juristischen Vorwand, die Ermordung Childerichs zu verfolgen, wütete er unter allen, die er seine Gegner glaubte — ob es Bischöfe oder hohe Adlige waren. Exil in leichteren, Hinrichtung in schwereren Fällen war die Strafe, in jedem Fall mit Einziehung des Besitzes verbunden. Dem langjährigen Gegner Leodegar wurden die Augen ausgestochen, die Zunge und die Ohren abgeschnitten; nach zwei Jahren wurde er schließlich hingerichtet.

Unter der Herrschaft Ebroins blieb von den Plänen des Adels zur Neutralisierung der Hausmeier nichts übrig. Ihre Stellung war für die Könige wie für den Adel zu stark geworden. Was noch auszutragen war, war die Rivalität zwischen den neustrischen und austrasischen Hausmeiern. Das Vorspiel dazu bildeten Auseinandersetzungen zwischen Austrasien und Neustrien nach der Rückkehr von Dagobert II. auf den austrasischen Thron (676). Dagoberts Herrschaft endete allerdings bereits im Dezember 679, als er während der Jagd von einem seiner Söhne erschlagen wurde. Als etwa gleichzeitig der von Neustrien manipulierte Wulfoald starb, gelangten mit Pippin dem Mittleren als Hausmeier wieder die Arnulfinger zur Herrschaft. Im Kampf gegen die Ansprüche Theuderichs III. auf den austrasischen Thron erlitt Pippin zwar bei Laon eine schwere Niederlage. Doch die Hinrichtung von Pippins Bruder Martin war Ebroins letzter Triumph, wenn er sich auch gegen die wachsende Opposition des unterdrückten neustrischen Adels noch erfolgreich zur Wehr setzte. Im Jahre 680 (oder 683) wurde er von einem hohen Palastbeamten, den er enteignet hatte, an der Türe seines Hauses niedergestochen; der Mörder flüchtete an den Hof Pippins.

Die Wirren unter dem neustrischen Adel nach Ebroins Tod stärkten die Stellung Austrasiens. Ein Teil des neustrischen Adels, geführt vom Bischof von Reims, verbündete sich mit dem austrasischen Majordomus. 687 schlug Pippin bei Tertry (nahe St. Quentin) die neustrische Armee. Damit war nicht nur die jahrzehntelange neustrische Vorherrschaft gebrochen. Der Sieg war in umfassenderem Sinne ein bedeutsamer Wendepunkt: die Verlagerung des politischen und wirtschaftlichen Schwergewichts in die nördlichen, stärker germanisierten Räume des Frankenreiches war endgültig entschieden. Zugleich festigte sich die Stellung Pippins auch gegenüber dem austrasischen Adel. Die Hausmeierfamilie trat das politische Erbe des Königtums an und verwies den Adel in die Rolle eines Teilhabers an der Macht, wenn auch das Verhältnis von Herrscher und Reichsadel ein politisches Problem des Karolingerreiches bleiben sollte. Unter Pippin und seinen Nachfolgern begann bereits, trotz dem nominellen Weiterleben der merowingischen Dynastie, der Aufbau eines neuen Staates — die Wiedervereinigung und Umformung des alten Frankenreiches zum Personenverbandsstaat, den die Karolinger mit Hilfe des austrasischen Adels und der Kirche regieren.

Die letzten Merowingerkönige waren Schattenfiguren, die Pippin nach den Erfahrungen, welche Grimoald gemacht hatte, im Amt ließ; sie störten selten. Die Herrschaft lag sicher in der Hand des austrasischen Majordomus (der Neustrien nie betrat). Eine solche einheitliche Führung war notwendiger denn je. An allen Grenzen war das Frankenreich gefährdet. Im Norden hatten sich die Friesen unter Radbod, einem erklärten Feind der Franken und des Christentums, über den Rhein nach Utrecht vorgeschoben. Nach längeren Kämpfen drängte Pippin sie wieder über den Rhein zurück und machte (695 oder 696) den angelsächsischen Missionar Willibrord zum Bischof der Friesen. Im Westen waren gegen die Alamannen unter dem Herzog Willehari mehrjährige Kriege (709-712) notwendig, um die fränkische Souveränität wenigstens zeitweise wiederherzustellen. Im Süden hatte Aquitanien Jahrzehnte hindurch ein Eigenleben geführt; eine Strafexpedition gegen den Herzog Eudes wirkte allerdings nur für kurze Zeit.

Langsam war ein erster Effekt von Pippins Politik zu verspüren: das Frankenreich begann sich als politischer Verband zu festigen, vermochte wieder eine energische Defensive zu betreiben und wuchs im beginnenden Abwehrkampf gegen den Islam

auf südfranzösischem Boden wieder in die Rolle einer über-
regional bedeutenden politischen Kraft hinein. Zunächst war
freilich die Führungsposition der Arnulfinger und die mühsam
gewonnene Einheit des Frankenreiches mit Pippins Tod im
Dezember 714 erneut in Frage gestellt. Gegen die Herrschaft,
die seine Witwe Plektrudis für die unmündigen Enkel ausübte, erhoben sich die neustrischen Adligen. Die austrasische
Armee wurde bei Compiègne geschlagen, der von den Neu-
striern gewählte neue Majordomus Raganfred verbündete
sich mit dem friesischen Reichsfeind. Gleichzeitig brachen die
Sachsen im Rheinland ein; Aquitanien machte sich erneut selbständig.

In dieser wirren Situation gelang es einem dreißigjährigen un-
ehelichen Sohn Pippins, Karl Martell, eine eigene austrasische
Hausmacht aufzubauen. Nach mehreren militärischen Erfolgen
gegen die Neustrier vertrieb er die Sachsen aus dem Rheinland,
stellte die Oberherrschaft über die Friesen wieder her und setzte
einen (zweifelhaften) Sohn Theuderichs III., Chlothar IV., 718
als ›seinen‹ Merowingerkönig ein. Die letzte Hoffnung der neustrischen Partei, Eudes von Aquitanien, unterlag bei Soissons
und verständigte sich unter dem Druck der islamischen Angriffe auf Spanien mit Karl Martell. Abschluß dieser Erfolge an
allen Fronten war der Sieg über eine arabische Armee in der
Gegend von Poitiers im Jahre 732, dem 737 ein erfolgreicher
Gegenstoß in die Provence folgte.

Karl Martell war der eigentliche Begründer der Karolinger-
Herrschaft, die bedeutendste militärische und politische Bega-
bung im Frankenreich seit Chlodwig I. Zwar schickte erst sein
Nachfolger Pippin der Jüngere nach einem Abkommen mit dem
Papst den letzten Merowinger endgültig ins Kloster und nahm
selbst den Königstitel an (751). Aber die Krönung durch Papst
Stephan II. in St. Denis in Paris im Jahre 754 war nur der
Schlußstrich unter eine Entwicklung, die mit Karl Martells
Erfolgen gegen innere und äußere Feinde begonnen hatte.
Schon seit Tertry war im Merowingerreich die Entwicklungs-
richtung des historischen Prozesses verändert. Die letzten entscheidenden Schritte von der spätrömisch-byzantinischen Tradition zu neuen staatlichen und gesellschaftlichen Ordnungs-
formen waren getan, auch wenn es noch Jahrzehnte dauerte,
bis sie sich vollständig durchsetzten.

Diese innere Entwicklung des Merowingerreiches wurde durch
die Riegelfunktion des Langobardenreiches wesentlich gefördert. Die Langobardenherrschaft blieb, wie die Ostgermanenstaaten, ein vorübergehendes historisches Phänomen; doch ihre
Wirkungen waren weittragend. In einer eigentümlichen Ambivalenz stärkte sie nochmals den byzantinischen Einfluß in Italien, schirmte aber gleichzeitig Mitteleuropa weitgehend dage-

gen ab; aus der mittelalterlichen Entwicklung Italiens ist das langobardische Erbe nicht wegzudenken.

c) Ein neuer Staat: das Langobardenreich

Paulus Diaconus, der karolingische Chronist des langobardischen Schicksals, beschreibt den Thronwechsel von 590 folgendermaßen: »Damals [nach dem Tode des Königs Authari] beschlossen alle Langobarden, da sie mit Theudelinda sehr zufrieden waren, daß sie Königin bleiben und einen aus den Langobarden zum Gemahl und König wählen sollte. Sie erwählte daraufhin den Herzog von Turin, Agilulf. [...] Nachdem sie bei ihrem ersten Zusammentreffen ein paar Worte gewechselt hatten, befahl die Königin, Wein zu bringen. Als er den Becher von der Königin erhielt, küßte Agilulf ehrfürchtig ihre Hand. Die Königin aber errötete und sagte lächelnd: Wer das Recht hat, meine Lippen zu küssen, sollte nicht meine Hand küssen.«[27] Hinter diesem Genrebild verbargen sich harte politische Realitäten. Der Einbruch der Langobarden nach Oberitalien in den sechziger Jahren war mit brutaler Gewalt erfolgt. Der Gegensatz der teils noch heidnischen Eindringlinge zur eingesessenen Bevölkerung war schärfer als in allen anderen Germanenstaaten. Der ersten Eroberungsphase unter Alboin (ermordet 572) war eine Zeit innerer Wirren gefolgt, in der das Langobardenreich in die Herrschaften einzelner Herzöge auseinanderbrach. Erst Agilulf (590-616) einte den Staat erneut und trieb die Offensive weiter voran. Bei seinem Tod war Norditalien, mit Ausnahme des Gebietes um Ravenna und des nun in den Lagunen entstehenden Venedig, in langobardischer Hand; Pavia war das Zentrum des neuen Reiches. Byzanz gelang es zwar um 605, die Nordgrenze seines Territoriums auf der Linie Ravenna-Ancona-Rom zu stabilisieren. Aber jenseits des Gürtels zusammenhängenden byzantinischen Gebietes zwischen Adria und Tyrrhenischem Meer (der bei Perugia nur wenig mehr als 20 km breit war) hatten die halb unabhängigen langobardischen Herzogtümer von Spoleto und Benevent dem Byzantinischen Reich mehr als die Hälfte Süditaliens entrissen. Für den Zusammenbruch der Verteidigung waren neben dem Auseinanderfall des Bündnisses mit den Merowingern (um 590) die inneren Schwierigkeiten in Byzanz wie die außenpolitische Bedrohung durch Avaren und Perser entscheidend. Einem geschwächten byzantinischen Potential in Italien stand ein sich langsam konsolidierender Staat gegenüber, der den Rücken von fränkischer Bedrohung frei hatte. Agilulfs Herrschaft bildete die zweite wichtige Phase in der Festigung des Langobardenreiches. Allerdings hatte der langobardische Adel seine zentrifugalen Interessen nur unter dem Zwang der äußeren Verhältnisse überwunden und Agilulf in sehr viel weniger poetischer Form, als die oben zitierte Schilderung des Paulus Diaconus vermuten läßt, zum König erhoben. Daß eine starke monarchische Zentralgewalt im Langobardenreich noch keineswegs gesichert war, zeigte die weitere Entwicklung.

Eine expansive Außenpolitik war dem langobardischen König von der politischen und sozialen Struktur seines Reiches diktiert. Die Sicherheit der königlichen Stellung beruhte zunächst fast ausschließlich auf persönlicher Gefolgschaft. Vor allem war es ständig notwendig, die Loyalität der allzu leicht zu Bündnissen mit Byzanz oder dem Papst bereiten Herzöge zu sichern. Angesichts der mangelhaften Finanzorganisation konnte Gefolgschaft aber allein durch Vergabe von Ländereien gewonnen werden — gleichgültig, ob es sich um Herzöge oder Soldaten handelte, denn jeder langobardische Krieger lebte von seinem Landbesitz; solche Ländereien waren jedoch nur durch neue Eroberungen zu erlangen. Im 7. und frühen 8. Jahrhundert entwickelte sich so ein Spiel wiederkehrender politischer Konstellationen auf dem Schachbrett Italien — ein Spiel, das von fünf Mächten bestimmt wurde, deren Ziele unvereinbar waren. Neben den Langobarden und Byzanz griff das Frankenreich zunächst nur in großen Abständen ein, begann aber seit der Mitte des 8. Jahrhunderts eine entscheidende Rolle zu spielen, die in der Herrschaft Karls des Großen gipfelte. Das Papsttum gewann stetig, wenn das auch nach außen nicht immer deutlich erkennbar wurde, an Einfluß. Die fünfte Macht — die Herzogtümer von Benevent und Spoleto, eine Art von Läufern auf dem italienischen Schachbrett — entschied im Besitz der inneren Linien oft wichtige Fragen durch ihre unberechenbaren Züge. Dem Ziel einer Eroberung ganz Italiens durch die Langobarden stand die byzantinische Absicht gegenüber, die eigene Herrschaft zumindest in den Küstenstrichen und im Süden zu verteidigen. Die Politik Roms, das zeitweilig um das bloße Überleben kämpfte, zielte darauf ab, den Papst weder zu einem langobardischen Bischof noch zu einem kaiserlichen Beamten degradieren zu lassen. Am begrenztesten waren die Ziele der beiden Herzogtümer: möglichst große Unabhängigkeit und Ausdehnung des eigenen Territoriums. Aus diesem Konflikt divergierender Interessen ergaben sich ständig wechselnde, oft verwirrende Konstellationen. Byzantinische Gouverneure verbündeten sich mit den Langobarden gegen widerspenstige Päpste, Päpste mit Langobardenkönigen gegen die aggressiven Gelüste der Herzöge von Benevent und Spoleto.[28]

Auf den ersten Blick mochte das Langobardenreich als dominierende Macht auf der italienischen Szene erscheinen. Die Merowinger waren durch die Verteidigung ihrer Südflanke gegen den Islam wie durch endlose innere Streitigkeiten neutralisiert.

Das Byzantinische Reich war im Osten gebunden und hatte zudem Süditalien gegen arabische Vorstöße zu verteidigen. Die Päpste waren nach Gregor dem Großen politisch und meist auch kirchlich schwach und einflußlos. Aber das Langobardenreich hatte selbst mit Nachfolgeschwierigkeiten zu kämpfen und war durch seine labile politische Struktur so geschwächt, daß es im 7. Jahrhundert in Italien doch weitgehend zu einer prekären Balance der Kräfte kam. Aus dieser politischen Situation ergab sich eine wichtige Nebenwirkung. Byzanz versuchte seine Stellung in Italien durch Verbesserung der Abwehrorganisation zu festigen und strebte eine zentralistische Angleichung an die Verwaltungsordnung der anderen Provinzen an. Eine Vielzahl griechischer Beamter und Offiziere kam auf diese Weise nach Italien, in ihrem Gefolge Kleriker, Mönche, Kaufleute und Handwerker. Der italische Adel, sofern er sich loyal im Reichsdienst bewährte, erhielt griechische Titel. Damit gelangte das byzantinische Element in Kunst, Handwerk und Mode kräftig zur Geltung — in der Lebensweise der venezianischen Aristokratie wie in den Zeremonialgewändern des Dogen. In Rom gewann die Verehrung orientalischer Heiliger wie Theodorus, Cosmas und Damianus weite Verbreitung; Syrer spielten eine Rolle unter dem römischen Klerus, einige Päpste waren selbst orientalischer Abstammung. In Süditalien dauerte dieser Rehellenisierungsprozeß bis zur Normannenherrschaft im 11. Jahrhundert fort. Im Norden wurde er im späteren 8. Jahrhundert durch die karolingische Eroberung unterbrochen, doch blieb Venedig weiterhin ein Ausstrahlungspunkt kräftiger byzantinischer Einflüsse. Sie wirkten im 7. Jahrhundert nicht nur auf die langobardische Kultur, sondern auch auf die Entwicklung der mittelalterlichen Kunst in Europa ein.

Nach dem Tode Agilulfs versank das Langobardenreich in innere Auseinandersetzungen. Erst Rothari, der Herzog von Brescia und Schwiegersohn Agilulfs (636-652), nahm wieder eine aktive Außenpolitik auf. Er besetzte das bisher noch byzantinische Ligurien mit dem Zentrum Genua und einen großen Teil der venezianischen *terra ferma*; ein Waffenstillstand (652) bestätigte im wesentlichen die Erwerbungen. Auf diesen Expansionsschub folgte eine Phase innerer Konsolidierung. Aripert I. (652-661), Herzog von Asti, bemühte sich vor allem um einen religiösen Ausgleich. Schon Theudelinda, die als bayrische Prinzessin Katholikin war, hatte gute Beziehungen zum päpstlichen Hof gepflegt und später den von den Merowingern vertriebenen Columban gefördert, dem sie die Gründung des Klosters Bobbio ermöglichte, das eine bedeutende Rolle für den kulturellen Kontakt Irlands mit dem Mittelmeer spielte. Dennoch blieben zwischen dem katholischen Klerus und der arianischen Herrenschicht beträchtliche Spannungen bestehen. Ari-

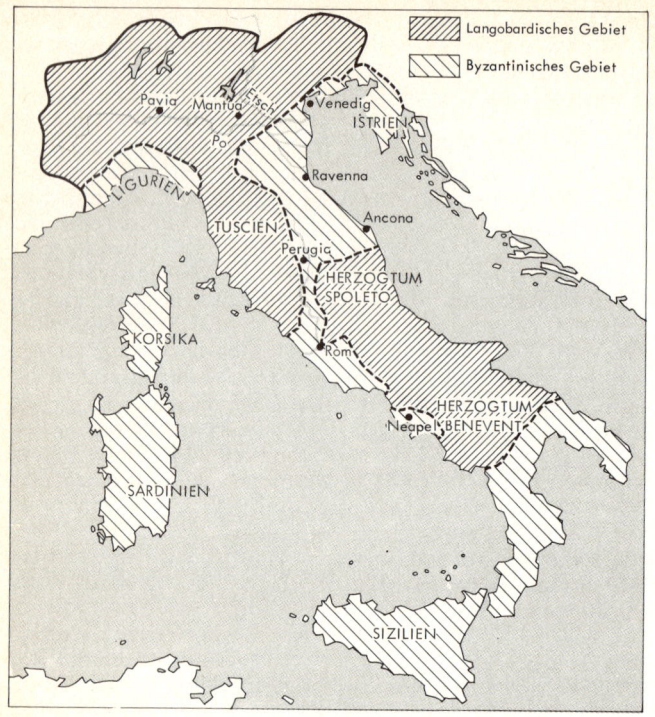

Abb. 29: Das langobardische Italien im 7. Jahrhundert

pert tat den entscheidenden Schritt einer offiziellen Konversion zum Katholizismus, wenn es auch noch einige Jahrzehnte dauerte, bis der Arianismus unter den Langobarden ausstarb.

Die Herrschaft eines der großen Herzöge des Südens, Grimoalds von Benevent (662-671), führte für kurze Zeit zu einer wirklichen Einigung des langobardischen Reiches. Auch Spoleto und Friaul, die beiden anderen Mittelpunkte einer zentrifugalen Herzogspolitik, erkannten die zentrale Autorität des Königs in Pavia an. Das ermöglichte es den Langobarden, der Italienpolitik Constans' II. erfolgreich Widerstand zu leisten, der 663 nach einem Waffenstillstand mit den Arabern (vgl. oben S. 293) als letzter römischer Kaiser selbst Rom besuchte. Die byzantinischen Truppen wurden am Calore und bei Forino geschlagen; 668 drang der beneventische Herzog Romoald sogar bis nach Tarent und Brindisi vor. Constans' Ermordung 668 setzte den großen Italienplänen ein Ende. Ariperts Sohn Perktarit

(671-688) schloß um 680 mit dem durch die inneren Wirren im Exarchat (vgl. unten S. 341) behinderten Byzantinischen Reich Frieden auf der Basis des *status quo*.

Eine Neuorientierung der Kräfte kündigte sich an. Aripert II. (700-712) verbündete sich unter Rückgabe päpstlicher Besitzungen in den ligurischen Alpen mit dem Papsttum, das in heftigen Auseinandersetzungen mit der Reichszentrale in Constantinopel stand. Dieses Bündnis war eines von vielen Anzeichen für eine Schwächung der byzantinischen Stellung in Italien. Sie war nicht zuletzt durch die innere Entwicklung in den byzantinischen Territorien selbst erschüttert. Die Rückschläge des 7. Jahrhunderts hatten den Ersatz der Feldarmee durch regional rekrutierte Milizen als Garnisonen der Städte und *castra* beschleunigt. Die Soldaten dieser *numeri* lebten als Hintersassen auf staatlichen, kirchlichen und privaten Domänen; ihre Funktion war erheblich geworden. Zugleich hatte — parallel zur Entwicklung im byzantinischen Osten — der Exarch als militärischer Oberkommandierender auch die Finanzverwaltung und Jurisdiktion übernommen. Die *duces* und die *tribuni* als Kommandanten der *numeri* wurden zu lokalen Gouverneuren, die Zivilbeamten verschwanden. Damit entstand der *ducatus* als Einheit einer territorialen Gliederung. Doch die ferne Zentrale vermochte die Militärgouverneure Italiens nicht mehr im Griff zu behalten. Immer mehr wurden die Ämter eines *dux, tribunus* oder *magister militum* in den Familien der großen Grundbesitzer erblich. Längst hatten diese die lokale Jurisdiktion und die Steuereintreibung in ihren Händen. Aber sie wurden auch in der Organisation der lokalen Milizen entscheidend, die aus ihren Hintersassen bestanden. Damit waren die militärischen Führer wie die Soldaten selbst immer mehr regionalen Interessen statt der Reichspolitik verbunden, zumal die stockende Nachführung byzantinischer Truppen den Milizen immer stärkeres Gewicht gab. Dazu kam eine langsame Fusion des italischen Adels und der griechischen Amtsträger. Die fremden Beamten stärkten durch Grunderwerb ihre wirtschaftliche und politische Position, der lokale Adel verfügte zunehmend über die Schlüsselposten der Verwaltung. Hinter den äußeren Formen der kaiserlichen Administration entstand so ein präfeudales politisches System von lokalen Herrschaften. Direkten Einfluß hatte Byzanz nur auf wenige Spitzenpositionen in Italien; im übrigen lag alle Macht bei den feudalen Familien der *tribuni*, zu deren bisher schon weitreichenden Kompetenzen nun auch militärische Führung und zivile Vollzugsgewalt traten. Damit gewannen die Reibungen zwischen der Zentrale und den byzantinischen Funktionären in Italien ein neues Gesicht: es war nicht mehr der Widerstand mächtiger Provinzgouverneure, sondern der eines zur Autonomie drängenden lokalen Adels.

Die Langobarden »trugen meistens Bärte, dafür aber den Nak-
ken, den sie bis zum Hinterkopf rasierten, bar; das lange
Haupthaar fiel nach beiden Seiten über die Stirn hinunter bis
zu den Backen. Ihre Kleider hingen lose herunter und waren
meistens von Leinen, in der Art wie sie die Angelsachsen üblicherweise tragen, mit breiten Streifen in verschiedenen Far-
ben. Ihre Stiefelschäfte waren fast bis zum großen Zehen offen
und kreuzweise verschnürt. Später begannen sie Hosen zu tragen, über die sie zum Reiten grobgestrickte wollene Gama-
schen zogen — eine Sitte, die sie allerdings von den Römern
übernahmen«[29]: diese von Paulus Diaconus gegebene Schilderung nach Fresken, die Theudelinda um 610 für ihren Palast in
Monza hatte malen lassen, zeigt wie die Befunde von Gräber-
feldern, daß die Langobarden zumindest im ersten halben Jahrhundert ihrer Herrschaft eine deutlich unterscheidbare ethnische
Gruppe geblieben waren. Sie waren nicht als *foederati,* sondern
als reine Eroberer gekommen und hatten auf weite Flächen die
bisherigen Landbesitzer enteignet. Doch ließen sich die ethnische Geschlossenheit und die alten Bräuche im Kontakt mit der
sozialen Welt der Untertanen und mit den Institutionen des
byzantinischen Italien auf die Dauer nicht bewahren. Die langobardische Herrenschicht ließ sich in den Städten Norditaliens
nieder, der Herrscher selbst im ostgotischen Königspalast von
Pavia. Verfeinerte Lebensgewohnheiten und Luxus einer alten
Zivilisation begannen zu wirken; die Langobarden übernahmen Tracht, Kunstgeschmack und schließlich auch die Sprache
ihrer Untertanen. Schon im 7. Jahrhundert machte sich eine zunehmende Romanisierung bemerkbar. Täglicher Umgang und
zahlreiche Heiraten mit Romanen ließen bald den Gebrauch des
Langobardischen als ungebildet gelten.
In den römischen und langobardischen Traditionen des Rechtslebens prägt sich das schließliche Überwiegen des Romanischen
besonders deutlich aus. Für rechtsgültige Dokumente wurde
stets die römische Form beibehalten; die Rechtskodifikation
— vor allem der durch spätere Herrscher mehrfach ergänzte
Edictus Rothari (643) — zeugt trotz der germanischen Prinzipien im Zivil- und Strafrecht von guter Kenntnis des römischen
Vulgarrechtes. Wie in anderen Germanenstaaten setzte sich die
römische Tradition besonders im öffentlichen Recht durch: das
Edikt bekräftigte die Autorität und besondere rechtliche Position des Königs, wenn sich auch die Tendenz zu einer absolutistischen Monarchie erst langsam durchsetzte. Denn die Stellung
des *rex gentis Langobardorum* war nicht nur durch das Prinzip
der Wahlmonarchie und das Mitspracherecht einer Adelsver-
sammlung in der Gesetzgebung eingeschränkt, sondern ebensosehr durch die Macht der langobardischen Herzöge.
Zentrum und eines der Hauptinstrumente der Herrschaft war,

wie in anderen Germanenreichen, der königliche Hof, das *sacrum palatium*, im Theoderichspalast von Pavia, der regulären Hauptstadt des Reiches. Neben den üblichen höheren Hofbeamten wie Marschall, Majordomus und Kämmerer stand eine nach spätrömischem Vorbild organisierte Kanzlei von *referendarii* und *notarii*, die auch in Vertretung des Königs Recht sprachen und die Staatsfinanzen verwalteten. Eine Anzahl von indirekten Steuern und Zöllen (doch nicht die Grundsteuer) bestand weiter; das Haupteinkommen des Königtums lag aber in einem großen, zum Teil aus alten kaiserlichen Domänen stammenden Landbesitz, der sich vor allem um Mailand, Monza und Pavia konzentrierte. Die territoriale Verwaltung der drei Regionen Austria (mit Friaul und Trient), Neustria und Tuscia wie der halbautonomen Herzogtümer Spoleto und Benevent lag in den Händen der *duces* (Herzöge), die sich aus Chefs der Garnisonen in den wichtigen Städten zu Provinzgouverneuren entwickelt hatten. Das Amt der Herzöge wurde schnell erblich. Der Konflikt zwischen König und Herzögen als Hauptthema der inneren Politik war ein wesentlicher Grund für die Instabilität des Königtums. Fast im ganzen 7. Jahrhundert schwankte die Stellung der Herzöge zwischen der von abhängigen königlichen Beamten und der unabhängiger Territorialfürsten — je nach dem politischen Geschick und der Stärke der Gefolgschaft des Herrschers. Nur ein starker Monarch konnte seine Macht unter den Herzögen, ausnahmsweise sogar in den beiden südlichen, durch einen Gürtel kaiserlicher Besitzungen abgeschirmten Fürstentümern durchsetzen. Für außenpolitische Gegner waren stets oppositionelle Herzöge und Adlige als Bundesgenossen zu gewinnen. Diese innere Schwäche der Langobardenherrschaft erklärt, daß es nie zu einer vollständigen Eroberung Italiens kam. Doch vermochte sich die königliche Zentralgewalt gegen die Wende des Jahrhunderts stärker gegenüber den lokalen Autoritäten durchzusetzen.

Als Organe der königlichen Macht spielten die *gastaldi*, die königlichen Agenten, eine entscheidende Rolle. Ursprünglich lediglich Verwalter der königlichen Domänen, dehnten sie ihre öffentlich-rechtlichen Befugnisse immer mehr gegenüber den Herzögen aus. In neueroberten Gebieten wurden überhaupt keine Herzöge, sondern nur noch *gastaldi* — teilweise mit dem *comes*-Titel — eingesetzt. Eine selbstsicherer werdende Monarchie machte sich im Laufe des 7. Jahrhunderts byzantinische Methoden zu eigen und entwickelte sie unabhängig weiter. Die Armee bestand aus dem Aufgebot aller langobardischen Freien (der *arimanni*); sie waren zunächst noch im wesentlichen Krieger mit Landbesitz, nicht landsässiger Kleinadel, wenn sich auch schon soziale Differenzierungen unter ihnen abzuzeichnen begannen. Der Landbesitz der einzelnen Langobarden war recht verschieden, zumal die Herzöge von vornherein außergewöhnlich große Ländereien in ihrer Hand vereinigten. Dieser für eine Besiedlung viel zu geringen Kriegerschicht stand die unterworfene Bevölkerung gegenüber, neben Sklaven und Freigelassenen vor allem die *coloni*, die schnell mit der unter den Langobarden existierenden Klasse der Halbfreien (*aldiones*) verschmolzen.

Im Laufe des 7. Jahrhunderts veränderte sich freilich dieses übersichtliche soziale System. Die Arimannen blieben keine reine Kriegerschicht; sie erscheinen nun in neuen gesellschaftlichen Funktionen, als Polizeioffiziere, Richter oder privilegierte Bürger. Auch die Schicht der römischen *possessores* war nicht einfach verschwunden, da sich mit dem Weiterschreiten der Eroberung die systematische Beseitigung der Grundbesitzer erübrigte. Ebenso bestand — das bezeugen Gesetze Aistulfs, die den Kriegsdienst dieser Klasse regeln[30] — eine größere Gruppe von Kaufleuten, Handwerkern und Künstlern als eigene soziale Schicht weiter. Dazu gehörten die Waffenschmiede von Lucca und Cremona oder die Schiffseigner, die den Handelsverkehr auf dem Po und über Comacchio und Venedig auch mit den östlichen Märkten aufrechterhielten. Doch war auch in Italien neben einem begrenzten Handel und einzelnen Spezialindustrien längst die Landwirtschaft in der Form des Großgrundbesitzes das Rückgrat der Wirtschaft, wenn auch — eine bezeichnende Abweichung — der Besitzer häufiger in der Stadt als auf seinem Gut selbst residierte. Im Laufe des 7. Jahrhunderts verschmolzen der grundbesitzende germanische Adel und die verbliebenen Reste des italischen Großgrundbesitzertums im Zuge der Romanisierung der Langobarden immer stärker. Die gesellschaftliche Gleichordnung überlagerte die alte ethnische und rechtliche Trennung: auch hier war der Grund gelegt für eine auf Landbesitz beruhende feudale Ordnung.

Bildung und literarisches Leben waren naturgemäß in der Zeit der Landnahme und der Konsolidierung stark zurückgegangen, blühten aber im Gegensatz zu der Entwicklung im Merowingerreich im 7. Jahrhundert eher wieder auf. Dazu trug die Hellenisierung der byzantinischen Territorien bei; so bildete sich in Rom ein Zirkel von ostgriechischen Intellektuellen, die vor den Arabern und später vor der ikonoklastischen Politik der Kaiser geflüchtet waren. Das langobardische Italien hat zwar — mit Ausnahme von Paulus Diaconus im 8. Jahrhundert — keinen Gelehrten vom Format eines Isidor von Sevilla, geschweige denn eines Beda hervorgebracht. Doch trotz dem barbarischen Latein der Zeit lebten wenigstens in einigen größeren städtischen Zentren Laienschulen fort, die Elemente der *artes liberales* lehrten. In Pavia nahm man vor allem seit der Regierung von Cunincpert (688-700) die Ausbildung von Grammatikern und Juristen in größerem Umfang wieder auf. Das war nicht ohne Bedeutung: das Langobardenrecht erhielt sich hier bis ins 11. Jahrhundert, und die von den Langobarden entwickelten Methoden juristischer Auslegung wirkten in den mittelalterlichen Rechtsfakultäten Oberitaliens nach. Daneben bestanden vor allem große Abteien als Bildungszentren weiter: von Bobbio ging ein solcher kultureller und erzieherischer Einfluß aus, genauso von Verona (das wie Bobbio ein bedeutendes *scriptorium* besaß), Neapel und dem 718 (nach seiner Zerstörung beim Langobardeneinfall 585) wiedergegründeten Monte Cassino. Neapel vor allem vermittelte byzantinische Einflüsse, während sich in den nördlicheren Klöstern schon im Manuskriptstil neben den irischen auch merowingische und spanische Elemente bemerkbar machten.

In ihren literarischen und künstlerischen Leistungen basierte die ›Karolingische Renaissance‹ vielfach auf Vorbedingungen, die in der Kultur des Langobardenreiches entstanden waren. Die verschiedenartigen fremden Einflüsse sind in der langobardischen Kunst häufig noch deutlich ablesbar — der Kontakt mit einer jahrhundertealten Tradition konnte nicht ohne Wirkung bleiben. In Architektur, Skulptur und Kleinkunst setzten sich Formen des zeitgenössischen byzantinischen Stils wie der lokalen, spätrömisch-byzantinisierenden Schulen durch, während vor allem in der Goldschmiedekunst zunächst der Völkerwanderungsstil zur Geltung kam. Traditionsströme kreuzen sich manchmal in unentwirrbarer Verflechtung: die ›langobardischen‹ Tierbandmuster auf (in andere germanische Länder exportierten) Metallarbeiten sind spätrömisches, aus dem Orient importiertes Gut. Andererseits zeigen Tierstilfibeln des 6. Jahrhunderts einen schon vor der langobardischen Einwanderung vorhandenen Kontakt mit Franken und Goten. Besonders in Plastik und Architektur überwiegt zwar das byzantinische Vorbild; doch entstehen häufig eigene Schöpfungen, die von mehr als Nachempfindung zeugen.

Ähnlich wie im Merowingerreich orientierte sich das Kunstschaffen an einem reduzierten, verhältnismäßig eng umgrenzten Bedarf. Neben den Anforderungen des Kirchenbaus und des Gottesdienstes schufen vor allem die Luxus- und Repräsentationsbedürfnisse von Königtum und Adel für Goldschmiede, Möbelhandwerker, Waffenschmiede und Architekten Anreiz zur Arbeit. Das Kunsthandwerk spielte darum auch in der Langobardenkunst eine besondere Rolle. In Pavia hat sich ein mit Gold- und Silberbeschlägen reich dekorierter Faltstuhl, eine Art tragbarer königlicher Thron, erhalten, ebenso zahlreiche langobardische Kronjuwelen wie das Kreuz von der Agilulfkrone oder das Diadem der Königin Theudelinda. Beliebt war ein dem Merowingischen verwandter Cloisoné-Stil, mit einer Vielzahl gefaß-

Abb. 30: Der Ratchis-Altar aus Cividale (737-744)

ter Perlen, Halbedelsteine und Gemmen. Prunkstück solchen
fürstlichen Zeremonialgeräts ist ein — in seiner Symbolik un-
erklärter — Teller aus dem Besitz der Königin Theudelinde, der
in feinster plastischer, ziselierter Goldschmiedearbeit eine Henne
mit sieben Küken trägt. Der Tierstil in Kombination mit Band-
mustern blieb typisch für Gebrauchsgeräte wie Sattelbeschläge
oder Fibeln. In dem einzigartigen kupfervergoldeten Helmbe-
schlag mit der Darstellung des Königs Agilulf und seines Hofes
setzt sich freilich auch eine sehr ungelenk übernommene spätrömische Tradition durch, etwa in den beiden geflügelten Sieges-
göttinnen neben dem Thron.
Vom langobardischen Stil in Architektur und dekorativer Plastik
geben nur im alten Herzogsitz Cividale in Friaul einige Monumente des 8. Jahrhunderts einen genaueren Eindruck, so das
Portal von S. Maria in Valle mit sechs Heiligenfiguren streng
byzantinisierenden Stils oder der Ratchis-Altar. Die in sehr fla-
chem Relief ausgeführten, abstrakten Tier- und Rankenmuster
des ostbyzantinischen Stils spielen eine entscheidende Rolle;
auch hier wird spürbar, daß Italien im Zeitalter des Bildersturms
ein Refugium der byzantinischen Kunst war.
Im 7. Jahrhundert hatte sich die politische Situation in Italien
kaum gewandelt. Das beginnende 8. Jahrhundert aber brachte
entscheidende Veränderungen. Eine Reihe eindrucksvoller Figuren beherrschte die Szene: Liutprand (713-744), der bedeutendste langobardische König, die Päpste Gregor II. (715-731) und
Gregor III. (731-741) und der neue Herrscher von Byzanz,
Leon III. (717-741). Die Verschärfung der Konflikte war frei-

lich nicht durch ihr energisches Eingreifen allein bedingt, sondern ebenso von mehr hintergründigen Wandlungen in der politischen Struktur. Die Romanisierung der Oberschicht und die Adaption byzantinischer Methoden hatten im Langobardenreich die Einheit und die Macht des Königtums gestärkt. In der zunehmenden Ausbildung eines lokalen Feudalismus lag zwar ein Element der Schwäche; aber gleichzeitig schuf die Notwendigkeit eines Berufsheeres ein neues Instrument königlicher Macht. Im Gegensatz dazu hatten sich in den byzantinischen Territorien die feudalisierenden Tendenzen eindeutig als Schwächung der Abwehrkraft und zentralen Lenkung ausgewirkt (vgl. oben S. 331). Das erlaubte es Liutprand, eine offensive Außenpolitik zu führen. In geschicktem diplomatischen Frontwechsel zwischen dem Exarchen und den Päpsten machte er sich die schweren inneren Streitigkeiten zunutze, die unter der Wirkung des Bilderstreits das byzantinische Italien erschütterten. Unter seiner Herrschaft erreichte die Macht der Langobarden ihren Zenit, forderte freilich auch Mißtrauen und Gegenwirkung der Nachbarn heraus. Verbündet mit dem Papsttum setzte Liutprand die königliche Autorität in den Herzogtümern Spoleto und Benevent durch und begann eine planmäßige Annexion byzantinischen Territoriums, wobei er durch einen Aufstand gegen die byzantinische Herrschaft in Rom, Venetien und der Pentapolis unterstützt wurde. 730 einigte sich Liutprand mit dem Exarchen, um den Aufstand in Rom vollends niederzuschlagen, 731/732 zerbrach das Bündnis wieder, und die langobardischen Truppen nahmen 732 (oder 733) Ravenna ein. Der Papst veranlaßte eine venezianische Flotte zur Wiedereroberung der Festung für den Exarchen. In den folgenden Jahren dieses wirren Kriegs- und Bündnisspieles errang Liutprand keine entscheidenden territorialen Erfolge mehr. Dagegen versuchte der hart bedrängte Papst Gregor III. eine diplomatische Verbindung mit den Franken; Karl Martell lehnte das Angebot ab, weil er Liutprand für Hilfe gegen die Araber (738) verpflichtet war. Noch konnte das Papsttum so trotz aller religiösen Konflikte auf eine Anlehnung an den byzantinischen Kaiser gegenüber dem Langobardenreich nicht verzichten.

Die Gesetzgebung Liutprands zeugt vom langsamen Abbau germanischer Elemente wie des Blutracherechts und einer Verstärkung der königlichen Prärogativen. Straffere politische Führung und größere innere Sicherheit begünstigten den Handel zwischen den norditalienischen Städten, Venedig und den byzantinischen Gebieten. Auch was die Kunst betraf, war die von Paulus Diaconus als Abschluß seines Werkes beschriebene Herrschaft des Königs ein Markstein in der Langobardengeschichte. Doch Liutprands Nachfolger Ratchis (744-749) vermochte sich nicht gegen die inneren Widerstände durchzusetzen. Erst Aistulf (749-756) und Desiderius (756-774) begannen wieder die traditionelle langobardische Expansionspolitik. Im Jahre 751 fiel Ravenna endgültig; das gesamte Exarchat, außer Venedig und Istrien, wurde besetzt. Dann marschierten die langobardischen Truppen auf Rom. Damit jedoch war der Wendepunkt erreicht. Papst Stephan II. bemühte sich persönlich um die Hilfe des (751 mit seiner Zustimmung inthronisierten) neuen Frankenkönigs Pippin. 754 marschierte die fränkische Armee in Norditalien ein. Aistulf hielt sich nur noch in der Festung Pavia und erklärte sich zur Rückgabe Ravennas und der päpstlichen Gebiete bereit. 756 versuchte er erneut, diese Territorien zu erobern. Ein zweites Mal kam die fränkische Armee zu Hilfe. Nach einer zweiten Belagerung von Pavia hatte der Langobardenkönig Bedingungen zu unterschreiben, die das Vorspiel einer endgültigen Lösung waren: das Gebiet des Exarchats wurde an den Papst gegeben, die Langobarden selbst mußten die Oberhoheit Pippins anerkennen. Nochmals schien eine Wendung zugunsten der langobardischen Herrschaft in Italien sich anzubahnen: Desiderius gelang es, ein dynastisches Bündnis mit den Franken und Bayern zu schaffen. Der Versuch des langobardischen Königs, mit dieser Rückendeckung 772 die päpstlichen Gebiete zu annektieren, kam zu einem schnellen Ende, als der neue Frankenkönig Karl seine langobardische Gattin verstieß und das Hilfsgesuch des Papstes Hadrian I. annahm. Die fränkische Armee überschritt 773 die Alpen, eroberte zügig die langobardischen Städte und Festungen — nur Pavia widerstand der Belagerung bis zum Juni 774. Dann gingen der letzte *Rex gentis Langobardorum* und seine Familie in die fränkische Gefangenschaft; das Langobardenreich als unabhängige politische Einheit bestand nicht mehr.

d) Papsttum und Mönchstum

In den Auseinandersetzungen mit dem Langobardenreich und im Konflikt mit den Exarchen fand auch das Papsttum seine Form. Die Entwicklung dieser für die mittelalterliche Staatenwelt im Westen neben dem Karolingerreich bestimmenden Kraft spiegelt der *Liber Pontificalis*. Bei aller dürren Chronikform ist diese Sammlung von Papstbiographien ein hochpolitisches Dokument. Ein erster entscheidender Schritt in der Durchsetzung des päpstlichen Primatanspruchs in Lehre und Jurisdiktion wie in der Begründung einer territorialen päpstlichen Herrschaft war das Pontifikat Gregors des Großen. Als er 590 den päpstlichen Thron bestieg, schien in den Wirren der spätjustinianischen Zeit und der Langobardenangriffe das Papsttum bedrohter denn je. Ein großer Realist (freilich war er zugleich mehr als das), meisterte er die schwierige Situation und führte die Kirche auf den Weg zur Selbständigkeit. Wie Ambrosius stammte er aus römischem Adel und war *praefectus urbi* gewesen, bevor er in das von ihm gegründete Andreaskloster in Rom eintrat und päpstlicher Legat in Constantinopel wurde. Das vermittelte ihm eine intime Kenntnis der Methoden kaiserlicher Diplomatie. Als scharfsinniger Beobachter der politischen Situation in Byzanz wie in den Germanenreichen schreckte er nicht davor zurück, zur Sicherung der kirchlichen Ansprüche mit Figuren wie Brunhilde oder Phokas zusammenzuarbeiten. Für ihn war die *propagatio fidei* ein beherrschendes Ziel. Seine planmäßige, in ihrem Fortgang genau beobachtete Missionspolitik, vor allem die Missionierung Englands unter Augustinus (seit 596), wurde für die weitere Entwicklung der Christenheit von größter Bedeutung. Dennoch nahm die Kirchenpolitik mit der klaren Absicht, den Primat des römischen Bischofs durchzusetzen, den breitesten Raum in seinem Wirken ein.

Ein wichtiges Instrument seiner Herrschaft waren die Administratoren der päpstlichen Besitzungen, die auch eine Art von diplomatischem Nachrichtendienst bildeten. Die Schwierigkeiten begannen freilich schon in Italien. In seinem eigenen Metropolitanbereich setzte Gregor sich mit energischen Eingriffen in die Bischofswahlen zwar bald durch. Schwieriger war es, die drei großen Erzbistümer im Norden, Ravenna, Aquileia und Mailand, unter Kontrolle zu bringen, zumal die byzantinische Diplomatie solchen Versuchen entgegenwirkte. An anderen Stellen bediente sich Gregor mit Erfolg des weltlichen Arms, so beim Versuch, die illyrischen Bischöfe den Weisungen Roms gefügig zu machen. Mit Spanien wurden enge Beziehungen angeknüpft; im Merowingerreich kämpfte Gregor mit zahlreichen Briefen gegen die Mißstände im Klerus. Dank der persönlichen Autorität des Papstes wurden diese Ratschläge respektvoll entgegengenommen. Aber der Versuch, über den päpstlichen Legaten in Arles einen Einfluß auf die fränkische Reichskirche zu gewinnen, scheiterte. Wohl am schwierigsten war es für den Papst, seine Stellung gegenüber dem Kaiser, dem Exarchen und dem Patriarchen von Constantinopel zu behaupten. Für den Kaiser war er im Grunde einer unter anderen Reichsbischöfen, dem Exarchen als dem Stellvertreter des Monarchen untergeordnet. Für Gregor selbst gab es keine Autorität des Exarchen gegenüber Papst und Kirche, wenn er auch die oberste Gewalt des Kaisers nicht bestritt. Er sah zwar, daß ein Überleben angesichts der langobardischen Bedrohung nur in Zusammenarbeit mit Byzanz möglich war. Dennoch blieben Spannungen nicht aus. Ein Grund dafür war der kirchenpolitische Rangstreit. Im Jahre 593 kam es darum zum Bruch mit dem Patriarchen von Constantinopel, als dieser sich den Titel eines ökumenischen Patriarchen zulegte.

Die Stärke des Papstes lag darin, daß er in dieser wirren Zeit in Italien über eine geschulte Administration verfügte und daß er durch das Patrimonium Petri einer der großen Landbesitzer der Halbinsel war. Daß auch geistliche Werke einer durch Besitz gesicherten Freiheit bedurften, war ihm nie zweifelhaft. Er widmete sich der Erweiterung und besseren Verwaltung der weit über Italien verstreuten päpstlichen Ländereien mit besonderer Energie. Seine sehr ins Detail gehenden brieflichen Anweisungen an die Kirchenbeamten, die seine Domänen verwalteten, lesen sich oft wie die Korrespondenz eines großen Landmagnaten. Die vielseitige Verwendung der Einkünfte aus dem Patrimonium schloß auch reichliche Bestechungsgelder an höhere Beamte der kaiserlichen Verwaltung ein, gegen deren »Ungerechtigkeit und Habgier« Gregor einen beständigen und erbitterten Kampf führte.

In Gregors Herrschaft fiel der definitive Übergang politischer Funktionen an den Bischof von Rom. Der Papst übernahm die Getreideversorgung Roms durch die sizilischen Kirchenbesitzungen und wurde *de facto* zum weltlichen Gouverneur der *partes Romanae*. Er bezahlte den Sold der kaiserlichen Truppen und gab in Krisenzeiten dem Chef der römischen Garnison Befehle. So vereinigte er in seiner Person die Verfügung über weite Territorien als Grundbesitzer und politische Autorität: hier liegen die Anfänge einer Entwicklung zum Kirchenstaat. Der Grundsatz, daß ein beständiger Einfluß der Kirche auf die Gesellschaft nur möglich sei durch straffe Organisation und durch den Einsatz weltlicher Mittel, hat erheblich nachgewirkt. Der ›Konsul Gottes‹, wie ihn seine Grabschrift nennt, hat nicht gewußt, daß er das Papsttum auf einen völlig neuen Weg führte. Er kämpfte mit seinen Mitteln um die Überwindung täglich neuer Notlagen, um die Autorität des Römischen Stuhls und die Erhaltung seiner Besitzungen. In einer verworrenen Zeit war er einer jener Kirchenmänner, die aus römischem Erbe heraus Ordnung als Vorbedingung des Überlebens zu sichern suchten.

Unter Gregors wenig bedeutenden Nachfolgern ging die Sicherung des römischen Einflusses in Westeuropa trotz vielen Rückschlägen weiter. Keiner seiner Nachfolger besaß die Fähigkeiten und die moralische Autorität Gregors. Die Konversion der Westgoten und später der Langobarden löste zwar kirchenpolitische Probleme. Aber dafür entwickelten sich in den drei germanischen Reichen Staatskirchen, deren Respekt für die päpstliche Autorität nur nominell war. Das islamische Vordringen, dem die afrikanische und später teilweise auch die spanische Kirche zum Opfer fielen, schränkte den Wirkungsbereich des Papstes auf Italien, das Frankenreich und die britischen Inseln ein. Andererseits stärkte die Vernachlässigung Italiens durch Byzanz im Zuge der Abwehrkämpfe im Osten die Stellung des Papsttums; Honorius I. (625-638) ernannte sogar einen *magister militum* für Neapel. Allerdings wurde der Römische Stuhl durch die gewaltsamen Versuche, den Monotheletismus als Kompromißformel durchzusetzen, in einen Gegensatz zum Kaiser gedrängt. Honorius erklärte die monotheletische *Ekthesis* des Heraklios für häretisch, seine Nachfolger behielten diese Linie trotz scharfer kaiserlicher Maßnahmen bei. Martin I. (649-653) ließ den *Typos* Constans' II. im Jahre 649 durch eine Lateransynode verdammen. Der Exarch Theodoros sandte den Papst 653 als Gefangenen nach Byzanz, wo er als Hochverräter zum Tode verurteilt, aber begnadigt und auf die Krim ins Exil geschickt wurde; dort starb er 655. Der Verlust der monophysitischen Ostprovinzen machte eine religionspolitische Wiederannäherung möglich; Papst Agathon (678-681) war auf dem 6. Ökumenischen Konzil in Constantinopel offiziell vertreten. Der Preis für die Zusammenarbeit mit dem Osten war die Anerkennung des Papstes als ›Haupt des ersten Bischofsstuhles der allgemeinen Kirche‹.

Mit Agathon begann eine Zeit nachhaltigen orientalischen Einflusses in Rom: von dreizehn Päpsten zwischen 678 und 752 waren nur zwei Römer, die übrigen Syrer, Griechen oder hellenisierte Sizilianer. Diese neue enge Verbindung mit dem griechischen Osten, die ihre Spuren in der Geschichte des Papsttums hinterlassen hat, war jedoch nicht auf direkten byzantinischen Einfluß zurückzuführen; sie war ein Nebeneffekt der allgemeinen Hellenisierungsbewegung in Italien. Daß die byzantinische Macht schwer erschüttert war (vgl. oben S. 331), zeigte sich, als es wieder zu Spannungen zwischen Rom und Constantinopel kam. Als Sergius I. (687-701) sich weigerte, die Beschlüsse des 2. Trullanischen Konzils (691/692) anzuerkennen, sollte der Protospatharios Zacharias (ein hoher Hofbeamter) den renitenten Papst verhaften; dabei stieß er jedoch auf den Widerstand der Milizen Roms und mußte schließlich sein Leben durch Flucht unter das Bett des Papstes retten. Deutlicher konnte der Niedergang der kaiserlichen Macht in Italien gegenüber den lokalen Gewalten kaum demonstriert werden.

Als Oberhirte des Westens und als Gouverneur der *partes Romanae* war der Papst *de facto* unabhängig geworden. Trotzdem hielten politische Überlegungen Papst und Kaiser noch zusammen. Doch das Pontifikat des Römers Gregor II. (715 bis 731) brachte eine schwere Krise. Die Steuerpolitik Leons III. und die Verkündigung der ersten Dekrete gegen die Bilderverehrung führten zum offenen Aufstand Italiens unter der Führung des Papstes. Gregor verurteilte in ungewohnter Schärfe die Schritte des Kaisers. Der byzantinische Befehlshaber in Rom wurde vertrieben, Venetien und die Pentapolis standen in offenem Aufruhr; die byzantinischen Truppen wurden von der römischen Miliz mit Hilfe langobardischer Kräfte aus Benevent und Spoleto geschlagen. Erst nachdem ein neuer Exarch von Kalabrien aus Neapel erobert und sich mit dem (bisher den Papst unterstützenden) Langobardenkönig Liutprand verbündet hatte, konnte 730 der Aufstand endgültig niedergeschlagen werden. Doch auch der neue Papst Gregor III. ließ die Vertreter der bilderfeindlichen Politik durch eine römische Synode 731 (oder 732) exkommunizieren. Daraufhin unterstellte Kaiser Leon Illyrien, Kalabrien und Sizilien der Jurisdiktion des Patriarchen in Constantinopel; die des Papstes — dessen Patrimonium gleichzeitig konfisziert wurde — sollte sich im kaiserlichen Herrschaftsbereich nur noch auf die Territorien von Ravenna und Rom erstrecken. Eine Dezentralisation sollte die Autonomiebestrebungen Italiens auch administrativ brechen: das Exarchat wurde auf die wenigen Gebiete nördlich des Apennin beschränkt, Rom wurde ein eigener *ducatus*; Neapel, Süditalien und Sizilien bildeten unter einem eigenen Gouverneur eine selbständige Einheit. Dieser Schritt war folgenreich: die Trennung von Nord- und Süditalien war für Jahrhunderte vorgezeichnet, ohne daß allerdings der Papst — wie die kaiserliche Politik beabsichtigt hatte — zu einem byzantinischen Provinzbischof degradiert worden wäre.

Dennoch konnte der Papst noch nicht auf den kaiserlichen Rückhalt verzichten. Weniger aus Staatstreue als aus politischem Kalkül hatte schon Gregor II. im Jahre 727 die Wahl eines italienischen Gegenkaisers verhindert; Gregor III. unterstützte trotz der schweren Krise in den Beziehungen mit Constantinopel die Wiedereroberung Ravennas im Jahre 735. Er war aber auch der erste Papst, der die Möglichkeit einer politischen Anlehnung an das Frankenreich abtastete. Diese neue Orientierung fiel zusammen mit einer Wiederaufnahme der Missionspolitik; der 732 zum Erzbischof ernannte Friesenapostel Bonifatius war auch der politische Kontaktmann zwischen dem Papst und Karl Martell. Papst, Kaiser und fränkischer Majordomus starben 741 nahezu gleichzeitig. Unter ihren Nachfolgern vollzog sich die endgültige Wende. Die bilderfeindliche Politik des fanatischen Constantin V. (741-775) vertiefte den Bruch mit Rom weiter. Die Annexionspolitik Aistulfs aber trieb den Papst endgültig zum Bündnis mit den Karolingern (vgl. oben S. 338). Papst Zacharias (741-752) sanktionierte die Übernahme des Merowingerthrones durch Pippin. Sein Nachfolger Stephan II. gewann die Unterstützung des neuen Frankenkönigs gegen die Langobarden und salbte 754 in St. Denis Pippin feierlich zum König. Am Ende dieses Weges stand die Kaiserkrönung Karls des Großen in Rom im Jahre 800.

Zu den Leistungen Gregors des Großen gehörte im Zusammenhang mit seinen Missionsplänen nicht zuletzt die Förderung des Mönchstums. Inspiriert von der Benediktinerregel, versuchte er die Jurisdiktion der Bischöfe über die Abteien zu begrenzen. Dem Zusammenwirken von Papsttum und Mönchstum verdankte die Kirche — wie häufig in kritischen Momenten ihrer Geschichte — größere Stabilität, geistige Erneuerung und Ausdehnung des Glaubens. Anders als der Laienklerus, der allzu häufig in den politischen Interessen und im sozialen Milieu der Oberschicht aufgegangen war, wurden Mönche und Klöster zum eigentlichen Instrument der Durchdringung halbchristianisierter oder heidnischer Gebiete. Sie verbreiteten nicht nur die christliche Lehre, sondern ebenso Bildung und technisches Wissen. Das Klosterleben dieser Zeit bot häufig wenig Raum für beschauliche Muße und theologisches Studium (wenn auch Benedikts Regel dieser Seite mönchischer Aktivität Raum gewährte); unter oft primitiven und gefährlichen Umständen erforderte es physischen Mut, Entschlossenheit und praktische Fähigkeiten. In einer weitgehend agrarischen Welt waren die Klöster, oft in Rodungen oder auf Neuland angelegt, auch Orte einer Pioniertätigkeit, der Erziehung zu verbesserten Lebens- und Wirtschaftsformen. Der Aufstieg des Mönchstums im Westen begann mit Gregors Versuch, den universalen Missionsauftrag der Kirche in die Praxis umzusetzen und die Bekehrung auch der noch kaum erfaßten Randgebiete in Angriff zu nehmen. Das italienische und auch das merowingische Mönchstum hatte sich zunächst auf seinen engeren Umkreis beschränkt. Die ersten Missionspläne Gregors wurden von römischen Mönchen verwirklicht; doch die entscheidenden Stützpunkte einer solchen Aktivität lagen in den folgenden zwei Jahrhunderten am Rande der Kulturwelt — in Irland und in dem neubekehrten England.

Irland mit seiner Mönchskirche ist eines der eigentümlichsten Gebilde dieser Zeit. Im dunklen Jahrhundert Englands zwischen 440 und 550 hatten Wellen von Eroberern, vor allem Angelsachsen, die kulturelle Hinterlassenschaft Roms weitgehend beseitigt und einen größeren Teil der romano-britischen Christen in den Westen der Insel abgedrängt. Von hier aus erfolgte die Christianisierung Irlands, das bis zur Wikingerzeit von germanischen Invasionen verschont blieb. Aus keltischen Wurzeln, antiken Überlieferungen und christlichem Gedankengut entwickelte sich in den großen Klöstern Irlands eine Mönchskultur, in der klassische Tradition in erstaunlichen Umformungen fortlebte. In dieser exotischen Welt, die sogar gelehrte Mönche aus südlicheren Ländern anzog, entstanden lateinische Gedichte, durchwoben von keltischen Rhythmen und Assonanzen. Eine Manuskriptkunst von außerordentlicher Qualität entwickelte ein raffiniertes dekoratives System, dessen fantastische Expressivität bis heute ohne Beispiel ist.

Die irische Kirche selbst hatte einen betonten Sondercharakter. Ihre eigentliche Einheit war in dem städtearmen Land das Kloster, nicht das Bistum. Im Osterdatum und in vielen Einzelheiten des Ritus und der Seelsorgepraxis unterschied sie sich deutlich von der übrigen westlichen Christenheit — vor allem aber in der souveränen Verachtung einer organisierten Hierarchie. Dennoch war die irische christliche Kultur mit ihrem asketischen Ernst von einer erstaunlichen Ausstrahlungskraft. Columcille begann die Bekehrung Schottlands und der Hebriden, wo Iona ein neues, bedeutendes christliches Zentrum wurde. Unter der Führung Columbans wurden im östlichen Merowingerreich Klöster gegründet, von denen die Christianisierung Süddeutschlands ausging (vgl. oben S. 318f.). Die irischen Missionare kamen dabei freilich nicht selten in Konflikt mit weltlichen Autoritäten und mit der lokalen Hierarchie.

Gregor dem Großen, der an eine zentral gelenkte Missionsbewegung dachte (möglicherweise auch an den Wert einer unabhängigen Mönchsorganisation gegenüber den hochadligen Bischöfen der Zeit), mußten die von Bischof, Papst und König gleich schwer zu regierenden irischen Mönche für seine Absichten weniger geeignet erscheinen als die Benediktiner. Darum beginnt mit der Entsendung des Augustinus nach England eine neue Phase der Mission unter veränderten Vorzeichen. Im Laufe des 5. und 6. Jahrhunderts war in England eine Gruppe von regionalen Königsherrschaften entstanden: Sussex, Kent, Essex und East Anglia, dazu Northumbria, Mercia und Wessex. Unter ihnen gewann zunächst, im 7. Jahrhundert, Northumbria die politische Führung, später Mercia. Die Bekehrung Englands seit Augustins Ankunft (596) war in ihren Fortschritten und zeitweiligen Rückschlägen bedingt durch die innere Situation der Königreiche und ihre Beziehungen untereinander. Mercia blieb lange heidnisch; Kent war mit dem Bischofssitz Canterbury der Hauptstützpunkt römischer Traditionen, in Northumbria war der Einfluß der keltischen Kirche von Lindisfarne stark. Erst im Jahre 664 nahm die Synode von Whitby endgültig die römische Kirchenordnung für England an.

Die Insel, die für fast zweihundert Jahre ohne Kontakt mit der Kultur des Kontinents gewesen war, erlebte nun im Zusammenwirken römisch-lateinischer Traditionen und irisch-keltischen Einflusses eine Blütezeit der Kunst und Literatur. Domschulen verbreiteten eine erstaunlich hohe Bildung unter den herrschenden Schichten; Musik und Kunsthandwerk wurden zur Verschönerung von Kirchen und Gottesdienst importiert und fortentwickelt. Mit seiner Manuskriptkunst inspirierte England die westeuropäischen Klosterschulen; Beda Venerabilis war als Gelehrter allen Zeitgenossen im Westen turmhoch überlegen. Vom geistigen Zentrum Northumbria empfing durch Alkuin und seine Schüler die ›Karolingische Renaissance‹ und damit die werdende mittelalterliche Kultur Europas entscheidende Antriebe.

Mittler waren die großen Missionare, die nun in enger Zusammenarbeit mit den fränkischen Herrschern die Bekehrung der Niederlande und Deutschlands in Angriff nahmen. Mit Wilfrid von York und Bonifatius erschloß die angelsächsische Mission nicht nur dem Christentum einen Raum, der außerhalb der Grenzen des Imperiums und der Kulturwelt gelegen hatte. Sie etablierte auch in Süddeutschland, wo zunächst die irische Mission gewirkt hatte, unter Bayern und Alamannen die päpstliche Autorität; Bonifatius begann zugleich mit der Reorganisation der fränkischen Reichskirche. Durch die engen Verbindungen der angelsächsischen Kirche mit Rom und durch Bonifatius' persönliche Bindung an die Päpste wurde die Autorität des Römischen Stuhls nachhaltig befestigt. Das aber hatte bedeutsame politische Folgen für die Zukunft; denn das Bündnis zwischen Papst und fränkischem Herrscher wurde entscheidend für die Geschichte Westeuropas.

5. Die Verwandlung der Mittelmeerwelt im frühen 8. Jahrhundert

Im Jahrhundert der islamischen Eroberung entsteht eine neue politische Landkarte, auf der sich drei große Machtbereiche abheben: das Kalifat, Byzanz und das Frankenreich. Aber die Mittelmeerwelt verwandelt sich nicht nur in ihrer äußeren Gestalt, sondern ebenso in ihrem inneren Gefüge. Neue gesellschaftliche und geistige Antriebe wirken innerhalb der neuen politischen Räume. Ansätze dazu traten schon im 7. Jahrhundert hervor: die Staatsreform in Byzanz, die Arabisierung im Umajjadenreich, die Feudalisierung und das Erstarken des Hausmeiertums im Merowingerreich. Doch haben diese beginnenden Entwicklungen — die wie in jedem Prozeß historischen Wandels über von uns gesetzte Zäsuren hinweggreifen — das Gesamtprofil des Lebens noch nicht verändert; das Beharrungsvermögen der alten Strukturen ist überall deutlich. Das 7. Jahrhundert ist eine entscheidende, aber doch erst vorbereitende Phase, in der die alte Ordnung der Welt — deutlich abzulesen in der Kunst — für die Zeitgenossen noch weithin bestimmend bleibt. Erst mit dem Anfang des 8. Jahrhunderts drängen dann die neuen Kräfte immer mehr an die Oberfläche und beginnen den historischen Prozeß zu formen. Eine Kontinuität zwischen Merowingern und Karolingern ist zwar genauso wenig zu bestreiten wie zwischen Umajjaden und Abbasiden oder zwischen der Dynastie des Heraklios und den isaurischen Kaisern. Doch die Akzente haben sich verschoben — so wie in einer Partitur ein bestimmtes Motiv als Nebenthema eingeführt wird, um erst allmählich das Hauptthema zu verdrängen und selbst dominierend zu werden. Manche Einzelelemente der neuen Gesellschaft und Kultur finden sich schon im 4. und 5. Jahrhundert. Ansätze zu einer Synthese werden im 7. Jahrhundert immer deutlicher. Aber den Höhepunkt dieser Entwicklung und gleichzeitig die Entscheidung bringt erst das 8. Jahrhundert.

Außenpolitische Veränderungen gehen nur noch in einem begrenzten Ausmaß fort: was geschieht, ist lediglich ein Auslaufen der großen Verschiebungen des 7. Jahrhunderts. Diese Konsolidierung der politischen Landschaft verfestigt die Grenzen zwischen den drei neuen Machtbereichen. Die äußere Umwandlung der Mittelmeerwelt tritt an Bedeutung zurück; der Prozeß innerer Umformung aber nimmt an Tempo und Intensität zu. Die ersten Jahrzehnte des 8. Jahrhunderts sind ein Knotenpunkt der historischen Entwicklung. In der Rückschau erscheinen sie oft als eine jähe Zäsur. Doch der Umbruch umfaßt eine Spanne, die genauso lang ist wie die vom Ausbruch des Ersten Weltkrieges bis heute; er vollzieht sich Schritt für Schritt, nicht als elementare Katastrophe.

Die Einheit des geschichtlichen Prozesses ist zerfallen. Die Lebensformen der bei allen Differenzierungen noch geschlossenen mittelmeerischen Welt werden endgültig zurückgedrängt. Es entstehen drei neue Welten, die sich in ihrer politischen und gesellschaftlichen Struktur, in ihren Denk- und Ausdrucksformen, im System ihrer geistigen und religiösen Überzeugungen grundsätzlich unterscheiden: der romanisch-germanische Westen, das Byzantinische Reich (zu dem auch der gräko-slawische Balkan gehört — die kulturelle Grenze lag für lange Zeit im Gebiet des heutigen Kärnten und der Steiermark) und die orientalische Welt des Islam.

Die Gemeinsamkeit der gesellschaftlichen und vor allem der kulturellen Grundlagen, aus der diese drei neuen Zivilisationstypen erwuchsen, läßt sich auch in der weiteren Entwicklung nicht verleugnen. Sie sind aus der christlich-antiken Tradition hervorgegangen, in der bereits viel an Geist und Lebensformen des Orients assimiliert war. Der kulturelle Austausch setzt sich fort. Es gibt sogar eine Art von parallelen Trends, etwa in der Verkirchlichung des geistigen Lebens im 8. und 9. Jahrhundert. Dennoch wirken die Grenzen sich aus. Innerhalb der Mittelmeerwelt hatte sich schon seit dem 4. und 5. Jahrhundert eine zunehmende Differenzierung zwischen Ost und West bemerkbar gemacht. Die Veränderungen des 8. Jahrhunderts führten aber nun dazu, daß sich der Gegensatz zwischen Ost und West durch das Entstehen eines neuen Machtschwerpunktes im Karolingerreich und durch die wachsende Bedeutung des Papsttums verstärkte. Zudem schwächte sich der Kultureinfluß des Orients auf den Westen ab, als durch die Expansion des karolingischen Reiches nicht romanisierte Gebiete erschlossen wurden und durch den irisch-angelsächsischen Einfluß die lateinische Tradition stärker Raum gewann. Andererseits waren große Teile einst hellenistischen Gebietes durch den Islam wieder in den orientalischen Bereich einbezogen worden, während sich die Wirkung des hellenistischen Byzanz vor allem auf Kleinasien und Teile des Balkans beschränkte. Der Schwerpunkt Europas verlagerte sich im 8. Jahrhundert vom Mittelmeer in die nördlichen Gebiete des Frankenreiches — nicht zuletzt dank der Entwicklung einer produktiveren Agrarwirtschaft.

Die außenpolitischen Macht- und Gebietsverschiebungen kamen in den ersten Jahrzehnten des Jahrhunderts langsam zum Abschluß. Neue politische Kräftefelder und sich verfestigende Grenzen zeichneten sich immer klarer ab. Der Islam hatte seit dem Jahre 711 mit der Besetzung Spaniens die Umfassung des Mittelmeers von Süden her vollendet. Der Versuch, wie im Osten nach Kleinasien, so im Westen nach Mitteleuropa einzudringen, ist freilich gescheitert, wenn auch Byzanz endgültig aus dem westlichen Mittelmeerraum verdrängt wurde. Die Welle der arabischen Expansion überrollte zwar noch die Pyrenäen; im Jahre 720 wurde Narbonne, 725 Carcassonne erobert. Dann aber formierte sich unter Karl Martell der Widerstand der Franken. Der definitive Erfolg des fränkischen Reiteraufgebots bei Poitiers im Oktober 732 war freilich nur möglich, weil die arabische Stoßkraft militärisch verbraucht war. Die entscheidenden Abwehrerfolge sind nicht bei Poitiers errungen worden, sondern in den Bergen Kleinasiens und an den Küsten der Ägäis und Süditaliens.

Byzanz hatte bedeutende Gebietsverluste erlitten. Trotzdem blieb es neben den Umajjaden die zweite Großmacht der Zeit — zur See den Arabern sogar noch lange überlegen. Daher entstand seit 718 im Vorderen Orient zunehmend ein militärisches Gleichgewicht. Die Grenze in Kleinasien festigte sich; das Kernland des Reiches war militärisch für lange Zeit gesichert. Ein ähnlicher Erfolg gelang auch im Norden. Im Abwehrkampf gegen die Bulgaren konnte nach dem ersten großen Bulgarenkrieg der Jahre 756-763 die Grenze stabilisiert werden — zumindest bis zum Ende des 8. Jahrhunderts, als das Bulgarenreich unter dem bedeutenden Herrscher Krum zu einer erneuten Gefahr wurde. Damit war endlich auch das Vorfeld der Hauptstadt wieder gesichert, Constantinopel nach langer Zeit aus der Lage erlöst, daß fast täglich eine neue avarisch-slawische oder bulgarische Stammesgruppe direkt vor den Toren der Hauptstadt erscheinen und zu einer tödlichen Bedrohung des Reiches werden konnte. Einschneidende Verluste erlitt Byzanz auch im Westen, wo die Besitzungen in Mittel- und Norditalien 751 an die Langobarden verlorengingen. Der territoriale Bestand des Frankenreiches hat sich, vom Erwerb des ursprünglich westgotischen, dann von den Arabern okkupierten Septimanien abgesehen (737-759), am wenigsten verändert. Die eigentliche Expansion begann erst unter Karl dem Großen. Sie richtete sich vor allem nach Osten und nach Süden — Sachsen, Bayern, Kärnten und Oberitalien wurden erobert. Doch die Gesamtlage war entscheidend verändert. Mit der Beseitigung des Langobardenstaates (774) war das Frankenreich der einzige fest organisierte

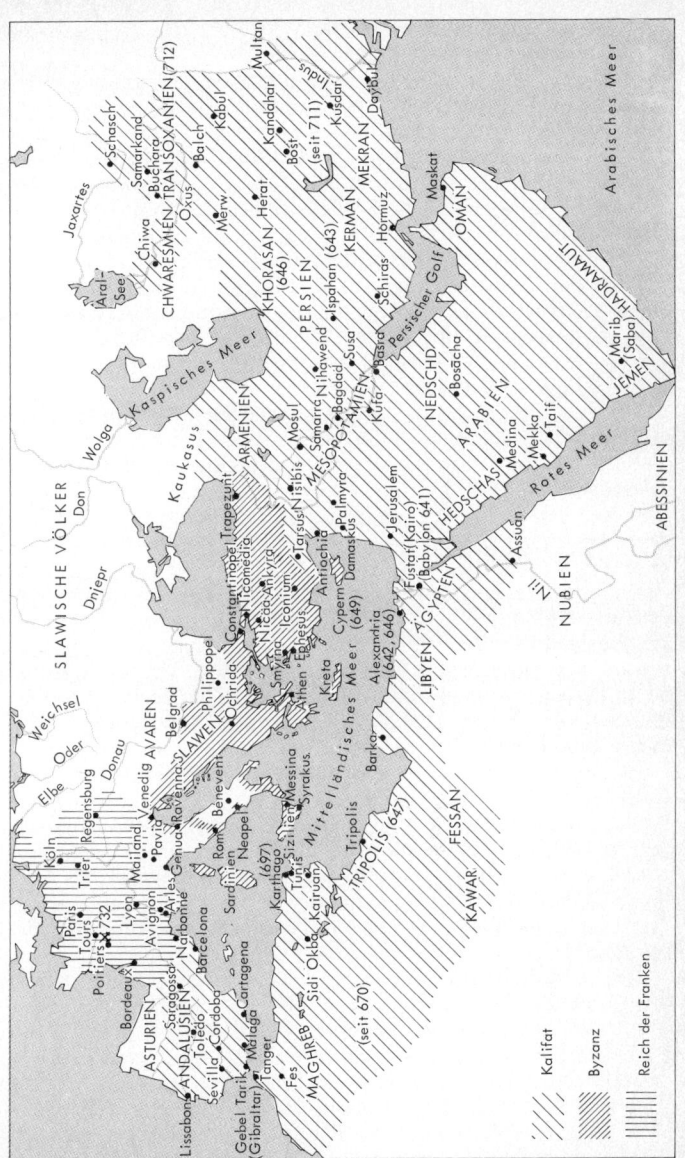

Abb. 31: Die Mittelmeerwelt um 715

politische Verband in Mitteleuropa — mehr durch Zufall als durch Leistung Herr des Westens.

Die zweite Jahrhunderthälfte brachte außenpolitisch und militärisch eine Ruhephase. Die drei großen Machtbereiche traten in einer neuen politischen Konstellation klar hervor. Im Staatsdenken wurde die politische Neugestaltung der Mittelmeerwelt erst zu Beginn des 9. Jahrhunderts akzeptiert. Noch bis zum Jahre 787 hatte das römische Papsttum seine Briefe nach den Regierungsjahren des byzantinischen Kaisers als einzigem legitimem Oberhaupt der christlichen Welt datiert. 812 aber erkannte der byzantinische Kaiser Michael I. zum erstenmal einen gleichberechtigten Souverän neben sich an, Karl den Großen als Imperator im Westen. Damit hat das Byzantinische Reich den auf das Alleinerbe des Imperium Romanum gegründeten Universalitätsanspruch seiner Herrschaft aufgegeben, auch wenn die Byzantiner das westliche Kaisertum im Grunde immer als ein usurpiertes Gegenkaisertum betrachteten. Noch besteht zwar die ›Familie der Könige‹ weiter. Aber das Bild, in dem sich die byzantinische Vorstellung von der Rangordnung der Souveräne niederschlägt, verändert sich entscheidend. Der Herrscher des Westens ist nicht mehr der ›Sohn‹, sondern der ›Bruder‹ des Kaisers von Byzanz. Hier liegen die geistigen Grundlagen für das abendländische Imperium Romanum der Ottonen.

An die Stelle großer territorialer Verschiebungen trat eine elastische Wehrgrenze am Ost- und Westrand des islamischen Machtbereichs — in Spanien zwischen dem Emirat von Cordoba und den christlichen Kleinkönigreichen von Asturien und Kantabrien, im kleinasiatisch-syrischen Grenzbezirk an der Tauroslinie. Der *status quo* wurde nicht mehr ernsthaft in Frage gestellt. Aber die Militärsiedler auf beiden Seiten führten einen ständigen Kleinkampf. Es war eine erneuerte Limes-Situation, die mit legendärer Verklärung im Epos, im fränkischen Rolandslied wie in der byzantinischen Dighenis-Sage, ihren Ausdruck gefunden hat. Erst im 11. Jahrhundert wurde sie mit Beginn der Kreuzzüge wieder abgelöst durch neue offensive Bewegungen.

Nicht überall bestanden solche Wehrgrenzen. Zwei Räume waren neuralgische Zonen, weil hier die Grenzen der Herrschaftsbereiche noch nicht fixiert waren: die slawische Welt und das Zentrum des Mittelmeerraumes mit Süditalien und Sizilien. Hier spielte sich ein Ringen um politischen Einfluß, Seemacht und Handelsvorteile ab, das die Diplomatie der nächsten zwei Jahrhunderte beschäftigte. In ständig wechselnden Situationen und Allianzen lag die große Chance der Handelsstädte Italiens wie Venedig, Neapel, Amalfi und Bari.

Über die politischen Gebietsgrenzen hinaus verfestigten sich

Trennungslinien im religiösen, kulturellen und zum Teil auch im wirtschaftlichen Bereich. Es vollzog sich dabei eine Richtungsänderung der Grenzen, die zu einer Spaltung des Mittelmeerraumes in eine Nord- und eine Südhälfte führte. Die ältere Grenzlinie hatte den Raum in eine östliche und eine westliche Hälfte geteilt, in einen lateinischen und einen hellenistischen Bereich. Sie blieb zwar immer noch deutlich spürbar an der Grenze zwischen Byzanz und dem Westen, zwischen Orthodoxen und Lateinern. Doch die entscheidende Linie verlief nun von Ost nach West, zwischen Islam und Christenheit. »Das Kulturgefälle zwischen der europäischen und der ägypto-syrischen Küste (und ihrem unmittelbaren Hinterland), das schon gegen Ende der Antike erheblich war, steigerte sich durch den Rückzug Europas und das Aufblühen der islamischen Kultur in den ersten Jahrhunderten nach Muhammads Tod; bei allem wechselseitigen Einfluß vertiefte sich noch die faktische wie die psychologische Trennungslinie nach 750 infolge der Ost- und Nordostwendung der Kalifenpolitik.«[1] Die damals zwischen dem europäischen und dem islamischen Bereich entstandenen Grenzen gelten mit leichten Verschiebungen im Grunde noch heute, wenn man davon absieht, daß Spanien in den europäischen Bereich zurückgekehrt ist, während Kleinasien in den islamischen einbezogen wurde.

a) Byzanz und der Bilderstreit

Das Zerbrechen der alten Welt im krisenhaften Hervortreten bereits länger wirksamer Tendenzen offenbarte sich in Byzanz im Bilderstreit. Er ist der Hintergrund der gesamten byzantinischen Existenz im 8. Jahrhundert. Diese Auseinandersetzung war weit mehr als nur ein isoliertes theologisches und kirchenpolitisches Phänomen; sie hat das Staatsgefüge bis ins tiefste erschüttert. Noch war Byzanz in Abwehr und Regeneration in seinem erhaltenen Kerngebiet eingeigelt. Die politischen Probleme entsprachen weitgehend denen des 7. Jahrhunderts. Dennoch gab es bezeichnende Unterschiede. Außenpolitisch konnte Schritt für Schritt die Situation bereinigt werden. Gegen Ende der Regierung Leons III. (717-741) war die kleinasiatische Ostgrenze gesichert. Offensivbündnisse gegen den Islam, die den Stil byzantinischer Diplomatie in den folgenden Jahrhunderten prägen sollten, wurden (etwa mit den Khasaren) abgeschlossen. Im Westen ging zwar Norditalien verloren; doch Süditalien wurde erfolgreich gegen arabische Angriffe verteidigt. Die Lage auf dem Balkan war wenigstens temporär geordnet; die äußere

Bedrohung war wieder auf ein erträgliches und die Möglichkeit eines Überlebens sicherndes Maß reduziert.

Innenpolitisch ging die Reichsreform weiter. Die Politik der isaurischen Kaiser zielte vor allem auf die Festigung der Themenverfassung. Die Themenordnung wurde um einer größeren Geschmeidigkeit der Verwaltung willen wie zur Neutralisierung innenpolitischer Gefahren weiterentwickelt durch Aufgliederung der ursprünglich sehr umfangreichen Themenbezirke. In Kleinasien entstanden aus vier nun vierzehn Themen; neben Thrakien und Hellas (vgl. oben S. 295) traten die neuen Themen Makedonien und Peloponnes, zu Beginn des 9. Jahrhunderts Kephalenia, Thessalonike und Dyrrhachion — eine Rückeroberung des Balkans deutete sich hier an. Da die starke Slawisierung dieser Gebiete ein Moment der Unsicherheit barg, wurden die siedlungspolitischen Maßnahmen weitergeführt — auch dies ein Erbe des 7. Jahrhunderts (vgl. oben S. 296). Das schuf zwar zunächst, vor allem zu Beginn des 9. Jahrhunderts, innenpolitische Unruheherde, bedeutete aber auf längere Sicht auch eine Rehellenisierung der südlichen Balkangebiete.

Führte die Innenpolitik der neuen Dynastie hier Ansätze des 7. Jahrhunderts weiter, so wirkten sich die allgemeine Tendenz zur Verkirchlichung von Leben und Politik wie die sehr profilierten Glaubensüberzeugungen der Herrscher in Entstehen und Verschärfung der großen Krise des Bilderstreites aus. Sie wurde im Moment einer außen- und innenpolitischen Erholung zu einer neuen Gefahr für die innere Ordnung und den Zusammenhalt des Byzantinischen Reiches. Der Bilderstreit war wie die arianischen und monophysitischen Streitfragen weit mehr als ein Theologengezänk. Die Bewegung griff tief in die politische und gesellschaftliche Situation hinein und brachte Byzanz nochmals an den Rand staatlicher Auflösung.

Ausgangspunkt war ein theologisches Problem. Seit dem 4. Jahrhundert waren Bild und Bilderkult, der Schmuck der Kirchen mit Mosaiken, Fresken und Ikonen, zu einem wesentlichen Element der Volksreligion gerade im griechischen Osten geworden. Bilderfreundliche Theologen rechtfertigten die Bilderverehrung mit der Menschwerdung Christi (die auch eine Darstellung seiner menschlichen Gestalt möglich und sinnvoll erscheinen ließ) und mit der Unterscheidung von Bild und Archetyp; nach ihrer Auffassung wurde in der Ikone die Gottheit, aber nicht das tote Bild an sich verehrt. In der Volksreligion existierte freilich diese Unterscheidung zwischen Bild und Archetyp keineswegs; das Bild selbst wurde wie ein heilkräftiger und wundertätiger Gegenstand verehrt. Die Gegenseite sah deswegen in der Bilderverehrung zunächst einfach ein Wiederaufleben des heidnischen Götzenbilderkultes. Später, seit Constantin V. (741-775), wurde die theologische Streitfrage differenziert und mit den christologischen Kontroversen verknüpft. Unter der Prämisse einer Wesensgleichheit von Bild und Dargestelltem wurde die Abbildung der göttlichen Natur Christi für unmöglich und für ein Sakrileg erklärt. Zusammenhänge dieser Auffassung mit älteren christologischen Kontroversen, aber auch mit zeitgenössischen islamischen Strömungen sind unverkennbar; 723 verlangte ein Erlaß des Kalifen Jezid die Entfernung aller Bilder aus christlichen Kirchen.

Das erste förmliche Edikt Leons III. gegen den Bilderkult aus dem Jahre 726 führte zu langen, ausgebreiteten Unruhen mit Exzessen des Fanatismus. Entscheidend waren die Kräfte, die sich hinter den beiden theologischen Richtungen formierten. Ikonodulen, Anhänger der Bilderverehrung, waren fast überall im Reich, besonders im Westen, die breiten Bevölkerungsschichten; dazu weitgehend der Klerus und in ausgeprägter Weise das Mönchstum. Die Ikonoklasten, Gegner der Bilderverehrung (eigentlich ›Bilderzertrümmerer‹), kamen aus dem Kaiserhaus, der Armee und aus bestimmten Landschaften, vor allem des östlichen Kleinasien, in denen Sekten wie die Paulikianer oder monophysitische Restgruppen weiterlebten und wo der Einfluß islamischer Doktrinen besonders spürbar war.

Der Bilderstreit war in bestimmter Hinsicht, etwa in dem Konflikt mit dem Mönchstum und seinen Führern wie Theodor von Studion, auch eine Auseinandersetzung über die Rechte der weltlichen und der kirchlichen Gewalt. Er war aber vor allem der Kampf zwischen hellenistisch-abendländischer und orientalischer Überlieferung. Dieser Gegensatz, der häufig in das rational nicht mehr Faßbare hinabreichte, schlummerte immer noch unter dem hellenisierten Firnis des kleinasiatisch-balkanischen Restreiches. In dem Moment, in dem eine orientalisierte Führungsschicht dem Reich und der Kirche ihre religiöse Auffassung aufzuzwingen suchte, revoltierte das griechische Element gegen das orientalische Mißtrauen gegenüber der Würde der irdischen Geschöpflichkeit. Wer an die Menschwerdung des *logos* glaubte, dem mußte sichtbare Darstellung geistiger Wirklichkeiten als legitim für den Christen gelten. Dafür traten die Ikonodulen in den Kampf gegen den Ikonoklasmus und damit gegen den Versuch, an die Stelle der bisher mit allen Kräften verhinderten Einbeziehung des Byzantinischen Reiches in die orientalische Welt eine innere Orientalisierung seines geistigen Kosmos zu setzen. Die Entscheidung fiel am Ende für die Bilderverehrung. Das 7. und letzte Ökumenische Konzil, das 787 in Nikäa stattfand, blieb trotz einer kurzen ikonoklastischen Reaktion im 9. Jahrhundert (813-842) bestimmend.

Die Gefahr einer Orientalisierung war endgültig gebannt. Freilich ist das Ergebnis in der Formel ›Sieg des Hellenismus‹ zu einfach beschrieben. Das Hellenentum wird weiter slawisiert. Das orientalische Element bleibt ethnisch und kulturell stets wirksam. Aber im Zusammenspiel dieser geistigen Traditionen entsteht das typisch byzantinische Kulturmilieu, die Byzanz eigene bleibende geistige Form als griechisch-christliches Reich zwischen Ost und West. Der Ausgang des Bilderstreits festigt die eigentümliche Mittlerstellung zwischen der orientalischen Welt des Islam und der westlichen Welt des beginnenden Mittelalters. Staatliche Bewahrung und Wiedererringung geistig-religiöser Geschlossenheit machen den Bilderstreit am Ende nicht zu einer Krise zum Tode, sondern zur Grundlage des Wiederaufstiegs und der Weltstellung des Byzantinischen Reiches unter der Dynastie der Makedonen im 10. und 11. Jahrhundert.

b) Die Abbasiden und die islamische Welt

In der zweiten großen historischen Region, dem islamischen Machtbereich des Kalifats, scheint der Verwandlungsprozeß auf den ersten Blick sehr viel oberflächlicher zu verlaufen. 750 trat an die Stelle der ersten Kalifendynastie der Umajjaden das Herrschergeschlecht der Abbasiden (vgl. oben S. 279). Damaskus verlor seine führende Stellung zugunsten der von den Abbasiden neu gegründeten Hauptstadt Bagdad. Bagdad aber ist nicht nur eine willkürliche Gründung, Laune eines neuen Herrschergeschlechts, sondern Anzeichen einer Schwerpunktsverlagerung im islamisch-arabischen Raum von Syrien, dem Zentrum des geistigen Lebens im Umajjadenreich, hinüber nach dem Irak. Hinter dem Wechsel der Dynastie und hinter der Verlegung der Hauptstadt — die genauso wenig zufällig ist wie die Gründung von Constantinopel — steht ein grundlegender Wandel in Herrschaftsschicht und Regierungssystem des Kalifats wie auch in der islamischen Kultur. Der Gründer der neuen Dynastie, Abu l'Abbas, war zwar arabischer Abstammung. Aber er gelangte zur Macht als Wortführer der Opposition gegen die Umajjaden im Kalifat — der nichtarabischen Muslime und auch der Schiiten. Das Kalifat wurde zum Nationalitätenstaat. An die Stelle der geschlossenen arabischen Militäraristokratie, die das entscheidende Element im Reichsaufbau gebildet hatte, trat eine gemischte Herrschaftsschicht. Die Araber wurden nicht ausgeschaltet; aber der Unterschied zwischen dem Muslim, der arabischer Abstammung war, und dem Neubekehrten verlor zunehmend an Bedeutung. In der neuen islamischen Oberschicht waren die verschiedensten Völker des Abbasidenstaates repräsentiert, wenn auch anfänglich persisch-iranische Elemente verständlicherweise überwogen.
Auch der Staatsaufbau des Kalifats machte starke Veränderungen in Richtung einer stärkeren Islamisierung wie einer zuneh-

menden Institutionalisierung durch. Im weiteren Ausbau der Staatsorganisation war nicht mehr wie unter den Umajjaden die byzantinische Struktur das Vorbild, sondern das konkurrierende historische Modell, die politische Organisation der Sassaniden. Mit dem Vordringen des persischen Elements im Kalifenreich kamen die eigenständige iranische Tradition und damit vorislamische Formen der orientalischen Monarchie wieder zum Tragen. Dieser Veränderung der politischen Struktur entsprach ein ähnlich gerichteter Vorgang in der islamischen Kultur. Die Kultur der Abbasiden, die vor allem in den Anfängen bedeutende Leistungen hervorgebracht hat, war freilich nicht einfach ein Wiederaufleben iranischer Traditionen. Aber ihre bestimmenden Elemente und ihre tragenden Schichten stammten nicht mehr aus dem hellenistisch-byzantinischen Erbe und dem syrischen Raum. Der Osten des islamischen Machtbereichs, Persien, aber auch der Irak, spielte nun auch hier die stärkere Rolle. Damit kamen sowohl sassanidische als auch noch ältere geistige und künstlerische Traditionen Mesopotamiens gegenüber byzantinischen Elementen wieder zur Wirkung.

Doch neben der Veränderung von Herrschaftsschicht und politischer Organisation und der Verwandlung der Kultur gab es ein drittes Element des Wandels im islamischen Bereich. Der Universalismus des Vielvölkerstaates, der mit den Abbasiden der Ausbreitung der arabischen Herrschaft unter den Umajjaden gefolgt war, begann sich aufzulösen. Das Hervortreten regionaler Verschiedenheiten war eigentümlich mit der neuen Herrschaftsordnung verkoppelt: mit der Dynastie der Abbasiden begann im Grunde bereits die Aufsplitterung des arabischen Großreiches in Teilstaaten. Diese Entwicklung sollte zwar erst nach zwei Jahrhunderten enden. Doch schon fünf Jahre nach dem Regierungsantritt des ersten Abbasiden machte sich Spanien selbständig: unter Abd el-Rahman (756-788) wurde ein unabhängiger Umajjadenstaat — das in Granada bis 1492 weiterdauernde spanische Maurenreich — errichtet, der sich später auch staatsrechtlich durch die Begründung eines eigenen Kalifats vom arabischen Gesamtreich ablöste. Dieser Auflösungsprozeß, der im 9. und 10. Jahrhundert den islamischen Machtbereich zunehmend schwächt, macht den Wiederaufstieg von Byzanz und später das Unternehmen der Kreuzzüge erst möglich.

Der Höhepunkt der politischen Macht der Abbasiden von al-Mansur (754-775) bis zu al-Wathiq (842-847) war auch die kulturelle Blütezeit des Reiches. Die glänzende Residenz Bagdad wurde zum Mittelpunkt der literarischen und wissenschaftlichen Welt. Hier verarbeiteten Übersetzer und Gelehrte, häufig Perser und christliche Syrer, die Hauptwerke der griechischen wie der persischen und indischen Wissenschaft (von den

Griechen schätzte man besonders Aristoteles, die Neuplatoniker und Galen). Auf dem Weg über Spanien und Sizilien erwies sich dieses arabische Kulturgut als bedeutsamer Faktor für die mittelalterliche Kultur Europas.

c) Der Aufstieg der Karolinger

Auch im Frankenreich des 8. Jahrhunderts scheint die Veränderung zunächst nur ein Wechsel der Dynastie. Aber der Übergang der Herrschaft an die Karolinger war ebenfalls nur das Anzeichen einer tiefergehenden Umformung. Außenpolitisch begann mit dem Karolingerreich eine einheitliche Herrschaftsbildung in Westeuropa, wie es sie seit dem Ende des Weströmischen Reiches nicht mehr gegeben hatte. Die Ausdehnung der karolingischen Herrschaft an die Grenzen Spaniens, nach Nord- und Mitteldeutschland bis in die slawischen Grenzgebiete und nach Norditalien brachte zwar keinen politischen Zusammenschluß des gesamten Raumes zwischen den islamischen und den byzantinischen Grenzen. Papst und langobardische Herzöge rangen mit Byzanz um den Besitz von Mittelitalien, eine Vielzahl von Königreichen um die Vorherrschaft in England. Skandinavien, die germanischen und slawischen Gebiete in Mittel- und Osteuropa wie die christlichen Restbesitzungen in Spanien waren in Kleinfürstentümer zerfallen. Dennoch entstand eine auf das gemeinsame lateinische Christentum und auf einen trotz aller Aufteilung in lokale Herrschaftsbereiche gleichartigen gesellschaftlichen Aufbau begründete Einheit Europas. Daß Karl der Große »das gesamte Europa« in Wohlstand und Frieden hinterlassen habe, ist zwar eine Übertreibung des karolingischen Chronisten Nithard. Aber der Begriff Europa für eine geistige und nicht nur geographische Einheit steht hier doch zu Recht.[2]

In seinem Aufbau war das Reich der Karolinger Vorbild für die übrigen Länder des Westens. Sein Staatsgefüge war bestimmt durch eine feudale Ordnung. Personenrechtliche Bindungen zwischen Lehnsherrn und Vasall waren das entscheidende Gerüst der Herrschaft; der landsässige Adel gelangte durch die militärische Organisation, die das Kernstück der Vasallität bildete, zur Mitherrschaft im Reich. Die Kirche war nach dem Absterben der Laienbildung auch Träger der Verwaltung. Die weite Besitzstreuung des Königs, der Reichsaristokratie und der Klöster schuf eine personelle Verklammerung, die den Zusammenhalt des Reiches förderte.

Eine zweite Grundlage für den Aufstieg der Karolinger waren die Neuerungen in der Landwirtschaft seit dem 7. und 8. Jahrhundert. Sie ermöglichten im Norden größere und sicherere landwirtschaftliche Überschüsse als im Mittelmeergebiet. Die Dreifelderwirtschaft mit der Frühjahrssaat war im mediterranen Klima mit seinen trockenen Sommern unrentabel; sie spielte südlich der Alpen und der Loire keine Rolle. Das gab den großen Ebenen des Nordens allmählich einen wirtschaftlichen Vorteil über die Randgebiete des Mittelmeeres, den neu aufblühenden Städten einen sicheren ökonomischen Hintergrund.

Mit den politischen Veränderungen verband sich eine tiefgehende Verwandlung der geistigen Welt. Kleriker und Mönche wurden zum einzigen Träger von Bildung, Literatur und Kunst. In der geistigen Bewegung der ›Karolingischen Renaissance‹ offenbarte sich ein grundlegender Unterschied gegenüber der Kultur der Merowingerzeit. Die bewußte Aneignung antiker Formen und Inhalte bezeugt die fundamentale Tatsache, daß hier die Antike als etwas verstanden wurde, das erst wieder erneuert werden mußte. Die Karolinger empfanden sich, anders als die Merowinger, nicht mehr als selbstverständliche Erben einer weiterlebenden Tradition. Was sie erstrebten, war ein Neuanfang im Rückgriff auf ein historisch gewordenes Vorbild. Daß es um die Renaissance einer christlich-antiken Tradition ging, hat der führende Kopf der Bewegung, Alkuin von York, programmatisch formuliert: »Wenn Eure [des Kaisers] Absichten ausgeführt werden, kann ein neues Athen im fränkischen Land erstehen, prächtiger als das alte. Denn unser Athen, geadelt von den Lehren Christi, wird die Weisheit der Akademie übertreffen.«[3] Bei aller Bindung an die Tradition als Quelle geistigen Lebens ist die verwandelte Stellung gegenüber der alten Mittelmeerwelt unübersehbar.

Die ›Karolingische Renaissance‹ hat selten das große Programm Alkuins erreicht; in vielen Fällen gelangte der geistige Fortschritt wenig über das Niveau der Grammatikschule hinaus. Vieles war eher ein gekonnter Eklektizismus, in dem sich byzantinische, merowingische und angelsächsische Einflüsse mischten. Tatsächlich zog Karl der Große besonders aus dem Mittelmeerraum Künstler und Kunsthandwerker, Gelehrte und Schreiber an die zur kaiserlichen Hofhaltung ausgebaute Lieblingspfalz Aachen. In der Literatur erschien der Kaiser in Nachahmung klassischer Vorbilder als ein germanischer Held vergilischer Prägung, die recht ländliche Residenz Aachen als ›Sitz Davids‹ oder sogar als ›zweites Rom‹. Die Schreibschulen entwickelten eine neue, prachtvolle Schrift: die ›karolingische Minuskel‹, aus der die Antiqua-Schrift entstand. In der Schrift- und Buchillustration verbindenden Buchmalerei, die freilich deutlich irische und byzantinische Einflüsse zeigt, erreichte die karolingische Kunst ihren klassischen Höhepunkt — in Werken wie dem in Gold geschriebenen Lorscher Evangeliar aus der Hofschule Karls (um 810).

Von der Architektur der Karolingerzeit mit ihren Saalkirchen, Rundbauten und Westwerkanlagen gibt der St. Galler Klosterplan mit seinem Modell des karolingischen Idealklosters eine Vorstellung. Das großartigste Zeugnis des karolingischen Reiches und seiner Renaissance aber ist die Palastkapelle in Aachen, ein mit Bauelementen aus Ravenna errichteter achteckiger Zentralbau. Hier, im Zentrum seines Reiches, krönte Karl seinen Nachfolger, hier wurde er 814 beigesetzt und 1165 durch Friedrich Barbarossa heiliggesprochen. Die in aller Einfachheit monumentale Palastkapelle zeugt von den Leistungen, die der karolingische Stil über allen Eklektizismus hinaus hervorbringen konnte. Sie zeugt aber ebenso vom Selbstverständnis des Herrschers, der in zahlreichen Miniaturen und Buchillustrationen als Verkörperung des idealen Herrschers und guten Christen erscheint. Er war nicht nur der Souverän des fränkischen Königreiches, sondern zugleich der Kaiser des Westens: *imperator Romanum gubernans imperium et per misericordiam Dei rex Francorum et Langobardorum*. Es ist zwar fraglich, ob der Gedanke einer Wiederherstellung des Imperium Romanum im Westen für Karls Handeln von Bedeutung war. Doch die innere Umformung des Karolingerreiches wurde durch die Veränderung der Beziehungen zwischen Kaiser und Papst im Zusammenhang mit der neugewonnenen Stellung des Stuhles Petri vollendet. Das politische Bündnis zwischen Frankenherrscher und Papst aber hat nachhaltig auf das Verhältnis zwischen Kirche und Herrschaft im Mittelalter eingewirkt.

Am Ende der Jahrzehnte des Übergangs zwischen 711 und 760 steht eine neue Welt mit drei historischen Regionen: das Karolingerreich im Westen, das islamische Reich der Abbasiden im Osten und Süden, dazwischen das Byzantinische Reich. Sie hat die politische, gesellschaftliche und geistige Einheit des Mittelmeerraumes endgültig abgelöst, die das Imperium Romanum Christianum Constantins des Großen geschaffen und das Zeitalter Justinians noch einmal neu befestigt hatte. Rückblickend läßt sich diese langdauernde Bewahrung gemeinsamer Strukturen und ihre schließliche Veränderung in allen Bereichen des Lebens verfolgen. Von dauernderem Bestand als die politische Einheit erwies sich in Staat und Gesellschaft das System des Dominats — der absolutistisch- zentralistische Beamtenstaat mit den entsprechenden Gesellschafts- und Wirtschaftsstrukturen. Aber auch hier bildeten sich schließlich drei neue Formen: die byzantinische Themenverfassung, der karolingische Feudalstaat und das Abbasiden-Kalifat. In Kultur und Religion blieb die Gemeinsamkeit am längsten bewahrt. Die Traditionen der Kunst erhalten sich zäh; das 7. Jahrhundert bringt sogar in weiten Bereichen eine erneute Verstärkung des byzantinischen Einflusses. Dann erst beginnt die Auflösung in den karolingischen und frühromanischen Stil, die iranisierende Abbasidenkunst und die byzantinische Renaissance des 10. Jahrhunderts. In den Formen des Glaubens zerfällt die Einheit von Kirche und Welt, von politischer und religiöser Existenz erst langsam und in sehr verschiedenem Grad. Die traditionelle Einheit dauerte am stärksten in Byzanz fort, die dualistische Auflösung war am nachhaltigsten im Westen, wenn sie auch dort im Grunde erst mit dem Investiturstreit voll durchdringt.

Was hat dazu geführt, daß die alte Welt des Imperium Romanum Christianum, die sich trotz aller Schwierigkeiten in der Völkerwanderung von einer unerhörten Widerstandsfähigkeit gezeigt hatte, am Ende doch auseinanderbrach? Gerade im europäischen Westen wirft die bei allen gleitenden Übergängen und durchlaufenden Traditionen deutliche Richtungsänderung des historischen Prozesses im Wechsel von der Merowingerherrschaft zum Karolingerreich die Frage nach den Ursachen auf. Eine Rolle hat die große historische Barriere gespielt, die das spätere Merowingerreich vom Osten abtrennte: die Langobarden, die unruhige Welt des Balkans und die Araber. Sie hat mit ihren Wirkungen auf Handel und Wirtschaft die Agrarisierung als Grundlage des Feudalismus weiter vorangetrieben und zugleich den byzantinischen Einfluß in Kultur und Staat immer mehr abgeschwächt. Durch diese Abriegelung wurde ein lang bestehender Trend der gesellschaftlichen und institutionellen Entwicklung einseitig als Wirkkraft freigesetzt. Die zunehmende soziale und politische Rolle der Grundherrschaft führte zunächst zur Schwächung des Königtums und schließlich zur Umwandlung eines institutionellen Staatsgebildes in einen Personenverbandsstaat. Ein weiteres Element hat auf diesen Vorgang eingewirkt: das Heraufdringen germanischer und keltischer Kräfte im Frankenreich und in Nordwesteuropa überhaupt. Das zunehmende Übergewicht Austrasiens machte sich schon im späten Merowingerreich politisch und gesellschaftlich bemerkbar. Aber auch geistig und religiös setzte sich mit der Rolle Irlands und der Angelsachsen in Kirche und Kultur eine ähnliche Entwicklung durch; es ist aufschlußreich, daß die Idee des päpstlichen Primats wesentlich von den Angelsachsen propagiert wurde.

Diese Erklärungen können nur vorläufig sein; die Frage nach den Ursachen des Wandels im Frankenreich bleibt beunruhigend. Denn in der Welt dieser Jahrhunderte entstand Europa — ein Raum, in dem, anders als in der byzantinischen und orientalischen Welt, Ratio und Wille das Verhalten zur Welt bestimmen.

Herrscherlisten

I. SPÄTRÖMISCHE
UND BYZANTINISCHE KAISER

284—305	Diocletian
306—337	Constantin d. Gr.
337—361	Constantius
361—363	Iulian Apostata
363—364	Jovian
364—378	Valens
379—395	Theodosius I.

*Weströmische Kaiser nach der sog.
Reichsteilung*

Honorius	395—423
Johannes	423—424
Valentinian III.	424—455
Petronius Maximus	455
Avitus	455—456
Majorianus	457—461
Libius Severus	461—465
Anthemius	467—472
Olybrius	472
Glycerius	473—474
Julius Nepos	474—480
Romulus Augustulus	475—476

395—408	Arcadius
408—450	Theodosius II.
450—457	Markian
457—474	Leon I.
474—491	Zenon
491—518	Anastasius I.
518—527	Justin I.
527—565	Justinian I.
565—578	Justin II.
578—582	Tiberios I.
582—602	Maurikios
602—610	Phokas

Dynastie des Heraklios

610—641	Heraklios
641—668	Constans II.
668—685	Constantin IV. Pogonatos
685—695	Justinian II. Rhinotmetos
695—698	Leontios
698—705	Tiberios II.
705—711	Justinian II. (erneut)
711—713	Philippikos Bardanes
713—715	Anastasios II.
715—717	Theodosios III.

II. SASSANIDISCHE GROSSKÖNIGE

224—241	Ardaschir
241—271	Schapur I.
271—272	Ormazd I.
273—276	Bahram I.
276—293	Bahram II.
293—306	Narseh I.
303—309	versch. Prätendenten
309—379	Schapur II.
379—383	Ardaschir II.
383—388	Schapur III.
388—399	Bahram IV.
399—420	Jezdegerd I.
420—438	Bahram V.
438—457	Jezdegerd II.
457—459	Ormazd III.
459—484	Peroz
484—488	Balasch
488—531	Kavadh
531—579	Chosroes I.
578—590	Ormazd IV.
590—628	Chosroes II. Parvez
628—632	12 versch. Herrscher und Herrscherinnen
632—651	Jezdegerd III.

III. ISLAMISCHE HERRSCHER

*Die unmittelbaren Nachfolger des
Propheten*

632—634	Abu Bekr
634—644	Umar I.
644—656	Uthman
656—661	Ali

Umajjaden

661—680	Muawija I.
680—683	Jezid I.
683—684	(?) Muawija II.
684—685	Merwan I.
685—705	Abd al-Malik
705—715	Walid I.
715—717	Suleiman
717—720	Umar II.
720—724	Jezid II.
724—743	Hischām
743—744	Walid II.
744	Jezid III.
744	Ibrahim
744—750	Merwan II.

IV. OSTGOTENKÖNIGE

493–526	Theoderich
526–534	Athalarich
534–536	Theodahad
536–540	Witigis
540–541	Hildibad
541	Erarich
541–553	Totila
553	Teja

V. WESTGOTENKÖNIGE (SPANIEN)

466–484	Eurich
484–507	Alarich II.
506–526	Theoderich und Amalarich
526–531	Amalarich allein
531–548	Theudis
548–549	Theudegisel
549–554	Agila
554–567	Athanagild
568–572	Leova I
568–586	Leowigild
586–601	Rekkared I.
601–603	Leova II.
603–610	Witterich
610–612	Gundemar
612–621	Sisebut
621	Rekkared II.
621–631	Swinthila
631–636	Sisenand
636–640	Chintila
640–642	Tulga
642–652	Chindaswinth
653–672	Rekkeswinth
672–680	Wamba
680–687	Erwig
687–701	Egika
701–709	Witiza
709–711	Roderich

VI. VANDALENKÖNIGE (AFRIKA)

428–477	Geiserich
477–484	Hunerich
484–496	Gunthamund
496–523	Thrasamund
523–530	Hilderich
530–534	Gelimer

VII. LANGOBARDENKÖNIGE

568–572	Alboin
572–574	Kleph
584–590	Authari
590–616	Agilulf
616–626	Adaloald

626–636	Arioald
636–652	Rothari
652	Rodoald
652–661	Aripert I.
661–662	Godepert
	Perktarit
662–671	Grimoald
671–688	Perktarit (erneut)
688–700	Cunincpert
700	Luitpert
700–712	Aripert II.
712	Ansprand
713–744	Liutprand
744	Hildebrand
744–749	Ratchis
749–756	Aistulf
756–774	Desiderius

VIII. MEROWINGERKÖNIGE

481–511	Chlodwig I.
511–534	Theuderich I.
534–547 (?) 548 (?)	Theudebert I.
547 (?) 548 (?)–555	Theudebald
511–524	Chlodomer
511–558	Childebert I.
511–561	Chlothar I.
561–567	Charibert I.
561–592	Gunthchramn
561–575	Sigibert I.
575–595	Childebert II.
595–612	Theudebert II.
595–613	Theuderich II.
613	Sigibert II.
561–584	Chilperich I.
584–629	Chlothar II.
623–638	Dagobert I.
629–632	Charibert II.
633/634–656	Sigibert III.
656–660/661	Dagobert II.
660–661/662	Childebert, Sohn Grimoalds
640–657	Chlodwig II.
657–673	Chlothar III.
662–675	Childerich II.
675/676	Chlodwig, Sohn Chlothars III. (?)
673–690	Theuderich III.
690–695	Chlodwig III.
695–711	Childebert III.
711–715	Dagobert III.
715–721	Chilperich II.
718–719	Chlothar IV.
721–737	Theuderich IV.
737–743	Interregnum
743–751	Childerich III.

Anmerkungen

EINLEITUNG: DIE LEGENDE DER ›DARK AGES‹

1 NITHARD, *Historiae* I 1: »Karolus [...] omnem Europem omni bonitate repletam reliquit«.
2 A. J. TOYNBEE, *A Study of History.* Bd. I. 7. Aufl. London 1956, S. 39, 62.
3 Überblick über das Epochenproblem bei K.-F. STROHEKER, *Germanentum und Spätantike.* Zürich–Stuttgart 1965, S. 275–308; P. E. HÜBINGER, *Spätantike und frühes Mittelalter.* Darmstadt 1962; in weiterem geistesgeschichtlichem Zusammenhang S. MAZZARINO, *La fine del mondo antico.* Mailand 1959.
4 Die Forderung von J. HALLER (*Der Eintritt der Germanen in die Geschichte,* in: Reden und Aufsätze zur Geschichte und Politik. Stuttgart 1941, S. 35) ist noch kaum erfüllt: »Die Völkerwanderung [...] zieht keinen scharfen Trennungsstrich zwischen verschiedenen Zeitaltern. Vielmehr werden wir uns gewöhnen müssen, die Jahrhunderte der Spätantike, des späten Römertums und der Einbürgerung der Germanen bis zu Karl dem Großen und seinen Epigonen als eine Einheit anzusehen.« Auch dort, wo man bislang versuchte, die Zeit als eigene Epoche des Übergangs zu verstehen, setzen sich die zwei alten Betrachtungsweisen in sublimerer und differenzierterer Form fort — als »Fin du monde antique et début du moyen âge« bei F. LOT, als Fortdauer der römischen Antike bei H. PIRENNE (ähnlich als Agonie spätantiker Elemente bis zum 8. Jahrhundert bei L. HALPHEN oder als letzte Phase der Spätantike bei K. F. STROHEKER) oder umgekehrt als ›Gestaltung des Abendlandes‹ bei CH. DAWSON, W. C. BARK oder C. DESLILE BURNS. Ähnliche Denkformen sind im Grunde auch dort wirksam, wo in der byzantinischen Geschichte das 4.–7. Jahrhundert als Epoche des langsamen Entstehens von ›Byzanz‹ interpretiert wird (wie bei L. BRÉHIER, *Vie et mort de Byzance.* Paris 1947; oder B. RUBIN in: Propyläen Weltgeschichte. Bd. IV. Berlin 1963, S. 607).
Damit ist das Verdienst so stimulierender Darstellungen wie die von DAWSON oder Moss (für den diese Zeit »eines der zentralen Probleme der europäischen Geschichte« ist, vgl. Econ. Hist. Rev. 7, 1937, S. 209) nicht geschmälert. Aber auch wenn hier durch das Einbeziehen von Byzanz und Islam ein hoher Grad von Ausgewogenheit erreicht wird, so muß die gewählte Perspektive notwendig die aufs Mittelalter hinführenden Linien besonders hervorheben. Auch BURNS, von dem ausgezeichnete Beobachtungen stammen, kennt nur den Weg von der »Krise des nicht mehr flexiblen römischen Systems« zum »Ersten Europa« (diese Perspektive der Zeit ist auch sehr ausgeprägt in dem von LYNN WHITE herausgegebenen instruktiven Sammelband *The Transformation of the Roman World.* Berkeley 1966; vgl. etwa S. 179, 204, 248, 301) — ohne die Frage zu bedenken, ob nicht dazwischen ein eigener Zivilisationstyp liegt, der den germanischen Barbarismus weitgehend absorbiert hat. Sehr deutlich ist die Gefahr der Frühmittelalter-Perspektive bei BARK: zusammen mit der überspitzten Gegnerschaft zu PIRENNE führt sie zum schroffen Überbetonen des Zerfallsmomentes im Spätrömischen (das freilich in seiner Theorie positiv gewertet wird).
Die heftig umstrittene und bekämpfte These von H. PIRENNE (das Imperium wurde durch den Germaneneinbruch weder vernichtet noch barbarisiert; die ›Romania‹ als Wirtschafts- und Kultureinheit blieb bestehen, bis sie durch die islamische Invasion — die allen Handelsverkehr zwischen West und Ost unterband — zerstört wurde) hat in den letzten Jahrzehnten die Forschung in Zustimmung und Widerspruch ebenso bestimmt wie zuvor lange Zeit Gibbons Formulierung des Problems (gute orientierende Auswahl bei A. F. HAVIGHURST, *The Pirenne Thesis. Analysis, Criticism and Revision.* Boston 1958; reichhaltige Literaturhinweise zu den kontroversen Fragen bis BARK). Pirennes wirtschaftsgeschichtliche Theorien sind in wesentlichen Punkten korrigiert oder widerlegt: die ökonomischen Auswirkungen der islamischen Expansion waren nicht so schroff und folgenreich, daß sie monokausal die Entwicklung erklären könnten. Das ändert jedoch nichts an Pirennes grundsätzlich richtiger Einsicht, daß sich die spätrömischen Traditionen erst im 7. Jahrhundert im Merowingerreich (nicht bei den Westgoten!) auflösen. »Die [von Pirennes Kritikern] mit viel Eifer gesammelten Nachweise [...] sind sehr gleichgültig gegenüber der von ihnen ignorierten großen historischen Haupttatsache, daß die Länder und Völker um das Mittelmeer seit alters eine Einheit gebildet haben [...] und daß diese Einheit erst durch das Auftreten der Araber im 7. Jahrhundert zerstört worden ist. Man kann natürlich auch anstatt, so elementare Dinge zu sehen, dem die Augen dafür fehlen [...] Pirennes These ist lediglich zu ergänzen durch die Erinnerung, daß von der andern Seite her das Vordringen der Slawen den Zusammenhang zwischen Osten und Westen zerrissen hat. Beide zusammen, Araber und Slawen, haben die große

Veränderung in der Welt bewirkt« (H. DANNENBAUER, *Die Entstehung Europas*. Bd. II. Stuttgart 1962, S. 339). BARKS massive Kritik (die zu Recht die wichtigen agrartechnologischen Forschungsergebnisse von LYNN WHITE aufnimmt) ist letztlich ebenso eine auf ROSTOWZEWS liberalbourgeoisen Kategorien aufbauende Sublimierung des national-staatlichen Aspekts: die Zeit als Geburt von Freiheit und Demokratie im Westen.

5 K. F. STROHEKER, *a.a.O.* (Anm. 3), S. 118.
6 Gerade dieses Moment hat dazu geführt, neben dem Aspekt des Verfalls oder der Neuentstehung den Gesichtspunkt der großen Krise auf die Zeit anzuwenden – der große Umbruch als beispielhafter Fall, an dem Grundkräfte und Konstellationen des geschichtlichen Lebens deutlich hervortreten. Schon J. BURCKHARDT hat im Zusammentreffen bedeutender, gealterter Hinterlassenschaft mit neuen Kräften hohen Anspruches das Stadium gesehen, in dem die »allmählichen und dauernden Einwirkungen der großen Weltpotenzen« in jenen »beschleunigten Prozeß« übergehen, der die latente Krise ans Licht bringt (*Weltgeschichtliche Betrachtungen*. Hrsg. v. J. Oeri. Berlin–Stuttgart 1910, S. 160). Doch wer diese Zeit zu *einer* großen Krise stempelt, erliegt einer dramatisierenden Verkürzung der historischen Perspektive.

KAP. 1: IMPERIUM ROMANUM CHRISTIANUM

1 TERTULLIAN, *De anima* 30.
2 CYPRIANUS, *Ad Demetrianum* 3 f.
3 Fast alle antiken Bevölkerungszahlen sind wegen des Fehlens jeglicher statistischer Unterlagen notorisch unsicher. In diesem Fall gibt es für ein relatives Absinken der Bevölkerung zweifelsfreie Indizien, etwa die Verkleinerung von Städten in dieser Zeit.
4 *Edictum Diocletiani de pretiis*, S I 1 f. (Corpus Inscriptionum Latinarum [CIL] III 2, 824).
5 AURELIUS VICTOR, *De Caesaribus* 37, 5.
6 Auch hier kommt der Augenblick, wo die Abwertung der alten die Schaffung neuer Titel erzwingt – den ›vir gloriosus‹ unter Justinian und schließlich den ›gloriosissimus‹.
7 ULPIAN in *Digesta* I 12. 1. 12. Zusammenfassend ist diese Nachtseite der Kaiserzeit kaum behandelt, außer bei CH. G. STARR, *Civilization and the Caesars*. Ithaka (N. Y.) 1954.
8 AMMIANUS MARCELLINUS 28, 1, 16: »tortorem et vincula somniabat et deversoria tenebrarum«.
9 Das System der capitatio – iugatio ist noch in vielen Einzelheiten umstritten. Übersicht über die Hauptthesen bei R. RÉMONDON, *La Crise de l'Empire romain*. Paris 1964, S. 287–292.
10 LACTANTIUS, *De mortibus persecutorum* 23.
11 AMMIANUS MARCELLINUS 21, 10, 8.
12 EUSEBIUS, *Vita Constantini* II 24.
13 LACTANTIUS, *De mortibus persecutorum* 48, 2.
14 HIERONYMUS, *Vita Malchi* 1 (Migne, Patrologia Latina XXIII 55).
15 F. GREGOROVIUS, *Athen und Athenais*. Dresden 1927, S. 27.
16 GREGOR V. NYSSA, *Oratio de Deitate Filii et Spiritus Sancti* (Migne, Patrologia Graeca 46, S. 557).
17 AMBROSIUS, *Epistolae* 24, 4, 5; *De incarnatione* 4, 32.
18 ATHANASIOS, *De morte Arii* 3, 3.
19 AMMIANUS MARCELLINUS XXI 16, 18.
20 HIERONYMUS, *Epistolae* 130, 14; vgl. 52, 10. 58, 7.
21 Die ausgehende heidnische Kultur ist hier knapper als anderswo (vgl. neuerdings J. VOGT, *Der Niedergang Roms*. Zürich 1965, S. 258 ff.) behandelt. Ihre Fermentwirkung für die neue christliche Kultur ist unbestritten; aber die lebendigen Elemente des geistigen Lebens haben unsere Aufmerksamkeit mehr verdient.
22 OPTATUS V. MILEVE III 4; AUGUSTINUS, *Enarrationes in Psalmos* 10, 5; *Epistolae* 108, 8.
23 AMMIANUS MARCELLINUS XXII 5, 4.
24 HIERONYMUS, *Epistolae* 46, 9; AMBROSIUS, *Epistolae* 22, 1 f.; PRUDENTIUS, *Peristephanon* VI 132. 135.
25 TERTULLIAN, *Apologeticus* 38.
26 TERTULLIAN, *De idololatria*, 18. 19; *De pallio* 5.
27 Vgl. AUGUSTINUS, *De civitate Dei* 18, 46. 52; 4, 4; 19, 24; 18, 22; 15, 5; 19, 26.
28 HERODIAN VII 3, 3.
29 *Edictum Diocletiani* (*a.a.O.*, Anm. 4), S I 10–12.
30 LACTANTIUS, *De mortibus persecutorum* 23; LIBANIOS, *Contra Florentium* 472; SALVIAN, *De gubernatione Dei* IV 30.
31 *Codex Theodosianus* 11, 16, 18 (390).
32 SALVIAN, *De gub. Dei* IV 30.
33 *Cod. Theod.* 12, 1, 63 (370).
34 LACTANTIUS, *De mortibus persecutorum* 7.
35 *Cod. Theod.* 14, 3, 8 (365).
36 *Cod. Theod.* 12, 1, 146 (395); 14, 3, 11 (365); 12, 1, 144 (395).

37 Zur umstrittenen Frage nach der Ausdehnung der Goldwährung vgl. neuerdings R. LATOUCHE, *Les Origines de l'économie occidentale*. Paris 1956, S. 21 f.; J. GAGE, *Les Classes sociales dans l'empire romain*. Paris 1964, S. 342 f.

38 PLINIUS, *N. h.* 18, 35.

39 Das Ausmaß der Rückwendung zu naturalwirtschaftlichen Formen (und im Zusammenhang damit der Grad der Regression im Westen) wird aus leicht einsichtigen Gründen von Autoren wie E. STEIN, F. LOT, E. DEMOUGEOT und wieder W. S. BARK, *Origins of the Medieval World*. New York 1960, S. 46 f., 51–54, 71–73, 89 überschätzt. Eine systematische Aufarbeitung aller vorhandenen Daten steht noch aus.

40 Vgl. R. PARIBENI, *Le dimore dei ›potentiores‹*, in Mitt. des dt. arch. Instituts, Römische Abt. 55 (1940), S. 131 ff. Zu den Mosaikdarstellungen aus Afrika vgl. M. ROSTOWZEW, *Gesellschaft und Wirtschaft im Römischen Kaiserreich*. Bd. II Heidelberg o. J., S. 372 f.

41 *Cod. Theod.* 5, 17, 1 (332).

42 *Cod. Theod.* 7, 22, 3 (331); 7, 22, 1 (319); 12, 1, 58 (364); 12, 1, 59 (364); 12, 1, 149 (395); 14, 2, 4 (412); 14, 3, 5 (364); *Codex Justinianus* XI, 51; Cod. Theod. 16, 2, 9 (349).

43 SALVIAN, *De gub. Dei* IV 30–35.

44 *Cod. Theod.* 12, 1, 187 (436).

45 AUCTOR, *Peri hypsous* 44, 3.

46 JOH. CHRYSOSTOMOS, *Homiliae in Matth.* 50; SALVIAN, *De gub. Dei* V 36–37. 43–45.

47 CLAUDIAN 24, 150–159.

48 AMMIANUS MARCELLINUS 22, 5, 2.

49 *Epitome de Caesaribus* 47, 5.

50 AMMIANUS MARCELLINUS 22, 16, 19.

51 *Contra Constantium imperatorem* 8.

52 *Cod. Theod.* 16, 1, 2 (380).

53 AMBROSIUS, *Expositio Evangelii secundum Lucam* X 10.

54 AMMIANUS MARCELLINUS 23, 5, 19.

55 CLAUDIAN, III. *Consul. Honor.* 96 f.

KAP. 2: DER LEBENSKAMPF DES IMPERIUMS:
DIE KRISIS DES 5. JAHRHUNDERTS

1 ZOSIMOS 4, 59, 3.

2 ORIENTIUS, *Commonitorium* 2, 184.

3 *Cod. Theod.* 7, 8, 5 (398).

4 *Cod. Theod.* 9, 40, 24 (419).

5 OROSIUS, *Adv. pag.* VII 43, 4–7.

6 SIDONIUS APOLLINARIS, *Carm.* 12, 6 f.

7 CLAUDIAN, 21, 222–23; 26, 52–56.

8 RUTILIUS NAMATIANUS, *De reditu suo* 1, 140.

9 SALVIAN, *De gub. Dei*, IV 30–31; V 21–26. 33–37.

10 SIDONIUS APOLLINARIS, *Ep.* 7, 14, 10; 8, 2, 2; *Carmen* 23, 13.

11 AUGUSTIN, *Sermo Caillau* 2, 92, 2; vgl. *Sermo* 81, 9.

12 PRUDENTIUS, *Contra Symmachum* 2, 662; 2, 658 f.

13 HIERONYMUS, *Ep.* 126, 2; 123, 16, 17; 128, 5.

14 E. MEYER, *Kleine Schriften*. Bd. I. 2. Aufl. Halle 1924, S. 160.

15 M. ROSTOWZEW, *Geschichte der Alten Welt*. Bd. II. Leipzig 1942, S. 460; A. PIGANIOL, *L'Empire chrétien*. Paris 1947, S. 422. Die Zahl der Abhandlungen zum Niedergangsproblem ist Legion (»one is inclined to the uncharitable suspicion that some scholars have been attracted to this period for the very reason that it yields a minimum of hard data to inhibit their soaring hypotheses«, C. WARREN HOLLISTER in: *The Transformation of the Roman World*. Hrsg. v. LYNN WHITE JR. Berkeley 1966, S. 180). Gute Übersichten über die Diskussion bei PIGANIOL, *a.a.O.*, S. 411 ff.; A. H. M. JONES, *The Later Roman Empire*. Bd. II. Oxford 1964, S. 1025 ff.; *Decline and Fall of the Roman Empire*. Hrsg. v. D. KAGAN. Boston 1966. Vgl. auch die reichhaltigen Nachweise bei W. C. BARK, *Origins of the Medieval World*. New York 1960. Für die These von der Klimaverschlechterung durch Austrocknung (E. HUNTINGTON, *Civilisation and Climate*. 3. Aufl. New Haven 1924) fehlen ebenso jegliche gesicherten Daten wie für die biologistische Erklärung durch die »Ausrottung der Besten« (O. SEECK, *Geschichte des Untergangs der antiken Welt*. Bd. I. 4. Aufl. Stuttgart 1921, S. 269 f.) oder durch die »Verkrankung der antiken Welt« (F. KAPHAN, *Zwischen Antike und Mittelalter*. München o. J.). Die Hauptursache in der Entvölkerung sieht (neben sozialen und wirtschaftlichen Momenten) A. E. R. BOAK, *Manpower Shortage and the Fall of the Roman Empire in the West*. Ann Arbor 1955; doch läßt sich nicht nachweisen, daß der – wahrscheinliche – Rückgang der Reichsbevölkerung katastrophenhafter Natur war (vgl. dazu auch M. I. FINLEY in: Journal of Roman Studies 48, 1958, S. 156 ff.). Exponent einer stark deduktiven marxistischen Erklärung ist F. W. WALBANK, *The Decline of the Roman Empire in the West*. London 1946; sehr viel differenzierter jetzt E. M. STAERMAN, *Die Krisis der Sklavenhalterordnung im Westen des Römischen Reiches*. Berlin 1967. Die Rolle innenpolitischer Konflikte und militärischer Fehlentscheidungen wird besonders betont von W. SESTON in: Propyläen Weltge-

schichte. Bd. IV. Berlin 1963, S. 553 ff., oder von R. M. HAYWOOD, *The Myth of Rome's Fall*. New York 1958; die der Germanen von A. PIGANIOL, *a.a.O.*, oder P. COURCELLE, *Histoire littéraire des grandes invasions germaniques*. 3. Aufl. Paris 1964. Für die entscheidende Rolle des inneren Niedergangs plädieren nach M. ROSTOWZEW (*a.a.O.*; vgl. auch Kap. 1, Anm. 40) und M. WEBER, *Soziale Gründe des Untergangs der antiken Kultur*, in: Gesammelte Aufsätze zur Wirtschafts- und Sozialgeschichte. Tübingen 1924, unter anderem CH. DAWSON, *Die Gestaltung des Abendlandes*. Frankfurt 1961 (vgl. S. 61: »In der Tat wäre der Zusammenbruch des Reiches [. . .] in derselben Weise erfolgt, auch ohne die barbarischen Eindringlinge«); J. VOGT, *Der Niedergang Roms*. Zürich 1965; H. DANNENBAUER, *Die Entstehung Europas*. 2. Bde. Stuttgart 1959, 1962; oder F. LOT, *La Fin du monde antique et le début du moyen âge*. 2. Aufl. Paris 1951. Interessant, aber nicht völlig überzeugend ist der Versuch von W. C. BARK, *a.a.O.*, den Niedergang als Neubeginn zu interpretieren (vgl. auch oben Einleitung, Anm. 4).

16 Zu den zeitgeschichtlichen Bedingtheiten der einzelnen Thesen vgl. vor allem S. MAZZARINO, *La fine del mondo antico*. Mailand 1959. Zusätzlich spielt – wie sich an BARK (Salvian) oder HAYWOOD (Ammian) zeigen läßt – auch die jeweils im Vordergrund stehende Hauptquelle eine wesentliche Rolle für die Beurteilung der Frage.

17 Zu den Bevölkerungszahlen zuletzt J. C. RUSSELL, *Late Ancient and Medieval Population*, in: Transact. Am. Philos. Soc. 48, 3 (1958), S. 71 ff.

18 Die Beurteilung der realen wirtschaftlichen Situation vor allem im Westen ist immer noch sehr strittig. Das Folgende stimmt im wesentlichen mit A. H. M. JONES, *a.a.O.* (vgl. Anm. 15) überein, der auch in der Frage nach den Ursachen des Niedergangs einen sehr gut abgewogenen Standpunkt einnimmt.

19 SALVIAN. *De gub. Dei* VI 8, 39 ff.; SIDONIUS APOLLINARIS, Carmen 23, 59 ff.

20 Fraglicher ist, ob daneben – wie A. MOMIGLIANO, *Christianity and the Decline of the Roman Empire*, in: The Conflict between Paganism and Christianity in the Fourth Century. Oxford 1963, S. 1 ff., annimmt – auch der Einfluß der Kirche ein zusätzlicher Faktor für das Sinken der Abwehrkraft war. Sicherlich besteht eine seltsame Wechselbeziehung zwischen dem stabilisierenden Moment der kirchlichen Lehre in Staat und Gesellschaft und der gleichzeitigen Schwächung durch die zunehmende Bindung gerade der schöpferischen und aktiven Teile der Bevölkerung an die Kirche, die diese dem Reichsdienst entzieht. Doch ob sich dieser Prozeß im Westen stärker als im Osten ausgewirkt hat, läßt sich vorläufig nicht feststellen.

21 Vgl. J. MASPÉRO, *Histoire des Patriarches d'Egypte*. Paris 1923, S. 37, Anm. 1; J. P. MANSI, *Sacrorum Conciliorum nova et amplissima collectio*. Graz 1960. Bd. VI. S. 1029 f.

22 *Acta Conciliorum Oecumenicorum* I 4, S. 25, 34.

23 PETROS V. ALEXANDRIEN, *Patrologia Orientalis* I, S. 445 f.

24 *The Rhythms of Ephrem the Syrian*, übers. von J. B. MORRIS. Oxford Library of the Fathers of the Holy Catholic Church. Oxford 1847, S. 95, 102.

25 LEO I., *Ep.* 162, 2; GELASIUS, *Tomus de Anathematis vinculo* [Migne, Patrologia Latina 109, 102].

26 JOHANNES DAMASCENUS, *Dialectica*, prol. 5.

27 GREGORIOS THAUMATHOURGOS, *Dankrede an Origenes* 13.

28 HIERONYMUS, *Ep.* 22, 30.

29 TERTULLIAN, *De praescriptione*, 7; *Apologeticus* 46.

30 Vgl. D. TALBOT RICE, *Morgen des Abendlandes*. München 1965, S. 10.

KAP. 3: RENOVATIO IMPERII:

DAS JAHRHUNDERT JUSTINIANS (518–610)

1 E. GIBBON, *The History of the Decline and Fall of the Roman Empire* (Hrsg. J. B. Bury). London 1896. Bd. IV, S. 226.

2 PROKOP, *Anekdota* 10, 11; 15, 1 ff.

3 PROKOP, *Anekdota* 12, 4.

4 PROKOP, *De aedificiis* I 1, 6–7.

5 PROKOP, *Anekdota* 13, 28; vgl. 8, 12 f.; 12, 26 f.; 30. 21 f.

6 JORDANES, *Getica* 28.

7 PAULUS SILENTIARIUS, *Descriptio St. Sophiae* 232 f.

8 *Scriptores originum Constantinopolitarum* (Hrsg. v. T. PREGER) I 105.

9 PROKOP, *De aedif.* I 1, 8–11.

10 *Novellae* 8 (16), 10, 2.

11 Theodoras eigene Worte nach PROKOP, *Bell. Pers.* I 24, 33 f.

12 *Novellae* 8 (16) 8; 28 (31) 5.

13 *Novellae* 8 (16) 10.

14 JOHANNES LYDUS, *De magistratibus* III 70.

15 KOSMAS, *Cosmographia Christiana* II [Migne, Patrologia Graeca 88, 116].

16 *Corpus Juris Civilis* I 5. 12, 5 (527).

17 *Novellae* 33 (54), Introd.

18 CASSIODOR, *Variae* I 1, 3.

19 CIL X 6850.

20   A. Graf Stauffenberg, *Das Imperium und die Völkerwanderung*. München o. J., S. 142.
21   Gregor v. Tours, *Historiae* III 30.
22   Gregor, *Hist.* IV. 38; vgl. Isidor v. Sevilla, *Historia Gothorum* 51: »Die Vornehmsten und Mächtigsten tötete er oder ächtete sie und schickte sie in die Verbannung.«
23   Vgl. zur Sprach- und Siedlungsgrenze G. Kurth, *La Frontière linguistique en Belgique et dans le nord de la France*. 2 Bde. Brüssel 1896, 1898; E. Gamillscheg, *Romania Germanica*. Bd. I. Berlin 1934; *Germanische Siedlung in Belgien und Nordfrankreich*, in: Abh. Akad. Berlin 1937 Nr. 12; E. Salin, *La Civilisation Mérovingienne*. Bd. I Paris 1949.
24   Gregor, *Hist.* VI 46.
25   Gregor, *Hist.* II 37.
26   Gregor, *Hist.* VII 37. 46.
27   Anthimos, *Epistula de observatione Ciborum* (in: Corpus Medicorum Latinorum, hrsg. v. Liechtenhain. 2. Aufl. Berlin 1963) 14; 36; 80; 81.
28   K. F. Stroheker, *Die geschichtliche Stellung der Ostgermanenstaaten am Mittelmeer*, in: Germanentum und Spätantike. Zürich–Stuttgart 1965, S. 106 f. Die vielfach gestellte Frage nach dem spätantiken oder mittelalterlichen Charakter der Germanenstaaten ist hier am ausgewogensten behandelt.
29   Theophylakt IV 10, 11.
30   *Novellae* 30, 11, 2.
31   Isidor v. Sevilla, *Monumenta Germaniae Historica, Auctores antiquissimi XI, Chronica minora II* 479.

KAP. 4: DER AUFBRUCH DES OSTENS:

DAS JAHRHUNDERT DER ARABISCH-ISLAMISCHEN EROBERUNG

1   Theophanes, *Ad annum* 6127; Michael Syrus, *Chron.* XI 7, 420 ff.
2   Vgl. G. Ostrogorsky, *Geschichte des Byzantinischen Staates*. 3. Aufl. München 1963, S. 85, Anm. 3.
3   Zur Entstehung der Themenverfassung vgl. zusammenfassend (mit weiteren Hinweisen auf Quellen und Literatur) A. A. Vasiliev, *History of the Byzantine Empire*. Bd. I. Madison 1958, S. 226–229; W. Ensslin in: Cambridge Medieval History. Bd. IV, 2. Cambridge 1967, S. 27–29.
4   *Koran* 6, 163.
5   Vgl. G. E. v. Grunebaum, *Der Islam*, in: Propyläen Weltgeschichte. Bd. V. Berlin 1963, S. 47, dessen Beurteilung ich auch in anderen Punkten folge.
6   Ibn-'Abd-al-Hakam, S. 82; vgl. P. K. Hitti, *History of the Arabs*. 7. Aufl. London 1961, S. 164 f.
7   Beladsori, *Liber expugnationum regionum* (hrsg. v. M. J. de Goeje) 137. Die Rolle der antiorthodoxen Stimmung bei der Eroberung der Ostprovinzen ist strittig, zumal zeitgenössische Quellen fast völlig fehlen. Vgl. H. St. L. B. Moss, *The Birth of the Middle Ages*. London 1935, S. 150; Vasiliev, *a.a.O.* (Anm. 3), S. 208 f.; S. Runciman, *A History of the Crusades*. Bd. I. Cambridge 1957, S. 5 f., 20 f. Zurückhaltender dagegen A. H. M. Jones, *The Later Roman Empire*. Bd. II. Oxford 1964, S. 1024; M. Lichtheim, *Autonomy versus Unity in the Christian East*, in: The Transformation of the Roman World. Berkeley 1966, S. 138–141.
8   *Koran* 9, 29.
9   Ibn Khaldun, *Muqqadimah* I 273 (vgl. 274 f., 284, 295), übers. von F. Rosenthal.
10   Vgl. Hitti, *a.a.O.*, (Anm. 6), S. 240 f., 256.
11   Theophanes. *Chron.* 678.
12   Die Entstehungszeit des *Nomos Georgikos* ist umstritten, vgl. näher Vasiliev, *a.a.O.* (Anm. 3), S. 244–246; Ostrogorsky, *a.a.O.* (Anm. 2), S. 75 Anm. 10. Auch wenn das Gesetzbuch erst unter Leon III. oder später zusammengestellt wurde, so gehen seine Bestimmungen doch zum großen Teil schon auf das späte 7. Jahrhundert zurück.
13   Vgl. dazu jetzt auch S. Vryonis, *Hellas Resurgent*, in: Transformation of the Roman World (siehe Anm. 7) S. 104, 112 f.
14   Isidor v. Sevilla, *Hist. Gothorum* 54.
15   Johannes v. Biclaro, *Ad. annum* 590, 1.
16   4. Konzil von Toledo, canon 75 (Mansi [vgl. Kap. 2 Anm. 21] X 637 ff.).
17   8. Konzil von Toledo, canon 30 (Mansi [vgl. Kap. 2 Anm. 21] X 1224).
18   Aus der reichen Literatur zur Entstehung des Feudalismus vgl. M. Bloch, *Les Caractères originaux de l'histoire rurale française*. 4. Aufl. Paris 1964; ders., *The Rise of Dependent Cultivation and Seigniorial Institutions*, in: Cambridge Economic History. Bd. I. 2. Aufl. Cambridge 1966, S. 235 ff.; F. L. Ganshof, *Was ist das Lehenswesen?* Darmstadt 1961; weitere Beiträge verschiedener Autoren in: Settimane di studio del centro italiano di studi sull' alto medioevo. Bd. I. I problemi della civiltà carolingia. Spoleto 1954. Speziell zur Rolle des westgotischen Südfrankreich A. Dopsch, *Benefizialwesen und Feudalität*, in: Mitteilungen des Instituts für Österr. Geschichtsforschung 46 (1932), S. 13 ff.; C. Sanchez Albornoz, *En torno a los origenes del feudalismo*. 3 Bde. Mendoza 1942; und die Zusammenfassung des derzeitigen Forschungsstandes bei K. F. Stroheker, *a.a.O.* (Kap. 3 Anm. 28), S. 126 ff.

19 *Monumenta Germaniae Historica*, Cap. I nr. 9. Der Versuch von R. SPRANDEL, *Struktur und Geschichte des merowingischen Adels*, in: Hist. Zeitschr. 193 (1961), bes. S. 62 ff., das Edikt als Maßnahme zur Begrenzung der Adelsmacht zu deuten, überzeugt nicht.

20 FREDEGAR IV 60, aus austrasischer Sicht.

21 Über den ›subrömischen Charakter‹ der merowingischen Verwaltung vgl. J. M. WALLACE-HADRILL, *The Long-Haired Kings*. London 1962, S. 1 ff. Zum Wandel des comes-Amtes zuletzt R. SPRANDEL, *Dux und comes in der Merowingerzeit*, in: Zeitschr. d. Savigny-Stiftung f. Rechtsgesch., Germanist. Abteilg. 74 (1957), S. 41 ff.; D. CLAUDE, *Untersuchungen zum frühfränkischen Comitat*. Ebd. 81 (1964), S. 1 ff.

22 Vgl. M. BLOCH in: Cambr. Econ. Hist. Bd. I (vgl. Anm. 18), S. 290.

23 Bedeutung und Folgen dieser ›Regression‹ sind heftig umstritten, seit H. Pirenne in schroffem Gegensatz zu A. Dopsch das Auftreten des Islam zur Ursache für die durch eine Blockierung der überseeischen Handelswege bedingte wirtschaftliche Regression erklärte, die ihrerseits wiederum Hauptursache der Verwandlung von Staat und Gesellschaft im Merowingerreich (und damit des Übergangs zum Mittelalter) gewesen sei. Diese einseitig handelsgeschichtliche Argumentation ist inzwischen als unhaltbar erwiesen (wenn sich auch Pirennes These in größerem historischem Zusammenhang bewährt hat, vgl. Einleitung (Anm. 4); vgl. zusammenfassend jetzt A. F. HARVIGHURST, *The Pirenne Thesis*. Boston 1958, bes. S. 58 ff.; 84 ff. Der Handel mit Byzanz hörte im 8. Jahrhundert nicht auf, wenn er sich auch deutlich verminderte.

24 Vgl. LYNN WHITE JR., *Medieval Technology and Social Change*. Oxford 1962, bes. S. 39 ff.; R. LEFEBVRE DES NOETTES, *L'Attelage et le cheval de selle à travers des âges*. Paris 1931; A. HAUDRICOURT, *De l'Origine de l'attelage moderne*, in Annales 8 (1936), S. 515 ff.; E. M. JOPE, *Vehicles and Harness*, in: A History of Technology. Bd. II. Oxford 1956, S. 538 ff.; R. PARAIN, *The Evolution of Agricultural Technique*, in Cambr. Econ. Hist. Bd. I (siehe Anm. 18), S. 125 ff.; F. BENOIT, *Histoire de l'outillage rural et artisanal*. Paris 1947. W. C. BARK (Kap. 2 Anm. 15) hat auf diese Ergebnisse seine These von der ›reverse revolution‹ *(a.a.O.,* S. 122) seit dem 4. und 5. Jahrhundert aufgebaut.

25 Vgl. H. PIRENNE, *Mahomet und Karl der Große*. Frankfurt 1963, S. 110–112. 142 f.

26 *Passio Leodegarii* 7 [Monumenta Germaniae Historica, Scriptores rerum Meroving. V 289].

27 PAULUS DIACONUS, *Historia Langobardorum III 35*.

28 Vgl. H. ST. L. B. Moss, *The Birth of the Middle Ages*. London 1935, S. 214.

29 PAULUS DIACONUS, *Hist. Langob.* IV 22.

30 *Monumenta Germaniae Historica*, Leges IV 196.

KAP. 5: DIE VERWANDLUNG DER MITTELMEERWELT
IM FRÜHEN 8. JAHRHUNDERT

1 G. E. v. GRUNEBAUM, *Der Islam*, in: Propyläen Weltgeschichte. Bd. V. Berlin 1963, S. 71.

2 NITHARD, *Historiae* I 1.

3 Migne, Patrologia Latina 100, ep. 86, S. 282.

Literaturverzeichnis

EINLEITUNG: DIE LEGENDE DER ›DARK AGES‹

BARK, W. C., Origins of the Medieval World. Stanford 1958
BREHIER, L., Le Monde byzantin. 3 Bde. Paris 1947–1950
BURNS, C. D., The First Europe (400–800). London 1947
BURY, J. B., History of the Later Roman Empire from the Death of Theodosius I to the Death
    of Justinian. 2 Bde. London 1923
THE CAMBRIDGE ECONOMIC HISTORY of Europe. Bd. I: The Agrarian Life of the Middle Ages.
    2. Aufl. Cambridge 1966. Bd. II: Trade and Industry in the Middle Ages. Cambridge 1952.
    Bd. III: Economic Organizations and Politics in the Middle Ages. 2. Aufl. Cambridge 1963.
CAMBRIDGE MEDIEVAL HISTORY. Bd. IV: The Byzantine Empire. 2. Aufl. 1966–1967
DANNENBAUER, H., Die Entstehung Europas. 2 Bde. Stuttgart 1959–1962
DAWSON, C., The Making of Europe. London 1936. Deutsch: Frankfurt 1961
DEANESLY, M., A History of Early Medieval Europe, 476–911. 2. Aufl. New York 1956
DIEHL, CHR., und G. MARÇAIS, Le Monde oriental de 395 à 1081. Paris 1936
GIBBON, E., The History of the Decline and Fall of the Roman Empire. London 1776–1788
    (neu hrsg. von J. B. Bury. London 1896–1900)
HALPHEN, L., Les Barbares. 5 Aufl. Paris 1948
JONES, A. H. M., The Later Roman Empire. 3 Bde. Oxford 1964
–, The Decline of the Ancient World. New York 1966 (verkürzte Ausgabe des vorigen Titels)
KATZ, S., The Decline of Rome and the Rise of Medieval Europe. Ithaca (N. Y.) 1955
KORNEMANN, E., Weltgeschichte des Mittelmeerraums. 2. Aufl. München 1967
LOT, F., La Fin du monde antique et le début du moyen âge. 2. Aufl. Paris 1951
LOT, F., F. L. GANSHOF und C. PFISTER, Les Destinées de l'Empire en Occident de 395 à 888.
    Paris 1928 (Histoire générale II 1, 1)
MANN, G. und A. NITSCHKE (Hrsg.), Propyläen Weltgeschichte. Bd. V. Berlin 1963
MOSS, H. St. L. B., The Birth of the Middle Ages. London 1935
OSTROGORSKY, G., Geschichte des byzantinischen Staates. 3. Aufl. München 1963
PIRENNE, H., Mahomet et Charlemagne. Brüssel 1937. Deutsch: Frankfurt 1963
REMONDON, P., La Crise de l'Empire romain. Paris 1964
SEECK, O., Geschichte des Untergangs der antiken Welt. 3. bzw. 2. Aufl. Berlin 1920–1921
Settimane di Studio del Centro Italiano di Studi sul Alto Medioevo. IX: Il passagio d'all'
    anchità al Medioevo in occidente. Spoleto 1962
STEIN, E., Histoire du Bas-Empire. 2 Bde. Paris 1949–1959
TALBOT RICE, D. (Hrsg.), Morgen des Abendlandes. München 1965
VOGT, J., Der Niedergang Roms. Zürich 1965
VASILIEV, A. A., History of the Byzantine Empire, 324–1453. 2. Aufl. Madison 1958
WALLACE-HADRILL, J. M., The Barbarian West, 400–1000 A. D. 2. Aufl. London 1957

AUBIN, H., Vom Altertum zum Mittelalter, München 1949
BOEHNER, K., Die Frage der Kontinuität zwischen Altertum und Mittelalter im Spiegel der
    fränkischen Funde des Rheinlandes. Trierer Zeitschrift 19 (1950), S. 82–106.
DOPSCH, A., Wirtschaftliche und soziale Grundlagen der europäischen Kulturentwicklung.
    2. Aufl. Wien 1923/1924
FUHRMANN, M., Die lateinische Literatur der Spätantike. Ein literarhistorischer Beitrag zum
    Kontinuitätsproblem. Antike und Abendland 13 (1967), S. 56–79
HARTMANN, L. M., Ein Kapitel vom spätantiken u. frühmittelalterlichen Staat. Stuttgart 1913
HARVIGHURST, A. F., The Pirenne Thesis. Analysis, Criticism and Revision. Boston 1958
HÜBINGER, P. E., Spätantike und frühes Mittelalter. Darmstadt 1962
LYNN WHITE, JR. (Hrsg.), The Transformation of the Roman World. Berkeley 1966
STROHEKER, K. F., Um die Grenze zwischen Antike und abendländischem Mittelalter, in: Ger-
    manentum und Spätantike. Zürich–Stuttgart 1965, S. 275–308

KAP. 1: IMPERIUM ROMANUM CHRISTIANUM

I. Reich und Reichskrise im 3. Jahrhundert

CAMBRIDGE ANCIENT HISTORY. Bd. XII. Cambridge 1939
WALSER, G., und TH. PEKÁRY, Die Krise des römischen Reiches. Berlin 1962

CHRISTENSEN, A., L'Iran sous les Sassanides. 2. Aufl. Kopenhagen 1944
GIRSHMAN, R., Iran, Parther und Sassaniden. München 1962
POPE, A. U. (Hrsg.), A Survey of Persian Art. 5 Bde. London 1958
WIDENGREN, G., Iranische Geisteswelt von den Anfängen bis zum Islam. Baden-Baden 1961

II. Neue Lebensformen: Absolutismus und Christentum

BERCHEM, D. v., L'Armée de Dioclétien et la réforme constantinienne. Paris 1952
BURCKHARDT, J., Die Zeit Constantins des Großen. Hrsg. v. B. Wyss. Bern 1950
GAUDEMET, J., L'Eglise dans l'Empire romain IVe–Ve siècles. Paris 1958
GREENSLADE, S. L., Church and State from Constantine to Theodosius. London 1954
MOMIGLIANO, A. (Hrsg.), The Conflict between Paganism and Christianity in the Fourth
    Century. Oxford 1963
PIGANIOL, A., L'Empire chrétien (325–395). Paris 1947
SESTON, W., Dioclétien et la tétrachie. Bd. I. Paris 1946
STARR, CH. G., Civilization and the Caesars. Ithaca (N. Y.) 1954
VOGT, J., Constantin d. Gr. und sein Jahrhundert. 2. Aufl. München 1960

III. Kirche und Christenheit im 4. Jahrhundert

ALTANER, B., und A. STUIBER, Patrologie. 7. Aufl. Freiburg 1966
CAMPENHAUSEN, H. v., Griechische Kirchenväter. 4. Aufl. Stuttgart 1967
—, Lateinische Kirchenväter. 2. Aufl. Stuttgart 1965
DANIELOU, J., und H. J. MARROU, Nouvelle Histoire de l'église. I: Des Origines à Grégoire le
    Grand. Paris 1963. Deutsch: Köln 1964
FLICHÉ, A., und V. MARTIN, Histoire de l'église. Bd. 2–6. Paris 1943–1949
FREND, W. H. C., The Donatist Church. Oxford 1952
GRABAR, A., Martyrium. Recherches sur le culte des reliques et l'art chrétien antique.
    Paris 1946
HEUSSI, K., Der Ursprung des Mönchstums. Tübingen 1936
LABRIOLLE, P. DE, Histoire de la littérature latine chrétienne. 2 Bde. 3. Aufl. Paris 1947
—, La Réaction paienne. 2. Aufl. Paris 1950
LEROY, J., Moines et monastères d'Orient. Paris 1958
LIETZMANN, H., Geschichte der Alten Kirche. 4 Bde. 3. Aufl. Berlin 1961
PETERSON, E., Der Monotheismus als politisches Problem. Leipzig 1935
PUECH, A., Histoire de la littérature grecque chrétienne. 3 Bde. Paris 1928–1930
QUASTEN, J., Patrology. 3 Bde. Utrecht. Bd. I 1950, Bd. II 1953, Bd. III 1960
RABY, F. J. E., A History of Christian Latin Poetry to the Close of the Middle Ages. 2. Aufl.
    Oxford 1953
SCHNEIDER, C., Geistesgeschichte des antiken Christentums. 2 Bde. München 1954
THOMPSON, E. A., The Historical Work of Ammianus Marcellinus. Cambridge 1947

BETTINI, S., L'arte alla fine del mondo antico. Padua 1948
LAURENT, M. L'Art chrétien des origines à Justinien. Brüssel 1956
MOREY, C. R., Early Christian Art. Princeton 1942
SWIFT, E. H., Roman Sources of Christian Art. New York 1951
VOLBACH, W. F., und M. HIRMER, Frühchristliche Kunst. München 1958

IV. Die Gesellschaft des Imperium Romanum Christianum

CHARLESWORTH, M. P., Trade-Routes and Commerce of the Roman Empire. 2. Aufl. Cam-
    bridge 1926
COLLINET, P., Le Colonat dans l'Empire romain. Brüssel 1937
DOWNEY, G., A History of Antioch in Syria. Princeton 1961
FRANK, T. (Hrsg.), An Economic Survey of Ancient Rome. Bd. I–V. Baltimore 1933–1940
GAGÉ, J., Les Classes sociales dans l'Empire romain. Paris 1965
GAUDEMET, J., La Formation du droit séculier et du droit de l'Eglise aux IVe et Ve siècle.
    Paris 1957
HARMAND, L., Le Patronat sur les collectivités publiques des origines au bas empire.
    Paris 1957
HEICHELHEIM, F., Wirtschaftsgeschichte des Altertums. Leiden 1938
HONIG, R., Humanitas und Rhetorik in spätrömischen Kaisergesetzen. Göttinger Rechtswis-
    senschaftliche Studien. 30. Göttingen 1960
LATOUCHE, R., Les Origines de l'économie occidentale. Paris 1956
LEIPOLDT, J., Der soziale Gedanke in der altchristlichen Kirche. Leipzig 1952
MACMULLEN, R., Enemies of the Roman Order. Cambridge (Mass.) 1967
L'ORANGE, H. P., Art Forms and Civic Life in the Later Roman Empire. Princeton 1965
LOT, F., Nouvelles recherches sur l'impôt foncier et la capitation personelle sous le Bas
    Empire. Paris 1955
MAZZARINO, S., Aspetti sociali del quarto secolo. Rom 1951
MICKWITZ, G., Geld und Wirtschaft im Römischen Reich des 4. Jahrhunderts. Helsinki 1932
—, Die Kartellfunktionen der Zünfte. Helsinki 1936
ROBERTIS, F. M. DE, Lavoro e lavoratori nel mondo Romano. Bari 1963

ROSTOWZEW, M., The Social and Economic History of the Roman Empire. 2. Aufl. London 1957. Deutsch: Heidelberg o. J.
WHITE K. D., Agricultural Implements of the Roman World. Cambridge 1967
WIEACKER, F., Recht und Gesellschaft in der Spätantike. Stuttgart 1964

V. Das Reich und die neuen Mächte

ALFÖLDI, A., A Conflict of Ideas in the Late Romane Empire. Oxford 1952
CAMPENHAUSEN, H. v., Ambrosius von Mailand als Kirchenpolitiker. Berlin 1929
DALLMAYR, H., Die großen vier Konzilien. Nicaea, Constantinopél, Ephesus, Chalcedon. München 1961
HISTOIRE DES CONCILES OECUMENIQUES,. publ. s. la dir. de G. Dumeige. Bd. I: Nicée et Constantinople; par J. Ortiz de Urbina. Bd. II: Ephèse et Chalcédoine; par P. Th. Camelot. Paris 1964
KING, N. Q., The Emporer Theodosius and the Establishment of Christianity. London 1961
LIPPOLD, A., Theodosius d. Gr. und seine Zeit. Stuttgart 1968

KAP. 2: DER LEBENSKAMPF DES IMPERIUMS:
DIE KRISIS DES 5. JAHRHUNDERTS

II. Grundzüge der Innenpolitik

DEMOUGEOT, E., De l'Unité à la division de l'empire romain (395–410). Paris 1951
MAZZARINO, S., Stilicone. Rom 1942
SIRAGO, V. A., Galla Placidia e la transformazione politica dell' Occidente. Löwen 1961

III. Imperium und Völkerwanderung

ALTHEIM, F., und H. W. HAUSSIG, Die Hunnen in Osteuropa. Baden-Baden 1958
COURCELLE, P., Histoire littéraire des grandes invasions germaniques. 3. Aufl. Paris 1964
DIESNER, H. J., Der Untergang der römischen Herrschaft in Nordafrika. Weimar 1964
GORDON, C. D., The Age of Attila. Fifth Century Byzantine and the Barbarians. Michigan 1960
HOMEYER, H., Attila, der Hunnenkönig, von seinen Zeitgenossen dargestellt. Berlin 1951
LATOUCHE, R., Les Grandes Invasions et la crise de l'Occident au Ve siècle. Paris 1946
LOT, F., Les Invasions barbares et le peuplement de l'Europe. 2 Bde. Paris 1937
LOYEN, A., Sidoine Apollinaire et l'esprit précieux en Gaule aux derniers jours de l'Empire. Paris 1943
MUSSET, L., Les Invasions. 1. Les vagues germaniques. 2. Le second assaut contre l'Europe chrétienne. Paris 1965
SCHENK V. STAUFFENBERG, A.,Das Imperium und die Völkerwanderung. München o. J.
STEVENS, C. E., Sidonius Apollinaris and his Age. Oxford 1933
THOMPSON, E. A., A History of Attila and the Huns. Oxford 1948
WERNER, J., Beiträge zur Archäologie des Attila-Reiches, in: Abhandlg. der Bayr. Akad. der Wissenschaften, phil.-hist. Kl. 38 (1956)

IV. Die Frage nach dem Zerfall des Westens

BAYNES, N. H., The Decline of Roman Power in Western Europe. Some Modern Explanations. Journal of Roman Studies 33 (1943), S. 29–35
BOAK, A. E. R., Manpower Shortage and the Fall of the Roman Empire in the West. Ann Arbor 1955
CHAMBERS, M. (Hrsg.), The Fall of Rome: Can It Be Explained? New York 1963
DILL, S., Roman Society in the Last Century of the Western Empire. 2. Aufl. New York 1958
HAYWOOD, R. M., The Myth of Rome's Fall. New York 1958
JOHNSON, A. CH., und L. C. WEST, Byzantine Egypt. Princeton 1949
KAGAN, D. (Hrsg.), Decline and Fall of the Roman Empire. Why did it collapse? Boston 1963
MAZZARINO, S., La fine del mondo antico. Mailand 1959. Deutsch: München 1961
RUGGINI, L., Economia e società nell' Italia annonaria. Mailand 1961
SAUNDERS, J. J., The Debate on the Fall of Rome. History 48 (1963), S. 1–17
STECCHINI, L. C., The Historical Problem of the Fall of Rome. Journal of General Education 5 (1950/51), S. 57–88
WALBANK, F. W., The Decline of the Roman Empire in the West. London 1946

V. Kirche und Kultur im 5. Jahrhundert

BLANDRET, E., Humanisme et Christanisme. Ausone et Saint Paulin de Nole. Bordeaux 1954
CHABOT, J.-B., Littérature syriaque. Paris 1934
CHADWICK, N. K., Poetry and Letters in Early Christian Gaul. London 1955
COCHRANE, CH. N., Christianity and Classical Culture. A Study of Thought and Action from Augustus to Augustine. 2. Aufl. Oxford 1944
FERGUSON, J., Pelagius. A Historical and Theological Study. Cambridge 1956
FRENCH, R. M., The Eastern Orthodox Church. London 1951
FORTIN, E. L., Christianisme et culture philosophique au cinquième siècle. Paris 1959

GRILLMEIER, A., und H. BACHT (Hrsg.), Das Konzil von Chalkedon. 3 Bde. Würzburg 1951–1953
HAGENDAHL, H., Latin Fathers and the Classics. Göteborg 1958
JUGIE, M., Theologia dogmatica christianorum orientialium. 5 Bde. 1926–1931
LAISTNER, M. L. W., Christianity and Pagan Culture in the Later Roman Empire. New York 1951
MAIER, F. G., Augustin und das antike Rom. Stuttgart 1955
MARROU, H.-J., St. Augustin et la fin de la culture antique. 4. Aufl. Paris 1958
SELLERS, R. V., The Council of Chalcedon. A Historical and Doctrinal Survey. London 1953
SHERRARD, Ph. The Greek East and the Latin West. A Study in the Christian Tradition. Oxford 1959

KAP. 3: RENOVATIO IMPERII:
DAS JAHRHUNDERT JUSTINIANS (518–610)

I. Justinian und die Epoche

BAYNES, N. H., und H. ST. L. B. MOSS, Byzantium. An Introduction to East Roman Civilization. London 1948
DOWNEY, G., Constantinople in the Age of Justinian. Oklahoma 1960
DVORNIK, F., The Circus Parties at Byzantium. Byzantina Metabyzantina I (1946), S. 119–133
RUBIN, B., Das Zeitalter Justinians. Bd. I. Berlin 1960
SCHUBART, W., Justinian und Theodora. München 1943
URE, P. N., Justinian and his Age. Harmondsworth 1951
VASILIEV, A. A., Justin the First. An Introduction to the Epoch of Justinian the Great, Cambridge (Mass.) 1950

BECK, H. G., Kirche und theologische Literatur im Byzantinischen Reich. München 1959
BOVINI, G., I monumenti antichi di Ravenna. Mailand 1952. Deutsch: Die Mosaiken von Ravenna. 3. Aufl. Würzburg 1956
CROWFOOT, J. W., Early Churches in Palestine. London 1941
DALTON, O. M., Byzantine Art and Archaelogy. New York 1961 (1911)
DEMUS, O., Byzantine Mosaic Decoration. Aspects of the Monumental Art in Byzantium. London 1948
EBERSOLT, J., Les Arts somptuaires de Byzance. Paris 1923
GRABAR, A., La Peinture byzantine. Genf 1953
HAMILTON, J. A., Byzantine Architecture and Decoration. 2. Aufl. London 1933
HAUSSIG, H. W., Kulturgeschichte von Byzanz. Stuttgart 1959
IVÀNKA, E., Hellenisches und Christliches im frühbyzantinischen Geistesleben. Wien 1948
LEMERLE, D., Le Style byzantin. Paris 1948
PEIRCE, H., und R. TYLER, L'Art byzantin. 2 Bde. Paris 1932–1934
TALBOT RICE, D., The Art of Byzantium. London 1959. Deutsch: München 1959
RUBIN, B., Prokopios von Kaisarea. Stuttgart 1956
SCHWEINFURTH, P., Die byzantinische Form, ihr Wesen u. ihre Wirkung. 2. Aufl. Mainz 1954

II. Status Imperii

BARKER, E., Social and Political Thought in Byzantium from Justinian to the Last Palaeologus. London 1957
BOULNOIS, L., La Route de la soie. Paris 1963
HARDY, E., R., The Large Estates of Byzantine Egypt. New York 1931
HEYD, W., Geschichte des Levantehandels im Mittelalter. 2 Bde. Stuttgart 1879
HUSSEY, J. M., Church and Learning in the Byzantine Empire. London 1937
KARAYANNOPOULOS, J., Das Finanzwesen des frühbyzantinischen Staates. München 1958
McCRINDLE, J. W., The Christian Topography of Cosmas. London 1897
ROUILLARD, G., La Vie rurale dans l'Empire byzantin. Paris 1953
RUNCIMAN, S., Byzantine Trade and Industry, in: Cambridge Economic History of Europe. Bd. II. 1952

III. Die neue politische Welt: das mittelmeerische Staatensystem des 6. Jahrhunderts

HODGKIN, T., Italy and her Invaders, A. D. 376–814. 8 Bde. Oxford 1880–1899 (I–IV in 2. Aufl. 1892–1896)
LAISTNER, M. L. W., Thought and Letters in Western Europe, 500–900. 2. Aufl. London 1957
SCHMIDT, L., Geschichte der deutschen Stämme bis zum Ausgang der Völkerwanderung. 2. Aufl. München 1941
SETTIMANE DI STUDIO del Centro Italiano di Studi sul Alto Medioevo. III. I Goti in Occidente. Spoleto 1956
STROHEKER, K. F., Germanentum und Spätantike. Zürich–Stuttgart 1965

371

COURTOIS Chr., Les Vandales et l'Afrique. Paris 1955
COURTOIS, C., L. LESCHI, C. PERRAT und C. SAUMAGNE, Tablettes Albertini. Actes privées de l'époque Vandale. Paris 1952
DIESNER, H.-J., Das Vandalenreich. Stuttgart 1966
SCHMIDT, L., Geschichte der Wandalen. 2. Aufl. München 1942

ÅBERG, N., Die Goten und Langobarden in Italien.Uppsala 1923
ENSSLIN, W., Theoderich d. Gr. 2. Aufl. München 1959
FUCHS, S., Kunst der Ostgotenzeit. Berlin 1944
MOMIGLIANO, A., Cassiodorus and the Italien Culture of his Time. Proceedings of the British Academy, 41 (1955), S. 218–245

ÅBERG, N., Die Franken und Westgoten in der Völkerwanderungszeit. Uppsala 1922
LACARRA, J. M., Il tramonto della Romanità in Hispania. Madrid–Rom 1961
MENÉNDEZ PIDAL, R., Historia de España. III: España visigoda. Madrid 1940
PALOL, P. DE, und M. HIRMER, Spanien, Kunst des frühen Mittelalters. München 1965
SCHLUNK, H., Arte visigodo. Historia Universal del Arte Hispanico. II. Madrid 1947
ZEISS, H., Die Grabfunde aus dem spanischen Westgotenreich. Berlin 1934

BERGENGRUEN, A., Adel und Grundherrschaft im Merowingerreich. Wiesbaden 1958
BODMER, J. P., Der Krieger der Merowingerzeit und seine Welt. Zürich 1957
BUCHNER, R., Die Provence in merowingischer Zeit. Stuttgart 1933
DILL, S., Roman Society in Gaul in the Merovingian Age. London 1926
EWIG, E., Die fränkischen Teilungen und Teilreiche (511–613). Wiesbaden 1953
GAMILLSCHEG, E., Romania Germanica. 3 Bde. Berlin 1934–1936
HOFBAUER, S., Die Ausbildung der großen Grundherrschaften im Reiche der Merowinger. Leipzig 1927
PATZELT, E., Die fränkische Kultur und der Islam. Baden 1932
PETRI, F., Zum Stand der Diskussion über die fränkische Landnahme und die Entstehung der germanisch-romanischen Sprachgrenze. Darmstadt 1954
SALIN, E., La Civilisation mérovingienne d'après les sépultures, les textes et le laboratoire. 4 Bde. Paris 1949–1959
SPRANDEL, L., Der merowingische Adel und die Gebiete östlich des Rheins. Freiburg 1957
STENGERS, J., La Formation de la frontière linguistique en Belgique ou de la legitimité de l'hypothèse historique. Brüssel 1959
WALLACE-HADRILL, I. M., The Long- Haired Kings. London 1962
WARTBURG, W.v., Umfang und Bedeutung der germanischen Siedlung in Nord-Gallien im 5. und 6. Jahrhundert im Spiegel der Sprachen und der Ortsnamen. Berlin 1950

IV. Recuperatio Imperii

CHASSIN, L. M., Bélisaire, généralissime byzantin (504–565). Paris 1957
DIEHL, C., L'Afrique byzantine. 2 Bde. Paris 1896
HONIGMANN, E., Die Ostgrenze des byzantinischen Reiches von 363 bis 1071. Brüssel 1935
NERSESSIAN, C. DER, Armenia and the Byzantine Empire. Cambridge (Mass.) 1945

V. Der Zerfall des justinianischen Systems

DVORNIK, F., The Slavs: Their Early History and Civilization. Boston 1956
GOUBERT, P., Byzance avant l'Islam. 2 Bde. Paris 1951–1965
KOLLANTZ A., Die Awaren. Saeculum 5 (1954), S. 129–178
LEMERLE, P., Invasions et migrations dans les Balkans. Revue historique 211 (1954), S. 265–308
LIŠIC, E. E., Byzanz und die Slaven. Weimar 1951
MORAVCSIK, G., Byzantinoturcica. 2. Aufl. Budapest 1958

VI. Der Westen im weltpolitischen Windschatten

BREZZI, P., S. Leone Magno. Rom 1947
CASPAR, E., Geschichte des Papsttums. Bd. I und II. Tübingen 1930–1934
HALLER, J., Das Papsttum. Bd. I. Stuttgart 1934
JEAN-NESMY, C., Saint Benoît et la vie monastique. Paris 1959
LINDSAY, T. F., St. Benedict, his Life and Work. London 1950
ULLMANN, W., The Growth of Papal Government in the Middle Ages. London 1955
WERNER, J., Die Langobarden in Pannonien. München 1962

KAP. 4: DER AUFBRUCH DES OSTENS:

DAS JAHRHUNDERT DER ARABISCH-ISLAMISCHEN EROBERUNG

I. Abwehrkampf und Staatsreform in Byzanz

BARIŠIĆ, H., Le Siège de Constantinople par les Avares et les Slaves en 626. Byzantion 24 (1954), S. 371–395

Karayannopoulos, J., Die Entstehung der byzantinischen Themenordnung. München 1959
Lopez, R. S., The Role of Trade in the Economic Readjustment of Byzantium in the Seventh Century. Dumbarton Oaks Papers 13 (1959), S. 67–85

II. Entstehen und Einbruch einer neuen Macht

Brockelmann, C., Geschichte der islamischen Völker und Staaten. 2. Aufl. München 1943
Caetani, L., Annali dell' Islam. 10 Bde. Mailand 1905–1926
Creswell, K. A. C., Early Muslim Architecture. 2 Bde. Oxford: 1932–1940
Gibb, H. A. R., Mohammedanism: An Historical Survey. 2. Aufl. London 1953
Glück, H., und E. Diez, Die Kunst des Islam. Berlin 1925
Grunebaum, G. E. v., Medieval Islam. A Study in Cultural Orientation. 2. Aufl. Chicago 1953
Hardy, E. R., Christian Egypt. Church and People. Christianity and Nationalism in the Patriarchate of Alexandria. New York 1952
Hitti, Ph. K., History of the Arabs. 7. Aufl. London 1961
Lammens, H., Etudes sur le siècle des Ommayades. Beirut 1930
Levy, R., An Introduction to the Sociology of Islam. 2. Aufl. Cambridge 1959
Lewis, B., The Arabs in History. London 1950
Paret, R., Mohammed und der Koran. Stuttgart 1957
Philby, H. St. J. B., The Background of Islam, being a Sketch of Arabian History in Pre-Islamic Times. Alexandria 1947
Spuler, B., Geschichte der islamischen Länder (Handbuch der Orientalistik. Bd. 6) Leiden 1952–1953
Watt, W. M., Muhammad. Oxford 1961

III. Byzanz in der Defensive

Charanis, P., Ethnic Changes in the Byzantine Empire in the Seventh Century. Dumbarton Oaks Papers 13 (1959), S. 23–44
Eickhoff, E., Seekrieg und Seepolitik zwischen Islam und Abendland. 1954
Hodgson, F. C., The Early History of Venice (to A. D. 1204). London 1901
Lewis, A. R., Naval Power and Trade in the Mediterranean, A. D. 500–1100. Princeton 1951
Runciman, S., A History of the First Bulgarian Empire. London 1930

IV. Wandlungen und Mächte im Westen

Åberg, N., The Occident and the Orient in the Art of the Seventh Century. 3 Bde. Stockholm 1943–1947
Sanchez-Albornoz, C., En torno a los origenes del feudalismo. 3 Bde. Mendoza 1942
Fontaine, J., Isidore de Séville et la culture classique dans d'Espagne visigothique. 2 Bde. Paris 1959
Hillgarth, J. N., The East, Visigothic Spain and the Irish. Studia Patristica IV (1961), S. 442–456. Berlin 1961
Katz, S., The Jews in the Visigothic and Frankish Kingdoms of Spain and Gaul. Cambridge (Mass.) 1937

Bloch, M., Les Caractères originaux de l'histoire rurale française. 4. Aufl. Paris 1964
Ganshof, F. L., Étude sur le développement des villes entre Loire et Rhin au moyen âge. Paris 1943
–, Was ist das Lehenswesen? Darmstadt 1961
Grierson, P., Commerce in the Dark Ages: a Critique of the Evidence. Transact. Royal Hist. Soc., 5th series 9 (1959)
Hauck, K., Von einer spätantiken Randkultur zum karolingischen Europa. Frühmittelalterliche Studien 1 (1967), S. 3–93
Jankuhn, Haithabu. Ein Handelsplatz der Wikingerzeit. 4. Aufl. Neumünster 1963
Lefebvre des Noettes,, R., L'Attelage et le cheval de selle à travers les âges. 2 Bde. Paris 1931
Lynn White jr., Medieval Technology and Social Change. Oxford 1962
Riché, P., Education et culture dans l'Occident barbare, VIᵉ–VIIIᵉ siècle. Paris 1962
Sprandel, R., Struktur und Geschichte des merowingischen Adels. Histor. Zeitschr. 193 (1961), S. 33–71
Werner, J., Fernhandel und Naturalwirtschaft im östlichen Merowingerreich nach archäologischen und numismat. Zeugnissen. Bericht der Röm.-Germ. Kommission XLII (1961), 307–346
Zöllner, E., Die politische Stellung der Völker im Frankenreich. Veröffentlichungen des Instituts für österreichische Geschichtsforschung 13 (1950)

Diehl, Ch., Études sur l'administration byzantine de Ravenne (568–751). Paris 1888
Luzzatto, G., Storia economica d' Italia. Bd. I. Rom 1949
Schaffran, E., Geschichte der Langobarden. Berlin 1938
Werner, J., Langobardischer Einfluß in Süddeutschland während des 7. Jahrhunderts im Lichte archäologischer Funde, in: Atti del I° Congresso di studi Langobardi. Spoleto 1951, S. 521–524

Butler, C., Benedictine Monachism. 2. Aufl. London 1924
Deanesley, M., A History of the Medieval Church, 590–1500. 8. Aufl. London 1958
Dudden, F. H., Gregory the Great. 2 Bde. London 1905
Schmitz, Ph., Histoire de l'ordre de S. Benoît. Bd. I. 2. Aufl. Paris 1948
Settimane di Studio del Centro italiano di Studi sul Alto Medioevo. IV: Il monachesimo nell'alto medioevo e la formazione della civiltà occidentale. Spoleto 1957

Bieler, L., Irland. Wegbereiter des Mittelalters. Olten 1961
Blair, P. H., Roman Britain and Early England, 55 B. C. – A. D. 871. Edinburgh 1963
Crawford, S. J., Anglo-Saxon Influence on Western Christendom, 600–800. Oxford 1933
Dillon, M. (Hrsg.), Early Irish Society. Dublin 1954
Duckett, E. S., Anglo-Saxon Saints and Scholars. New York 1948
Greenaway, G. W., Saint Boniface. London 1955
Henry, F., Early Christian Irish Art. Dublin 1954
–, L'Art Irlandais. 3 Bde. L'Abbaye Sainte Marie de la Pierre-Qui-Vire 1963–1964
Paor, M. de und L. de, Early Christian Ireland. London 1958
Whitelock, D., The Beginnings of English Society. Harmondsworth 1952
Wilson, D. M., The Anglo-Saxons. London 1960

KAP. 5: DIE VERWANDLUNG DER MITTELMEERWELT
IM FRÜHEN 8. JAHRHUNDERT

Grabar, A., L'Iconoclasme byzantin: dossier archéologique. Paris 1957
Ebersolt, J., Orient et Occident. 2. Aufl. Paris 1954
Martin, E. J., History of the Iconoclast Controversy. London 1930
Bloch, M., La Société féodale. 2 Bde. Paris 1939–1940
Boutruche, R., Seigneurie et féodalité. Paris 1959
Buchner, R., Die römischen und die germanischen Wesenszüge der neuen politischen Ordnung des Abendlandes. Spoleto 1958
Curtius, E. R., Europäische Literatur und lateinisches Mittelalter. Bern 1948
Dennett, D. C., Pirenne and Muhammad. Speculum 23 (1948), S. 165–190
Halphen, L., Charlemagne et l'Empire carolingien. Paris 1947
Laistner, M. L. W., The Intellectual Heritage of the Early Middle Ages. Ithaca (N. Y.) 1957
Lopez, R., Mohammed and Charlemangne: a Revision. Speculum 18 (1943), S. 14–38
Rijsing, A., The Fate of Henri Pirenne's Thesis on the Consequences of the Islamic Expansion. Classica et Medievalia 13 (1952), S. 87–130

Abbildungsnachweis

Register

Die Bearbeitung des Registers erfolgte durch die Redaktion der Fischer Weltgeschichte.

377